汉晋春秋通释

〔晋〕习凿齿 著

〔清〕汤 球 黄 奭 辑佚

柯美成 汇校通释

人民出版社

责任编辑:王 萍 邵永忠
封面设计:肖 辉 王欢欢

图书在版编目(CIP)数据

汉晋春秋通释/(晋)习凿齿 著;(清)汤球,(清)黄奭 辑佚;柯美成
汇校通释. —北京:人民出版社,2015.7(2021.10重印)
ISBN 978-7-01-014922-6

Ⅰ.①汉… Ⅱ.①习… ②汤… ③黄… ④柯… Ⅲ.①中国历史–史籍
研究–东汉时代②中国历史–史籍研究–西晋时代 Ⅳ.①K234.204
②K237.104

中国版本图书馆 CIP 数据核字(2015)第 121890 号

汉晋春秋通释

HANJIN CHUNQIU TONGSHI

(晋)习凿齿 著 (清)汤 球 (清)黄 奭 辑佚 柯美成 汇校通释

人民出版社 出版发行
(100706 北京市东城区隆福寺街99号)

北京中科印刷有限公司印刷 新华书店经销

2015 年 7 月第 1 版 2021 年 10 月北京第 2 次印刷
开本:710 毫米×1000 毫米 1/16 印张:34 字数:560 千字

ISBN 978-7-01-014922-6 定价:130.00 元

邮购地址 100706 北京市东城区隆福寺街 99 号
人民东方图书销售中心 电话 (010)65250042 65289539

目　录

之为文。

汉水·襄阳地理。○尹起莘论孔明出处。○尹会一论诸葛隆中之隐。○赵一清
《诸葛忠武侯隆中考》。

19. 习凿齿论玄德所以能终济大业

《通鉴纲目》纪事。○张辅论魏武、玄德之优劣。○胡应麟论三国之主昭
烈、孙、曹。○夏之蓉论昭烈卒成功业。○邵宝论昭烈不于琮降操前取荆州。
○赵青黎《先帝不取荆州论》。○苏轼《涂巷小儿听说三国语》。

20. 王威说刘琮袭曹操，琮不纳

《后汉书·刘表传》纪事。○王志坚论刘琮之降操。

21. 曹操分南郡枝江以西为临江郡

洪亮吉《补三国疆域志》纪事。

22. 习凿齿论曹操之不能遂兼天下

《通鉴纲目》纪事。○《魏志·武帝纪》记赤壁之战。○虞世南论曹刘孙之
优劣。

23. 吕范劝孙权羁留刘备，权不从

《通鉴纲目》纪事。○李纲论三国之势鼎峙而足以相抗。○秦观《先主借荆
州论》。○唐庚论荆州本刘备已据有之地。○胡应麟论赤壁破曹玄德功最大。○
王懋竑论借荆州乃传闻之妄。○赵翼论借荆州乃吴人捏造之诡说。○刘咸炘谓
借荆州乃吴人之饰词。○吕思勉论造为借地之说见吴人外交政策卑劣极矣。

24. 刘备改临江郡为宜都郡

洪亮吉《补三国疆域志》纪事。

25. 赵云勒兵断江留太子

《通鉴纲目》纪事。○萧常为昭烈孙夫人立传。○梁章钜综述陈寿记孙夫人
事。○尚镕辨孙夫人还吴事。○孙夫人还吴后去向辨证。

26. 习凿齿论庞统谏不当于涪大会作乐

《吴志·张昭传》节略。〇王志坚谓孙权自称帝后无一事惬人意者。〇赵一清《张昭论》。

40. 司马懿怯战而作态示武于其众

《通鉴纲目》纪事。〇梁元帝萧绎论葛马兵争。〇程颐论孔明营五丈原之兵。〇胡寅论孔明屯五丈原之兵。〇陈亮赞孔明之用兵。〇朱熹论司马懿甚畏孔明。〇宋濂《武侯屯五丈原辨》。

41. 星陨五丈原，"死诸葛走生仲达"

《通鉴纲目》纪事。〇张辅论乐毅、孔明之优劣。〇宋祁《祭忠武侯文》。〇程颐谓孔明庶几礼乐。〇苏轼论孔明巍然三代王者之佐。〇张栻论孔明王者之佐，不与管、乐同域。〇洪迈赞孔明用兵三代以降未之有。〇郝经赞孔明三代而下孟轲以来一人而已。〇宋濂论三代而下合于先王之道者孔明一人。〇方孝孺论孔明为相秦汉以下皆不及。〇胡应麟论相以诸葛继伊、周。

42. 董恢副费祎使吴不辱使命

《蜀志·费祎传》纪事。〇王夫之论魏延、杨仪。

43. 习凿齿论诸葛亮能用刑

《蜀志》廖立、李严传。〇唐太宗论诸葛亮为相甚平直。〇张栻论诸葛亮驭将曲尽其情。〇罗大经论孔明无私三代下绝无仅有。

44. 魏明帝逼杀郭太后

《通鉴纲目》纪事。〇胡寅论魏主叡弑母。〇赵翼辨诸史载甄夫人、郭后之死。

45. 曹叡崇华殿灾而郡国龙九见

《通鉴纲目》纪事。〇萧绎论曹叡之奢华。

46. 大柳谷激波涌石有牛继马后之象

《通鉴纲目》纪事。〇李德裕《祥瑞论》。〇杭世骏论牛继马后乃不根之说。〇赵翼《牛继马非晋元帝》。

47. 魏主徙长安铜人于洛阳而不可致

《通鉴纲目》纪事。○叶寘记秦、汉、魏三铸铜人。○赵翼辨徙铜人事。

48. 习凿齿论高堂隆可谓忠臣

　　高堂隆临终上疏并陈寿评。○王夫之、李慈铭论高堂隆之谏。

49. 孙权从羊衜谏假允公孙渊乞兵救援

　　《通鉴纲目》纪事。

50. 蒋济对司马懿"孙权其救辽东"问

　　《通鉴纲目》纪事。○王夫之论魏伐辽东。

51. 彗星见张宿，洛邑大修禳祷之术以厌之

　　《魏志·明帝纪》《宋书·天文志》纪事。

52. 魏主叡临终乱命，司马懿受遗辅政

　　《通鉴纲目》纪事。○王夫之论魏主叡之托孤。○赵翼论陈寿为奸臣曲讳并作佳传。

53. 殷礼说孙权趁机攻魏，权弗能用

　　《通鉴纲目》纪事。○何焯论孙权能避所短。

54. 司马懿戒夏侯玄兴势至险，而魏军果遭覆败

　　《通鉴纲目》纪事。

55. 夏侯玄高标傲世，中领军意气自若

　　《世说新语》纪事。○叶适论夏侯玄自负宏济。○郝经《续后汉书·夏侯玄传议》。

56. 朱然钞掠柤中，司马懿等议徙民

　　《资治通鉴》纪事。

57. 魏主谒墓大石山，司马懿闭城政变

　　《通鉴纲目》纪事。○贲祎论司马懿诛曹爽等为僭滥。○叶适论懿因公行邪

乘间掩窃。○王志坚为何晏辩冤。○王夫之为何晏辩诬并斥《三国志》为司马氏之书。○钱大昕为王弼、何晏辩诬。○陈垣论史诬曹爽、何晏。

58. 皇甫谧梦至洛阳见诛大将军曹爽

　　萧常、何焯论司马懿杀曹爽。

59. 费祎戒姜维勿希冀微幸而决成败

　　《蜀志·姜维传》节略。○蜀汉后期战事与姜维伐魏。○赵青藜论蜀汉亡于费祎。○尚镕论蜀汉亡于姜维。

60. 王凌谋讨司马懿，凌子广谏阻不从

　　《通鉴纲目》纪事。○王志坚为王凌事斥晋人曲笔。○李慈铭因王凌败亡而哀忠臣王允。

61. 诸葛恪布防东兴堤，诸葛诞建言三道击吴

　　《通鉴纲目》纪事：诸葛恪大败魏军于徐塘。

62. 司马师引二败以为己过，习凿齿赞之

　　虞世南、王应麟论司马氏兄弟。○方孝孺论史载司马师之事不可尽信。

63. 诸葛恪使李衡说姜维同举击魏

　　《通鉴纲目》纪事。○诸葛恪论伐魏。○王志坚悲诸葛恪之死。

64. 虞松对司马师问用兵

　　《通鉴纲目》纪事。○尚镕论姜维学武侯而不知谨慎。

65. 毌丘俭起兵讨司马师，师从傅嘏劝舆疾东征

　　《通鉴纲目》纪事。○叶适、王夫之、何焯、王鸣盛论傅嘏与傅嘏等现象。

66. 习凿齿赞毌丘俭无愧明帝之顾命

　　刘知幾论曲笔书事使忠臣义士羞。○郑樵论晋史党晋而不有魏。○王鸣盛论史家书法。

67. 司马昭杀嵇康、吕安

　　《通鉴纲目》纪事。○《魏志·嵇康传》并注。○胡寅论司马昭之滥杀。○

陈亮拟嵇康阮籍传赞。○叶适哀嵇康之死。

84. 卫瓘鼓动田续杀邓艾，杜预预言瓘将不免于祸

陈亮论邓艾攻蜀行险侥幸。○叶适论杜预有功而不伐。

85. 司马昭允钟毓将不受乃兄株连

《资治通鉴》纪事。○《世说新语》记钟会钟毓少时。○钟毓制造夏侯玄冤案。

86. 向雄冒死收葬钟会，习凿齿赞其勇于蹈义

《世说新语》纪事。○李慈铭辨《晋书·向雄传》之疏。

87. 司马昭进爵为王，王、何、荀诣谒各自作态

《魏志·陈留王纪》纪事。○胡寅论加司马昭殊礼及论王祥为臣不忠。○叶适论王祥长揖不拜。○王夫之论王祥不拜。○王鸣盛斥王祥庸贪小人及晋君臣之伪。○李慈铭论晋初佐命者皆卑污无耻之徒。

88. 李昭仪不甘屈辱自杀

牛运震赞李昭仪当入《妃子传》。○陈世崇谓刘禅愧于妇人。

89. 霍弋不得已降魏

《蜀志·霍弋传》。

90. 禅曰："此间乐，不思蜀。"

《通鉴纲目》纪事。○赵青藜论后帝为中材之主。○钱大昕论后主有知人之哲。

91. 罗宪击破吴人背盟来犯

《通鉴纲目》纪事。

92. 司马昭与孙晧书申喻结欢弭兵

《吴志·孙晧传》节略。○王鸣盛记历史之巧合。

《资治通鉴》纪事。○朱熹论汉文革丧制。○罗大经论汉文改丧制。○李慈铭议三年之丧。

94. 吴讨山贼施但

《资治通鉴》纪事。

95. 晋杨稷援绝粮尽，吴陶璜义取交阯

《晋书·陶璜传》纪事。○王观国辨交阯（阯、址）。○顾炎武述交阯史。○《补三国疆域志·交州》。

96. 羊陆和交。习凿齿论贤人君子所以拯世垂范

《资治通鉴》纪事。○唐庚论羊陆和交。○胡寅论羊祜之事非将军师保境土之正法。○朱熹论羊陆相遗问。○王夫之论羊祜用兵。

97. "二王当朝，羊公无德"

《资治通鉴》纪事。

98. 樊建对晋武帝问诸葛亮之治国

《资治通鉴》纪事。

99. 王裒义不臣于晋

《资治通鉴》纪事并司马光之论。○朱熹、洪迈论王裒、嵇绍。

100. 胡威对晋武帝问"卿清孰与父清"

《晋书·胡威传》。

101. 孙皓信说谶者徙姓公孙者而郭马反

《资治通鉴》纪事：晋灭吴。○李德裕、胡一桂论三国之先后亡。

102. 刘毅对晋武帝问"卿以吾可方汉何帝"

虞世南、萧震论晋武帝。○胡寅论刘毅对武帝问无所规益。

凡 例

一、本书题名《汉晋春秋通释》，严格地说名为《汉晋春秋辑本通释》更加贴切，但考虑到书名宜简净上口，因略去辑本二字。全部整理工作立足于为全书作通释。通释取义，已见《前言》。

二、本书对《汉晋春秋》佚文之采录、汇辑，以汤球辑本为底本，以黄奭辑本为补充，凡黄本有而汤本无的，据以补入。汤本原次为三卷，卷一所收之《晋宜越魏继汉不应以魏后为三恪论》等三篇文章显然不属于《汉晋春秋》原著，故不采录；其卷二、卷三之编排相应取消。汤氏在每条佚文前所加之提示性文字及佚文中之小字夹注，全部删去，改在校记中作适当交代。增补汤、黄本皆未采录之《三国志》裴注一条为《汉晋春秋》佚文（即第 37 条）。如此共编定佚文为 112 条、约 1.9 万字。为便于检索，每条佚文以类主题词之提示语列入《目录》。

三、本书对佚文之校勘，以中华书局版《三国志》、《北堂书钞》、《初学记》及上海古籍出版社版《艺文类聚》、《太平御览》等通行本典籍为依据，并参酌黄本校勘记及汤本小注，择善而从。本书秉承《汉晋春秋》书法，以季汉（蜀汉）继后汉（东汉）绍汉统，以晋承汉统。在对全部佚文条目作适当调整后，按编年体例重新编次为后汉、季汉（附魏、吴）、西晋三卷。校勘情况，出以校记（旧时使用之避讳字，径改，不出校；校记文字层次间以空一格标示）。

四、本书对佚文之整理，以史补为重点。史补分两种情况：一是从大处着眼对全书和各卷所作的史料补充。鉴于《汉晋春秋》原著严重散佚，以致开国之君光武无一条佚文涉及，其后诸君亦若有若无，为使读者开卷即可对东汉、蜀汉、西晋三朝帝王传承有一个概略认识，本书特编制了《汉晋春秋纪元要略》，作为全书总冒；与总冒相呼应，于每卷之始、末，酌补该朝代开国、亡国之君的相关史事，或选录当世或后世史家相关的论议，或二者兼取，目的在于使全书及各卷首尾完具、过渡自然，减少视觉冲击。

五、史补之第二种情况，是在每条佚文下所作的史料补充。佚文下之史补实具某种笺疏性质，所以立"史补"为目，是因为有些佚文太过单薄，而笺疏有一定局限，难以广征博引，包罗珍贵史料。而此史补之内容，一般分为史实和史论：史实以补叙与佚文相关之历史事件、人物言行发生的背景、过程及后果，使残缺的记事变得相对丰满；史论以列举时人及后人之评议、论说、辩难等，以开阔视野、启迪思考。为体现《汉晋春秋》书法特征，史补以补充蜀汉相关史事、史论为重点，为此本书特别编纂了"刘备南来前踪迹"、"汉昭烈帝章武年间事略"、"汉丞相诸葛武侯北伐记"以及"蜀汉后期战事与姜维伐魏"等若干史料，以补征引之不足；对魏、吴二国则仅依现存佚文，随事而补，不强求贯通。史补内容亦以提示语形式列入《目录》。

六、本书之笺注偏重于微观层面，主要是对人名、地名的诠释，以及史补未尽之言，原则不做字、词释义。对人名、地名的笺注不以首见为准，乃至注或不注，皆视其是否有助于对佚文所涉事件的理解及其重要程度。笺注的对象为佚文本身及史补所补史实部分（一般为史补第一、二条），史论部分不在笺注之列，以免旁逸别出，枝蔓为患。

七、鉴于《三国志》、《资治通鉴》传播广泛，故本书于后汉、季汉二卷之史补，无论史事、史论，除非确无替代，原则上不在二书中求，而尽可能选用与《汉晋春秋》书法相近的史著，如范晔《后汉书》、朱熹《资治通鉴纲目》，以及历代名家论议。史补、笺疏引据文献，皆用吕思勉《中国史籍读法》之史钞说："所谓钞，乃撮其精要，而刊落其余之谓。"凡引文中有删节的，概不加省略号，或依行文以"云云"代之。引用文献之标点，引号的使用限于双、单引号两个层次。

八、本书凡引据范晔《后汉书》、《三国志》、《资治通鉴》及《资治通鉴纲目》，除首见外，皆不冠作者名。对《三国志》之魏、蜀、吴三书，径分别省称《魏志》、《蜀志》、《吴志》。以"佚文"指称《汉晋春秋》现存文字，以"汤本"指称汤球辑本、"黄本"指称黄奭辑本。笺注中采录王先谦《后汉书集解》、卢弼《三国志集解》的成果，用于原注文时只标示书名，用于非原注文时则加标篇名或卷次；采录《后汉书》李贤注、《三国志》裴松之注、《通鉴》胡三省注，用于原著文时径称李贤注、裴注、胡注，借注非原注文则冠以书名。

九、本书著者在整理工作中，兴之所至，有感而发，随手撰写了若干按语，敝帚自珍，亦聊备一格。

前　言

一、习凿齿以及汉晋襄阳习氏

习凿齿，字彦威，襄阳人。东晋史学家、文学家。其生卒年说法不一：一说约生于晋元帝建武元年（317），卒于晋孝武帝太元九年（384）；一说约生于晋明帝太宁五年（325），约卒于太元十八年（393）；更有一说生于晋成帝咸和三年（328），卒于晋安帝义熙九年（413），等等。本前言叙事暂取第一种说法。

襄阳为习氏郡望。据唐林宝撰《元和姓纂》卷十《二十六缉·习》："《风俗通》云：习，国名也。汉习响为陈相。"下标郡望"襄阳"，并晋习凿齿著《汉晋春秋》云。南宋郑樵撰《通志二十略》，其《氏族略第二》将习氏归入"以国为氏·夏、商以前国"类，引据与《元和姓纂》略同。又《资治通鉴》卷七十二《魏纪四》元胡三省注："《姓谱》：'习，国名，后以为姓。'《风俗通》：'汉有习响，为陈相。'"至清王仁俊辑《玉函山房辑佚书续编三种》，其《补编》录宋何承天撰《姓苑》曰："襄阳有习氏，后汉有习响。"始言习响为后汉人。而民初臧励龢等编《中国人名大辞典》著录习郁、习凿齿等历代习氏十一人，独不录习响其人。该书附录《姓氏考略》则云："习，少习。本地名，析县东之武关，见《左传》杜注，是习氏以地为氏。望出襄阳。"究竟是以国为姓还是以地为氏，以国为姓国在何处，习响生当前汉抑或后汉及其籍里何处，而今皆已不可详考；有籍里、宦迹可考并泽被后人的习氏始祖，当推后汉初襄阳习郁。

习郁，字文通，习融之子。据习凿齿著《襄阳耆旧记》云："习融，襄阳人。有德行，不仕。"（卷一《人物》）融子郁，汉光武帝时为侍中、黄门侍郎。"郁为侍中时，从光武幸黎丘，与帝同梦见苏岭山神。光武嘉之，拜大鸿胪，录其前后功，封襄阳侯。使立苏岭祠，刻二石鹿，夹神道，百姓谓之鹿门庙。或呼苏岭山为鹿门山。"后习郁依范蠡养鱼法，在襄阳城南数里之岘山南麓造大鱼池，中筑一钓台。池边有高堤，皆种竹及长楸、芙蓉，菱茨覆水。郁将亡，敕其儿焕曰："我葬必近鱼池。"焕为起冢于池之北，去池四十步。（卷三《山川》）后世因名其池为习家池，省称习池。而岘山、习池自古为贤达胜士赏心游宴之处。晋羊祜镇襄阳，"乐山水，每风景，必造岘山，置酒谈咏，终日不倦。……祜卒后，襄阳百姓于祜游憩之所建碑立庙，岁时飨祭焉。望其碑者，莫不流涕，杜预因名为堕泪碑。"羊、杜并美，"预好身后名，常言'高岸为谷，深谷为陵'，乃刻石为二碑，记其勋绩，一沉万山之下，一沉岘山之下，曰：'焉知此后不为陵谷乎！'"山季伦镇襄阳，"每出嬉游，多之池上，置酒辄醉，曰：'此我高阳池也！'"（卷五《牧守》）习家池因又别名高阳池。而鹿门山与岘山隔汉江相望，为汉末名士庞德公及唐代诗人孟浩然、皮日休隐居之地。唐宋以降，岘山、鹿门山不知赚取文人骚客几多翰墨，一时名家巨擘如陈子昂、张九龄、孟浩然、李白、杜甫、白居易、元稹、皮日休、范仲淹、欧阳修、曾巩、三苏父子等皆赫然在列。而二山与习氏已结缘在先。

习家池则历经近二千年，至今风物依然。她背倚岘首，群峰环峙，俯临汉江，帆樯隐现。东望城郭，楼阁峥嵘；南眺鹿门，层峦叠嶂。池苑内，祠馆台榭，飞檐走角，竹林清幽，山泉流碧。阳春柳浪闻莺，炎夏荷风送香，金秋碧池印月，隆冬暖雪沃松。四时八节，皆有赏心悦目之境界。

自习郁以降，襄阳习氏"宗族富盛，世为乡豪"（《晋书·习凿齿传》）。汉末，天下大乱，群雄兵争，诸习氏因缘际会，多有一时俊杰，名著简册。其中，又以追随刘备、诸葛亮征战，从龙入川，立功仕蜀者居多。据《襄阳耆旧记》卷一所载，习承业博学有才鉴，历仕蜀汉江阳、汶山太守，都督龙鹤诸军事。习珍为零陵北部都尉，加裨将军，孙权袭杀关羽，遣潘濬讨珍，濬欲面见喻降，珍谓曰："我必为汉鬼，不为吴臣，不可逼也！"临难之际，仗剑自裁，刘备追赠之为邵陵太守。"习祯有风流，善谈论，名亚庞统，而在马良之右。"《三国志·蜀志·杨戏传》载《季汉辅臣赞》曰："文祥名祯，襄阳人也。随先主入蜀，历任雒、郫令，广汉太守。子忠，官至尚书郎。"裴松之注引《襄阳记》曰："忠子隆，为步兵校尉，掌校秘书。"按步兵校尉掌上林苑门屯兵，为禁军首领"五校"之一，秩比二千石，表示其已职居朝廷枢机。《蜀志·诸葛亮传》注引《襄阳记》曰："亮初亡，所在各求为立庙，朝议以礼秩不听，百姓遂因时节私祭之于道陌上。言事者或以为可听立庙于成都者，后主不从。步兵校尉习隆、中书郎向充等共上表曰：'臣闻周人怀召伯之德，甘棠为之不伐；越王思范蠡之功，铸金以存其像。自汉兴以来，小善小德而图形立庙者多矣。况亮德范遐迩，勋盖季世，王室之不坏，实斯人是赖，而蒸尝止于私门，庙像阙而莫立，使百姓巷祭，戎夷野祀，非所以存德念功，述追在昔者也。今若尽顺民心，则渎而无典，建之京师，又逼宗庙，此圣怀所以惟疑也。臣愚以为宜因近其墓，立之于沔阳，使所亲属以时赐祭，凡其臣故吏欲奉祠者，皆限至庙。断其私祀，以崇正礼。'于是始从之。"这无疑是一件非常得人心的大事。另有"习询、习竺，才气锋爽"，"习蔼有威仪，善谈论"，而皆不详其宦迹。而习珍之子温仕于吴，"识度广大，历长沙、武昌太守，选曹尚书，广州刺史。从容朝位三十年，不立名迹，不结权豪。"（《襄阳耆旧记》卷一《人物》）后为荆州大公平。入晋，仍居大中正之职。大约就在蜀汉政权时期，襄阳习氏这一汉世土著旧族，已悄然跻身于新兴士族阶层。

然而，习氏家族的这种属性转换在入晋后似乎停滞了，这或许与其家族成员主要仕于蜀汉，亡国臣民仕进之路必然受阻有关。根据现有史料，襄阳习氏在两晋时期并未成为像江南王、谢那样的高门士族，而仍是带有浓厚地方色彩的"乡豪"。习凿齿即自言："诸习氏，荆土豪族，有佳园池。"（《襄阳耆旧记》卷五《牧守》）西晋时，诸习氏见于史乘者除习温外尚有一习郾："习郾为临湘令、山简征南功曹。莅官举大纲而已，不拘文法。"(《襄阳耆旧记》卷二《人物》)一介县令、将军府功曹，与习承业、习隆等蜀汉时为显宦，已不可同日而语。东晋时，这种情况亦未见大的改观。这从凿齿本人曾受到的歧视可以说明。据《世说新语·忿狷篇》云："王令诣谢公，值习凿齿已在坐，当与并榻。王徙倚不坐，公引之与对榻。去后，语胡儿曰：'子敬实自清立，但人为尔，多矜咳，殊足损其自然。'"刘孝标注引刘谦之《晋纪》曰："王献之性甚整峻，不交非类。"王令即王献之，字子敬，以曾为中书令，故人称王大令、王令。谢公谓谢安，胡儿谓安侄谢朗。今人余嘉锡笺疏曰："习凿齿人才学问独出冠时，而子敬不与之并榻，鄙其出身寒士，且有足疾耳。所谓'不交非类'者如此。"(《世说新语笺疏·忿狷第三十一》)徐震堮则笺注曰："晋人讲门第，士庶不同坐。谢安见献之不肯与习同榻，故以拘于习俗讥之。"(《世说新语校笺·忿狷第三十一》)话虽如此，这也恰好证明了襄阳习氏在南渡中原士族一些人眼里，仍属于"寒门"、"庶族"一类。

二、习凿齿的仕宦生涯及其晚年

而习凿齿无疑是一位冠代佼佼者，同时也是襄阳习氏在东晋时期的代表人物。《晋书·习凿齿传》云："凿齿少有志气，博学洽闻，以文笔著称。荆州刺史桓温辟为从事，江夏相袁乔深器之，数称其才于温，转西曹主簿，亲遇隆密。"据《晋书·穆帝纪》及《桓温传》，穆帝永和元年(345)七月，都督江荆司雍益梁宁七州诸军事、江州刺史、征西将军庾翼卒。八月，以辅国将军、徐州刺史桓温为安西将军、都督荆司雍益梁宁六州(温本传记为"荆梁四州")诸军事，领护南蛮校尉、荆州刺史。永和二年十一月，桓温帅征虏将军周抚、辅国将军谯王无忌、建武将军袁乔等伐蜀。次年三月，蜀平；四月，还军江陵。又据《晋书·袁瓌传附子乔传》，乔初拜佐著作郎。桓温为辅国将军，请为司马，不就，拜尚书郎。温镇京口，复引为司马，领广陵相。温移镇荆州，乔"迁安西谘议参军、长沙相，不拜。寻督沔中诸戍江夏随义阳三郡军事、建武将军、江夏相"。袁乔在桓温镇荆不久即为江夏相，其数称凿齿之才于温，可能就在此后至伐蜀之前。史载袁乔"博学有文才"，而凿齿亦"博学洽闻，以文笔著称"，惺惺相惜，乔数称凿齿之才，不必定要相处、相交的过程。温、乔新莅重任，温谋伐蜀，乔力赞其成，当用人之际，荐拔自属常事。我以为这样认识是合乎情理的。果如是，则凿齿由从事转西曹主簿，应在晋穆帝永和二年。民国学者刘如霖著《东晋南北朝学术编年》，将"习凿齿为桓温主簿"一条系于永和二年，佐证了这一推断是可以成立的。永和二年末三年春，戎马倥偬，四月平蜀军还，论功行赏，均非荐引之良机。永和四年八月，袁乔以平蜀功，进号龙骧将军，封湘西伯，旋即弃世，其数称凿齿之才在此稍前更加无疑。目前学界多倾向于认为凿齿生年在晋元帝建武元年即 317 年左右，如此则凿齿时年正当二十九、三十岁。

《世说新语》的记载印证了这一推断。其《文学第四》第 80 条曰："习凿齿史才不常，宣武甚器之，未三十，便用为荆州治中。凿齿谢笺亦云：'不遇明公，荆州老从事耳！'"刘孝标注引檀道鸾《续晋阳秋》曰："凿齿少而博学，才情秀逸，温甚奇之。自州从事，岁中三转，至治中。"岁中三转，当指由从事而主簿，由主簿而治中。年未三十为治中，正合凿齿实际。

桓温对习凿齿的器识是真切可感的。凿齿本传云，温尝因事对人言："徒三十年看儒书，不如一诣习主簿。"其对凿齿之赞赏溢于言表。唐杜佑撰《通典》，这句话乃至被引用作为对主簿一职的补充描述："主簿一人，录门下众事，省署文书，汉制也。历代至隋皆有。晋习凿齿字彦威，为桓温荆州主簿，亲遇深密。时语曰：'徒三十年看儒书，不如一诣习主簿。'"（《通典》卷三十二《职官十四·州郡上·总论州佐》）

但本传并未记载凿齿由主簿迁治中事，而是承上写道："累迁别驾。"据《后汉书·百官志》，司隶校尉有从事史十二人，假佐二十五人。外十二州，皆有从事史、假佐，员职略与司隶同。治中从事，主州选署及众事。别驾从事，校尉行部则奉引，录众事。簿曹从事，主财谷簿书。其有军事，则置兵曹从事，主兵事。主簿录阁下事，省文书；门亭长主州正；门功曹书佐主选用。又有《孝经》师、《月令》师、律令师等员。三国、两晋基本承汉制，而有所增益。《晋书·职官志》："州置刺史，别驾、治中从事、诸曹从事等员。又有主簿、门亭长、录事、记室书佐、诸曹佐、守从事、武猛从事等。凡吏四十一人，卒二十人。"关于别驾、治中之职，杜佑《通典》卷三十二《职官十四·州郡上·总论州佐》描述曰："别驾从事史一人，从刺史行部，别乘一乘传车，故谓之别驾，汉制也。历代皆有。"又曰："治中从事史一人，居中治事，主众曹文书，汉制也。历代皆有。"可知州之佐吏，从事史有十余人之众，而以治中、别驾最为贵显，其地位往往被认为高于郡守。据《三国志·蜀志·彭羕传》：羕为益州治中从事，"一朝处州人之上，形色嚣然"，旋以心大志广，难可保安，左迁江阳太守。又《杨洪传》：洪以领蜀郡太守转为益州治中从事，在诸葛亮东行永安问疾、成都单虚的情况下，启明太子，调兵遣将，一举讨平黄元之乱。可见治中位高任重。大体上说，治中、别驾，一主内，一主外，为州刺史之左右手，职位基本相当。或以别驾可"别乘一乘传车"，不同于其他幕僚，遂显得待遇高于治中。这或许也是本传不录凿齿曾任治中，而径书其"累迁别驾"的原因吧。

南朝宋何法盛则记录了习凿齿曾任治中、别驾二职。《世说新语·言语第二》第72条刘孝标注引其《晋中兴书》曰："习凿齿字彦威，襄阳人。少以文称，善尺牍。桓温在荆州，辟为从事。历治中、别驾……"而《北堂书钞》卷七十三"设官部二十五·别驾"条引同一书曰："习凿齿字彦威，为州治中，刺史桓温连征，凿齿或留，所在称职。""习凿齿，刺史桓温甚器之，在州境十年。"据此可看出凿齿在荆州幕府的宦迹。荆幕十年，无疑是凿齿仕途通达、春风得意的十年。故唐贞观时官方重修《晋书》，《习凿齿传》基本上沿袭了《中兴书》的说法："温出征伐，凿齿或从或守，所在任职，每处机要，莅事有绩，善尺牍论议，温甚器遇之。"而凿齿对桓温的器遇也是由衷感激、尽职尽责的。"不遇明公，荆州老从事耳"的表白以及"每处机要，莅事有绩"的描述，充分说明了这一点。

　　然而十年后，因为两件事，使桓温改变了对习凿齿的看法，导致了二人的疏离和习凿齿的左迁、外放。

　　第一件事，《晋书·习凿齿传》云：凿齿"后使至京师，简文亦雅重焉。既还，温问：'相王何似？'答曰：'生平所未见。'以此大忤温旨，左迁户曹参军。"简文、相王，皆谓司马昱。昱为晋元帝少子，永昌元年（322）封琅邪王，成帝时徙封会稽王；穆帝永和元年（345），太后临朝，进位抚军大将军、录尚书六条事，翌年受诏专总万机。司马昱乃明帝之弟、成帝康帝之叔、穆帝之叔祖，历仕元、明、成、康、穆五帝，可谓皇室代表人物，故其一旦秉政，有"相王"之称。而自此以后又历哀、废二帝，司马昱始终秉政，后桓温黜废帝，他被立为皇帝，是为简文帝，故《晋书》纪事又多称其为"简文"。东晋自元帝时起，朝廷（皇室）与方镇之间的矛盾便十分突出。东晋的边防，上游在荆襄，下游在淮南。手握荆襄、淮南重兵的方镇多有所为不轨，甚至公然举兵反抗朝廷。元、明二帝时曾先后发生王敦、苏峻之乱。成帝时，陶侃继镇荆楚，都督荆、江、雍、交、广等八州军事，领荆、江二州刺史，一世英杰，忠顺勤劳，史书犹指其"及都督八州，据上流，握强兵，潜有窥窬之志"，只是每思早年"折翼"之梦，才得"自抑而止"（《晋书·陶侃传》）。桓温继庾翼镇荆州，温雄武有才力，是东晋朝廷中不可多得的将领。唐余知古《渚宫旧事》卷五记曰："温在镇三十年，参佐习凿齿、袁宏、谢安、王坦之、孙盛、孟嘉、王珣、罗友、郗超、伏滔、谢奕、顾恺之、王子猷、谢玄、罗含、范汪、郝隆、车胤、韩康等，皆海内奇士，伏其为人。"如此幕府，诚可谓群贤毕至，英彦云集，亦可见桓温绝非等闲之辈。温西平成汉，北伐中原，积累了巨大的政治资本。然温乃乱世枭雄，一旦据上流，握强兵，其"觊觎非望"之心却难像陶侃那样"自抑而止"。而在皇室与强势方镇的博弈中，从习凿齿后来著《汉晋春秋》看，他是维护中央皇权，反对方镇觊觎非望的。据《晋书·简文帝纪》，司马昱自幼不仅"为元帝所爱"，而且受到著名道学术数大师郭璞的关注："郭璞见而谓人曰：'兴晋祚者，必此人也。'及长，清虚寡欲，尤善玄言。"康帝时曾下诏赞美司马昱："会稽王叔履尚清虚，志道无倦，优游上列，讽议朝肆。”当习凿齿出使至京师时，受到了这样一位德高望重的非常人物的礼遇，“雅重焉”。因此，当桓温问及凿齿对相王的印象时，凿齿坦率地回答：“生平所未见。”（《晋书·习凿齿传》）如此赞美之言，当然是桓温不乐闻的。温之不快可想而知，凿齿左迁也就在所难免。然户曹参军一职，《后汉书·百官志》及《晋书·职官志》皆不载。考诸史籍，东晋元帝时，王敦为镇东（旋迁征南）大将军、开府仪同三司、都督江扬荆湘交广六州诸军事、江荆二州刺史，挚瞻曾为“大将军户曹参军”。桓温在平蜀后不久进位征西大将军、开府，此时荆州诸曹从事或改称参军，在情理之中。荆州参佐孙盛、顾恺之、王子猷等皆曾任参军之职。其后历南北朝、隋、唐至宋，设置参军之风日盛，名目繁多，不一而足。据《宋史·职官志七》：“户曹参军掌户籍赋税、仓库受纳。”唐白居易任翰林学士、左拾遗时，曾以家贫奉亲为名，乞为京兆府户曹参军，在得到皇帝恩准后，上《谢官状》并写下《初除户曹喜而言志》诗，表达感恩和喜悦之情，而其知交元稹更为他高兴得流泪，奉和道：“君求户曹掾，贵以禄奉亲。闻君得所请，感我欲沾巾。”可知户曹参军一职，不仅职位重要，而且是一美差。当时桓温征伐不断，户曹既掌户籍赋税，不仅要维持官署运转、民政民生，而且要负责部分兵员、军需供给，故户曹参军虽不如别驾贵显，但仍不失为重要僚属。《世说新语》记录了这样一件逸事：“习凿齿、孙兴公未相识，同在桓公座。桓语孙：‘可与习参军共语。’孙云：‘蠢尔荆蛮，敢与大邦为仇？’习曰：‘薄发猃狁，至于太原。’”（《世说新语·排调第二十五》）僚属于“主公”座前就对方籍贯互相调笑，起码从表面看，桓、习关系并未十分紧张。

但桓、习之间毕竟已有心结，这从桓温对第二件事的处理可以看出。《习凿齿传》云：“初，凿齿与其二舅罗崇、罗友俱为州从事。及迁别驾，以坐越舅右，屡经陈请。温后激怒既盛，乃超拔其二舅，相继为襄阳都督，出凿齿为荥阳太守。”因欲避免“坐越舅右”的尴尬而“屡经陈请”（本传未提及陈请内容，或为求升其二舅职位），致使桓温盛怒之下，超拔二罗而贬放凿齿。其实，二罗都是人才，罗崇后来任竟陵太守，晋废帝太和二年（367）曾击破前燕将军慕容尘入寇；桓豁继其兄温任荆州刺史，罗崇又助其讨破南阳郡督护赵弘、赵忆叛乱。（见《晋书·废帝海西公纪、桓彝传附子豁传》）罗友后任襄阳太守，"累迁广、益二州刺史。在藩举其宏纲，不存小察，甚为吏民所安说。"（《世说新语·任诞第二十三》注引《晋阳秋》）可见凿齿之陈请，并非全为私心，尚有举贤不避亲之义。桓温以知人见称，从其后来重用二罗看，外放凿齿显然是小题大做。说到底，这还是第一件事的继续发酵：彼此间积久渐深的了解，政治上对中央皇权是维护还是"觊觎非望"的原则分歧，最终导致了桓、习的分道扬镳。

　　凿齿左迁外放，到底去了何处，中唐以前史籍基本上皆主"荥阳"说。上述《世说·言语》第72条刘孝标注引《晋中兴书》，省略的一句便是"迁荥阳太守"五个字。《中兴书》约作于南朝宋孝武帝时，距凿齿弃世未逾百年，该书被刘知幾称为东晋史书中之最佳者，其记东晋人和事自然最为可信。唐人重修《晋书》时，《中兴书》等十八家晋书尚存，故凿齿本传主荥阳说其来有自；而同期撰成的《隋书·经籍志》，于《汉晋春秋》及《习凿齿集》的著者皆载明为"晋荥阳太守"。一百多年后，唐肃宗时许嵩撰《建康实录》，其卷九《晋·烈宗孝武皇帝》亦记曰：太元九年，"冬十月辛亥朔，日有食之。……是月，前荥阳太守习凿齿卒。"直到又数十年后，唐宪宗时林宝撰《元和姓纂》，始出现"晋衡阳太守习凿齿著《汉晋春秋》五十四卷"一条记录。后世所见《世说》"出为衡阳郡"之讹，或即肇端于此。按《世说·文学第四》第80条云：凿齿"后至都见简文，返命，宣武问：'见相王何如？'答云：'一生不曾见此人。'从此忤旨，出为衡阳郡。"刘注引《续晋阳秋》亦曰："后以忤旨，左迁户曹参军、衡阳太守。"究竟是外放荥阳还是衡阳？我倾向以荥阳为是。清乾隆时，王太岳等撰《四库全书考证》卷四十七《经义考下（史部）》云："习氏《汉晋阳秋》，檀道鸾曰：'凿齿以忤旨，左迁户曹参军、荥阳太守。'刊本荥讹衡，盖沿《世说》之误，今据《晋书》改。"其实《世说》唐前古本不应有误：刘注既已在《言语篇》引《中兴书》称凿齿"迁荥阳太守"，不可能在其后的《文学篇》将荥误为衡，那孝标注乃父大作也太不认真了!《晋书》、《隋书》、《建康实录》的作者皆执荥阳说,说明中唐以前人们所看到的《世说》等典籍记录皆为"荥阳"。然书经三写,乌焉成马,《世说》在传抄过程中误荥为衡并不奇怪;林宝在仓促撰成《元和姓纂》时,或所见钞本已讹为衡阳,或即林宝本人不慎致讹,皆有可能。《四库提要》就批评《元和姓纂》,以为"宝以二十旬而成书,援引间有讹谬",并认同"洪迈《容斋随笔》称《元和姓纂》诞妄最多,盖有由也"。故晚近罗振玉、岑仲勉校《姓纂》,皆主"荥阳"以校正之。(《元和姓纂》卷十《二十六缉·习》岑氏校记)

　　而值得一提的是,宋本《世说》犹主荥阳说;郑樵《通志》、陈振孙《书录解题》,亦皆称凿齿为荥阳太守。(《通志二十略·艺文略第三·史类·编年》,《直斋书录解题》卷七"史部·传记类")郑樵为宋代著名史学家、目录学家,陈振孙为著名藏书家、目录学家,他们于荥阳、衡阳的取舍,应当是十分慎重的。衡阳说谬种流传,实不足据。清代以降,虽有四库馆臣明确指出《世说》"刊本荥讹衡",执衡阳说者仍不乏其人。如余嘉锡《世说笺疏·文学》第80条曰:"程炎震云:'宋本衡作荥。《晋书·习凿齿传》亦作荥。与宋本同。然荥阳属司州,自穆帝末已陷没,至太元间始复。温时不得置守,亦别无侨郡,当作衡阳为是。'《晋书》本传作'荥阳太守',吴士鉴注云:'《元和姓纂》十作衡阳。是时司州非晋所有,荥阳当是衡阳之误。'"程、吴皆为清末民初人,程云出处未悉,吴注出《晋书斠注》,程、吴犯了同一个错误。前四川大学教授刘静夫在《习凿齿评传》一文中指出:"按程、吴都忽略了当时的一件大事,即桓温北伐曾一度收复洛阳。据清徐文范《东晋南北朝舆地表》载,永和十二年(356年)桓温收复洛阳,请迁都,不许;东晋乃置司州,辖三郡:河东、荥阳、陈留。兴宁元年(363),荥阳为前燕攻占,东晋控制荥阳约七八年的时间。因此,程、吴说当时司州非晋所有,不得置守,是不对的。而且,东晋设司州三郡时,也正是习在荆州满十年的时候,故习曾为荥阳太守应该无疑。"此说可谓凿凿有据。

　　综上所述,习凿齿迁荥阳太守,已无可置疑。而外放荥阳的具体时间，当在永和十二年八月桓温收复洛阳以后。凿齿"在州境十年"，此时年在不惑，春秋鼎盛，他在荥阳太守任上究竟干了多久、做了些什么，《世说》、刘注及《晋书》本传但云其在郡著《汉晋春秋》，以裁正桓温"觊觎"之心，其它则略而未载。至于他何时离任，也无从详考，所能揣知的是，他至迟在兴宁元年荥阳又为前燕攻占之前离郡。

习凿齿又回到了故里襄阳，并从此结束了他的仕宦生涯。据凿齿本传云："后以脚疾，遂废于里巷。"从现存史料看，罢郡后罹患脚疾的习凿齿，总体上过着乡居闲适的优游生活，并在与朋友的交往等社会活动中展示着他的才情。梁元帝萧绎《金楼子》卷五《捷对篇》，记载了如下故事：

> 习凿齿诣释道安，值持钵趋堂，凿齿乃翔往众僧之斋也，众皆舍钵敛衽，唯道安食不辍，不之礼也。习甚恚之，乃厉声曰："四海习凿齿，故故来看尔。"道安应曰："弥天释道安，无暇得相看。"习愈忿曰："头有钵上色，钵无头上毛。"道安曰："面有匙上色，匙无面上坳。"习又曰："大鹏从南来，众鸟皆戢翼。何物冻老鸱，脯脯低头食。"道安曰："微风入幽谷，安能动大材。猛虎当道食，不觉蚤虻来。"于是习无以对。

据《弘明集》卷十二所载习凿齿《与释道安书》，道安来襄阳传经实由凿齿之邀，撇开萧绎禀性猜忌、以己度人的不当描述，二人之会，各展舌华，诙谐答对，应该是很愉快的，因而才成就了一段佳话。南朝梁释慧皎撰《高僧传·释道安传》就说："时襄阳习凿齿锋辩天逸，笼罩当时。其先闻安高名，早已致书通好。及闻安至止，即往修造。既坐，称言：'四海习凿齿。'安曰：'弥天释道安。'时人以为名答。""锋辩天逸，笼罩当时"以及"俊辩有高才"的赞语，恰切地道出了这一对俗僧朋友的潇洒才情。

然而，前秦对东晋的战争，扰乱了习凿齿的平静生活。凿齿本传又云："及襄阳陷于苻坚，坚素闻其名，与道安俱舆而致焉。既见，与语，大悦之，赐遗甚厚。又以其蹇疾，与诸镇书：'昔晋氏平吴，利在二陆；今破汉南，获士裁一人有半耳。'俄以疾归襄阳。寻而襄邓反正，朝廷欲征凿齿，使典国史，会卒，不果。"襄阳陷于苻坚，在晋太元四年（379年）二月。《晋书·孝武帝纪》曰："（太元）四年春正月辛酉，大赦，郡县遭水旱者减租税。丙子，谒建平等七陵。二月戊午，苻坚使其子丕攻陷襄阳，执南中郎将朱序。"北魏崔鸿《十六国春秋》卷三七《前秦录五·苻坚中》，记苻坚舆致释氏及凿齿曰："太史奏有星见于外国之分，当有圣人入辅中国，得之者昌。坚曰：'朕闻西域有鸠摩罗什，襄国有释道安，神清气足，方欲致之，以辅朕躬。'并遣求之。习凿齿以脚疾废于里巷，坚素闻其名，与道安俱舆而致焉。既见，与语，大悦之，赐遗甚厚。又以其蹇疾，与诸镇书曰：'昔晋氏平吴，利在二陆；今破汉南，获士裁一人有半耳。'"《高僧传·释道安传》亦记云："时苻坚素闻安名，每云襄阳有释道安，是神器，方欲致之以辅朕躬。后遣苻丕南取襄阳，安与朱序俱获于坚。坚谓仆射权翼曰：'朕以十万之师取襄阳，唯得一人半。'翼曰：'谁耶？'坚曰：'安公一人，习凿齿半人也。'"半人之说，总为凿齿残疾，诸多不便，不能做一全人用也。凿齿入长安后还有些什么活动，诸书阙载，度"俄以疾归襄阳"之意，可以认为他不久就又回了家乡。数年后，东晋乘淝水大败秦军之势收复襄阳，据《孝武帝纪》，太元九年（384）四月己卯，"使竟陵太守赵统伐襄阳，克之。"此即所谓"襄邓反正"。不久，东晋朝廷诏征习凿齿典修国史，然而未及成行，凿齿便去世了。《建康实录》亦记凿齿卒于太元九年冬十月，正当襄邓反正后不久，二书相参，信而有征。假定凿齿生年约在317年前后不致大误，则凿齿享年约六十七八岁。

这里要特别说明一点，即本前言开头所提及的习凿齿生卒年的第三种说法，出自今江西新余《梅田习氏族谱》。据该《族谱·世系总图》云："凿齿字彦威，号半山。博学洽闻，著《汉晋春秋》五十四卷。为荥阳侯。生咸和三年岁戊子八月十三日午时。因秦王苻坚寇晋，屡以书征辟之，正直自处，不肯从召。遂携其妻、子隐寓于万载书堂山，而卜居梅田。殁义熙八年壬子，享寿八十有余。葬分宜枣木山梅仙洞下大金星海螺形亥山巳向。"则凿齿晚年去了梅田，享年约八十四岁。但《族谱》刻印在清乾隆时，因持论与唐前典籍相抵牾，故颇有学者不予认同，而认同者考信的史料又仅上溯至明代，遂致争讼。鉴于唐初重修《晋书》主要是在臧荣绪《晋书》基础上增删，参与者多为文咏之士，竞为文藻，不求笃实，故新《晋书》历来为学者所诟病，或有误荟珍贵史料，亦属可能。而族谱作为文献之一种，与正史、方志素称历史三大支柱，其史料价值往往不可低估。鉴于历代典籍散佚严重，故我以为，尽信现存典籍，轻易否定《族谱》，似亦不可取。此事还需各方学者齐心协力，钩沉索隐，孜孜以求，力争拿出更多可凭信的考证成果。

三、《汉晋春秋》卓异的的史学价值

纵观习凿齿的一生，没有叱咤风云、轰轰烈烈，但却是一个有才华、有胆识的率性读书人多彩的一生。关于习凿齿的才情，《中兴书》《世说》《晋书》本传等所记已如前述，余嘉锡《世说笺疏·忿狷篇》更称"习凿齿人才学问独出冠时"，应当说均非虚誉。由于体例、篇幅所限，前言对习氏学问、才情不拟展开论述，只简要介绍他的代表作《汉晋春秋》。

习凿齿的著作，据《隋书·经籍志》《旧唐书·经籍志》及《新唐书·艺文志》记载，主要有史学著作《汉晋春秋》《襄阳耆旧记》《逸民高士传》及《习凿齿集》四种。四书皆早已亡佚，其中《汉晋春秋》《襄阳耆旧记》有清人辑本和今人校补本行世，《习凿齿集》仅剩零散文字数篇（节），而《逸民高士传》已无从寻觅。

习凿齿的著作，以《汉晋春秋》影响最著，凿齿的才情与卓识在这部书里得到了充分的体现。据《隋书·经籍志二》史部古史编年类著录："《汉晋春秋》四十七卷，迄愍帝。晋荣阳太守习凿齿撰。"《旧唐书·经籍志上》及《新唐书·艺文志二》乙部史录编年类著录《汉晋春秋》，则皆称"五十四卷"。《晋书》记载与《唐志》同。其《习凿齿传》云："是时（桓）温觊觎非望，凿齿在郡，著《汉晋春秋》以裁正之。起汉光武，终于晋愍帝。于三国之时，蜀以宗室为正，魏虽受汉禅晋，尚为篡逆，至文帝平蜀，乃为汉亡而晋始兴焉。引世祖讳炎兴而为禅受，明天心不可以势力强也。凡五十四卷。"鉴于《隋》、《晋》二书皆为唐初官修，《隋书》成于前，《晋书》撰于后，《建康实录》与《元和姓纂》又皆以"五十四卷"为说，而彼时《汉晋春秋》仍存，可见其为五十四卷无疑。《隋志》为撰稿者笔误，亦或后人传写致误，已不可知。《汉晋春秋》何时亡佚，有人揣测在唐末五代时，但并无有力证据；可以肯定的是，至迟在北宋中期，这本书已难见到。南宋周必大为萧常《续后汉书》作《序》，在谈到《汉晋春秋》时云："然五十四卷徒见于唐《艺文志》、本朝《太平御览》之目，逮仁宗时修《崇文总目》，其书已逸，或谓世亦有之，而未之见也。"晁公武《郡斋读书志》、陈振孙《直斋书录解题》皆不录此书，可证周氏之说。而高似孙《史略》卷三"历代春秋"及卷五"《通鉴》参据书"目下，却开列有《汉晋春秋》，或依《通鉴》引有此书若干条目而言，但也不能排除其另有所闻。

那么《汉晋春秋》为何而作，是否确如《晋书》所言？据《世说·文学篇》载，习凿齿因至都见简文，返命答问忤旨，"出为衡阳郡，性理遂错。于病中犹作《汉晋春秋》，品评卓逸。"刘孝标注引谭道鸾《续晋阳秋》曰："凿齿……后以忤旨，左迁户曹参军、衡阳太守。在郡著《汉晋春秋》，斥温觊觎之心也。"凿齿本传基本上沿袭了谭道鸾的说法。然而，唐时刘知幾对此说已不以为然。《史通·探赜篇》云："习凿齿之撰《汉晋春秋》，以魏为伪国者，此盖定邪正之途，明顺逆之理耳。而檀道鸾称其当桓氏执政，故撰此书，欲以绝彼瞻乌，防兹逐鹿。历观古之学士，为文以讽其上者多矣。若齐冏失德，《豪士》于焉作赋；贾后无道，《女史》由其献箴。斯皆短什小篇，可率尔而就也。安有变三国之体统，改五行之正朔，勒成一史，传诸千载，而藉以权济物议，取诚当时？岂非劳而无功，博而非要，与夫班彪《王命》，一何异乎！求之人情，理不当尔。"知幾以为，裁正桓温觊觎之心，"取诚当时"，一篇赋箴足以当之，何须"勒成一史，传诸千载"！

知幾之言，大体得凿齿之心，然而又未尽其意。裁正桓温觊觎之心，或确为凿齿初衷，而一旦运思，境界大开，其撰述之旨自不限于此。当时陈寿《三国志》早已问世。据《晋书·陈寿传》云："（寿）撰魏、吴、蜀《三国志》，凡六十五篇。时人称其善叙事，有良史之才。"陈寿于晋惠帝元康七年（297）病逝后，尚书郎范頵等上表以为："故治书侍御史陈寿作《三国志》，辞多劝诫，明乎得失，有益风化，虽文艳不若相如，而质直过之。愿垂采录。"于是朝廷命河南尹、洛阳令就其家抄写其书。《三国志》由此传播开来。范頵等所言，表达的是时人对《三国志》的最初评价，这种评价仅就史著的一般价值而言，可以认为是较为平允的。然而，世易时移，《三国志》的以下书法却遭致了后人的訾议。主要是：《三国志》帝魏而主蜀、吴，为魏国奠基者曹操及其历代国君立"纪"，而对蜀、吴二国国君则立"传"；《魏志》对刘备、孙权称帝皆不书，而二君即位却要在蜀、吴二《志》中记明魏国年号；刘备称帝，国号汉以绍汉统，却以其地处于蜀而改称蜀国；以及因回护曹氏、司马氏欺君、篡弑行为，而为曲笔隐词，等等。这表明《三国志》是以魏为正统、尊魏抑蜀的。晋代魏，司马炎踵曹丕故步。而自晋元以降，权臣拥兵自重，窃据要津，觊觎非望；宋、齐、梁、陈，篡弑相仍，皆以禅受为辞，祸延数世，流毒无穷。于是，自东晋时起，一些正直的史家已防患未然，在著述中对汉晋间历史进行了不同于陈寿的叙述，力求传信后世。习凿齿、袁宏、范晔就是其中的代表人物。习凿齿说容后述。与凿齿大致同时的袁宏，在其所撰《后汉纪》中有一段著名的史论。他在评论曹丕以禅受之名篡汉称帝事件时，明确指出："汉自桓、灵，君道陵迟，朝纲虽替，虐不及民。虽宦竖乘间，窃弄权柄，然人君威尊，未有大去王室，世之忠贤，皆有宁本之心。若诛而正之，使各率职，则二祖、明、章之业，复陈乎目前，虽曰微弱，亦可辅之。时献帝幼冲，少遭凶乱，流离播越，罪不由己。故老后生，未有过也。其上者悲而思之，人怀匡复之志。故助汉者协从，背刘者众乖。此盖民未忘义，异乎秦汉之势。魏之讨乱，实因斯资，旌旗所指，则以伐罪为名，爵赏所加，则以辅顺为首。然则刘氏之德未泯，忠义之徒未尽，何言其亡也? 汉苟未亡, 则魏不可取。今以不可取之实, 而冒揖让之名, 因辅弱之功, 而当代德之号, 欲比德尧、舜, 岂不诬哉!"从而从根本上否定了曹魏代汉的必然性与合理性。《后汉纪》不结束于曹丕篡汉之年, 而以"明年, 刘备自立为天子"(《后汉纪·孝献皇帝纪第三十》)终篇, 应当说用意弥深。清赵作羹著《季汉纪》, 于《缘起》中就说: "故井络(指蜀汉)之开基也, 袁氏于所作《汉纪》之末, 直指历数之攸归。"可谓一语道破天机。

习、袁身后数十年, 刘宋时范晔撰《后汉书》, 坚持据事直书, 持论平允。其对汉末重大史事的叙述, 凡陈寿回护之笔, 一概使之返本归真。清赵翼撰《廿二史札记》, 曾专立《后汉书三国志书法不同处》一节, 对二书之别加以论列, 如曰: "陈寿《魏纪》书天子以公领冀州牧, 蔚宗《献帝纪》则曰曹操自领冀州牧。《魏纪》, 汉罢三公官, 置丞相, 以公为丞相, 《献纪》则曰曹操自为丞相。《魏纪》, 天子使郗虑策命公为魏公, 加九锡, 《献纪》则曰曹操自立为魏公, 加九锡。《魏纪》, 汉皇后伏氏坐与父完书, 云帝以董承被诛怨恨公, 后废黜死, 兄弟皆伏法, 《献纪》则曰曹操杀皇后伏氏, 灭其族及其二子。《魏纪》, 天子进公爵为魏王, 《献纪》则曰曹操自进号魏王。……至禅代之际, 《魏纪》书汉帝以众望在魏, 乃召群公卿士, 使张音奉玺绶禅位, 《献纪》则曰魏王丕称天子, 奉帝为山阳公。他如董承、孔融等之诛, 皆书操杀。此史家正法也。"赵翼并赞曰: "范蔚宗于《三国志》方行之时, 独不从其例, 观《献帝纪》, 犹有《春秋》遗法焉。"(《廿二史札记》卷六)

袁宏《后汉纪》与范晔《后汉书》是迄今保存最完好的晋宋人史著, 从中不难看出二氏尤其是范氏对《三国志》关于汉魏易代纪事的矫正。对《三国志》书法的不满, 自晋宋时起, 已隐然成为影响史家著述的重要因素。而习凿齿正是以一部史著的创作实践, 揭橥颠覆了《三国志》书法。因此似可认为, 不满于《三国志》书法, 抑奸雄, 黜篡弑, 既取诚当时, 亦贻鉴将来, 方为《汉晋春秋》之所由作。

平心而论, 《三国志》是一部伟大的史著, 但对它的全面评价非关本前言之旨，我们这里要说的，主要是针对它饱受后世诟病的三大缺憾——《汉晋春秋》正是在矫正和弥补这些缺失的撰述中，彰显了其卓异的史学价值。

1. "变三国之体统"，以季汉承后汉，"定邪正之途，明顺逆之理"

所谓"变三国之体统"，指的是《汉晋春秋》黜《三国志》之帝魏，以刘备所建立之季汉（蜀汉）绍汉统，而以魏、吴为僭国。换句话说，就是以蜀汉为正统，与后汉一脉相承，不承认所谓"三国鼎立"。刘知幾认为，这是"定邪正之途，明顺逆之理"。笔者以为，这也正是《汉晋春秋》虽早已亡佚，而犹备受后世关注的最重要原因。

关于正统之说，饶宗颐先生所著《中国史学史上之正统论》，论述甚详，可资鉴览。以我观之，正统之说从孕育、萌芽到确定，经历了漫长的历史岁月。上古史事，以口口相传，少有文字记载，但著名者如蚩尤、共工，虽并为一方首领，乃至"伯有九州"，无愧雄杰，而皆因败辱，不仅不得序于帝王之列，反而成为邪恶的化身。其时传史者的潜意识中，已隐然有正统观念在。因此可以说，正统之说孕育于上古史话。而向来谓《春秋》之作，始肇其端。如宋欧阳修《原正统论》云："正统之说，肇于谁乎？始于《春秋》之作也。"饶先生就此申论曰："治史之务，原本《春秋》，以事系年，主宾胪分，而正闰之论遂起。欧公谓'正统之说始于《春秋》之作'，是矣。正统之确定，为编年之先务，故正统之义与编年之书息息相关，其故即在此也。"（《中国史学史上之正统论·通论》）但作为编年体史书的《春秋》，只是实现了正统观念由潜意识向有意识的转化而已，作为史学概念的正统一词，其问世则迟至两汉之时。西汉诸儒讲经，既推邹衍五德终始之说，同时亦借鉴历法上之正闰概念，强调汉王朝的正统地位，并以汉承周，指秦为闰位，在木火之间，霸而不王，于是有正闰之论兴。而正闰不过是正统概念诞生前的一种喻义。创为"正统"一词，还应归功于后汉班固。班固受明帝命撰《汉书》，为"光扬大汉"，惩司马相如《封禅》靡而不典、扬雄《美新》典而不实，而作《典引篇》，"述叙汉德"。以为"冠德卓踪者，莫崇乎陶唐。陶唐舍胤而禅有虞，虞亦命夏后，稷契熙载，越成汤武。股肱既周，天乃归功元首，将授汉刘。俾其承三季之荒末"，"是以高、光二圣，辰居其域，时至气动，乃龙见渊跃。"就是说，汉刘远继尧运，近承周末，"盖以膺当天之正统，受克让之归运，蓄炎上之烈精，蕴孔佐之弘陈云尔。"（《后汉书·班彪传附子固传》）"正统"概念遂由此产生，班固本人亦成为自觉地以正统观念指导纪传体史书编纂的始作俑者。而后来问世的《三国志》与《汉晋春秋》，因为在汉晋之际历史的叙述上为后世正统论提供了对比的样本，不期然为论者所乐道。

大致说来，后世对《三国志》的訾议，第一条就是其以正统予魏，为窃弄威权、觊觎非望的曹操立帝纪，使篡汉自立的曹丕反得禅受之美名，以致谬种流传，遗毒难尽。当然，不平之鸣主要为蜀汉而发，于吴则不然。刘知幾《史通》的批评具有代表性，其《探赜篇》在评述前人著作时云："隋内史李德林著论，称陈寿蜀人，其撰《国志》，党蜀而抑魏。刊之国史，以为格言。案曹公之创王业也，贼杀母后，幽逼主上，罪百田常，祸千王莽。文帝临戎不武，为国好奢，忍害贤良，疏忌骨肉。而寿评皆依违其事，无所措言。刘主地居汉宗，仗顺而起，夷险不挠，终始无瑕。方诸帝王，可比少康、光武；譬以侯伯，宜辈秦缪、楚庄。而寿评抑其所长，攻其所短。是则以魏为正朔之国，典午攸承；蜀乃僭伪之君，中朝所嫉。故曲称曹美，而虚说刘非，安有背曹而向刘、疏魏而亲蜀也？夫无其文而有其说，不亦凭虚亡是者耶？"接着便下了"习凿齿之撰《汉晋春秋》，以魏为伪国者，此盖定邪正之途，明顺逆之理耳"的赞语。将《汉晋春秋》与《三国志》对比说事，恰好揭示了二书关于正统斯在的对立。

这里，有两个相关的问题似需要澄清：

一是关于刘蜀之国号。汉末刘备即皇帝位于成都，国号汉，这不仅有《蜀志·先主传》所载即位文可证，《吴志·吴主传》载汉吴结盟之盟词亦可证，如"今日灭叡，禽其徒党，非汉与吴，将复谁任？……自今曰汉、吴既盟之后，戮力一心，同讨魏贼"云云；且当时蜀汉君臣已自称其国为季汉，如《蜀志·诸葛亮传》载后主诏策赞亮"建殊功于季汉"、《杨戏传》载戏所撰《季汉辅臣赞》等。陈寿本蜀人，与其父两代仕于季汉，而其撰《三国志》，因怯于"魏称受禅于汉，自不容更有汉"（刘咸炘《三国志知意》），遂擅改其故国之名曰"蜀"，难免为后世诟病。北宋唐庚撰《三国杂事序》就批评说："上自司马迁《史记》，下至《五代史》，其间数千百年，正统、偏霸与夫僭窃乱贼，甚微至弱之国，外至蛮夷戎狄之邦，史家未有不书其国号者，而《三国志》独不然。刘备父子相传四十余年，始终号汉，未尝一称蜀；其称蜀，流俗之语耳。陈寿黜其正号，从其俗称，循魏晋之私意，废史家之公法。用意如此，则其所书善恶褒贬予夺，尚可信乎！"南宋黄震则申论曰："蜀，地名，非国名。昭烈以汉名，未尝以蜀名，孙氏之盟亦曰汉、吴，是天下未尝以蜀名也。且国有称号，犹人有姓氏，未有改人之姓氏而笔之书，亦未有改人国号而笔之史。谓其偏据欤？刘渊自谓汉，人犹谓之汉；谓未能中兴欤？元帝南渡，世亦谓之晋矣，未闻以其居吴而谓之吴也。"（《黄氏日钞》卷四十八）自后引二氏之说者，代不乏人，乃至为陈寿辩护者也坦承："坐罪陈寿，谓命名之不正，是则然矣。"（章学诚：《知非日札》）

习凿齿著《汉晋春秋》，则旨在传信于后世。

三国两晋，私家修史，蔚成风气，纪传、编年，迭次推出，但基本上都是记一朝一国一代之史。在习凿齿之前和同时，诸家《后汉书》、《续汉书》、《后汉纪》，王沈《魏书》、鱼豢《魏略》、孙盛《魏氏春秋》，韦昭《吴书》、环济《吴记》，王崇《蜀书》、谯周《蜀本纪》、王隐《蜀记》，以及陈寿《三国志》等，概莫能外。包举后汉、三国、西晋近三百年史事，惟习凿齿《汉晋春秋》。而书以"汉晋"冠名，在将蜀汉纳入汉统的同时，也就顺理成章地褫夺了《三国志》给予曹魏的正统地位。如是，所谓三国鼎立即不复存在，三国史也便融入了"汉春秋"。如此史笔，可谓匠心！习氏曾撰《晋承汉统论》，详述了他黜魏正统的理据。其略云："魏武超越，志在倾主，德不素积，义险冰薄。""今若以魏有代王之德，则其道不足；有静乱之功，则孙、刘鼎立。道不足则不可谓制当年，当年不制于魏，则魏未曾为天下之主；王道不足于曹，则曹未始为一日之王矣。昔共工伯有九州，秦政奄平区夏，鞭挞华戎，专总六合，犹不见序于帝王，沦没于战国，何况暂制数州之人，威行境内而已，便可推为一代者乎！"（《晋书·习凿齿传》）此外，他又撰《侧周鲁通诸葛论》，表明了予蜀汉以正统的理由："夫论古今者，故宜先定其所为之本，迹其致用之源。诸葛武侯龙蟠江南，托好管、乐，有匡汉之望，是有宗本之心也。今玄德，汉高之正胄也，信义著于当年，将使汉室亡而更立，宗庙绝而复继。"以之为正统，"谁云不可哉！"（《太平御览·人事部八十八·品藻下》）

而刘知幾肯定《汉晋春秋》"定邪正之途，明顺逆之理"，主张"论王道则曹逆而刘顺"（《史通·称谓》），正是针对刘蜀与曹魏得国之正与不正而言，是对习凿齿创作《汉晋春秋》价值取向的肯定。知幾又有自注云："《汉晋春秋》以蜀为正统，其编目叙事，其编目叙事，皆谓蜀先主为昭烈皇帝。"既以刘蜀为正统，则曹魏自被置于僭伪地步；既称昭烈皇帝，则昭明其绝不以蜀为国号。《三国志》作者为远祸而以地名易故国国号，无乃太过。若非习凿齿，承祚之谬，几乎瞒天过海！

二是关于正统论之"正"义。自刘知幾比较品评陈、习二书而扬习抑陈，中国史学史上的正统论争遂正式拉开帷幕，两宋时被逐渐推向高潮，元、明、清因之，聚讼纷纭，而至清末民初梁启超先生著《论正统》，提出"中国史家之谬，莫过于言正统也"以来，持续了一千余年的争论戛然而止，此后正统论已"若无足致辨"（吕思勉《史通评·称谓》语）。然而王朝兴替的邪正之途、顺逆之理，自在人心，并未泯灭。正统论之"正"，义在于此。就汉末三国这一历史时期而言，无论言正统与否，曹氏之以强臣凌主、篡窃得国，仍为识者所不齿。近代民主革命家、思想家、史学家章太炎，对朱熹《通鉴纲目》多有訾议，却对其以蜀为正统独表赞同，曰："三国以正统予蜀，持义固胜。"（《国学讲演录·史学略说》）现当代史学大师钱穆著《国史大纲》，其第四编"魏晋南北朝之部"第十二章"长期分裂之开始（三国时代）"，在叙及曹魏政权时即冠以"新政权之黑暗"，而有如下论述（文中有省略）：

> 曹家政权的前半期，挟天子以令诸侯，借着汉相名位铲除异己，依然仗的是东汉中央政府之威灵。下半期的篡窃，却没有一个坦白响亮的理由。魏武《述志令》自称："天下无有孤，不知几人称王，几人称帝?"此不足为篡窃之正大理由。曹氏不能直捷效法汤、武革命，自己做周文王，三分天下有其二；而其子依然不能做周武王，【既已大权在握，汉献亦无罪过。】必做尧、舜禅让，种种不光明、不磊落。总之，政权的后面，没有一个可凭的理论。
>
> 乘隙而起的司马氏，暗下勾结着当时几个贵族门第再来篡窃曹氏的天下，更没有一个光明的理由可说。他们全只是阴谋篡窃。阴谋不足以镇压反动，必然继之以惨毒的淫威。如曹操之对汉献帝与伏后。【伏氏与孔氏，皆两汉经学名门也。】
>
> 正惟如此，终不足以得人心之归向。直到五胡时的石勒，尚谓："曹孟德、司马仲达以狐媚取人天下于孤儿寡妇之手，大丈夫不为。"

可知千载之下，公道自在人心。

关于正统论之"正"义，下文还将涉及，此暂从略。

2. 矫《三国志》曲笔之失，据事直书，传信后世，贻鉴将来

直书与曲笔，是史学史上一对对立的概念。中国史学自古崇尚直书。春秋时，晋灵公不君，正卿赵盾屡谏，不惟不从，反欲除去赵盾。赵盾出走，族弟赵穿攻杀灵公。太史董狐书曰："赵盾弑其君"，以示于朝。孔子赞曰："董狐，古之良史也，书法不隐。"（《左传·宣公二年》）董狐直笔，开史学直书之先河。司马迁撰《史记》，"其文直，其事核，不虚美，不隐恶"（《汉书·司马迁传》），为史家直书之典范。刘知幾论直书曰："况史之为务，申以劝诫，树之风声。其有贼臣逆子，淫君乱主，苟直书其事，不掩其瑕，则秽迹彰于一朝，恶名被于千载。"（《史通·直书》）又曰："良史以

实录直书为贵","爱而知其丑，憎而知其善，善恶必书，斯为实录。"（《史通·惑经》）两千多年来，秉笔直书一直被奉为史家天职、良史风范。

　　然而，为自身利害考量而为曲笔隐讳、阿时媚主，也是众多史家的癖好；乃至肆为诬书秽史，以博取官位荣利，代不乏人。《史通·曲笔篇》曾列举后汉晋宋间此类现象，尖锐地抨击了若干史学名家："其有舞词弄札，饰非文过，若王隐、虞预毁辱相凌，子野、休文释纷相谢。用舍由乎臆说，威福行乎笔端，斯乃作者之丑行，人伦所同疾也。亦有事每凭虚，词多乌有：或假人之美，藉为私惠，或诬人之恶，持报己仇。若王沈《魏录》滥述贬甄之诏，陆机《晋史》虚张拒葛之锋，班固受金而始书，陈寿借米而方传。此又记言之奸贼，载笔之凶人，虽肆诸市朝，投畀豺虎可也。"

　　《三国志》作者陈寿赫然在抨击之列。"借米而方传"，或未必然，清儒朱彝尊、王鸣盛等已有辩驳。而刘知幾之抨击，就陈寿而言，并非仅针对此一事件，主要还是为《三国志》书法而发。知幾之外，唐刘肃亦批评曰："陈寿意不迨文，容身远害，既乖直笔，空紊旧章。"（《大唐新语·总论》）二刘言虽苛，而事出有因。清赵翼对《三国志》书法不厌其烦地进行了梳理，也不无宽容地指出："盖寿修书在晋时，故于魏晋革易之处，不得不多所回护。而魏之承汉，与晋之承魏，一也。既欲为晋回护，不得不先为魏回护。"（《廿二史札记》卷六《三国志书法》）而回护即曲笔。

　　先看对魏国奠基者曹操的回护。亦如赵翼所言："自陈寿作《魏本纪》，多所回护，凡两朝革易之际，进爵封国，赐剑履，加九锡，以及禅位，有诏有策，竟成一定书法。以后宋、齐、梁、陈诸书悉奉为成式，直以为作史之法固应如是。然寿回护过甚之处，究有未安者。"（《廿二史札记》卷六《三国志多回护》）两朝革易之际的书法成式，一如前引《后汉书》与《三国志》书法的对比，毋庸细述。而《魏志·武帝纪》活脱脱就是一个"回护过甚"的样本。《武帝纪》所刻画的曹操，堪称"高大全"的英雄形象。然而曹操其人，早年识者许劭即以"治世之能臣，乱世之奸雄"（《魏志·武帝纪》注引孙盛《异同杂语》）目之。其后因缘际会，"以中平六年十二月起兵，初平二年七月，袁绍表为东郡太守，据兖州，以其中间攻于毒、睢固、陶谦，又为张邈、陈宫所败，六七年内，转战百艰，所获甚微。适会天子东还，遂挟以自重，方有扶义征讨之事。然则操之功业，盖因辅汉而后致，非汉已亡，待操而能存也。"（叶适《习学记言序目》卷二十七《魏志·武帝操》）而操一旦执政，即挟天子以令天下，威福自专，芟刈大臣，滥杀无辜，觊觎非望，种种作为，为时人及后世所不齿。孙策责袁术僭号书有云："幼主非有恶于天下，徒以春秋尚少，胁于强臣。"（《吴志·孙讨逆传》注引《吴录》）幼主谓汉献帝，强臣即斥曹操。陈琳《为袁绍檄州郡文》，以为"历观古今书籍所载，贪残虐烈无道之臣，于操为甚"，（《魏志·袁绍传》注引）虽讨伐之辞，不无已甚，而所涉事实，并非杜撰，不然何以使曹操读之惊心，翕然而起，头风顿愈。唐太宗李世民《祭魏太祖文》，在肯定曹操"匡正之功"的同时，亦不忘责其"观沉溺而不拯，视颠覆而不持。乖徇国之情，有无君之迹"。刘知几则直斥曹操："贼杀母后，幽迫主上，罪百田常，祸千王莽。"（《史通·探赜》）自唐以降，学者评议曹操，除文学成就外，几乎尽为负面。如宋苏轼曰："曹操阴贼险狠，特鬼蜮之雄者耳"；（《苏轼文集·孔北海赞序》）胡寅曰：曹操"功非扶汉，志在篡君，直乱臣贼子之魁桀耳"；（《读史管见》卷五《汉纪·献帝》）洪迈曰："曹操为汉鬼蜮，君子所不道。"（《容斋随笔》卷十二《曹操用人》）故司马光编集《资治通鉴》，虽仍帝魏抑蜀汉，字里行间于曹氏多所宽借，亦不得不曰："以魏武之暴戾强伉，加有大功于天下，其蓄无君之心久矣，乃至没身不敢废汉而自立，岂其志之不欲哉？犹畏名义而自抑也。"（《通鉴》卷六十八《汉纪六十》）可知曹操虽有篡汉之心，却未敢妄动，故终其一生，未尝一日为帝。而陈寿《三国志》不仅为曹操立帝纪，言必称公称王称太祖，而且虚誉溢美，过甚其辞。其《武帝纪》评曰："太祖运筹演谋，鞭挞宇内，揽申、商之法术，该韩、白之奇策，官方授材，各因其器，矫情任算，不念旧恶，终能总御皇机，克成洪业者，惟其明略最优也。抑可谓非常之人，超世之杰矣。"清王夫之论曹操父被杀而操兴兵报仇之事曰："曹操父见杀而兴兵报之，是也；坑杀男女数十万人于泗水，遍屠城邑，则惨毒不仁，恶滔天矣。"（《读通鉴论》卷九《献帝九》）如此狂悖之奸雄，寿评竟无一字訾议，曲笔回护，乃至于斯！

《汉晋春秋》既黜魏正统，对曹操"托名汉相，其实汉贼"，（《吴志·周瑜传》）自当据事直书，不稍假借，惜乎是书亡佚，不得其详。所幸现存佚文第9条，有关于曹操与汉献帝关系的正面描述，可窥见一斑：

> 汉帝都许，守位而已，宿卫近侍莫非曹氏党旧恩戚。议郎赵彦尝为帝陈言时策，曹操恶而杀之，其余内外多见诛。操后以事入见殿中，帝不任其忿，因曰："君能相辅，则厚；不尔，幸垂恩相舍。"操失色，俯仰求出。旧仪，三公辅兵入庙，令虎贲执刃挟之。操顾左右，汗流洽背，自后不敢复朝请。

这段佚文辑自《太平御览》，文极简约，却活画出一代奸雄欺君嗜杀，致使孤弱慈惠之年轻皇帝也忍无可忍；而欲行篡逆者，又终究心虚。《御览》在这段文字后，尚引有与凿齿同时代的袁山松撰《后汉书》献帝纪赞一首，其文曰："献帝崎岖危乱之间，飘薄万里之衢，萍流蓬转，险阻备经，自古帝王未之有也。观其天性慈爱，弱而仁惠，若辅之以德，真守文令主也。曹氏始于勤王，终至滔天，遂力制群雄，负鼎而趋。然因其利器，假而不反，回山倒海，遂移天日。昔田常假汤武而杀君，操因尧舜而窃国，所乘不同，济其盗贼之身一也。……"而袁宏《后汉纪·孝献皇帝纪》亦云："汉自桓、灵，君失其柄，陵迟不振，乱殄海内，以弱致弊，虐不及民，刘氏之泽未尽，天下之望未改。故征伐者奉汉，拜爵赏者称帝，名器之重，未尝一日非汉。魏之平乱，资汉之义，……夫假人之器，乘人之权，既而以为己有，不以仁义之心，终亦君子所耻也。"与《三国志》相比较，证以范晔《后汉书》及二袁之论，《汉晋春秋》的摹写就显得更为真实可信。曲笔与直书，泾渭分明。

再看对司马氏的回护。晋人写三国史，是否敢于直书，关键之关键是看其对司马氏的态度。而赵翼有云："寿于司马氏最多回护。"（《廿二史札记》卷六《陈寿论诸葛亮》)《廿二史札记》序列了《三国志》为司马氏回护的诸多例证，而《汉晋春秋》佚文恰好提供了若干对照的样本。

譬如在魏、蜀兵争中的讳败夸胜。赵翼举例说："魏明帝太和二年，蜀诸葛亮攻天水、南安、安定三郡。魏遣曹真、张郃大破之于街亭，《魏纪》固已大书特书矣。是年冬，亮又围陈仓，斩魏将王双，则不书。三年，亮遣陈式攻克武都、阴平二郡，亦不书。以及四年蜀将魏延大破魏雍州刺史郭淮于阳溪，五年亮出军祁山，司马懿遣张郃来救，郃被杀，亦皆不书。并《郭淮传》亦无与魏延交战之事。此可见其书法，专以讳败夸胜为得体也。"

这种讳败夸胜，在涉及诸葛亮与司马懿对阵时表现得尤其突出。如蜀汉建兴九年（231），诸葛亮复出祁山伐魏，《魏志·明帝纪》仅记曰："三月，……诸葛亮寇天水，诏大将军司马宣王拒之。"再无下文。《蜀志·诸葛亮传》亦仅记曰："建兴九年，亮复出祁山，以木牛运，粮尽退军。与魏将张郃交战，射杀郃。"连司马懿名字都没提到。而《汉晋春秋》佚文第36条则以近四百字的篇幅，对这次北伐作了翔实记录，将司马懿受魏帝重托，临阵却但知避战，以致诸将讥其"公畏蜀如虎，奈天下笑何"仍隐忍不敢出，而终至大败，摹写得细致入微，叙事记言，栩栩如生。文繁不录。

又如建兴十二年（234）春，诸葛亮率众十万由斜谷出伐魏，《明帝纪》记曰："诸葛亮出斜谷，屯渭南，司马宣王率诸军拒之。诏宣王：'坚壁拒守以挫其锋，彼进不得志，退无与战，久停则粮尽，虏略无所获，则必走矣。走而追之，以逸待劳，全胜之道也。'"至八月，"司马宣王与亮相持，连围积日，亮数挑战，宣王坚垒不应。会亮卒，其军退还。"而《汉晋春秋》佚文第40条则记曰：

亮自至，数挑战。宣王亦表固请战，使卫尉辛毗持节以制之。姜维谓亮曰："辛佐治仗节而到，贼不复出矣。"亮曰："彼本无战情，所以固请战者，以示武于其众耳。将在军，君命有所不受，苟能制吾，岂千里而请战邪！"

佚文第41条又曰：

> 亮卒于郭氏坞。杨仪等整军而出，百姓奔告宣王，宣王追焉。姜维令仪反旗鸣鼓，若将向宣王者，宣王乃退，不敢逼。于是仪结陈而去，入谷然后发丧。宣王之退也，百姓为之谚曰："死诸葛走生仲达。"或以告宣王，宣王曰："吾能料生，不能料死也。"

诸葛、司马两次正面交锋，《三国志》皆一笔带过，以不了了之。大敌当前，司马懿或一味怯战避让，或竟千里上表请战，诡对诸将，自是十分丢脸的事。承祚讳莫如深，也就见怪不怪。而《汉晋春秋》所记"公畏蜀如虎，奈天下笑何"的讥讽，以及"死诸葛走生仲达"的民谚，至今脍炙人口。

而陈寿最严重的曲笔更在于魏少帝曹髦之死。曹髦不堪司马昭凌逼，欲亲讨诛之，事泄，反为昭党成济所害，《魏志·三少帝纪》但书"五月己丑，高贵乡公卒，年二十"，绝不见被弑之迹。其下更载皇太后令，诬指髦"悖逆不道，自陷大祸"；并录昭奏，称成济"凶戾悖逆，干国乱纪，罪不容诛"。结果成济作了替罪羊，司马昭不仅无罪责，且为讨贼有功者。故赵翼曰："本纪如此，又无列传散见其事，此尤曲笔之甚者矣。"（《廿二史札记》卷六《三国志多回护》）反观《汉晋春秋》，则"差有次第"（裴注语）地记述了这一重大事件的始末。读佚文第74至第77条，虽只是断简残编，而司马昭无君之心、弑君之罪，以及当事诸人的各种表演，呼之欲出，暴白于后世。对比之下，承祚之曲笔，已无可讳言。

而习凿齿既已对晋开基之祖据事直书，对司马氏集团其他成员更毋庸忌讳。以曹魏贰臣刘放、孙资为例，时人无不以奸佞视之，入晋犹为世所诟詈，而陈寿竟为二人合作佳传，直以正人相许。但在《汉晋春秋》里，放、资窃弄威福，乘明帝临危，惑乱君心，请以司马懿辅政，遂肇皇权旁落、魏祚移易之端，剖写得淋漓尽致，入木三分。（参见佚文第52条）

　　还值得一提的是，凿齿之直书，对所有历史人物并无例外。除对晋氏祖宗外，他对钟情的蜀汉君臣的缺点、失误也并不回护。如他批评刘备攻取刘璋地盘，"负信违情，德义俱愆"；批评诸葛亮斩马谡，"难乎其可与言智者"（佚文第26、32条），等等。所谓"爱而知其丑"，此之谓也。

　　可知据事直书，著为信史，正是习凿齿秉持的史德。刘知幾赞曰："当宣、景开基之始，曹、马构纷之际，或列营渭曲，见屈武侯，或发仗云台，取伤成济。陈寿、王隐咸杜口而无言，干宝、虞预各栖毫而靡述。至习凿齿乃申以死葛走生达之说，抽戈犯跸之言，历代厚诬，一朝始雪。考斯人之书事，盖近古之遗直欤！"（《史通·直书》）刘知幾罕以"直书"许人，如余嘉锡所言："《史通》评骘诸史，持论最严，蹈瑕抵隙，无微不至。"（《余嘉锡文史论集·读已见书斋随笔》）而其对习凿齿撰《汉晋春秋》，竟不吝以"古之遗直"相许，岂能不令人刮目！

3. 以蜀汉为纲，以编年为体，钩沉索隐，臧否人物，足成《汉春秋》

　　这里包含两层意思。其一，《汉晋春秋》既以蜀汉为正统，其编年必以蜀汉年号、叙事必以蜀汉为纲，而以魏、吴附属之。如此又让人联想到《三国志》为后人诟病的另一大缺陷——"失在于略"。自刘宋初裴松之在《上三国志注表》中评价"寿书铨叙可观，事多审正，诚游览之苑囿，近世之嘉史。然失在于略，时有所脱漏"，历代学者对《三国志》叙事"失在于略"几无异词。而自清代以来，不时有人为陈寿辩护，以为简略正是寿书高明所在，其实不尽然。首先，寿书之简略，有过略之嫌。寿书无"志"、"表"已是严重不足，其记事更多见有事件而无发生时间，有时间亦常是模糊的岁、月，极少精确到日，或者记事前后矛盾、自相抵牾。清李慈铭评论说："承祚固称良史，然其意务简洁，故裁制有余，文采不足。当时人物，不减秦汉之际，乃子长《史记》，声色百倍，承祚此书，黯然无华，范蔚宗《后汉书》较为胜矣。"（《越缦堂读书记·三国志》）晚近著名史学家翦伯赞则论曰："陈寿《三国志》字字锤炼，过求简净，若无裴松之的注解，史实几至不明。"（《史料与史学·略论中国文献学上的史料》）批评应当说是切中肯綮的。其次，寿书之简略，远非寿倾心于简略可以一言蔽之，归根到底还是因为他未能充分占有史料。前人如赵翼等已然论及，今世学者对此更多所论列，现仅举赵云之死一例。云为蜀汉上将、三国第一流人物，而寿书对云之死期竟语焉不详：《云传》记载其建兴"七年卒"，而建兴六年十一月诸葛亮上《后出师表》已提到了"丧赵云"等七十余将，后东吴诸葛恪著论北伐时亦言及"近见家叔父表陈与贼争竞之计"，可证《后表》确然存在。陈寿与其父两代仕于蜀，对赵云之死及亮表即使无亲闻，求证又何难，何至作此错乱记录！陈寿在《蜀志·后主传》评中辩解说："又国不置史，注记无官，是以行事多遗，灾异靡书。"但就在此《后主传》中，却分明载有"景耀元年，史官言景星见，于是大赦，改年。"故刘知幾在《史通·曲笔》篇已诘问之："案黄气见于秭归，群鸟堕于江水，成都言有景星出，益州言无宰相气，若史官不置，此事从何而书？"清彭孙贻更直指曰："三国史惟蜀为略，寿归咎亮不设史官，按寿本传为观阁令史，观阁之官即史官也，无史官何以为观阁令史？"（《茗香堂史论·三国志》）

明末清初思想家顾炎武认为，治史之不易，首先在于史料之难求。史料是修史的基础，如若不能广博、翔实地占有史料，就不可妄自作史。他以志状为例，阐述全面占有史料的重要性说："不读其人一生所著之文，不可以作；不悉一朝之大事，不可以作；不悉一司之掌故，不可以作；不悉一方之地形土俗、因革利病，不可以作。"（《日知录》卷十九《志状不可妄作》）志状犹且如此，正史自当要求更高。陈寿撰《三国志》并非奉敕，乃私家行为，不能充分占有史料而轻率命笔，怎能不贻后人之讥。

这里所要特别指出的是，寿书之"失在于略"，在《魏书》虽也有表现，如曹操军国之饶起于枣祗，成于任峻，而祗竟无传，但从总体上看，略莫过于《蜀书》，或如彭孙贻所言，"惟蜀为略"。据今人统计，《三国志》原文总为36.6万字，其中《蜀书》不过5.8万字，仅为《魏书》22万字的四分之一强、《吴书》10.3万字之太半。陈寿曾仕蜀为观阁令史、秘书郎，于故国之史简略如此，怎能不令人叹惋！据宋人笔记，北宋政治家、思想家、文学家王安石即因不满《三国志》之过略，而有重修三国史之意。如唐庚《三国杂事序》云："往时欧阳文忠公作《五代史》，王荆公曰：'五代之事无足采者，此何足烦公。三国可喜事甚多，悉为陈寿所坏，可更为之。'公然其言，竟不暇作也。惜哉！"又王铚《默记》卷中记载："东坡自海外归，至南康军语刘羲仲壮舆曰：轼元丰中过金陵，见介甫论《三国志》曰：'裴松之之该洽，实出陈寿上，不能别成书而但注《三国志》，此所以□陈寿下也。盖好事多在注中。安石旧有意重修，今老矣，非子瞻，他人下手不得矣。'轼对以'轼于讨论非所工'。盖介甫以此事付托轼，轼今以付壮舆也。"释惠洪《冷斋夜话》、邵博《闻见后录》、徐度《却扫编》、周密《齐东野语》等也都记录了荆公建议东坡重作三国书而后者"辞不敢当"之事。而朱弁《曲洧旧闻》亦记录："东坡尝谓刘壮舆曰：'《三国志》注中好事甚多，道原欲修之而不果，君不可辞也。'壮舆曰：'端明何不为之？'东坡曰：'某虽工于语言，也不是当行家。'"欧、王、苏在当时及后世皆极负盛名，其见解如此，亦可见《三国志》之过略，不容置疑。而略莫过于《蜀书》，正是"为陈寿所坏"题中之义。

　　而《汉晋春秋》既用蜀汉纪年、以叙蜀汉事为纲，自当以记载蜀汉君臣的活动为主线展开，用浓墨重彩书写蜀汉史事。遗憾的是《汉晋春秋》早已亡佚，不能在此与《三国志》作全面对比分析。所幸现存佚文四分之三以上条目事关三国，让我们得以窥豹一斑。正是在这一点上，又突显了《汉晋春秋》的史料价值：叙事详而明。清梁章钜有言："按诸葛公一身事功，即《三国志》一书关键。"（《三国志旁证》卷二十一）即以诸葛亮这个家喻户晓的历史人物为例，建兴三年诸葛亮南征，《后主传》的记载是："三年春三月，丞相亮南征四郡，四郡皆平。"《亮传》的记载是："三年春，亮率众南征，其秋悉平。"如此而已。而《汉晋春秋》的记载则多达二百余字，不仅概略地记载了"七纵七擒"、"攻心为上"的战事，而且记述了丞相亮"以夷制夷"、求得夷汉粗安的战略思维。尽管"七纵七擒"被后世诸多读书人所怀疑乃至轻薄，但在唐代大军事家李靖答太宗问时，却实实在在的被作为"正兵"的例证（见佚文第31条"史补"）。建兴六年诸葛亮北伐前上表即《后出师表》，《三国志》竟阙如，赖《汉晋春秋》得以传世（见佚文第34条）。建兴七年孙权称帝，汉吴约盟，《后主传》只有十五字，《亮传》无交代，而《汉晋春秋》不惜以三百余字，记载了诸葛亮面对"议者"的反对，从三国关系和汉吴结盟大局出发，分析结盟与绝交的利害，诱导"议者"应权通变，弘思远益，从而实现了遣使"庆权正号"的过程，读之令人心悦诚服（见佚文第34条）。而建兴九年诸葛亮复出祁山，建兴十二年五丈原交兵，《汉晋春秋》的记载皆《三国志》所无，这已如上述。毋庸讳言，陈寿在《亮传》中确实倾注了对诸葛亮的无限崇敬、景仰之情，但由于各种复杂的原因，《亮传》仍不免有过略之笔，"诸葛公一身事功"并未得到充分展现。"七擒七纵"之故实、"死诸葛走生仲达"之民谚、《后出师表》之名篇等等，皆赖《汉晋春秋》得以流传。东坡所谓"《三国志》注中好事甚多"，在《汉晋春秋》寥寥佚文中已得到了很好体现。

除钩索、丰富蜀汉史事外，《汉晋春秋》也搜求了某些被寿书莫名漏载的曹魏重大史事。如佚文第9、第52、第74条所记内容，皆寿书所深讳，而赖凿齿以传信。《三国志》裴注引《汉晋春秋》达68条，其盛称"孙盛、习凿齿搜求异同，罔有所遗"（《蜀志·诸葛亮传注》），信非虚誉。

其二，《汉晋春秋》既旨在帝蜀汉而僭魏、吴，也就在体例上选择了与正统之义密切相关的编年体。自司马迁《史记》创为纪传体，班固《汉书》完善这一体例，后汉以降，"作者相承，皆以班、马为准。"（《隋书·经籍志二》）而习凿齿著《汉晋春秋》，为达成如《春秋》一书使"乱臣贼子惧"的史鉴效果，没有采用当时盛行的纪传体，而是选择了编年体，在客观上与《三国志》体例也形成对照。这固然因为编年体可以更好地贯彻著者以季汉继后汉、晋承汉统的正统史观，亦因此体例更有利于著者寓褒贬于叙事之中，随时抒发论议，评点事件，臧否人物。南宋章若愚比较编年、纪传二体，以为"编年之法，具一代之本末，而其人之始终、事之表里则间见杂出于其间，故观者难于遽见。……必有史才，欲知去取予夺之大法，则编年之书，目熟而心究之矣。"（《群书考索续集》卷十五"诸史门·编年"）饶宗颐所谓"正统之义，与编年之书息息相关"，更一语道破了编年的旨趣。可知编年体于群雄兵争的时代，能够更好地体现正统论的书法特征：既以蜀汉纪年，所谓三国鼎立即不复存在，三国史自然就成了"汉春秋"。

而从《三国志注》所引《汉晋春秋》85条文字看，其中含"习凿齿曰"、"君子曰"共15条，应当说也是一个可观的比例。这些论议随事而发，不拘一格，往往起到画龙点睛的作用。《史通·论赞》在谈及唐前史著之论议时，曾指出自荀悦《汉纪》以降，通病是"华多于实，理少于文，鼓其雄辞，夸其俪事"；若必择其善者，序其优劣，则以干宝、范晔、裴子野为最，沈约、臧荣绪、萧子显次之，"孙安国都无足采，习凿齿时有可观。"验之于凿齿佚文，知幾之评，亦大体平允。

四、《汉晋春秋》对后世的深远影响

综上所述，不难发现《汉晋春秋》的确是一本奇书。而其奇妙之处，从它对后世的影响更可以看出。清顾炎武有言："正统之论，始于习凿齿，不过帝汉而伪魏、吴二国耳。"（《日知录》卷七《年号当从实》）饶宗颐先生虽以为其说"未谛"而主张上溯，但他在历数历代正统论之争后也说："自习凿齿改撰《三国志》为《汉春秋》，对后代影响至大。"（《中国史学上之正统论·通论十一》）我以为，其深远影响主要表现在以下两方面：

首先，《汉晋春秋》开启了中国史学史上的正统之争，并深刻地影响了后世的史学创作。

自汉儒创为正闰之说并提出正统概念，到习凿齿著《汉晋春秋》以晋承汉，历东晋南北朝至隋唐，虽有史家著述各以南、北为正统之别，如南人涉及三国时期多以蜀汉为正统，而北魏张始均尝改陈寿《魏志》为编年体，后魏梁祚改撰《三国志》为《魏国统》，皆尊曹魏为正统，但南、北自说自话，并未引起人们的特别关注。而自刘知幾褒美习书，正统之论争遂渐嚣尘上，至赵宋则诸多名家巨擘参与其中。北宋时，欧阳修为探讨五代统绪而兴正统之论，于三国不黜魏、五代不黜梁；其宾客章望之著《明统论》以辨之，以为"永叔之进魏，特奖其能篡也"。苏轼力挺欧公，著《后正统论》与章氏辨论；王安石则斥苏轼为"邪谄之人臣，……其论都无理"，显见又支持章氏（见《中国史学史上之正统论》之《资料一·宋章望之〈明统论〉》及《通论·宋之正统论》）。司马光编集《资治通鉴》，虽将蜀正名为汉或蜀汉，改称蜀二主为汉主，但在大体上仍帝魏主蜀、吴，即实际上以正统予魏；而负责执笔三国至隋部分的副手、时负重名的刘恕，与司马光意见相左，尝与之往还论难，"恕尝以蜀比东晋，拟绍正统，与光力争而不从。"（《四库提要·通鉴问疑》）与司马光同时常住洛阳的理学创立者程颐，在答门人问"三国之兴，孰为正"时明确表示："蜀之君臣，志在兴复汉室，正也。"（《河南程氏粹言》卷第二《圣贤篇》）如前所述，王安石更一再表达了对重修三国史的愿望，清俞樾在其《茶香室四钞》中曾就此提问说："按《三国志》已有成书，荆公欲使东坡为之，不知何意。岂荆公已有帝蜀之见乎？"我以为，以荆公附和章望之观之，其有帝蜀之见，应非臆测。这里可举荆公《诸葛武侯》诗为证，诗云："汉日落西南，中原一星黄。群盗伺昏黑，联翩各飞扬。武侯当此时，龙卧独摧藏。掉头梁甫吟，羞与众争光。邂逅得所从，幅巾起南阳。崎岖巴汉间，屡以弱攻强。晖晖若长庚，孤出照一方。势欲起六龙，东回出扶桑。惜哉沦中路，怨者为悲伤。竖子祖余策，犹能走强梁。"诗写得很直白，其帝蜀之意，跃然纸上。故北宋时虽天下一统，太祖得天下亦以禅受为名，由于尊刘抑曹、以蜀汉为主体的三国文化已深植于社会大众的土壤之中，学者有帝蜀之见，也是情理中事。这一点我下面还要谈到。

逮至宋室南渡，时移世易，帝蜀伪魏之声方炽。如名家张栻撰《经世纪年》，朱熹修《通鉴纲目》，皆直以昭烈上继献帝为汉，而附魏、吴于其下。张氏《经世纪年序》云："汉献之末，曹丕虽称帝，而昭烈以正义立于蜀，不改汉号，则汉统乌得为绝？故献帝之后，即系昭烈年号，书曰'蜀汉'。"（《张栻集》卷十四）朱熹谈《纲目》，则有以下问对："问《纲目》

主意。曰：'主在正统。'问何以主在正统？曰：'三国当以蜀汉为正。而温公乃云：某年某月，诸葛亮入寇，是冠履倒置，何以示训？缘此遂欲起意成书。'"（《朱子语类》卷一百五《通鉴纲目》）陈亮《三国纪年序》亦论曰："先主诸臣惓惓汉事之心，庸可没乎！魏氏之代汉也，得其几而不以其道，变之大者也。孙氏偪强江左，自为一时之雄，于是乎魏不足以正天下矣。陈寿之《志》何取焉！"（《陈亮集》卷十二）其所拟论赞，首列"汉昭烈皇帝"。自此以降，历元、明、清三代，以蜀汉为正统改修《三国志》者代不乏人，其中影响较著且现在尚可觅得的，如宋萧常《续后汉书》，元郝经《续后汉书》、赵居正《蜀汉本末》，明谢陛《季汉书》，清王复礼《季汉五志》、章陶《季汉书》、赵作羹《季汉纪》，以及未能传世的宋李杞改修《三国志》、翁再《蜀汉书》、郑雄飞《蜀汉书》，元张枢《续后汉书》、王希圣《续汉春秋》，明吴尚俭《续后汉书》，清汤成烈《季汉书》，等等，朱紫杂陈，不一而足。而正统之论争亦风生水起，众多史评、史论、史纂、史钞文字，如宋胡寅《读史管见》、王应麟《困学纪闻·考史》、郑思肖《心史·古今正统大论》、元胡一桂《十七史纂古今通要》、陶宗仪《南村辍耕录·正统辨》、明方孝孺《释统》及《后正统论》、胡应麟《少室山房笔丛·史学占毕》、朱明镐《史纠》，以及清吴乘权等《纲鉴易知录》、乾隆帝《御批历代通鉴辑览》之属，皆以正统予蜀汉，林林总总，蔚为大观，把一个蜀汉正统炒得热火朝天，帝蜀伪魏几乎呈一边倒之势。

总的看，刘知幾以降至清末千余年间，在传统的王朝政治伦理和儒家文化语境中，尽管有大家如欧阳修、司马光在三国正统攸归问题上本陈寿说，而大多数学者还是选择了帝蜀汉而僭曹魏。何以如此？明叶向高为谢陛撰《季汉书叙》，为这一历史现象作了很好的诠释。其论曰：

汉魏之际，世运一大变也。盖自汉而前，得天下者，有征诛而无篡弑；间有篡弑，亦名之曰篡弑耳。至魏氏父子幽絷其君，戕其君后，而夺之位，乃自诡于禅让，曰"舜禹之事，吾知之矣"。历五季、唐、宋，凡窃国之盗，皆祖其术。以唐、虞圣帝揖逊之盛举，为乱臣贼子攘夺之先资，恬然相袭，不知怪也。故夫汉以上篡臣少，以其迹显，而其势有难以径遂；汉以下篡臣多，以其机秘，而其辞有可以讳避。此操、丕之逆为千古之魁首也。而陈氏徒以魏、晋相承之故，乃使其正帝号，承汉统，偃然得附于神明之祚。而涑水复以其私，伸魏而抑汉，史家谬戾，至此极矣！襄阳、紫阳，先后矫正，于是魏氏父子绌，而所谓汉统、帝号、神明之祚者，举而归之中山之帝裔、偏安一再传之蜀，而世共称快也。

由此亦可见《汉晋春秋》之深远影响。

事实凿凿无疑：后世史家之论蜀汉正统，皆本习凿齿《汉晋春秋》。王应麟尝言："三国鼎峙，司马公《通鉴》以魏为正统，本陈寿；朱子《纲目》以蜀汉为正统，本习凿齿。"（《困学纪闻》卷十三《考史》）清彭孙贻则赞曰："习凿齿《汉晋春秋》，以蜀继汉，以晋承之，削去魏统，以著篡代之实。谓晋承汉、非承魏，宋儒尊昭烈而黜曹丕，此论开乎凿齿，可谓万古卓识。"（《茗香堂史论》卷一《晋书》）信哉斯言！

这里还有一个问题需要补充辨明，即以朱彝尊、钱大昕、王鸣盛、章学诚等名家为代表的少数清儒为陈寿辩护，将陈、习二人生活的两晋分别类比于两宋，因而才有帝魏、帝蜀之别，故知人"当论其世，未可以一格绳也"，提出了一个所谓处境说。这显然不能令人信服。如上述北宋诸儒之间的论难，对两宋诸儒各各一概而论，是不能成立的；处境之说，也经不起认真推敲。饶宗颐先生在《中国史学史上之正统论·通论·结语》中论曰：

> 自汉以来，史家致力于正统问题之探讨，表面观之，似是重床叠屋，细察则精义纷披，理而董之，正可窥见中国史学精神之所在。正统理论之精髓，在于阐释如何始可以承统，又如何方可谓之"正"之真理。持此论者，皆凛然有不可侵犯之态度。……

> 章学诚《文德篇》主张："论古必恕。"谓作史者须为古人设身处

地。(《文史通义·内篇》)然史家之尚论史事，贵能据德以衡史，决不可循史以迁德。史家眼中对于帝王(统治者)仅视作历史人物看待，其是非得失，均得加以衡量评判。记述史事而无是非之辨，则何贵乎有史？……实斋之说，婉而未当。

该书《资料三·清黄中坚拟更季汉书昭烈皇帝本纪识语》的饶氏按语，更有精辟的驳论，是我所见到的对清儒造作处境说最有力的驳论，以文长，不具引。退而言之，设若处境说可以成立，那么钱氏所主张"史者所以传信后世也，何私尊之有！""史家以不虚美、不隐恶为良，美恶不掩，各从其实"；(《廿二史考异·序》)王氏所倡言"作史者之所记录，读史者之所考核，总期于能得其实焉而已矣，此外又何多求邪！"(《十七史商榷·序》)章氏所强调"史所贵者，义也"(《文史通义·史德》)等等，岂不都成了徒托空言！

其次，《汉晋春秋》直接影响了三国故事在民间的传播，成就了蜀汉在三国文化中的主体地位；它与《三国志》相辅而行，催生了《三国演义》这部经典名著。

根据现有史料，三国故事在唐代已在民间传播，其传播情形不得而详，但至迟在北宋时，其传播不是按照《三国志》帝魏伪蜀的取向，而是按照《汉晋春秋》尊刘抑曹的旨趣。苏轼《东坡志林》卷一有《涂巷小儿听说三国语》一条云："涂巷小儿薄劣，为其家所厌苦，辄与钱，令聚坐听说古话。至说三国事，闻刘玄德败，则颦蹙有出涕者；闻曹操败，即喜唱快。以是知君子小人之泽，百世不斩。"陈寿《三国志》既帝魏主蜀，遂以英雄史观塑造了曹操"高大全"的形象，刘备颠沛险难之际，自被置于边缘地位。而习凿齿则以别样卓识，大异其趣。《汉晋春秋》叙说曹操已如前引，其记刘备当阳之败，则有即事议论曰："玄德虽颠沛险难而信义愈明，势逼事危而言不失道。追景升之顾，则情感三军；恋赴义之士，则甘与同败。观其所以结物情者，岂徒投醪抚寒、含蓼问疾而已哉！其终济大业，不亦宜乎！"可知北宋民间艺人的讲史说书，涂巷小儿之喜而唱快、颦蹙出涕情状，恰与习氏书事、论议尊刘抑曹相吻合。而三国故事如此的传播，正是孕育数百年后问世的《三国志通俗演义》的民情和文化土壤。南宋以降，从讲史话本"说三分"之《三国志平话》、《三分事略》，到元杂剧演唱三国戏，再到明罗贯中会通学者和民间智慧撰成《三国志通俗演义》，直至传世通行本《三国演义》的定型，一脉相承皆以兴复汉室为主线，以蜀汉为正统，尊刘抑曹遂笃定成为世俗社会的主流意识形态，从而彻底地颠覆了《三国志》帝魏书法，操、丕父子变身为奸佞典型，为千夫所指。换言之，历宋、元、明迄清，以蜀汉为中心的三国历史文化的逐渐形成，《汉晋春秋》影响至大、居功至伟。毋容讳言，《三国演义》波澜壮阔的历史画卷，多由《三国志》演绎而来；由于《汉晋春秋》宋时已散佚，我们不能更多地看到小说对它的直接传承，但现存佚文已可以窥豹一斑。突出的例子是，若无《汉晋春秋》书事的补充，诸葛公南征北伐的事功将大为逊色，刘放、孙资的逼宫政变将被雪藏，司马昭之心将不为后人所知，高贵乡公将永远含恨于泉壤……。清陈康祺就指出："罗贯中《三国演义》，多取材于陈寿、习凿齿之书，不尽子虚乌有也。"（《郎潜纪闻二笔》卷十《国初满洲武将得力于三国演义》）这个说法，应当说是公允的。而近世学者从《三国志》到《三国演义》的演进、嬗变所推出的研究成果，累累然蔚为大观，其中提及《汉晋春秋》者则寥若晨星，不能不说是一大憾事。故天才学者刘咸炘感慨道："自《通鉴》出而诸编年书别本皆若存若亡，盖学者止记事实，不求史法，以为疑若可废耳。荀氏《汉纪》、袁氏《后汉纪》书皆幸存，袁氏尤多精论，干氏《晋纪》、习氏《汉晋春秋》倘皆具存，其贵当何如耶？"（《史学述林》卷五《别史考遗》）信哉斯言！其贵当不在陈志之下。

这从习书虽早已亡佚，而凿齿在文化史上的影响历久愈彰，便可以断定。北宋仁宗时官至宰相的宋庠，在当初高中状元后通判襄州时，曾撰《习彦威》诗吟咏道："四海习彦威，英英出江汉。高韵凌风翔，雕文夺星灿。感激《阳秋》辞，奸雄非所惮。蜀弱自为正，曹强乃名乱。阴忤柄臣意，飘然去恩馆。驱车自北门，四顾长兴叹。终焉谢病免，犹得为人半。

缅矣身后名，临风寄悽惋。"这几乎是一篇诗化的传记，它高度评价了习
凿齿的史学和文学成就，赞颂了其忠于朝廷、不畏强权、反对篡逆、维护
统一的思想品格。其后，苏门六君子之一的李廌亦有《习凿齿宅》诗云：
"习侯有世德，冠冕袭骏骐。裔孙富六艺，凿齿四海知。苏岭陟家山，高
阳浮故池。著书山水间，秀发胸中奇。间从弥天释，善戏间廋辞。尚友虽
异代，斯人可凤期。"南宋诗词名家韩元吉享誉"文献、政事、文学为一
代冠冕"，(《中兴以来绝妙词选》) 其诗《过松江寄务观五首》，起句即以习凿
齿比拟杰出诗人陆游，曰"四海习凿齿，云间陆士龙。酒狂须一石，文
好自三冬"云云。至清代，则有一老一少的诗作颇堪玩味。乾嘉三大家
之一的性灵派诗人袁枚，六十九岁时曾为诗云："不学习凿齿，重到襄阳
悲不止。"(《小仓山房诗集》卷三十《重入桂林城作》) 年轻的候补知县谢兰生
则有《咏史》诗曰："我生三十年，曾读汉魏史。我读汉魏史，仰止习凿
齿。谓魏为正统，蜀乃以寇视。茫茫数百载，谁复能议此。赖公发聋聩，
大声震里耳。独帝汉昭烈，分别冠与履。天道以不丧，人心以不死。煌
煌良史才，下启紫阳子。"(徐世昌编《晚晴簃诗汇》卷一五一) 袁枚小说《子
不语》卷六还记有以下故事："吾乡孝廉王介眉，名延年，同荐博学鸿词。
少尝梦至一室，秘书古器，盎然横陈。榻坐一叟，短身白须，见客不起，
亦不言。又有一人，顾而黑，揖介眉而言曰：'余汉之陈寿也，作《三国
志》，黜刘帝魏，实出无心，不料后人以为口实。'指榻上人曰：'赖此彦
威先生，以《汉晋春秋》正之。汝乃先生之后身，闻方撰《历代编年纪
事》，凤根在此，须勉而成之！'言讫，手授一卷书，俾题六绝句而寤。寤
后仅记二句曰：'惭无《汉晋春秋》笔，敢道前生是彦威。'后介眉年八十
余，进呈所撰《编年纪事》，得赐翰林侍读。"事虽"游心骇耳"，(《子不
语·序》) 却可略窥当时人情。反观陈寿，书虽跻身正史，粉丝多有，人
则贻千年之讥，备蒙诟病，与凿齿流誉身后，诚不可同年而语矣。可叹
也夫！

五、关于《汉晋春秋》辑本与《汉晋春秋通释》的撰著

由于《汉晋春秋》全书在北宋时已难觅得，存世佚文散见于裴注等史家著述之中，阅览之不易。至清代，以抢救文本，"搜逸掇残，补阙表微为事"（清刘富曾《汉学堂丛书·识》）的辑佚家汤球、黄奭、王仁俊等，遂各有辑本问世。汤球辑本得 106 条，仿编年体例，次为三卷，收录于清刻《广雅书局丛书》史学类；1920 年番禺徐氏有汇编重印本，商务印书馆 1937 年、中华书局 1985 年先后出有单行本。黄奭辑本得 95 条，以人名为目，不分卷，收录于清刻《汉学堂丛书》（又名《汉学堂逸书考》、《黄氏逸书考》）子史钩沉类；1925 年有王鉴修补印本，1934 年有朱长圻补刻本，上海古籍出版社 1989 年出有影印本。王仁俊辑本仅得 1 条，且为黄奭辑本已有，收录于《玉函山房辑佚书续编》史编总类，上海古籍出版社 1989 年出有《玉函山房辑佚书续编三种》影印本。1989 年天津古籍出版社出版乔志忠先生校注的《众家编年体晋史》，首列《汉晋春秋》汤球辑本，而摘出黄本所有、汤本所无的数条，作为"补遗"附后。这是笔者着手撰著《汉晋春秋通释》前所知的情况。而当本书撰著的过程中，2011 年 9 月，湖北人民出版社出版了余鹏飞教授的《校补汉晋春秋》。余先生是我师长行的老朋友，他曾将书稿电子版发给我征询意见，书出版后又在第一时间题赠予我，而我亦在书稿完成后即打印送请先生评议。

时间回到 2010 年末，国务院批复同意湖北省襄樊市更名为襄阳市。这年中秋，我回襄阳探亲，时任市委副书记兼秘书长的陈文海同志为我知交，在聚会中向我描述了市委主要领导关于弘扬襄阳历史文化的愿景，并郑重建议我下一番功夫，将《汉晋春秋》佚文加以深度整理，发掘其丰富的学术内涵，增强其可读性，以利于这部亡佚已久的史学名著的传播。我答应了朋友，回京后便行动了起来，但由于缺少借阅馆藏典籍特别是稀有典籍等便利条件，凡事全靠一己之力，以致整理工作迁延时日，三载有零，方得脱稿。而当日托付的朋友，市名变更后数月，即调任履新去了。

自觉平生为文，不愿仓促急就，必有心得，方才命笔。我以为，鉴于《汉晋春秋》佚文仅剩一百余条、不足一万九千字，对此已是断简残编的文本本身进行通常意义上的注释和翻译，难得要领，无太大意义。故本书虽以校勘佚文为基础，却将重点放在史料的补充与笺注上，创新思维，以史解史，着眼于一个"通"字。所谓"通"，取疏通、贯通、会通之义。即对《汉晋春秋》辑本及每条佚文的整理，不仅仅作静态的文本考察，而是将其置于当时历史的大背景下，置于千余年来变动不居的历史评价语境中，以史补、笺注为手段，通过补充相关史料，将仅有十几、几十、充其量几百字的片断佚文，扩充为相对可观的篇幅，做到对佚文所涉历史事件、人物行为的叙述相对完整，借以打通历史的脉络，探其幽赜，索其微隐，使普通读者能饶有兴味，使研究者能开阔视野。换句话说，就是要从文本表面层次，深入到文本内里层次，从对文本的字面作校释，提高到对文本的历史思维作探析，广征博引，互相发明，以考见原著者习凿齿的正统史观和他对王朝兴替的认知，体察《汉晋春秋》虽久已亡佚而享誉不衰的史学价值。本书以《汉晋春秋通释》为名，旨在于此。至于本书撰著的体例及相关事项，另见《凡例》，此暂不赘。

襄阳为我家乡，前贤佳作，沾溉后世。笔者因缘际会，得以精研习书，受益匪浅。如上所言，本书之撰著，已三易寒暑，搜求、参考文献达二百余种，前后采编、录入文字不下六十万，虽艰难备尝，而乐在其中。但由于个人水平限制，此书尚不知能否得到读者认同。抛砖引玉，聊胜于无，倘有识者关注、指瑕，推动习凿齿与《汉晋春秋》之研究，则笔者之幸，或亦笔者家乡之幸、传统历史文化之幸也。

2014 年春节初稿于襄阳，6 月下旬改定于京西

汉晋春秋纪元要略

柯按：鉴于《汉晋春秋》早已亡佚，辑本仅得一百余条、不足一万九千字，兹特于卷首补编《汉晋春秋纪元要略》，概述原著所涉帝王纪元，以备参考。本《要略》大旨本《汉晋春秋》书法，以季汉承后汉，以晋承汉统，综合明杨元裕《读史关键》及清陈景云《纪元要略》，并参考坊间通行之《历代帝王年表》编制。《汉晋春秋》叙事起光武，迄愍帝，故《要略》于西汉诸帝及东晋从略。

炎汉纪·前汉（西汉）

太祖高皇帝　姓刘，名邦，沛人。乙未（前206）①十月入关灭秦，封汉王，都南郑。己亥（前202）十二月即帝位，国号汉，都长安。孺子婴初始元年戊辰（8）十一月，王莽篡汉。计前汉历十二帝，凡二百一十年②。

炎汉纪·后汉（东汉）

世祖光武皇帝　名秀，字文叔，南阳蔡阳人。高帝九世孙，长沙定王发之后，父钦。壬午（22）十月起兵讨王莽，明年六月大破莽兵于昆阳，复平河北。更始二年（24）五月封萧王。乙酉（25）六月称帝于鄗，十月定都洛阳。丁巳（57）二月崩，年六十二。在位三十三年。改元二：

建武，建武中元。

明帝　名庄，光武太子。丁巳二月嗣位，乙亥（75）八月崩，年四十八。在位十八年。改元一：永平。

章帝　名炟，明帝太子。乙亥八月嗣位，戊子（88）正月崩，年三十三。在位十三年。改元三：建初，元和，章和。

和帝　名肇，章帝太子。戊子二月嗣位，乙巳（105）十二月崩。在位十七年。改元二：永元，元兴。

殇帝　名隆，和帝少子。和帝邓皇后与兄骘丙午（106）初定策立，当年七月崩，年二岁。改元一：延平。

安帝　名祜，章帝孙。丙午八月邓太后与兄骘定策立，乙丑（125）三月崩，年三十二。在位十九年。改元五：永初，元初，永宁，建光，延光。

顺帝　名保，安帝太子。安帝阎皇后与兄显定策立章帝孙北乡侯懿，当年十月殂，太后临朝；十二月宦官孙程等定谋立保为帝，甲申（144）八月崩，年三十。在位十九年。改元五：永建，阳嘉，永和，汉安，建康。

冲帝　名炳，顺帝太子。甲申八月嗣位，乙酉（145）正月崩，年三岁。改元一：永嘉。

质帝　名缵，章帝玄孙。乙酉正月梁太后与兄冀定策立，丙戌（146）六月为冀所酖，年九岁。改元一：本初。

桓帝　名志，章帝曾孙。丙戌闰六月梁太后与兄冀定策立，丁未（167）十月崩，年三十六。在位二十一年。改元七：建和，和平，元嘉，永兴，永寿，延熹，永康。

灵帝　名宏，章帝玄孙。戊申（168）正月窦太后与父武定策立，己巳（189）四月崩，年三十四。在位二十二年。改元四：建宁，熹平，光和，中平。

少帝　名辨，灵帝子。己巳四月嗣位，九月为董卓所废，明年正月被弑，年十八。改元二：光熹，昭宁。

献帝　名协，子伯和，灵帝子，少帝弟。己巳九月为董卓所立，庚子（220）十月曹丕篡汉，废帝为山阳公。在位三十一年。改元五：永汉，初平，兴平，建安，延康。

计后汉十三帝，凡一百九十六年。

炎汉纪·季汉（蜀汉）

昭烈皇帝　名备，字玄德，涿郡人。景帝子中山靖王胜之后，父弘。以建安十九年（214）取益州，二十四年（219）取汉中，称汉中王。辛丑（221）四月即皇帝位，都成都。癸卯（223）四月崩，年六十三。在位三年。改元一：章武。

后主　名禅，字公嗣。昭烈太子。癸卯五月嗣位，癸未（263）十一月降魏，封安乐公。在位四十一年。改元四：建兴，延熙，景耀，炎兴。

计季汉二帝，凡四十三年。

○汉末二僭国　《汉晋春秋》既以昭烈绍汉统，魏、吴自附属之。

魏

文帝曹丕　字子桓。汉魏王操次子，沛人。仕汉袭父封，建安二十五年（220）十月篡汉称皇帝，国号魏，都洛阳。丙午（226）五月殂，年四十。在位七年。改元一：黄初。

明帝曹叡　字元仲。文帝太子。丙午五月嗣位，己未（239）正月殂，年三十四。在位十三年。改元三：太和，青龙，景初。

齐王曹芳　字兰卿。明帝养子。初封齐王，己未正月即位，甲戌（254）九月为司马师废归齐国。在位十五年。改元二：正始，嘉平。

高贵乡公曹髦　字彦士。文帝孙。初封高贵乡公，甲戌十月为司马师所立，庚辰（260）五月为司马昭所弑，年二十。在位七年。改元二：正元，甘露。

陈留王曹奂　字景明。文帝弟燕王宇子。初封常道乡公，庚辰六月为司马昭所立，乙酉（265）十二月司马炎篡魏，废封陈留王。在位六年。改元二：景元，咸熙。

计魏五主，凡四十六年。

　　吴

　　大帝孙权　字仲谋。汉豫州刺史坚次子，讨逆将军策弟。权承父兄之业，辛丑（221）八月称藩于魏，封吴王。壬寅（222）十月，改元拒魏；己酉（229）四月称帝，国号吴，都建业。壬申（252）四月殂，年七十一。在位三十年③。改元六：黄武，黄龙，嘉禾，赤乌，太元，神凤。

　　乌程侯孙亮　字子明，权少子。壬申四月嗣位，戊寅（258）十月为宗室孙綝废黜为会稽王，时年十六。在位七年。改元三：建兴，五凤，太平。

　　景帝孙休　字子烈，权第六子。孙綝废亮所立，甲申（264）七月殂，年三十。在位六年。改元一：永安。

　　归命侯孙皓　字元宗，权孙，废太子和子。初封乌程侯。景帝殂，子幼，因得大位。庚子（280）三月降晋，封归命侯。在位十六年。改元八：元兴，甘露，宝鼎，建衡，凤皇，天册，天玺，天纪。

　　计吴四主，凡五十九年。

晋纪·西晋

　　世祖武皇帝　姓司马，名炎，字安世，河内人。魏太傅懿孙，晋王昭世子。正始十年（249），懿诛大将军曹爽，始专魏政。子师、昭继之。魏咸熙二年（265）九月昭卒，袭封晋王；十二月篡魏称帝，国号晋，都洛阳。庚戌（290）四月崩，年五十五。在位二十六年。改元四：泰始，咸宁，太康，太熙。

　　惠帝　名衷，字世度，武帝太子。庚戌四月嗣位，丙寅（306）十一月中毒崩，年四十八。在位十七年。改元十：永熙，永平，元康，永康，永宁，太安，永安，建武，永兴，光熙。

　　怀帝　名炽，字丰度，武帝第二十五子，初封豫章王，惠帝立为太弟。丙寅十一月嗣位，辛未（311）六月刘聪兵陷洛阳，迁帝于平阳，封平阿公，继封会稽公；癸酉（313）二月遇害，年三十。在位五年。改元一：永嘉。

愍帝　名业，字子旗，武帝孙，初嗣封秦王。洛阳陷后，大臣奉帝入长安，称皇太子。癸酉四月即位。丙子（316）十月刘曜陷长安，帝降，明年十二月遇害，年十八。在位四年。改元一：建兴。

计西晋四帝，凡五十二年。

晋纪·东晋（略）

注：

① 干支纪年后括注阿拉伯数字为公元纪年。

② 戊辰（8）十一月王莽篡汉，建立新朝。癸未（23）二月，汉景帝六世孙刘玄称帝，改元更始；九月，汉兵诛莽，新亡。乙酉（25）九月，刘玄为赤眉所灭。又，本表括号内阿拉伯数字皆为公元纪年。

③ 自黄武元年计算。

汉晋春秋通释卷一
后汉（25—220）

光 武 帝

柯按：《汉晋春秋》纪事起自汉光武，而辑本佚文仅起自明帝，故酌补光武事略及相关史评，以备一朝暨一书、一卷之始。又东汉诸帝，光武之外，明、章莅政有绩，故于二帝名下亦选补若干史料，以资镜鉴。和帝差强人意，其后则每况愈下，母后称制，外戚用事，宦官弄权，虽有贤人君子，不能救国运之衰。逮至桓、灵，毒逾前辈，刑戮无辜，摧仆忠贤，佞谀在侧，直言不闻，遂至奸邪蜂起，法防堕坏，编户骚动，天下大乱，而汉祚微矣。故自和帝以下，不一一编目置评，仅依佚文补笺。

【史补】

(1)〔唐〕魏徵等《后汉书治要·光武帝纪》曰：世祖光武皇帝讳秀①，字文叔，南阳蔡阳人②，高祖九世孙也。更始元年，遣世祖行大司马事③，北度河④，镇慰州郡。进至邯郸⑤。故赵缪王子林⑥以卜者王郎为天子，都邯郸。二年，进围邯郸，拔其城，诛王郎。收文书，得吏与郎交关谤毁者数千章。世祖不省，会诸将军烧之，曰："令反侧子自安。"⑦更始立世祖为萧王⑧。世祖击铜马、高湖、重连，悉破降之。降者犹不自安，世祖敕令各归营勒兵，乃自乘轻骑案行部陈。降者更相语曰："萧王推赤心置人腹中，安得不投死乎？"⑨由是皆服。

即皇帝位⑩，封功臣皆为列侯，大国四县，余各有差。博士丁恭议曰⑪："古帝王封诸侯不过百里⑫，强干弱枝，所以为治也。今封诸侯四县，不合法制。"帝曰："古之亡国，皆以无道，未尝闻功臣地多而灭亡者也。"乃遣谒者即授印绶⑬。建武十三年，诏曰："往年已敕郡国，异味不得有所献御，今犹未止，非徒有豫养导择之劳，至乃烦扰道上，疲费过所。其令太官勿复受。明敕宣下，若远方口实所以荐宗庙，自如旧制。"时兵革既息，天下少事，文书调役，务从简寡，至乃十存一焉。

十七年，幸章陵⑭，修园庙，祠旧宅，观田庐，置酒作乐，赏赐焉。时宗室诸母因酣悦，相与语曰："文叔少时谨信，与人不款曲，唯直柔耳。今乃能如此！"帝闻之大笑曰："吾理天下，亦欲以柔道行之。"二十一年，鄯善王、车师王等十六国遣子入侍，愿请都护⑮。帝以中国初定，未遑外事，乃还其侍子，厚加赏赐。中元二年⑯，帝崩。遗诏曰："朕无益百姓，皆如孝文皇帝制度，务从约省。"⑰初，帝在兵间久，厌武事，且知天下疲耗，思乐息肩⑱。自陇、蜀平后，非儆急，未尝复言军旅。皇太子尝问攻战之事，帝曰："昔卫灵公问陈，孔子不对，此非尔所及。"⑲每旦视朝，日晏乃罢。数引公卿郎将讲经论治，夜分乃寐。皇太子见帝勤劳不怠，承间谏曰："陛下有禹汤之明，而失黄老养性之福，愿颐爱精神，优游自宁。"帝曰："我自乐此，不为疲也。"虽身济大业，兢兢如不及，故能明慎政体，总揽权纲，量时度力，举无过事。退功臣而进文吏，戢弓矢而散马牛，虽道未方古，斯亦止戈之武焉⑳。（《群书治要》卷二十一《后汉书一·本纪》）

（2）〔三国·吴〕薛莹《后汉书·光武帝纪赞》曰：王莽之际，天下云乱，英雄并发，其跨州据郡僭制者多矣！人皆有冀于非望，然考其聪明仁勇，自无光武俦也。加以宽博容纳，计虑如神，是以任光、窦融，望风归附；马援一见，睹颜识奇。故能以十余年间，扫除群凶，清复海内，岂非天人之所辅赞哉！古者师不内御，而光武命将，皆授以方略，使奉图而进，其有违失，无不折伤，意岂文史之过乎！不然，虽圣人其犹病诸。（清汪文台辑《七家后汉书》）

（3）〔南朝·梁〕萧绎论汉之二祖光武为极优曰：曹植曰："汉之二祖，俱起布衣。高祖阙于微细，光武知于礼德。高祖又鲜君子之风，溺儒冠不可言敬，辟阳淫僻，与众共之。诗书礼乐，帝尧之所以为治也，而高帝轻之。济济多士，文王之所以获宁也，而高帝蔑之不用。听戚姬之邪媚，致吕氏之暴戾，果令凶妇肆酖酷之心。凡此诸事，岂非寡计浅虑，斯不免于闾阎之人，当世之匹夫也。世祖多识仁智，奋武略以攘暴，兴义兵以扫残，破二公于昆阳，斩卑、赐于汉津。当此时也，九州鼎沸，四海渊涌，言帝者二三，称王者四五。若克东齐难胜之寇，降赤眉不计之虏，彭宠以望异内陨，庞萌以叛主取诛，隗戎以背信躯毙，公孙以离心授首。尔乃庙胜而后动众，计定而后行师，于时战克之将，筹画之臣，承诏奉令者获宠，违令犯旨者颠危。故曰建武之行师也，计出于主心，胜决于庙堂。故窦融因声而景附，马援一见而叹息。”

诸葛亮曰："曹子建论光武，'上将则难比于韩、周，谋臣则不敌良、平。'时人谈者，亦以为然。吾以此言诚欲美大光武之德，而有诬一代之俊异。何哉？追观光武二十八将，下及马援之徒，忠贞智勇，无所不有，笃而论之，非减曩时。所以张、陈特显于前者，乃自高帝动多阔疏。故良、平得广于忠信，彭、勃得横行于外。语有'曲突徙薪为彼人，焦头烂额为上客'，此言虽小，有似二祖之时也。光武神略计较生于天心，故帷幄无他所思，六奇无他所出。于是以谋合议同，共成王业而已。光武称邓禹曰：'孔子有回，而门人益亲。'叹吴汉曰：'将军差强吾意。'其武力可及，而忠不可及。与诸臣计事，常令马援后言，以为援策每与谐合。此皆明君知臣之审也。光武上将非减于韩、周，谋臣非劣于良、平。原其光武策虑深远，有杜渐曲突之明。高帝能疏，故陈、张、韩、周有焦烂之功耳。黄琼言：'光武创基于冰泮之中，用兵于枳棘之地。'有奇功也。"

或曰："光武之时，敌宁有若项羽者？"余应之曰：昔马援见公孙述自修饰作边幅，知无大志，推羽之行，皆较然可见，而胡有疑也？仲长公理言："世祖文史为胜。"晋简文言："光武雄豪之类，最为规检之风。"世诚以为子建言其始，孔明扬其波，公理导其源，简文宏其说，则通人之谈，世祖为极优矣。（《金楼子校笺》卷四《立言篇第九下》）

（4）〔清〕王夫之论光武允冠百王曰：自三代而下，唯光武允冠百王矣。何也？前而高帝，后而唐、宋，皆未有如光武之世，胥天下以称兵，数盈千万者也。通其意，思其变，函之以量，贞之以理，岂易言哉！岂易言哉！（《读通鉴论》卷六《光武一〇》）

（5）〔清〕萧震赞光武真可为百王法曰：汉、唐、宋诸君，当以光武为第一。中兴恢复，得天下之名甚正，一也；知人善任使，二也；攻城略地，不戮人民，三也；保全功臣，四也；兴复文学，五也。虽有微瑕，不掩大德。其小心慎密，真可为百王法。(《史略》)

【笺注】

① 世祖光武皇帝：汉光武帝，即刘秀（前6—57）。东汉开国皇帝。汉高祖九世孙。字文叔，南阳蔡阳（今湖北枣阳市西南）人。王莽时，曾在太学读书，略通《尚书》大义。后农民大起义爆发，他与兄縯乘机起兵，加入绿林军。更始元年（23），在昆阳大战中大败王莽军主力，由此声威大震。不久，他到河北活动，以恢复汉家制度为号召，取得了部分官吏、地主的支持，镇压和收编了铜马等农民起义军，力量迅速壮大。公元25年，他称帝于鄗（高邑），国号仍为汉，定都洛阳，年号建武，史称后汉、东汉。后又镇压赤眉起义军，削平各地割据势力，统一全国。在位期间，废除王莽苛政，关心民生疾苦，多次发布释放奴婢和禁止残害奴婢的诏令，废止地方更役制，减轻赋税，发放赈济，兴修水利，裁并四百余县，减省官僚机构，精简官吏，与民休息。偃武修文，怀柔远人，化干戈为玉帛，亲到太学讲经，兴办学校，倡行教化。加强中央集权，加重尚书职权，削弱相权，把决策权进一步集中到皇帝手中；同时，废除地方掌握军权的都尉，加强对各级官吏的监察，以使中央政令畅通。这些措施和改革的实施，保证了大乱之后社会秩序的安定，促进了生产的恢复和发展。建武中元二年（57）二月，崩于洛阳南宫。葬原陵。庙号世祖，谥曰光武。《后汉书》李贤注："《礼》'祖有功而宗有德'，光武中兴，故庙称世祖。《谥法》：'能绍前业曰光，克定祸乱曰武。'伏侯《古今注》曰：'秀之字曰茂。伯、仲、叔、季，兄弟之次。长兄伯升，次仲，故字文叔焉。'"

② 南阳：郡名。秦昭王三十五年（前272）始置。郡治宛，即今河南南阳市区。两汉沿置，属荆州刺史部。光武故里属南阳郡，故南阳有"帝乡"之称，为当时大郡，领县、邑、侯国三十七：宛，冠军，叶，新野，章陵，西鄂，雉，鲁阳，犨，堵阳，博望，舞阴，比阳，复阳，平氏，棘阳，湖阳，随，育阳，涅阳，阴，酂，邓，山都，郦，穰，朝阳，蔡阳，安众，筑阳，武当，顺阳，成都，襄乡，南乡，丹水，析。南阳郡辖境两汉略有变化，东汉约相当今河南熊耳山以南叶县、鲁山、内乡间和

湖北大洪山以北随州、襄阳部分地区以及陕西山阳等县地。　蔡阳：县名。西汉置，东汉改为侯国，治所在今湖北枣阳市西南。蔡阳之名至今犹存，为一自然集镇。

③大司马：官名。《周礼·夏官》："大司马之职，掌建邦国之九法，以佐王平邦国。"《汉书·百官公卿表》："太尉，秦官，金印紫绶，掌武事。武帝建元二年省，元狩四年初置大司马，以冠将军之号。"后或冠或不冠将军号，或置或不置官属，变动不常。大抵禄比丞相，位在司徒上。东汉初为三公之一，旋改太尉；东汉末又别置大司马，位在三公上。

④李贤注："《续汉志》曰：更始时，南方有童谣云：'谐不谐，在赤眉；得不得，在河北。'后更始为赤眉所杀，是不谐也；光武由河北而兴，是得之也。"

⑤邯郸：今河北邯郸市。李贤注："县名，属赵国。《前书音义》：'邯，山名；郸，尽也。邯山至此而尽。城郭字皆从以名焉。'"

⑥李贤注："缪王，景帝七代孙，名元。《前书》曰，元坐杀人，为大鸿胪所奏。谥曰缪，音谬。《东观记》'林'作'临'字。"

⑦李贤注："反侧，不安也。《诗·国风》曰：'辗转反侧。'"

⑧李贤注："萧，县，属沛郡，今徐州县也。"按：今为安徽宿州市辖县。

⑨李贤注："投死，犹言致死。"

⑩时在公元25年。《后汉书·光武帝纪》略曰："六月己卯，即皇帝位。燔燎告天，禋于六宗，望于群神。其祝文曰，云云。于是建元为建武，大赦天下，改鄗为高邑。"

⑪博士：古代官名。两汉博士属太常。《后汉书·百官志》："博士祭酒一人，六百石。本仆射，中兴转为祭酒。博士十四人，比六百石。本注曰：《易》四，施、孟、梁丘、京氏。《尚书》三，欧阳、大小夏侯氏。《诗》三，鲁、齐、韩氏。《礼》二，大小戴氏。《春秋》二，《公羊》严、颜氏。掌教弟子。国有疑事，掌承问对。"　丁恭：东汉经学家。字子然，山阳东缗（今山东金乡东）人。习《公羊严氏春秋》。建武初为谏议大夫、博士，封关内侯。迁少府。诸生自远方来从学者达数千人，当世称为大儒。后拜侍中祭酒、骑都尉，在光武左右备每事咨访。卒于官。

⑫《史记》："太史公曰：'武王、成、康所封数百，而同姓五十，地不过百里。'"

⑬谒者：官名。《汉书·百官公卿表》：秦置郎中令，掌宫殿掖门户。汉武帝时更名光禄勋，属官有大夫、郎、谒者，以及期门、羽林之属。"谒者掌宾赞受事，员

七十人，秩比六百石；有仆射，秩比千石。"《续汉书·百官志》："本员七十人，中兴但三十人。"李贤注引荀绰《晋百官表注》曰："汉皆用孝廉年五十、威容严恪能宾者为之。明帝诏曰：'谒者乃尧之尊官，所以试舜宾于四门，四门穆穆者也。'"

⑭章陵：县名。光武改春陵乡置。春陵本秦置县名，在今湖南宁远东北。西汉时，春陵侯刘买封于此，为光武之祖。元帝初元中，袭封春陵侯刘仁迁封于南阳白水乡，犹以春陵为国名。建武二年（26），光武以祖、考墓为昌陵，置陵令守视，六年改称章陵，因即改春陵乡为章陵县。治所在今湖北枣阳市南。

⑮都护：官名。《汉书·郑吉传》："吉既破车师，降日逐，威震西域，遂并护车师以西北道，故号都护。都护之置自吉始焉。"师古注："并护南、北二道，故谓之都。都犹大也，总也。"《光武纪》贤注："秩比二千石。居乌垒城，察西域诸国动静以闻。"

⑯建武三十二年夏四月改年为中元。中元二年二月，时为公元57年。

⑰李贤注："文帝葬皆以瓦器，不以金银铜锡为饰，因其山，不起坟。"

⑱《左传·襄公二年》："郑成公疾，子驷请息肩于晋。"又《南史·循吏传序》："四海之内，始得息肩。"

⑲李贤注："《论语》：'卫灵公问陈于孔子。曰：俎豆之事则闻之矣；军旅之事，未之学也。'"

⑳《左传·宣公十二年》："夫文，止戈为武。"又《北齐书·樊逊传》："然后除其苛令，与其约法，振旅而还，止戈为武。"

明 帝

【史补】

（1）〔唐〕魏徵等《后汉书治要·明帝纪》曰：孝明皇帝讳庄①，世祖第四子也。永平二年春，宗祀光武皇帝于明堂②。礼毕，登灵台。诏曰："朕以暗陋，奉承大业，亲执珪璧，恭祀天地。仰惟先帝受命中兴，拨乱反正，以宁天下，封泰山，建明堂，立辟雍，起灵台，恢弘大道，被之八极③；而胤子无成、康之质，群臣无吕、旦之谋④，盥洗进爵，踧踖惟惭。其令天下自殊死已下，谋反大逆，皆赦除之。"冬，幸辟雍，初行养老礼。诏曰："三老李躬，年耆学明。五更桓荣，授朕《尚书》⑤。《诗》曰：'无德不报'。其赐荣爵关内侯⑥，食邑五千户。三老、五更皆以二千石禄养终厥身。其赐天下三老，酒人一石，肉四十斤。有司其存耆耋，恤幼孤，惠鳏寡，称朕意焉。"六年，诏曰："先帝诏书，禁人上事言圣，而间者章奏颇多浮辞，自今若有过称虚誉，尚书皆宜抑而不省⑦，示不为谄子嗤也。"八年，日有食之。诏曰："朕以无德，奉承大业，而下贻人怨，上动三光⑧。日食之变，其灾尤大。永思厥咎，在予一人。群司勉修职事，极言无讳。"于是在位者皆上封事⑨，各陈得失。帝览章，深自引咎，乃以所上班示百官。诏曰："群僚所言，皆朕之过。人冤不能理，吏黠不能禁；而轻用人力，缮修宫宇，出入无节，喜怒过差。永览前戒，竦然兢惧。徒恐薄德，久而致怠耳。"十二年，诏曰："昔曾、闵奉亲，竭欢致养⑩；仲尼葬子，有棺无椁⑪。丧贵致哀，礼存宁俭。今百姓送终之制，竞为奢靡。生者无担石之储，而财力尽于坟土。伏腊无糟糠，而牲牢兼于一奠⑫。糜破积世之业，以供终朝之费，子孙饥寒，终命于此，岂祖考之意哉！又车服制度，恣极耳目。田荒不耕，游食者众。有司其申明科禁，宜于今者，宣下郡国。"十八年，帝崩。遗诏无起寝庙，藏主于光烈皇后更衣别室。帝遵奉建武制度，事无违者。后宫之家，不得封侯与政⑬。馆陶公主为子求郎⑭，不许，而赐钱千万。谓群臣曰："郎官上应列宿⑮，出宰百里，苟非其人，则民受其殃，是以难之。"故吏称其官，民安其业，远近肃服，户口滋殖焉。

论曰：明帝善刑理，法令分明。日晏坐朝，幽枉必达。外内无幸曲之私，在上无矜大之色。断狱得情，号居前代十二⑯。故后之言事者，莫不先建武、永平之政。（《群书治要》卷二十一《后汉书一·本纪》）

（2）〔三国·吴〕薛莹《后汉书·明帝纪赞》曰：明帝自在储宫，而聪允之德著矣。及临万机，约身率礼，恭奉遗业，一以贯之。虽夏启、周成继体持统，无以加焉。是以海内乂安，四夷宾服，断狱希少，有治平之

风。号曰显宗，不亦宜乎！（清汪文台辑《七家后汉书》）

（3）〔宋〕叶适论汉明帝曰：孝明行养老礼，意既笃实，文亦丁宁，可谓三代之后，旷千古而一遇也。（《习学记言序目》卷二十四《后汉书一·帝纪·显宗孝明帝》）

（4）〔明〕李贽赞汉明帝曰：帝崇尚儒学，自天子诸王侯及大臣子弟、功臣子孙，莫不受经。又为外戚樊氏、郭氏、阴氏、马氏子立学南宫，号四姓小侯，置《五经》师，搜选高能以授其业。自期门羽林之士，悉令通《孝经章句》。匈奴亦遣子入学。帝封诸子为王，皆亲定封域。马后曰："诸子裁食数县，于制不亦俭乎？"帝曰："我子岂宜与先帝子等？岁给二千万足矣。"自为东海王时，知吏牍垦田之弊。既即位，遵奉建武制度。后妃之家，不得封侯与政。馆陶公主为其子求郎，不许，而赐钱千万。曰："郎官上应列宿，出宰百里，苟非其人，则民受其殃。"公车以反支日不受章奏。帝曰："民废农桑，远来诣阙，而复拘以禁忌，岂为政之意乎？"尚书阎章二妹为贵人，章精力晓旧典，久次当迁重职，帝以后宫亲属，故竟不用。是以吏得其人，民乐其业，远近畏服，户口滋殖。在位十八年而崩。悲夫！多做数十年皇帝，何妨哉！（《藏书》卷四《世纪·守成明辟：汉孝明皇帝》）

【笺注】

①孝明皇帝：汉明帝，即刘庄（28—75）。光武第四子。建武十五年（39）封东海公，十七年进爵为王，十九年立为皇太子。建武中元二年（57），即皇帝位。在位期间，一切遵奉光武制度。尊崇儒学，倡导孝悌；注重刑理，法令分明；日晏坐朝，幽枉必达，抑制贵戚贪欲，重视发展生产；宽政恤民，而严于治吏。又命窦固征伐北匈奴，强敌敛迹；派班超出使西域，远人畏服。终永平之世，吏治清明，户口滋殖，海内乂安，四夷宾服。永平十八年（75）崩，年四十八。葬显节陵，庙号显宗，谥孝明。李贤注："《谥法》曰：'照临四方曰明。'伏侯《古今注》曰：'庄之字曰严。'"

②《初学记》卷十三《明堂第六》："《周礼》曰：夏后氏太室，殷人重屋，周人明堂。又曰：明堂者，明诸侯之尊卑。《孝经援神契》：明堂者，天子布政之宫，上圆下方，八窗四闼，在国之阳。《释名》云：明堂者，犹堂堂，高明貌也。《三辅黄图》曰：

明堂者,天道之堂也。所以顺四时,行月令,宗祀先王,祭五帝,故谓之明堂。辟雍,员如璧,雍以水,异名同事,其实一也。《礼记》曰:天子曰辟雍,诸侯曰泮宫。《白虎通》曰:天子立辟雍,所以行礼乐宣德化也。辟者象璧,圆法天,雍之以水,象教化流行也。《管子》曰:黄帝立明堂之议,舜有告善之旌,汤有总街之廷武王有灵台之候。"徐坚等原注:"按诸儒及旧说,明堂、辟雍、灵台三事不同。明堂宗祀之所,辟雍教导之所,灵台候望之所。《三辅黄图》以为明堂、辟雍同,《管子》以为明堂、灵台同。盖今亦异说也。《东观汉纪》曰:光武中元年营造明堂、辟雍、灵台,此即三事不同。"按:明堂、辟雍、灵台东汉时合称"三雍",并为帝王举行大典之所。建明堂,立辟雍,起灵台,此《后汉书·章帝纪》所称孝明皇帝"备三雍之教"也。

③李贤注:"《淮南子》曰:九州之外有八寅,八寅之外有八纮,八纮之外有八极。"八极,谓八方极远之地。

④李贤注:"明帝自谓无成康之时刑措不用四十余年。"清王先谦《后汉书集解》:"刘攽曰:注,按文意,当更有'成康之质'四字,然后云'成康之时'。"吕、旦,谓吕尚(姜太公)、周公旦。

⑤《礼记·文王世子》:"遂设三老、五更,群老之席位焉。"《乐记》:"食三老五更于大学。"自郑玄以降,诸儒纷纭其解,莫衷一是。但据《汉书·高帝纪》:"举民年五十以上,有修行,能帅众为善,置以为三老,乡一人;择乡三老一人为县三老。"而明帝永平二年诏所言"三老李躬"则又似为国三老。看来三老也就是各级行政推举的年高德劭之人。类推之,五更亦当如是。又一般解说多认为三老高于五更,明帝诏亦云:"尊事三老,兄事五更。"但同时规定:"三老、五更皆以二千石禄养终厥身。"从实践看,五更桓荣为帝师,三老李躬却并未显名,二者区别相当微妙。大致说来,古代设三老五更,也就是《章帝纪》所称"躬养老之礼"。　桓荣:字春卿,沛国龙亢(今安徽怀远西北)人。习《欧阳尚书》。为光武所识拔,征拜议郎,使入授太子,时年已过六十。继而充任《欧阳》博士。后拜太子少傅、太常。明帝时拜为五更,封关内侯。卒年八十余。

⑥关内侯:爵位名。秦汉二十等爵位中第十九等,仅次于彻侯(即列侯,亦称通侯)。有其号,但无封国。一般为对有军功将领的奖励,封有食邑若干户,有按规定户数征收租税之权。自魏晋以后,逐渐实行虚封,关内侯与其他爵位一样,仅是

称号。

⑦尚书：官名，亦朝廷官署名。《初学记》："尚书，秦置也。《汉官》云：初，秦代少府遣吏四人在殿中，主发书，故号尚书。尚犹主也。汉因秦置之。"《通志二十略·职官略》："汉承秦制。成帝建始四年，置尚书五人，一人为仆射，四人分为四曹，通掌图书、秘记、章奏之事及封奏宣示内外而已，其任犹轻。至后汉，则为优重，出纳王命，敷奏万机，盖政事之所由宣，选举之所由定，罪赏之所由正，斯乃文昌天府，众务渊薮，内外所折衷，远近所秉仰。故李固云：'陛下之有尚书，犹天之有北斗。斗为天之喉舌，尚书亦为陛下之喉舌。斗斟酌元气，运平四时，尚书出纳王命，赋政四海。'"按：东汉虽置三公，事归台阁，尚书台实际上成为总理国家政务的中枢。尚书台属官有令一，仆射一，左、右丞二，丞下为郎。又初入台称守尚书郎，满一年称郎中，满三年称侍郎。东汉郎官三十四人，秩皆四百石。

⑧李贤注："《春秋感精符》曰：'人主含天光，据机衡，齐七政，操八极。'故君明圣，天道得正，则日月光明，五星有度。日明则道正，不明则政乱，故常戒以自勒厉。日食皆象君之进退为盈缩。常春秋拨乱，日食三十六，故曰至谴也。"

⑨李贤注："宣帝始令群臣得奏封事，以知下情。封有正有副，领尚书者先发副封，所言不善，屏而不奏；后魏相奏去副封，以防拥蔽。"

⑩李贤注："曾参字子舆，闵损字子骞，并孔子弟子，皆有孝行也。"

⑪李贤注："《论语》曰：'鲤也死，有棺而无椁。'"按：鲤字伯鱼，孔子之独子。

⑫李贤注："《史记》曰，秦德公始为伏祠。《历忌》曰：'伏者何也？金气伏藏之日也。四气代谢，皆以相生。至于立秋，以金代火；金畏于火，故庚日必伏。'《月令》：'孟冬之月，腊先祖。'《说文》曰：'腊，冬至后祭百神。'始皇更腊曰嘉平。奠，丧祭也。"

⑬李贤注："《东观记》曰：'光武闵伤前代权臣太盛，外戚与政，上浊明主，下危臣子，后族阴、郭之家不过九卿，亲属荣位不能及许、史、王氏之半耳。'"

⑭馆陶公主：光武第三女，母阴皇后。

⑮李贤注："《史记》曰，太微宫后二十五星，郎位也。"

⑯李贤注："十断其二，言少刑也。"

明帝永平元年（58）

1.明帝勤于吏事，苛察逾甚①，或于殿前鞭杀尚书郎②。

【校记】

本条据《太平御览》卷六百四十九《刑法部十五·鞭》引《汉晋春秋》校定。 汤、黄辑本无异文。 黄本以"汉明帝"为目。

【史补】

（1）《后汉书·寒朗传》曰：寒朗字伯奇，鲁国人也③。永平中，以谒者守侍御史④，与三府⑤掾属共考案楚狱⑥颜忠、王平等，辞连及隧乡侯耿建、朗陵侯臧信、护泽侯邓鲤、曲成侯刘建。建等辞未尝与忠、平相见。是时显宗怒甚，吏皆惶恐，诸所连及，率一切陷入，无敢以情恕者。朗心伤其冤，试以建等物色独问忠、平，而二人错忤不能对。朗知其诈，乃上言建等无奸，专为忠、平所诬，疑天下无辜类多如此。帝乃召朗入，问曰："建等即如是，忠、平何故引之？"朗对曰："忠、平自知所犯不道，故多有虚引，冀以自明。"帝曰："即如是，四侯无事，何不早奏，狱竟而久系至今邪？"朗对曰："臣虽考之无事，然恐海内别有发其奸者，故未敢时上。"⑦帝怒骂曰："吏持两端，促提下。"左右方引去，朗曰："愿一言而死。小臣不敢欺，欲助国耳。诚冀陛下一觉悟而已。臣见考囚在事者，咸共言妖恶大故，臣子所宜同疾，今出之不如入之，可无后责。是以考一连十，考十连百。又公卿朝会，陛下问以得失，皆长跪言，旧制大罪祸及九族⑧，陛下大恩，裁止于身，天下幸甚。及其归舍，口虽不言，而仰屋窃叹，莫不知其多冤，无敢悟陛下者。臣今所陈，诚死无悔。"帝意解，诏遣朗出。后二日，车驾自幸洛阳狱录囚徒，理出千余人⑨。

（2）〔宋〕叶适论明帝楚狱曰：明帝始终独楚狱一事可恨，与始皇坑戮、孝武巫蛊、武后罗织，略不相远矣。然明帝处兄弟间，大抵天性不失，无淮南、陈思猜暴之祸。英母、妻、子犹在，楚殿悲泣相对，岂必迁怒天下士大夫耶！明德后、寒朗纳说感动，夜起彷徨，出于至诚，然则明帝固以褊愤自损，而治狱者亦不肖甚矣。（《习学记言序目》卷二十五《后汉书二·列传·光武十王》）

【笺注】

①《后汉书·循吏列传》："建武、永平之间，吏事刻深，亟以谣言单辞，转易守长。故朱浮数上谏书，箴切峻政，钟离意等亦规讽殷勤，以长者为言，而不能得也。所以中兴之美，盖未尽焉。"又《钟离意传》："时诏赐降胡子缣，尚书案事，误以十为百。帝见簿，大怒，召郎将笞之。意因入叩头曰：'过误之失，常人所容。若以懈慢为愆，则臣位大，罪重，郎位小，罪轻，咎皆在臣，臣当先坐。'乃解衣就格。帝意解，使复冠而贳郎。帝性褊察，好以耳目隐发为明，故公卿大臣数被诋毁，近臣尚书以下至见提拽。尝以事怒郎药崧，以杖撞之。崧走入床下，帝怒甚，疾言曰：'郎出！郎出！'崧曰：'天子穆穆，诸侯煌煌。未闻人君，自起撞郎。'帝乃赦之。"

②尚书郎：官名。参见前《明帝纪治要》笺注⑦。

③寒朗（25—109）：字伯奇，鲁国薛（治今山东滕州南）人。好经学，博通书传，以《尚书》教授，举孝廉。明帝永平中，以谒者守侍御史，与太尉、司徒、司空三府掾属共审理楚王英谋反案，冒死廷争，谏帝勿牵连无辜，解救千余人出狱。以此免官。复举孝廉。章帝时拜易长，迁济阳令，以母丧去官，百姓追思之，三老吏人上书帝，乃诏令辟司徒府。和帝时迁清河太守。安帝时，太尉荐为博士，会卒，年八十四。

④谓以谒者身份执行侍御史职务。谒者：参见前《光武帝纪治要》笺注⑬。侍御史：官名。周为柱下史，秦改称侍御史。汉因之，为御史大夫、御史中丞属官。《续汉书·百官志》曰："侍御史，员五人，秩六百石。以公府掾属高第补之，或牧守、议郎、郎中为之。掌察非法，受公卿群吏奏事，有违失者举劾之。凡郊庙及大拜则一人监威仪，有违失者则劾奏。"汉宣帝时又有治书侍御史一职，分掌令、印、供、尉马、乘五曹。东汉亦因之。三国魏于殿中省又有置殿中侍御史，掌记录朝廷动静，纠弹百官朝仪。

⑤《后汉书·承宫传》李贤注："三府，谓太尉、司徒、司空府。"汉制，三公可开府，因亦称三公为"三府"。后世因之，用以泛称国家最高行政长官。

⑥楚狱：谓楚王刘英谋逆案。英，光武之子，明帝之弟。建武十五年（29）封为楚公，十七年晋爵为王，二十八年就国。英母许氏无宠，故封国最贫小，然光武末明帝初亦有所增益。范书《楚王英传》："英少好游侠，交通宾客，晚节更喜黄老，学为浮屠斋戒祭祀。后更大交通方士，刻文字以为符瑞。永平十三年，男子燕广告英与渔阳王平、颜忠等造作图书，有逆谋，事下案验。有司奏英招聚奸猾，造作图谶，擅相官秩，置诸侯王公将军二千石，大逆不道，请诛之。帝以亲亲不忍，乃废英，徙丹阳泾县，赐汤沐邑五百户。男女为侯主者，食邑如故。楚太后勿上玺绶，留住楚宫。明年，英至丹阳，自杀。""于是封燕广为折奸侯。楚狱遂至累年，其辞语相连，自京师亲戚诸侯州郡豪桀及考案吏，阿附相陷，坐死徙者以千数。"楚狱是一桩大冤案，《寒朗传》记录的就是当时办案的若干情况。

⑦李贤注："时上，犹即上也。"

⑧《后汉书集解》引惠栋曰："汉律云：大逆不道，父、母、妻、子、同产皆弃市。《尚书欧阳夏侯说》云：九族，父族四，母族三，妻族二，故云九族。"

⑨《后汉书·楚王英传》："永平十五年，帝幸彭城，见许太后及英妻子于内殿，悲泣，感动左右。"又《明德马皇后纪》："时楚狱连年不断，囚相证引，坐系者甚众。后虑其多滥，乘间言及，恻然。帝感悟之，夜起彷徨，为思所纳，卒多有所降宥。"

明帝永平三年（60）

2. 钟离意①相鲁②，见仲尼庙颓毁③，会诸生于庙中，慨然叹曰："'蔽芾甘棠，勿翦勿伐'④，况见圣人庙乎！"遂躬留治之。周观舆服之在焉，自仲尼以来，莫之开也。意发视之，得古文策书，曰："乱吾书，董仲舒。治吾堂，钟离意。璧有七，张伯盗一。"意寻案未了。而卒张伯者治中庭，治地得六璧，上之。意曰："此有七，何以不遂？"伯惧，探璧怀中。鲁咸以为神⑤。

【校记】

本条据司马彪《续汉书》志第二十《郡国二·鲁国》注引《汉晋春秋》校定。　汤本于"相鲁"下有小注"按永平三年钟离意出为鲁相"十二字；尾注"《续汉志注补》二十"，似衍一"补"字。　黄本以"钟离意"为目，并加尾注"《续汉书·郡国志注》"云云。　王仁俊《玉函山房辑佚书续编·史编》亦辑有"钟离意相鲁"一条，其"张伯盗一"作"张伯怀其一"。

【史补】

（1）〔宋〕叶适论史载钟离意之事曰：《汉晋春秋》载钟离意治孔子庙室，有古文策书，言"乱吾书，董仲舒"，事既怪，学者所不道；而《别传》又言"修吾书，董仲舒"，语参错不能明也。然自汉以来，仲舒首为推明孔氏，后世咸从之，宜若修其业者。然而以《春秋》为宗，以《公羊》为师，以刻薄为义，以操切为法，颠错伦纪，迷惑统绪，学者莫之或正，是则乱孔子之书亦不无也。嗟夫！尊圣人而不足以知其道，若之何可哉！（《习学记言序目》卷二十四《后汉书一·郡国志》）

【笺注】

① 钟离意（10—74）：字子阿，会稽山阴（今浙江绍兴）人。少为郡督邮，后举孝廉，辟大司徒府；继除瑕丘、堂邑令。所在宽政爱民，推诚待人。明帝即位，征为尚书，转尚书仆射。在官清廉正直，以直言敢谏著称。明帝为政严苛，朝廷莫不悚栗，惟意独敢谏争，臣下过失，辄救解之。帝虽不能尽用，然知其至诚。亦以此故，出为鲁相。后卒于任所。

② 相鲁：为鲁国国相。《后汉书·郡国志》："豫州鲁国。"李贤注："秦薛郡，高后改。本属徐州，光武改属豫州。"王先谦《集解》引钱大昕曰："案建武二年封兄子兴为鲁王，二十八年徙封北海，此后无封鲁王者。而《志》称国不称郡，盖自光武以鲁国益封东海恭王，终东京之世，鲁常为东海国所属，而鲁国之名未改。故明帝时钟离意、和帝时汝郁、灵帝时陈逸皆称鲁相，而曲阜孔庙永兴、永建、建宁诸石刻皆有鲁相之称，初不称太守也。"又引洪颐煊曰："《后志》东海郡，钱以为国之讹，案《东海恭王传》，帝以强废不以过，去就有理，故优以大封，兼食鲁郡，合二十九县。鲁恭

王灵光殿是时犹存，故诏强都鲁。是强封东海而国都在鲁，故终东京之世，鲁称国置相而东海仍为郡。钱说非也。"汉制，诸王国及侯国皆置国相，分别相当于郡守和县令，为国之行政长官，由朝廷任命，对朝廷负责。

③仲尼庙：即孔子庙、孔庙。在今山东曲阜。

④语出《诗·召南·甘棠》："蔽芾甘棠，勿翦勿伐，召伯所茇。"意思是棠梨树茂密高大，不要剪它不要砍它，召伯曾住此树下。

⑤《后汉书·意传》李贤注："《意别传》曰：意为鲁相，到官，出私钱万三千文，付户曹孔訢修夫子车，身入庙，拭几席剑履。男子张伯除堂下草，土中得玉璧七枚，伯怀其一，以六枚白意。意令主簿安置几前。孔子教授堂下床首有悬瓮，意召孔訢问：'此何瓮也？'对曰：'夫子瓮也，背有丹书，人莫敢发也。'意曰：'夫子圣人，所以遗瓮，欲以示后贤。'因发之，中得素书，文曰：'后世修吾书，董仲舒。护吾车，拭吾履，发吾笥，会稽钟离意。璧有七，张伯藏其一。'意即召问伯，果服焉。"又《郡国志》李贤注："意省堂有孔子小车乘，皆朽败，意自枲俸雇漆胶之值，请鲁民治之，及获几席剑履。后得瓮中素书，曰'获吾履，钟离意'。"

明帝永平十五年（72）

3.帝时升庙立，群臣中庭北面，皆再拜。帝进爵而后坐①。

【校记】

本条据《后汉书》卷二《明帝纪》注引《汉春秋》校定。　汤本所补背景文字为"永平十五年，祠仲尼"，尾注作"《后汉帝纪注》"，并于"皆再拜"脱一"皆"字。　黄本将此条文字列入前条"钟离意相鲁"尾注，曰："又《后汉书·明帝纪》'十五年三月幸孔子宅'注引《汉春秋》曰：'帝时升庙立，群臣中庭北面，皆再拜，帝进爵而后坐'。案此条不知是孔衍《汉魏春秋》，不知是习凿齿《汉晋春秋》，姑附于此。"

【史补】

（1）《东观汉纪》曰：（永平）十五年二月，东巡狩。癸亥，帝耕于下

邳②。三月，幸孔子宅，祠孔子及七十二弟子③。御讲堂，命太子、诸王说经。（卷二《显宗孝明皇帝纪》）

（2）〔宋〕朱熹《资治通鉴纲目》曰：壬申，（永平）十五年，春，二月，帝东巡，耕于下邳。三月，至鲁，诣孔子宅。

〔宋〕尹起莘《通鉴纲目发明》曰：天佑下民，作之君师，职治职教，相与并行，故不可举一而废一也。自后世尊君太甚，于是有以孔子为陪臣而天子不当拜之者，崇师重道之意殆不如此。显宗尊崇师傅，复绝前古，观其师事桓荣之礼，盖可见矣。至鲁之行，前史皆曰"幸孔子宅"，此固世俗习熟之语，学者亦习其句读而不察之也；至《纲目》修之，始以"诣孔子宅"为文。呜呼！吾圣人之道，岂区区校此一字哉？式闾表墓，古帝王于一贤士犹敬之如彼，孰谓万世仁义礼乐之宗主，扶三纲，垂世教，天地赖之以有立，人类赖之以不灭，其故居宫室乃可以临幸之礼加之哉？不有君子表而出之，则圣人与众人等耳。虽然，此可与识者语，未易与谀俗论也。嗟夫！（《御批通鉴纲目》卷九下）

【笺注】

①《后汉书·明帝纪》："三月，幸孔子宅，祠仲尼及七十二弟子，亲御讲堂。"

②下邳：古县名。秦置，治所在今江苏睢宁西北，处沂、泗二水交汇处。两汉同。《后汉书·郡国志四》："武帝置临淮郡，永平十五年更为下邳国"，治下邳。"下邳（县）本属东海"下注引戴延之《西征记》曰："下邳旧有桥处，张良与黄石公会此桥。"下邳城自古兵家必争，汉末刘备为徐州牧屯此，为吕布所袭取；后曹操又攻破吕布，斩布于南门白门楼下。

③李贤注："孔子宅在今与之兖州曲阜县故鲁城中归德门内阙里之中，背洙面泗，瞿相圃之东北也。七十二弟子，颜、闵之徒。"又宋庄绰《鸡肋编》卷中："杏坛在鲁城内，灵光殿为汉景帝程姬之子恭王余所立。王延寿赋序（按：指《鲁灵光殿赋序》）：'因鲁僖基兆而营也。遭汉中微，盗贼奔突，自西京未央、建章之殿，皆见隳坏，而灵光岿然独存。'今其遗址不可复见。而先圣旧宅，近日亦遭兵燹之厄。可叹也夫！"

章　帝

【史补】

（1）〔唐〕魏徵等《后汉书治要·章帝纪》曰：孝章皇帝讳炟①，明帝第五子也。少宽容，好儒术，显宗器重之。建初元年，诏曰："朕以无德，奉承大业，夙夜栗栗，不敢荒宁，而灾异仍见，与政相应。朕既不明，涉道日寡，又选举乖实，俗吏伤民，官职耗乱，刑罚不中，可不忧与！昔仲弓季氏之家臣，子游武城之小宰，孔子犹诲以贤才，问以得人②。明政无小大，以得人为本；乡举里选③，必累功劳。今刺史、守相不明真伪④，茂才、孝廉岁以百数，既非能显，而当授之政事，甚无谓也。每寻前世举人贡士，或起畎亩，不系阀阅⑤。敷奏以言，则文章可采；明试以功，则治有异迹。文质彬彬，朕甚嘉之。其令太傅、三公、中二千石、二千石⑥、郡国守相举贤良方正能直言极谏之士各一人。"四年，诏下太常⑦，将、大夫、博士、议郎、郎官⑧及诸生、诸儒会白虎观，讲议"五经"同异，帝亲称制临决焉。七年，诏曰："车驾行秋稼，观收获，因涉郡界。皆精骑轻行，无它辎重。不得辄修道桥，远离城郭，遣吏逢迎，刺探起居，出入前后，以为烦扰。动务省约，但患不能脱粟瓢饮耳⑨。所过欲令贫弱有利，无违诏书。"

元和二年，诏曰："《令》云'民有产子者复，勿算三岁'。今诸怀妊者，赐胎养谷人三斛，复其夫，勿算一岁，著以为令。"又诏曰："方春生养，万物莩甲⑩，宜助萌阳，以育时物。其令有司，罪非殊死且勿案验，及吏民条书相告不得听受，冀以息事宁人，敬奉天气。立秋如故。夫俗吏矫饰外貌，似是而非，揆之人事则悦耳，论之阴阳则伤化，朕甚厌之，甚苦之。安静之吏，恬愉无华，日计不足，月计有余⑪。间敕二千石各尚宽明，而今富奸行赂于下，贪吏枉法于上，使有罪不论而无过被刑，甚大逆也。夫以苛为察，以刻为明，以轻为德，以重为威，四者或兴，则下有怨心。吾诏书数下，冠盖接道，而吏不加治，民或失职，其咎安在？勉思旧令，称朕意焉。"

三年春，北巡狩。敕侍御史⑫、司空曰⑬："方春，所过无得有所伐杀。车可引避，引避之；骖马可辍解⑭，辍解之。《诗》云：'敦彼行苇，牛羊勿践履。'⑮《礼》，人君伐一草木不时，谓之不孝⑯。俗知顺人，莫知顺天。其明称朕意。"

论曰：魏文帝称："明帝察察，章帝长者。"章帝素知民厌明帝苛切，事从宽厚。感陈宠之议，除惨狱之科⑰。深元元之爱，著胎养之令。割裂名都，以崇建周亲。平徭简赋，而民赖其庆。又体之以忠恕，文之以礼乐。故乃蕃辅克谐，群后德让。谓之长者，不亦宜乎！在位十三年，郡国所上符瑞，合于图书者数百千所。呜呼懋哉！（《群书治要》卷二十一《后汉书一·本纪》）

（2）〔明〕**方孝孺论汉章帝曰**：魏曹丕谓"明帝察察，章帝长者"，章帝岂真长者哉？其天资亦明帝之流耳。闻群臣言前代过于苛刻，故深矫之以宽。其宽也或过乎中，而时自出其所为，又恒过乎严。是以当时文物、典章虽有可观者，而朝廷几于不治。内则以皇后之谮，杀四贵人而废太子；外则窦宪夺公主田园而不能加罪，张林、杨光恃势贪残而不知省，郑弘以太尉言窦宪而收其印绶以死。此其失反有甚于明帝，何足为长者乎？王者之道，不贵乎太宽，亦不贵乎太察。太察则善者或不能自容，太宽则恶者或可以苟免。二者俱政之弊，不足以为中道。明帝失之察，章帝矫枉而两失之。然章帝之心稍近乎宽，非明帝比也。汉四百余年，历二十四帝，称善治者仅数人，而章帝与焉，其功德可少哉？且犹不能尽善也。（《逊志斋集》卷五《汉章帝》）

（3）〔明〕**李贽论汉章帝曰**：帝雅好文章，褒崇儒术，立白虎观以会诸儒，考详同异，称制临决，如石渠故事。自永平、建初之间，公卿大夫至于郡县之吏，咸选经明行修之人，虎贲卫士皆习《孝经》，匈奴子弟亦遣入学。三代以还，风化之盛，未有若此者。然帝厌苛切，而过于宽容，故外戚浸横，窦后以无子之故，谮陷宋贵人，动摇东宫，废长立幼。东汉之衰，自此始矣。君道贵刚，柔则废。信夫！范晔曰："魏文帝称'明帝察察，章帝长者'。"李生曰：长者无用之名也，何足贵乎？况帝王哉！一不刚，殆矣！（《藏书》卷四《世纪·守成明辟：汉孝明皇帝附章帝》）

（4）〔明〕王志坚较论汉明、章二帝曰：魏文帝称"明帝察察，章帝长者"，范史取其言以为论，不知君德莫难于明，不可以"察察"为过。明帝之世，惟楚狱不免张皇，其他无过举也。章帝亦贤主，但不能制约悍后，使之废长立幼；母后贤明，不能将顺其美，尊宠诸马，以成其过，后崩未几，旋因人言而废之；窦宪之恶，十倍马氏，第五伦、郑弘屡言之，卒不废也。明帝之世，马氏未尝居要职。两者相较，相去不亦远乎！（《读史商语》卷一）

（5）〔清〕王夫之较论汉元、章二帝曰：西汉之衰自元帝始，未尽然也；东汉之衰自章帝始，人莫之察也。元帝之失以柔，而章帝滋甚。王氏之祸，非元帝启之，帝崩而王氏始张；窦宪之横，章帝实使之然矣。第五伦言之而不听；贵主讼之，怒形于言，不须臾而解；周纡忤窦笃而送诏狱；郑弘以死谏，知其忠，问其疾，而终不能用。元帝之柔，柔以己也；章帝之柔，柔以宫闱外戚。托仁厚而溺于床笫，终汉之世，颠越于妇家，以进奸雄而陨大命，帝恶能辞其咎哉！曹子桓曰："明帝察察，章帝长者。"为长者于妇人姻娅之间，脂韦嚅呢以解乾纲，恶在其为长者哉！范晔称帝之承马后也，尽心孝道。乃合初、终以观之，帝亦恶能孝邪！马后崩未几，而马氏被谴，有考击以死者矣。是其始之欲封诸舅，后辞而不得也，非厚舅氏也，面柔于马后之前，而曲顺其不言之隐也。其终之废马氏于一旦也，非忘母恩也，窦氏欲夺其权，面柔于哲妇之前，而替母党以崇妻党也。于母氏，柔也；于诸父昆弟，柔也；于床闼，柔也；于戚里，柔也；于臣民，柔也；于罪罟，柔也；虽于忠直之士，柔也，亦无异于以柔待顽谗者也。柄下移而外戚宦寺怙恩以逞，和、安二帝无成帝之淫昏，而汉终不振，章帝之失，岂在元帝下哉！（《读通鉴论》卷七《章帝八》）

柯按：明、章二帝是东汉继光武之后有作为的两个皇帝，历代史家对他们肯定居多，而角度却大相径庭：明帝以严苛称，章帝以宽厚名。范书《章帝纪论》对其称赏有加。薛莹《后汉书》亦赞曰："章帝以继世承平，天下无事，敬奉神明，友于兄弟，息省徭赋，绥静兆民，除苛法，蠲禁铜，抑有仁贤之风矣！"但范、薛二家有鉴于明帝持法苛切之弊，却未洞见章帝事从宽柔之患。袁山松《后汉书》已云："孝章皇帝弘裕有余，明断不足，闺房谗惑，外戚擅宠，惜乎！若明、章二主损有余而补不足，则古之贤君矣。"袁氏之评，较范、薛二氏为平允，惜乎于章帝之失亦未深察。而随着历史经验教训的积累，后世史家的眼光已愈发深邃，而论议愈发切中肯綮。上补方、李、二王四家之评，就较好地体现了史鉴意识。

【笺注】

①孝章皇帝：汉章帝，即刘炟（56—88）。明帝第五子，母贾贵人。帝少宽容，好儒术。永平三年（60）立为皇太子，十八年即皇帝位。在位期间，事从宽厚。慎选举，进柔良，退贪猾，理冤狱。平徭简赋，鼓励生育，募民垦荒，不违农时。又褒崇儒术，广开学校，惠及宿卫之士、匈奴子弟。十数年间，人口增殖，经济、文化发展，远人宾服。但由于为政过宽，以致悍后骄恣，外戚浸横，奢纵无度；吏政失和，官职耗乱，吏多不良；朝野矛盾不断累积，最终导致了和帝以降外戚专权、宦官乱政，皇权下移，国运迅速衰微。章和二年（88）卒，年三十三。谥曰孝章，庙号肃宗。

②李贤注："《论语》，仲弓为季氏宰，问政，子曰：'赦小过，举贤才。'子游为武城宰，孔子谓之曰：'汝得人焉尔乎？'"

③乡举里选：先秦、秦汉时根据中央政府指令，由地方基础组织乡、里推荐选拔人才的一种用人制度。

④刺史、守相：谓州刺史与郡守、国相。《后汉书·百官志》："（司隶）外十二州，每州刺史一人，六百石。本注曰：秦有监御史，监诸郡，汉兴省之，但遣丞相史分刺诸州，无常官。孝武帝初置刺史十三人，秩六百石。成帝更为牧，秩始二千石。建武十八年，复为刺史，十二人各主一州，其一州属司隶校尉。诸州常以八月巡行所部郡国，录囚徒，考殿最。"又"每郡置太守一人，二千石，丞一人。郡当边戍者，丞为长史。王国之相亦如之。"按：秦分天下为三十六郡，郡置郡守，为地方最高行政长官。西汉景帝时改郡守为太守，秩二千石，故亦称二千石。西汉太守地位很高，往往

入为公卿；公卿罢政，或出为太守。武帝时置十三刺史部巡行、监察郡国，而刺史秩止六百石，地位远低于太守，因此有"居部九岁，举为守相"之说。后则演变为地方军政长官，地位在郡国守相之上。

⑤李贤注："《说文》曰：'甽，田中之沟。'《史记》曰：'明其等曰阀，积其功曰阅。'言前代举人务取贤才，不拘门第。"

⑥据《后汉书·百官志》：太傅为上公；三公谓太尉、司徒、司空；中二千石指朝廷主要部门主官，如所谓九卿以及执金吾、太子太傅等；大长秋、将作大匠以及太子少傅等为二千石。

⑦太常：古代朝廷掌礼仪祭祀之官。秦始置，称奉常。西汉时更名太常，太常卿为九卿之首，多以列侯充任。太常有丞，并有太乐、太祝、太宰、太史等十余属官。东汉时机构缩小，太常卿亦不必为列侯，并多以名儒任。两汉博士属太常，故太常又成为培养、拔擢通经学人才的机构。

⑧此或概指满朝文武。将，谓将军。《后汉书·百官志》："将军，不常置。本注曰：掌征伐背叛。比公者四：第一大将军，次骠骑将军，次车骑将军，次卫将军。又有前、后、左、右将军。"又《百官志》：光禄勋属官有五官中郎将、左右中郎将、虎贲中郎将、羽林中郎将、光禄大夫，皆为比二千石。光禄大夫下又有太中大夫，千石；中散大夫、谏议大夫、议郎，各六百石。皆无员额。

⑨李贤注："晏子相齐，食脱粟之饭。孔子曰：颜回一瓢饮。"

⑩李贤注："《前汉书音义》曰：'荸，菜里白皮也。'《易》曰'白果甲坼'也。"

⑪李贤注："庄子曰：有庚桑子者，偏得老聃之道，以居嵊垒之山。嵊垒之人相与云：'庚桑子之始来，吾洒然异之；今吾日计之不足，岁计之有余，庶几其圣人乎？'"

⑫侍御史：少府卿下御史中丞属官。《后汉书·百官志》："御史中丞一人，千石。本注曰：御史大夫之丞也。旧别监御史在殿中，密举非法。及御史大夫转为司空，因别留中，为御史台率，后又属少府。治书侍御史二人，六百石。本注曰：掌选明法律者为之。凡天下诸谳疑事，掌以法律当其是非。侍御史十五人，六百石。本注曰：掌察举非法，受公卿群吏奏事，有违失举劾之。凡郊庙之祠及大朝会、大封拜，则二人监威仪，有违失则劾奏。"

⑬《后汉书·百官志》："司空，公一人。本注曰：掌水土事。凡营城起邑、浚

沟洫、修坟防之事，则议其利，建其功。凡四方水土功课，岁尽则奏其殿最而行赏罚。凡郊祀之事，掌扫除、乐器，大丧则掌将校复土。凡国有大造大疑，谏争，与太尉同。"

⑭ 李贤注："夹辕者为服马，服马外为骈马。"

⑮ 李贤注："《诗·大雅》云。郑玄注云：'敦敦然道旁之苇，牧牛羊者无使践履折伤之，况于人乎！'"

⑯ 李贤注："《礼记》孔子曰：'伐一树，杀一兽，不以其时，非孝也。'"

⑰ 李贤注："宠时为尚书，以吏政严切，乃上书除惨酷之科五十余条，具本传也。"

章帝元和二年（85）

4. 阙里者，仲尼之故宅也①，在鲁城中。帝升庙西面，群臣中庭北面，皆再拜。帝进爵而后坐。

【校记】

本条据《续汉书》志第八《祭祀中·增祀》注引《汉晋春秋》校定。汤本所补背景文字为"元和二年幸鲁，祀孔子于阙里"，并于文末缀有"祠礼毕，命儒者论难"八字，乃误入注中所引"《东观书》曰"云云，故删。　黄本以"汉章帝"为目。

【史补】

（1）〔汉〕刘珍等《东观汉纪·肃宗孝章皇帝纪》曰：章帝元和二年，东巡狩，至于岱宗②，柴望毕③，有黄鹄三十从西南来，经祀坛上，东过于宫，翱翔而上。孔子后褒成侯等咸来助祭。祀五帝于汶上明堂④，耕于定陶⑤。祠礼毕，命儒者论难。

（2）〔明〕王志坚记章帝之尊师曰：章帝尝从张酺受《尚书》，及即位，出为东郡太守。酺自尝亲近，意不自得，上疏愿留；优诏敦遣。帝巡狩，幸东郡，引酺及门生掾史会庭中，帝先备弟子之仪，使酺讲《尚书》

一篇，然后修君臣之礼。酺视事十五年，终帝之世，未尝迁官。汉于帝师厚与之礼，而吝与之官乃尔。（《读史商语》卷一）

【笺注】

①顾炎武《日知录》卷三十一《阙里》云："《水经注》：'孔庙东南五百步有双石阙，故名阙里。'按：《春秋》'定公二年，夏五月壬辰，雉门及两观灾；冬十月，新作雉门及两观。'注：'雉门，公宫之南门。两观，阙也。'《礼记》：'昔者仲尼与于腊宾，事毕，出游于观之上。'《史记·鲁世家》：'炀公筑茅阙门。'盖阙门之下，其里即名阙里，而夫子之宅在焉。亦谓之阙党，《鲁论》有'阙党童子'，《荀子》'仲尼居于阙党'是也。"

②岱宗：即泰山。又称岱、岱山、岱岳、太山、东岳、泰岳等。名称之多，或居我国名山之冠。泰山古称岱宗，《书·舜典》："岁二月，东巡守，至于岱宗。"春秋时始见泰山之名。泰山与衡山、恒山、华山、嵩山合称五岳，因地处东部，故名东岳。《五经通义》："宗，长也，言为群岳之长。"故泰山被尊为五岳之首，有"五岳之长"、"五岳独宗"、"五岳独尊"之誉。泰山在今山东泰安市城北，山势雄奇，山岚叠嶂，景色秀美，主峰玉皇顶海拔 1524 米，为今旅游胜地。

③柴望：古代两种祭礼。柴，将玉帛、牺牲置于积柴之上，焚之以祭天。《尔雅·释天》："祭天曰焚柴。"望，望而祭之。古代帝王祭祀山川、日月、星辰曰"望"。《书·舜典》："望于山川。"柴望亦泛指祭祀。

④《续汉书·祭祀中》："元和二年二月，壬申，宗祀五帝于孝武所作汶上明堂，光武帝配，如雒阳明堂礼。"

⑤定陶：古称陶，又名陶丘。周武王封其弟叔振铎为曹伯，都陶丘。春秋时越大夫范蠡经商于陶，十九年间三致千金。战国末，秦将章邯击破楚军于定陶，项梁战死，始置定陶县。汉初封彭越为梁王，都此；后以县属济阴国，宣帝时为定陶国。东汉定陶县属济阴郡。今为山东荷泽市属县。

质 帝

质帝本初元年（146）

5.帝初年幼小①，闻梁冀专权于天下②，每朝出，辄目之曰："此跋扈将军。"冀闻而大惧，遂阴行鸩毒。始病，呼太尉李固入③，固前问病，帝曰："食煮饼令腹中闷，得水尚可活。"冀曰："不可!"语未绝而崩④。

【校记】

本条据《太平御览》卷九十二《皇王部十七·后汉孝质皇帝》引《汉晋春秋》校定。 汤本于首句"帝"前补一"质"字，"帝"后省一"初"字，未安。 黄本以"汉质帝"为目。

【史补】

（1）《后汉书·质帝纪》曰：（太初元年）闰年甲申，大将军梁冀潜行鸩弑⑤，帝崩于玉堂前殿，年九岁。

（2）〔晋〕袁宏《后汉纪·质帝纪》曰：闰月甲申，帝崩于玉堂。初，帝虽幼，知梁冀专权，颇以为言。冀惧后不免，因行鸩毒。帝暴不豫，太尉固入问疾，帝曰："食煮饼，今腹中闷，得水尚可活。"冀曰："吐利不可饮水。"语未绝而崩。固号哭，欲推医，冀不听。

【笺注】

①帝：谓汉质帝，名缵（138—146）。章帝玄孙，勃海孝王刘鸿之子。冲帝永嘉元年（145）正月，帝三岁而夭，顺帝皇后梁氏与其兄梁冀定策立缵为帝。次年六月被冀毒死。在位一年半，年九岁。

②梁冀：字伯卓，安定乌氏（今甘肃平凉西北）人。顺帝权臣、大将军梁商之子，两妹为顺帝、桓帝皇后。冀于顺帝永和六年（141）继父任为大将军。顺帝死后，

他与梁太后先后援立冲、质、桓三帝，独断朝政达二十余年。梁氏一门前后七封侯，三皇后，六贵人，二大将军，夫人、女食邑称君者七人，尚公主者三人，卿将尹校五十七人。天子形同虚设，宫卫近侍皆其亲信。梁冀夫妻还聚敛无度，四方贡物先送梁府，御府仅得其次。又残害正直之士，李固、杜乔位列三公，皆被其冤杀。延熹二年（159），桓帝与宦官单超等五人经过周密谋画，突然派兵包围梁府，收冀大将军印绶，徙封比景都乡侯。冀与妻即日自杀，诸梁宗亲无长少皆弃市，连及公卿列校刺史二千石死者数十人，故吏宾客免黜者三百余人，朝廷为空。籍没梁冀家财以充府库，用减天下税租之半。

③李固（94—147）：字子坚，汉中南郑（今陕西汉中）人。少好学，究览群籍。郡举孝廉，辟司空掾，皆不就。顺帝时，以对策称旨，拜议郎。出为荆州刺史，徙太山太守，颇著政绩。历迁将作大匠、大司农。冲帝时为太尉，与大将军梁冀参录尚书事。冲帝卒，冀拒绝固立长之议，立年仅八岁的刘缵为帝，一年后又毒杀之，违众立蠡武侯刘志为帝。桓帝初，为冀所诬，下狱死。

④《后汉书·李固传》："冀忌帝聪慧，恐为后患，遂令左右进鸩。帝苦烦甚，使促召固。固入，前问：'陛下得患所由？'帝尚能言，曰：'食煮饼，今腹中闷，得水尚可活。'时冀亦在侧，曰：'恐吐，不可饮水。'语未绝而崩。固伏尸号哭，推举侍医。冀虑其事泄，大恶之。"

⑤大将军：官名。将军之号始自秦、晋。汉自武帝以卫青数征伐有功，以为大将军，并冠以大司马官号，位在三公上。其后霍光、王凤等皆然。光武、明、章之际，以大将军主征伐，事讫而罢，位在三公上下，因人而异。自和帝政治衰败，始以外戚任大将军。顺帝即位，更以皇后父、兄、弟相继为大将军，位等三公，权倾朝野。

桓　帝

【史补】

（1）〔三国·吴〕薛莹《后汉书·桓帝纪》曰：汉德之衰，有自来矣。而桓帝继之以淫暴，封殖宦竖，群妖满侧，奸党弥兴，贤良被辜，政荒民散，亡征渐积。逮至灵帝，遂倾四海，岂不痛哉！《左传》曰："国与天地，有与立焉，不数世淫，不能弊也。"信矣！（《七家后汉书》）

（2）〔唐〕**虞世南论桓、灵二帝曰**："后汉衰乱，由于桓、灵，二主凶德，谁则为甚？"虞南曰：桓帝赫然奋怒，诛灭梁冀，有刚断之节焉；然阉人擅命，党锢事起，非乎乱阶，始于桓帝。古语曰："天下嗷嗷，新主之资也。"灵帝承疲民之后，易为善政，黎庶倾耳，咸冀中兴，而帝袭彼覆车，毒逾前辈，倾覆宗社，职帝之由，天年厌世，为幸多矣！（《帝王略论·桓灵》）

桓帝延熹二年（159）

6. 梁皇后崩①，桓帝独呼小黄门唐衡至北户，如厕，问左右梁冀不相得者为谁？衡对曰："单超、左悺②，前诣河南尹不疑③，礼敬小简，不疑收其兄弟送洛阳狱。"于是，帝与入室定谋，啮超臂出血以为盟，乃诛梁冀④。

【校记】

本条据《太平御览》卷四百八十《人事部一百二十一·誓盟》引《汉晋春秋》校定。　汤本所补背景文字为"延熹元年"，误；据《东观汉纪》及《后汉书》相关记载，当为延熹二年。　黄本以"汉桓帝"为目。

【史补】

（1）〔唐〕刘珍等《东观汉纪·桓帝纪》曰：(延熹) 二年，大将军梁冀辅政，纵横为乱。帝与中常侍单超等五人共谋诛之，于是封超等为五侯⑤。五侯暴恣日甚，毒流天下。

（2）〔宋〕胡寅论诛梁冀而单超等五人封侯曰：自孝和除窦宪，孙程翊济阴，桓帝治梁冀，相望未七十年，去二奸凶，立一人主。三大事者皆出于中官，三公虽尊，无所与谋，尚书虽要，莫得措手。天子既倚之去其害己者，又有援立之恩，虽不举国以听焉，其势亦不得已矣。西京倾覆，祸起母家。光武中兴，抑制外戚。曾未数世，和熹专朝，皆以不接公卿而任用黄门，遂基末流之祸。虽曰有治人无治法，帝王子孙不能皆贤，祸乱多门，必有所咎，然亦祖宗创业垂统，柄制本末有未尽善者矣。若略法三代，委任宰相，使政出朝廷，犹庶几乎！（《读史管见》卷四《汉纪·桓帝延熹二年·论祖宗柄制本末未尽善》）

（3）〔明〕丘濬论梁冀之诛为后世奸臣之鉴曰：呜呼！自古奸臣之为身谋者，无所不至。方冲帝崩时，冀忌清河王长，恐其为己害也，而立质帝；既而闻其跋扈之言，进毒弑之；众请立清河王，又不从；利桓帝之幼弱也，谓于己无害，得以肆志而逞欲，乃卒立焉。呜呼！孰知所以族诛其家者，乃幼弱之桓帝也哉！设使当时冀从人望，立清河王以奉汉祀，尽臣之节以事之，其为汉之功臣，飨有茅土之封，且将百世祀矣，岂至一旦无噍类哉！计冀自代父位，至是才十有九年。一门七侯、三后六贵人、二大将军，卿将尹校五十七人，所以专权作威，穷奢极欲，称心快意于十九年间，如白驹之过隙耳。一旦泥首面缚，愁蹙呻吟于桁杨缧绁之间，骈首就戮，身首异处，遂使千万年之宗祀为不食之鬼，以此易彼，果孰多哉？呜呼！后世之奸臣亦可以鉴矣。（《世史正纲》卷八《汉世史》）

【笺注】

①梁皇后：谓桓帝皇后梁莹。皇太后梁妠与大将军梁冀之妹。建和元年（147）八月立为皇后。时太后秉政而梁冀专朝，故后独得宠幸。后借姊兄荫势，恣极奢靡，兼倍前世。及太后崩，恩爱渐衰。延熹二年（159），以忧恚卒，葬懿陵。梁冀被诛，废懿陵为贵人冢。

②《后汉书·宦者列传》："单超，河南人；徐璜，下邳良城人；具瑗，魏郡元城人；左悺，河南平阴人；唐衡，颍川郾人也。桓帝初，超、璜、瑗为中常侍，悺、衡为小黄门史。"

③不疑：谓梁不疑。梁冀之弟。安帝时为河南尹。桓帝立，封为颍阳侯。好经书，善待士，冀阴疾之，转为光禄勋。不疑耻兄弟有隙，遂辞位，与弟蒙居乡，不预外事。先冀而卒。

④《后汉书·宦者列传》："初，梁冀两妹为顺、桓二帝皇后，冀代父商为大将军，

再世权威，威振天下。帝逼畏久，恒怀不平，恐言泄，不敢谋之。延熹二年，皇后崩，帝因如厕，独呼衡问：'左右与外舍不相得者皆谁乎？'衡对曰：'单超、左悺前诣河南尹不疑，礼敬小简，不疑收其兄弟送洛阳狱，二人诣门谢，乃得解。徐璜、具瑗常私忿疾外舍放横，口不敢道。'于是帝呼超、悺入室，谓曰：'梁将军兄弟专固国朝，迫胁外内，公卿以下从其风旨。今欲诛之，常侍密图之。'于是更召璜、瑗等五人，遂定其议，帝啮超臂出血为盟。于是诏收冀及宗亲党羽悉诛之。"

⑤《宦者列传》："悺、衡迁中常侍，封超新丰侯，二万户，璜武原侯，瑗东武阳侯，各万五千户，赐钱各千五百万；悺上蔡侯，衡汝阳侯，各万三千户，赐钱各千三百万。五人同日封，故世谓之'五侯'。又封小黄门刘普、赵忠等八人为乡侯。自是权归宦官，朝廷日乱矣。"

桓帝延熹四年（161）

7. 涿人李定云："此家必出贵人。"①

【校记】

本条据《三国志》卷三十二《蜀志·先主传》注引《汉晋春秋》校定。　汤本将此条置于"献帝"朝头条，为此设定背景文字"初平二年，公孙瓒以刘玄德领平原相"十五字，并于"涿人"前补有"初，先主篱上有桑如车盖"十字，似未安。考之于史，刘备约生于桓帝延熹四年，则其少时与宗中诸小儿戏于舍东南角桑树下（见下"史补"），当在桓帝末或灵帝初，故此条前移至"桓帝"朝为安。　黄本以"先主"为目，亦仅辑此十一字，并于尾注中有"《御览》一百十七引《蜀志》下小注"数字，则系指《太平御览》卷一百十七《偏霸部一·蜀先主》之引文。

【史补】

（1）〔宋〕萧常《续后汉书·昭烈帝纪》曰：昭烈皇帝讳备，字玄德②，景帝子中山靖王胜之后也③。胜子贞，元朔二年封陆城侯④，因家于涿郡⑤。祖雄，举孝廉，官至东郡范令⑥。父弘，亦仕州郡。昭烈生于桓帝延熹四年⑦，少孤，与母贩履织席自给。舍东南有桑，高五丈，童童如车盖，或谓当出贵人⑧。昭烈与诸儿戏桑下，曰："吾必当乘此羽葆车。"⑨叔父子敬谓曰："毋妄言，族矣！"年十五，母使行学，与同宗刘德然、辽西公孙瓒⑩师事故九江太守同郡卢植⑪。德然父元起给其资用，与德然等。元起妻有难色，元起曰："吾宗有此儿，非常人也。"而瓒亦与友善。昭烈不甚乐读书，喜狗马、音乐。美丰仪，身长七尺五寸，垂手过膝，顾自见其耳。寡语言，善下人，喜怒不形于色。好交豪侠，年少争附之。中山大商张世平、苏双等资累千金，见而异之，多遗之金，以故得合其众。

(2) 〔清〕王鸣盛《十七史商榷》记光武、先主同出曰：光武与蜀先主同出于景帝。《光武纪》云："景帝生长沙定王发，发生春陵节侯买，买生郁林太守外，外生巨鹿都尉回，回生南顿令钦，钦生光武。"《三国志·蜀先主传》："先主姓刘，讳备，字玄德，涿郡涿县人，汉景帝子中山靖王胜之后也。胜子贞，元狩六年封涿县陆城亭侯，坐酎金失侯，因家焉。"是同出也。《前书·景十三王传》贤愚不等，贤者如河间献王，诸侯中所仅见；其凶残悖乱者，至无复人道。而后汉与蜀则又同出于此，亦异矣。(《十七史商榷》卷三十《后汉书二·光武先主同出》)

【笺注】

①《蜀志·先主传》："先主少孤，与母贩履织席为业。舍东南角篱上有桑树生高五丈余，遥望见童童如小车盖，往来者皆怪此树非凡，或谓当出贵人。"清赵一清《三国志注补》卷三二《蜀志·先主传》曰："《水经·巨马水注》：督亢沟水东迳涿县郦亭楼桑里南，即刘备之旧里也。《方舆纪要》卷十一，楼桑村之涿州西南十五里。"

②刘备（161—223）：字玄德，涿郡涿县（今河北涿州市）人。少孤，与母贩履织席为业，而志存高远，好交结豪侠。东汉末年，天下大乱，备在军阀混战中历经挫折，始终坚韧不拔。后得诸葛亮辅佐，联孙抗曹，大败曹操于赤壁，先占领荆州，继而攻取益州、汉中。公元220年，曹丕篡汉。次年，刘备称帝，都成都，国号汉（绍汉统）。史称"季汉"或"蜀汉"。章武三年（223），在夷陵之战中为吴所败，不久病逝。谥曰昭烈皇帝。

③卢弼《三国志集解·蜀志·先主传》："《汉书·景十三王传》：'孝景皇帝十四男，贾夫人生中山靖王胜，中山靖王胜以孝景前三年立。胜为人乐酒好内，有子百二十余人。'郝经曰：'武帝诏诸侯王得推恩侯支庶子弟，靖王百余子，侯者五人。'弼按：中山靖王子封侯，见《汉书·王子侯表》及《水经注》者七人。"

④《蜀志·先主传》："胜子贞，元狩六年封涿县陆城亭侯。"萧常《续后汉书音义》辨之曰："陆城，亭名。隶涿郡。按《前书表》（谓《汉书·王子侯表》），贞以元朔二年封，而陈寿《蜀书》作元狩六年，误也。若此类，皆刊正之。寿云封亭侯，《表》无亭字。"又潘眉《三国志考证》云："前汉无乡、亭之封，考《汉书·王子侯表》，贞封陆城侯，无亭字。《地理志》：'陆成，中山国县名。'贞为中山靖王之后，故封中山国之陆成县侯。成字无土旁。"又李慈铭《越缦堂读书记》"宋萧常续后汉书"条亦云："案班表中山靖王子封陆城侯，固无亭字；而《地理志》中山国下有陆成县，则贞之为亭侯、县侯，固未可定，萧氏去之是也。"

⑤涿郡：郡名。汉高帝时置。治所在涿县（今涿州市）。辖境约当今北京房山以南，河北易县、清苑以东，安平、河间以北，霸州、任丘以西地区。

⑥东郡：郡名。秦王政五年置，治所在今河南濮阳市区西南。辖境在今濮阳至山东鄄城、郓城一带。汉沿置。　范：县名。春秋时晋国贵族范氏食邑，汉置县，故治在今山东梁山西北附近。又今河南濮阳市辖有范县。

⑦延熹：桓帝第六个年号。萧氏《续后汉书》"熹"误为"熙"，径改。

⑧宋文天祥《经刘先帝故宅》诗曰："我过梁门城，楼桑在其北。玄德已千年，青烟绕故宅。道旁为挥泪，徘徊秋风客。天下卧龙人，多少空抱膝。"（载王复礼《季汉五志·汉昭烈帝志·艺文》）又清姚鼐《赋得昭烈宅》诗曰："涿水东流草树荒，千秋已比沛中阳。依然桑盖垂篱落，谁种芜菁负晓霜？高卧登楼豪自许，入山披发意非狂。平生髀肉销鞍马，游子何任悲故乡。"（《惜抱轩诗集》卷七）

⑨羽葆车：又作羽葆盖车，帝王之乘也。《三国志集解·蜀志·先主传》："《续汉志·舆服志》：'羽盖华蚤'。徐广曰：'翠羽盖，黄里，所谓黄屋车也。'《东京赋》曰：'树翠羽之高盖。'薛综曰：'树翠羽为盖，如云龙矣。'"

⑩公孙瓒（？—199）：字伯珪，辽西令支（今河北迁安）人。少为郡门下书佐，太守器之，遣诣卢植读经。后复为郡吏，慷慨义气。举孝廉为郎，除辽东属国长史。

因击鲜卑有功，任涿令，迁骑都尉，再迁中郎将，封都亭侯。初平二年（191），收服青、徐黄巾三十万众，威名大震。拜奋武将军，封蓟侯。与大司马、幽州牧刘虞不和，虞讨瓒，为其所败，旋被诬斩。迁前将军，封易侯。由是骄矜，记过忘善，多所贼害。建安四年（199），为袁绍所败，自焚死。

⑪卢植（139—192）：字子干，涿郡涿（今河北涿州）人。性刚毅，有大节，常怀济世之志。灵帝时，历任博士，九江、庐江太守，还拜议郎。后任侍中，迁尚书。黄巾起义，植以北中郎将率军镇压，先胜后败，免官抵罪。后复为尚书。因得罪董卓，免官，隐居上谷军都山。袁绍曾辟为军师。初平三年卒。植少时与郑玄共师事马融，通古今学，为当时大儒。刘备曾从其受学。著有《尚书章句》、《三礼解诂》，已佚。

桓帝延熹七年（164）

8. 桓帝幸樊城①，百姓莫不观之。有一老父独耕不辍，议郎张温使问焉②，父啸而不答。温因与之言，问其姓名，不告而去。

【校记】

本条据《水经注》卷二十八《沔水中》、《艺文类聚》卷十九《人部三·啸》、《太平御览》卷三百九十二《人事部三十三·啸》分别引《汉晋春秋》校定。汤本所补背景文字为"延熹七年，南巡狩"，并据《类聚》、《御览》仅引文至"不答"。黄本列"汉桓帝"目下，据《水经注》引文增加"温因与之言"等十三字。"莫不观之"，汤本脱"之"。黄本"老父"作"父老"。"啸"，《水经注》、《类聚》、《御览》、汤本同，黄本讹为"笑"。

【史补】

（1）《后汉书·桓帝纪》曰：（延熹七年）冬，十月壬寅，南巡狩。庚申，幸章陵，祠旧宅，遂有事于园庙，赐守令以下各有差。戊辰，幸云梦③，临汉水；还，幸新野④，祠湖阳、新野公主、鲁哀王、寿张敬侯庙。

又《汉阴老父传》曰：汉阴老父者⑤，不知何许人也。桓帝延熹中，幸竟陵⑥，过云梦，临沔水，百姓莫不观者，有老父独耕不辍。尚书郎南阳张温异之，使问曰："人皆来观，老父独不辍，何也？"老父笑而不对。温下道百步，自与言。老父曰："我野人耳，不达斯语。请问天下乱而立天子邪？理而立天子邪？立天子以父天下邪？役天下以奉天子邪？昔圣王宰世，茅茨采椽⑦，而万人以宁。今子之君，劳人自纵，逸游无忌。吾为子羞之，子何忍欲人观之乎！"温大惭。问其姓名，不告而去。

【笺注】

①樊城：城邑名。故城在汉江北。《读史方舆纪要》卷七十九："樊城与襄阳城隔江对峙。《志》以为即周仲山甫所封樊国也。后汉末，为戍守处。初平二年，袁术使孙坚击刘表，表遣将黄祖逆战于樊、邓间，坚击破之，遂围襄阳。建安十三年，刘琮以荆州降操，时刘备屯于樊城。操至宛，备始觉，将其众南走，樊城入于操。二十四年，关壮缪镇荆州，攻曹仁于樊，会沔水涨，羽乘水急攻之，城多崩溃，魏人恟惧。吴赤乌四年，朱然围樊不克。"今湖北襄阳市有樊城区。

②张温（？—191）：字伯慎，南阳穰（今河南邓州）人。桓帝延熹中为尚书郎，后迁尚书令、大司农。灵帝时，拜司空，封互乡侯；以司空为车骑将军、假节，讨凉州叛将边章、韩遂及西羌；转拜太尉，后为司隶校尉。献帝初，为董卓杀害。

③"云梦"一词在先秦两汉典籍中累见，大抵有二义：（一）古泽薮名。指云梦泽。《禹贡》：荆州"云土梦作乂"；《周礼·职方》：荆州"泽薮曰云梦"；《尔雅·释地》、《吕氏春秋·有始览》之十薮及《淮南子·坠形训》之九薮中"楚之云梦"，就是指的云梦泽。据《史记·货殖列传》："江陵故郢都，东有云梦之饶"；《河渠书》："于楚，西方则通渠汉水、云梦之野"，可知古云梦泽约当今湖北江陵以东江汉平原及周边地区，而当时皆为泽国。（二）古地域名。泛指春秋战国时（至白起拔郢，楚都东迁止）历代楚王游猎之地区。《战国策·楚策》："于是楚王游于云梦，结驷千乘，旌旗蔽天。野火之起也若云霓，兕虎之嗥声若雷霆。"这一狩猎区约当古云梦泽东、北、西三面丘陵山区，南则限于大江，或亦延伸至江南若干地区。东汉和帝、桓帝巡幸章陵之"过云梦"，或指游览这一地区。

④新野：县名。西汉始置。《元和郡县图志》卷二十一："新野县，本汉旧县，属南阳郡。魏代新野县为荆州都督所理，王昶为都督，即镇此城。晋惠帝立新野郡，隋开皇三年罢郡，县属邓州。"今为河南南阳市属县。

⑤汉阴老父：《群书治要·后汉书》及《后汉书详节》"汉阴"皆作"汉滨"。又王先谦《后汉书集解》："惠栋曰：《御览》作汉滨。"

⑥竟陵：秦置县名，东汉为侯国。治所在今湖北潜江市西北。两汉属江夏郡。据范书《桓纪》，"竟"疑为"章"之误。

⑦李贤注："《韩子》曰：'尧舜采椽不刮，茅茨不剪。'"

献　帝

【史补】

（1）〔晋〕袁山松《后汉书》曰：献帝〔于〕崎岖危乱之间，飘薄万里之衢，萍流蓬转，险阻备经，自古帝王未之有也。观其天性慈爱，弱而仁惠，若辅之以德，真守文令主也。曹氏始于勤王，终至滔天，遂力制群雄，负鼎而趋。然因其利器，假而不反，回山倒海，遂移天日。昔田常假汤武而杀君，操因尧舜而窃国，所乘不同，济其盗贼之身一也。善乎庄生之言："窃钩者诛，窃国者为诸侯。诸侯之门，仁义在焉。"信矣！（清汪文台辑《七家后汉书》）

献帝建安元年（196）

9.汉帝①都许②，守位而已，宿卫近侍莫非曹氏党旧恩戚。议郎赵彦尝为帝陈言时策，曹操恶而杀之③，其余内外多见诛。操后以事入见殿中，帝不任其忿，因曰："君能相辅，则厚；不尔，幸垂恩相舍。"操失色，俯仰求出。旧仪，三公辅兵入庙，令虎贲执刀挟之④。操顾左右，汗流洽背，自后不敢复朝请。

【校记】

本条据《太平御览》卷九十二《皇王部十七·后汉孝献皇帝》引《汉晋春秋》校定。　汤本所补背景文字为"建安元年，迁都许"。但本条所述实际上涵盖了都许至建安十九年间的诸多史事，而《资治通鉴》卷六十七《汉纪五十九》与本条相近文字，即置于建安十九年曹操诛董承杀贵人弑皇后鸩皇子事件前。本书之所以仍从汤本系于建安元年，是因为都许本身乃一特别重大历史事件，借此以补备曹氏篡汉之始耳。又《御览》及汤、黄本首句皆作"献帝都许"，黄本且以"汉献帝"为目，而《通鉴》转录无"献"字；按"孝献皇帝"乃魏之谥号，《汉晋春秋》以魏为僭国，不可能用魏谥，当是《御览》撰者擅改，故今改"献帝"为"汉帝"。　文中"尝"字，《通鉴》及《纲目》皆作"常"，而"洽"皆作"浃"。

【史补】

（1）《通鉴纲目》曰：丙子，建安元年，春二月，修雒阳宫。董承、张杨欲以天子还雒阳，杨奉、李乐不欲，由是诸将更相疑贰。张杨使董承先缮修雒阳宫⑤。五月，帝遣使至杨奉、李乐、韩暹营，求送至雒阳。奉等从诏⑥。

秋，七月，帝还雒阳。杨奉、韩暹奉帝东迁，张杨以粮迎道路。七月，至雒阳。张杨谓诸将曰："天子当与天下共之，朝廷自有公卿，杨当出扞外难。"遂还野王⑦。杨奉亦出屯梁⑧。韩暹、董承留宿卫。时宫室烧尽，百官披荆棘，依墙壁间。州郡委输不至，尚书郎以下自出采稆⑨，或饿死墙壁间，或为兵士所杀。

曹操入朝，自为司隶校尉，录尚书事。曹操在许，谋迎天子。众以为山东未定，韩暹、杨奉负功恣睢，未可卒制。荀彧曰⑩："昔晋文公纳周襄王而诸侯景从⑪，汉高祖为义帝缟素而天下归心。自天子蒙尘⑫，将军首唱义兵，徒以山东扰乱，未皇远赴。今銮驾旋轸，东京榛芜。诚因此时，奉主上以从人望，大顺也；秉至公以服天下，大略也；扶弘义以致英俊，大德也。四方虽有逆节，其何能为？若不时定，使豪杰生心，后虽为虑，亦无及矣。"操乃遣曹洪将兵西迎天子⑬。董承等据险拒之，洪不得进。议郎董昭以杨奉兵马最强而少党援⑭，作操书与奉曰："方今群凶猾夏⑮，四海未宁，神器至重，必须众贤以清王轨，将军当为内主，吾为外援，今吾有粮，将军有兵，有无相通，足以相济，死生契阔，相与共之。"⑯奉得书喜，语诸将共表操为镇东将军。韩暹矜功专恣，董承患之，因潜召操；操乃将兵诣雒阳，既至，奏韩暹、张杨之罪。帝以暹、杨有翼车驾之功，诏勿问。以曹操领司隶校尉，录尚书事[17]。操于是诛有罪，赏有功也，矜死节，封董承等十三人为列侯[18]。

曹操迁帝于许[19]，自为大将军，封武平侯。操引董昭问计，昭曰："此下诸将，人殊意异，今留匡弼，事势不便，惟有移驾幸许耳。然朝廷播越，新还旧京，跂望获安，今复徙驾，不厌众心。夫行非常之事，乃有非常之功，愿将军算其多者。"曰："此孤本志也。"乃奉车驾东迁。自为大将军，封武平侯[20]。始立宗庙社稷于许。自是政归曹氏，天子守位而已。（《御批通鉴纲目》卷十三上）

又曰：（甲午，十九年，）十一月，魏公操弑皇后伏氏及皇子二人[21]。帝自都许以来，守位而已，左右侍卫莫非曹氏之人者。议郎赵彦常为帝陈言时策，操恶而杀之。操后以事入见殿中，帝不任其惧，因曰："君若能相辅，则厚；不尔，幸垂恩相捨。"操失色，俯仰求出。旧议：三公引兵，朝见，令虎贲执刃挟之。操出，顾左右，汗流浃背；自后不复朝请。

董承女为贵人，操诛承，求贵人杀之。帝以贵人有妊为请，不得[22]。伏后惧，与父完书，令密图之。至是事泄，操使郗虑持节策收皇后玺绶[23]，以尚书令华歆为副[24]，勒兵入宫收后。后闭户，藏壁中。歆坏户发壁，就牵后出[25]。时帝在外殿，后被发徒跣，行泣，过诀曰："不能复相活邪？"帝曰："我亦不知命在何时！"顾谓虑曰："郗公，天下宁有是邪！"遂将后下暴室，以幽死；所生二皇子皆鸩杀之，兄弟及宗族死者百余人。（《御批通鉴纲目》卷十四）

（2）〔宋〕胡寅论曹操乃乱贼之魁桀曰：曹操下令，以不敢捐兵，恐为他人所图，可也。而献帝在许无异幽辱，左右侍御皆用曹氏之人，杀生除拜不出天子之手者，十九年矣。嫔御有妊，夺而戮之，中宫忧疑，遂并见及，害帝二子，屠沈后家，谓此非不逊之志，操谁欺？欺天乎！操自起兵，惟有奉迎献帝出于危迫，谓一时之功，可也。然其事虽顺，其情则逆。自余东征西伐，擒吕布，破袁绍，下荆州，定关中，皆辟土讨贰，以自封殖，何与于汉哉？而司马氏称彧佐操，其功不在管仲之后。夫齐桓抑戎狄以尊周室，仗正义以立襄王，中国君臣父子之道皆得焉，孔子以为"一匡天下，民到于今受其赐"者，岂尝凌逼君父，弑天下母，如操之所为乎？五伯，三王之罪人也；曹操，五伯之罪人也。功非扶汉，志在篡君，直乱臣贼子之魁桀耳。虽伪定一时，而不克混一，甫及三世，曹芳、髦、奂已在人掌握，呼来斥去，仅同奴隶，或乃死于锋刃。天之报施，疏而不失。然反道败德之人狃于奸宄，终不惩也。华歆厥初名次管宁，晚节末路，恶逆至此，于歆与何诛？凡人为善，不可不诚。歆之内行，形于锄菜掷金之日矣。（《读史管见》卷五《汉纪·献帝建安十九年》）

（3）〔宋〕**叶适论曹操曰**：桥玄以曹操为"命世之才"，而许劭以为"治世之能臣，乱世之奸雄"。玄与劭品类大殊，言之高下固当不同也。操为劭所鄙，乃为玄及何颙所异，不知劭自与汉人隔多少重数。操得志后，一时人材，受其生杀荣辱，为所位叙者，其贤否气类又可知矣。劭犹若此，况不为劭者乎！东汉未乱时犹若此，况三代之盛乎！道之升降，古人所以深致意也。

又论曰：按操以中平六年十二月起兵，初平二年七月，袁绍表为东郡太守，据兖州，以其中间攻于毒、眭固、陶谦，又为张邈、陈宫所败，六七年内，转战百艰，所获甚微，视高祖、光武指麾戡定，何太悬绝乎！适会天子东还，遂挟以自重，方有扶义征讨之事。然则操之功业，盖因辅汉而后致，非汉已亡，待操而能存也。使如董卓、袁绍甘心为贼，固无可论；若稍隐诸心，欲因此跳梁跋扈，自同问鼎，其可安乎！

又曰：操十五年令，叙"几人称帝，几人称王"事，极有始末，当详看。后世多称操奸贼狙伺，犹畏迫名义，不敢身自代汉。按操之僭乱，显逼惟孔融，阴沮惟荀彧，二人既死，中外无不迎承自献，以后为羞，名义安在，而尚何所畏迫耶？然天下大物，自战国、秦汉以来，形窥若易，而实取亦难。董卓、袁绍之流，鸱张广莫，未有能自知节限，故皆随以夷灭。操虽奸贼不仁，然能自知节限，故敢窃而不敢叛，敢取而不敢代，所以谆谆自叙齐、晋、文王、乐毅、蒙恬等事，皆实语，非虚饰，益知许劭之评为不妄也。（《习学记言序目》卷二十七《魏志·武帝操》）

（4）〔清〕**尤侗评曹操之初曰**：何进之召董卓，董承之召曹操，皆开门揖盗也。操挟天子以令诸侯，遂据上流之势，魏之王业，基于此矣。然当是时，使操不来，献帝能自立乎？韩暹、张杨诸人岂足有为。未可以后日之跋扈，并弃其前功也。晋文公定襄王于郏，《春秋》亦无贬辞。（《看鉴偶评》卷二）

【笺注】

①汉帝：谓汉献帝，名协（181—234）。灵帝第三子，少帝之弟。中平六年（189），灵帝卒，少帝即位，封为渤海王，徙封陈留王。次年，董卓进京，把持朝政，废少帝为弘农王，立协为帝，迁都长安。卓被诛，部将李傕等攻入长安，再次挟持汉帝。建安元年（196），帝逃归洛阳，不久为曹操挟持，迁都许昌，从此成为操"挟天子以令诸侯"的傀儡。建安二十五年（220）春正月，魏王操卒。冬十月，嗣魏王曹丕自称皇帝，国号魏，废汉帝为山阳公。当时或传闻帝遇害，汉中王刘备乃追谥曰孝愍皇帝。魏明帝青龙二年（234），山阳公卒，年五十四。魏谥曰"孝献皇帝"。

②许：国名，后为县名、都邑名。春秋有许国，秦置许县。曹操迎献帝由洛阳迁都于此，称许都。故治在今河南许昌市西南。《通鉴》胡注："《郡国志》，许县，属颍川郡，帝既徙都，改曰许昌。杜佑曰：'汉许昌故城，在今县南三十里。'宋白曰：'在今县西南四十里。'"按：魏时许昌为其五都之一，称许昌宫或许城。

③曹操（155—220）：字孟德，小字阿瞒，沛国谯（今安徽亳州）人。少机警，有权数，任侠放荡，不治行业。年二十，举孝廉为郎，除洛阳北部尉，迁顿丘令，征拜议郎。灵帝中平元年（184），拜骑都尉，以讨黄巾有功，迁济南相。五年，拜典军校尉。六年，不满于董卓之狂悖，变易姓名，逃离京师。献帝初平元年（190），袁绍等起兵讨董卓，操行奋武将军。三年，领兖州牧，诱降、改编黄巾军精锐三十余万，号"青州兵"。四年秋至兴平元年（194）夏，操两征徐州牧陶谦，所过多所残戮，墟邑无复行人。陈留太守张邈等遂叛迎吕布。二年，献帝拜操为兖州牧。建安元年（196），拜建德将军，迁征东将军，封费亭侯。秋七月，操至洛阳，卫京师；帝假操节钺，录尚书事。九月，操从董昭议，挟帝迁都许，帝以操为大将军，封武平侯。操以大将军让袁绍；帝乃拜操司空，行车骑将军。三年，东征徐州，攻灭吕布。四年，击破袁术。五年初，败刘备。自此至建安十二年，操先后攻灭袁绍及其二子尚、谭，平定冀州，攻破三郡乌桓，统一北方。此时，操改任冀州牧。十三年六月，进位丞相。随即兵锋南指，荆州牧刘表病死，其子琮举州降。然而赤壁一战，大败于刘孙联

军，操自华容道逃至江陵，随即北还。十六年，平定关中。明年冬至十八年春，征孙权，与权军相持于濡须口，无功而返。五月，为魏公，加九锡，任丞相、冀州牧如故。二十年，征汉中，张鲁降。二十一年，晋爵为王。此间，刘备入益州，其后得汉中，而关羽失荆州。曹、刘、孙鼎足之势成。二十五年正月，病死于洛阳，年六十六。谥曰武王。十月，其子丕篡汉称帝，国号魏，追尊操曰武皇帝，庙号太祖。清彭孙贻《茗香堂史论·三国志》论曹操曰："魏武奇才不世出，然无帝王之度者，以事事皆用机变也。其语袁绍'吾用天下之智力，以道御之，无不可者'，操岂有道者耶？欺人之言耳！唐太宗谓'一将之智有余，万乘之才不足'，许子将谓'乱世之奸雄'，诚哉笃论矣！"

④《通鉴》胡注："以其领兵，惧其为变，故防之也。"

⑤雒阳：即洛阳。周成王时，周公筑雒邑，此为成周城所在。战国时改称雒阳，因在雒水之北而得名。秦、汉皆置县。东汉建都于雒阳。三国魏改雒为洛。历代为州郡府治所，更有六朝古都之称。今为河南洛阳市。

⑥董承：汉灵帝母董太后之侄，献帝岳父。董卓为乱，承送献帝由长安还洛阳。曹操专权，承与献帝密谋诛之，并将献帝密诏带给皇叔刘备，事泄，为操所害。时任车骑将军。 张杨：字稚叔，云中（治今山西原平西南）人。献帝初为建义将军、河内太守。李、郭之乱，献帝流落河东，杨带兵至安邑，拜安国将军、晋阳侯。建安元年，以粮资天子还雒阳，拜大司马。后曹操攻吕布，出兵以应布，为部将所杀。 杨奉、李乐、韩暹：皆黄巾余部河东白波帅，以护送献帝东还之功，奉授车骑将军，乐封征北将军，暹拜征东大将军。

⑦野王：县名。汉置，属河内郡。隋、唐改为河内县，历代相沿。今属河南焦作市。《通鉴》胡注："野王，张杨所屯也。"

⑧《通鉴》胡注："《郡国志》：梁县，属河南尹，春秋之梁国也。"梁县故治在今河南汝州市域。

⑨《通鉴》胡注："蔡质《汉仪》曰：'尚书郎初从三署诣台试，初上台称守尚书郎中，满岁称尚书郎，三年称侍郎。'"

⑩荀彧（163—212）：字文若，颍川颍阴（今河南许昌）人。少有才名，初依袁绍，继投曹操，操任为奋武司马，时年二十九。操击陶谦，败吕布，彧皆与谋。尤以

劝操挟帝迁都于许，进为侍中，守尚书令。操虽征伐在外，而军国大事皆与彧筹谋。操破袁绍，彧策居多。后以反对曹操称魏公，为操所忌，调离中枢，以侍中光禄大夫持节，参丞相军事，忧死于军中（一说服毒自杀）。谥曰敬侯。后追赠太尉。

⑪《通鉴》胡注："贤曰：《左传》：狐偃言于晋侯曰：'求诸侯莫如勤王，诸侯信之，且大义也。'晋侯以左师逆王，王入于王城，取太叔于温，杀之于隰城，遂定霸业，天下服从。师古曰：'景从，言如景之从形也。'"

⑫《通鉴》胡注："蒙，冒也，言播越在草莽，蒙冒尘埃也。"

⑬曹洪（？—232）：字子廉，沛国谯（今安徽亳州）人。曹操从弟。曹操讨董卓，为卓将徐荣所败，操失马，洪舍命献马，使操免于厄难。从讨吕布、张邈，以功拜鹰扬校尉，迁扬武中郎将。迎天子都许，拜谏议大夫。《通鉴》胡注："西汉有中郎将，东汉分置三署、虎贲、羽林中郎将。建安之后，群雄兵争，自相署置，始有名号中郎将。"

⑭董昭（151—232）：字公仁，定陶人。举孝廉，除瘿陶长、伯仁令，袁绍以为参军事。继领钜鹿太守、魏郡太守。因被谗离绍，假张杨见献帝于安邑，诏拜议郎。从此投向曹操。初为符节令。曹操挟帝迁许，昭以建策之功，迁河南尹。继迁冀州牧、徐州牧、东郡太守、司空军祭酒，封昭千秋亭侯。又建言"修古建封五等"，曹操自为魏公、魏王之号，皆昭所创。历操、丕、叡三世，宠荣有加。

⑮《通鉴》胡注："孔安国曰：'猾，乱也。夏，华夏。'"

⑯《通鉴》胡注："毛苌曰：'契阔，勤苦也。'此盖谓死也，生也，处勤苦之中，相与共之也。"

⑰司隶校尉：官名。西汉武帝征和四年（前89）始置，领兵千余人，掌捕巫蛊，督捕京师奸猾。后罢领兵，使纠察京师百官及所辖畿辅地区。哀帝时，省校尉而称司隶。东汉复称司隶校尉，职在典京师，而外部州郡，无所不纠。封侯、外戚、三公以下，无尊卑，皆为其纠察对象。朝会时，与尚书令、御史中丞并称"三独坐"。领畿辅一州，辖七郡。司隶校尉权势显赫，为百僚所畏惮。西汉司隶校尉秩二千石，东汉比二千石。三国时，曹魏、蜀汉皆沿置，而蜀汉不典益州。　录尚书事：官名。秦制，尚书属少府，掌文书。西汉时，尚书职权日重。昭帝初立，大将军霍光秉政，始与金日磾、上官桀共领尚书事。此后权臣大都加领尚书事。东汉章帝时，以太傅赵熹、太

尉车融并录尚书事。"领"改"录"自此始，录、领义实相近。早期录尚书事者多为太尉或太傅，其后司徒、司空亦有录尚书事者。以司隶校尉录尚书事，则不多见。

⑱《通鉴》胡注："袁宏《纪》曰：'封卫将军董承、辅国将军伏完、侍中丁冲、种辑、尚书仆射钟繇、尚书郭溥、御史中承董芬、彭城相刘艾、冯翊韩斌、东郡太守杨众、议郎罗邵、伏德、赵蕤为列侯。'"

⑲宋尹起莘《通鉴纲目发明》曰："《春秋·闵二年》书'齐人迁阳'；迁之者，强迁之也。《僖元年》书'邢迁于夷仪'；迁者，自迁也。建安初元之事，前史皆以迁都许为文，果如所言，则天子自迁都许，夫复何说。而《纲目》于此乃大不然。何哉？盖自董卓肇乱，催、汜交攻，天子奔走荆棘间，未闻曹操有勤王之举；今年车驾还洛阳，操始入朝，其谋固欲挟天子令诸侯而已，初非真有翊扶帝室之心也。夫洛邑宗庙所在，不幸残毁，正当修复、经理，使斯民复见汉官威仪之盛，庶可少塞臣子救君父之责。今乃弃其故居宫室，移驾至许，何哉？故《纲目》书'曹操迁帝于许'，则其词急而有专意；况谓之迁帝，则所迁者止于帝之一身，而宗庙社稷皆弃不顾，则汉室至是，亦寄生之君耳。昔高祖开基，《纲目》'书帝西都洛阳'，继书'帝西都关中'；至光武中兴，则书'朱鲔以洛阳降，帝入，都之'。其与迁帝于许，而不以自迁为文者，相去何止霄壤。呜呼！使曹操不出于强迁，而汉帝尚能为有无，则当书'操奉帝迁都于许'矣。吁！"柯按：《春秋》经曰："《庄公三十二年》：'冬十月，狄伐邢。'《闵公元年》：'春，王正月，齐人救邢。'《闵公元年》：'春王正月，齐人迁阳。'《僖公元年》：'春王正月，齐师、宋师、曹师次于聂北，救邢。夏六月，邢迁于夷仪。'"此言齐桓公救邢及灭阳之事也。狄人伐邢，攻破邢都，齐桓公率齐、宋、曹三国联军救邢，赶走侵略者，帮助邢侯重建国都于夷仪。这一行为无疑是桓公之义举。但另一面，他却又在同时吞灭了弱小的阳国而迁置其君。于是《春秋》对这两件事采取了不同的书法。《春秋三传》卷四："宋家铉翁曰：齐桓迁邢，义也。为其有狄难，辅而迁之，别择善地以为之国都，霸者之所得为也。迁阳事不见于《传》，以书法而观，盖迁小国以为附庸，并兼之异名，《春秋》所恶，书以贬之。"

⑳武平：县名。后汉置，魏因之。故治在今河南鹿邑西北四十里。《通鉴》胡注："武平县，属陈国。此取其以神武平祸乱也。"

㉑"又曰"以下为十九年后之事，因本条佚文系前置，故亦附会于此。

㉒《资治通鉴》卷六十三《汉纪五十五》："初，车骑将军董承称受帝衣带中密诏，与刘备谋诛曹操。操从容谓备曰：'今天下英雄，惟使君与操耳，本初之徒，不足数也！'备方食，失匕箸；值天雷震，备因曰：'圣人云，迅雷风烈必变，良有以也。'遂与承及长水校尉种辑、将军吴子兰、王服等同谋。会操遣备与朱灵邀袁术，程昱、郭嘉、董昭皆谏曰：'备不可遣也！'操悔，追之，不及。（建安）五年，春，正月，董承谋泄，壬子，曹操杀承及王服、种辑，皆夷三族。"按：董承女为贵人，帝以其时已怀孕，向操求情，不许，亦遭杀害。

㉓郗虑：字鸿豫，山阳高平（今山东微山西北）人。少受学于郑玄，博通经传。与华歆、王朗驰名当时。建安初为侍中、光禄勋，从此依附曹操。建安十三年（208）罢三公官，置丞相、御史大夫，操自任丞相，以虑为御史大夫。操挟嫌欲杀少府孔融而忌其名声，虑乃罗织、构成其罪。十八年，持节策曹操为魏公。十九年，受曹操派遣入宫强行逮走伏皇后。后不知所终。

㉔华歆（157—231）：字子鱼，平原高唐（今山东禹城西南）人。灵帝末举孝廉，除郎中，献帝初为尚书郎。拜豫章太守。孙策略地江东，歆幅巾奉迎，策执子弟之礼。建安五年（200）征拜议郎，参司空军事，入为尚书，转侍中，代荀彧为尚书令。受曹操派遣入宫强行逮走伏皇后。入魏，历任御史大夫、相国、司徒、太尉等职。卒谥敬侯。

㉕《通鉴》胡注："华子鱼有名称于时，与邴原、管宁号三人为一龙，歆为龙头，原为龙腹，宁为龙尾。歆所为乃尔；邴原亦为操爵所縻；高尚其事，独管宁耳。当时头尾之论，盖以名位言也。呜呼！"

献帝建安三年（198）

10.表答羲曰①："内不失贡职，外不背盟主，此天下之达义也，治中独何怪乎！"

【校记】

本条据《三国志》卷六《魏志·刘表传》注引《汉晋春秋》校定。

汤本于"表答羲曰"前补有"天子都许，刘表虽贡献，而与袁绍相结。郭羲谏"十六字，已删。　黄本以"刘表"为目。　"达义"，汤、黄本皆作"大义"。　"独何"，黄本作"何独"。

【史补】

（1）《后汉书·刘表传》曰：刘表字景升，山阳高平人②。鲁恭王之后也③。身长八尺余，姿貌温伟。与同郡张俭等俱被讪议，号为八顾④。诏书捕案党人，表亡走得免。党禁解，辟大将军何进掾。初平元年⑤，长沙太守孙坚⑥杀荆州刺史王叡，诏书以表为荆州刺史⑦。时，江南宗贼大盛⑧，又袁术阻兵屯鲁阳⑨，表不能得至，乃单马入宜城⑩，请南郡人蒯越⑪、襄阳人蔡瑁与共谋画⑫。表谓越曰："宗贼虽盛而众不附，若袁术因之，祸必至矣。吾欲征兵，恐不能集，其策焉出？"对曰："理平者先仁义，理乱者先权谋。兵不在多，贵乎得人。袁术骄而无谋⑬，宗贼率多贪暴。越有所素养者，使人示之以利，必持众来。使君诛其无道，施其才用，威德既行，襁负而至矣。兵集众附，南据江陵⑭，北守襄阳⑮，荆州八郡可传檄而定⑯。公路虽至，无能为也。"表曰："善。"乃使越遣人诱宗贼帅，至者十五人，皆斩之而袭取其众。唯江夏贼张虎、陈坐拥兵据襄阳城，表使越与庞季往譬之，乃降。江南悉平。诸守令闻表威名，多解印绶去。表遂理兵襄阳，以观时变。

袁术与其从兄绍有隙，而绍与表相结，故术共孙坚合从袭表。表败，坚遂围襄阳。会表将黄祖救至，坚为流箭所中死，余众退走。及李傕等入长安，冬，表遣使奉贡。傕以表为镇南将军、荆州牧⑰，封成武侯，假节，以为己援。

建安元年，骠骑将军张济自关中走南阳，因攻穰城⑱，中飞矢而死。荆州官属皆贺。表曰："济以穷来，主人无礼，至于交锋，此非牧意；牧受吊，不受贺也。"使人纳其众。众闻之喜，遂皆服从。三年，长沙太守张羡率零陵、桂阳三郡畔表⑲，表遣兵攻围，破羡，平之⑳。于是开土遂广，南接五领㉑，北据汉川㉒，地方数千里，带甲十余万。初，荆州人情好扰，加四方骇震，寇贼相扇，处处麕沸。表招诱有方，威怀兼洽，其奸獯宿贼更为效用，万里肃清，大小咸悦而服之。关西、兖、豫学士归者盖有千数，表安慰赈赡，皆得资全。遂起立学校，博求儒术，綦母闿、宋忠等撰立《五经》章句，谓之《后定》㉓。爱民养士，从容自保。

（2）《魏志·刘表传》曰：天子都许，表虽遣使贡献，然北与袁绍相结㉔。治中邓羲谏表，表不听。羲辞疾而退，终表之世。张济引兵入荆州界，攻穰城，为流矢所中死。荆州官属皆贺，表曰：“济以穷来，主人无礼，至于交锋，此非牧意；牧受吊，不受贺也。”使人纳其众。众闻之喜，遂服从。长沙太守张羡叛表，表围之连年不下。羡病死，长沙复立其子怿，表遂攻并怿，南收零、桂，北据汉川，地方数千里，带甲十余万。太祖与袁绍方相持于官渡，绍遣人求助，表许之而不至，亦不佐太祖，欲保江汉间，观天下变。

（3）〔宋〕叶适论刘表曰：刘表当乱世，雍容文义，自保一方，比于袁、曹之残民，不犹愈乎！（《习学记言序目》卷二十八《蜀志·刘璋》）

（4）〔清〕周寿昌论刘表曰：《表传》“带甲十余万”注引《英雄记》云云，予案《后汉书》云：“关西、兖、豫学士归者盖有千数，表安慰赈赡，皆得资全，遂起立学校”云云，后人谓汉儒文学盛于西北，自晋人渡江之后，东南人才始盛。据此则景升实启其端，此一层似亦宜叙入。（《三国志注证遗》卷一《表重文学》）

【笺注】

①羲：谓邓羲，荆州治中从事。治中从事又称治中从事史，省称治中。据《续汉书·百官志》，州皆有从事史、假佐，荆州刺史部定员七人。其治中从事主州选署及众事，簿曹从事主财谷簿书，即主内；别驾从事等主外。又《后汉书·刘表传》：“初，表之结袁绍也，侍中从事邓义谏，不听。义以疾退，终表世不仕。”繁体“义”字与“羲”形近，疑传写致误。清钱大昭《三国志辨疑·刘表传》：“治中邓羲谏表，《后汉书》作侍中从事，非也。时州牧有长史，有别驾，有治中。侍中乃中朝官，非刘表所得有也。”

②《后汉书·郡国志》：“山阳郡，高平侯国。”故治在今山东济宁市金乡县西北四十里许。

③李贤注："恭王，景帝子，名余。"按：余字仲康，初封淮阳王，平定七国之乱后封鲁王，卒谥曰"恭"。

④《魏志·刘表传》："少知名，号八俊。"《后汉书集解》引惠栋曰："杭世骏曰：《党锢传》云，张俭乡人朱并告俭与同乡二十四人别相署号，共为部党。以俭及檀、彬等为八俊，田林、张隐、刘表等为八顾，刻石立坛，共为部党也。'"

⑤初平元年：公元190年。初平为汉献帝第三个年号。

⑥长沙：郡名。秦置，西汉改郡为国，东汉复改为郡。治临湘（今湖南长沙市区）。领县、侯国十三。　孙坚（155—191）：字文台，吴郡富春（今浙江富阳）人。东汉末江东豪族。少为县吏。以勇敢，府召署假尉。灵帝熹平元年（172），以讨贼功，诏除盐渎丞，徙盱眙丞，又徙下邳丞。中平中，从中郎将朱儁讨破黄巾，拜别部司马；参与司空行车骑将军张温军事，拜议郎。后为长沙太守，讨破义军区星等，录前后功，封为乌程侯。董卓逆乱，举兵从袁术讨之，行破虏将军，领豫州刺史。与卓军战于阳人，大破之。前入至雒阳，修治董卓所发掘诸陵。还军鲁阳。初平三年（192），受袁术遣征荆州牧刘表，围襄阳，为表将黄祖军士射死于城南岘山。

⑦《后汉书集解》："惠栋曰：'《镇南碑》云：辟大将军府，迁北军中候。在位十旬，以贤能，特迁拜刺史。'"

⑧李贤注："宗党共为贼。"《后汉书集解》："惠栋曰：'《吴志》注引《江表传》云，鄱阳民帅别立宗部；又云，海昏县有五六千家相结，聚作宗伍。盖汉末丧乱，人民结聚，劫掠郡县，自下言之，谓之宗部、宗伍，自上言之，谓之宗贼。'"

⑨鲁阳：县名。汉置。县东北有鲁山，或以此名。唐改鲁山县，历代相沿。今属河南平顶山市。

⑩宜城：县名。清顾祖禹《读史方舆纪要》卷七十九："古鄢子国。战国时楚鄢县。秦因之。汉惠帝三年，改为宜城县，属南郡。更始封王凤为宜城王。后汉仍属南郡。初平二年，刘表刺荆州时，寇贼梗塞，表单马入宜城。建安三年，曹操表先主为镇东将军，封宜城亭侯是也。"今为湖北襄阳市辖宜城市。

⑪蒯越：字异度，襄阳中庐（今襄阳市南漳县）人。初为大将军何进东曹掾，求出为汝阳令。后归刘表，建平定荆楚之略。曾劝表依附曹操，表不纳。表卒，与蔡瑁、傅巽等力促嗣主刘琮降操。操取荆州后曾说："不喜得荆州，喜得蒯异度耳。"遂

封越等十五人为列侯，以越为光禄勋。

⑫蔡瑁：字德珪，襄阳（今襄阳城南蔡家洲）人。蔡氏乃襄阳大族，刘表初至荆州，即以蔡瑁为辅，瑁二姊为表继室，以此见重。历任江夏、南郡、章陵太守。表卒，拥立其幼子刘琮嗣位，旋与蒯越等力说琮举州降曹操。

⑬袁术（？—199）：字公路，汝南汝阳（今河南商水西南）人。袁绍堂弟。出身四世三公之家，少以侠气闻名。举孝廉，除郎中，累迁至河南尹、虎贲中郎将。董卓欲图废立，任之为后将军，术畏祸奔南阳，刘表荐为南阳太守。初平元年（190），与袁绍、曹操等同时举兵讨董卓。后与袁绍反目，被袁绍、曹操夹击，率余众退屯寿春，割据扬州。建安二年（197）称帝，建号仲氏。术奢侈荒淫，横征暴敛，致使江淮残破，部众离心。又先后为吕布、曹操所破，走投无路，欲往依袁谭，道呕血死。

⑭江陵：县名。秦置，两汉沿置。又秦、汉置南郡，治江陵。《读史方舆纪要》卷七十八："江陵县，本楚之郢都。汉曰江陵，为临江国治，寻为南郡治。后汉因之。章帝元和初幸江陵，是也。自晋以后，皆为州郡治。"赵一清《三国志注补》卷五十四："《舆地志》：秦分郢为江阳县，汉景帝三年改曰江陵，为临江国治，寻为南郡治；后汉因之。郢城在府治东北三里，楚旧都也。汉为郢县，后汉省入江陵。"三国时，江陵县城为吴荆州治所，自此历代相沿皆为州郡府治，故江陵城通常又名荆州城。江陵故城今为湖北荆州市荆州区，而今之江陵县，则为原江陵县之东部地区，县治郝穴镇已距江陵城百里之遥。

⑮襄阳：县名，亦郡名。《读史方舆纪要》卷七十九："襄阳县，汉县，属南郡。后汉因之。初平二年，刘表为荆州刺史，徙州治襄阳。建安十三年，刘琮以荆州降曹操，操轻兵济汉，到襄阳，既而北还，留乐进守此，始置襄阳郡治焉。晋仍为郡治。"其论汉末三国襄阳兵争曰："襄阳跨连荆、豫，控扼南北，三国以来，尝为天下重地。曹公赤壁之败，既失江陵，而襄阳置戍，屹为藩捍。关壮缪在荆州，尝力争之，攻没于禁等七军，兵势甚盛。徐晃赴救，襄阳不下，曹公劳晃曰：'全襄阳，子之力也。'盖襄阳失，则沔汉以北危。当操之失南郡而归也，周瑜说权曰：'据襄阳以蹙操，北方可图。'及壮缪围襄樊，操惮其锋，议迁都以避之矣。吴人惧蜀之逼，遽起而议。其后，魏终得以固襄阳，而吴之势遂屈于魏。自后诸葛瑾、陆逊之师屡向襄阳，而终无尺寸之利，盖势有所不得逞也。至于魏人之保襄阳，亦如手足之救头目。然方吴人之

攻曹仁也，司马懿曰：'襄阳，水陆之冲，御寇要地，不可失也。'魏明帝亦言：'地有所必争矣。'晋人因之，而襄阳遂为灭吴之本。"

⑯荆州：古九州之一。《禹贡》："荆及衡阳维荆州。"《周礼·职方》："正南曰荆州。"《尔雅·释地》："汉南曰荆州。"汉武帝置十三刺史部，荆州为其一。两汉荆州辖境约当今湖北、湖南两省，广西、重庆大部，河南南阳、邓州，贵州遵义、铜仁，以及广东连县等地。荆州初治汉寿，在今湖南汉寿县北；汉末移治襄阳，即今湖北襄阳古城。　荆州八郡：李贤注引《汉官仪》曰："荆州管长沙、零陵、桂阳、南阳、江夏、武陵、南郡、章陵等是也。"《后汉书集解》引洪亮吉曰："江陵应作江夏。《表传》凡言江夏者三，《官仪》作江陵，误。"赵一清《三国志注补》卷六云："《续（汉书）郡国志》，荆州只是七郡而无章陵，疑是汉末立，裴注云诏书拜蒯越为章陵太守是也。曹魏因之，故赵俨亦为章陵太守。然《魏武志》云，建安二年，南阳章陵诸县复叛为绣；则其时尚未，为郡当在四年之后。"而卢弼《集解·魏志·刘表传》引黄山曰："观表于初平元年至荆州，蒯越即云荆州八郡，已数章陵矣，安得云郡为建安时立乎！《续志》断自孝顺，故荆州仍止七郡。"按：曹操南下荆州后，分南郡、南阳郡各一部置襄阳郡，于是复有"荆襄九郡"一说。

⑰汉灵帝中平五年（188）后，部分大州资深刺史又改称州牧，以重其权。《后汉书集解》："惠栋曰：《镇南碑》云：'遣御史中丞钟繇即拜镇南将军，锡鼓吹大车，策命褒崇，谓之伯父；置长史、司马、从事、中郎，开府辟召，仪如三公。复遣左中郎将祝融援节以增威重，并督扬、交二州。'栋案：《镇南表》先拜安南将军也。"

⑱穰城：穰县城。穰县，秦置，历代相沿。明初废，入邓州，民国时改称邓县。穰城故址在今河南邓州市区。

⑲零陵、桂阳：皆荆州属郡。零陵郡，汉武帝时置，治零陵（今广西全州西南），领县、侯国十三。桂阳郡，西汉分长沙郡置桂阳郡，治郴（今湖南郴州；一说今广东连州），领县十一。

⑳《魏志·刘表传》："长沙太守张羡叛表，表围之连年不下。羡病死，长沙复立其子怿，表遂攻并怿，南收零、桂。"二者所记大异，未知孰是。又李贤注引《英雄记》："张羡，南阳人。先作零陵、桂阳守，甚得江湘间心。然性屈强不顺，表薄其为人，不甚礼也。羡因是怀恨，遂叛表。"

㉑五领：即五岭。山岭名。李贤注："《广州记》云：'大庾、始安、临贺、桂阳、揭阳，是谓五岭。'邵德明《南康记》曰：'大庾一也，桂阳甲骑二也，九真都庞三也，临贺萌渚四也，始安越城五也。'"各书所记参差，后人综合诸家之说，通常以越城、都庞、萌渚、骑田、大庾为五岭。五岭位于南岭山脉一线，南岭西起云贵，东达于海，其间大小山岭不计其数，单举此五岭为名，或与秦统一中国时的进军路线有关。

㉒汉川：概指汉水流域。此处当特指汉水中游襄江一带。《通鉴》胡注："汉川，谓襄樊上下、汉水左右之地也。"

㉓清惠栋《后汉书补注·刘表传》："王粲《荆州文学记》云：荆州牧刘君命五等从事宋衷所作，文学延朋徒焉。宣德音以赞之，降嘉礼以劝之，五载之间，道化大行。耆德故老綦毋闓等负书荷器，自远而至者三百有余人。《镇南碑》曰：'武功既亢，广开雍泮，设俎豆，陈罍彝，亲行乡射。跻彼公堂，笃志好学吏子弟、受禄之徒，盖有千数，洪生巨儒，朝夕讲论，闿闿如也。'又曰：'君深愍末学，远本离直，乃令诸儒改定《五经章句》，删划浮辞，芟除烦重。赞之者用日少而探微，知机者又求遗书，写还新者，留其本故。于是古典毕集，充于州闾。'"《三国志集解·魏书·刘表传》："周寿昌曰：'后人谓汉儒文学盛于西北，自晋人渡江之后，东南人才始盛，景升实启其端。'何焯曰：'丧乱中经籍不遂泯绝，实赖有此，非可以表无远略，嗤为不急。'"

㉔袁绍（？—202）：字本初，汝南汝阳（今河南商水西南）人。出身世家大族，号称"四世三公"。绍少为郎，弱冠除濮阳长，有清名。以服母丧兼追行父服，守墓六年。能折节下士，士多附之。后辟为大将军何进掾，任侍御史、虎贲中郎将。稍迁中军校尉，典领禁兵。灵帝死，绍与何进谋诛诸阉宦，进以绍为司隶校尉，假节，专命击断。何进被杀，绍率军入宫尽诛宦者，连及无辜。董卓之乱，绍逃至冀州，任勃海太守。关东州郡牧守联合起兵讨伐董卓，绍被推为盟主，自号车骑将军。不久，联军瓦解，转而互相攻伐。袁绍首先攻占冀州，自领冀州牧。又相继夺得青州、并州、幽州，从而成为总督四州，领众数十万，当时势力最大的诸侯。天子以绍为太尉，曹操以大将军让于绍。初，从事沮授曾劝绍迎天子都邺，挟天子以令诸侯，绍未从；后见操迎天子都许，悔之。建安四年（199），绍发精兵十万，进军黎阳，欲直捣许都，劫夺汉帝。次年，被曹操大败于官渡，主力尽失。两年后病死。二子谭、尚等亦相继被曹操攻灭。

11. 孙策①之始得朗②也，谴让之。使张昭私问朗③，朗誓不屈，策忿而不敢害也，留置曲阿④。建安三年，太祖表征朗，策遣之。太祖问曰："孙策何以得至此邪?"朗曰："策勇冠一世，有隽才大志。张子布，民之望也，北面而相之。周公瑾⑤，江淮之杰，攘臂而为其将。谋而有成，所规不细，终为天下大贼，非徒狗盗而已。"

【校记】

本条据《三国志》卷十三《魏志·王朗传》注引《汉晋春秋》校定。汤本于首句"朗"前补有一"王"字。 黄本以"孙策"为目，脱"谴让之"三字。

【史补】

（1）《通鉴纲目》曰：（建安元年，秋，）孙策取会稽，太守王朗降。孙策引兵渡浙江，会稽⑥功曹虞翻⑦说太守王朗曰："策善用兵，不如避之。"朗不从，发兵拒策于固陵⑧。策数战不克。策叔父静说策曰："朗负阻城守，难可卒拔。查渎南去此数十里，宜从彼据其内⑨，所谓攻其无备，出其不意者也。"策从之。夜，多然火为疑兵，分军投查渎道，袭高迁屯⑩。朗大惊，遣周昕逆战，策破斩之，朗遁走。策追击，大破之。朗乃降。策自领会稽太守，复命翻为功曹，待以交友之礼。策好游猎，翻谏曰："明府喜轻出微行，从官不暇严，吏卒常苦之。夫白龙鱼服，困于豫且⑪。愿少留意!"策曰："君言是也。"然不能改。（《御批通鉴纲目》卷十三上》）

（2）《吴志·孙策传》曰：建安五年，曹公与袁绍相拒于官渡，策阴欲袭许，迎汉帝。密治兵，部署诸将。未发，会为故吴郡太守许贡客所杀⑫。先是策杀贡，贡小子与客亡匿江边。策单骑出，卒与客遇，客击伤策。创甚，请张昭等，谓曰："中国方乱，夫以吴、越之众，三江之固⑬，足以观成败。公等善相吾弟!"呼权佩以印绶，谓曰："举江东之众，决机于两陈之间，与天下争衡，卿不如我；举贤任能，各尽其心，以保江东，我不如卿。"至夜卒⑭，时年二十六⑮。后权称尊号，追谥"长沙桓王"⑯。

评曰：策英气杰济，猛锐冠世，览奇取异，志陵中夏。然皆轻佻果躁，陨身致败。且割据江东，策之基兆也，而权尊崇未至，子止侯爵，于义俭矣。(《三国志详节》卷十六《吴传》)

(3)〔宋〕萧常《续后汉书·孙策传》赞曰：策以孤童子，奋一旅之众，不奄旬而据有江东，其智勇谋断，绝人远矣。不幸早世，惜哉！

(4)〔宋〕陈亮论王朗曰：当曹公之末年，天下无复为异者矣。及文帝、山阳之际，虽朗等皆以为魏真受命也，是以甘心相之而无愧色。不然，身为一时儒宗，岂其无耻至此乎！然则吴之自立，其亦差强人意也哉！(《陈亮集》卷十二《三国纪年·钟繇华歆王朗》)

【笺注】

①孙策(175—200)：字伯符，吴郡富春(今浙江富阳)人。长沙太守孙坚长子，吴大帝孙权之兄。坚被刘表部将黄祖射杀，策年才十七。乃载母徙曲阿，因缘招募得数百人。献帝兴平元年(194)，从袁术。术甚奇之，常叹曰："使术有子如孙郎，死复何恨！"然术屡失信，策不得志，乃托辞为术谋江东；术表策行殄寇将军，兵才千余，马数十匹。策徙母居阜陵，渡江转斗，所向皆破，莫敢当其锋，而军令整肃，百姓怀之。数年间，平定江东。策自领会稽太守，尽更置各郡长吏。时袁术称帝，策以书责而绝之。曹操表策为讨逆将军，封吴侯。从此奠定了孙吴割据的基础。后以不慎，为仇家刺杀，年仅二十六岁。

②朗：谓王朗(？—228)，本名严，字景兴，东海郯(今山东郯城西北)人。初因通经，拜郎中，任菑丘长。献帝初，因随徐州刺史陶谦尊汉，升会稽太守。建安元年(196)，为孙策所败，不得已而投降。旋被曹操表征入朝，任谏议大夫，参司空军事。从此一心向曹，历官显职。曹丕称帝，为司空，封乐平乡侯。明帝即位，封兰陵侯，拜司徒。太和二年卒，谥成侯。朗为汉末名士，而背汉仕魏，历代颇多疵议。

③张昭(156—236)：字子布，彭城(治今江苏徐州)人。少好学，博览群书。东汉末，渡江南至扬州。孙策创业，命为长史、抚军中郎将，文武之事，一以委昭。策临亡，以弟权托昭，昭率群僚立而辅之。权行车骑将军，昭为军师。权当置丞相，众议归昭，权以昭敢谏、性刚，不用。权称帝后，昭以老病，上还官位及所统领。更

拜辅吴将军，班亚三司，改封娄侯。一度不参与政事，在家著《春秋左氏传解》及《论语注》，已佚。年八十一卒，谥曰文侯。

④曲阿：战国时称云阳邑。秦置云阳县。始皇以其地有"天子气"，令凿北冈以败其势。截直道使阿曲，故改曰曲阿。东汉初复名云阳，后再改为曲阿。兴平元年（194），刘繇以侍御史拜扬州刺史，扬州旧治寿春被袁术所据，繇遂徙治曲阿，筑新曲阿城。后孙策败刘繇，入据曲阿，很快略有江东六郡之地。此后曲阿又改为云阳。晋平吴，则再改为曲阿。故治在今江苏丹阳。

⑤周公瑾：即周瑜（175—210），庐江舒（今安徽庐江西南）人。出身士族，少与孙策友善。初从袁术，为居巢长。孙策获封讨逆将军、吴侯，以瑜为建威中郎将，吴中皆称"周郎"。旋为中护军，助策破皖城，得庐江郡，分别娶大乔、小乔。策死，孙权继任，瑜以中护军与长史张昭共辅之。建安十三年（208），曹操并荆州，水陆大军数十万，指日东下。瑜以前部大都督率军与刘备军并力抗逆，在赤壁之战中大破曹军。拜偏将军，领南郡太守，屯据江陵。时刘备以左将军领荆州牧，治公安。瑜劝权挟备至吴，权未纳。不久，病逝于巴陵巴丘，年仅三十六岁。

⑥会稽：古郡名。秦灭楚，王翦定江南地，始置会稽郡。郡因山得名，相传禹时即有会稽山之名，《史记·夏本纪》："或言禹会诸侯江南，计功而崩，因葬焉，命曰会稽。会稽者，会计也。"会稽郡初置时，领有吴、越两国之地，大致相当于今江苏长江以南、安徽东南、上海西部以及浙江北部。汉初会稽郡亦称吴郡。武帝置十三刺史部，会稽郡隶扬州。成帝时郡领县二十六，人口逾百万，为当时辖境最广的郡。东汉顺帝时，阳羡令周嘉等上言会稽郡辖境广大，属县偏远，求分而治之，始析北部十三县置吴郡。吴郡治吴县，会稽郡则移治于当时较为偏远的山阴县（今绍兴）。此时会稽郡领十五县。献帝时，刘繇、孙策先后割据江东，于会稽郡内又析置十余县，至建安末，会稽郡至少又领有二十六县。三国时吴析会稽郡置临海郡、建安郡、东阳郡。西晋初会稽郡仅领十县，辖今绍兴、宁波之地。其后相沿不变。唐肃宗时改为越州，会稽郡不复存在。

⑦虞翻（164—233）：字仲翔，会稽余姚（今浙江余姚）人。少好学，有高气。太守王朗命为功曹。孙策征会稽，朗与翻败降，策复命翻为功曹，待以交友之礼。出为富春长。后州举茂才，汉召为侍御史，曹操辟为司空掾，皆不就。孙权任为骑都

尉。数犯颜谏争，权不能悦，又性不协俗，多见谤毁，坐徙丹杨泾县。权既为吴王，欢宴之末，自起行酒，翻伏地阳醉，不持。权去，翻起坐。权大怒，欲手刃之，为臣下谏免。翻性疏直，数有酒失。权积怒非一，遂徙翻交州。罪放十余年间，讲学不倦，开岭南一代学风。卒年七十。翻于经学颇有造诣，尤精于《易》。

⑧固陵：城邑名。故址在今浙江萧山西北西兴镇，滨临运河。本西陵城，又名敦兵城。

⑨《通鉴》胡注："《水经注》：浙江东径固陵城北。昔范蠡筑城于浙江之滨，言可以固守，谓之固陵，今之西陵也。浙江又东径柤塘，谓之柤渎，孙策袭王朗所从出之道也。"

⑩《通鉴》胡注："裴松之曰：'按今永兴县有高迁桥。'沈约曰：'永兴本汉余暨县，吴更名。蔡邕尝经会稽高迁亭，取椽竹以为笛，即其处也。'"

⑪汉刘向《说苑·正谏》："吴王欲从民饮酒，伍子胥谏曰：'不可。昔白龙下清泠之渊，化为鱼，渔者豫且射中其目。白龙上诉天帝。曰：当是之时，若安置而形？白龙对曰：我下清泠之渊，化为鱼。天帝曰：鱼固人之所射也，豫且何罪！夫白龙，天帝贵畜也；豫且，宋国之贱臣也。白龙不化，豫且不射。今弃万乘之位而从布衣之士饮酒，臣恐其有豫且之患矣。'王乃止。"

⑫《三国志集解》："《通鉴辑览》曰：田丰说袁绍，刘备说刘表，同欲乘虚袭许，而绍、表皆庸才，不能用，即令其说行，亦未必能济事也。孙策用兵，足与操埒，使鼓行直入，操将有首尾不相顾者。适会策卒，操遂得从事中原，亦时数为之欤！"

⑬三江：概指吴地河流。《三国志集解·蜀志·许靖传》："《书·禹贡》：'淮海惟扬州，三江既入，震泽底定。'韦昭注：'三江，谓吴松江、钱塘江、浦阳江也。'《吴地记》云：'松江东北行七十里，得三江口，东北入海，为娄江；东南入海，为东江；并松江为三江。'《国语》：'子胥曰：吴之与越，三江环之，民无所移。范蠡曰：与我争三江五湖之利者，非吴邪？'韦昭曰：'三江，吴江、钱塘江、浦阳江也。五湖，今太湖也。'《汉书·地理志》师古注：'三江谓北江、中江、南江也。震泽在吴西，即具区也。'"文繁，不一一。

⑭《通鉴·汉纪五十五》：建安五年，"丙午，策卒。"胡注引《考异》曰："虞喜《志林》云策以四月四日死，故置此。陈志《策传》：'策阴欲袭许，迎汉帝，密治兵。

部署未发，为许贡客所杀。'《郭嘉传》曰：'策渡江，北袭许，众闻皆惧。嘉料之曰：策轻而无备，必死于匹夫之手。果为贡客所杀。'嘉虽先见，安能知策死于未袭许之前乎！盖时人见策临江治兵，疑其袭许，嘉料其不能为耳。"

⑮《三国志集解》："由建安五年年二十六推之，策生于灵帝熹平四年。年十七丧父，十年之间，建立大业，少年英迈，勇锐无前，真一时豪杰之士也。轻躁殒身，享年不永，惜哉！"

⑯清袁枚《吴桓王庙》诗曰："掷戟神亭一笑分，英雄名号尚郎君。南来剑夺中原色，猎罢龙惊草上云。自觉风流夸二婿，有谁旗鼓斗三军？千年愿献《铙歌》曲，帐下还愁子布闻。"（《小仓山房诗集》卷一）

12. 袁绍①与瓒②书曰："孤与足下，既有前盟旧要，申之以讨乱之誓，爱过夷、叔，分著丹青，谓为旅力同仇③，足蹑齐、晋④，故解印释绂，以北带南，分割膏腴，以奉执事，此非孤赤情之明验邪⑤？岂寤足下弃烈士之高义，寻祸亡之险踪，辄而改虑，以好易怨，盗遣士马，犯暴豫州。始闻甲卒在南，亲临战阵，惧于飞矢进流，狂刃横集，以重足下之祸，徒增孤（子）之咎衅也，故为荐书恳恻，冀可改悔。而足下超然自逸，矜其威诈，谓天罔可吞，豪雄可灭，果令贵弟殒于锋刃之端。斯言犹在于耳，而足下曾不寻讨祸源，克心罪己，苟欲逞其无疆之怒，不顾逆顺之津，匿怨害民，骋于余躬。遂跃马控弦，处我疆土，毒遍生民，辜延白骨。孤辞不获已，以登界桥之役⑥。是时足下兵气霆震，骏马电发；仆师徒肇合，机械不严，强弱殊科，众寡异论，假天之助，小战大克，遂陵蹑奔背，因垒馆谷，此非天威棐谌⑦，福丰有礼之符表乎？足下志犹未厌，乃复纠合余烬，率我蝥贼，以焚爇勃海。孤又不获宁，用及龙河之师⑧。羸兵前诱，大军未济，而足下胆破众散，不鼓而败，兵众扰乱，君臣并奔。此又足下之为，非孤之咎也。自此以后，祸隙弥深，孤之师旅，不胜其忿，遂至积尸为京，头颅满野，愍彼无辜，未尝不慨然失涕也。后比得足下书，辞意婉约，有改往修来之言⑨。仆既欣于旧好克复，且愍兆民之不宁，每辄引师南驾，以顺简书。弗盈一时，而北边羽檄之文，未尝不至。孤是用痛心疾首，靡所错情。夫处三军之帅，当列将之任，宜令怒如严霜，喜如时雨，臧否好恶，坦然可观。而足下二三其德，强弱易谋，急则曲躬，缓则放逸，行无定端，言无质要，为壮士者固若此乎！既乃残杀老弱，幽土愤怨，众叛亲离，孑然无党。又乌丸、濊貊⑩，皆足下同州，仆与之殊俗，各奋迅激怒，争为锋锐；又东、西鲜卑⑪，举踵来附。此非孤德所能招，乃足下驱而致之也。夫当荒危之世，处干戈之险，内违同盟之誓，外失戎狄之心，兵兴州壤，祸发萧墙，将以定霸，不亦难乎！前以西山陆梁⑫，出兵平讨，会麹义余残⑬，畏诛逃命，故遂住大军，分兵扑荡。此兵孤之前行，乃界桥搴旗拔垒，先登制敌者也。始闻足下镌金纡紫，命以元帅，谓当因兹奋发，以报孟明之耻⑭，是故战夫引领，竦望旌旆，怪遂含光匿影，寂尔无闻，卒臻屠灭，相为惜之。夫有平天下之怒，希长世之功，权御师徒，带养戎马，叛者无讨，服者不收，威怀并丧，何以立名？今旧京克复，天罔云补，罪人斯亡，忠干翼化，华夏俨然，望於穆之作⑮，将戢干戈，放散牛马，足下独何守区区之土，保军内之广，甘恶名以速朽，亡令德之久长？壮而筹之，非良策也。宜释憾除嫌，敦我旧好。若斯言之玷，皇天是闻。"瓒不答，而增修戎备。谓关靖曰⑯："当今四方虎争，无有能坐吾城下相守经年者，明矣。袁本初其若我何！"

【校记】

本条据《三国志》卷八《魏志·公孙瓒传》注引《汉晋春秋》校定。汤本所补背景文字为"公孙瓒颇为绍所败，乃筑京以自固"。 黄本以"袁绍公孙瓒"为目。 "此非孤赤情之明验邪"，黄本"邪"作"耶"。 "辍而改虑"，汤本"辍"作"辄"，黄本脱此字。 "徒增孤

（子）之咎衅"，《三国志》简体横排本已删去"（子）"。　"逆顺之津"，汤本"津"作"律"，黄本作"计"。　"焚薮勃海"，汤、黄本"勃"皆作"渤"，黄本且于"焚"后脱"薮"。　"自此以后，祸隙弥深"，汤本"以"作"之"。　"孤是用痛心疾首"，汤本"是"作"长"。　"灭貊"，汤、黄本皆作"秽貊"。　"皆足下同州"，汤、黄本于"皆"后俱有一"与"字。　"释憾除嫌"，黄本"憾"讹为"然"。

【史补】

（1）《资治通鉴》曰：（建安三年，冬，）袁绍连年攻公孙瓒，不能克，以书谕之，欲相与释憾连和；瓒不答，而增修守备，谓长史太原关靖曰："当今四方虎争，无有能坐吾城下相守经年者明矣，袁本初其若我何！"⑰绍于是大兴兵以攻瓒。先是瓒别将有为敌所围者，瓒不救，曰："救一人，使后将恃救，不肯力战。"及绍来攻，瓒南界别营，自度守则不能自固，又知必不见救，或降或溃。绍军径至其门，瓒遣子续请救于黑山诸帅⑱，而欲自将突骑出傍西山，拥黑山之众侵掠冀州，横断绍后。关靖谏曰："今将军将士莫不怀瓦解之心，所以犹能相守者，顾恋其居处老小，而恃将军为主故耳。坚守旷日，或可使绍自退。若舍之而出，后无镇重，易京之危⑲，可立待也。"瓒乃止。绍渐相攻逼，瓒众日蹙。（卷六十二《汉纪五十四·献帝建安三年》）

（2）〔宋〕胡寅论公孙瓒凶德有六曰：公孙瓒既除刘虞，尽有幽州之地，若率道行之，纵不能平袁绍，幽州终可保也。而其凶德有六：一曰记过忘善，二曰不恤百姓，三曰睚眦必报，四曰疾害名士，五曰抑苦材秀，六曰宠爱庸儿。此六凶德，苟有一焉，当承平时不足以立身就事，况居乱离纷争之际而兼有之，其危亡之势，可立而待矣。方且掘堑筑京，以铁为门，此与董卓郿坞同一愚见，不知有享此而不覆之理哉！（《读史管见》卷五《汉纪·献帝兴平二年》）

【笺注】

①袁绍：参见佚文第 10 条笺注㉔。

②瓒：谓公孙瓒。参见佚文第 7 条笺注⑩。

③此言关东州郡牧守推袁绍为盟主，联合讨伐董卓之故事。夷、齐，谓伯夷、叔齐。

④足踵齐、晋：谓追踪齐桓、晋文会盟诸侯尊周天子故事。《公羊传》："齐桓公之信著于天下，自柯之盟始也。"柯，柯亭，亦名柯邑。齐地名。以齐桓公与鲁庄公会于柯而盟，又称柯盟。又据《左传》，周襄王出居于郑，晋文公重耳为践土（郑地名）之会，率诸侯朝天子，以成霸功。此乃袁绍以桓、文之盟为喻。而有意思的是，公孙瓒此前表绍罪状疏，亦以桓、文自喻。

⑤《后汉书·公孙瓒传》："袁术遣（瓒从弟）越随其将孙坚击袁绍将周昕，越为流矢所中死。瓒因此怒绍，遂出军屯盘河，将以报绍。于是冀州诸城悉畔从瓒。绍惧，乃以所佩勃海太守印绶授瓒从弟范，遣之郡，欲以相结。"

⑥《后汉书·公孙瓒传》："而范遂背绍，领勃海兵以助瓒。瓒乃自署其将帅为青、冀、兖三州刺史，又悉置郡县守令，与绍大战于界桥。瓒军败还蓟。绍遣将崔巨业将兵数万攻围故安不下，退军南还。瓒将步骑三万人追击于巨马水，大破其众，死者七八千人。乘胜而南，攻下郡县，遂至平原，乃遣其青州刺史田揩据有齐地。绍复遣兵数万与揩连战二年，粮食并尽，士卒疲困，互掠百姓，野无青草。"界桥，桥名，故址在今河北威县东古清河上。

⑦《三国志集解》："《诗·大雅·荡》：'天生烝民，其命匪谌。'毛传云：'谌，诚也。'"

⑧龙河：地名。一名龙凑。故址在今山东德州东北，临古黄河渡口，为古军事要地。《后汉书·袁绍传》："（初平）三年，瓒又遣兵至龙凑挑战，绍复击破之。瓒遂还幽州，不敢复出。"

⑨《后汉书·袁绍传》："四年初，天子遣太仆赵岐和解关东，使各罢兵。瓒因此以书譬绍曰：'赵太仆以周、邵之德，衔命来征，宣扬朝恩，示以和睦，旷若开云见日，何喜如之！昔贾复、寇恂争相危害，遇世祖解纷，遂同舆并出。衅难既释，时人美之。自惟边鄙，得与将军共同斯好，此诚将军之眷，而瓒之愿也。'绍于是引军南还。"

⑩乌丸：亦作"乌桓"。古族名。秦末东胡族遭匈奴击破后，一部分徙居乌桓山（今内蒙古境内，大兴安岭山脉南端），因以得名。汉初附匈奴，武帝后附汉，迁至上

谷、渔阳、右北平、辽西、辽东等五塞外。汉、魏置有护乌桓校尉。　濊貊：又作"濊
貉"，东夷族的一支。汉时活动于今朝鲜临津江流域以东至海的广大地区，后曾遣使
奉贡于曹魏。

⑪鲜卑：东胡族的另一支，以徙居鲜卑山（今内蒙古兴安盟科尔沁右翼中旗西）
而得名。东汉初仍为匈奴役属，随着北匈奴势力逐渐衰落和西迁，鲜卑族强盛起来。
桓帝时，首领檀石槐建庭立制，分东、中、西三部，各置大人率领，组成军事行政联
合体。檀石槐死后，联合体瓦解，步度根、轲比能等首领各拥所部，附属汉魏。

⑫西山：当指太行山区。胡注："自易京西抵故安阎乡以西，诸山连接中山之界，
山谷深广，皆黑山诸贼所依阻。"　陆梁：侵扰，侵掠。《三国志集解》："扬雄《甘泉
赋》：'飞蒙茸而走陆梁。'注：'陆梁，乱走貌。'"又《魏志·三少帝纪》："朕意寡德，
不能式遏寇虐，乃令蜀贼陆梁边陲。"

⑬麹义：初为韩馥部将，后投袁绍。界桥之战中，以精兵大破公孙瓒军，救出被
围的袁绍。又曾合兵乌桓峭王及刘虞子和，破公孙瓒于鲍丘，斩杀二万余人。以屡立
战功，恃功骄恣，为袁绍所杀。

⑭孟明视：春秋时秦大夫。名视，字孟明，百里奚之子。秦穆公三十三年（前
627），奉命与西乞术、白乙丙率师袭郑，归途过崤山时遭晋军伏击，兵败被俘，旋被
释回，仍为穆公所信用。后二年，率师伐晋，又败。归国后增修国政，重施于民，一
年后再伐晋，终于大败晋军，埋葬了昔日阵亡将士遗骸，大祭三日而归。后佐穆公称
霸西戎。

⑮於穆：赞叹之辞。《诗·周颂·维天之命》："维天之命，於穆不已。"《诗·周
颂·清庙》："於穆清庙。"《毛传》："於，叹辞也。穆，美。"

⑯关靖：公孙瓒长史。裴注引《英雄记》曰："关靖字士起，太原人。本酷吏也，
谄而无大谋，特为瓒所信幸。"

⑰《后汉书·公孙瓒传》："瓒虑有非常，乃居于高京，以铁为门。斥去左右，男
人七岁以上不得入易门。专侍姬妾，其文簿书记皆汲而上之。令妇人习为大言声，使
闻数百步，以传宣教令。疏远宾客，无所亲信，故谋臣猛将，稍有乖散。自此之后，
希复攻战。或问其故。瓒曰：'我昔驱畔胡于塞表，扫黄巾于孟津，当此之时，谓天下
指麾可定。至于今日，兵革方始，观此非我所决，不如休兵力耕，以救凶年。兵法百

楼不攻。今吾诸营楼橹千里，积谷三百万斛，食此足以待天下之变。'"

⑱ 胡注："黑山诸帅，张燕等也。"

⑲ 易京：地名。汉时易县治所。公孙瓒为御袁绍进攻，"于大城东南筑小城，围堑十重，于堑里筑京，皆高五六丈，为楼其上；中堑为京，特高十丈，自居焉。"（《魏志·公孙瓒传》）以临易河，因名易京。故址在今河北雄县西北。《尔雅·释地》："绝高谓之京。"

献帝建安四年（199）

13. 关靖曰："吾闻君子陷人于危，必同其难，岂可独生乎！"乃策马赴绍军而死。绍悉送其首于许。

【校记】

本条据《三国志》卷八《魏志·公孙瓒传》注引《汉晋春秋》校定。汤本所补背景文字为"建安四年，绍攻瓒于易京，瓒自杀"。 黄本以"关靖"为目。

【史补】

（1）《资治通鉴》曰：建安四年，春，黑山贼帅张燕与公孙续率兵十万，三道救之。未至，瓒密使行人赍书告续，使引五千铁骑于北隰之中①，起火为应，瓒欲自内出战。绍候得其书，如期举火。瓒以为救至，遂出战。绍设伏击之，瓒大败，复还自守。绍为地道，穿其楼下，施木柱之，度足达半，便烧之，楼辄倾倒，稍至京中②。瓒自计必无全，乃悉缢其姊妹、妻子，然后引火自焚。绍趣兵登台，斩之。关靖叹曰："前若不止将军自行，未必不济。吾闻君子陷人危，必同其难，岂可以独生乎！"策马赴绍军而死③。续为屠各所杀④。（《资治通鉴》卷六十三《汉纪五十五·献帝建安四年》）

【笺注】

① 胡注："李贤曰：'下湿曰隰。'孔颖达曰：'下湿，谓土地窊下，常沮洳，名为

隰也。'"

　　② 胡注："易之中京，瓒所居也。"

　　③ 胡注："公孙瓒之计与陈宫之计，一也。陈宫之计，吕布不能用；公孙瓒之计，关靖止之：是知不惟决计之难，赞决者亦难也。"

　　④ 屠各：匈奴部落名。后汉至西晋杂居在西北沿边诸郡。李贤注："屠各，胡号。"

献帝建安五年（200）

　　14. 许攸① 说绍曰："公无与操相攻也，急分诸军持之，而径从他道迎天子，则事立济矣。"绍不从，曰："吾当先围取之。"攸怒。

【校记】

　　本条据《三国志》卷一《魏志·武帝纪》注引《汉晋春秋》校定。汤本所补背景文字为"建安五年"。黄本以"许攸"为目。"诸军"，黄本作"诸将"。

【史补】

　　(1)《后汉书·袁绍传》曰：绍既并四州之地，众数十万，而骄心转盛，贡御稀简。主簿耿包密白绍曰："赤德衰尽，袁为黄胤，宜顺天意②，以从民心。"绍以包白事示军府僚属，议者以包妖妄宜诛。绍知众情未同，不得已乃杀包以弭其迹。于是简精兵十万，骑万匹，欲出攻许，以审配、逢纪统军事，田丰、荀谌及南阳许攸为谋主，颜良、文丑③ 为将帅。沮授④ 进说曰："近讨公孙，师出历年，百姓疲敝，仓库无积，赋役方殷，此国之深忧也。宜先遣使献捷天子，务农逸人。若不得通，乃表曹操隔我王路，然后进屯黎阳⑤，渐营河南，益作舟船，缮修器械，分遣精骑，抄其边鄙，令彼不得安，我取其逸。如此，可坐定也。"⑥ 郭图、审配曰："兵书之法，十围五攻⑦，敌则能战。今以明公之神武，连河朔之强众以伐曹操，其势譬若覆手⑧。今不时取，后难图也。"授曰："盖救乱诛暴，谓之义兵；恃众凭强，谓之骄兵。义者无敌，骄者先灭⑨。曹操奉迎天子，建宫许都。今举师南向，于义则违。且庙胜之策，不在强弱。曹操法令既行，士卒精练，非公孙瓒坐受围者也。今弃万安之术，而兴无名之师⑩，窃为公惧之。"图等曰："武王伐纣，不为不义；况兵加曹操，而云无名！且公师徒精勇，将士思奋，而不及时早定大业，所谓'天与不取，反受其咎'⑪。此越之所以霸，吴之所以灭也。监军之计，在于持牢⑫，而非见时知几之变也。"绍纳图言。图等因是谮沮授曰："授监统内外，威震三军，若其浸盛，何以制之！夫臣与主同者昌，主与臣同者亡，此《黄石》之所忌也⑬。且御众于外，不宜知内。"⑭绍乃分授所统为三都督，使授及郭图、淳于琼各典一军，未及行。

五年，左将军刘备杀徐州刺史车胄⑮，据沛以背曹操。操惧，乃自将征备⑯。田丰说绍曰："与公争天下者，曹操也。操今东击刘备，兵连未可卒解，今举军而袭其后，可一往而定。兵以几动，斯其时也。"绍辞以子疾，未得行。丰举杖击地曰："嗟乎，事去矣！夫遭难遇之几，而以婴儿病失其会，惜哉！"绍闻而怒之，从此遂疏焉。

曹操畏绍过河，乃急击备，遂破之。备奔绍，绍于是进军攻许。田丰以既失前几，不宜便行，谏绍曰："曹操既破刘备，则许下非复空虚。且操善用兵，变化无方，众虽少，未可轻也。今不如久持之。将军据山河之固，拥四州之众，外结英雄，内修农战，然后简其精锐，分为奇兵⑰，乘虚迭出，以扰河南，救右则击其左，救左则击其右，使敌疲于奔命，人不得安业，我未劳而彼已困，不及三年，可坐克也。今释庙胜之策而决成败于一战，若不如志，悔无及也。"⑱绍不从。丰强谏忤绍，绍以为沮众，遂械系之⑲。

乃先遣颜良攻曹操别将刘延于白马⑳，绍自引兵至黎阳。沮授临行，会其宗族，散资财以与之。曰："势存则威无不加，势亡则不保一身。哀哉！"其弟宗曰："曹操士马不敌，君何惧焉？"授曰："以曹兖州之明略，又挟天子以为资，我虽克伯珪，众实疲敝，而主骄将忕，军之破败，在此举矣。杨雄有言：'六国蚩蚩，为嬴弱姬。'㉑今之谓乎！"曹操遂救刘延，击颜良斩之。绍乃度河,壁延津南㉒。沮授临船叹曰:"上盈其志,下务其功,悠悠黄河,吾其济乎!"遂以疾退,绍不许而意恨之,复省其所部,并属郭图。

绍使刘备、文丑挑战,曹操又击破之,斩文丑。再战而禽二将,绍军中大震。操还屯官度㉓,绍进保阳武㉔。沮授又说绍曰:"北兵虽众,而劲果不及南军;南军谷少,而资储不如北。南幸于急战,北利在缓师。宜徐持久,旷以日月。"绍不从。连营稍前,渐逼官度,遂合战。操军不利,复还坚壁。绍为高橹,起土山,射营中,营中皆蒙楯而行。操乃发石车击绍楼,皆破,军中呼曰"霹雳车"。绍为地道欲袭操,操辄于内为长堑以拒之。又遣奇兵袭绍运车,大破之,尽焚其谷食。

相持百余日,河南人疲困,多畔应绍。绍遣淳于琼等将兵万余人北迎粮运。沮授说绍可遣蒋奇别为支军于表㉕,以绝曹操之钞。绍不从。许攸进曰:"曹操兵少而悉师拒我,许下余守势必空弱。若分遣轻军,星行掩袭,许拔则操成禽。如其未溃,可令首尾奔命,破之必也。"绍又不能用。会攸家犯法,审配收系之,攸不得志,遂奔曹操,而说使袭取淳于琼等,琼等时宿在乌巢㉖,去绍军四十里。操自将步骑五千人,夜往攻破琼等,悉斩之。

初,绍闻操击琼,谓长子谭曰:"就操破琼,吾拔其营,彼固无所归矣。"乃使高览、张郃等攻操营,不下。二将闻琼等败,遂奔操。于是绍军惊扰,大溃。绍与谭等幅巾乘马,与八百骑度河,至黎阳北岸,入其将军蒋义渠营。至帐下,把其手曰:"孤以首领相付矣。"义渠避帐而处之。使宣令焉。众闻绍在,稍复集。余众伪降,曹操尽坑之,前后所杀八万人。

沮授为操军所执,乃大呼曰:"授不降也,为所执耳。"操见授谓曰:"分野殊异,遂用圮绝,不图今日乃相得也。"授对曰:"冀州失策,自取奔北。授知力俱困,宜其见禽。"操曰:"本初无谋,不相用计。今丧乱过纪,国家未定,方当与君图之。"授曰:"叔父、母、弟悬命袁氏,若蒙公灵,速死为福。"操叹曰:"孤早相得,天下不足虑也。"遂赦而厚遇焉。

授寻谋归袁氏，乃诛之。

绍外宽雅有局度，忧喜不形于色，而性矜愎自高，短于从善，故至于败。及军还，或谓田丰曰："君必见重。"丰曰："公貌宽而内忌，不亮吾忠，而吾数以至言迕之。若胜而喜，必能赦我，战败而怨，内忌将发。若军出有利，当蒙全耳，今既败矣，吾不望生。"绍还，曰："吾不用田丰言，果为所笑。"遂杀之。

（2）〔宋〕**苏轼论曹袁兴亡曰**：魏武帝既胜乌桓，曰："吾所以胜者，幸也。前谏我者，万全之计也。"乃赏谏者，曰："后勿难言。"袁绍既败于官渡，曰："诸人闻吾败，必相哀，惟田别驾不然，幸其言之中也。"乃杀丰。为明主谋而不忠，不惟无罪乃有赏；为庸主谋而忠，赏固不可得，而祸随之。今知孟德、本初所以兴亡者。（《苏轼文集》卷六十五《曹袁兴亡》）

（3）〔宋〕**秦观论袁绍官渡之败曰**：世之论者皆以袁绍之亡系于官渡，臣窃以为不然。绍之所以亡者，杀田丰耳。使绍不杀田丰，虽有官渡之败，未至亡也。何则？昔楚汉相距于京索之间，高祖奔北，狼狈甚于袁绍者数矣，而卒有天下。项籍以百战百胜之威，非特曹公比也，而竟死东城。其所以然者，无他，士之得失而已。故高祖以为张子房、韩信、萧何三者皆人杰，吾能用之，所以取天下；项羽有一范增而不能用，所以为我擒。以楚汉之事言之，则知绍之亡果在于田丰，不在于官渡也。且绍之械系田丰也，何异高祖械系娄敬于广武乎？高祖围于平城而还，以二千石封敬，号建信侯。绍败而还，惭丰而杀之。呜呼，人之量度相远，一至于此哉！

《传》曰：善败者不亡。故楚昭王轸、越王勾践，皆滨于绝灭而复续。绍虽败于官渡，而冀州之地，南据大河，北阻燕代，形势之胜，尚可用也。向使出丰于狱，东向而事之，问以计策，卑身折节以抚伤残之余；亲执金鼓以厉奔走之气，内修农战，外结英雄，纵不能并吞天下，岂遽至于亡哉！方绍与董卓异议，横刀不应，长揖而出；及起兵渤海，遂有四州之地，连百万之众，威震河、朔，名重天下，不可谓非一时之杰也。然杀一田丰，遂至于此，则天下之祸，其有大于杀士者乎？文若曰："袁绍，布

衣之雄耳，能聚人而不能用。"予窃以为知言也。（《淮海集》卷二十一《袁绍论》）

（4）〔清〕尤侗评曹、袁优劣曰：袁绍劝何进召外兵诛宦官，曹操闻而笑曰："当诛元恶，一狱吏足矣，何至纷纷！"卓在洛阳，绍等畏其强，莫敢先进，操曰："举义兵以诛暴乱，大众已合，诸君何疑？"及绍欲立刘虞为主，操复争曰："诸君北面，我自西向。"观此三事，操之胜绍远矣，何待官渡！（《看鉴偶评》卷二）

【笺注】

①许攸：东汉末名士。字子远，南阳人。少与袁绍及曹操相善。初平中随绍在冀州，尝在坐席言义。官渡之役，谏绍不从，乃投奔操。操之胜，攸有功焉。而攸自恃勋劳，屡与操相戏，遂被收诛。清周寿昌《三国志注证遗》卷一《许攸传互异》辨诸史记许攸事曰："（《魏志·武帝纪》：）'绍谋臣许攸贪财，绍不能足，来奔'；又《本纪》裴注引'《汉晋春秋》曰'云云。《荀彧传》：'绍退走。审配以许攸家不法，收其妻子，攸怒，叛绍。'一人一事，而《纪》与《传》互异。又案《后汉书·袁绍传》许攸进谋云云，'绍又不能用。会攸家犯法，审配收系之，攸不得志，遂奔曹操。'《崔琰传》注引《魏略》曰：'绍自以强盛，必欲极其兵势。攸知不可为，乃亡诣太祖。'则又俱与《陈志》异。"

②李贤注："《献帝春秋》曰：'袁，舜后。黄应代赤，故包有此言。'"

③颜良、文丑：皆为袁绍部将，以勇敢闻名。《魏志·荀彧传》孔融曰："颜良、文丑，勇冠三军。"《蜀志·关羽传》："曹公使张辽及关羽为先锋击之。羽望见良麾盖，策马刺良于万众之中，斩其首还，绍诸将莫能当者，遂解白马围。"

④袁氏诸僚属，以田丰、沮授最可称道。田丰，字元皓，钜鹿（治今河北宁晋）人，或云勃海（治今河北南皮）人。初辟太尉府，举茂才，迁侍御史。以不满阉宦擅朝，弃官归家。袁绍起义，丰以王室多难，志存匡救，乃应绍命，为别驾。劝绍迎天子，绍不纳；后用丰谋，以平公孙瓒。绍欲攻曹操，丰谏止之，又不从，反以忌之。官渡之败，绍军多思丰。逢纪又进谗，绍惭见丰，遂杀之。沮授，广平（治今河北鸡泽）人。历仕州别驾、县令，冀州牧韩馥别驾、骑都尉，后随馥归袁绍，为奋武将军，使监护诸将。屡谏绍，不听；加郭图等诬陷，遂被分兵权。官渡之败，被缚送曹

操，操厚待之，后以谋还袁氏，被杀。又许攸、审配亦有可称，攸已见前注，配另见佚文第16条笺注①。

⑤黎阳：县名。治所在今河南浚县东。亦地名。故浚县古黄河北岸有渡口黎阳津，与白马津相对。

⑥《通鉴》胡注："使绍能用授言，曹其殆乎！"

⑦李贤注："十倍则围之，五倍则攻之。"

⑧李贤注："《前汉书》：'陆贾谓南越王曰：越杀王降汉，如反覆手耳。'"

⑨李贤注："《前汉书》魏相上书曰：'救乱诛暴，谓之义兵。兵义者王。敌加于己，不得已而起者，谓之应兵。兵应者胜。争恨小故，不胜忿怒者，谓之忿兵。兵忿者败。利人土地货宝者，谓之贪兵。兵贪者破。恃国家之大，矜人庶之众，欲见威于敌者，谓之骄兵。兵骄者灭。此非但人事，乃天道也。'"

⑩李贤注："《前汉书》曰：'新城三老说高祖曰：顺德者昌，逆德者亡。兵出无名，事故不成。'《音义》曰：'有名，伐有罪也。'"

⑪李贤注："《史记》，范蠡谓句践曰：'天与不取，反受其咎。'"

⑫《通鉴》胡注："绍使授监护诸将，故称为监军。持牢，犹今南人言把稳也。"

⑬李贤注："臣与主同者，权在于主也。主与臣同者，权在臣也。《黄石》者，即张良于下邳圯上所得者，《三略》也。"

⑭李贤注："《淮南子》曰：'国不可从外理，军不可从中御。'"

⑮左将军：官名。战国、秦时已有，汉不常置。金印紫绶，位如上卿，典京师兵卫或戍守边隅，讨伐四夷。汉末以降，将军名号繁多，名称素朴之前、后、左、右之类遂渐废弃。蜀汉及魏、吴皆沿置，马超、张郃、乐进、朱据等曾任此职。

⑯《通鉴·汉纪五十五》："初，车骑将军董承称受帝衣带中密诏，与刘备谋诛曹操。操从容谓备曰：'今天下英雄，惟使君与操耳，本初之徒，不足数也！'备方食，失匕箸；值天雷震，备因曰：'圣人云，迅雷风烈必变，良有以也。'遂与承及长水校尉种辑、将军吴子兰、王服等同谋。会操遣备与朱灵邀袁术，程昱、郭嘉、董昭皆谏曰：'备不可遣也！'操悔，追之，不及。术既南走，朱灵等还。备遂杀徐州刺史车胄，留关羽守下邳，行太守事，身还小沛。东海贼昌豨及郡县多叛操为备。备众数万人，遣使与袁绍连兵，操遣司空长史沛国刘岱、中郎将扶风王忠击之，不克。备谓岱

等曰：'使汝百人来，无如我何；曹公自来，未可知耳！'"

⑰ 李贤注："《孙子兵法》，凡战者以正合，以奇胜。注云：正者当敌，奇者击其不备。"

⑱ 《三国志集解·魏志·袁绍传》："王補曰：'沮授、田丰智略与荀彧等，而彧言如石投水，授、丰所谋如枘凿之不内，此袁曹成败所由异也。'又曰：'曹操击刘备于沛，丰劝绍举军袭其后；备败奔绍，绍进军攻许，则丰力沮之：此兵机之微也。'"

⑲ 《魏志·袁绍传》裴注引孙盛曰："观田丰、沮授之谋，虽良、平何以过之！故君贵审才，臣尚量主。君用忠良，则伯王之业隆；臣奉暗后，则覆亡之祸至。存亡荣辱，常必由兹。丰知绍将败，败则己必死，甘冒虎口以尽忠规，烈士之于所事，虑不存己。夫诸侯之臣，义有去就，况丰与绍非纯臣乎！《诗》云'逝将去汝，适彼乐土'，言去乱邦，就有道可也。"又，此下省略讨曹檄文，陈琳之词也。

⑳ 白马：古县名。今为河南滑县。汉、魏时县治在今县东。又今县东北有古白马津、白马水，早淤。

㉑ 李贤注："《法言》之文也。嬴，秦姓也。姬，周姓。《方言》：'蚩，悖也。'六国悖惑，侵弱周室，终为秦所并也。"

㉒ 延津：津渡名。古黄河流经今河南延津西北至滑县以北的一段，为重要渡口，历代行车多取道了此。

㉓ 官度：又作官渡。地名。故址在今河南郑州市中牟县城东北五里官渡桥村一带，临古官渡水。

㉔ 阳武：县名。秦置。西汉属河南郡，东汉属河南尹。故址在今河南原阳东南。

㉕ 李贤注："以支军为琼等表援。胡三省曰：'支，别也；表，外也。'"

㉖ 乌巢：地名。今河南封丘西北十余里，古有乌巢泽，乌巢即概指其周围地区。

15. 郃①说绍曰："公虽连胜，然勿与曹公战也，密遣轻骑钞绝其南，则兵自败矣。"绍不从之②。

【校记】

本条据《三国志》卷十七《魏志·张郃传》注引《汉晋春秋》校定。

汤本所补背景文字为"绍攻操于官渡",并于首句"郃"前补有一"张"字。　黄本以"张郃"为目。

【史补】

(1)〔清〕赵翼论陈寿为张郃回护曰:《魏武纪》及《袁绍传》,官渡之战,绍遣淳于琼率万人迎粮,操自率兵破斩琼,未还营而绍将高览、张郃来降,绍众遂大溃。是因郃、览等降而绍军溃也。《张郃传》则谓郃告绍遣将急救琼,郭图曰:"不如先攻其本营,操必还救。"绍果遣轻骑救琼,自以大兵攻操营,不能下,而操已破琼,绍军溃。郭图谮郃曰:"郃快军之败,出言不逊。"郃惧,乃归操。是郃因绍军溃后,惧郭图之谮而降操也。纪、传皆陈寿一手所作,而歧互如是。盖寿以郃为魏名将,故于其背袁降曹之事,必先著其不得已之故,为之解说也。(《廿二史札记》卷六《三国志多回护》)

【笺注】

①郃:谓张郃(?—231),字儁乂,河间鄚(今河北任丘北)人。汉末应募讨黄巾,为冀州牧韩馥军司马。袁绍取冀州,郃以兵归,任校尉。因破公孙瓒有功,升宁国中郎将。官渡之战中投奔曹操,任偏将军。随操征战,屡建战功。佐都护将军夏侯渊守汉中,曾率军攻蜀巴西宕渠,为张飞所败。拜荡寇将军。刘备以精兵击夏侯渊,渊战死,郃率全军安全撤退。曹丕称帝,任左将军,封鄚侯。诸葛亮出祁山,郃加位特进,督诸军大破蜀军前锋马谡于街亭,迫亮退回汉中。迁征西车骑将军。蜀汉建兴九年(231)六月,诸葛亮复出祁山,司马懿督郃等诸将拒之,郃于亮退军交战中中箭身亡。谥曰壮侯。郃戎马一生,屡立战功,有良将之称。

②《汉晋春秋》此记载不见于它书,《通鉴》及《纲目》亦未录。据《后汉书·袁绍传》曰:"初,绍闻操击琼,谓长子谭曰:'就操破琼,吾拔其营,彼固无所归矣。'乃使高览、张郃等攻操营,不下。二将闻琼等败,遂奔操。于是绍军惊扰,大溃。"

献帝建安八年（203）

16.审配①献书于谭曰:"《春秋》之义,国君死社稷,忠臣死王命②。苟有图危宗庙，败乱国家，王纲典律，亲疏一也。是以周公垂泣而蔽管、蔡之狱③，季友歔欷而行鸩叔之鸩④。何则？义重人轻，事不得已也。昔卫灵公废蒯聩而立辄，蒯聩为不道，入戚以篡，卫师伐之。《春秋传》曰：'以石曼姑之义，为可以拒之。'是以蒯聩终获叛逆之罪，而曼姑永享忠臣之名⑤。父子犹然，岂况兄弟乎！昔先公废绌将军以续贤兄，立我将军以为适嗣，上告祖灵，下书谱牒，先公谓将军为兄子，将军谓先公为叔父⑥，海内远近，谁不备闻？且先公即世之日，我将军斩衰居庐，而将军斋于垩室⑦，出入之分，于斯益明。是时凶臣逢纪⑧，妄画蛇足⑨，曲辞谄媚，交乱懿亲。将军奋赫然之怒，诛不旋时。〔我〕将军亦奉命承旨，加以淫刑⑩。自是之后，痈疽破溃，骨肉无丝发之嫌，自疑之臣皆保生全之福。故悉遣强胡，简命名将，料整器械，选择战士，殚府库之财，竭食土之实，其所以供奉将军，何求而不备？君臣相率，共卫旌麾，战为雁行，赋为币主，虽倾仓覆库，蒭剥民物，上下欣戴，莫敢告劳。何则？推恋恋忠赤之情，尽家家肝脑之计，唇齿辅车，不相为赐。谓为将军心合意同，混齐一体，必当并威偶势，御寇宁家。何图凶险谗慝之人，造饰无端，诱导奸利，至令将军翻然改图，忘孝友之仁，听豺狼之谋，诬先公废立之言，违近者在丧之位，悖纲纪之理，不顾逆顺之节，横易冀州之主，欲当先公之继。遂放兵钞拨，屠城杀吏，交尸盈原，裸民满野，或有髡剃发肤，割截支体，冤魂痛于幽冥，创痍号于草棘。又乃图获邺城，许赐秦、胡，财物妇女，豫有分界。或闻告令吏士云：'孤虽有老母，辄使身体完具而已。'闻此言者，莫不惊愕失气，悼心挥涕。使太夫人忧哀愤懑于堂室，我州君臣士友假寐悲叹，无所措其手足；念欲静师拱默，以听执事之图，则惧违《春秋》死命之节，贻太夫人不测之患，陨先公高世之业。且三军愤慨，人怀私怒，我将军辞不获已，以及馆陶之役⑪。是时外为御难，内实乞罪，既不见赦，而屠（辱）各二三其心⑫，临阵叛戾。我将军进退无功，首尾受敌，引军奔避，不敢告辞。亦谓将军当少垂亲亲之仁，贶以缓追之惠⑬，而乃寻踪蹑轨，无所逃命。困兽必斗，以干严行；而将军师旅土崩瓦解，此非人力，乃天意也。是后又望将军改往修来，克己复礼，追还孔怀如初之爱；而纵情肆怒，趣破家门，企踵鹤立，连接外仇，散锋放火，播增毒螫，烽烟相望，涉血千里，遗城厄民，引领悲怨，虽欲勿救，恶得已哉！故遂引军东辕，保正疆场，虽近郊垒，未侵境域，然望旌麾，能不永叹！配等备先公家臣，奉废立之命，而图等干国乱家，礼有常刑。固奋敝州之赋，以除将军之疾。若乃天启于心，早行其诛，则我将军匍匐悲号于将军股掌之上，配等亦袒躬布体，以待斧钺之刑。若必不悛，有以国毙，图头不悬，军不旋踵。愿将军详度事宜，锡以环玦。"⑭

【校记】

本条据《三国志》卷六《魏志·袁绍传》注引《汉晋春秋》校定。汤本所补背景文字为"建安七年，袁绍薨"。按《袁绍传》，绍"自（官渡）军败后发病，七年，忧死"，审配等乃奉袁尚代绍位。袁谭至，不得立，自号车骑将军。由是谭、尚有隙。然曹操渡河北征，谭、尚尚能协力拒之，自七年九月至次年二月，与操军大战于黎阳城下。五月，操引军还许；八月，南征荆州。"谭、尚遂举兵相攻。"审配献书于谭，或即在兄弟相攻之际。故本条系于建安八年为安。 黄本以"审配"为目。"崩殒"，《魏志注》作"殒"，汤、黄本皆作"殒"，考之于史，以"殒"为是，故从辑本。 "适嗣"，黄本"适"作"嫡"，适、嫡通。 "垩室"，汤本误"垩"为"恶"。"〔我〕"，《魏志注》或据李慈铭《三国志札记》所补（简体横排本已去括号），而汤、黄本皆无"我"字。 "翦剥"，黄本"翦"写作"剪"。"欣戴"，黄本"欣"作"欢"。"混齐一体"，黄本"混"讹为"温"。 "逆顺之节"，黄本"逆顺"误作"顺遂"。 "悼心挥涕"，黄本

"涕"作"泪"。"且三军愤慨"，汤本脱"且"字。"外为御难"，汤本"难"作"寇"。"屠（辱）各"，汤、黄本于"辱"字皆未以小字加括号示别。《三国志》繁体横排本注引作"（屠辱谷）〔屠各〕"，简体横排本则径作"屠各"。据清陈景云《三国志校误》云："辱字衍文。屠各，匈奴种。是时袁尚攻谭，倚匈奴为助。及交兵之后，谭兵击其前，屠各叛于后。故下云进败无功，首尾受敌也。"故改为仅于"辱"字加圆括号以示误衍。　叛戾，汤本"叛"作"败"。"觊以缓追之惠"，汤本"觊"讹为"贻"，"惠"讹为"患"。

【史补】

（1）《通鉴纲目》曰：壬午，七年，春，正月，曹操复进军官渡。夏，五月，袁绍卒；幼子尚袭行州事，长子谭出屯黎阳。操攻败之。袁绍惭愤，发病呕血，薨⑮。初，绍有三子谭、熙、尚。绍后妻刘氏爱尚，绍欲以为后，乃以谭继兄后⑯，出为青州刺史。沮授谏曰："世称万人逐兔，一人获之，贪者悉止。分定故也⑰。谭当为嗣而斥使居外，祸其始此矣。"绍曰："吾欲令诸子各据一州，以视其能。"于是以熙为幽州刺史，甥高干为并州刺史。逢纪、审配素为谭所疾，辛评、郭图皆附于谭，而与配、纪有隙。及绍薨，众以谭长，欲立之。配等恐谭立而评等为害，遂矫绍遗命，奉尚为嗣。谭至，不得立，自称车骑将军，屯黎阳。尚少与之兵，而使纪随之。谭求益兵，配等不与；谭怒，杀纪。曹操攻谭，尚自将助之，与操相拒。谭、尚数败。

癸未，八年，春，二月，曹操攻黎阳，谭、尚败走。夏，四月，操追至邺而还。谭攻尚，不克。曹操攻黎阳，谭、尚败走，还邺。操追至邺，诸将欲乘胜遂攻之，郭嘉曰⑱："袁绍爱此二子，莫适立也。今权力相侔，各有党与，急之则相保，缓之则争心生。不如南向荆州，以待其变；变成而后击之，可一举定也。"操曰："善！"留贾信守黎阳而还。谭谓尚曰："今曹军退，人怀归志，及其未济，出兵掩之，可令大溃，此策不可失也。"尚疑之。谭大怒，攻尚。谭败，引兵还南皮⑲。谭别驾王脩⑳自青州来救，谭欲更还攻尚，脩曰："兄弟者，左右手也。今与人斗而断其右手，曰：'我必胜，其可乎？'夫弃兄弟而不亲，其谁亲之！彼谗人离间骨肉以求一朝之利，愿塞耳勿听也。若斩佞臣数人，复相亲睦，以御四方，可横行于天下。"

谭不从。

秋，八月，操击刘表。尚围谭于平原；冬，十月，操还救，却之。操击刘表，军于西平㉑。袁尚攻袁谭，大破之，谭奔平原㉒。尚围之急，谭遣辛评弟毗㉓诣曹操请救。刘表以书谏谭曰："君子违难不适仇国，交绝不出恶声，况忘先人之仇，弃亲戚之好，而为万世之戒，遗同盟之耻哉！若冀州不弟㉔，君当降志辱身，以济事为务，事定之后，使天下平其曲直，不亦为高义邪！"又与尚书曰："青州天性峭急，迷于曲直。君当先除曹操以卒先公之恨，事定之后，乃议曲直之计，不亦善乎！若迷而不反，则是韩卢、东郭自困于前而遗田父之获者也。"㉕谭、尚皆不从。毗至西平，操群下多以为刘表方强，宜先平之，

荀攸曰㉖："天下方有事，而刘表坐保江汉之间，其无四方之志可知矣。袁氏据四州之地，带甲数十万，绍以宽厚得众心，使二子和睦以守成业，则天下之难未息也。今兄弟构恶，其势不两全，若有所并则力专，力专则难图也；及其乱而取之，天下定矣。此时不可失也！"操从之。谓毗曰："谭必可信，尚必可克不？"毗对曰："明公无问信与诈也，直当论其势耳。袁氏兄弟相伐，本谓天下可定于己，而一旦求救于明公，此可知也。今其兵革败于外，谋臣诛于内，兄弟谄阋，国分为二，连年战伐，介胄生虮虱，加以旱蝗饥馑并臻，今往攻邺，尚不还救即不能自守，还救则谭蹑其后，此乃天亡尚之时也。天以尚与明公，明公不取而伐荆州，荆州丰乐，国未有衅；二袁不务远略而内相图，朝不谋夕，民命靡继而不绥之，欲待他年，他年或登，又自知亡而改修厥德，失所以用兵之要矣。今因其请救而抚之，利莫大焉。且四方之寇，莫大于河北，河北平则六军盛，而天下震矣。"㉗操曰："善！"乃许谭平十月至黎阳。尚闻操渡河，乃释平原还邺。操引军还㉘。（《御批通鉴纲目》卷十三下）

【笺注】

① 审配（？—204）：字正南，魏郡（今河北魏县）人。袁绍领冀州牧，委以腹心之任，为治中别驾，并总幕府。绍卒，奉绍少子尚为牧，受命镇邺（今河南安阳）。曹操攻邺，配屡挫其锋，后其侄审荣叛应曹军，偷开城门，配乃为已在曹营的袁氏叛将辛毗生缚。以拒不降操，被杀。据陈志《绍传》注引《先贤行状》："初，冀州人张子谦先降，素与配不善，笑谓配曰：'正南，卿竟何如我？'配厉声曰：'汝为降虏，审配为忠臣，虽死，岂若汝生邪！'临行刑，叱持兵者令北向，曰：'我君在北。'"其忠

烈慷慨不可犯如此。

②《后汉书·袁绍传》李贤注："《左传》晏婴曰：'君为社稷死则死之，为社稷亡则亡之。'又晋解杨曰：'受命以出，有死无陨。死而成命，臣之禄也。'"

③李贤注："《左传》曰，郑子太叔曰：'周公杀管叔，放蔡叔。夫岂不爱？王室故也。'"

④李贤注："《公羊传》曰：'公子牙卒。何以不称弟？杀也，为季子讳杀也。庄公病，叔牙曰：鲁一生一及，君以知之。庆父存也。季子曰：夫何敢？是将为乱！和药而饮之，曰：公子从吾言而饮此，则可以无为天下戮笑，必有后于鲁国。诛不避兄弟，君臣之义也。'"

⑤春秋时，卫灵公世子蒯聩（姬姓）欲杀害其父宠姬南子，未遂，惧罪逃奔宋，再逃晋，依附于晋权臣赵简子。公元前493年，灵公卒，卫人立蒯聩之子姬辄为君，即卫出公。次年，蒯聩在赵简子的武力护送下欲归国向儿子夺位，出公乃派大夫石曼姑率兵拒击于边境戚邑，并在齐国的帮助下将晋军包围。蒯聩于是又逃至宿，据地自保。前480年，卫公室内乱，大夫孔悝等立蒯聩为君，姬辄逃奔鲁国。蒯聩即位即背晋，三年后为晋所攻杀。

⑥何焯《义门读书记·魏志·袁绍传》："按：此二句则汉末称本生父母之亲，不复系以父母之名矣。"

⑦《三国志集解》："《礼·杂记》：'三年之丧，庐垩室之中。'"

⑧据李贤注，此用《战国策》"画蛇添足"典故。

⑨《三国志集解》："范书《绍传》作'何意凶臣郭图'。或谓《英雄记》云，配与纪更为亲善，似不当言凶臣逢纪。又按本传云：评、图与谭比，此文后又有图等干国乱家，及图头不县军不旋踵之语似指郭图为是。又按，黄山驳钱大昭语，意亦相同，辞繁未载。沈家本曰：'谭杀逢纪，故下文云将军奋赫然之怒，诛不旋时云云。下文凶险谗慝之人，方指郭图。盖谭、尚相攻，图实构之也。范书删将军奋赫然之怒一段，故改逢纪为郭图，以文就义。然非其原文矣。配、纪并与尚比，而目为凶臣者，殆归罪于纪以自解欤？'"

⑩《三国志集解》："李慈铭曰：'将军上当有我字。盖谭诛逢纪后，令尚诛其妻、子。'黄山曰：'两言将军，既嫌无别；奉命承旨，又曰淫刑，亦不可通。'"

⑪李贤注："诒，遗也。不世犹言非常也。《献帝春秋》曰：'谭、尚遂寻干戈，以相征讨。谭军不利，保于平原，尚乃军于馆陶。谭击之败，尚走保险。谭追攻之，尚设奇伏大破谭军，僵尸流血不可胜计。谭走还平原。'"

⑫《三国志集解》："陈景云曰：'辱字衍文。屠各，匈奴种。是时袁尚攻谭，倚匈奴为重。及交兵之后，谭兵击其前，屠各叛其后。故下云进退无功，首尾受敌也。'"桂馥《札朴》卷五"览古"条则兼持"屠各，羌之一种"与"屠各，匈奴种"二说。辞多不录。另参见佚文第13条笺注④。

⑬《三国志集解》："《谷梁传》：'缓追逸贼，亲亲之道也。'"

⑭李贤注："《孙卿子》曰：绝人以玦，反人以环。"

⑮李贤注引《献帝春秋》曰："绍为人政宽，百姓德之。河北士女莫不伤怨，市巷挥泪，如或丧亲。'"

⑯《通鉴》胡注："绍本司空逢之孽子，出后伯父成。成盖先有子，死，而绍后之。绍欲废谭立尚，故以谭继兄后。"

⑰《通鉴》胡注："《慎子》曰：'兔走于街，百人逐之，贪心俱存，人莫之非者，以兔为未定分也。积兔在市，过而不顾，非不欲兔也，分定之后，虽鄙不争。'"

⑱郭嘉（170—207）：字奉孝，颍川阳翟（今河南禹州）人。曹操重要谋士。初从袁绍，见其难成大业，旋投曹操。操与之论天下事，曰："使孤成大业者，必此人也。"以为司空军祭酒。从征十一年，每有大议，临敌制变。操擒吕布，破袁绍，灭谭、尚，北征三郡乌桓，皆用嘉计。以功封洧阳亭侯。以病卒，谥曰贞侯。

⑲南皮：县名。秦置，属巨鹿郡。西汉置勃海郡，辖南皮县；东汉郡治移至南皮。今县属河北沧州市。胡注引宋白曰："《县道记》云：景州之南皮，在郡东六十里。南皮县北有迎河，河之北有故皮城，是后汉勃海郡所理，与郡理城南北非远，中隔迎河故渎。"

⑳王脩：字叔治，北海营陵（今山东潍坊）人。初为北海相孔融主簿，守高密令。复署功曹，守胶东令。袁谭在青州，辟为治中从事，后为别驾。谭、尚兄弟相攻，修谏谭，不听。谭死，诣曹操乞收葬；操嘉其义，听之。袁氏政宽，在职势者多畜聚。及操破南皮，阅修家，谷不满十斛，有书数百卷。乃礼辟为司空掾，行司金中郎将，迁魏郡太守。入魏，为大司农郎中令。徙奉常，旋病卒。

㉑西平：县名。春秋时为柏国。汉置县，故治在今河南西平县西百里。胡注："西平县，属汝南郡。从郭嘉之谋也。"

㉒平原：县名，亦郡、国名。古为平原邑，齐西境也。属赵，惠文王封弟胜为平原君。秦置平原县，西汉初置郡。武帝时又割平原郡北部数县属勃海郡。《续汉书·郡国志》："青州平原郡平原。"平原郡治平原县，故治在今山东平原县西南四十里）。东汉或废郡置平原国，或国除为郡，辖境亦因时略有变化，约当今山东德州市中南部及齐县、惠民、阳信一带。刘备曾先后任高唐令、平原令领平原相。

㉓辛毗：字佐治，颍川阳翟（今河南禹县）人。初随其兄辛评事袁绍。绍卒，谭、尚兄弟相攻，毗受谭派遣诣曹操求和；毗乃说操缓攻荆州，先灭袁氏。操破邺城，拜毗为议郎。后为丞相长史。曹丕称帝，迁侍中，赐爵关内侯。再封广平亭侯。明帝时封颍乡侯，后为卫尉。诸葛亮与司马懿相持于渭滨，毗为大将军军师，持节，节度全军。亮卒，复还为卫尉。卒谥肃侯。参见第37条佚文及史补。

㉔《通鉴》胡注："《左传》曰：'段不弟。'《书》曰：'象傲。'尚据冀州，故称之。"

㉕《通鉴》胡注："淳于髡说齐威王曰：'韩卢者，天下之俊犬也；东郭逡者，天下之狡兔也。韩卢逐东郭逡，腾山者五，环山者三，兔极于前，犬疲于后，犬、兔俱疲，各死其处，田父见而获之，无劳苦而擅其功。今齐、魏相持，顿兵敝众，恐秦、楚乘其后而有田父之功也。'"

㉖荀攸（157—214）：字公达，颍川颍阴（今河南许昌）人。出身士族家庭。大将军何进秉政，征海内名士二十余人，攸与其列，拜黄门侍郎。董卓之乱，攸与一帮议郎、侍中谋刺卓，事觉，被收系狱，会卓死得免。复举高第，迁任城相，求为蜀郡太守，道绝不得至，驻荆州。太祖迎天子都许，征为汝南太守，入为尚书。曹操与语，大悦，以为军师。从征张绣，击吕布，破袁绍，平冀州，攸皆与其谋，前后凡画奇策十二。以功封陵树亭侯。转为中军师。魏国初建，为尚书令。后从征孙权，道病。曹操言则流涕。正始中，追谥曰敬侯。

㉗《通鉴》胡注："观毗之言，非为谭请救也，劝操以取河北也。"

㉘四月，曹操攻邺。秋七月，尚还战，败走幽州。冬十月，袁绍甥高干以并州降操，复以为刺史。十二月，操攻破平原，谭走保南皮。十年，春正月，操攻南皮，斩

谭；幽州将吏逐刺史袁熙，遣使降操；熙、尚俱奔乌桓。冬十月，高干复叛。十一年，春正月，操击干，斩之。十二年，秋八月，曹操击破乌桓，熙、尚奔辽东，公孙康斩之。袁氏了。

献帝建安十二年（207）

17.太祖之始征柳城①，刘备说表使袭许，表不从。及太祖还，〔表〕谓备曰："不用君言，故失此大会也。"② 备曰："今天下分裂，日寻干戈，事会之来，岂有终极乎！若能应之于后者，则此未足为恨也。"③

【校记】

本条据《三国志》卷六《魏志·刘表传》注引《汉晋春秋》校定。又卷三十二《蜀志·先主传》亦引《汉晋春秋》这段对话，而文字略异："谓备曰"前仅有"曹公自柳城还，表"七字；"失此大会"前多一"为"字，后少一"也"字。　汤本所补背景文字为"建安十二年，操破乌桓于柳城"；或即据《蜀志》引文于"谓备曰"前补"表"字，从之。　黄本列"先主"目下，其尾注于两处引文差异亦有所交代，不赘。

【史补】

（1）《后汉书·刘表传》曰：（建安）六年，刘备自袁绍奔荆州，表厚相待结而不能用也。十三年，曹操自将征表，未至。八月，表疽发背卒。

（2）《魏志·刘表传》曰：十二年，曹公北征乌丸④，先主说表袭许，表不能用。

又《魏志·郭嘉传》曰：太祖将征袁尚及三郡乌丸，诸下多惧刘表使刘备袭许以讨太祖，嘉曰："公虽威震天下，胡恃其远，必不设备。因其无备，卒然击之，可破灭也。且袁绍有恩于民夷，而尚兄弟生存。今四州之民，徒以威附，德施未加，舍而南征，尚因乌丸之资，招其死主之臣⑤，胡人一动，民夷俱应，以生蹋顿之心，成觊觎之计，恐青、冀非己之有也。表，坐谈客耳，自知才不足以御备，重任之则恐不能制，轻任之则备不为用，虽虚国远征，公无忧矣。"太祖遂行。

（3）史料补编：刘备南来荆州前踪迹

灵帝中平元年（184），黄巾起义爆发。备从军讨黄巾，以功除安喜尉，因鞭打督邮，弃官逃亡。后再从军，以力战有功，除下密丞。复去官。

献帝初平元年（189），备起军从讨董卓，任高唐尉，迁为令。高唐被黄巾所破，备往奔公孙瓒，被表为别部司马，使与青州刺史田楷拒冀州牧袁绍，以功试守平原令。

初平二年（190），冬十月，备领平原相。备少与河东关羽、涿郡张飞相友善；以羽、飞为别部司马，分统部曲。备与二人寝则同床，恩若兄弟，而稠人广坐，侍立终日，随备周旋，不避艰险。常山赵云为本郡将吏兵诣公孙瓒，备见而奇之，深加接纳，云遂从备至平原，为备主骑兵。

兴平元年（194），春二月，徐州牧陶谦表备为豫州刺史。去年秋，曹操击陶谦，谦走保郯，告急于田楷。楷与备往救之。备自有兵数千人，谦益以丹阳兵四千，备遂去楷归谦，谦表备领豫州，屯小沛。操军食亦尽，引兵还。

是年，陶谦卒，备兼领徐州牧。陶谦疾笃，谓别驾麋竺曰："非刘备不能安此州。"谦卒，竺率州人迎备。备未敢当，曰："公路四世五公，海内所归，今近在寿春，君可以州与之。"北海相孔融谓备曰："袁公路岂忧国忘家者邪！冢中枯骨，何足介意！今日之事，百姓与能；天与不取，悔不可追。"备遂领徐州。明年四月，曹操攻拔吕布之定陶，布走归备。备见布语言无常，外然之而内不悦。

建安元年（196），夏六月，备与袁术战于盱眙，吕布袭取下邳，备降于布，遂与并兵击术。袁术攻备以争徐州，备使张飞守下邳，自将拒术于盱眙、淮阴，相持经月，更有胜负。术与吕布书，劝令袭下邳，许助以军粮。布大喜，引军东下。飞败走，布虏备妻子及将吏家口。备收余兵东取广陵，与术战，又败，饥饿困踧，请降于布，布亦忿术运粮不继，乃召备，复以为豫州刺史，与并势击术，使屯小沛。布自称徐州牧。

冬十月，吕布复攻备，备走归许。诏以备为豫州牧，遣东屯沛。袁术遣将纪灵等攻备，备求救于布。布曰："术若破备，则北连泰山诸将，吾为在术围中，不得不救也。"驰往赴之，灵等乃罢。备合兵得万余人，布恶之，攻备。备败走，归曹操，操厚遇之，以为豫州牧。或谓操曰："备有英雄之志，今不早图，后必为患。"操以问郭嘉，嘉曰："有是。然公起义兵，为百姓除暴，推诚仗信以招俊杰，犹惧其未也。今备有英雄名，以穷归己而害之，是以害贤为名也。如此，则智士将自疑，回心择主，公谁与定天下乎？夫除一人之患，以沮四海之望，安危之机也，不可不察。"操笑曰："君得之矣！"遂益其兵，给粮食，使东至沛，收散兵以图吕布。

建安三年（198），秋九月，吕布复攻备。冬，曹操击布，杀之。布复与袁术通，遣高顺、张辽攻备。九月，破沛城，虏备妻子，备单身走。荀攸劝操自击布。操围下邳久，疲敝，欲还，荀攸、郭嘉曰："吕布勇而无谋，陈宫有智而迟。今及布气之未复，宫谋之未定，急攻之，布可拔也。"乃引沂、泗灌城。月余，布益困迫，乃降。布见操曰："明公之所患不过于布，今已服矣。若令布将骑，明公将步，天下不足定也。"操命缓布缚，备曰："不可。明公不见吕布事丁建阳、董太师乎！"操颔之。

以刘备为左将军。备从操还许，操表以为左将军，礼之愈重。

建安四年（199），夏，备受诏邀袁术；术还走，死。术既称帝，淫侈滋甚，既而资实空尽，不能自立，乃遣使归帝号于从兄绍。袁谭迎术，欲从下邳北过。操遣备邀之，术复走寿春。六月，至江亭，坐簀床而叹曰："袁术乃至是乎！"因愤慨呕血死。

冬十一月，备起兵徐州讨曹操，操遣兵击之。初，车骑将军董承称受帝衣带中密诏，与备谋诛操。操从容谓备曰："今天下英雄，惟使君与操耳，本初之徒，不足数也！"备方食，失匕箸，值雷震，备因曰："圣人云：'迅雷风烈必变'，良有以也。"遂与承及长水校尉种辑、将军吴子兰、王服等同谋。会操遣备邀袁术，程昱、郭嘉、董昭皆谏曰："备不可遣也！"操悔，追之，不及。备遂杀徐州刺史，留关羽守下邳，行太守事，身还小沛。郡县多叛操为备。备众数万人，遣使与袁绍连和。操遣长史刘岱击之，不克。备谓曰："使汝百人来，无如我何；曹公自来，未可知耳！"

建安五年（200），春正月，曹操杀车骑将军董承，遂击备，破之。备奔冀州。董承谋泄，操杀承等，皆夷三族。操欲自讨备，诸将皆曰："与公争天下者，袁绍也。今绍方来而弃之东，绍乘人后，若何？"操曰："刘备，人杰也。今不击，必为后患。"郭嘉曰："绍性迟而多疑，来必不速。备新起，众心未附，急击之，必败。"操师遂东。田丰说袁绍曰："曹刘连兵，未可卒解。公举军而袭其后，可一往而定。"绍辞以子疾。丰举杖击地曰："嗟乎！遭难遇之时，而以婴儿病失其会，惜哉，事去矣！"操击备，破之，获其妻子；进拔下邳，禽关羽。备奔冀州，归袁绍。绍去邺二百里迎之；驻月余，亡卒稍归之。

秋，袁绍遣备略汝、颍，曹操击走之。备复以绍兵至汝南。汝南黄巾叛操应绍，绍遣备将兵助辟，郡县多应之。操患之，乃使曹仁将骑击备，破走之，尽复收诸叛县而还。备还，乃说绍南连刘表。绍遣备复至汝南，操遣蔡阳击之，为备所杀。关羽自官渡之战斩颜良、文丑后，封操所赐，拜书告辞，奔归备。

建安六年（201），秋九月，曹操击备于汝南，备奔荆州。操自击备于汝南，备奔刘表。表闻备至，自出郊迎，以上宾礼待之，益其兵，使屯新野。

建安七年（202），刘表使备北拒曹军。荆州豪杰归备者日益多，表疑其心，阴御之。使北拒夏侯惇、于禁等于博望。久之，备设伏兵，一旦自烧屯伪遁；惇等追之，中伏，兵大败。○备在荆州数年，尝于表坐起至厕，慨然流涕。表怪问备，备曰："平常身不离鞍，髀肉皆消。今不复骑，髀里肉生。日月若驰，老将至矣，而功业不建，是以悲耳。"（据《蜀志·先主传》及《通鉴纲目》、《纲鉴易知录》编纂）

（4）〔宋〕李纲论刘备知兵机曰：国之存亡在兵，兵之胜负在机。机者，时事适然之会，而安危强弱之本也。得其机，则危可安而弱可强；失其机，则安必危而强必弱。惟明足以见之，而断足以行之者，为能不失机会。而一失机会，则其国遂有至于危弱而不可复振者，势使之然也。方曹操、袁绍之相拒于官渡也，绍兵强盛，军资有余；操兵少而粮乏，将退师。荀彧曰："不可，此天下之大机也。"操从其言，遂破绍，而定河北。其后既得荆州，败刘备于巴邱矣，使操屯兵江陵，据上游以临吴会，持久经略，则孙权不得不服，而刘备亦将无所容其身。操欲乘胜而取之，率兵数十万，水陆并进，江表震恐。虽张昭之徒，亦劝权以迎操，独周瑜、鲁肃以为不然。会诸葛孔明至，亦曰操兵远来，所谓强弩之末，不能穿鲁缟者也。诚能协规同力以破操，则荆、吴之势强，而鼎足之形成矣。成败之机，在于今日。遂合兵以拒操于赤壁，乘风纵火焚其舟楫，一战破之，而三国之势立。

然则所谓机者，国之存亡所系，其可失乎！非见微者不可与语机，而机会之来间不容发，固非众人之所能识也。操方有事于袁绍，备劝刘表使乘虚以袭许昌，表不能用，其后悔之。备曰："今天下分裂，日寻干戈，事会之来，岂有终极乎！若能应之于后者，则此未足为恨也。"若备者，真可与机者哉！（《李纲全集》卷一四六《论兵机》）

（5）〔宋〕胡寅论刘备事会无极之语曰：学道而画，则道不进。修德而止，则德不立。从政而怠，则政有阙。处事而倦，则事无纪。故天以健而久，日以常而明，莫大之功，成于坚忍，丕天之业，本于持守，惟圣人尽之，贤者则勉勉焉。玄德崎岖戎马之间，如神龙在陂泽，无所因而飞腾也。降于吕布，归于曹操，借势于袁绍，为客于刘表，兵日以弱，迹日以孤，而气不少挫，志不少慑，悲功业之不建，悼岁月之如流。及刘表悔不用其言，乃有事会无极之语，以能应之于后为贵，不以失之于前为恨，是以坎壈而不陷，困穷而致亨，终能取分于曹、孙之间，巍然鼎峙，此光武所谓有志事竟成者欤！或论之曰：千载纷纷，所争者一毫毛耳，身与世两劳而何益？使玄德而知此，不若问舍求田之为高也。此山人处士遗世自洁之言。夫道固以济物为用，大丈夫用道者也，可求田问舍则求田问舍，可经营四方则经营四方，心岂有大小远近之限哉！（《读史管见》卷五《汉纪·献帝建安十一年》）

（6）〔清〕王夫之论刘表曰：刘表无戡乱之才，所固然也，然谓曹操方挟天子，擅威福，将夺汉室，而表不能兴勤王问罪之师，徒立学校、修礼乐，为不急之务，则又非可以责表也。表虽有荆州，而隔冥阨之塞，未能北向以争权，其约之以共灭曹氏者，袁绍也，绍亦何愈于操哉？绍与操自灵帝以来，皆有兵戎之任，而表出自党锢，固雍容讽议之士尔。荆土虽安，人不习战，绍之倚表而表不能为绍用，表非戡乱之才，何待杜袭而知之？表亦自知之矣。踌躇四顾于袁、曹之间，义无适从也，势无适胜也，以诗书礼乐之虚文，示闲暇无争而消人之忌，表之为表，如此而已矣。中人以下自全之策也。不为祸先而仅保其境，无袁、曹显著之逆，无公孙瓒乐杀之愚，故天下纷纭，而荆州自若。迨乎身死，而子琮举土以降操，表非不虑此，而亦无如之何者也。（《读通鉴论》卷九《献帝一六》）

【笺注】

①柳城：县名。西汉置。两汉为辽西郡西部都尉治所，汉末废。顾炎武《日知录》卷三十一《柳城》辨之甚详，其略曰："《永平府旧志》：'柳城在昌黎县西南六十里，汉末为乌桓所据，曹操灭之，历魏、晋，为慕容氏父子所据。隋置县，属辽西郡。唐置营州。元省入昌黎，为静安社。'其说与史不同。《三国志》：'魏武用田畴之言，上徐无山，堑山湮谷五百余里，经白檀，历平冈，涉鲜卑庭，东指柳城。'徐无山在今玉田，则柳城在玉田之东北数百里也。《隋书》：'汉王谅伐高丽，军出临渝关，至柳城。'《唐书》：'太宗伐高丽还，以十月丙午次营州，诏辽东战亡士卒骸骨并集柳城东南，命有司设太牢，上自作文以祭之。丙辰，皇太子迎谒于临渝关。'关在今抚宁之东，则柳城又在其东，太宗之行迟，故十日而后至也。《辽史》载：'柳城曰兴中府，古孤竹国，汉柳城县地。'此文述柳城之故颇为详备。元世祖至元七年十月己丑，降兴中府为州，以地图按之，当在今前屯卫之北。但《唐书》'平州'下云：又有柳城军，永泰元年置。盖唐时柳城之地屡被陷没，移迁无常，此其在平州者或即今之静安社，未可知。然不可以永泰元年之柳城，为古之柳城也。"而卢弼《集解·魏志·郭嘉传》口："柳城，今热河承德府建昌县北哈喇沁右旗。"

②《通鉴》胡注："犹言大机会也。"

③事会：机遇，时机。宋文天祥《赣州》诗："江山不改人心在，宇宙方来事会长。"亦指事情的变化。元刘壎《隐居通议·经史一》："曹氏父子方谋篡汉，不知司马懿父子已在其侧，盖事会之无极如此。"又谓事情或问题的关键。《新唐书·马周传》："周善敷奏，机辩明锐，动中事会，裁处周密。"

④乌丸：陈志又作"三郡乌丸"，为东汉末乌丸族聚居地的合称。袁绍割据河北时，承制封幽州属下的辽西郡乌丸首领蹋顿、辽东属国乌丸首领峭王苏仆延、右北平郡乌丸首领汗鲁王乌延三人为单于，称为三郡单于，遂亦有三郡乌丸之称。三郡地相当今河北东北及辽东半岛地区。另参见佚文第12条笺注⑩。

⑤《通鉴》胡注："意欲为其主致死，而留滞不得逞者。"

18.亮①家于南阳之邓县②，在襄阳城西二十里③，号曰隆中④。

【校记】

本条据《三国志》卷三十五《蜀志·诸葛亮传》注引《汉晋春秋》校定。汤本所补背景文字为"先主见诸葛亮于隆中"。黄本以"诸葛亮"为目，尾注有"《文选》诸葛孔明《出师表》注引诸葛亮家于南阳之邓县"二十一字。

【史补】

（1）《**通鉴纲目**》曰：（丁亥，十二年，冬，）刘备见诸葛亮于隆中。初，琅邪诸葛亮寓居襄阳隆中⑤，每自比管仲、乐毅⑥，时人莫之许也，惟颍川徐庶⑦、崔州平⑧然之。刘备访士于襄阳司马徽⑨。徽曰："儒生俗士，岂识时务，识时务者在乎俊杰。此间自有伏龙、凤雏。"备问为谁，曰："诸葛孔明、庞士元也。"⑩徐庶亦谓备曰："诸葛孔明，卧龙也，将军岂愿见之乎？"备曰："君与俱来。"庶曰："此人可就见，不可屈致也。将军宜枉驾顾之。"

备由是诣亮，凡三往，乃见⑪。因屏人曰："汉室倾颓，奸臣窃命，孤不度德量力，欲信大义于天下，而智术浅短，遂用猖蹶，至于今日。然志犹未已，君谓计将安出？"亮曰："今曹操已拥百万之众，挟天子而令诸侯，此诚不可与争锋。孙权据有江东，已历三世，国险而民附，贤能为之用，此可与为援而不可图也。荆州北据汉、沔⑫，利尽南海⑬，东连吴会⑭，西通巴蜀⑮，此用武之国，而其主不能守，此殆天所以资将军也。益州险塞⑯，沃野千里，天府之土；刘璋暗弱，张鲁在北⑰，民殷国富，而不知存恤，知能之士思得明君⑱。将军既帝室之胄，信义著于四方，若跨有荆、益，保其岩阻，西和诸戎，南抚夷越，外结孙权，内修政理，天下有变，则命一上将将荆州之军以向宛、洛⑲，将军身率益州之众出于秦川，百姓孰敢不箪食壶浆以迎将军者乎！诚如是，则霸业可成，汉室可兴矣。"⑳备曰："善！"于是与亮情好日密㉑。关羽㉒、张飞㉓不悦，备解之曰："孤之有孔明，犹鱼之有水也。愿诸君勿复言。"羽、飞乃止。

徽清雅有知人之鉴。同县庞德公素有重名㉔，徽兄事之。亮每至其家，独拜床下，德公初不令止㉕。士元名统，德公从子也，少朴钝，未有识者，惟德公与徽重之。德公常谓孔明为卧龙，士元为凤雏，德操为水鉴；故德操与备语而称之。（《御批通鉴纲目》卷十三下）

（2）〔晋〕李兴《诸葛武侯故宅碣铭》曰：（晋永兴中，镇南将军刘弘至隆中，观亮故宅，立碣表闾，命太傅掾犍为李兴为文曰：）天子命我，于沔之阳，听鼓鼙而永思，庶先哲之遗光，登隆山以远望，轼诸葛之故乡。盖神物应机，大器无方，通人靡滞，大德不常。故谷风发而驺虞啸，云雷升而潜鳞骧；挚解褐于三聘，尼得招而褰裳，管豹变于受命，贡感激以回庄，异徐生之摘宝，释卧龙于深藏，伟刘氏之倾盖，嘉吾子之周行。夫有知己之主，则有竭命之良，固所以三分我汉鼎，跨带我边荒，抗衡我北面，驰骋我魏疆者也。英哉吾子，独含天灵。岂神之祇，岂人之精？何思之深，何德之清！异世通梦，恨不同生。推子八陈，不在孙、吴，木牛之奇，则非般模，神弩之功，一何微妙！千井齐甃，又何秘要！昔在颠、夭，有名无迹，孰若吾侪，良筹妙画？臧文既没，以言见称，又未若子，言行并征。夷吾反坫，乐毅不终，奚比于尔，明哲守冲。临终受寄，让过许由，负宸茕事，民言不流。刑中于郑，教美于鲁，蜀民知耻，河、渭安堵。匪皋则伊，宁彼管、晏，岂徒圣宣，慷慨屡叹！昔尔之隐，卜惟此宅，仁智所处，能无规廓。日居月诸，时殒其夕，谁能不殁，贵有遗格。惟子之勋，移风来世，咏歌余典，懦夫将厉。遐哉邈矣，厥规卓矣，凡若吾子，难可究已。畴昔之乖，万里殊涂；今我来思，觌尔故墟。汉高归魂于丰、沛，太公五世而反周，想冈两以仿佛，冀影响之有余。魂而有灵，岂其识诸！"（《蜀志·诸葛亮传》注引王隐《蜀记》，其尾注曰："王隐《晋书》云：李兴，密之子；一名安。"）

（3）〔北魏〕郦道元《水经注》记汉水·襄阳地理曰：（沔水）又东过山都县东北，沔南有固城，城侧沔川，即新野山都县治也，旧南阳之赤乡矣。秦以为县，汉高后四年，封卫将军王恬启为侯国。沔北有和城，即《郡国志》所谓武当县之和城聚，山都县旧尝治此，故亦谓是处为故县滩。沔水北岸数里有大石激，名曰五女激。或言：女父为人所害，居固城，五女思复父怨，故立激以攻城。城北今沦于水。亦云：有人葬沔北，墓宅将为水毁，其人五女无男，皆悉巨富，共修此激以全坟宅。然激作甚工。又云：女嫁为阴县佷子妇，家赀万金，而自少小不从父语，父临亡，意欲葬山上，恐儿不从，故倒言葬我著渚下石碛上。佷子曰：我由来不奉教，今从语。遂尽散家财作石冢，积土绕之成一洲，长数百步。元康中，始为水所坏，今石皆如半榻许，数百枚聚在水中。佷子是前汉人。襄阳太守胡烈有惠化，补塞堤决，民赖其利，景元四年九月，百姓刊石铭之，树碑于此。沔水又东偏浅，冬月可涉渡，谓之交湖，兵戎之交，多自此济。晋太康中得鸣石于此水，撞之，声闻数里。沔水又东迳乐山北，昔诸葛亮好为《梁甫吟》，每所登游，故俗以乐山为名。沔水又东迳隆中，历孔明旧宅北。亮语刘禅云：先帝三顾臣于草庐之中，咨臣以当世之事。即此宅也。车骑沛国刘季和之镇襄阳也，与犍为人李安共观此宅，命安作《宅铭》云：天子命我，于沔之阳，听鼓鞞而永思，庶先哲之遗光。后六十余年，永平之五年，习凿齿又为其宅铭焉。

又东过襄阳县北，沔水又东迳万山北，山上有《邹恢碑》，鲁宗之所立也。山下潭中有《杜元凯碑》，元凯好尚后名，作两碑并述己功，一碑沈之岘山水中，一碑下之于此潭，曰：百年之后，何知不深谷为陵也。山下水曲之隈，云汉女昔游处也。故张衡《南都赋》曰：游女弄珠于汉皋之曲。汉皋，即万山之异名也。沔水又东合檀溪水，水出县西柳子山下，东为鸭湖，湖在马鞍山东北，武陵王爱其峰秀，改曰望楚山。溪水自湖两分，北渠即溪水所导也。北迳汉阴台西，临流望远，按眺农圃，情邈灌蔬，意寄汉阴，故因名台矣。又北迳檀溪，谓之檀溪水，水侧有沙门释道安寺，即溪之名，以表寺目也。溪之阳有徐元直、崔州平故宅，悉人居，故习凿齿《与谢安书》云：每省家舅，纵目檀溪，念崔、徐之交，未尝不抚膺踌躇，惆怅终日矣。溪水傍城北注，昔刘备为景升所谋，乘的颅马西走，坠于斯溪。西去城里余，北流注于沔。一水东南出，应劭曰：城在襄水之阳，故曰襄阳。是水当即襄水也。城北枕沔水，即襄阳县之故城也，王莽之相阳矣，楚之北津戍也，今大城西垒是也。其土古鄢、鄀、卢、罗之地，秦灭楚，置南郡，号此为北部焉。建安十三年，魏武平荆州，分南郡立为襄阳郡，荆州刺史治。邑居殷赈，冠盖相望，一都之会也。城南门道东有三碑：一碑是《晋太傅羊祜碑》，一碑是《镇南将军杜预碑》，一碑是《安南将军刘俨碑》，并是学生所立。城东门外两百步刘表墓，太康中为人所发，见表夫妻其尸俨然，颜色不异，犹如平生。墓中香气远闻三四里中，经月不歇。今坟冢及祠堂犹高显整顿。城北枕沔水，水中常苦蛟害，襄阳太守邓遐负其气果，拔剑入水，蛟绕其足，遐挥剑斩蛟，流血丹水，自后患除，无复蛟难矣。昔张公遇害，亦亡剑于是水。后雷氏为建安从事，迳践濑溪，所留之剑忽于其怀跃出落水，初犹是剑，后变为龙。故吴均《剑骑诗》云：剑是两蛟龙。张华之言不孤为验矣。沔水又迳乎鲁城南，城，鲁宗之所筑也，故城得厥名矣。东对樊城，樊，仲山甫所封也。《汉晋春秋》称：桓帝幸樊城，百姓莫不观，有一老父独耕不辍。议郎张温使问焉，父啸而不答。温因与之言，问其姓名，不告而去。城周四里，南半沦水。建安中，关羽围于禁于此城，会沔水泛溢三丈有余，城陷禁降，庞德奋剑乘舟，投命于东冈。魏武曰：吾知于禁三十余载，至临危受命，更不如庞德矣。城西南有曹仁《记水碑》，杜元凯重刊，其后书伐吴之事也。

又从县东屈西南，淯水从北来注之。襄阳城东有东白沙，白沙北有三洲，东北有宛口，即淯水所入也。沔水中有鱼梁洲，庞德公所居。士元居汉之阴，在南白沙，世故谓是地为白沙曲矣。司马德操宅洲之阳，望衡对宇，欢情自接，泛舟褰裳，率尔休畅，岂待还桂枻于千里，贡深心于永思哉！水南有层台，号曰景升台，盖刘表治襄阳之所筑也。言表盛游于此，常所止憩，表性好鹰，尝登此台，歌《野鹰来曲》，其声韵似孟达《上堵吟》矣。沔水又径桃林亭东，又迳岘山东，山上有桓宣所筑城，孙坚死于此。又有《桓宣碑》。羊祜之镇襄阳也，与邹润甫尝登之，及祜薨，后人立碑于故处，望者悲感，杜元凯谓之《堕泪碑》。山上又有《征南将军胡罴碑》，又有《征西将军周访碑》，山下水中，杜元凯沈碑处。沔水又东南迳蔡洲，汉长水校尉蔡瑁居之，故名蔡洲。洲东岸西有洄湖，停水数十亩，长数里，广减百步，水色常绿。杨仪居上洄，杨颙居下洄，与蔡洲相对。在岘山南广昌里，又与襄阳湖水合，水上承鸭湖，东南流迳岘山西，又东南流注白马陂，水又东入侍中襄阳习郁鱼池。郁依范蠡《养鱼法》作大陂，陂长六十步，广四十步，池中起钓台。池北亭，郁墓所在也。列植松篁于池侧沔水上，郁所居也。又作石洑逗引大池水于宅北，作小鱼池，池长七十步，广二十步。西枕大道，东北二边限以高堤，楸竹夹植，莲芡覆水，是游宴之名处也。山季伦之镇襄阳，每临此池，未尝不大醉而还，恒言此是我高阳池。故时人为之歌曰：山公出何去？往至高阳池。日暮倒载归，酩酊无所知。其水下入沔。沔水西又有孝子墓。河南秦氏性至孝，事亲无倦，亲没之后，负土成坟，常泣血墓侧。人有咏

《蓼莪》者，氏为泣涕，悲不自胜。于墓所得病，不能食，虎常乳之，百余日卒。今林木幽茂，号曰孝子墓也。其南有蔡瑁冢，冢前刻石为大鹿状，甚大，头高九尺，制作甚工。沔水又东南迳邑城北，习郁襄阳侯之封邑也，故曰邑城矣。（《水经注》卷二十八《沔水》）

（4）〔宋〕**尹起莘论孔明出处曰**：自三代衰，王政废，士之随世就功名者多矣。当汉之末，群雄云扰，凡一智一能之士，莫不乘时奋发，蕲以自见。孰谓一世人龙如孔明者，方且高卧隆中，抱膝长吟，略无意于当世，而又以管、乐自许者哉！向使昭烈不垂三顾之勤，则将槁死岩穴，与草木俱腐耳。及其一起，则功名事业彪炳显著，不可得而泯没。亮岂大言无当者？彼其择理甚精，而处己甚明。谓枉己不可以直人也，故不苟合以求售；谓托身不可以非所也，故不肯苟仕于僭窃。时乎未遇，则高蹈丘园；道苟可行，则奋志事业。君臣既合，鱼水相欢，则声大义于天下，使兴衰继绝、翊扶正统之志，昭如日星。然后篡窃之徒，其罪如暴白而不可掩。是岂区区一智一能之士，随世就功名者可同日语哉！书刘备见诸葛亮于隆中，其与聘莘野、访渭滨者，越千载如出一辙。呜呼，三代而下，孰谓出处正有如孔明者哉！不有君子表而出之，则孔明亦后世人物耳。噫！（《御批通鉴纲目》卷十三下）

（5）〔清〕**尹会一论诸葛隆中之隐曰**：司马徽谓识时务者在乎俊杰。夫俊杰之用，亦有大小。一智一能之士，皆思乘时以自见，未免苟且以就功名。求如孔明之隐居求志、行义达道者，三代而后，宁有几人？故抱膝长吟，不求闻达，识者比之为卧龙。卧龙者，潜龙也。龙惟潜，故勿用；亦惟潜，故大用。由后而观，鼎足之业定于隆中数语；由前而观，自比管、乐，时人亦莫之许也。向使孔明急于自见，人皆得而知之，则亦一智一能之士、随世就功名者耳，天下岂有不潜而见而飞之龙德哉！（《士鉴录·俊杰类》）

（6）〔清〕**赵一清《诸葛忠武侯隆中考》曰**：薄汉江南北三百里而近，相传有两隆中云。隆中为汉丞相诸葛忠武侯抱膝长啸时所居，距襄阳城西南三十里伏龙山中，东坡诗云"谁言襄阳野，产此万乘师"，又曰"万山西北古隆中"是也。一在南阳城西八里，俗名八里冈，冈势蜿蜒如带，高仅数丈，土人即其上以祠孔明，至今香火不绝。而求之襄阳之野顾寂寂也，于是宛人几攘隆中而有之。襄阳亦有祠，即其书院遗址。明弘治年御史林光奏建，春秋二中有司致祭，但不若南阳之盛耳。尝读《蜀志》本传云"亮躬耕陇亩"。裴世期注引《汉晋春秋》曰："亮家于南阳之邓县，在襄阳城西二十里，号曰隆中。"《水经注》云："沔水又东经隆中，历孔明旧宅北。亮语禅云'先帝三顾臣于草庐之中'，即此宅也。车骑将军沛国刘季和之镇襄阳也，与犍为人李安共观此宅，命安作《宅铭》。后六十余年，永平之五年，习凿齿又为其宅铭焉。"安即密之子，时代不远，习氏本其地著，其言可征信。《元和郡县志》：山南道襄州襄阳县，诸葛亮宅，有井深四丈、广五尺五寸，迄今垒砌如初。诸葛书"襄阳孔明故宅"。堂前有三间屋，基址极高，云是避暑台。《万历襄阳县志》："襄山亘而西曰桃花岭，循岭一支绕而东，隆岊空洞曰隆中。"《舆地志》云："隆中者，空中也，行其上空空然有声云。"隆中在襄阳明矣。

而今所传在南阳，何也？按《史记》，秦昭襄王十五年攻楚取宛，十六年左更错取轵及邓，三十五年初置南阳郡。《正义》曰："今邓州也，在汉水之北。"《汉志》南阳宛县下云："故申伯国，莽曰南阳。"又邓县下云："故国。"（按：此处疑有脱漏。）应劭曰："在襄水之阳。"宛、邓、襄阳，郡界截然，后汉因之。张衡《南都赋》云："陪京之南，居汉之阳。"李善注云："南阳郡治宛，在京之南，故曰南郡。"邓县，三国时谓之邓塞。《水经注》：淯水东南流，经邓县故城南。习凿齿《襄阳记》曰：去襄阳二十里曰邓塞者，即邓城东南小山。《元和志》云：邓县故城在临汉县东南二十里，南临宛口，阻一小山，号曰邓塞。陆士衡《辨亡论》所谓魏氏"乘邓塞之舟，下汉阴之众"者也。《晋志》：汉献帝建安十三年，魏武帝得荆州，分南郡以北立襄阳郡，又分南郡西界立南乡郡。及败于赤壁，南郡以南属吴，南阳、襄阳、南乡三郡属魏。晋武平吴，混一天下，宛属南阳国，始于襄阳郡故邓县地立邓城县。南北瓜分，废置不一，而其名犹见于史传。太元七年桓冲伐秦攻襄阳，苻坚遣苻睿、慕容垂等救之。睿军新野，垂军邓城。刘宋大明末割襄阳西界为京兆郡，邓城县属焉。齐永泰初魏人取沔北五郡，崔惠景等驰救，大败于邓城。既而魏主弘攻围邓城，齐将曹虎拒守不下。梁成圣三年西魏宇文泰遣于谨等攻江陵，军至樊、邓。后废县而立郡。《元和志》云：襄州临汉县，本汉邓县地。西魏于此立安养县，属邓城郡。历隋迄唐，又废郡为县。《旧唐志》："天宝元年改为临汉县，贞元二十一年移县古邓城置，乃改临汉为邓城县。"宋《元丰九域志》：襄州襄阳府属县，"望，邓城州西二十里。"其于裴注道里之数未之有异也。南渡后中原沦丧，襄、宛之间，此疆尔界，虚其地而不居者百五十年。《南北对境图》：自邓城南过至樊城。陆子静亦云：由邓之邓城以涉汉，则其趋山之处，已在荆门之腹。正指此也。《明一统志》：邓城旁近有十城，蒙古围襄阳筑，故址尚存。及检《万历襄阳府志》，则邓城仅厕名于市镇之中，宜其日就荒灭湮没无闻，遂有以今之邓州当古邓县，今之南阳县当古南阳郡者。邓州，汉穰县也。隋开皇间始于此置州，与古邓县迥乎风马牛不相及也。不然，地志皆云邓州南至襄阳一百八十里，乌得云城西二十里耶？元大德中，居然名南阳之冈曰"卧龙"，因之其宅亦有诸葛井，教授王谦作《记》。不知以孔明为"卧龙"，乃庞德公月旦，《襄阳记》自作"伏龙"。即此可知其傅会之端矣。皇庆元年，敕赐南阳书院额，翰林承旨雪楼程钜夫为作《碑铭》。明王直、杨士奇、李东阳皆有《重修记》，文亦踵元人之谬，未暇一究其颠末。《困学纪闻》载殷芸《小说》云："诸葛武侯躬耕南阳，南阳是襄阳墟名，非南阳郡也。"阎百诗《札记》云："按南阳为墟名，出《异苑》。注杜者不甚遵之。"以深宁之该博、潜邱之好辨，于地理尤号精审，而不能指芸说之误。何也？若王世贞《宛委余编》之谬，抑又无论已。盖邓城县界于襄、宛之间，壤地虽近于襄阳，而版图则隶于宛治。葛侯《临发汉中疏》云"臣本布衣，躬耕南阳"，正指其郡望而言耳。其后襄、邓同属于荆，而邓城又废。南阳县之名既足以淆南阳郡之称，适有隋置邓州一事，与古邓城遥相混杂，遂成此大错。物换星移，张冠李戴，末流寡学何足据乎！今襄阳府属湖广布政司，邓州及南阳县并属河南布政司之南阳府。详辨之如左，以资学者有可

考证焉。（《东潜文稿》卷下）

【笺注】

①亮：谓诸葛亮（181—234），字孔明，琅琊阳都（今山东沂南南）人。早年隐居南阳郡邓县隆中，躬耕陇亩，而留心世事，被称为卧龙（又作伏龙）。建安十二年（207），刘备三顾草庐，他献所谓隆中对策，从此出山，先追随刘备，后辅佐刘禅，一生为创建和巩固蜀汉政权，北伐中原，兴复汉室，呕心沥血，鞠躬尽瘁。建兴十二年（234），病逝于五丈原军中。生前为蜀汉丞相，领益州牧，封武乡侯，卒谥曰忠武侯。故后世多称诸葛武侯、诸葛忠武侯。除《蜀志·亮传》外，南宋张栻撰有《汉丞相诸葛忠武侯传》，清梁章钜撰有《诸葛公年谱》，于亮皆备极推崇，可资赏读。

②邓县：县名。西周、春秋时邓国，秦置县。今湖北襄阳市樊城区有古邓城遗址。《读史方舆纪要》卷七十九："邓城，本春秋邓国地，楚文王灭之而有其地。秦昭襄王元年，大良造白起攻楚，取邓，置邓县，属南阳郡。汉因之。更始二年，封王常为邓王。建武三年，岑彭破秦丰兵于邓，进围黎丘。晋曰邓城县，属襄阳郡。后周时，邓城县废。唐贞元末，移临汉县治古邓城，遂为邓城县，仍属襄州。宋亦为邓城县。元省。今为邓城镇。《南北对境图》：'自邓城南过新河至樊城。'"又卢弼《集解》曰："《一统志》：'邓城故县，今湖北襄阳府襄阳县北。'《文选·出师表》注引《荆州图》曰：'邓城旧县西南一里，隔河有诸葛宅，是刘备三顾处。'"

③襄阳：古城邑名。南齐刘澄之《荆州记》云："襄阳本楚之下邑，檀溪带其西，岘山亘其南。"参见佚文第10条笺注⑮。

④隆中：地名。《三国志集解》："胡三省曰：'按东坡诗，万山西北古隆中。故其《万山》诗云：回头望西北，隐隐龟背起。传云古隆中，万树桑柘美。'《元和志》：'诸葛亮宅在襄阳县西北二十里。'《舆地纪胜》：'在襄阳县西隆村。'《一统志》：'在襄阳县西隆中山东。'《县志》：'隆中山畔为草庐山，半为抱膝石，隆起如墩，可坐十数人，下为躬耕田。'《寰宇记》：'诸葛宅有井深四丈，广尺五寸，迄今垒砌如初。'《县志》：'隆中山畔孔明隐处有督井，名六角井。'"

⑤《蜀志·亮传》："诸葛亮，字孔明，琅邪阳都人也。汉司隶校尉诸葛丰后也。父珪，字君贡，汉末为太山郡丞。亮早孤，从父玄为袁术所署豫章太守，玄将亮及亮弟均之官。会汉朝更选朱皓代玄。玄素与荆州牧刘表有旧，往依之。玄卒，亮躬耕陇

亩，好为《梁父吟》。"《续汉书·郡国志》："琅邪国阳都。"秦置琅邪郡，治琅邪（今胶南琅邪台西北），西汉移治东武（今诸城）；东汉改置国，移治开阳（今临沂北）。阳都，汉置县，故治在今沂水南。苏轼《隆中》诗吟孔明之隐曰："诸葛来西国，千年爱未衰。今朝游故里，蜀客不胜悲。谁言襄阳野，生此万乘师。山中有遗貌，矫矫龙之姿。龙蟠山水秀，龙去渊潭移。空余蜿蜒迹，使我寒涕垂。"

⑥《少室山房笔丛·史书占毕四》："管九合一匡，才诚不世，而所辅桓公，所用齐国，挟天子，令诸侯，其势易举，绩用易成。武侯扶弱主，藉偏邦，人心去汉，迥不侔也。至规模局量，则槛车、三顾，宠辱异观；五亩、三归，宏隘殊域，不待言矣。乐策士之雄耳，内袭燕昭之锐，外因齐湣之湛，中入苏代之间，即他帅行师，临淄反掌，何艰于毅而武侯匹哉！大抵孔明为当时言，不容大尽。"

⑦徐庶：字元直，初名福，颍川（今河南禹州）人。避乱荆州时与司马徽、诸葛亮等人为友。受司马徽劝投奔刘备，备以为军师。曹操南下荆州，执其母为质，庶被迫归操，并将诸葛亮推荐给刘备。庶在曹魏，累官至中郎将、御史中丞，明帝时卒。史书不载徐庶曾否为曹操设谋，而民间有"徐庶进曹营，一言不发"的俗谚。对徐庶被迫离刘随曹，未能建大功业，后世多有不平，乃至千年后仍不断有异闻传播。俞樾《茶香室丛钞》卷十四《徐元直》："国朝骈菓道人《薑露庵杂记》云：三国徐元直，一说部曾载其康熙间飞升事。"《续钞》卷十八《徐庶》："国朝无名氏《述异记》云：'康熙三十五年，广东五指山白日云鹤翔空，香雾缭绕，有一仙人升举空中，语山中人曰：我三国时徐庶也。修炼千余年，今得冲举，可传与世人知之。'又国朝王士禛《居易录》云：'崇祯九年，汉中人刘一真入终南山采药，遇仙人，自言是徐元直，令一真奏事。有旨下抚、按察访。成都费经虞有诗云：传闻徐元直，尚在南山云。我欲从之去，高峰麋鹿群。'"如此等等，所记非此数端而已，虽属荒诞不经，却可窥见人心。

⑧崔州平：涿州安平（今河北安平）人。灵帝时太尉崔烈之子。与诸葛亮相友善，与徐庶并为知亮者。

⑨司马徽：字德操，颍川（治今河南许昌）人。汉末名士，庞德公称其为水镜先生。曹操破荆州，徽为其所得，不久病卒。今襄阳市属南漳县有水镜庄，传为当年司马徽隐居之地。

⑩庞士元：即庞统（179—214），字士元，号凤雏，南郡襄阳（今襄阳市区）人。

早年与诸葛亮齐名，以"卧龙"、"凤雏"之号并称于时。徐庶曾对刘备推荐他们："卧龙、凤雏，得一而可安天下。"统与东吴陆绩、顾劭等臧否人物，亦自谓"论帝王之秘策，揽倚伏之要最，吾似有一日之长"。初任南郡功曹。刘备得荆州，拜为治中从事，亲待亚于诸葛亮，旋与亮并为军师中郎将。后从备入蜀，在率兵攻打雒城时不幸为流矢所中，卒年三十六。备十分悲痛，言则流涕。追赐爵为关内侯，谥曰靖侯。

⑪《通鉴》胡注："备以枭雄之才，闻徐庶一言，三枉驾以见孔明，此必庶之材器有以取重于备，备遂信之也。庶自辞备归操之后，寂无所闻，今观其舍旧从新之言，质天地而无愧，则其人从可知矣。"

⑫汉沔：即汉水，古亦称沔水。明王应麟《通鉴地理通释》曰："汉、沔，《左氏传》，楚国'汉水以为池'；《注》云：'汉水出武都，至江夏南入江。'《水经》：'沔水出武都沮县东狼谷中。'《地理志》：'东汉水受氐道水，一名沔，过江夏谓之夏水，入江。'"

⑬《通鉴地理通释》曰："《诗·江汉》：'于疆于理，至于南海。'《左传》，楚'奄征南海'。"《通鉴》胡注："谓自桂阳、苍梧跨有交州，则利尽南海也。"

⑭吴会：谓吴地为东南一都会。一说如《通鉴地理通释》："吴、会，吴郡、会稽郡。永建四年，分会稽为吴郡。《吴志》，朱桓'部伍吴、会二郡'。《庄子释文》云浙江为吴会分界是也。"

⑮巴蜀：古国名，亦地区名。秦置巴、蜀二郡。泛指古巴国（巴子国）及蜀国所辖地区，约相当今鄂西山地、四川盆地、重庆市，及贵州桐梓、大娄山以北地区。

⑯益州：州名，亦郡名。州为汉武帝所置十三刺史部之一。武帝开西南夷，疆域大益，故名。东汉州治初在雒（今四川广汉北），后移绵竹（今德阳东北），再移成都。蜀汉因之。辖境约当今四川邛崃山、云南怒山、缅甸那支山、萨尔温江以东，甘肃迭部、岷县、西和及陕西秦岭以南，东面与湖北、湖南交界，除贵州东部，含广西西北大部地区，南面与老挝、越南拾宋早再山分界，包括今四川、重庆、云南全部，贵州、缅甸大部，陕西、广西、云南一部分地区。总为三国蜀汉之国土。又有益州郡，见佚文第31条笺注⑪。

⑰刘璋，时为益州牧；张鲁，时为汉宁太守。

⑱《通鉴》胡注："张松、法正之徒虽未与亮交际，亮固逆知之矣。"

⑲宛、洛：即今南阳与洛阳。《通鉴地理通释》曰："南阳西通武关、郧关，东南受汉、江、淮，宛亦一都会也。洛阳东有成皋，西有殽、黾。《通典》云：'襄阳北接宛、洛。'《高纪》：沛公北取平阴，绝河津南，战洛阳东，军不利，略南阳郡，围宛城。陈恢见沛公曰：'宛，大郡之都也，连城数十。'"

⑳《通鉴》胡注："所谓俊杰者，量时审势规画定于胸中，傥非其人，未易与之言也。"《通鉴辑览》曰："孔明于备方窜身无所，表又尚在之时，早识荆州为起事之地，北向宛、洛，西出秦川二言，早为后日六出祁山张本，真不愧王佐之才。三分割据，良非本愿，杜甫可谓知言。或曰：后事已如灯取影，隆中居平筹画，遇识者而陈之，坐言起行，求志达道，三代下，孔明庶几不负。"

㉑宋人吟诸葛三顾而后出诗举隅。宋庠《孔明》诗曰："汉家乱无象，贤才戢鳞翼。武侯霸王器，隆中事耕殖。堂堂刘豫州，介绍徐元直。一闻卧龙誉，三驾荒庐侧。士为知己用，陈辞薄霄极。说吴若转丸，抗魏犹卷席。谈笑驭关张，从容羁梁益。持邦二纪余，君臣绝织隙。浮埃蔽穹壤，大节沦金石。梁甫不复闻，怀贤涕沾臆。"曾巩《隆中》诗曰："志士固有待，显默非苟然。孔明方微时，息驾隆中田。出身感三顾，鱼水相后先。开迹在庸蜀，欲正九鼎迁。垂成中兴业，复汉临秦川。平生许与际，独比管乐贤。人材品目异，自得岂虚传！"张耒《杂咏》诗曰："隆中卧龙公，平昔事耕钓。无言顾同侪，高视独长啸。彼宁惜开口，顾尔非同调。何事逢玄德，曹孙一言料。"李廌《题庙》诗曰："筑岩傅胥靡，耕野莘老农。倏来坐庙堂，谈笑树奇功。卯金运徂谢，孔明隐隆中。谁言一丘壑，卧此夭矫龙。古来王佐才，中间千载空。之人辅玄德，真有宰相风。惜哉小用之，功烈不复东。向非三顾重，白首田舍翁。"

㉒关羽（？—220）：本字长生，后改云长，河东解县（今山西临猗西南）人。东汉末亡命奔涿郡，与张飞从刘备起兵，并一生追随，不避艰险，恩若兄弟。备为平原相，以羽、飞为别部司马。备袭杀徐州刺史车胄，使羽守下邳，行太守事。建安五年（200），备为曹操所败，羽被擒。操壮羽为人，拜为偏将军，礼之甚厚；羽则于万众之中斩袁绍大将颜良，解白马之围，以报操德。操表封羽为汉寿亭侯；羽乃挂印封金，拜书告辞而奔归备。赤壁之战后，备收江南诸郡，以羽为襄阳太守、荡寇将军，驻江北。备西定益州，以羽董督荆州事。羽尝为流矢贯左臂，医者刮骨去毒，臂血流离，而羽割炙饮酒，言笑自若。二十四年，拜前将军，假节钺。是岁，率众攻曹仁于樊

城，因汉水泛溢，水淹七军，擒于禁，斩庞德，威震华夏。但以后备空虚，荆州为孙权遣将袭取。羽引军还，败走麦城，羽及子平皆被擒杀。追谥曰壮缪侯。羽之身后，渐被神化，民间口口相传，历代多有褒封，被尊为"关公"、"关帝"，与孔子并为文、武二圣，与岳飞合祀于武庙。

㉓张飞（？—221）：字益德（俗又作翼德），涿郡（治今河北涿州）人。少与关羽俱事刘备，并兄事羽，艰难转战。曹操下荆州，备仓促南奔，于当阳长坂被追及，飞以二十骑拒后，据水断桥，虎狼之敌无敢近者。与诸葛亮分道入川，所过战克，其义释严颜，有国士之风。益州既平，飞领巴西太守，又出奇兵击破魏将张郃进犯，巴土获安。备为汉中王，拜飞为右将军、假节。章武元年（221），迁车骑将军，领司隶校尉，进封西乡侯。受命会师伐吴，临发，为其部将所杀。谥曰桓侯。飞雄壮威猛，与羽同有"万人敌"之誉。性豪爽，爱敬君子而不恤小人，备常戒之，飞不悛，卒被祸。《三国演义》赞张飞曰："安喜曾闻鞭督邮，黄巾扫尽佐炎刘。虎牢关上声先震，长坂桥边水逆流。义释严颜安蜀境，智欺张郃定中州。伐吴未克身先死，秋草长遗阆地愁。"虽为小说家言，而不失其本真。

㉔庞德公：即庞公，德公系时人尊称。南郡襄阳（今襄阳近郊）人，居岘山之南，未尝入城市。刘表牧荆州，数延请，不能屈，乃就候之。德公耕垄上，妻耘于前，相敬如宾。表问曰："先生不肯官禄，将何以遗子孙乎？"德公曰："人皆遗之以危，我独遗之以安。"与徐元直、司马徽、诸葛亮等过从甚密，谓徽为水镜，亮为卧龙，统为凤雏，时号为知人。建安中携妻子隐鹿门山，因采药不反。宋李廌《庞德公宅诗》曰："荆山云苍苍，汉水波弥弥。山川意高澹，宜有隐君子。德公卧鹿门，老不践州里。身远忧患，岂复存愠喜。藐然姑射人，胡为市门倚。诸郎有凤雏，辄与卧龙起。"今襄阳鹿门山有庞公遗迹。

㉕《通鉴》胡注："观孔明独拜德公于床下，孔明所以事德公者为何如邪！德公初不令止，德公所以自居者为何如邪！德公于是不可及矣。"

献帝建安十三年（208）

19.习凿齿曰："玄德虽颠沛险难而信义愈明，势逼事危而言不失道。追景升之顾，则情感三军；恋赴义之士，则甘与同败。观其所以结物情者，岂徒投醪抚寒、含蓼问疾而已哉①！其终济大业，不亦宜乎！"②

【校记】

本条据《三国志》卷三十二《蜀志·先主传》注引"习凿齿曰"并参酌《史通·称谓篇》校定。 汤本所补背景文字为"先主败当阳，因人多归之，拥众不进也"。 文中"玄德"二字，《蜀志注》作"先主"，汤本作"刘玄德"。据《史通·称谓篇》云："习谈汉主，则谓昭烈为玄德。"其下原注曰："习氏《汉晋春秋》以蜀为正统，其编目叙事皆谓蜀先主为昭烈皇帝，至于论中语则呼为玄德。"故自此以下举凡"习凿齿曰"中之"刘备"、"先主"等称谓，按称帝之前与之后，分别酌改为"玄德"和"昭烈"；至于叙事中则仍其原称。 又汤本所辑"习凿齿曰"共十四条议论文字，皆不为黄本所收，在此亦一并说明。

【史补】

（1）《通鉴纲目》曰：（戊子，十三年，）秋，七月，曹操击刘表。八月，刘表卒。九月，操至新野，表子琮举州降。初，刘表二子，琦、琮。表为琮取其后妻蔡氏之侄，蔡氏遂爱琮而恶琦。琦不自宁，与诸葛亮谋自安之术，亮不对。乃与亮升楼，去梯，谓曰："今日上不至天，下不至地，言出子口而入吾耳，可以言未？"曰："君不见申生在内而危，重耳在外而安乎！"③琦意感悟。会黄祖死，琦求代其任。表乃以琦为江夏太守④。表卒，琮嗣未几，曹操军至。章陵太守蒯越等劝琮降操，曰："逆顺有大体，强弱有定势。以人臣而据人主，逆道也；以新造之楚而御中国，必危也。且将军自料何如刘备？若备不足御曹公，则虽全楚不能以自存也；若足御曹公，则备不为将军下也。"琮从之。操至新野⑤，琮举州降⑥。操遂进兵。

刘备奔江陵，操追至当阳，及之。备走夏口。刘备屯樊，琮降而不以告。备久乃觉，则操已在宛矣⑦。备乃大惊。或劝备攻琮，荆州可得。备曰："刘荆州临亡托我以孤遗，背信自济，死何面目以见刘荆州乎！"将其众去，过襄阳，呼琮；琮惧，不能起。琮左右及荆州人多归备。备过辞表墓，涕泣而去。比到当阳⑧，众十余万人，辎重数千两，日行十余里，别遣关羽乘船会江陵⑨。或谓备："宜速行保江陵，今虽拥大众，被甲者少，若曹公兵至，何以拒之！"备曰："夫济大事必以人为本，今人归吾，吾何忍弃去！"习凿齿曰："玄德颠沛险难而信义愈明，势逼事危而言不失道。追景升之顾，则情感三军；恋赴义之士，则甘与同败。终济大业，不亦宜乎！"○琮将王威曰："曹操得将军既降，刘备已走，必解弛无备，轻行单进。若给威奇兵数千，徼之于险，操可获也。获操即威震四海，非徒保守今日而已。"琮不纳。操以江陵有军实，恐刘备据之，乃释辎重，将精兵急追之，及于当阳之长坂⑩。备弃妻、子，与诸葛亮、张飞、赵云⑪等数十骑走。徐庶母为操所获，庶辞备，指其心曰："本欲与将军共图王霸之业者，以此方寸地也。今已失老母，方寸乱矣！无益于事，请从此别。"遂诣操。张飞拒后，据水断桥，瞋目横矛，曰："身是张翼德也，可来共决死！"⑫操兵无敢近者。云抱备子禅，与关羽船会，得济沔，遇刘琦众万余人，与俱到夏口⑬。（《御批通鉴纲目》卷十三下）

（2）〔晋〕张辅《名士优劣论》论魏武、玄德曰：世人见魏武皇帝处有中土，莫不谓胜刘玄德也。余以玄德为胜。夫拨乱之主，先以能收相获将为本，一身之善战不足恃也。世人以玄德为吕布所袭，为武帝所走，举军东下，而为陆逊所覆。虽曰为吕布所袭，未若武帝为徐荣所败、失马被创之危也；玄德还据徐州，形势未合，在荆州，景升父子不能用其计，举州降魏，手下步骑不满数千，为武帝大众所走，未若武帝为吕布北骑所禽突火之急也；玄德为陆逊所覆，未若武帝为张绣所困，挺身逃遁以丧二子也。然其忌克，安忍无亲，董公仁、贾文和恒以佯愚自免，荀文若、杨德祖之徒多见贼害，孔文举、桓文林等以宿恨见杀，良将不能任，行兵三十余年无不亲征，功臣谋士曾无列上之封，仁爱不加亲戚，惠泽不流百姓，岂若玄德威而有恩，勇而有义，宽弘而大略乎！诸葛孔明达治知变，殆王佐之才，玄德无强盛之势，而令委质；张飞、关羽皆人杰也，服而使之。夫明暗不相为用，臧否不相为使，武帝虽处安强不为之用也，况在危急之间势弱之地乎！若令玄德据有中州，将与周室比隆，岂徒三杰而已哉。（《艺文类聚》卷二十二《人部六·品藻》）

（3）〔明〕胡应麟论三国之主曰：昭烈间关于袁绍、吕布、刘表、曹操之间，困矣而气不衰也，败矣而望不挫也。魏武以天下英雄推之，鲁肃以天下枭雄名之，周瑜、陆逊、程昱、郭嘉咸惴惴焉，胡先声之震如此也？迹昭烈平生言论风旨，盖犹有帝王之度焉，远非孙、曹等也。虽其才弗逮，亦炎德之将终与！

魏武因弱为强，不阶尺土，几一海隅，其人不足论，才足称也。孙权自守虏耳，借父兄之业，亡能尺寸广也，使昭烈处权，所就当止此乎？苏氏以刘不如孙，非也。（《少室山房笔丛》卷一四《史书占毕二》）

（4）〔明〕邵宝论刘备不取荆州曰：刘琮可取乎？曰："可。表尝托孤矣。"何为其可也？曰："取之琮，不可；琮降而国归操，取之操，非取之琮也。取其地而存其宗，何为其不可也？"先主之不忍，仁矣？曰："小不忍，非仁也。不忍于琮而忍于璋，仁者固如是乎？"（《学史》卷十一）

（5）〔清〕夏之蓉论刘备卒成功业曰：昭烈奔走间关，百战而气不慑，颇有高祖之风；所遇又厄，其创业视魏、吴较难，然第一流人物为其所得，则千古快事也。昔人谓见诸葛于隆中，与莘野、渭滨一辙，良然。○奔江陵时，众十余万不忍弃，致曹兵追及，有当阳之败，其术似迂。然济大事，以得人心为本，卒成功业，不亦宜乎！（《读史提要录》卷三《三国·蜀》）

（6）〔清〕赵青黎论刘备不取荆州曰：荆州四达之区，用武之国。论者谓先帝宜早取以图中原，不宜展转坐失，滨于危殆；厥后鲁肃索地，吕蒙袭城，俱借为口实。呜呼！此特计其理或然耳。余尝为之推其时势，有不可以遽取者。方帝寄居新野，其不为操所夷亦仅矣。《魏书》称表病笃托国，且云卿便摄荆州；松之已断为不然之言。就令果然，而表多内嬖，私其幼子，出以荆州让者，入焉而心变矣；土地之大，人民之众，不可以一时虚言，遂入而据之。先帝固宜以辞也。设表当日号于国中，置先帝臣民之上，犹必推之三，授之三，至辞之无可辞，而后受之。不然，其何由而受之？且恩泽未施，众心未附，穷而归人，不逾时而入其宫、践其位，不愈以滋奸雄之口，而肆其悍焉攘臂之争哉！先帝谓表曰"久未骑射，髀里肉生"，是先帝亦心切而姑以窥表也。表闻之不悦，则表之言摄未可谓信也。其嬖臣蒯越、蔡瑁辈即欲因会取帝，则众心信未附也。然则，表存时其不可以取荆州也明甚。表卒，蔡瑁为奸，立其妹之子琮，未几悉以荆州降操。夫新野之兵不过数千，即欲于立琮之日兴问罪之师，瑁不能战，岂不能守？且瑁素通操者，也不难出一介使以达其请，而坚城之下救兵四至，进无所乘，退无所归，不数月而为俘虏矣。齐人有言曰："虽有镃基，不如待时；虽有智慧，不如乘势。"《韩子》曰："其得水，上下于天不难；其不得水，猿獭笑之者八九。"先帝之谓也。至若权之索地袭城，则又有说。盖权之势足以取荆州，虽授自刘表何益？苟先帝之势足以守荆州，即借自权何害？此固存乎权与先帝一时之强弱，而非关荆州之取与不取也。夫荆州不得于刘表未死之前，而得于孙权已取之后；不失于益州未定、绵竹阻险之日，而失于汉中大捷、威震襄阳之时，时为之也？势为之也？时与势，抑又有天焉，未可遽议其不取也。嗟乎！如使先帝当日大败吴人，反荆州为故物，岂非事所甚快，而竟不能也。谓之何哉？谓之何哉？（《星阁史论·先帝不取荆州论》）

（7）〔宋〕苏轼《涂巷小儿听说三国语》曰：王彭尝言："涂巷小儿薄劣，为其家所厌苦，辄与钱，令聚坐听说古话。至说三国事，闻刘玄德败，则颦蹙有出涕者。闻曹操败，即喜唱快。以是知君子小人之泽，百世不斩。"（《东坡志林》卷一）

【笺注】

①投醪抚寒：典出《吕氏春秋·顺民》："越王苦会稽之耻，下养百姓以来其心，有甘脆，不足分，弗敢食，有酒，流之江，与民同之。"寒，贫寒。谓鳏寡孤独废疾者。 含蓼问疾：蓼，一种苦辛味水草。相传勾践为报吴仇，劳心苦形，夜以继日，目倦则含苦辛之蓼；问疾养伤，与军民共忧苦。

②前人论三国正统攸归，颇以当阳之役为说。元杨奂撰《正统八例总序》，其七曰"归"，著论曰："归者何？以唐、虞虽有丹朱、商均，而讴歌狱讼归于舜、禹，桀、纣在上，而天下臣民之心归于汤、文矣。曰：汉之建安十三年，系之刘备，何也？以当阳之役也。夫我不绝于民，民岂绝我乎？《诗》之《皇矣》：'乃眷西顾，求民之莫'，斯其旨也。"（《元文类》卷三二《还山遗稿上》）清赵作羹撰《季汉书缘起》，以为"观

文宪（免）与、归二例，昭烈起续汉统，夫复奚疑？"

③《通鉴》胡注："申生，晋献公之太子，为骊姬所谮，自缢而死。重耳，申生之弟，惧骊姬之谗，出奔。献公卒后，重耳入，是为文公，遂为霸主。"

④江夏：郡名。汉高祖六年（前201）置。治西陵（今武汉市新洲区境内），亦有前汉治安陆（今湖北安陆北）、后汉治西陵一说。三国时，魏、吴各置江夏郡，魏江夏郡治上昶城（今安陆西北），吴江夏郡初治沙羡（县治在今武汉市江夏区境内），孙权自公安都鄂后，立武昌郡，旋复名江夏郡，治武昌（今湖北鄂州）。晋平吴（280）后，改吴江夏郡为武昌郡，并将原魏江夏郡治迁回安陆旧城。后废置不常，隋开皇起又被用作县名。

⑤新野：县名。参见佚文第8条笺注④。

⑥《三国志集解·魏志·武帝纪》："范书《刘表传》：'蒯越、韩嵩、傅巽等说琮归降操。军到襄阳，琮举州请降。'（本志《刘表传》同）此云公到新野，琮遂降，盖操之前军抵襄阳，琮即降矣。"

⑦宛：县名，亦邑名。宛邑在周初为宣王舅父申侯的封国。春秋时，宛邑先属晋，后属楚。战国时三家分晋，属韩。秦灭六国，置宛县，属南阳郡。两汉因之。《元和郡县图志》卷二十一："汉置宛县，属南阳郡。更始即帝位，世祖纳阴后，并于宛城。魏代荆州都督所治。至隋改为南阳县，属邓州。"

⑧当阳：县名。秦始置，两汉沿置，属南郡。西汉时曾一度改称江陵县，旋复旧名。刘宋庾仲容《荆州记》曰："当阳，本楚之旧邑也。《春秋左氏传》：楚潘崇伐麇，至于锡穴。颖容《释例》云：麇，当阳也。"今为湖北宜昌市辖县级市。

⑨江陵：地名。时为荆州南郡治所。《方舆胜览》卷二十七："楚地。春秋时谓之郢都。秦以其地置南郡。项羽时封共敖为临江王，都江陵。汉为南郡，后汉因之。三国鼎立，荆州亦分为三；关羽既没，南郡属吴。晋武帝以南郡为荆州治所。"《通鉴》胡注："荆州军实所在，故特重之。"

⑩长坂：俗称长坂（亦作阪）坡。地名。在今湖北当阳市区东南百余里。刘宋盛弘之《荆州记》云："当阳县东有栎林长坂。孔颖达曰：陂者曰坂。李巡曰：陂者，谓高峰山陂。"

⑪赵云（？—229）：字子龙，常山真定（今河北正定南）人。初从公孙瓒，后归

刘备，为主骑。备败于当阳长阪，弃妻、子南走，云怀抱幼主，保护甘夫人，力战使之免难。迁为牙门将军。从备平江南，以为偏将军，领桂阳太守。备西征入川，云留荆州，领留营司马。后与张飞等泝江西上，平定郡县。成都既定，被任为翊军将军。从备与曹操争汉中，云以数十骑陷敌大军，冲突纵击，转败为功，致敌自相蹂践，堕汉水死者甚众。备因赞曰："子龙一身都是胆也。"军中号为虎威将军。章武中，尝谏阻伐吴，不听。建兴初，为中护军、征南将军，封永昌亭侯，迁镇东将军。随诸葛亮北伐，尝独当一面，虽遇兵弱敌强，战场失利，而处置有方，不至大损。建兴七年（229）卒。追谥顺平侯。明人杨时伟论赵云，以为："子龙心贯金石，义薄云天，不减关、张。"（《狂狷裁中》）

⑫张翼德：《通鉴》"翼"原作"益"。胡注："自此迄于梁、陈，士大夫率自谓曰'身'。张飞，字益德。"又王鸣盛《十七史商榷·三国志三》："张飞字益德甚明，而《古今逸史》中所刻《华阳国志·刘先主传》作翼德，此妄人所改。"另参见佚文第18条笺注㉓。

⑬夏口：古地名。又称沔口、汉口。汉水古称沔水，而自今沔阳以下古又称夏水，故汉水汇流入长江处有此数名。原在今武汉市汉阳西南，后因汉水改道，滚动至今汉阳于汉口之间。夏口又为城邑名。三国吴孙权自建业移治武昌（今湖北鄂州），于黄武二年（223）在长江南岸江夏山（一名黄鹄山，又名蛇山）北临江筑城，因与江北之夏口隔江相望，遂取名夏口。范书《刘表传》李贤注："夏口城，今之鄂州也。"夏口又名鲁口。胡三省注："祝穆曰：夏口，一名鲁口。似指汉水之口。然何尚之云：夏口，在荆江之中，正对沔口。而章怀太子亦谓夏口戍在鄂州。故唐史皆指鄂州为夏口。盖本在江北，自孙权取对岸夏口之名以名之，而江北之名始晦。"按古鄂州，今武汉市之武昌也。

20.王威说刘琮曰："曹操得将军既降，刘备已走，必解弛无备，轻行单进。若给威奇兵数千，徼之于险，操可获也。获操即威震天下，坐而虎步，中夏虽广，可传檄而定，非徒收一胜之功，保守今日而已，此难遇之机，不可失也。"琮不纳①。

【校记】

本条据《三国志》卷六《魏志·刘表传》注引《汉晋春秋》校定。汤本所补背景文字为"先主走，将保江陵，操追之"，原置于现第19条佚文之前，今据《通鉴》及《纲目》叙事顺序后移。又汤本"刘备"作"刘豫州"，"解弛"作"懈弛"，"获操即威震天下"之"即"作"则"。　本条不见于黄本。

【史补】

（1）《后汉书·刘表传》曰：及表病甚，琦归省疾，素慈孝，允等恐其见表而父子相感，更有托后之意，乃谓琦曰："将军命君抚临江夏，其任至重。今释众擅来，必见谴怒。伤亲之欢，重增其疾，非孝敬之道也。"遂遏于户外，使不得见。琦流涕而去，人众闻而伤焉。遂以琮为嗣。琮以侯印授琦。琦怒，投之地，将因奔丧作难。会曹操军至新野，琦走江南②。蒯越、韩嵩及东曹掾傅巽等说琮归降。琮曰："今与诸君据全楚之地，守先君之业，以观天下，何为不可？"巽曰："逆顺有大体，强弱有定势。以人臣而拒人主，逆道也；以新造之楚而御中国，必危也；以刘备而敌曹公，不当也。三者皆短，欲以抗王师之锋，必亡之道也。将军自料何与刘备？"琮曰："不若也。"巽曰："诚以刘备不足御曹公，则虽全楚不能以自存也。诚以刘备足御曹公，则备不为将军下也。愿将军勿疑。"及操军到襄阳，琮举州请降，刘备奔夏口。操以琮为青州刺史，封列侯。蒯越等侯者十五人。

柯按：观刘琮之言，尚略有生气，惜乎其无良佐。据《魏志·王粲传》，粲亦劝琮降操。则蒯、韩、傅、王诸人，皆表所倚重、礼遇，名显于时，而嗣主临难之际，竟异口同声曰"降"，曾不及王威行间一武夫。史称"刘表为牧，民又丰乐"，"在荆州几二十年，家无余积"，无愧乎良吏也。而为一方诸侯，爱民养士，从容自保，所养所重者皆卖主求荣之辈，自保仅止于没身。岂不悲哉！岂不悲哉！

（2）〔明〕王志坚论刘琮之降操曰：刘琮谋间其兄琦而自取荆州，然嗣立之日而曹兵已至，即以州降，计其有荆州不过数日耳。北齐后主谓近

臣曰："我宁使周得并州，不欲使安德得之。"子孙不肖，一至于此！（《读史商语》卷二）

【笺注】

①《通鉴》胡注："使琮用威言，操其殆哉！"《义门读书记》曰："人心瓦解，遣之必相率而溃，将又凡材，岂能徼一时之幸？琮之势，比于张绣之素能拊循其众者，又已异矣。徒尔覆宗，不纳为愈。"

②《通鉴》胡注："按刘备败于当阳，济沔与琦会，然后俱到夏口。琦奔江南，在刘琮降后。史究其终言之。"又范书《表传》："操后败于赤壁，刘备表琦为荆州刺史。明年卒。"

21. 魏武平荆州，分南郡枝江① 以西为临江郡②。

【校记】

本条据《宋书》卷三十七《州郡志三》"荆州·宜都太守"条引"习凿齿云"校定。汤本所补背景文字为"建安十三年，操征刘表，表卒，子琮迎降"。 本条不见于黄本。

【史补】

（1）〔清〕洪亮吉《补三国疆域志·吴疆域》曰：荆州。汉建安十三年，刘琮降魏，魏尽有荆州之地。及败于赤壁，南郡以南入吴，十九年与蜀分荆州，复得长沙、江夏、桂阳三郡地。吴黄武中，蜀先主没，武陵、零陵、南郡、宜都地悉复入吴。凡得汉旧郡五，增置郡十，江夏则与魏并立，共统郡十六，治南郡。

【笺注】

①枝江：古为罗国。据云春秋初为楚都丹阳所在地。汉置枝江县，故治在今湖北枝江东南原百里洲上，大江于洲上流枝分东注，因名枝江。属南郡。三国吴析枝江南、北为二县，曰枝江、旌阳。南北朝时又省并为枝江县。现为宜昌市辖县级市。

②临江郡：据《汉书·地理志》，高帝元年至五年（前206—前202），南郡曾一度改名临江郡，后复旧称。又据《宋书·州郡志三》，曹操分南郡枝江以西为临江郡，

至刘备改临江郡为宜都郡，其间仅三年。

22.张松见曹公①，曹公方自矜伐，不存录松。松归，乃劝璋自绝②。

习凿齿曰：昔齐桓一矜其功而叛者九国③，曹操暂自骄伐而天下三分；皆勤之于数十年之内，而弃之于俯仰之顷，岂不惜乎！是以君子劳谦日昃④，虑以下人，功高而居之以让，势尊而守之以卑。情近于物，故虽贵而人不厌其重；德洽群生，故业广而天下愈欣其庆。夫然，故能有其富贵，保其功业，隆显当时，传福百世，何骄矜之有哉！君子是以知曹操之不能遂兼天下者也。

【校记】

本条据《三国志》卷三十一《蜀志·刘璋传》注引《汉晋春秋》校定。 汤本所补背景文字为"时操已定荆州"，于"齐桓"后多一"公"字。 黄本以"刘璋"为目，仅辑录"习凿齿曰"前二十二字。

【史补】

(1)《通鉴纲目》曰：(十三年，九月，)操进军江陵。曹操进军江陵⑤。益州牧刘璋闻操克荆州，遣别驾张松致敬于操。松为人短小放荡，然识达精果。操已定荆州，走刘备，不存录松。松怨之，归，劝璋绝操，与刘备相结，璋从之⑥。习凿齿曰："昔齐桓一矜其功而叛者九国，曹操暂自骄伐而天下三分。皆勤之于数十年之内而弃之于俯仰之顷，岂不惜乎！"

冬，十月朔，日食。○曹操东下，孙权遣周瑜、鲁肃等与刘备迎击于赤壁，大破之。操引还。初，鲁肃言于孙权曰⑦："荆州与国邻接，江山险固，沃野万里，士民殷富，若据而有之，此帝王之资也。今刘表新亡，二子不协，军中诸将，各有彼此。刘备天下枭雄，与操有隙⑧，寄寓于表，表恶其能而不能用也。若备与彼协心，上下齐同，则宜抚安，与结盟好；如有离违，宜别图之，以济大事。肃请得奉命吊表二子，并慰劳其军中用事者，及说备使抚表众，同心一意，共治曹操，备必喜而从命。如其克谐，天下可定也。今不速往，恐为操所先。"权即遣肃行。到夏口⑨，闻操已向荆州，晨夜兼道，比至南郡，而琮已降，肃遂迎备于当阳长坂，宣权旨，致殷勤之意，且曰："孙讨虏聪明仁惠⑩，敬贤礼士，江表英豪，咸归附之，已据有六郡，兵精粮多，足以立事。今为君计，莫若遣腹心自结于东，以共济世业。"⑪备甚悦。肃又谓诸葛亮曰："我，子瑜友也。"即共定交。子瑜者，亮兄瑾也，为权长史。备进住樊口⑫。

操将顺江东下。亮谓备曰："事急矣，请奉命求救于孙将军。"遂与肃俱诣孙权，见于柴桑⑬，说曰："海内大乱，将军起兵江东，刘豫州收众汉南，与曹操并争天下。今操芟夷大难，略已平矣，遂破荆州，威震四海。英雄无用武之地，故豫州遁逃至此，愿将军量力而处之。若能以吴越之众与中国抗衡，不如早与之绝；若不能，何不按兵束甲，北面而事之！今将军外托服从之名而内怀犹豫之计，事急而不断，祸至无日矣。"权曰："苟如君言，刘豫州何不遂事之乎？"亮曰："田横，齐之壮士耳，犹守义不辱；况刘豫州王室之胄，英才盖世，众士慕仰，若水之归海。若事之不济，此乃天也，安能复为之下乎！"权勃然曰："吾不能举全吴之地，十万之众，受制于人。吾计决矣！非刘豫州莫可以当曹操者；然豫州新败，安能抗此难乎？"亮曰："豫州军虽败于长坂，今战士还者及关羽水军精甲万人，刘琦合江夏战士亦不下万人。曹操之众，远来疲敝，闻追豫州，轻骑一日一夜行二百余里，此所谓'强弩之末势不能穿鲁缟'者也⑭。故《兵法》忌之，曰'必蹶上将军'⑮。且北方之人，不习水战；又，荆州之民附操者，逼兵势耳，非心服也。今将军诚能命猛将统兵数万，与豫州协规同力，破操军必矣。操军破，必北还；如此，则荆、吴之势强，鼎足之形成矣。成败之机，在于今日！"权大悦。

时操遗权书曰："近者奉辞伐罪，刘琮束手。今治水军八十万众，方与将军会猎于吴。"权以示群下，莫不失色。张昭等曰："曹公，豺虎也，挟天子以征四方，拒之不顺。且将军大势可以拒操者，长江也。今操得荆州水军，蒙冲斗舰乃以千数⑯，浮以沿江，水陆俱下，此为长江之险已与我共之矣，而势力众寡又不可论。愚谓大计不如迎之。"鲁肃独不言。权起更衣，肃追于宇下。权知其意，执肃手曰："卿欲何言？"肃曰："向察众人之议，专欲误将军，不足与图大事。今肃可迎操耳，如将军不可也。何以言之？今肃迎操，操当以肃还付乡党，品其名位，犹不失下曹从事，乘犊车⑰，从吏卒，交游士林，累官故不失州郡也。将军迎操，欲安所归乎？愿早定大计，莫用众人之议也！"权叹息曰"诸人持议，甚失孤望。今卿廓开大计，正与孤同。"

时周瑜受使至番阳⑱，肃劝权召瑜还。瑜至，谓权曰："操虽托名汉相，实汉贼也。将军以神武雄才，兼仗父兄之烈，割据江东，地方数千里，兵精足用，英雄乐业，当横行天下，为国家除残去秽；况操自送死，而可迎之邪！请为将军筹之：今北土未平，马超、韩遂为操后患⑲；而操舍鞍马，仗舟楫，与吴越争衡；又今盛寒，马无藁草，驱中国士众远涉江湖之间，不习水土，必生疾病。此数者用兵之患也，而操皆冒行之。将军禽操，宜在今日。瑜请得精兵数万人，进住夏口，保为将军破之！"权曰："老贼欲废汉自立久矣，徒忌二袁、吕布、刘表与孤耳；今数雄已灭，惟孤尚存。孤与老贼势不两立，君言当击，甚与孤合，此天以君授孤也。"因拔刀斫前奏案曰："诸将吏敢有复言当迎操者，与此案同！"乃罢会。

是夜，瑜复言权曰："诸人徒见操书言水步八十万而各恐惧，甚无谓也。今以实校之，彼所将中国人不过十五六万，且已久疲；所得表众亦极七八万耳，尚怀狐疑。夫以疲病之卒，御狐疑之众，众数虽多，甚不足畏。瑜得精兵五万，自足制之，愿将军勿虑！"权抚其背曰："公瑾，卿言至此，甚合孤心。子布、元表诸人，各顾妻子，深失所望；独卿与子敬与孤同耳，此天以卿二人赞孤也。已选三万人，船粮战具俱办。卿与子敬、程公便在前发⑳，孤当续发人众，多载资粮，为卿后援。卿能办之者诚决㉑，邂逅不如意㉒，便还就孤，孤当与孟德决之。"遂以周瑜、程普为左右督，与备并力逆操；以鲁肃为赞军校尉，助画方略。

刘备望见瑜船，乘单舸往见瑜，问："战卒有几？"瑜曰："三万人。"备曰："恨少。"瑜曰："此自足用，豫州但观瑜破之。"备深愧喜。

进，与操遇于赤壁㉓。时操军众已有疾疫，初一交战，操军不利，引次江北。瑜等在南岸，瑜部将黄盖曰㉔："今寇众我寡，难与持久。操军方连船舰，首尾相接，可烧而走也。"乃取蒙冲斗舰十艘，载燥荻、枯柴、灌油其中，裹以帷幕，上建旌旗，豫备走舸，系于其尾㉕。先以书遗操，诈云欲降。时东南风急，盖以十舰最著前，中江举帆，余船以次俱进。操军吏士皆出营立观，指言盖降。去北军二里余，同时发火，火烈风猛，船往如箭，烧尽北船，延及岸上营落。顷之，烟炎张天，人马烧溺死者甚众。瑜等率轻锐继其后，雷鼓大进，北军大坏。操引军从华容道走㉖，遇泥泞，道不通，悉使赢兵负草填之，蹈藉，死者甚众。刘备、周瑜水陆并进，追操至南郡。操军死者太半。操乃留征南将军曹仁、横野将军徐晃守江陵，折冲将军乐进守襄阳，引军北还。

甘宁径进取夷陵㉗，守之。益州将袭肃举军降，瑜以肃兵益横野中郎将吕蒙㉘。蒙盛称："肃有胆用，且慕化远来，于义宜益，不宜夺也。"权善其言，还肃兵。曹仁围甘宁，蒙谓瑜曰："留凌公绩于江陵㉙，蒙与君行，解围释急，势亦不久。蒙保公绩能十日守也。"瑜从之，大破仁兵于夷陵。于是将士形势自倍。瑜乃渡江，屯北岸，与仁相距。

十二月，孙权围合肥㉚。○刘备徇荆州，江南诸郡降之。刘备表刘琦为荆州刺史，引兵南徇，武陵、长沙、桂阳、零陵四郡皆降。庐江营帅雷绪率部曲数万口归备。备以诸葛亮为军师中郎将㉛，督诸郡赋税以充军实；以偏将军赵云领桂阳太守。（《御批通鉴纲目》卷十三下）

（2）《魏志·武帝纪》曰：公至赤壁，与备战，不利。于是大疫，吏士多死者，乃引军还㉜。备遂有荆州江南诸郡㉝。

（3）〔唐〕虞世南论曹刘孙曰："自炎精不兢，宇县分崩，曹孟德挟天子而令诸侯，刘玄德凭蜀汉之阻，孙仲谋负江淮之固，三分天下，鼎足而立，皆肇开王业，光启霸图。三方之君，孰有优劣？"虞南曰："曹公兵机智算，殆难与敌，故能肇迹开基，居中作相，实有英雄之才矣。然谲诡不常，雄才多忌，至于杀伏后，鸩荀彧，诛孔融，戮崔琰，娄生毙于一言，桓邵劳于下拜，弃德任刑，其虐已甚。坐论西伯，实非其人。许劭所谓'治世之能臣，乱世之奸雄'，斯言为当。刘公待刘璋以宾礼，委诸葛而不疑，人君之德，于斯为美。彼孔明者，命世之奇才，伊、吕之俦匹。臣主同心，鱼水为譬。但以国小兵弱，斗绝一隅，支对二方，抗衡上国。若使与曹公易地而处，骋其长算，肆关、张之武，尽诸葛之文，则霸王之业成矣。孙主因厥兄之资，用前朝之佐，介以天险，仅得自存，比于二人，理弗能逮。"（《帝王略论》卷三）

【笺注】

①张松（？—212）：字子乔（一说字永年），蜀郡（治今四川成都）人。为益州

牧刘璋别驾从事，奉命出使结好曹操而不为操礼遇，因怀怨恨。又以归途中受到刘备厚待，回蜀后遂劝璋绝操，改而连好刘备，又说璋迎备以击张鲁，皆为璋所纳。后以暗中联络刘备，为其兄张肃告发，璋怒而斩松。　曹公：史书对曹操之尊称。

②璋：刘璋（？—220），字季玉，江夏竟陵（今湖北潜江西北）人。献帝初为奉车都尉，使蜀不返。兴平元年（194），其父益州牧刘焉卒，州大吏表璋为益州刺史，诏以为监军使者，领益州牧。后遣使致敬于曹操，加封振武将军。操败于赤壁，璋采纳别驾张松建议，遣法正连好刘备。建安十九年（214），备取益州，迁璋于南郡公安（今湖北公安）安置。二十四年，孙权袭取荆州，复以璋为益州牧，驻秭归。旋卒。

③《三国志集解》："《公羊传》：葵丘之会，桓公震而矜之，叛者九国。"

④劳谦日昃：勤劳谦恭，日不暇食。《易·谦》："劳谦，君子有终，吉。"《易·象》："日昃之离，何可久也！"又孔融《荐祢衡表》："陛下睿圣，纂承基绪，遭遇厄运，劳谦日昃；维岳降神，异人并出。"

⑤江陵：参见佚文第 19 条笺注 ⑨。

⑥《蜀志·刘璋传》："璋闻曹公征荆州，已定汉中，遣河内阴溥致敬于曹公。加璋振威将军，兄瑁平寇将军。瑁狂疾物故。璋复遣别驾从事蜀郡张肃送叟兵三百人并杂御物于曹公，曹公拜肃为广汉太守。璋复遣别驾张松诣曹公，曹公时已定荆州，走先主，不复存录松，松以此怨。会曹公军不利赤壁，兼以疫死。松还，疵毁曹公，劝璋自绝，因说璋曰：'刘豫州，使君之肺腑，可与交通。'璋皆然之，遣法正连好先主，寻又令正及孟达送兵数千助先主守御，正遂还。后松复说璋曰：'今州中诸将庞羲、李异等皆恃功骄豪，欲有外意，不得豫州，则敌攻其外，民攻其内，必败之道也。'璋又从之，遣法正请先主。璋主簿黄权陈其利害，从事广汉王累自倒县于州门以谏，璋一无所纳，敕在所供奉先主，先主入境如归。"

⑦鲁肃（172—217）：字子敬，临淮东城（今安徽定远）人。生而失父，与祖母居。家富于财，好散财结士，甚得乡邑欢心。周瑜为居巢长，二人定交。初事袁术，见术不足与立事，乃与瑜东渡投孙策，策雅奇之。策卒，肃因瑜之荐得见孙权，因献"鼎足江东，以观天下之衅"，"竟长江所极，据而有之，然后建号帝王以图天下"之策，为权所重。曹操取荆州，欲顺流东下，吴之文武皆劝权迎操，独肃与瑜力主联刘抗曹，肃并穿梭于孙刘之间，以赞军校尉助瑜谋画方略，直接促成了赤壁之战的胜

利。瑜卒，肃以奋武校尉代瑜领兵。后拜汉昌太守、偏将军。建安十九年，从孙权破皖城，转横江将军。建安二十二年，肃卒，年仅四十六岁。孙权亲自为其发丧，诸葛亮亦为之发哀。肃与亮共为孙刘联盟抗曹的积极倡导者和实践者，肃身后，联盟很快被其继任者吕蒙所破坏。

⑧《通鉴》胡注："《前汉书》张良曰：'九江王布，楚枭将。'师古曰：'枭，言最勇健也。'有隙，谓备欲杀操不遂也。"

⑨夏口：参见佚文第19条笺注④。

⑩《通鉴》胡注："曹操表权为讨虏将军，故称之。"

⑪《通鉴》胡注："荆州在西，吴在东。世业，犹言世事也。"

⑫樊口：地名。《通鉴》胡注："《水经注》：江水过鄂县北而东流，右得樊口；樊山下寒溪水所注也。陆游曰：黄州与樊口正相对。《郡国志》，鄂县属江夏郡。孙策破黄祖于此，改曰武昌。《通鉴》以为孙权所改。"按今湖北鄂州西郊有樊山，又名西山，亦名樊冈。樊山西南麓，樊溪之水北注大江，谓之樊口。《读史方舆纪要》卷七十六："建安十三年，刘备败于当阳，用鲁肃计，自夏口进屯鄂县之樊口是也。"

⑬柴桑：县名。西汉置，因境内有柴桑山得名。故治在今江西九江市区内。汉属豫章郡，三国吴因之。《通鉴》胡注："晋置寻阳郡于江南，即此柴桑县地也。"

⑭《通鉴》胡注："《前汉书》韩安国曰：'冲风之衰，不能起毛羽；强弩之末，力不能入鲁缟。'师古《注》曰：缟，素也。曲阜之地，俗善作之，尤为轻细，故以取喻也。"

⑮《通鉴》胡注："《兵法》：百里而趋利者，蹶上将。"

⑯《通鉴》胡注引杜佑曰："蒙冲，以生牛皮蒙船覆背，两厢开掣棹孔，左右有弩窗、矛穴，敌不得近，矢石不能败。此不用大船，务于速疾，乘人之所不及，非战之船也。斗舰，船上设女墙，可高三尺，墙下开制棹孔。船内五尺，又建棚，与女墙齐。棚上又建女墙，重列战敌。上无覆背，前后左右树牙旗、帜幡、金鼓，此战船也。"

⑰《通鉴》胡注引《晋志》曰："犊车，牛车也。古之贵者不乘牛车。汉武帝推恩之末，诸侯寡弱，贫者至乘牛车。其后稍贵之。自灵、献以来，天子至士，遂为常乘。"

⑱番阳：即鄱阳。番读如"鄱"。鄱阳湖是今我国第二大湖、第一大淡水湖，位于江西省北部、长江南岸，在上饶市境内。

⑲马超（176—222）：字孟起，扶风茂陵（今陕西兴平东北）人。初随父马腾与韩遂等起事于西州。初平三年，朝廷以遂为镇西将军，腾为征西将军。后腾、遂反目相攻。建安初，司隶校尉钟繇持节督关中诸军，从而和解之。建安十三年（208），腾被征为卫尉，以超为偏将军，封都亭侯，领腾部曲。十六年，超与韩遂联合讨曹操，操用离间计大败之于潼关。超走夺凉州，自称征西将军，领并州牧，督凉州军事。后为凉州刺史故吏杨阜等合谋击败，乃奔汉中依张鲁。继归刘备，为平西将军。备为汉中王，拜为左将军，假节。章武元年（221），迁骠骑将军，领凉州牧，进封斄乡侯。二年卒。后谥曰威侯。

⑳程公：谓程普（？—210），字德谋，右北平土垠（今河北丰润东）人。初为州郡吏，善应对。从孙坚、孙策征伐，攻城野战，身被创夷，功勋卓著。孙策时为吴郡都尉，徙丹杨都尉。后拜荡寇中郎将，领零陵太守。策卒，与张昭等共辅孙权。从征江夏，别讨乐安。于时江东诸将，普年最长，人皆呼程公。与周瑜为左右督，破曹操于乌林，又进攻南郡，击走曹仁。拜裨将军，领江夏太守。周瑜卒，代领南郡太守。孙、刘分荆州，普复还领江夏，迁荡寇将军。旋病卒。

㉑《通鉴》胡注："谓能办操，则诚为能决胜也。"

㉒《通鉴》胡注："谓兵之胜负，或有不如本心之所期者也。"

㉓赤壁：山名。故址在今湖北咸宁市属赤壁市。《读史方舆纪要》卷七十六："赤壁山，县西七十里。《元和志》：山在蒲圻县西一百二十里。时未置嘉鱼也。其北岸相对者为乌林，即周瑜焚曹操船处。《武昌志》：操自江陵追备，至巴丘，遂至赤壁，遇周瑜兵，大败，取华容道归。《图经》云：赤壁在嘉鱼县。苏轼指黄州赤鼻山为赤壁，误矣。时刘备据樊口，进兵逆操，遇于赤壁，则赤壁当在樊口之上。又赤壁初战，操军不利，引次江北，则赤壁当在江南也。操诗曰：西望夏口，东望武昌。此地是矣。今江汉间言赤壁者有五，汉阳、汉川、黄州、嘉鱼、江夏也。当以嘉鱼之赤壁为据。"《湖北通志》："赤壁山临江矶头有'赤壁'二字，乃周瑜所书。"

㉔黄盖：字公覆，零陵泉陵（今湖南永州市零陵区）人。初为郡吏，察孝廉，辟公府。随孙坚讨董卓，拜别部司马。后随孙策及孙权，擐甲周旋，蹈刃屠城。诸山越

不宾，以盖镇抚之，前后九县，所在悉平，迁丹杨都尉。赤壁之战，以献火攻之策并诈降计大败曹军，拜武锋中郎将。后武陵蛮夷反，以盖领太守，寇乱尽平。又讨平长沙益阳山贼，加偏将军。后病卒于官。

㉕《通鉴》胡注引杜佑曰："走舸，舷上立女墙，置棹夫多，战卒少，皆选勇力精兑者，往返如飞鸥，乘人之所不及。金鼓旗帜，列之于上，此战船也。"

㉖华容道：古道名。以在古华容县境内得名。华容县本春秋许容城地，汉时置县。胡注："华容县，属南郡；从此道可至华容县也。杜佑曰：'古华容，在竟陵郡监利县。'"今则在湖北潜江西。

㉗甘宁（？—220）：字兴霸，巴郡临江（今四川忠县）人。初依刘表，转托黄祖，皆不见用，于是归吴。随周瑜拒破曹操于乌林。攻曹仁于南郡，建计先进取夷陵，因入守之。后随鲁肃镇益阳，拒关羽。以功拜西陵太守。

㉘吕蒙（178—219）：字子明，汝南富陂（今安徽阜南）人。年十五六，依孙策将姐夫邓当，以胆气称，当死，代领其兵，为别部司马。后从孙权征战，累立战功，历任平北都尉、横野中郎将、偏将军领寻阳令、左护军虎威将军。后代鲁肃守陆口，趁关羽北讨襄、樊，设计袭夺荆州，随后擒杀关羽，以功任南郡太守，封孱陵侯。封爵未下，疾发，旋卒，年四十二。胡注："横野，本将军号，以资序未至，故为中郎将。"

㉙凌公绩：即凌统（189 217？），吴郡余杭（今浙江余杭西南）人。年十五，孙权以统父操死于军，拜为别部司马，行破贼都尉，使摄父兵。权征黄祖，统为前锋，以功拜承烈都尉。与周瑜等拒破曹操，迁为校尉。又从破皖，拜荡寇中郎将，领沛相。与吕蒙等西取三郡，反自益阳，从往合肥，为右部督。于重围中浴血救孙权，拜偏将军。

㉚合肥：城邑名。合肥之名最早见于班固《汉书》，为汉九江郡属县。东汉初置合肥侯国。扬州刺史尝治合肥，后移治寿春。三国时，合肥为曹魏淮南军事前沿，吴为争夺合肥先后发动过大大小小十几次战役。魏青龙元年（233），魏将满宠在旧城西三十里处的鸡鸣山东麓依山另筑新城，史称"合肥新城"，与旧城形成犄角之势。西晋统一后，又废新城，改建旧城。相沿至今，二城已连为一体。又《通鉴》胡注："《考异》曰：《魏志·武纪》：'十二月，权为备攻合肥。公自江陵征备，至巴丘，遣张喜救合肥。权闻喜至，乃走。公至赤壁与备战，不利。'孙盛《异同评》曰：'按《吴

志》，备先破公军，然后权攻合肥，而此《纪》云先攻合肥，后有赤壁之事，二者不同，吴志为是。'"

㉛《通鉴》胡注："军师，亦古将军号。曹操初置军师祭酒，而备置军师中郎将，皆以一时军事创置官名也。然军师祭酒止决军谋，中郎将则有兵柄。亮后又进军师将军。"

㉜裴注引《山阳公载记》曰："公船舰为备所烧，引军从华容道步归，遇泥泞，道不通，天又大风，悉使羸兵负草填之，骑乃得过。羸兵为人马所蹈藉，陷泥中，死者甚众。军既得出，公大喜，诸将问之，公曰：'刘备，吾俦也。但得计少晚；向使早放火，吾徒无噍类矣。'备寻亦放火而无所及。"

㉝借荆州之伪言妄说，此一语可以破之矣。

献帝建安十五年（210）

23.吕范劝留备①，肃曰："不可，将军虽神武命世，然曹公威力实重。初临荆州，恩信未洽，宜以借备②，使抚安之。多操之敌，而自为树党，计之上也。"权即从之。

【校记】

本条据《三国志》卷五十四《吴志·鲁肃传》"后备诣京见权，求都督荆州，惟肃劝权借之"句下注引《汉晋春秋》校定。　汤本所补背景文字为"建安十四年，权表备荆州牧"。　黄本以"鲁肃"为目。　汤本"曹公"后有小注"二字一作操"，"初临"后有小注"一作并"，"洽"字后有小注"一作著"；尾注又有"《御览》四百六十引此作吕范劝孙权曰将军云云，恐误"二十一字，查《御览》卷四百六十至四百六十二，为《人事部·游说》上中下三篇，均不载此条引文，"恐误"可信为误，并删。

【史补】

（1）《通鉴纲目》曰：己丑，十四年，春，三月，孙权引兵还。孙权围合肥，久不下，率轻骑欲身往突敌，长史张纮谏曰："麾下持盛壮之气，忽强暴之虏，三军之众，莫不寒心。虽斩将搴旗，威震敌场，此乃偏将之任，非主之宜也。愿抑贲、育之勇，怀霸王之计。"权乃止。操遣兵救合肥，久而不至。扬州别驾蒋济诈言救至，遣使赍书语城中。权军获之，遂引兵还。

秋，七月，曹操军合肥，开芍陂屯田②。

十二月，操军还谯③。

孙权表刘备为荆州牧。周瑜攻曹仁岁余，所杀伤甚众，仁委城走。权以瑜领南郡太守，屯江陵；程普领江夏太守，治沙羡④；吕范领彭泽太守⑤；吕蒙领寻阳令⑥。刘备表权行车骑将军，领徐州牧。会刘琦卒，权以备领荆州牧，周瑜分南岸地以给备⑦。备立营于油口，改名公安⑧。权以妹妻备。妹才捷刚猛，有诸兄风，侍婢百余人，皆执刀侍立，备每入，心常凛凛。

（庚寅，十五年，）孙权南郡守将周瑜卒，权以鲁肃代领其兵。刘表故吏士多归刘备，备以周瑜所给地少，不足以容其众，乃自诣京见孙权⑨，求都督荆⑩。瑜上疏曰："刘备以枭雄之姿，而有关羽、张飞熊虎之将，必非久屈为人用者。愚谓大计，宜徙备置吴，盛为宫室，多其美女玩好，以娱其耳目；而分羽、飞各置一方，使如瑜者挟与攻战，大事可定也。今猥割土地以资业之，聚此三人俱在疆场，恐蛟龙得云雨，终非池中物也！"吕范亦劝留之。权不从。备还乃闻之，叹曰："天下智谋之士，所见略同。前时孔明谏孤莫行，其意亦虑此也。"⑪瑜诣京见权曰："今曹操新败，忧在腹心⑫，未能与将军连兵相事也⑬。乞与奋威俱进，取蜀而并张鲁，因留奋威固守其地，与马超结援，瑜还与将军据襄阳以蹙操，北方可图也。"⑭权许之。奋威者，权从弟瑜也⑮。周瑜还治行装，道病困，与权笺曰："瑜短命矣，诚不足惜；但恨微志未展，不复奉教命耳。今曹操在北，疆场未静；刘备寄寓，有似养虎。此朝士旰食之秋，至尊垂虑之日也。鲁肃忠烈，临事不苟，可以代瑜。傥所言可采，瑜死不朽矣！"卒于巴丘⑯。权闻之哀恸，曰："公瑾有王佐之资，今忽短命，孤何赖哉！"自迎其丧于芜湖。为子登娶其女，而以女妻其子循、胤。初，瑜见友于孙策，太夫人又使权以兄奉之；时诸将、宾客为礼尚简，而瑜便执臣节。程普以年长，数陵侮瑜，瑜折节下之，终不与校。普后自敬服，乃告人曰："与公瑾交，若饮醇醪，不觉自醉。"权以肃代瑜；肃劝权以荆州借刘备，与共拒曹操，权从之⑰。

刘备以庞统为治中从事。刘备以庞统守耒阳令⑱，不治，免。鲁肃遗备书曰："士元非百里才也，使处治中、别驾之任，始当展其骥足耳！"⑲诸葛亮亦言之。备与统谭，大器之，遂用为治中，亲待亚亮，并为军师中郎将。(《御批通鉴纲目》卷十四)

（2）〔宋〕**李纲论三国之势鼎峙而足以相抗曰**：曹操之材智胜权、备，而其臣不及；吴、蜀力适相当，故三国之势鼎峙，而足以相抗。观操奇谲多，数善用兵，因敌制胜，变化如神，每战必克；挟天子而令诸侯，形顺势便。故能亡袁术于淮南，诛吕布于下邳，破袁绍于官渡，进讨乌桓，擒虓谭、尚，北方悉定，无后顾之忧；乃取荆州以临江汉，降张鲁，走超、遂，而关陇平，其规略亦宏矣。而权藉父兄之资，仅足以守江表，屡攻合淝，师卒无成，况能长驱远驾，窥中原哉！备因败亡，奔北之余，假荆州之地，资刘璋暗弱，以取巴蜀崎岖山谷间；虽慨然有兴复汉室之志，师徒屡动，曾无尺寸之功。故曰：操之材智优于权、备。然而吴有张昭以为骨鲠，有周瑜、鲁肃、吕蒙以为羽翼，有甘宁、凌统、程普、黄盖之徒以为爪牙。蜀有孔明以为谋主，羽、飞、云、忠以为将帅，皆万人敌也。而操有一荀文若，后竟杀之；张辽、程昱、徐晃之流不过数人，余皆碌碌无闻；故每征伐，操必亲履行阵间，此其臣所以不及吴、蜀，而力适相当也。不然，以操之雄武，其定江表、巴蜀奚难哉！操走赤壁，尝曰："备亦吾俦，但见事少晚。"又尝临广陵以望吴军，叹其整肃曰："生子当如孙仲谋，刘景升儿子若豚犬耳！"英雄所以相服者固自有道耶！(《李纲全集》卷一四八《论三国之势》)

（3）〔宋〕秦观**《先主借荆州论》**曰：鲁肃劝吴以荆州借先主，先主因以取蜀，吴主悔之，归咎于肃。夫以肃之筹略过人，而其昧有至于此乎？以予观之，吴人虽欲不借荆州以资先主，不得也。肃策之善矣。何则？是时曹氏已据中原，挟天子以令天下，毅然有并吞诸雄之心，袁绍、吕布皆为擒灭，其能合纵并力以抗之者，独仲谋与玄德耳。此所谓胡越之人未尝相识，一旦同舟而遇风波，则相应如左右手，势使之然也。吴人虽欲不借荆州以资先主，岂可得乎？且吴不借荆州，则先主必还公安，不然则当杀之，二者皆不可也。昔高祖入关，与秦父老约法三章，秋毫无所犯，秦民大悦，项羽因徙之于汉中，而高祖还定三秦，如探囊中物耳。何则？秦民之心已系于汉也。方先主东下，荆州之人归者十余万，或劝速行以据江陵，先主曰："夫举大事必以人为主，今人归我，何弃去？"是时先主若还公安，吴为仇也。夫以董卓之罪，上通于天，王允以顺诛之，而李傕、郭汜纠合党与，犹能为之报仇。何则？卓虽凶逆，亦一时之望也。先主以宗室之英，名盖当代，归者如水之赴海，乌林之役，曹公以百万之众，泝江而下，非其雄略，则周瑜水军岂能独胜耶？吴若杀之，豪杰四面而至必矣，孙氏之亡，可立待也。由是言之，先主借荆州之事，拒之则为仇，杀之则招祸，因而借之则可以合纵并力而抗曹公，为吴策者，岂不善乎？然则周瑜尝欲徙先主置吴，盛为筑宫，多其美女玩好，其策何如？此又大不可也。先主尝见髀肉生，慨然流涕，叹功业之不建；其在许也，曹公与之出则同舆，坐则同席，竟亦不留，此其志岂以美女玩好老于吴者耶！史称曹公闻孙权以土地借备，方作书，落笔于地。彼知先主得荆州，辅车之势成，天下未可以遽取也。由是言之，借荆州之事，岂惟刘氏所以取蜀，亦孙氏之所以保吴者矣。（载王复礼《季汉五志·汉昭烈帝志·艺文》）

（4）〔宋〕唐庚论荆州本刘备已据有之地曰：汉时荆州之地，为郡者七；刘表之殁，南阳入于中原，而荆州独有南郡、江夏、武陵、长沙、桂阳、零陵。备之南奔，刘琦以江夏从之，其后四郡相继归附，于是备有武陵、长沙、桂阳、零陵之地。曹仁既退，关羽、周瑜错处南郡，而备领荆州牧，居公安，则六郡之地，备已悉据之矣。其所以云借者，犹韩信之言"假"也，虽欲不与，得乎？鲁肃之议，正合良、平蹑足之几，而周瑜独以为不然。屡胜之家，果不可与料敌哉！（《三国杂事》卷下）

（5）〔明〕胡应麟论赤壁之功玄德最大曰：赤壁破曹，玄德功最大。考《昭烈传》："与曹公战于赤壁，大破之"；《操传》："公至赤壁，与备战，不利"；而不言周瑜。乃《鲁肃传》俱言与备并力。陈寿书《诸葛传》后亦言："权遣兵三万助备，备得用与曹公交战，大破其军。"则当日战功可见。今归重周瑜，与陈《志》不甚合。（《少室山房笔丛》卷四一《庄岳委谈下》）

（6）〔清〕王懋竑论借荆州乃传闻之妄不足据曰：先主南收四郡，立营公安，公安即武陵郡孱陵县，与南郡无所与。所分南岸地，不知所在。（胡注以南岸为南四郡，四郡乃备所自取，非瑜所分。）是时刘琦为江夏太守，自奔江南后，魏以文聘为江夏太守，屯沔口；吴以程普为江夏太守，治沙羡。而先主表琦为荆州刺史，南收四郡，各以兵力据而有之，孰肯以地分人者？且瑜于先主之诣京，方力言以土地业备之不可，岂肯自以地分与之乎？先主之欲都督荆州，以据地广大，北可向襄阳以通宛、洛，西可由巫、秭归以窥蜀，非仅为地少不足以给也。陈志《蜀先主》《吴主传》皆不言借荆州，《鲁肃传》肃劝借荆州在周瑜卒之前，盖失其次。惟《程普传》：瑜卒，普代领南郡太守。权分荆州与备，普还领江夏太守。此为分明。《通鉴》：瑜以建安十四年十二月据江陵，十五年卒，其卒不详何时，盖在夏秋间也。先主之诣京，则在春矣。其借荆州，当在秋冬间。关羽为襄阳太守，驻江北，张飞为宜都太守，治秭归，皆在南郡后事。参考诸传，略得其实。而《江表传》所云以地给备，及备借荆州之语，皆传闻之妄，不足据也。（《三国志集解·蜀志·先主传》注引王氏《读史记疑》）

（7）〔清〕赵翼论借荆州乃吴人捏造之狡词诡说曰：借荆州之说，出自吴人事后之论，而非当日情事也。《江表传》谓，破曹操后，周瑜为南郡太守，分南岸地以给刘备，而刘表旧吏士自北军脱归者皆投备，备以所给地不足供，从孙权借荆州数郡焉。《鲁肃传》亦谓，备诣京见权，求都督荆州，肃劝权借之，共拒操。操闻权以地资备，方作书，落笔于地。后肃邀关羽索荆州，谓羽曰："我国以土地借卿家者，卿家军败远来，无以为资故也。"权亦论肃有二长，惟劝吾借玄德地是其一短。此借荆州之说之所由来，而皆出吴人语也。夫借者本我所有之物而假与人也，荆州本刘表地，非孙氏故物。当操南下时，孙氏江东六郡方恐不能自保，诸将咸劝权迎操，权独不愿，会备遣诸葛亮来结好，权遂欲借备共拒操，其时但求敌操，未敢冀得荆州也。亮之说权也，权即曰："非刘豫州莫可敌操者。"乃遣周瑜、程普等随亮诣备，并力拒操。（《亮传》）是且欲以备为拒操之主，而己为从矣。亮又曰："将军能与豫州同心破操，则荆、吴之势强，而鼎足之形成矣。"是此时早有三分之说，而非乞权取荆州而借之也。赤壁之战，瑜与备共破操。(《吴志》) 华容之役，备独追操。(《山阳公载记》) 其后围曹仁于南郡，备亦身在行间，(《蜀志》) 未尝独出吴之力，而备坐享其成也。破曹后，备诣京见权，权以妹妻之。瑜密疏请留备于京，权不纳，以为正当延揽英雄，是权方恐备之不在荆州以为屏蔽也。操走出华容之险，喜谓诸将曰："刘备吾俦也，但得计少晚耳。"(《山阳公载记》) 是操所指数者惟备，未尝及权也。程昱在魏，闻备入吴，论者多以为权必杀备，昱曰："曹公无敌于天下，权不能当也，备有英名，权必资之以御我。"(《昱传》) 是魏之人亦只指数备，而未尝及权也。即以兵力而论，亮初见权曰："今战士还者及关羽精甲共万人，刘琦战士亦不下万人。"而权所遣周瑜等水军亦不过三万人，(《亮传》) 则亦非十倍于备也。且是时刘表之长子琦尚在江夏，破曹后，备即表琦为荆州刺史，权未尝有异词，以荆州本琦地也。时又南征四郡，武陵、长沙、桂阳、零陵皆降。琦死，群下推备为荆州牧。(《蜀先主传》) 备即遣亮督零陵、桂阳、长沙三郡，收其租赋，以供军实。(《亮传》) 又以关羽为襄阳太守、荡寇将军，驻江北；(《羽传》) 张飞为宜都太守、征虏将军，在南郡；(《飞传》) 赵云为偏将军，领桂阳太守。(《云传》) 遣将分驻，惟备所指挥，初不关白孙氏，以本非权地，故备不必白权，权亦不来阻备也。迨其后三分之势已定，吴人追思赤壁之役，实借吴兵力，遂谓荆州应为吴有，而备据之，始有借荆州之说。抑思合力拒操时，备固有资于权，权不亦有资于备乎！权是时但自救危亡，岂早有取荆州之志乎！羽之对鲁肃曰："乌林之役，左将军寝不脱介，戮力破曹，岂得徒劳无一块土。"(《肃传》) 此不易之论也。其后吴、蜀争三郡，旋即议和，以湘水为界，分长沙、江夏、桂阳属吴，南郡、零陵、武陵属蜀，最为平允。而吴君臣伺羽之北伐，袭荆州而有之，反捏一借荆州之说，以见其取所应得。此则吴君臣之狡词诡说，而借荆州之名遂流传至今，并为一谈，牢不可破，转似其曲在蜀者，此耳食之论也。(《廿二史札记》卷七《借荆州之非》)

(8)〔民国〕刘咸炘论借荆州乃吴人之饰词曰：《蜀志·先主传》："与曹公战于赤壁"云云。观《魏书·武纪》，亦止云"与备战，不利，乃引军还。备遂有江南";注引《山阳公载记》，亦云"船舰为备所烧"，皆不及瑜，是此役固不以吴为主也。又不云"借荆州"，"借"字亦《江表传》之饰词。后世多沿误，故附论之。(《三国志知意·蜀书》)

(9)吕思勉论造为借地之说见吴人外交之狡诈卑劣曰：然则吴蜀之争荆州，曲果谁属？曰：属吴。荆州本非吴有也，以先主入蜀，度其鞭长不及东顾，则造为借地之说，以冒取之；冒取之而不能全得，则又不惜弃好事仇，忘立国百年大计，以袭取之。其外交政策，卑劣极矣。今录赵翼《廿二史札记》一节如下，以见其事实之真相焉。(略)此说于吴蜀当日，关于荆州事件之真相，言之最为详晰。吴人外交手段之狡诈之卑劣，概可见矣。(《吕著史地通俗读物四种》之《关岳合传·壮缪守荆州》)

【笺注】

①吕范（？—228）：字子衡，汝南细阳（今安徽阜阳北）人。初从孙策略定江东，领湖孰相，继领宛陵令，迁都督，拜征虏中郎将。后与周瑜等共拒破曹军，拜裨将军，领彭泽太守。刘备往会孙权，范密请抑留之。后历官平南将军、建威将军，领丹杨太守，迁前将军，假节。初封宛陵侯，改封南昌侯，拜扬州牧。终官大司马，印绶未下，卒。

②《通鉴》胡注："《水经注》：'肥水出九江成德县广阳乡西，西北入芍陂。陂周一百二十许里，在寿春县南八十里，楚相孙叔敖所造也。自芍陂上施水，则至合肥。肥水又北过寿春县北，入于淮。'师古曰：'芍，音鹊。'"

③谯：县名。秦置，治所在今安徽省亳州。《续汉书·郡国志》："豫州沛国谯，刺史治。"谯县汉属沛郡，后汉属沛国名。因为是曹操故里，建安十八年（213）置谯郡，二十二年改为谯国。魏黄初元年（220），以谯国与长安、许昌、邺、洛阳为五都；五年，还为郡。

④沙羡：地名。汉置县，故城在今武汉市江夏区金口镇。《读史方舆纪要》卷七十六："沙羡，汉县也。晋末废入汝南县。《晋志》：沙羡有夏口。今夏口城在城之西、黄鹄山之东北，对岸则入沔津，即沙羡旧地矣。后汉建安四年，孙策击黄祖，军至沙羡，大破祖兵。十四年，孙权筑夏口城，以程普领江夏太守，治沙羡。"《通鉴》胡注："羡，音夷。"

⑤彭泽：县名。《续汉书·郡国志》："扬州豫章郡彭泽。彭蠡泽在西。"彭泽县故治在今江西湖口县东。三国吴曾于此置彭泽郡。今属江西九江市。

⑥寻阳：古郡县名。《续汉书·郡国志》："扬州庐江郡寻阳。南有九江，东合为大海。"汉寻阳县在今湖北黄梅西南。东晋以今九江、广济间长江两岸地置寻阳郡，即以此县为治所。咸和中移寻阳县至今九江西，而移郡治至柴桑县（另有注）。后寻阳县亦省并入柴桑。

⑦《通鉴》胡注："荆江之南岸，则零陵、桂阳、武陵、长沙四郡地也。"柯按：此四郡者，皆备已据之也。

⑧油口：地名。又名油江口。《通鉴》胡注："《水经》，南平郡孱陵县有油水，西北注于江，曰油口。刘备立营之处也。"在今湖北公安县稍北。公安，县名。民间相传，时刘备以左将军牧荆州，时人称备为"左公"，因以其所置县名公安，相沿至今。

⑨京：指京口城。《通鉴》胡注："京，京口城也。权时居京，故刘备、周瑜皆诣京见之。后都秣陵，于京口置京督，又曰徐陵督。《尔雅》：绝高曰京。其城因山为垒，缘江为境，因谓之京口。"

⑩《通鉴》胡注："荆州八郡，瑜既以江南四郡给备，备又欲兼得江汉间四郡也。"卢弼《集解·蜀志·先主传》驳之曰："弼按：荆州八郡，南阳、章陵非吴所有，周瑜领南郡，程普领江夏，亦绝不肯让人。上文周瑜分南岸地给备者，即指油口立营之地，非谓江南四郡也。若已给江南四郡，又欲兼得江汉间四郡，将置周瑜、程普于何地乎？且公瑾方深忌先主，上疏以猥割土地为虑，岂肯遽给四郡乎？是南岸之地，仅限于油口立营之地无疑。惟其仅有南岸油口之地，地小不足以安民，始从权借荆州四郡，身之此注，前后皆误也。"

⑪《蜀志·庞统传》注引《江表传》曰："先主与统从容宴语，问曰：'卿为周公瑾功曹，孤到吴，闻此人密有白事，劝仲谋相留，有之乎？在君为君，卿其无隐。'统对曰：'有之。'备叹息曰：'孤时危急，当有所求，故不得不往，殆不免周瑜之手！天下智谋之士，所见略同耳。时孔明谏孤莫行，其意独笃，亦虑此也。孤以仲谋所防在北，当赖孤为援，故决意不疑。此诚出于险涂，非万全之计也。'"《吴志·吕范传》曰："刘备诣京见权，范密请留备。"

⑫《通鉴》胡注："谓操以赤壁之败，威望顿损，中国之人或欲因其败而图之，是

忧在腹心。"

⑬《通鉴》胡注："相事，谓相与从事于战攻也。"

⑭《三国志集解·吴志·周瑜传》引李安溪曰："规图荆、益及制曹、刘之策，着着机先，真英物也。"

⑮孙瑜：孙坚季弟孙静之子，字仲异。时为奋威将军，领丹阳太守。《吴志·宗室传》："是时诸将皆以军务为事，而瑜好乐坟典，虽在戎旅，诵声不绝。"

⑯巴丘：又名巴丘山，晋时改称巴陵。《水经》："湘水又北，至巴丘山入于江。"《太平御览》卷一百七十一："《寻江记》曰：'羿屠巴蛇于洞庭，其骨若陵，故曰巴陵。'《十道志》曰：'岳州，巴陵郡。《禹贡》荆州之域，古三苗国地。春秋及战国时属楚。秦属长沙郡。晋分长沙之巴陵置建昌郡，在巴陵。隋改为岳州。'"按：《寻江记》即刘宋庾仲雍《江记》，又称《江源记》。巴丘，今湖南岳阳之地也。周瑜卒，葬巴丘。鲁肃代领其军，屯巴丘，于洞庭湖操练水军，并筑巴丘城，建阅军楼，相传该楼即为岳阳楼的前身。

⑰刘咸炘《三国志知意·吴书·鲁肃传》："'惟肃劝权借之。''借之'亦吴人言，《蜀书》、《魏书》皆不言'借'。"《通鉴》胡注："为孙、刘争荆州张本。《考异》曰：《肃传》曰'曹公闻权以土地业备，方作书，落笔于地'，恐操不至于是，今不取。"

⑱耒阳：县名。秦置。两汉沿置，属桂阳郡。三国吴同。故治同今湖南耒阳。

⑲《通鉴》胡注："《百官志》：司隶校尉，从事史十二人：功曹从事，主选署及众事；别驾从事，校部、行部则奉引，录众事。州牧则改功曹从事为治中从事。"杜佑曰："别驾从事史，从刺史行部，别乘一乘传车，故谓之别驾。治中从事史，居中治事，主众曹。功曹，主选用。"

24. 建安十五年，刘备改〔临江郡〕为宜都①。

【校记】

本条据《宋书》卷三十七《州郡志三》"荆州·宜都太守"条引"习凿齿云"校定。 本条文字紧承前建安十三年"魏武平荆州"条，汤本于文中"改为"二字间补有"分南郡"三字。按魏武既早已"分南郡以西为临江郡"，此处再言刘备"分南郡"已不准确，故改补"临江郡"三字以足语意。

【史补】

（1）〔清〕洪亮吉《补三国疆域志·吴疆域》曰：荆州，宜都郡。汉建安十三年魏平荆州，分南郡枝江以西为临江郡。十五年，蜀改今名。二十四年，郡移属吴，领县三。《水经注》："郡治，吴丞相陆逊所筑。"

【笺注】

①宜都：郡名。建安十五年（210），刘备与孙权分荆州，改曹操所置临江郡为宜都郡，辖夷道、西陵、佷山三县，治今宜都市陆城。宜都自此得名。二十四年，陆逊攻取宜都郡，郡属吴荆州，辖秭归、西陵、夷道、佷山四县。又宜都于西汉初已置县，名夷道。后宜都郡废，夷道县则逐渐改名宜都。参见佚文第13条。

献帝建安十六年（211）

25.先主入益州，吴遣迎孙夫人①。夫人欲将太子归吴，诸葛亮使赵云勒兵断江留太子，乃得止②。

【校记】

本条据《三国志》卷三十四《蜀志·先主穆皇后传》注引《汉晋春秋》校定。　汤本于所补背景文字为"建安十九年，玄德破刘璋"，但曰建安十九年破刘璋则可，曰此年吴遣迎孙夫人则不可。《资治通鉴》卷六十六《汉纪五十八·献帝建安十六年》明确记载："备将数万人入益州。孙权闻备西上，遣舟船迎妹；而夫人欲将备子禅还吴，张飞、赵云勒兵截江，乃得禅还。"萧常《续后汉书·昭烈孙夫人传》亦载，吴遣迎孙夫人在"权闻昭烈西征"之时。则所谓"入益州"者，乃谓西上之始也。汤氏之误显而易见，故前移此条于建安十六年。　黄本本条列"后主"目下。

【史补】

（1）《通鉴纲目》曰：（辛卯，十六年，）冬，刘璋遣使迎刘备；备留兵守荆州而西。璋使备击张鲁。扶风法正为刘璋军议校尉③，璋不能用，又为州里俱侨客者所鄙，正邑不得志。别驾张松与正善，亦自负其才，忖璋不足与有为，因劝璋结刘备，璋曰："谁可使者？"松乃举正。正辞谢，佯为不得已而行。还，为松说备有雄略，密谋奉戴以为州主。会钟繇欲向汉中④，璋惧。松因说曰："曹公兵无敌于天下，若因张鲁之资以取蜀土，谁能御之！刘豫州，使君之宗室，而曹公之深仇也，善用兵。若使之讨鲁，鲁必破；鲁破，则益州强，曹公虽来，无能为也！今州诸将恃功骄豪，欲有外意。不得豫州，则敌攻其外，民攻其内，必败之道也。"璋然之，遣正迎备。主簿黄权谏曰⑤："左将军有骁名⑥，今以部曲遇之，则不满其心；以宾客礼待，则一国不容二君，若客有泰山之安，则主有累卵之危。不若闭境以待时清。"从事王累自倒悬于州门以谏，璋一无所纳。

法正至荆州，阴说备取益州。备疑未决。庞统曰："荆州荒残，人物殚尽，东有孙车骑⑦，北有曹操，难以得志。今益州户口百万，土沃财富，诚得以为资，大业可成也！"备曰："今指与吾为水火者，曹操也。操以急，吾以宽；操以暴，吾以仁；操以谲，吾以忠：每与操反，事乃可成耳。今以小利而失信义于天下，奈何？"统曰："乱离之时，固非一道所能定也。且兼弱攻昧⑧，逆取顺守⑨，古人所贵。若事定之后封以大国，何负于信！今日不取，终为人利耳。"备以为然⑩。乃留诸葛亮、关羽等守荆州，自将步卒数万而西。孙权闻备西上，遣船迎妹；而夫人欲将备子禅还吴，张飞、赵云勒兵截江，乃得禅还。

刘璋敕在所供奉，赠遗以巨亿计。备至巴郡，巴郡太守严颜拊心叹曰⑪："此所谓'独坐穷山，放虎自卫'者也。"备北诣涪⑫，璋率兵三万往会之。张松令法正白备，于会袭璋⑬。庞统曰："如此则无用兵之劳而坐定一州，不可失也。"备曰："初入他国，恩信未著，此不可也。"欢饮百余日。璋增备兵，厚加资给，使击张鲁。备北到葭萌⑭，厚树恩德，以收众心。（《御批通鉴纲目》卷十四）

(2)〔宋〕萧常《续后汉书·昭烈孙夫人传》曰：昭烈孙夫人，权妹也。昭烈为荆州牧，权稍畏之，进夫人以固好。夫人刚猛，有诸兄风。侍婢百余人，皆执刀侍立，昭烈每入，心常凛凛。又多将吴吏卒，纵横不法。昭烈以牙门将赵云严重，命主内事。权闻昭烈西征，大遣舟舰迎夫人。夫人欲将太子还吴，诸葛亮使赵云、张飞勒兵断江，太子乃得留。

（3）〔清〕梁章钜《三国志旁证》综述陈寿记孙夫人事曰："《蜀志·刘先主传》：'权稍畏之，进妹固好。'按先主纳孙夫人事，此其始见也。王昙曰：'此不记年月，大致在建安十三年十二月赤壁破魏、蜀主牧荆之时，以十四年春婚于京也。'"（卷十九）又"《先主穆皇后传》：'先主既定益州，而孙夫人还吴。注：《汉晋春秋》云云。'按孙夫人之事此为再见。潘眉曰：'陈承祚不为孙夫人立传，夫人还吴，同于大归。'王昙曰：'此不明叙所以还吴之故，则法正已进刘瑁妻吴氏于宫中，舟船之迎，实夫人见几之哲。是岁，建安之二十年乙未，正权袭取长沙，分界连和之日，可想见蜀主与夫人同牢已七年矣。此陈寿所以有绸缪恩纪之笔也。'"（卷二十）又"《赵云传》注引《云别传》：'孙夫人以权妹骄豪，多将吴吏兵，纵横不法。先主以云严重，必能整齐，特任掌内事。'按孙夫人事此凡三见。"（卷二十三）又"《法正传》：'亮答曰：主公之在公安也，北畏曹操之强，东惮孙权之逼，近则惧孙夫人生变于肘腋之下；当斯之时，进退狼跋，法孝直为之辅翼，令翻然翱翔，不可复制，如何禁止法正使不得行其意邪！初，孙权以妹妻先主，妹才捷刚猛，有诸兄之风，侍婢百余人，皆亲执刀侍立，先主每入，衷心常凛凛。'按孙夫人事此凡四见。"（卷二十四）

（4）〔清〕尚镕辨孙夫人还吴事曰：《妃子传》谓"先主既定益州，而孙夫人还吴"，注引《汉晋春秋》云"先主入益州，吴遣迎孙夫人归"，《赵云别传》亦同此说。独《华阳国志》谓"法正劝先主还之"，似以正有劝纳吴后之恶而加此丑诬也。裴松之不引而辨之，未免失之略矣。常璩《刘先主志》全袭《蜀志》，惟此事稍异。（《三国志辨微续》卷二《孙夫人还吴》）

【笺注】

①孙夫人：吴主孙权之妹。赤壁之战后，刘备领荆州牧，孙权稍畏之，为巩固孙刘盟好，权以妹妻备，史称孙夫人。后权闻备西征，又大遣舟船迎妹还吴。清袁枚有《孙夫人》诗云："刀光如雪洞房秋，信有人间作婿愁。烛影摇红郎半醉，合欢床上梦荆州。"（《小仓山房诗集》卷二）关于孙夫人还吴后的下落，史籍失载，后世多传其沉江自尽，如明朱国桢《涌幢小品》所记等。据说原芜湖西南江中蟂矶上有孙夫人

庙，又称灵泽夫人祠、枭姬（或焦矶）娘娘庙。杭世骏《订讹类编》卷二"事讹·孙夫人无自尽事"条辨曰："朱国桢《涌幢小品》载芜湖江心有矶，矶上有祠，祠孙夫人，曰蟂矶，甚有神灵。孙夫人至此矶，闻先主崩摧，哭自沉。又载孙、刘有隙，夫人归吴，舟舣矶下，不忍见仲谋，遂刱于此。蜀既不传，吴亦遂讳。案《日知录》：据《蜀志》，夫人还吴后不知所终。辨其自沉之说之妄极是。"《日知录》之辨见于卷三十一"蟂矶"条。清黄仲则又有《灵泽夫人祠》诗云："空江日落暗祠门，仿佛云裳涕泪痕。一恸无由恩已绝，两家多故事难言。千秋杜宇休啼血，万里苍梧更断魂。终古湘灵有祠庙，流传真伪更难论。"此亦不一而足。

②《蜀志·赵云传》注引《云别传》曰："先主入益州，云领留营司马。此时先主孙夫人以权妹骄豪，多将吴吏兵，纵横不法。先主以云严重，必能整齐，特任掌内事。权闻备西征，大遣舟船迎妹，而夫人内欲将后主还吴，云与张飞勒兵截江，乃得后主还。"

③法正（176—220）：字孝直，扶风郿（今陕西眉县东北）人。建安初入蜀依刘璋，久之为新都令，召署军议校尉，不得志。后背璋投刘备，为备所信重，任蜀郡太守、扬武将军，外统都畿，内为谋主。建言刘备进军汉中，击斩夏侯渊，据有其地。备进位汉中王，以正为尚书令、护军将军。未几卒，谥曰翼侯。《通鉴》胡注："军议校尉，使之议军事。盖时议必惟正之善谋，璋能官之而不能用耳。"

④钟繇（151—230）：字元常，颍川长社（今河南长葛东）人。东汉末举孝廉，除尚书郎、阳陵令，以疾去。继辟三府，为廷尉正、黄门侍郎。助献帝逃出长安，以功拜御史中丞，迁侍中、尚书仆射。曹操当国，以繇为侍中守司隶校尉，督关中诸军事。繇经营关中有方，为操提供兵马粮草，卓著勋劳，操将之比为萧何。入魏，历迁相国、太尉、太傅，累封定陵侯。善书法。曹丕将其与华歆、王朗并称为"一代之伟人"，宠荣已极。

⑤黄权（？—240）：字公衡，巴西阆中（今四川阆中）人。原为州牧刘璋主薄，谏勿迎刘备，出为广汉长。璋败，乃降，备假权偏将军。建计取汉中，拜护军。备为汉中王兼领益州牧，以权为治中从事。及备称尊号，权从征东吴，为镇北将军，督江北军。江南军败，权归路隔绝，遂降魏。魏拜为镇南将军，封育阳侯，加侍中。后官至车骑将军、仪同三司。正始元年（240）卒，谥曰景侯。

⑥《通鉴》胡注："曹操表备为左将军，故称之。"

⑦《通鉴》胡注："备表权为车骑将军，故以称之。"

⑧《尚书·仲虺之诰》曰："兼弱攻昧，取乱侮亡，推亡固存，邦乃其昌。"《左传·宣公十二年》："兼弱攻昧，武之善经也。"

⑨《史记·郦生陆贾列传》："陆生曰：汤、武逆取而顺守之，文武并用，长久之术也。"

⑩《三国杂事》卷下论庞统与先主议取益州曰："夫宽胜急，仁胜暴，忠胜谲。然操强而备弱，宜胜而反不如者，何也？操稊稗者也，备五谷之不熟者也。五谷不熟，固不如稊稗，非谓宽、仁、忠、信不能胜急、暴、谲、诈也。备不能胜操耳，故曰苟非其人，道不虚行。"《义门读书记·蜀志·庞统传》则论曰："皇极幽昧，汉祚将坠，较其轻重，则取璋不为非。"

⑪严颜：初为巴郡太守，镇江州（今重庆市渝中区）。益州牧刘璋遣法正迎刘备入益州，严颜认为这是"独坐穷山，放虎自卫"。刘备分兵两路入川，诸葛亮率张飞等溯江而上，攻破江州，严颜被擒，而大义凛然。张飞感动，释之，引为宾客。后不知所终。

⑫涪：县名。汉置，以地近涪水得名，属广汉郡。蜀汉分广汉郡置梓潼郡，涪县属之。治今绵阳市涪城区。《华阳国志·汉中志》："涪县去成都三百五十里，水通于巴。于蜀为东北之要，蜀时大将军镇之。"

⑬《读通鉴论·献帝二九》论刘璋部属拒备、迎备两派之是非曰："黄权、王累、严颜、刘巴之欲拒先主也，智在一曲而不可谓智，忠在一曲而不可谓忠。奚以明其然也？张松曰：'曹公兵无敌于天下，因张鲁以取蜀，谁能御之？'诸欲拒先主者，曾有能保蜀而不为操所夺乎？亡有术也。钟繇之兵已向张鲁，危在旦夕，而璋以柔懦待之，夺于曹必矣。与其夺于曹，无如夺于先主，则四子者料先主之必见夺以为智，知其一曲而不知其大全也，非智也。四子之于刘焉，豢属耳，非君臣也。焉虽受命作牧，而汉之危亡，风波百沸，焉勿问焉。割土自擅，志士之所不屑事者也。先主虽不保为汉室之忠辅，而犹勤勤于定乱，视焉而愈也多矣。戴非其主而怙之，相依为逆而失名义之大，非忠也。然则张松、法正其贤乎？而愈非也。璋初迎昭烈，二子者遽欲于会袭之，忍矣哉！君子于此，劝璋以州授先主而保全之，则得矣，其他皆不忠不智

之徒也。"

④葭萌：初为邑名。《华阳国志·蜀志》："昔蜀王封其弟于汉中，号曰苴侯。因命其邑曰葭萌焉。"汉置葭萌县，属广汉郡。蜀汉改为汉寿县，属梓潼郡。治今四川广元市西南。《补三国疆域志·蜀疆域》："汉寿，汉葭萌县，蜀汉改今名。有马鸣阁。"

献帝建安十七年（212）

26. 习凿齿曰：夫霸王者，必体仁义以为本，仗信顺以为宗，一物不具，则其道乖矣。今玄德袭夺璋土，权以济业，负信违情，德义俱愆，虽功由是隆，宜大伤其败，譬断手全躯，何乐之有？庞统惧斯言之泄宣，知其君之必悟，故众中匡其失，而不修常谦之道；矫然太当①，尽其謇谔之风。夫上失而能正，是有臣也；纳胜而无执，是从理也。有臣则陛隆堂高②，从理则群策毕举。一言而三善兼明，暂谏而义彰百代，可谓达乎大体矣。若惜其小失而废其大益，矜此过言，自绝远说，能成业济务者，未之有也。

【校记】

本条据《三国志》卷三十七《蜀志·庞统传》注引"习凿齿曰"校定。 汤本所补背景文字为"向成都，所过辄克，于涪大会作乐，庞统以为非仁者之兵"。 "玄德"，《蜀志注》作"刘备"。 "知其君之必悟"，汤本"君"作"主"。 "惜其小失而废其大益"，汤本少后"其"字；《蜀志注》疑衍，姑存之。

【史补】

（1）《通鉴纲目》曰：（壬辰，十七年，十二月，）刘备据涪城。备在葭萌，庞统言于备曰："今阴选精兵，昼夜兼道，径袭成都，刘璋既不武，又素无豫备，大军卒至，一举便定，此上计也。杨怀、高沛，璋之名将，各仗强兵，据守关头③，闻数谏璋，使遣将军还荆州。将军遣与相闻，说荆州有急，欲还救之，二子喜必来见，因此执之，进取其兵，乃向成都，此中计也。退还白帝④，是连引荆州，徐还图之，此下计也。若沈吟不去，将致大困，不可久矣。"备然其中计。及曹操攻孙权，权呼备自救。备贻书璋曰："孙氏与孤，本为唇齿，而关羽兵弱，今不往救，则曹操必取荆州，转侵州界⑤，其忧甚于张鲁。鲁自守之贼，不足虑也。"因求益万兵及资粮，璋但许兵四千，余皆给半。备因激怒其众曰："吾为益州征强敌，师徒劳瘁，而积财吝赏，何以使士大夫死战乎！"张松书与备曰："今大事垂立，如何释此去乎！"璋闻之，收斩松，敕关戍勿复得与备通。备大怒，召怀、沛，责以无礼，斩之⑥；勒兵径至关头，并其兵，进据涪城。（《御批通鉴纲目》卷十四）

（2）《蜀志·庞统传》曰：先主然其中计，即斩怀、沛，还向成都，所过辄克。于涪大会，置酒作乐，谓统曰："今日之会，可谓乐矣。"统曰："伐人之国而以为欢，非仁者之兵也。"先主醉，怒曰："武王伐纣，前歌后舞，非仁者邪⑦？卿言不当，宜速起出！"于是统逡巡引退。先主寻悔，请还。统复故位，初不顾谢，饮食自若。先主谓曰："向者之论，阿谁为失？"⑧统对曰："君臣俱失。"先主大笑，宴乐如初。

（3）〔宋〕唐庚论涪之大会曰：涪之役陋矣，何足论哉。至于乐与不乐之义，则有可得而言者。《传》曰："师有功则奏凯歌。"又曰："战胜以丧礼居之。"二义孰是？吾闻圣人无心，以百姓为心。其战也，本所以忧民之忧；其胜也，不得不乐民之乐。故师有功则奏凯歌，此不足怪者。然道失而后德，德失而后仁，仁失而后义，义失而后礼，道至于礼，其去本远矣，而况于兵乎！故战胜以丧礼居之，亦无足怪者；言乐与不乐，皆未之尽也。古之处此者，外则歌舞而内以丧礼居之。（《三国杂事》卷上）

（4）〔明〕王世贞《昭烈取蜀论》曰：说者以昭烈取刘璋为孔明之罪，或曰："孔明未尝入蜀也，盖庞统谋之也。"或曰："昭烈之入蜀，刘璋迎之也，至蜀而后有疑乃始成师焉。"愚以为不然。刘焉者，虽帝宗也而不臣，尝为乘舆，服御物，绝贡赋矣；曹氏欲挟帝以讨之，而力未及。刘璋之嗣有地也，非汉意也；其入蜀也以迎，其用兵也以郤，何伤乎？且是时，荆州半与吴共之，其势必不足以立国，有蜀而始可存汉之绪，而进足以讨贼，愚以为孔明即与谋可也。且取天下与存天下者异，存天下不得已而权以济之，犹胜于迁而失天下者也。昭烈之不杀璋，佩其将军印，与其财物而使之居公安，处之善者也。（载王复礼《季汉五志·汉昭烈帝志·艺文》）

（5）〔清〕王夫之论先主取益州曰：《春秋》之法，诸侯失国则名之，贱之也；失国而又降焉，贱甚矣。此三代封建之侯国则然。受之先王，传之先祖，天子且不得而轻灭焉；为臣子者，有死而无降，义存焉耳。刘焉之牧益州，汉命之；命之以牧，未尝命之以世。焉死，璋偷立乎其位，益州岂焉所可传子，而璋有宗社之责哉？

先主围成都，璋曰："父子在州二十余年，无恩德以加百姓，攻战三年，肌膏草野，以璋故也，何能安？"犹长者之言也。论者曰："刘璋暗弱。"弱者弱于强争，暗者暗于变诈，而岂果昏孱之甚乎？其不断者，不能早授州于先主，而多此战争耳。韩馥之于袁绍，璋之于先主，自知不逮而引退以避之，皆可谓保身之智矣。其属吏悻悻以争气矜之雄，以毒天下，何足尚哉！（《读通鉴论》卷九《献帝三二》）

【笺注】

①《三国志集解》："周寿昌曰：'按文义，太字疑是失字之误。'"

②《汉书·贾谊传》："人主之尊如堂，群臣如陛。"

③关头：谓白水关头。古白水关在今四川广元青川县营盘乡五里垭，距垭下古白水县城仅一江之隔。白水关自古为重要军事关隘，陆路北通秦陇，南接葭萌；水路溯白龙江而上可至甘南，下可达巴渝。晋张荟《南汉记》："蜀有三关，阳平、江关、白水。"刘备入益州，即由此攻取涪城，进围成都。

④白帝：城邑名。即白帝城。故址在今重庆奉节县东白帝山上。两汉之际，公孙述据蜀，自号白帝，改筑原子阳城曰白帝城，改城邑所在的山曰白帝山，并移鱼腹县治于此。白帝城东依夔门，西傍八阵图，三面环水，雄踞水陆要津，历代为州郡治所和兵家必争之地。三国时蜀汉以为防吴重镇。刘备在猇亭兵败后一病不起，临终于白帝城永安宫托孤。

⑤《通鉴》胡注："州界，谓益州界。"

⑥《通鉴》胡注："责其无客主之礼也。"

⑦《华阳国志》曰："周武王伐纣，实得巴蜀之师，著乎《尚书》。巴师勇锐，歌

舞以凌殷人，前徒倒戈。故世称之曰武王伐纣，前歌后舞也。"又曰："阆中有渝水，賨民多居水左右，天性劲勇。初为汉前锋陷阵，锐气喜舞。高帝善之，曰：此武王伐纣歌也。乃令乐人习学之，今所谓巴渝舞也。"

⑧阿谁：即"谁"。《日知录》卷三十二《阿》条："阿亦可为不定何人之辞。古诗：'道逢乡里人，家中有阿谁？'《三国志·庞统传》：'阿谁为失？'《晋书·沈充传》：'敦作色曰：小人阿谁？'是也。"又《禅宗无门关》第四十五则："东山演祖师曰：释迦弥勒犹是他奴，且道他是阿谁？"陈德武《庆春宫（立春）》词曰："堂北迎萱，水东问柳，阿谁报道春回。"

献帝建安十九年（214）

27. 习凿齿曰：夫婚姻，人伦之始，王化之本，匹夫犹不可以无理，而况人君乎！晋文废礼行权，以济其业，故子犯曰："有求于人，必先从之；将夺其国，何有于妻？"①非无故而违礼教也。今玄德无权事之逼，而引前失以为譬，非导其君以尧舜之道者。先主从之，过矣。

【校记】
本条据《三国志》卷三十四《蜀志·先主穆皇后传》注引"习凿齿曰"校定。　汤本所补背景文字为"法正劝先主纳刘焉子瑁妻吴氏"。按习氏此论系针对刘备既定益州，群下劝其纳刘焉子瑁妻吴氏、备犹疑，法正进言而发，故时间当在建安十九年或稍后。　"玄德"，《蜀志注》作"先主"。

【史补】
（1）《通鉴纲目》曰：甲午，十九年，春，张鲁遣马超围祁山，夏侯渊击却之。

五月，雨水。闰月，马超奔刘备。备入成都，自领益州牧，以诸葛亮为军师将军。诸葛亮留关羽守荆州，与张飞、赵云将兵溯流，克巴东，破巴郡②，获太守严颜。飞呵颜曰："何以不降？"颜曰："卿等无状，侵夺我州，我州但有断头将军，无降将军也！"飞怒，令牵去斫头。颜容止不变，曰："斫头便斫头，何为怒邪！"飞壮而释之，引为宾客③。分遣云从外水定江阳④、犍为⑤，飞定巴西、德阳⑥。

　　庞统中流矢，卒⑦。法正笺与刘璋曰："左将军旧心依依，实无薄意。可图变化，以保尊门。"璋不答。雒城溃⑧，备进围成都⑨。亮、飞、云引兵来会。马超知张鲁不足与计事，亦来请降；备令引军屯城北，城中震怖。使从事中郎简雍入说刘璋。时城中尚有精兵三万人，谷帛支一年，吏兵咸欲死战。璋言："父子在州二十余年⑩，无恩德以加百姓。百姓攻战三年，肌膏草野者，以璋故也，何心能安！"遂开城出降，群下莫不流涕。备迁璋公安⑪，尽归其财物，佩以振威将军印绶⑫。

　　备入成都，自领益州牧，以诸葛亮为军师将军，董和为掌军中郎将，并署左将军府事，马超为平西将军⑬，法正为蜀郡太守、扬武将军，许靖为左将军长史，庞羲为司马。和为蜀郡太守，清俭公直，为民夷所爱信，蜀中推为循吏，故备举而用之。备之自新野南奔，荆楚群士从之如云，而刘巴独北诣曹操。操辟为掾，遣招纳长沙、零陵、桂阳。会备略有三郡，巴欲由交州道还京师。时诸葛亮在临烝⑭，以书招之，巴不从，而入蜀，备深恨之。及璋迎备，巴谏曰："备，雄人也，入必为害。"既入，巴复谏曰："若使备讨张鲁，是放虎于山林也。"璋不听，巴闭门称疾。备攻成都，令军中曰："有害巴者，诛及三族。"及得巴，甚喜，以为西曹掾。时益州郡县皆望风景附，独黄权闭城坚守，须璋稽服，乃降，备以为将军。李严，本璋所授用；吴懿、费观等，璋之婚亲；彭羕，璋之所摈弃；备皆处之显任，尽其器能。有志之士无不竞劝，益州之民是以大和。初，刘璋以许靖为蜀郡太守，成都将溃，靖谋逾城出降，备以此薄之，不用。法正曰："天下有获虚誉而无其实者，许靖是也。然今始创大业，天下之人，不可户说，宜加敬重，以慰远近之望。"备乃礼而用之。军用不足，备以为忧。刘巴请铸直百钱，平诸物价，令吏为官市，备从之。数月之间，府库充实。或欲以成都名田宅分赐诸将，赵云曰："霍去病以匈奴未灭，无用家为。今国贼非但匈奴，未可求安也。须天下都定，各反桑梓⑮，归耕本土，乃其宜耳。益州人民初罢兵革，田宅皆可归还，令安居复业，乃可役调得其欢心，不宜夺之以私所爱也。"备从之。

　　法正外统都畿⑯，内为谋主，一飧之德，睚眦之怨，无不报复。或谓诸葛亮曰：

"法正太纵横，宜稍抑之。"亮曰："主公之在公安也，北畏曹操，东惮孙权，近则惧孙夫人生变于肘腋。法孝直为之辅翼，令翻然翔翔，不可复制⑰。今奈何禁止孝直，使不得少行其意邪！"⑱

亮治蜀，颇尚严峻，人多怨者。法正谓曰："昔高祖入关，约法三章，秦民知德。愿缓刑弛禁，以慰此州之望。"亮曰："君知其一，未知其二。秦以无道，政苛民怨，匹夫大呼，天下土崩；高祖因之，可以弘济。刘璋暗弱，自焉已来，有累世之恩，文法羁縻，互相承奉，德政不举，威刑不肃，君臣之道，渐以陵替。宠之以位，位极则贱；顺之以恩，恩竭则慢。所以致敝，实由于此。吾今威之以法，法行则知恩；限之以爵，爵加则知荣。荣恩并济，上下有节，为治之要，于斯著矣。"⑲ 备以蒋琬为广都长，不治，大怒。亮请曰："蒋琬社稷之器，非百里之才也。其为政以安民为本，不以修饰为先，愿主公重加察之。"备雅敬亮，乃不加罪。（《御批通鉴纲目》卷十四）

（2）〔晋〕常璩《华阳国志·刘先主志》曰：建安十九年，先主克蜀。群下劝先主纳刘瑁妻，先主嫌其同族，法正曰："论其亲疏，何与晋文之于子圉乎？"⑳ 从之。正既临郡，睚眦之怨，一餐之惠，无不报复。或谓诸葛亮曰："法正于蜀郡太纵横，将军宜启主公。"亮曰："公之在公安也，北畏曹操之强，东惮孙权之逼，内虑孙夫人兴变于肘腋之下。孝直为辅翼，遂翻飞翔翔，不可复制。如何禁法正使不得行其志也！"孙夫人才捷刚猛，有诸兄风，侍婢百余人，皆仗剑侍立，先主每下车，心常凛凛。正劝先主还之。

（3）〔宋〕萧常论刘备纳刘瑁寡妻曰：事以正立，以权济。权者，所以济正之不及；苟无事乎，权虽一于正可也。昔者晋文公侨处于秦，欲因秦而反国，故秦伯纳怀嬴而不敢拒。何则？有求于人，势不得不从；不然，事何由济？此其得已哉！昭烈之纳吴后，方疑而未决，法正乃援晋文之事以赞其成，是所谓逢君之恶者也。且夫妇人伦之始，不可以不正，匹夫且不可违礼，况人主乎！晋文之权以济事，已不能逃议者之讥，今焉内不逼于势，外无事乎权，奈何蹑其违礼之失，以权而废正哉！古者一正君而国定，昭烈之不能定天下，其无贤臣以正之欤？余观赵云以同姓之嫌不肯娶赵范之嫂，其所守之正，有汉廷诸公所不能及者；使其得与末议，

必能诋正之谬而纳君于正矣。《书》曰："仆臣正,厥后克正。"讵不信然。(《续后汉书》卷五《昭烈穆皇后传赞》)

(4)〔明〕邵宝论刘备纳刘瑁寡妻曰:匡衡论妃匹,谓"后夫人行不侔乎天地,则无以奉神灵之统",况娶孀妇乎!吴后之立当授玺绶,孔明与闻焉,何为其莫之止也!其诸相者大贵之言,先入于心,孔明虽谏,不能回也。不然,君子谓孔明庶几礼乐,而事君顾如是哉!法孝直晋文、子圉之劝,固无足论矣。(《学史》卷十一)

【笺注】

①《左传》:鲁僖公十七年,"晋太子圉为质于秦,秦归河东而妻之。"二十二年,圉逃归晋。二十三年,晋惠公卒,圉立,是为怀公。晋公子重耳流亡至秦,"秦伯纳女五人,怀嬴与焉。"(杜预注:"怀嬴,子圉妻。子圉谥怀公,故号为怀嬴。")二十四年,重耳在秦缪公发兵干预下归国为君,是为文公。又《史记·晋世家》:"重耳至秦,缪公以宗女五人妻重耳,故子圉妻与往。重耳不欲受,司空季子曰:'其国且伐,况其故妻乎!且受以结秦亲而求入,子乃拘小礼,忘大丑乎!'遂受。缪公大欢,与重耳饮。赵衰歌《黍苗》诗。缪公曰:'知子欲急反国矣。'赵衰与重耳下,再拜曰:'孤臣之仰君,如百谷之望时雨。'"

②巴郡:郡名。古有巴子国。《华阳国志·巴志》:"五帝以来,黄帝、高阳之支庶,世为侯伯。及禹治水命州,巴、蜀以属梁州。禹会诸侯于会稽,巴、蜀往焉。武王伐纣,实得巴蜀之师,著乎《尚书》。武王既得殷,以其宗姬于巴,爵之以子。古者,远国虽大,爵不过子,故吴、楚及巴、蜀皆曰子。"巴人最初主要聚居于武落钟离山(今湖北长阳西北)一带,后逐步向今鄂西、渝东、川东扩展,与古蜀国之地连接,遂有巴蜀之名,相沿至今。巴国于秦惠文王时为张仪所灭。于是遂置巴郡,两汉沿置,治江州(今重庆市嘉陵江北岸)。《巴志》又曰:"献帝初平六年,征东中郎将安汉赵颖建议分巴为二郡。颖欲得巴旧名,故白益州牧刘璋,以垫江以上为巴郡,河南庞羲为太守,治安汉。以江州至临江为永宁郡,胸忍至鱼腹为固陵郡。巴遂分矣。建安六年,鱼腹塞胤白璋,争巴名。璋乃改永宁为巴郡,以固陵为巴东,徙羲为巴西太守。是为三巴。"按《补三国疆域志》:巴东郡治鱼腹县,蜀汉改名永安,今重庆奉节东;巴郡治江州县,蜀汉郡治由江北移江南,今重庆市区;巴西郡治阆中县,今南充

市辖阆中市。

③苏轼《张飞传》吟严颜曰："刘璋固庸主，谁为死不二？严子独何贤，谈笑傲砧几。"苏辙《严颜碑》吟曰："严颜平生吾不记，独忆城破节最高。被擒不辱古亦有，吾爱善折张飞豪。"文天祥《正气歌》亦赞曰："在秦张良椎，在汉苏武节。为严将军头，为嵇侍中血。"

④江阳：郡、县名。西汉置县，属犍为郡。《水经注·江水一》："江阳县枕带双流，据江、洛（沱江）会也。汉景帝六年封赵相苏嘉为侯国，江阳郡治也。"东汉建安十八年（213）刘璋分犍为郡置江阳郡，领县三；蜀汉沿置。辖境相当今四川大足、隆昌、合江、自贡、泸州及贵州赤水、习水等市县地。

⑤犍为：郡、国名。汉武帝建元中开西南夷，始置犍为郡，因犍为山得名。郡治因辖境变动等原因数次迁移，东汉末治武阳（今四川彭山江口镇），蜀汉沿之，领县五。又东汉安帝时分犍为郡南境置犍为属国都尉，治朱提（今云南昭通），建安十九年（214）刘备改置为朱提郡。

⑥德阳：县名。西汉始置，治所在今四川梓潼北，东汉移治遂宁东南。

⑦清梁章钜《三国志旁证·蜀志·庞统传》："按士元死于雒县城下，而小说家演为落凤坡之事，前明《广舆志》已误收之。王士祯诗集中亦有《落凤坡吊庞士元》之题，皆非正史所有也。"王士祯诗曰："白马关前夜雨凉，断碑空在汉祠荒。一群鹦鹉林间语，似忆当年孤凤凰。沔上风流万古存，鱼梁州畔问江村。何如但作冥鸿好，采药相携去鹿门。"

⑧雒城：雒县城。西汉始置雒县，属广汉郡并为其治所。《续汉书·郡国志》："益州广汉郡雒，刺史治。"《华阳国志·蜀志》："初平中，益州牧刘焉自绵竹移雒县城，筑阙门。时州或治成都，时复治雒，为蜀渊府。"故址在今四川广汉市雒城镇内。

⑨成都：秦惠文王灭蜀，置成都县，汉沿置。治今四川成都市。汉武帝分全国为十三刺史部，益州刺史部及其所属蜀郡皆治成都。《续汉书·郡国志》："益州蜀郡，治成都。"三国时，蜀汉都成都。《通鉴地理通释》卷四《三国都》："汉昭烈于沔阳立为汉中王，即位武担之南，都成都。"原注："沔阳故城，在兴元府西县西；武担山，在成都府西。公孙述改蜀郡为成都；刘焉为益州牧，初治绵竹，徙成都。"其后历代为州、郡、路、府治所，或为割据蜀地建国之都城，或即以成都名路、府。

⑩《通鉴》胡注："灵帝中平五年，刘焉牧益州，至是二十七年。"

⑪公安：县名。刘备为荆州牧时所置，在今湖北公安县东北。《蜀志·先主传》："刘琦死，群下推先主为荆州牧，治公安。"《水经注·江水》："江水又东，右合油口，又东迳公安县北，刘备之奔江陵，使筑而镇之。"

⑫《通鉴》胡注："曹操先加璋振威将军，故仍佩其印绶。"

⑬《通鉴》胡注："《晋百官志》：'四平立于丧乱，谓平东、平西、平南、平北四将军也。'"

⑭《通鉴》胡注："沈约曰：'吴立衡阳郡，临蒸县属焉。'《水经注》：'蒸水出衡阳重安县西邵陵县界耶蘁山，东北流过临蒸县北，东注于湘，谓之蒸口。'"

⑮《通鉴》胡注："都定，犹言皆定也。桑梓，谓其故乡祖父之所树者。《诗》云：'维桑与梓，必恭敬止。'"

⑯《通鉴》胡注："备都成都，以蜀郡为都畿。"

⑰《通鉴》胡注："谓迎备入益州也。"

⑱《三国杂事》卷上："孙盛评曰：'威福自下，亡国之道，安可以功臣而极其凌肆？诸葛氏之言，于是失政刑矣。'秦昭王以范雎之故，至质平原君，移书赵王，以购魏齐之首。李广诛霸陵尉，上书自劾，武帝诏曰：'报恩复仇，朕之所望于将军也。复何疑哉！'国初郭进为西山巡检，民诉进掠夺其女，太祖怒曰：'汝小民，配女当得小民。今得吾贵臣，顾不可耶！'驱出之。而三人者卒皆有以报国。古之英主，所以役使豪杰，彼自有意义，孙盛所见者少矣。"《义门读书记·蜀志·法正传》评曰："艰难之初，权以济事，未宜以常道论也。"

⑲《通鉴》胡注："孔子曰：'政宽，则济之以猛。'孔明其知之。"

⑳《三国志旁证·蜀志·先主传》："法正导君以非礼，先主始疑而终遂之，君臣均失。诸葛公亦不匡正，何也？"

献帝建安二十年（215）

28.习凿齿曰：鲁欲称王①，而阎圃谏止之②，今封圃为列侯。夫赏罚者，所以惩恶劝善也，苟其可以明轨训于物，无远近幽深矣。今阎圃谏鲁勿王，而太祖追封之，将来之人孰不思顺！塞其本源而末流自止，其此之谓与？若乃不明于此而重焦烂之功③，丰爵厚赏止于死战之士，则民利于有乱，俗竞于杀伐，阻兵仗力，干戈不戢矣。太祖之此封，可谓知赏罚之本，虽汤、武居之，无以加也。

【校记】

本条据《三国志》卷八《魏志·张鲁传》注引"习凿齿曰"校定。汤本所补背景文字为"建安二十年，张鲁降操"。"太祖"，《汉晋春秋》既以魏为僭国，绝不会以太祖称曹操，凡此当为裴氏或后人改窜，姑存之。

【史补】

(1)《通鉴纲目》曰：(乙未，二十年，)三月，魏公操击张鲁。

夏，五月，刘备、孙权分荆州；备使关羽守江陵，权使鲁肃屯陆口。初，刘备在荆州，周瑜、甘宁等数劝孙权取蜀。权遣使谓备曰："刘璋不武，不能自守，若使曹操得蜀，则荆州危矣。今欲先攻取璋，次取张鲁，一统南方，虽有十操，无所忧也。"备报曰："益州民富地险，刘璋虽弱，足以自守。今曹操方欲观兵吴会，而同盟无故自相攻伐，借枢于操④，使承其隙，非长计也。"权不听，遣周瑜率水军往夏口，备遏之不得过，谓曰："汝欲取蜀，吾当被发入山，不失信于天下也。"⑤权不得已，召瑜还。及备攻璋，留关羽守江陵，与鲁肃数生疑贰，肃常以欢好抚之。及备得益州，权令诸葛瑾从备求荆州⑥。备曰："吾方图凉州⑦，凉州定，乃尽以荆州相与耳。"权曰："此假而不反，乃欲以虚词引岁也。"⑧遂置长沙、零陵、桂阳长吏。羽逐之。权遣吕蒙取三郡，惟零陵太守郝普不降。备自至公安，遣羽争三郡。孙权进住陆口⑨，使鲁肃将万人屯益阳以拒羽⑩；召吕蒙还助肃。蒙得书，秘之，夜召诸将授以方略；晨，当攻零陵，而诈谓普故人邓玄之曰："左将军在汉中⑪，为夏侯渊所围；关羽在南郡，至尊身自临之。彼方首尾倒县，救死不给，岂有余力复营此哉！君可见之，为陈祸福。"玄之见普，具宣蒙意，普惧，出降。蒙乃赴益阳。鲁肃邀羽相见，因责数羽。羽曰："乌林之役⑫，左将军身在行间，戮力破敌，岂得徒劳无一块土，而足下来欲收地邪！"肃曰："不然。始与豫州观于长阪，豫州之众不当一校，计穷虑极，图欲远窜。主上矜愍豫州身无处所，不爱土地士民之力，以济其患；而豫州私独饰情⑬，愆德堕好。今已藉手西州，又欲翦并荆土，斯盖凡夫所不忍行，而况整领人物之主乎！"羽无以答。会闻曹操将攻汉中，备乃求和于权。权令诸葛瑾报命，遂分荆，以湘水为界，长沙、江夏、桂阳以东属权，南郡、零陵、武陵以西属备⑭。瑾每奉使至蜀，与其弟亮但公会相见，退无私面。

秋，七月，魏公操取汉中，走张鲁，留夏侯渊、张郃守之而还。操至阳平⑮。张鲁欲降，其弟卫不肯，率众拒关坚守。初，操以降人多言"张鲁易攻，阳平城下南北山相远，不可守"，信以为然。至是身履，不如所闻，乃叹曰："他人商度，少如人意。"攻阳平诸屯，山峻难登，士卒伤夷，军食且尽，操意沮，欲还。会前军夜迷，误入张卫别营，营中大惊退散。操进兵攻之，卫等夜遁。鲁奔南山，入巴中⑯。左右欲悉烧宝货仓库，鲁曰："本欲归命国家，而意未得达。今避锐锋，非有恶意。宝货仓库，国家之有。"遂封藏而去。操入南郑，遣人慰喻之。主簿司马懿⑰言于操曰："刘备以诈力虏刘璋，蜀人未附，而远争江陵，此机不可失也。今克汉中，益州震动，进兵临之，势必瓦解。圣人不能违时，亦不可失时也。"操曰："人苦无足，既得陇，复望蜀邪！"刘晔⑱："刘备，人杰也，有度而迟；得蜀日浅，蜀人未附也。今破汉中，蜀人震恐，其势自倾，因而压之，无不克也。若小缓之，诸葛亮明于治国而为相，关羽、张飞勇冠三军而为将，蜀民既定，据险守要，则不可犯矣。今不取，必为后忧。"操不从。居七日，蜀降者说："蜀一日数十惊，守将虽斩之而不能安也。"⑲操谓晔曰："今尚可击否？"晔曰："今已小定，未可击也。"⑳乃还。以夏侯渊督张郃、徐晃等守汉中㉑。

冬，十月，始置名号侯以赏军功㉒。○十一月，张鲁出降，以为镇南将军。封其属阎圃为列侯。习凿齿曰：阎圃谏鲁勿王，而曹公追封之，将来之人，孰不思顺！塞其本源而末流自止，其此之谓与！（《御批通鉴纲目》卷十四）

（2）〔清〕王夫之论张鲁智足以自保曰：张鲁妖矣，而卒以免于死亡，非其德之堪也；听阎圃之谏，拒群下之请，不称汉宁王，卫身之智，足以保身，宜矣。呜呼！乱世之王公，轻于平世之守令；乱世之将相，贱于平世之尉丞；顾影而自笑，梦觉而自惊，人指之而嗤其项背，鬼瞰之而夺其

精魂，然而汲汲焉上下相蒙以相尊，愚矣哉！（《读通鉴论》卷九《献帝二二》）

【笺注】

①鲁：谓张鲁，字公祺，沛国丰（今属江苏丰县）人。东汉五斗米道创立者张陵（张道陵）之孙，世为天师道首领。初依益州牧刘焉，为督义司马，率徒众攻夺汉中。后以刘璋暗弱，遂叛之。鲁少膺祖训，自号师君，以五斗米道教民。地方不置长吏，以教中祭酒治理，凡事皆校以诚信，不听欺妄。诸祭酒各起义舍于路，县置义米肉以给行旅，食者量腹取足；禁止酿酒和春夏杀牲；犯法者三原，然后乃用刑。朝廷力不能讨，遂就拜鲁镇民中郎将，领汉宁太守。鲁在汉中近三十年，使该地区成为东汉末的一片乐土，史称"民夷便乐之"。关西之乱，民奔汉中者数万家。建安二十年（215），曹操攻汉中，鲁降，拜镇南将军，封阆中侯，邑万户。鲁五子及阎圃等皆封为列侯。鲁卒，谥曰原侯。

②阎圃：巴西（治今四川阆中）人。初为张鲁功曹。当时有人从地下掘得玉印，群下遂欲尊鲁为汉宁王。阎圃谏曰："汉川之民，户出十万，财富土沃，四面险固，上匡天子，则为桓文，次方窦融，不失富贵。今承制署置，势足斩断。遽称王号，必为祸先。"鲁从之。后随鲁降曹操，封列侯。清潘眉《三国志考证·魏志·张鲁传》曰："阎圃初封亭侯，《劝进表》称平乐亭侯是也。黄初中进封乡侯，《晋书·阎缵传》称圃封平乐乡侯是也。"

③焦烂之功：亲临战阵，斩将杀敌之功。《说苑·权谋》："客有过主人者，见其灶直突，傍有积薪。客谓主人：'曲其突，远徙其薪；不者，且有火患。'主人嘿然不应。居无何，家果失火，乡居里中人哀而救之，火幸息。于是杀牛置酒，燔发灼烂者在于上行，余各以功次坐，而不录言曲突者。人谓主人曰：'乡使听客之言，不费牛酒，终无火患。今论功而请宾，曲突徙薪亡恩泽，焦头烂额为上客耶？'主人乃寤而请之。"又《金楼子》卷四《立言篇》："诸葛亮曰：曹子建论光武，'将则难比于韩、周，谋臣则不敌良、平。'时人谈者，亦以为然。吾以此言诚欲美大光武之德，而有诬一代之俊异。何哉？追观光武二十八将，下及马援之徒，忠贞智勇，无所不有，笃而论之，非减曩时。所以张、陈特显于前者，乃自高帝动多疏阔，故良、平得广于忠信，彭、勃得横行于外。语有'曲突徙薪为彼人，焦头烂额为上客'，此言虽小，有似二祖之时也。光武神略计较生于天心，故帷幄无他所思，六奇无他所出，于是以谋合议

同，共成王业而已。光武称邓禹曰：'孔子有回，而门人益亲。'叹吴汉曰：'将军差强吾意。'其武力可及，而忠不可及。与诸臣计事，常令马援后言，以为援策每与谐合。此皆明君知臣之审也。光武上将非减于韩、周，谋臣非劣于良、平，原其光武策虑深远，有杜渐曲突之明；高帝能疏，故陈、张、韩、周有焦烂之功耳。"

④《通鉴》胡注："枢者，门户所由以运动也。言操欲摇动吴、蜀而未得其枢，若自相攻伐，是借之以可动之枢也。"

⑤《通鉴》胡注："言宗室被攻而不能救，无面目以立于天下也。"

⑥诸葛瑾（174—241）：字子瑜，琅邪阳都（今山东沂南南）人。诸葛亮之兄。东汉末避乱江东，与鲁肃等一起事孙权，为宾待，后为长史，转中司马。后从吕蒙袭关羽，封宣城侯；以绥南将军代蒙领南郡太守，驻公安。迁左将军，督公安，假节，封宛陵侯。孙权称尊号，拜为大将军、左都护，领豫州牧。尝于建安二十年（215）以中司马使蜀通好刘备，后更多次使蜀，为汉吴联盟奔走；而受命之际，与其弟亮俱公会相见，退无私面。兼之为人弘雅谨厚，故深得人主信任，为孙权中后期之重臣。赤乌四年（241）卒，遗令薄葬。

⑦凉州：州名。汉武帝所置十三刺史部之一。东汉时辖陇西、汉阳、张掖等十二郡国，辖境相当今甘肃、宁夏及青海湟水流域，陕西定边、吴旗凤县、略阳等县地。刺史治汉阳郡陇县（今甘肃张家川回族自治县）。三国魏移治姑臧（今甘肃武威）。历代凉州地域大小变化较大。

⑧《通鉴》胡注："谓延引岁时也。孟子曰：久假而不归，焉知其非有也。"

⑨陆口：地名。俗名陆溪口，又名蒲圻口、蒲矶口等。地处江南陆水河入长江口处，距赤壁古战场仅数公里。今处于湖北嘉鱼、赤壁、洪湖三县市交界处，属嘉鱼县陆溪镇行政区域。

⑩益阳：县名。汉置，属长沙国（后改为郡）。今湖南益阳市境内有资水流经，或即益水。《通鉴》胡注："杜佑曰：潭州益阳县，汉故城在今县东。宋白曰：益阳故城在今益阳县东八十里，其城鲁肃所筑。"

⑪汉中：郡名。秦惠文王取楚之西北汉中地六百里为汉中郡。两汉沿置。秦治南郑（今陕西汉中东），西汉移治西城（今陕西安康西北），东汉还治南郑。《通鉴地理通释》："汉中地形襟要，高帝始基于此，用能定三秦。先主之用蜀，倚为重镇。"《三

国志集解·魏志·武帝纪》："《元和志》：'后汉末，张鲁居汉中，改汉中为汉宁郡。曹公讨平之，复为汉中郡。蜀先主破魏将夏侯妙才，遂有其地，为重镇。魏延、蒋琬、姜维相继屯守。'按汉中当巴蜀捍蔽，故先主初得汉中，谓人曰：'曹公虽来，无能为也。'"

⑫乌林之役：即赤壁之战。长江北岸有乌林（在今湖北洪湖市东南），与江南之赤壁（今属湖北赤壁市）隔江相望。当日曹操率军南下，与刘孙联军遇于赤壁，小战失利，退屯乌林。乌林是一片绵延不绝的丘陵地带，又名乌林矶。后曹军大败于联军火攻，战船及乌林营寨全被火海吞噬。至今乌林矶还分布着诸如曹操湾、白骨塌、红血巷、万人坑等遗迹。

⑬《通鉴》胡注："私独，谓私其一己之所独也。"

⑭《通鉴》胡注：班《志》，湘水出零陵阳海山，至酃入江，过郡二，行二千五百三十里。吴、蜀分荆州，长沙、桂阳、零陵、武陵以湘水为界耳；南郡、江夏各自依其郡界。

⑮阳平：关名。即阳平关，又名白马城、濜口城。古阳平关始建于西汉，故址在今陕西勉县武侯镇莲水村，位于白马河入汉水处。阳平关地理位置险要，与汉江南北的定军山、天荡山互为犄角之势，进利攻，退利守。晋张荟《南汉记》："蜀有三关：阳平、江关、白水。"《隋书·地理志》以为，阳平关"西控川蜀，北通秦陇，且后依景山，前耸定军、卓笔，右踞白马、金牛，左拱云雾、百丈，汉、黑、濜诸水襟带包络于其间，极天下之至险。蜀若得之，上可以倾覆寇敌，尊奖王室；中可以蚕食雍、凉，开扩土地；下可以固守要害，为持久之计。"因而自古被视为"蜀之咽喉"、"汉中门户"，历代有"汉中最险无如阳平"之叹。

⑯巴中：地区名。泛指古巴蜀中部地区。《禹贡》属梁州之域。秦及西汉时为巴郡地。东汉和帝时始置汉昌县，建安六年（201）改属巴西郡。今川东有地级巴中市，与陕西接壤。

⑰司马懿（179—251）：字仲达，河内温（今河南温县）人。时为丞相主簿。

⑱刘晔（？—234）：字子扬，淮南成德（今安徽寿县）人。汉光武子阜陵王刘延之后。年少知名，许劭称其有佐世之才。曹操为司空，辟为仓曹掾。从征张鲁，转为主簿。汉中军还，为行军长史，兼领军。明帝时官至大鸿胪、太中大夫。卒谥景侯。

⑲《通鉴》胡注："《考异》曰:《刘晔传》云'备虽斩之',按《备传》云:'备下公安,闻曹公定汉中,乃还。'如此,则备时犹在公安也。"

⑳《通鉴》胡注："七日之间,何以遽谓之小定? 晔盖窥觇备之守蜀有不可犯者,故为此言以对操焉耳。"

㉑夏侯渊(? —219):字妙才,沛国谯(今安徽亳州)人。初随曹操起兵,以作战勇猛,任别部司马、骑都尉,历迁太守、校尉、行领军、行征西护军、行护军将军,封博昌亭侯。操征张鲁,渊将凉州诸将侯王会师休亭;鲁降,以渊行都护将军。继拜征西将军,留守汉中。建安二十三年(218),与刘备军相拒于阳平关;明年正月,交战中为备将黄忠所斩。谥曰愍侯。

㉒《通鉴》胡注："《魏书》曰:置名号爵十八级,关中侯爵十七级,皆金印、紫绶;又置关内外侯十六级,铜印、龟纽、墨绶;皆不食租。裴松之曰:'今之虚封,盖自此始。'"

献帝建安二十五年（220）

柯按: 是年,岁在庚子。曹操之子曹丕以禅受之名篡汉,废汉帝为山阳公,自立为皇帝,史称魏文帝。东汉亡。《汉晋春秋》关于建安后期七八年间之叙事尽佚,故聊摘《通鉴纲目》所载自建安十八年曹操自立为魏公以来之重要史事,录纲省目,以略窥汉魏非常之兴替,并录相关论议三则,为本卷作结。

【史补】

(1)《通鉴纲目》曰:癸巳,十八年,夏,五月,曹操自立为魏公,加九锡。

秋,七月,魏始建宗庙社稷。○魏公操纳三女为贵人。

冬,十一月,魏初置尚书、侍中、六卿。

甲午,十九年,春,三月,魏公操进位诸侯王上。

闰五月,马超奔刘备。备入成都,自领益州牧,以诸葛亮为军师将军。

秋七月，魏公操击孙权。

十一月，魏公操弑皇后伏氏及皇子二人。

乙未，二十年，春，正月，立贵人曹氏为皇后。三月，魏公操击张鲁。

夏，五月，刘备、孙权分荆州，备使关羽守江陵，权使鲁肃屯陆口。

秋，七月，魏公操取汉中，走张鲁，留夏侯渊、张郃守之而还。八月，孙权攻合肥，大败而还。

丙申，二十一年，夏，四月，魏公操进爵为王，操杀尚书崔琰。八月，魏以钟繇为相国。

丁酉，二十二年，春正月，魏王操击孙权军；三月，权降。

夏，四月，魏王操用天子车服，出入警跸。六月，魏以华歆为御史大夫。

冬，十月，魏以世子丕为王太子。

○刘备进军汉中，魏王操遣将军曹洪拒之。

○孙权陆口守将鲁肃卒，权以吕蒙代之。

戊戌，二十三年，春，正月，少府耿纪、司直韦晃起兵讨魏王操，不克，死之。

夏，四月，代郡、上谷乌桓反，魏王操遣其子彰击破之。○刘备击张郃，不克。

秋，七月，魏王操击刘备。九月，至长安。

己亥，二十四年，春，正月，刘备击夏侯渊，破斩之。

三月，魏王操出斜谷；刘备将赵云击其军，败之。夏，五月，操引还，备遂取汉中。

秋，七月，刘备自立为汉中王。○魏王操号其夫人为王后。

八月，汉中将关羽取襄阳。○魏王操杀丞相主簿杨修。

冬，十月，孙权使吕蒙袭取江陵；魏王操帅师救樊；关羽走还，权邀斩之。十二月，蒙卒。

○魏王操表孙权为骠骑将军，领荆州牧。

庚子，二十五年，魏文帝曹丕黄初元年。是岁僭国一。春，正月，丞相、冀州牧、魏王曹操还至洛阳，卒。太子丕立，自为丞相、冀州牧。

二月朔，日食。○魏以贾诩为太尉，华歆为相国，王朗为御史大夫。○魏主丕遣其弟鄢陵侯彰等皆就国。○魏立法，自今宦者官不得过诸署令。○魏立九品法，置州郡中正。

夏，六月，魏王丕南巡至谯，大飨军士父老。

冬，十月，魏王曹丕称皇帝，废帝为山阳公。（《御批通鉴纲目》卷十四）

（2）〔晋〕袁宏论汉苟未亡则魏不可取，丕冒揖让之名而无代王之德曰：夫君位，万物之所重，王道之至公。所重在德，则弘济于仁义；至公无私，故变通极于代谢。是以古之圣人，知治乱盛衰有时而然也，故大建名教以统群生，本诸天人而深其关键。以德相传，则禅让之道也；暴极则变，则革代之义也。废兴取与，各有其会，因时观民，理尽而动，然后可以经纶丕业，弘贯千载。是以有德之兴，靡不由之。百姓与能，人鬼同谋，属于苍生之类，未有不蒙其泽者也。其政化遗惠，施及子孙，微而复隆，替而复兴，岂无僻王赖前哲以免？及其亡也，刑罚淫滥，民不堪命，匹夫匹妇莫不憔悴于虐政，忠义之徒无由自效其诚，故天下嚣然，新主之望，由兹而言。君理既尽，虽庸夫得自绝于桀、纣；暴虐未极，纵文王不得拟议于南面。其理然也。

汉自桓、灵，君道陵迟；朝纲虽替，虐不及民，虽宦竖乘间窃弄权柄，然人君威尊未有大去王室，世之忠贤皆有宁本之心。若诛而正之，使各率职，则二祖、明、章之业复陈乎目前，虽曰微弱，亦可辅之。时献帝幼冲，少遭凶乱，流离播越，罪不由己。故老后生，未有过也。其上者悲而思之，人怀匡复之志。故助汉者协从，背刘者众乖。此盖民未忘义，异乎秦汉之势。魏之讨乱，实因斯资，旌旗所指，则以伐罪为名，爵赏所加，则以辅顺为首。然则刘氏之德未泯，忠义之徒未尽，何言其亡也？汉苟未亡，则魏不可取。今以不可取之实而冒揖让之名，因辅弼之功而当代德之号，欲比德尧、舜，岂不诬哉！（《后汉纪·孝献皇帝纪第三十》）

（3）〔宋〕司马光论曹操久蓄无君之心而没身不敢篡汉曰：教化，国家之急务也，而俗吏慢之；风俗，天下之大事也，而庸君忽之。夫惟明智君子，深识长虑，然后知其为益之大而收功之远也。光武遭汉中衰，群雄糜沸，奋起布衣，绍恢前绪，征伐四方，日不暇给，乃能敦尚经术，宾延儒雅，开广学校，修明礼乐。武功既成，文德亦洽。继以孝明、孝章，遹追先志，临雍拜老，横经问道。自公卿、大夫至于郡县之吏，咸选用经明行修之人，虎贲卫士皆习《孝经》，匈奴子弟亦游太学，是以教立于上，俗成于下。其忠厚清修之士，岂唯取重于搢绅，亦见慕于众庶；愚鄙污秽之人，岂唯不容于朝廷，亦见弃于乡里。自三代既亡，风化之美，未有若东汉之盛者也。及孝和以降，贵戚擅权，嬖倖用事，赏罚无章，贿赂公行，贤愚浑殽，是非颠倒，可谓乱矣。然犹绵绵不至于亡者，上则有公卿大夫袁安、杨震、李固、杜乔、陈蕃、李膺之徒面引廷争，用公义以扶其危，下则有布衣之士符融、郭泰、范滂、许邵之流，立私论以救其败。是以政治虽浊而风俗不衰，至有触冒斧钺，僵仆于前，而忠义奋发，继起于后，随踵就戮，视死如归。夫岂特数子之贤哉，亦光武、明、章之遗化也！当是之时，苟有明君作而振之，则汉氏之祚犹未可量也。不幸承陵夷颓敝之余，重以桓、灵之昏虐，保养奸回，过于骨肉；殄灭忠良，甚于寇雠；积多士之愤，蓄四海之怒。于是何进召戎，董卓乘衅，袁绍之徒从而构难，遂使乘舆播越，宗庙丘墟，王室荡覆，烝民涂炭，大命陨绝，不可复救。然州郡拥兵专地者虽互相吞噬，犹未尝不以尊汉为辞。以魏武之暴戾强伉，加有大功于天下，其蓄无君之心久矣，乃至没身不敢废汉而自立，岂其志之不欲哉？犹畏名义而自抑也。由是观之，教化安可慢，风俗安可忽哉！（《资治通鉴》卷六十八《汉纪六十·献帝建安二十四年》）

（4）〔元〕胡一桂综论东汉之亡曰：建安二十五年间，杀生降拜不出汉天子之手，特寄空名于臣民之上耳。操死，子丕篡汉，昭烈帝蜀，孙权亦自王于吴，而天下三分矣。朱文公《纲目》于献帝既已遇篡，即以昭烈大书其后，俾得绍汉遗统，而吴、魏仅分书其下焉。陈同父曰："东汉诸君之得失，皆系于光武、明、章之身。盖自和、安以降，纪纲日就沦丧，当时袁安、杨震、李固、杜乔、陈蕃、李膺之徒，忠义奋发，宁随踵受戮而不顾。汉祚虽衰，所以久而未堕者，不可谓非三君崇儒术、表行义之效，此其所以为得也。然而，袁安不能止窦武穷兵之请，噫呜流涕；杨震不能胜樊丰、周广之谮，慷慨自杀；李固、杜乔死于梁冀之跋扈；陈蕃、窦武死于宦竖之盘错。终莫能救汉室之亡者，其失岂非由于光武不任大臣，三公具员，明帝加以诋毁，章帝无所匡救，体统卒以不正，厥后例以灾异斥免，权任日轻之故欤？南宫氏曰：西汉自高帝而下有文、武、宣，东汉自光武而下有明、章，文中子以七制断之，善矣。七制以下，母后擅权，戚宦用事，两汉所以亡也。然西汉之亡，风俗萎靡；东汉之亡，风俗刚劲。党锢诸贤，节义凛凛，奸雄如操，犹终身未敢废汉自立，谓非名义扶持之功不可。其视西汉阿谀成风，称功颂德者，大不侔矣。吁！溺冠嫚骂，安事诗书？旌车征贲，息马讲义，其风声气习，相去悬绝如此哉！有天下者，可以观矣。东汉自光武至献帝，凡十二帝，共一百九十六年。通两汉，二十四帝，四百六十九年。（《十七史纂古今通要》卷八《东汉》）

汉晋春秋通释卷二
季汉（221—263）（附魏、吴）

昭烈帝

【史补】

（1）〔元〕郝经《续后汉书》述《昭烈帝纪》之义例曰：魏晋自以为正统相继，故不举昭烈之谥，称曰先主。陈寿遂不以汉为帝纪，曰《先主传》，非也。先主者，大夫称其先大夫之辞也。继汉而不称汉，未尝称蜀而称蜀，蔑劣甚矣。夫昭烈，景帝之子中山靖王之后。为左将军时，受献帝衣带中密诏诛曹操，不克；出奔徐州，起兵讨操，又不克；奔袁绍，与绍讨操，又不克；遂依刘表，说表袭许以诛操，表不能用；及败操于赤壁，始有荆土；攻刘璋于成都，却操于汉中，遂有巴蜀。操既幽帝弑后，酖杀皇子，篡弑已成。昭烈以为高祖初封汉王，出定三秦，以讨项羽，故即汉中王位，兴兵讨操；及操死丕篡，献帝降废，汉统中绝，遂即汉皇帝位以祀汉，汉统于是乎在矣。及其崩殂，末帝嗣世。孔明出师讨魏，继之以死。蒋琬、费祎、姜维诸人，从臾义烈，尚数十年，与魏俱毙。则章武之元，自可绍建安之末。昭烈之与献帝自为缵承，魏、吴祗汉之僭伪尔，岂可削汉与魏，遂以为蜀乎！其称汉为蜀者，魏晋间语也。《通鉴》更蜀称汉，《纲目》以汉纪事，统体始正矣。纪，统纪也，以一统而纪天下之事也。故司马迁《史记》，凡一统天下者，皆曰"本纪"。班固因之曰"帝纪"。陈寿以魏为正统，故以魏为帝纪。汉统未绝而复与魏，则天下有二统。且魏岂能统汉哉！今从《纲目》，以汉昭烈、末帝为帝纪，魏、吴皆降为传云。《史记》于《高帝本纪》，初称高祖；及为沛公，称沛公；封汉王，则称汉王；至即皇帝位，称帝，称上；崩后，于他纪传则称高祖。班固《前汉书》因之。范氏《后汉书》，自世祖起兵即称光武，至即位后称帝、称上，崩后称世祖、光武，犹夫前史也。陈寿《三国志》于《先主传》始终称先主，于魏、吴则始终称姓名；《通鉴》始称姓名，及即汉中王位，称汉中王，至即帝位，称汉主，崩后称汉昭烈，并以僭伪书也。今从范史，始称昭烈，至即位后称帝、称上，于魏、吴则始终皆称昭烈，一同二汉天王正统云。（《帝纪第一·义例》）

（2）〔明〕谢陛《季汉书》论昭烈帝系曰：司马光作《通鉴》，至昭烈而有疑族属疏远，无可考据，因而黜为僭国，不以正统予之。驳之者曰：以千载而下之宋儒，欲考千载而上之汉谱，诚亦难矣。然而何必考也。昭烈、忠武初见隆中，一则曰"孤汉室宗子"，一则曰"将军帝室之胄"，一时君臣，交称审矣。不则，昭烈何人，肯作王郎？忠武何人，肯辅盆子？光即勿论其他，曷不考信于此？是故可以祛其蔽矣。以余考之，不止此一端而已也。孔融、陶谦、陈登、吕布、袁绍、张杨、徐庶、司马徽、公孙瓒，无不以帝胄推之。夫文举、元龙，犹曰其所诵义者也；陶、吕、袁、张，其所同仇者也；德操、元直，其所归心者也；公孙幽州，其所同学者也，使非真知所自，亦不至冒以推之。况夫献帝自为刘氏宗社计，使非以昭烈宗子有扶汉之心，肯以密诏令讨贼，为此不测事乎？此又其一征也。刘荆州、刘益州自为其国计，使非以昭烈同宗有亲亲之义，肯以托孤之，以州迎之乎？此又其一征也。昭烈、忠武入吴求援，孙权以下如鲁肃、周瑜、张昭、程普，一皆以帝胄推刘豫州。夫江东将相，崛强不肯下人，而周瑜为甚，使昭烈非宗子，肯推之以共抗曹且表之为荆州牧乎？此又其一征也。凡此数端，涑水岂不俱所睹记，而曷云无可考据也？虽然，此犹陈寿之所概志者也。即以陈寿作《先主传》，大书曰"中山靖王胜之裔，祖雄，父弘，世仕州郡"，朗然无疑。至作《魏武帝纪》，则云"父夏侯嵩，中常侍曹腾养子"，且云"莫能审其生出本末"，是则疑似之说矣。夫陈寿有疑于曹操，无疑于昭烈，而奈何涑水倒置之甚邪？只欲以先世承魏统，一蔽至此耳。宋儒有云：君实质粹而气未清，所以行笃而识未彻。故有见司马君实不得不多之评，亦或然矣。（《正论五篇·正帝系第二》）

（3）〔清〕顾炎武《日知录》论后人不当沿称昭烈为先主曰：春秋时，

称卿大夫曰主。故齐侯喑昭公称"主君"。子家子曰："齐卑君矣。"而南唐降号江南国主，亦以奉中国正朔，自贬其号。若刘玄德帝蜀，谥昭烈，葬惠陵，初无贬绌。末帝降魏，封为安乐公，自可即以本封为号。陈寿作《三国志》，创立先主、后主之名，常璩《蜀志》因之。以晋承魏统，义无两帝。今千载之后，而犹沿此称，殊为不当。况改汉为蜀，亦出寿笔，当时魏已篡汉，改称昭烈为蜀，使不得附汉统。异代文人不察史家阿枉之故，若杜甫诗中便称"蜀主"，殊非知人论世之学也。昔刘知幾论《后汉书·刘玄列传》，以为"东观秉笔，容或诏于当时，后来所修，理宜刊革"。今之君子，既非曹氏、司马氏之臣，不当称昭烈为先主矣。诸葛孔明书中亦多有称先主者，本当是"先帝"，传之中原，改为"先主"耳。主者，次于君之号。苏林解《汉书》"公主"云："妇人称主。"引《晋语》"主孟啖我"。（卷二十四《主》）

（4）**卢弼综述诸人论《三国志》改汉为蜀之失曰：** 高似孙曰："刘备父子在蜀四十余年，始终号汉，岂可以蜀名哉！其曰蜀者，一时流俗之言耳。寿乃黜正号而从流俗，史之公法，国之正统，辄皆失之。"黄震曰："蜀，地名，非国名。昭烈以汉名，未尝以蜀名，孙氏之盟亦曰'汉、吴既盟，同讨魏贼'，是天下未尝以蜀名也。且国有称号，犹人有姓氏，未有改人之姓氏而笔之书，亦未有改人国号而笔之史。谓其偏据欤？刘渊自谓汉，人犹谓之汉；谓未能中兴欤？元帝南渡，世亦谓之晋矣，未闻以其居吴而谓之吴也。"见《黄氏日钞》卷四十八。章学诚曰："黄东发谓《三国》称汉为蜀，由曹操有心贬抑；又坐罪陈寿，谓命名不正，是则然矣。后世文士亦多从之，则非有心为贬抑也。盖沿《三国》起事，汉献帝尚在，其后昭烈据有梁、益，势不容两汉并称，其中朝人士指西为蜀，取便分别，初不为贬抑地也。贬抑则称伪汉，必不称蜀也。"见《章氏遗书·知非札记》。刘咸炘曰："章氏谓沿称非贬抑，是矣；而谓因并称之嫌，则非。昭烈即位，魏已篡矣，何嫌于并耶？魏称受禅于汉，自不容更有汉；指西为蜀，亦非仅为分别也。吴人则通称为汉，其证甚多，不独盟词。吴称汉而魏独不称汉，为为有心明矣。推承祚之意，盖以魏既居正，二方自不可以国号对之，故以地称。一中国而鼎立分割，本前此所未有，无例可沿，名书为《三国志》，而各自为书者，乃从其不相统属之实，而名为吴、蜀者，则示其本一全中国也。且晋既承魏，亦必不容有汉，承祚依时人之意，亦自不敢称为汉，此固非有心贬抑，然以魏为正则明矣。"潘眉曰："先主即尊继汉统，不以蜀为国号，《江表传》载吴主曰：'前所以名西为蜀者，以汉帝尚存故耳。今汉已废，自可名为汉中王。'后为帝，固其盟文曰：'自今日汉、吴既盟之后，戮力一心。'陈志改汉为蜀，于义未当也。"（《三国志集解·蜀书一》）

昭烈帝章武元年（魏曹丕黄初二年）（221）

29. 习凿齿曰：夫创本之君，须大定而后正己；篡统之主，俟速建以系众心。是故惠公朝虏，而子圉夕立①；更始尚存，而光武举号②。夫岂忘主徼利，社稷之故也。今玄德纠合义兵，将以讨贼。贼强祸大，主没国丧，二祖之庙③，绝而不祀，苟非亲贤，孰能绍此？嗣祖配天，非咸阳之譬④，杖正讨逆，何推让之有？于此时也，不知速尊有德以奉大统，使民欣反正，世睹旧物，杖顺者齐心，附逆者同惧，可谓暗惑矣。其黜降也宜哉⑤！

【校记】

本条据《三国志》卷四十一《蜀志·费诗传》注引"习凿齿曰"校定。 汤本所补背景文字为"章武元年，群欲推先主即皇帝位。费诗上疏忤旨，左迁"。 "俟速建"，汤本"俟"作"必"。 "惠公朝虏"，汤本"虏"作"秦"。 "子圉夕立"，汤本"夕"作"以"。 "更始尚存"，汤本"尚"作"犹"。 "玄德"，《蜀志注》作"先主"。 "咸阳之譬"，汤本"譬"作"比"。 又"不知速尊有德"，汤本"知"作"如"，并于"可谓暗惑矣"前补一"诗"字，如此则断句又不同矣。

【史补】

（1）《通鉴纲目》曰：辛丑，昭烈皇帝章武元年，魏黄初二年。夏，四月，汉中王即皇帝位。蜀中传言帝已遇害，于是汉中王发丧制服，谥曰孝愍皇帝。群下竞劝王称尊号。司马费⑥诗上疏曰："殿下以曹操父子篡位，故羁旅万里，合众讨贼。今大敌未克，而先自立，恐人心疑也。"王不悦，左迁之。遂即帝位于武担之南⑦。大赦，改元。以诸葛亮为丞相，许靖为司徒。司马公曰⑧："三代之前，海内万国⑨，有人民、社稷者，通谓之君。合万国而君之君，乃谓之王。王德既衰，方伯连帅，能帅其属以尊天子，则谓之霸。自汉儒推五德生胜，以秦为闰位，在木火之间，霸而不王，于是正闰之论兴矣⑩。及三国、五胡、南北之乱，各有国史，互相排黜。朱氏代唐，四方幅裂，朱邪入汴，比之穷、新，运历年纪，皆弃而不数，此皆偏辞，非公论也。故今此书独以周、秦、汉、晋、隋、唐为正统，其后子孙虽微弱播迁，然犹承祖宗之业，四方与之争衡者皆其故臣也，故犹得用天子之制以临之。至于天下离析，本非君臣，则皆以列国之制处之；然不可无岁、时、月、日，以识事之先后。汉传于魏而晋受之，晋传于宋以至于陈而隋取之，唐传于梁以至于周而大宋承之，故不得不取其年号以纪其国之事，非尊此而卑彼，有正闰之辨也。昭烈之于汉，虽云中山靖王之后，然不能纪其世次名位，昭烈之于汉，虽云中山靖王之后，而族属疏远，不能纪其世数名位，亦犹宋高祖称楚元王后⑪，南唐烈祖称吴王恪后⑫，是非难辨，故不敢以光武及晋元帝为比，使得绍汉氏之遗统也。"⑬（《御批通鉴纲目》卷十四）

（2）〔宋〕萧常论费诗之谏不达时变曰：曹操父子世济凶德，操既自比周文王，而丕直藉议舜禹，人神共愤，尚稽天诛，四海皇皇，靡所适从。方是时，昭烈以帝室之胄扶义而起，南抵荆楚，则荆楚之士从之如云，西入巴蜀，则巴蜀之人望风而靡，此岂人力所能至是哉？其建大号，绍正统，允属天人之望矣。而诗之所陈，虽几于正，然不达时变，果足与语权哉？故习凿齿著论非之曰："创业之君，须大定而后王已；篡统之主，必速践祚以系人心。故更始尚存而光武举号。夫岂徼利，社稷故也。昭烈倡义，将以讨贼；贼强祸大，主亡国丧，二祖之庙，绝而不祀，苟非亲贤，孰能绍此？祀祖配天，非咸阳之比，杖正讨逆，亦何推让之有哉？于此时也，惟宜速尊有德，以奉大统，使民忻反正，世睹旧物，则未顺者齐心，附逆者同惧矣。"宋人裴松之称为确论，讵不信然！（《续后汉书·费诗传赞》）

（3）〔清〕尚镕因费诗之谏论曰：费诗谏昭烈不宜遽称尊号，习凿齿驳之曰："先主纠合义兵，将以讨贼。贼强祸大，主没国丧，二主之庙，绝而不祀，苟非亲贤，孰能绍此？嗣主配天，非咸阳之譬，杖正讨逆，何推让之有？"裴松之以为"凿齿论议，惟此最善"；又谓"武侯之仕蜀，盖以权御已移，汉祚将倾，方将翊赞宗杰，以兴微继绝克复为己任故也。"是晋、宋间人固皆以昭烈为汉宗室，蜀为正统矣！（《三国志辨微》卷一《汉景帝子中山靖王胜之后》）

【笺注】

①《三国志集解》："《左传·僖公十五年》：'秦获晋侯以归。晋阴饴甥会秦伯盟于王城。对秦伯曰：小人耻失其君，不惮征缮，以立圉也。'杜注：'圉，惠公太子怀公也。'"

②《三国志集解》："更始遣侍御史立光武为萧王，悉令罢兵诣行在所。光武辞以河北未平，不就征，自是始贰于更始。诸将议上尊号，光武于是命有司设坛场于鄗南，即皇帝位。"

③二主：谓前汉高祖、后汉世祖也。

④咸阳之譬：《蜀志·费诗传》："后群臣议欲推汉中王称尊号，诗上疏曰：'殿下以曹操父子逼主篡位，故乃羁旅万里，纠合士众，将以讨贼。今大敌未克，而先自立，恐人心疑惑。昔高祖与楚约，先破秦者王。及屠咸阳，获子婴，犹怀推让，况今殿下未出门庭，便欲自立邪？愚臣诚不为殿下取也。'"

⑤裴松之评曰："臣松之以为凿齿论议，惟此议最善。"而卢弼引李光地曰："诗，正论；习，通论也。不可相无。"

⑥费诗：字公举，犍为南安（今四川乐山）人。刘璋时为绵竹令，举城降刘备，为益州督军从事。出为牂牁太守，还，为州前部司马。备为汉中王，遣诗拜关羽为前将军，羽闻黄忠为后将军，不肯受拜，诗开导之，乃受。后以上疏谏止刘备称尊号，左迁部永昌从事（益州刺史部从事，部永昌郡）。后从诸葛亮南征。蒋琬秉政，任命

为谏议大夫。

⑦武担：山名。在今成都市内西北隅。胡注："《蜀本纪》曰：'武都有丈夫化为女子，颜色美好，盖山精也。蜀王娶以为妻，不习水土，疾病欲归国。蜀王留之，无几物故。蜀王发卒之武都担土，于成都郭中葬，盖地数亩，高十丈，号曰武担也。'裴松之曰：'按武担山在成都西北，盖以干位在西北，故就之以即祚。'杜佑曰：'武担山在蜀郡西。'"

⑧自"司马公曰"以下为节文，全文见《通鉴》卷六十九"臣光曰"云云。这是司马光很重要的一篇论文，其不予刘备绍汉统，而以魏"纪年之意，具于此论"（胡三省语）。

⑨《通鉴》胡注："黄帝置左右大监，监于万国。禹会诸侯于涂山，执玉帛者万国。"

⑩正闰：古代史学中将王朝区分为正统与非正统的一种书法或辩说。《通鉴》胡注引孟康曰："秦推五胜，以周为火，用水胜之。汉儒以庖牺继天而王，为百王首，德始于木。共工氏霸九域，虽有水德，在木火之间，非其序也，故霸而不王。神农氏以火承木，故为炎帝。神农氏没，黄帝氏作，火生土，故为土德。少昊，黄帝之子，土生金，故为金德。少昊之衰，颛顼受之，金生水，故为水德。颛顼之所建，帝喾受之，水生木，故为木德。高辛氏衰，天下归尧，木生火，故为火德。尧禅舜，火生土，故为土德。舜禅禹，土生金，故为金德。周伐商，水生木，故为木德。汉伐秦继周，木生火，故为火德。共工及秦不在五德相生之正运，故曰闰位。"宋周密《癸辛杂识》有《正闰》篇，于此述之甚详，文繁不录。

⑪《通鉴》胡注："宋高祖，彭城人，自谓汉楚元王交二十一世孙；盖以彭城楚都，故其苗裔家于此地也。"

⑫《通鉴》胡注："南唐初欲祖吴王恪，或请祖郑王元懿。唐主命考二王苗裔，以吴王孙祎有功，祎子岘为丞相，遂祖吴王。"

⑬自"昭烈之于汉"以下数句，未录《纲目》节文，系《通鉴》原文。当世和后世对司马光帝魏黜蜀汉的批驳大都针对此论，特别是这几句结语。

后　主

【史补】

（1）〔清〕**方苞论后主有任贤勿贰之德曰**：昔成汤之世，伐夏救民，皆伊尹主之，而汤若无所事也。周武王之世，勘乱致治，皆周公主之，而武王若无所事也。盖大有为之君，苟得其人，常以国事推之，而己不与，故无牵制之患，而功可成。大有为之臣，必度其君之能是，而后以身任焉，故无拂志之行，而言可复。亡国之君若刘后主者，其为世诟厉也久矣，而有合于圣人之道一焉，则"任贤勿贰"是也。其奉先主之遗命也，一以国事推之孔明，而己不与。世犹曰：以师保受寄托，威望信于国人，故不敢二也。然孔明既没，而奉其遗言以任蒋琬、董允者，一如受命于先主。及琬与允没，然后以军事属姜维，而维亦孔明所识任也。夫孔明之殁，其年乃五十有四耳。使天假之年，而得乘司马氏君臣之瑕衅，虽北定中原可也。即琬与允不相继以没，亦长保蜀汉可也。然则蜀之亡，会汉祚之当终耳，岂后主有必亡之道哉！抑观先主之败于吴也，孔明曰："法孝直若在，则能制主上东行。"是孔明之志，有不能行于先主也。而于后主，则无不可行。呜呼！使置后主之他行，而独举其任孔明者以衡君德，则太甲、成王当之有愧色矣。（《方苞集》卷三《蜀汉后主论》）

（2）〔清〕**夏之蓉论后主有任贤之诚曰**：后主禅固非令主，然其任诸葛公，有足多者焉。考诸葛治蜀，治尚清明，而后主不以为严；事无大小，总决于己，而后主不疑其专；出入中外，典兵数十年，而后主不疑其逼。当其时，岂无邪佞如黄皓者，潜匿宫闱？《出师》一疏，所谓"亲贤臣，远小人"，亦有为言之，而卒不闻信彼疑此。终孔明之世，任不少衰，此固伊尹不能得之于太甲、周公不能得之于成王者，而得之于后主。后主但嗤其亡国之陋，而没其任贤之诚，抑过已。（《读史提要录》卷三《三国·蜀》）

（3）〔清〕**袁枚论后主可比齐桓曰**：李密谓后主可比齐桓，人疑其阿旧君。余谓非阿也。人君之道无他，用人而已；用人之道无他，勿疑而已。孔明之贤足用，后主之用孔明不疑。然则用伊尹即为汤，用太公即为文王矣，何区区之齐桓而震之？先主没后，不闻后主下一诏行一事，一则曰"丞相"，再则曰"丞相"。以为形迹无可疑乎？则全蜀之兵，孔明主之，在朝之臣，孔明黜陟之。"鞅鞅非少主臣"，汉宣之芒刺，此其时也。以为时事不足疑乎？则街亭一败，陈仓再遁，魏之君臣，岂无反间之纵，廉颇之失亡，此其时也。居可疑之时，操独信之识，虽先主家法，孔明忠诚，有以致之，而要非后主之贤不及此。且吾以为后主不特比齐桓，且胜齐桓。齐桓多内宠，管仲不能裁；后主妃嫔之数，董允能裁之。管仲死，劝除易牙、竖刁、开方，桓公不能从；孔明死，劝用蒋琬、费祎、董允，后主能从之。其不颠覆典刑也，贤于太甲；其不惑流言也，贤于成王；其不改父之臣与父之政也，贤同孟庄子。呜呼！使后主生守文之世，臣如孔明者辅之，致太平，兴礼乐，未可量也。丞相先亡，而诸贤命短，独劝降之谯周老而不死，岂非天哉！且世之称孔明者，亦非知孔明者也。称孔明者疑若聪强廉悍，目无朋辈者矣；不知孔明之贤，即后主之贤也。其贤奈何？曰：用人而已。其用人奈何？曰：勿疑而已。夫马谡一用而败，似乎孔明非能用人者，不知此正孔明之能用人也。帝尧不以一鲧之故而疑舜、禹，孔明不以一谡之故而疑诸贤。观其推云长，奖马超，拜许靖之虚名，用秦宓之利口，恕简雍之倨床，听子龙之还绢，纵法正之报恩怨，泣杨颙之谏辛勤，交元直而求启诲，平交州而问得失，勤勤恳恳，乐取于人。孟子所谓"好善优于天下"者是也，《秦誓》所谓"断断猗无他技"者是也。后之人误褒孔明而妄讥后主，宜其不知为政欤！（《小仓山房文集》卷二十《刘后主可比齐桓论》）

昭烈帝章武三年后主建兴元年（魏曹丕黄初四年、吴孙权黄武二年）（223）

30. 习凿齿曰：礼，国君即位逾年而后改元者，缘臣子之心，不忍一年而有二君也。今可谓亟而不知礼矣。君子是以知蜀之不能东迁也①。

【校记】

本条据《宋书》卷三十一《五行志二》"言之不从"条引"习凿齿曰"校定。 汤本所补背景文字为"先主卒，刘禅即位。未葬，亦未逾月，而改元为建兴。此言之不从也"。 本条不见于黄本。

【史补】

（1）《通鉴纲目》曰：夏，四月，帝崩于永安。丞相亮受遗诏辅政。五月，太子禅即位。改元②。尊皇后曰皇太后，封亮为武乡侯，领益州牧。诸葛亮至永安③。帝病笃，命亮辅太子禅，以尚书令李严为副④。帝谓亮曰："君才十倍曹丕，必能安国，终定大事。若嗣子可辅，辅之；如其不才，君可自取。"⑤亮涕泣曰："臣敢不竭股肱之力，效忠贞之节，继之以死！"帝又诏敕禅曰："勿以恶小而为之，勿以善小而不为！惟贤惟德，可以服人。汝父德薄，不足效也⑥。汝与丞相从事，事之如父。"⑦亮奉丧还成都，以李严为中都护⑧，留镇永安。禅即位，时年十七。大赦，改元建兴。封亮为武乡侯⑨，领益州牧，政事咸取决焉。亮乃约官职，修法制⑩，发教与群下曰："夫参署者⑪，集众思，广忠益也。若远小嫌，难相违覆，旷阙损矣⑫。违覆而得中，犹弃敝蹻而获珠玉。然人心苦不能尽，惟徐元直处兹不惑。又董幼宰参署七年⑬，事有不至，至于十反，来相启告。苟能慕元直之十一，幼宰之勤渠，有忠于国，则亮可少过矣。"又曰："昔初交州平，屡闻得失；后交元直，勤见启诲；幼宰每言则尽，伟度数有谏止⑭。虽资性鄙暗，不能悉纳，然与此四子终始好合，亦足以明其不疑于直言也。"⑮伟度者，亮主簿义阳胡济也。亮尝自校簿书，主簿杨颙谏曰："为治有体，上下不可相侵。请为明公以作家譬之。今有人，使奴执耕，婢典爨，鸡司晨，犬吠盗，牛负重，马涉远。私业无旷，所求皆足，雍容高枕，饮食而已。忽一旦尽欲以身亲其役，不复付任，劳其体力，为此碎务，形疲神困，终无一成。岂其智之不如奴婢鸡狗哉？失为家主之法也。是故古人称'坐而论道，谓之王公；作而行之，谓之士大夫。'故丙吉不问横道死人而忧牛喘⑯，陈平不肯知钱谷之数⑰，云'自有主者'，彼诚达于位分之体也。今明公为治，乃躬自校簿

书，流汗终日，不亦劳乎！"亮谢之。及颙卒，亮垂泣三日⑱。（《御批通鉴纲目》卷
十四）

（2）史料补编：汉昭烈帝章武年间事略

辛丑，昭烈帝章武元年（221），夏，四月，汉中王即皇帝位。立宗
庙，祫祭高皇帝以下。

五月，立夫人吴氏为皇后；子禅为皇太子。

秋，七月，自将伐孙权。帝耻关羽之没，将击孙权。翊军将军赵云曰："国
贼，曹操，非孙权也。若先灭魏，则权自服。今操虽毙，子丕篡盗，当因众心，早
图关中，居河、渭上流以讨凶逆，关东义士必裹粮策马以迎王师。不应置魏，先与吴
战。兵势一交，不得卒解，非良策也。"群臣谏者甚众，帝皆不听。乃留诸葛亮辅太
子守成都，而自率诸军东下。

〇车骑将军张飞为其下所杀。飞雄猛亚于关羽；羽善待卒伍而骄于士大夫，
飞爱礼君子而不恤军人。帝常戒之，飞不悛。至是，当率万人会江州。临发，为帐下
所杀，以其首奔孙权。帝闻飞营都督有表，曰："噫，飞死矣！"

〇孙权请和，不许；遂遣陆逊督诸军拒守。孙权遣使求和，南郡太守诸葛
瑾因致笺曰："陛下以关羽之亲，何如先帝？荆州大小，孰与海内？俱应仇疾，谁当
先后？若审此数，易于反掌矣。"帝不听。时吴人或言瑾别遣亲人与汉闻者，权曰：
"孤与子瑜有死生不易之誓，子瑜之不负孤，犹孤之不负子瑜也。"陆逊表明瑾必无
此，权报曰："玄德昔遣孔明至吴，孤尝语子瑜曰：'卿与孔明同产，何以不留之？'子
瑜言：'亮已失身于人，义无二心。弟之不留，犹瑾之不往也。'其言足贯神明，今岂
当有此乎！孤与子瑜可谓神交，非外言所间，知卿意至，辄封来表示之矣。"帝遣吴
班、冯习攻破权将李异等于巫，进军秭归。权以陆逊为大都督、假节，督朱然等五万
人拒守。

八月，孙权遣使降魏，魏封权为吴王。

壬寅，章武二年（222），二月，帝进军猇亭。帝自秭归将进击吴，治中
从事黄权曰："水军沿流，进易退难。臣请先驱以当寇，陛下宜为后镇。"帝不从，以
权督江北诸军；自率诸将自江南缘山截岭，军于夷道猇亭。吴将皆欲迎击之。陆逊曰：
"彼锐气始盛，乘高守险，难可卒攻。若有不利，损我大势，非小故也。今且奖厉将

士，以观其变。彼势不得展，自当罢于木石之间，徐制其敝耳。”诸将皆以为怯。帝遂自佷山通武陵，使侍中马良以金锦赐五溪诸蛮夷，授以官爵。

夏，六月，陆逊进攻猇亭，诸军败绩，帝还永安。帝自巫峡建平连营至夷陵界，立数十屯，自正月与吴相拒，至六月不决。遣吴班将数千人于平地立营，吴将帅欲击之，陆逊曰：“此必有谲，且观之。”帝知计不得行，乃引伏兵八千从谷中出。逊曰：“所以不听诸君击之者，以此故也。”遂上疏吴王权曰：“夷陵，国之关限，失之则荆州可忧。臣初嫌彼水陆俱进，今反舍船就步，处处结营，察其布置，必无他变矣。”闰，逊将进攻汉军，诸将曰：“攻当在初，今诸要害皆已固守，击之必无利矣”逊曰：“彼更事多，其军始集，思虑精专，未可干也。今住既久，不得我便，兵疲意沮，计不复生。掎角此军，正在今日。”乃先攻一营，不利。逊曰：“吾已晓破之之术。”乃敕各持一把茅，以火攻，拔之；遂率诸军同时俱攻，破四十余营。帝升马鞍山，陈兵自绕，逊促兵四面蹙之，土崩瓦解，死者万数。帝夜遁，仅得入白帝城，舟械军资略尽。帝大惭恚曰：“吾乃为陆逊所折辱，岂非天耶！”将军傅彤为后殿，兵众尽死，彤气益烈。吴人使降，彤骂曰：“吴狗，安有汉将军而降者！”遂死之。从事祭酒程畿溯江而退，众劝其走，畿曰：“吾在军，未习为敌之走也。”亦死之。

冬，十月，吴王权改元，拒魏；十一月，魏主丕自将击之。○吴人来聘，遣太中大夫宗玮报之。

癸卯，章武三年建兴元年（223），夏，四月，帝崩于永安。（据《通鉴纲目》、《纲鉴易知录》编纂）

（3）〔宋〕唐庚论章武三年改元建兴曰：人君继体，逾年改元，而章武三年五月改为建兴，此陈寿所以短孔明也。以吾观之，似不为过。古者人君虽立，尚未即位也，明年正月行即位之礼，然后书即位，而称元年。后世承袭之初，固已即位矣，称元年，不亦可乎？故曰：不为过也。春秋之时，未有一年而二名者，如隐公之末年，即名之为十一年矣，不可复名为桓公元年。自纪元以来，有一岁而再易、三四易者矣，岂复以二名为嫌，而曰不可乎？故曰：不为过也。（《三国杂事》卷上）

（4）〔明〕邱濬记蜀汉二帝之传承并论曰：癸卯，㊀汉章武三年、五月以后帝禅建兴元年。魏黄初四年、吴大帝孙权黄武二年。

按司马氏《资治通鉴》，凡书号年皆以后来者为定，《纲目》因之。盖以《春秋》书定公为例也。然昭公以去年十二月薨，则次年事不得复系于昭公，定公之立之年，其正月未有所系也，系之于定固无不可。若夫秦汉以来之君，君崩未逾年而改元者，崩与立同在一年之中，而书其嗣君之年，是予之也，岂所以示戒乎！假令先君之终在于岁首，未有事可书，然且不可，况夫阅月既久，事有当书者，何以为称？所书之事，其先君乎？嗣君乎？如此年之书岁首，既书曰"后主建兴元年"，至于四月又书曰"帝崩于永安"，所谓帝者谁欤？故今正之，它仿此。（《世史正纲》卷十《三国世史》）

【笺注】

①《三国志旁证·蜀志·刘后主传》引李清植曰："是时皇纲解纽，先主遽丧，民志必生惶惑，未逾年而改元，虽违古义，实遵汉旧，借此以新视听而悚远迩，奠民心，以济大业。应权通变，计宜出此。史家以是讥诸葛公，毋乃失之拘乎！"

②"改元"二字系据汪克宽《通鉴纲目考异》补。

③永安：指永安宫。故址在今重庆市奉节县。刘备自猇亭败后，退屯白帝城，改白帝为永安，并建此宫。至章武三年四月二十四日逝世，一直住在这里。

④李严事见佚文第 43 条史补（2）。

⑤《通鉴》胡注："自古托孤之主，无如昭烈之明白洞达者。"

⑥《通鉴》胡注："自汉以下，所以诏敕嗣君者能有此言否？"

⑦宋苏辙论刘备托孤之得曰："蜀先主将亡，召诸葛孔明而告之曰：'嗣子可辅，辅之；如其不才，君可自取。'复语后主：'汝与丞相从事，事之如父。'后主之暗弱，孔明之贤智，蜀人知之矣。使孔明有异志，一摇手而定矣。然外平徼外蛮夷，内废李平、廖立，旁御魏、吴，功成业定，又付之蒋琬、费祎。奉一昏主三十余年，而无纤芥之隙。此又霍光之所不能望也。"（《栾城后集·历代论三·晋宣帝》）

⑧中都护：官名。蜀汉置，并有左、右都护。官品、地位略与曹魏大都督同。

⑨武乡：地名。《三国志集解·蜀志·诸葛亮传》："《寰宇记》：'武乡谷在南郑县东北三十一里，即诸葛孔明受封之地。'赵一清曰：'《方舆纪要》卷五十六：武乡谷之汉中府南郑县，蜀汉封丞相亮为武乡侯，盖邑于此。又襄城县十七里，有武乡城，后

魏延昌初置武乡县，属襄中郡。'潘眉曰：'《十道记》以南郑之武乡谷为诸葛武侯受封地，近洪氏《补疆域志》从之。眉按：诸葛功在魏延上，延尚封南郑邑侯，不应诸葛只封南郑之乡侯。考武乡乃县名，前汉属琅邪郡，中兴省。至建安中，严幹已封武乡侯，可知武乡虽省改于中兴，而复置于汉末矣。三国时封爵之制，皆以本郡邑为封土。如魏张郃郑人，封郑侯；徐晃杨人，封杨侯；吴文钦谯郡人，封谯侯；濮阳兴陈留人，封外黄侯。时谯郡、陈留不属吴，亦遥领之。诸葛琅邪郡人，因以琅邪之武乡封之。犹张桓侯涿郡人，封西乡侯。西乡，涿郡县名，皆邑侯，非乡侯也。'恽毓鼎说同。弼按：潘说极是。"

⑩《通鉴》胡注："以先主、孔明君臣之相得，而约官职修法制乃行于辅后主之时，此《易》之戒浚恒也。"

⑪参署：参议署理。《通鉴》胡注："谓所行之事，参其同异，署而行之。"或即后世参谋机关。

⑫《通鉴》胡注："违，异也；覆，审也。难于违异，难于覆审，则事有旷阙损矣。"

⑬董幼宰：即董和，南郡枝江（今属湖北宜昌）人。初事刘璋，为官清廉，躬率以俭，有政声。官至益州太守。刘备主蜀，和为掌军中郎将，与诸葛亮并署左将军大司马府事，献可替否，相交甚欢。为官二十多年，死之日家无余财。

⑭伟度：即胡济，义阳（治今河南信阳）人。初为诸葛亮主簿，有忠荩之效，故见褒述。亮卒，为中典军，统诸军，封成阳亭侯，迁中监军前将军，督汉中，假节领兖州刺史，至右骠骑将军。

⑮清尹会一《臣鉴录》卷一论诸葛亮任益州牧之《与群下教》曰："诸葛武侯称王佐之才，其为治规模甚大，要在使人各得尽其心耳。夫身为执政，而乐闻己过，此所以优于天下者也。至于妙简旧德，俾辅时君，欲与群贤以正道灭邪伪之曹丕，则用重听之杜微一事，尤足以见其志焉。"

⑯《通鉴》胡注："丙吉相汉宣帝，尝出逢清道，群斗者死伤横道，吉过之不问。前行逢人逐牛，牛喘吐舌。吉使骑吏问：'逐牛行几里矣？'掾史谓丞相前后失问。吉曰：'民斗相杀伤，长安令、京兆尹职也。方春少阳用事，未可大热，恐牛近行，用暑故喘，此时气失节，有所伤害。三公调和阴阳，职当忧，是以问之。'掾史乃服，以

吉知大体。”

⑰《史记·陈丞相世家》：“孝文皇帝既益明习国家事，朝而问右丞相勃曰：‘天下一岁决狱几何？’勃谢曰：‘不知。’问：‘天下一岁钱谷出入几何？’勃又谢不知，汗出沾背，愧不能对。于是上亦问左丞相平。平曰：‘有主者。’上曰：‘主者谓谁？’平曰：‘陛下即问决狱，责廷尉；问钱谷，责治粟内史。’上曰：‘苟各有主者，而君所主者何事也？’平谢曰：‘主臣！陛下不知其驽下，使待罪宰相。宰相者，上佐天子理阴阳，顺四时，下育万物之宜，外镇抚四夷诸侯，内亲附百姓，使卿大夫各得任其职焉。’孝文帝乃称善。右丞相大惭，出而让陈平曰：‘君独不素教我对！’陈平笑曰：‘君居其位，不知其任邪？且陛下即问长安中盗贼数，君欲强对邪？’于是绛侯自知其能不如平远矣。”

⑱元吴澄《武侯不纳颙谏辨》曰：“开诚心，布公道；集众思，广忠益；谓有忠虑于国，但勤攻吾之阙。汉丞相诸葛忠武侯语也，可以为万世相天下者之法矣。孔明岂不知为相之体哉？于主簿杨颙之谏也，生既谢之，死又哀之，孔明岂不知其言之忠哉？然而罚二十以上皆亲览，食少事繁，至为敌国所窥而庆幸其不久，孔明岂不知爱重其身哉？其若是者，何也？呜呼！是未可以常情度浅识议也。夫知相之体而未免自劳，知言之忠而未见乐取，知一身系国之存亡而竟取敌国庆幸之计，苟非甚愚者或有所不为，而谓盖世绝智者为之乎？予故曰：是未可以常情度浅识议也。且当时事势何如耶？以一木支大厦之倾，事君而致其身尽瘁于国，遑恤其它，夫岂可已而不已者？杨颙之谏，谓之爱孔明则可，谓之知孔明则未也。杜子美诗，字字有意，细味之，庶乎知孔明之心，而岂常情浅识之所能测度拟议者哉！”（载《季汉五志·诸葛忠武侯志·艺文》）

后主建兴三年（魏曹丕黄初六年、吴孙权黄武四年）（225）

31. 亮至南中①，所在战捷。闻孟获者②，为夷、汉所并服，募生致之。既得，使观于营陈之间，问曰：“此军何如？”获对曰：“向者不知虚实，故败。今蒙赐观看营阵，若只如此，即定易胜耳。”亮笑，纵使更战，七纵七禽③，而亮犹遣获。获止不去，曰："公，天威也，南人不复反矣！"遂至滇池④。南中平，皆即其渠率而用之⑤。或以谏亮，亮曰："若留外人，则当留兵，兵留则无所食，一不易也；加夷新伤破，父兄死丧，留外人而无兵者，必成祸患，二不易也；又夷累有废杀之罪⑥，自嫌衅重，若留外人，终不相信，三不易也。今吾欲使不留兵，不运粮，而纲纪粗定，夷、汉粗安故耳。"⑦

【校记】

本条据《三国志》卷三十五《蜀志·诸葛亮传》注引《汉晋春秋》并参考卢弼《集解》校定。 汤本所补背景文字为"建兴三年"。 黄本列"诸葛亮"目下。 "亮至南中"，汤、黄本及卢弼《集解》"至"皆作"在"。 "为夷汉所〔并〕服"，《蜀志注》无"并"字，汤、黄本"并"在"所"字前。据《集解》："宋本无'并'字。刘家立曰：'疑作所并服，非衍文。'"刘说是，故加"〔并〕"字以足语意。"营陈"，汤、黄本"陈"皆作"阵"。 "七纵七禽"，汤、黄本"禽"皆作"擒"。 "夷累有废杀之罪"，汤、黄本及《集解》"夷"皆作"吏"。 又黄本有尾注曰："《书钞》一百十八，陈补引'诸葛亮在南中，所在战捷，既得孟获，使观于营阵之间'，以下同。《御览》三百二十二引'诸葛亮至南中'，以下同《蜀志注》引至'七纵七擒'。"按《北堂书钞》卷一百十八、卷一百十九《武功部·攻战、克捷》及《太平御览》卷三百二十二《兵部·胜》三篇引文皆涉及"七纵七擒"一事，而文字略异，不赘。

【史补】

(1)《通鉴纲目》曰：乙巳，（建兴）三年，魏黄初六年、吴黄武四年。春，三月，丞相亮南征。亮率众讨雍闿等⑧，问计于参军马谡⑨。谡曰："南中恃其险远，不服久矣；今日破之，明日复反。况公方北事强贼，彼知内虚，其反必速。若殄尽遗类以除后患，又非仁者之情也。用兵之道，攻心为上，攻城为下，心战为上，兵战为下，愿公服其心而已。"亮纳之。谡，良之弟也。

秋，七月，丞相亮讨雍闿，斩之。遂平四郡。亮至南中，所在战捷。由越巂入⑩，斩雍闿等。孟获素为夷、汉所服，收余众拒亮。亮募生致之，既得，使观于营陈间。获曰："向者不知虚实，故败。今祇如此，即易胜耳。"乃纵使更战。七纵七禽，而亮犹遣获。获止不去，曰："公，天威也，南人不复反矣！"亮入滇池。益州⑪、永昌⑫、牂柯⑬、越巂四郡皆平，亮即其渠率而用之。或以谏亮，亮曰："留外人则当留兵，兵留则无所食，一不易也；彼新伤破，父兄死丧，留外人而无兵，必成祸患，二不易也；又彼累有废杀之罪，自嫌衅重，留外人终不相信，三不易也。今吾欲使不留兵，不运粮，而纲纪粗定，夷、汉粗安故耳。"于是悉收其俊杰孟获等以为官属，出其金、银、丹、漆、耕牛、战马以给军国之用。终亮之世，获不复反。（《御批通鉴纲目》卷十四）

（2）《华阳国志》记诸葛亮南征前后事曰：建安十九年，刘先主定蜀，遣安远将军、南郡邓方以朱提太守⑭、庲降都督治南昌县⑮，轻财果毅，夷、汉敬其威信。方亡，先主问代于治中从事建宁李恢，对曰："西零之役，赵充国有言：'莫若老臣。'"⑯先主遂用恢为都督，治平夷县。先主薨后，越巂叟帅高定元杀郡将军焦璜，举郡称王以叛。益州大姓雍闿亦杀太守正昂，更以蜀郡张裔为太守。闿假鬼教曰："张裔府君如瓠壶，外虽泽而内实粗，杀之不可，缚与吴。"于是执送裔于吴。吴王孙权遥用闿为永昌太守，遣故刘璋子阐为益州刺史，处交、益州际。牂柯郡丞朱提朱褒领太守，恣睢。丞相诸葛亮以初遭大丧，未便加兵，遣越巂太守巴西龚禄住安上县，遥领郡。从事蜀郡常颀行部南入，以都护李严书晓喻闿。闿答曰："愚闻天无二日，土无二王。今天下派分，正朔有三，远人惶惑，不知所归。"其傲慢如此。颀至牂柯，收郡主簿，考讯奸。褒因杀颀为乱。益州夷复不从闿，闿使建宁孟获说夷叟曰："官欲得乌狗三百头，膺前尽黑，螨脑三斗，斫木构三丈者三千枚，汝能得不？"夷以为然，皆从闿。斫木坚刚，性委曲，高不至二丈，故获以欺夷。

建兴三年春，亮南征，自安上由水路入越巂。别遣马忠伐牂柯，李恢向益州，以犍为太守广汉王士为益州太守。高定元自旄牛、定笮、卑水多为垒守。亮欲俟定元军众集合，并讨之，军卑水。定元部曲杀雍闿及士庶等，孟获代闿为主。亮既斩定元，而马忠破牂柯，李恢败于南中。夏五月，亮渡泸，进征益州。生虏孟获，置军中，问曰："我军如何？"获对曰："恨不相知，公易胜耳。"亮以方务在北，而南中好叛乱，宜穷其诈，乃赦获使还，合军更战。凡七虏、七赦。获等心服，夷、汉亦思反善。亮复问获，获对曰："明公，天威也，边民长不为恶矣。"秋，遂平四郡⑰。改益州为建宁，以李恢为太守，加安汉将军，领交州刺史，移治味县。分建宁、越巂置云南郡，以吕凯为太守。又分建宁、牂柯置兴古郡。以马忠为牂柯太守。移南中劲卒青羌万余家于蜀，为五部，所当无前，号为飞军。分其羸弱配大姓焦、雍、娄、爨、孟、量、毛、李为部曲；置五部都尉，号"五子"，故南人言"四姓五子"也。以夷多刚狠，不宾大姓富豪，乃劝令出金帛，聘策恶夷为家部曲，得多者奕世袭官。于是夷人贪货物，以渐服属于汉，成夷汉部曲。亮收其俊杰建宁爨习、朱提孟琰及获为官属，习官至领军，琰辅汉将军，获御史中丞。出其金、银、丹、漆、耕牛、战马给军国之用，都督常重用其人。（卷四《南中志》）

(3)《唐太宗李卫公问对》论诸葛亮兵法曰：太宗曰："兵少地遥，何术临之？"靖曰："臣以正兵。"太宗曰："平突厥时用奇兵，今言正兵，何也？"靖曰："诸葛亮七擒孟获，无他道也，正兵而已矣。"太宗曰："儒者多言管仲霸臣而已，殊不知兵法乃本于王制也。诸葛亮王佐之才，自比管、乐，以此知管仲亦王佐也。但周衰时，王不能用，故假齐兴师耳。"靖曰："陛下神圣，知人如此，老臣虽死，无愧昔贤也。"太宗曰："诸葛亮言：'有制之兵，无能之将，不可败也；无制之兵，有能之将，不可胜也。'朕疑此谈非极致之论。"靖曰："武侯有所激云尔。臣按《孙子》有云：'教道不明，吏卒无常，陈兵纵横，曰乱。'自古乱军引胜，不可胜纪。夫教道不明者，言教阅无古法也；吏卒无常者，言将臣权任无久职也；乱军引胜者，言己自溃败，非敌胜之也。是以武侯言，兵卒有制，虽庸将无败；若兵卒自乱，虽贤将危之。又何疑焉？"（卷上）

太宗曰："朕与李勣论兵，多同卿说，但勣不究出处尔。卿所制六花阵法，出何术乎？"靖曰："臣本诸葛亮八阵法也。大阵包小阵，大营包小营，隅落钩连，曲折相对。古制如此，臣为图因之。故外画之方，内环之圆，是成六花，俗所号尔。"太宗曰："内圆外方，何谓也？"靖曰："方生于步，圆生于奇。方所以矩其步，圆所以缀其旋。是以步数定于地，行缀应于天，步定缀齐则变化不乱。八阵为六，武侯之旧法焉。"（卷中）

太宗曰："深乎节制之兵！得其法则昌，失其法则亡。卿为纂述历代善于节制者，具图来上，朕当择其精微，垂于后代。"靖曰："臣前所进黄帝、太公二阵图，并《司马法》、诸葛亮奇正之法，此已精悉。历代名将用其一二，成功者亦众矣。但史官鲜克知兵，不能纪其实迹焉。臣敢不奉诏，当纂述以闻。"太宗曰："兵法孰为最深者？"靖曰："臣常分为三等，使学者渐而至焉。一曰道，二曰天地，三曰将法。夫道之说，至精至微，《易》所谓'聪明睿智神武而不杀'者是也。夫天之说阴阳，地之说险易，善用兵者，能以阴夺阳，以险攻易，《孟子》所谓'天时地利'者是也。夫将法之说，在乎任人利器，《三略》所谓'得士者昌'，管仲所谓'器必坚利'者是也。"太宗曰："然。吾谓不战而屈人之兵者，上也；百战百胜者，中也；深沟高垒以自守者，下也。以是较量，孙武著书，三等皆具焉。"靖曰："观其文，迹其事，亦可差别矣。若张良、范蠡、孙武，脱然高引，不知所往，此非知道，安能尔乎？若乐毅、管仲、诸葛亮，战必胜，守必固，此非察天时地利，安能尔乎？其次，王猛之保秦，谢安之守晋，非任将择才，缮完自固，安能尔乎？故习兵之学，必先由下以及中，由中以及上，则渐而深矣。不然则垂空言，徒记诵，无足取也。"（卷下）

(4)〔宋〕叶适读《唐李问对》论诸葛亮之兵曰：太宗举诸葛亮言："有制之兵，无能之将，不可败也；无制之兵，有能之将，不可胜也。"余每恨《亮集》今不存，无以考信其所行。盖自战国以来，能教其人而后用者，惟亮一人，固非韩信驱市人之比，所以其国不劳，其兵不困，虽败而可战，虽胜而可恃。夫教者岂八阵、六花之谓？此特其色别耳。抚循安集，上下相应，使皆晓然，旅泊不悲，死亡不痛，犹在其家室也。然则如驱群羊，驱而往，往驱来，莫知所之，孙子之术，靖与太宗所讲，正亮之弃也。虽然，亮亦止于春秋战国之将耳。（《习学记言序目》卷四十六《唐太宗李卫公问对·卷上》）

　　（5）〔宋〕洪迈《容斋随笔·南夷服诸葛》曰：蜀刘禅时，南中诸郡叛，诸葛亮征之，孟获为夷汉所服，七战七擒，曰："公，天威也，南人不复反矣。"《蜀志》所载，止于一时之事。国朝淳化中，李顺乱蜀，招安使雷有终遣嘉州士人辛怡显使于南诏，至姚州，其节度使赵公美以书来迎，云："当境有泸水，昔诸葛武侯戒曰：'非贡献、征讨，不得辄渡此水；若必欲过，须致祭，然后登舟。'今遣本部军将赍金龙二条、金钱二千文并设酒脯，请先祭享而渡。"乃知南夷心服，虽千年如初。呜呼，可谓贤矣！（卷四）

　　（6）〔金〕赵秉文论七擒七纵之事曰：书汉丞相亮讨孟获七擒纵者何？昔舜舞干羽于两阶，七旬有苗格，学者或疑焉。此古帝王正义明道之事，固非浅浅者所能议也。有苗虽为逆命，又非冥顽无知者，其意曰：以位，则彼君也，我臣也；以力，则彼以天下，我一方也。而且退让修德，其待我也亦至矣。且孔明所以不杀孟获者，服其心也。孔明而一天下，岂待孟获也？必有道矣。惜乎出师中道而殂，不得见帝者之佐之行事，故功业止此龊龊也。善乎文中子曰："诸葛亮而无死，礼乐其有兴乎！"仆固不足以知礼乐之本，若安上治民移风易俗之事，孔明任之有余矣。不然，周旋铿锵之末，区区叔孙通、太乐令夔之事，何待于亮哉！（《闲闲老人滏水文集》卷十四《蜀汉正名论》）

　　【笺注】

　　①南中：古地区名。约相当今四川大渡河以南和云南、贵州两省。三国时蜀汉以巴蜀为根据地，其地在巴蜀之南，故名。两汉该地区已先后有牂柯、越巂、益州、朱提、永昌诸郡建置。蜀汉建兴三年（225），诸葛亮平南中，改益州郡为建宁郡，又分建宁、越巂置云南郡，分建宁、牂柯置兴古郡。通常所谓南中七郡，即指牂柯、越巂、朱提、建宁、永昌、云南、兴古七郡。

　　②孟获：汉末建宁（治今云南曲靖）人。南中部落酋长。蜀汉建兴元年（223），益州地方豪强雍闿煽动孟获等反蜀。建兴三年，诸葛亮南征，雍闿被杀，获收闿余众以拒亮。临战，亮生擒获，七擒七纵，终服其心。后至成都，任御史中丞。

　　③《三国志集解》："刘家立曰：'张若骐《滇云纪略》：七擒孟获：一擒于白崖，今

赵州定西岭；一擒于邓賧豪猪洞，今邓川州；一擒于佛光寨，今浪穹县巡检司东二里；一擒于治渠山；一擒于爱甸，今顺宁府地；一擒于怒江边，今保山县、腾越州之间；一以火攻，擒于山谷，即怒江之蹯蛇谷。'弼按：《滇云纪略》所云，俱在今云南大理府、永昌府境。"

④滇池：县名。西汉置。治所在今云南晋宁东。晋常璩《华阳国志·南中志》："滇池县，郡治，故滇国也；有泽，水周围二百里，所出深广，下流浅狭，如倒流，故曰滇池。"三国时，滇池县属蜀汉益州郡。滇池又名昆明湖、昆明池，在今云南昆明市西南。胡三省注："滇，音颠。"

⑤《通鉴》胡注："即，就也，渠，大也。渠率，大率也。率，与帅同。"

⑥《通鉴》胡注："杀，读曰弒；杀其郡将，是亦弒也。"

⑦明吴嶽《武侯征南中辨》曰："孔明之征南中，人有谓千钧之弩不为鼷鼠发机，万石之钟不以莛撞起音。舍丕、叡而幺麽是先，致使北定中原反为迟局，深惋惜之。此不但未识孔明，并未见陆逊上孙权之议耳。逊之言曰：'方今英雄棋峙，豺狼阚望，山寇旧恶，依阻深地，腹心未平，难以图远；且克寇宁远，非众不济，取其精锐，可益部伍。夫蜀之南夷，岂下于吴之山越；雍闿附吴，岂下于费栈降魏；得南中之飞军，岂弱于山越之劲卒！况南中更饶金银、犀革、丹漆、牛马，可以充继军资耶！取之则足以为利，舍之则足以为患，取之则为本国之牙爪，舍之则为敌人之羽翼。成败间不容发，智者为计，顾不出此乎！儒生胡足以知之。"（载《季汉五志·诸葛忠武侯志·艺文》）

⑧雍闿：汉末建宁（治今云南曲靖）人。益州地方豪族。闿初投刘备，备卒，闿杀蜀汉所置太守正昂，降于吴；吴遥署闿为永昌太守，但为郡吏吕凯、府丞王伉所拒，不得入境。及丞相亮南征讨闿，既发在道，而闿已为其同伙高定之部曲所杀。

⑨马谡（190—228）：字幼常，襄阳宜城人。马良之弟。初以荆州从事随刘备入蜀，历任绵竹成都令、越巂太守。谡才器过人，好论军计，深受诸葛亮重，每引见谈论，自昼达夜。被用为丞相参军。建兴六年（228）诸葛亮北伐，破例以马谡为先锋，因违背诸葛亮节度，在街亭之战中为魏将张郃所破，致全军进无所据。退军后下狱死。一说被斩首。

⑩越巂：郡名。汉武帝元鼎六年（前111）置，治所在邛都（今四川西昌东南）。

辖境相当今云南丽江及绥江两县间金沙江以东、以西的祥云、大姚以北和四川木里、石棉、甘洛、雷波以南地区。

⑪益州：郡名。汉武帝元封二年（前109）置，治滇池县（今云南晋宁东）。辖境相当今中缅边境高黎贡山以东，云南洱海以西及姚安、元谋、东川市以南，曲靖、宜良、华宁、蒙自以西，哀牢山以北地区。蜀汉建兴三年（225）改益州郡为建宁郡，郡治迁至味县（今曲靖市内），辖境缩小相当今南盘江流域以西，金沙江四川会理、会东段以南，双柏、哀牢山以东和新平、华宁以北地区。又益州郡属益州，是两个概念。

⑫永昌：郡名。东汉明帝永平年间，古哀牢国内附，汉分其地为二县，并分原益州郡西部六县，合并置永昌郡。始治嶲唐县，后迁不韦县。蜀汉建兴三年（225），又分永昌、建宁二郡置云南郡。新永昌郡治所不变，辖境约当今云南西部部分地区及缅甸北部克钦邦等地区。

⑬牂柯：郡名。汉武帝元鼎六年（前111）置，治故且兰县（今贵州贵阳附近，一说在今凯里西北）。蜀汉建兴三年（225），分牂柯、建宁二郡置兴古郡。新牂柯郡故治在今贵州黄平西南，辖境相当今贵州中部及以南、广西西北部分地区；兴古郡治宛温（今云南丘北南），辖境相当今云南石屏以东、河口以北，贵州兴义以南、红水以西地区，并今越南莱州一带。

⑭朱提：郡名。汉建安十九年（214）刘备改犍为属国置，治朱提县（今云南昭通）。领朱提、汉阳（今四川高县庆符镇南）、南广（今云南镇雄县）、堂琅（今云南巧家县老店镇一带）、南昌（今云南威信、镇雄一带）五县。

⑮庲降：地区名。《通鉴》胡注："裴松之曰：讯之蜀人云：庲降，地名，去蜀三千余里。时未有宁州，号为南中，立此职以总摄之；晋泰始中，始分为宁州平夷县，属牂柯郡。余据《蜀志》，庲降督住平夷，盖侨治，非庲降之本地也。至马忠为庲降督，乃自平夷移住建宁味县，后遂为宁州治所。"实际上，庲降或即南中。庲降都督总督南中七郡军政，其治夷之务或重于军事。庲降，取招徕、降服之意，应主要是落实诸葛亮"南抚夷越"的方针，实现和维持南中地区"纲纪粗定，夷、汉粗安"的局面。蜀汉庲降都督与江州都督、永安都督、汉中都督同为中央政府常置的四大镇戍都督之一。历任庲降都督为邓方、李恢、张翼、马忠、张表、阎宇、霍弋，皆一时人物。

⑯《汉书·赵充国传》："时充国年七十余，上老之，使御史大夫丙吉去问谁可将者，充国对曰：'亡逾于老臣者矣。'"

⑰清杭世骏《三国志补注·诸葛亮传》引《古今刀剑录》曰："诸葛亮定黔中，从青石祠过，遂抽刀刺山头，刀不拔而去，行人莫测。"

后主建兴六年（魏曹叡太和二年、吴孙权黄武七年）（228）

32. 习凿齿曰：诸葛亮之不能兼上国也，岂不宜哉！夫晋人规林父之后济，故废法而收功①；楚成暗得臣之益己，故杀之以重败②。今蜀僻陋一方，才少上国，而杀其俊杰，退收驽下之用，明法胜才，不师三败之道，将以成业，不亦难乎！且昭烈诚谡之才不可大用，岂不谓其非才也？亮受诚而不获奉承，明谡之难废也。为天下宰匠，欲大收物之力，而不量才节任，随器付业；知之大过，则违明主之诚；裁之失中，即杀有益之人，难乎其可与言智者也③！

【校记】

本条据《三国志》卷三十九《蜀志·马良传附马谡传》注引"习凿齿曰"校定。　汤本所补背景文字为"建兴六年，街亭之败，马谡下狱物故"，且于"街亭之败"后有小注"上依《书钞》补"五字。　黄本列"诸葛亮"目下。

【史补】

（1）《通鉴纲目》曰：（丁未，建兴五年，）三月，丞相亮率诸军出屯汉中④，以图中原。亮率诸军北驻汉中，使长史张裔⑤、参军蒋琬统留府事⑥。临发，上疏曰："先帝创业未半，而中道崩殂。今天下三分，益州疲敝，此诚危险存亡之秋也。然侍卫之臣不懈于内，忠志之士忘身于外者，盖追先帝之殊遇，欲报之于陛下也。诚宜开张圣听，以光先帝遗德，恢弘志士之气；不宜妄自菲薄，引喻失义，以塞忠谏之路也。宫中府中，俱为一体⑦，陟罚臧否，不宜异同。若有作奸犯科及为忠善者，宜付有司论其刑赏，以昭陛下平明之理，不宜偏私，使内外异法也。侍中、侍郎郭攸之⑧、费祎⑨、董允⑩等，此皆良实，志虑忠纯，是以先帝简拔以遗陛下。愚以为宫中之事，事无大小，悉以咨之，然后施行，必能裨补阙漏，有所广益。将军向宠⑪，性行淑均，晓畅军事，试用于昔日，先帝称之曰能，是以众议举宠为督。愚以为营中之事，悉以咨之，必能使行陈和睦，优劣得所。亲贤臣，远小人，此先汉所以兴隆也；亲小人，远贤臣，此后汉所以倾颓也。先帝在时，每与臣论此事，未尝不叹息痛恨于桓、灵也。侍中、尚书、长史、参军⑫，此悉端良死节之臣⑬，愿陛下亲之信之，则汉室之隆，可计日而待也⑭。

"臣本布衣，躬耕南阳，苟全性命于乱世，不求闻达于诸侯。先帝不以臣卑鄙，猥自枉屈，三顾臣于草庐之中，谘臣以当世之事；由是感激，遂许先帝以驱驰。后值倾覆，受任于败军之际，奉命于危难之间，尔来二十有一年矣⑮。先帝知臣谨慎，故临崩寄臣以大事也。受命以来，夙夜忧叹，恐托付不效，以伤先帝之明。故五月渡泸⑯，深入不毛。今南方已定，兵甲已足，当奖率三军，北定中原，庶竭驽钝，攘除奸凶，兴复汉室，还于旧都，此臣所以报先帝而忠陛下之职分也。至于斟酌损益，进尽忠言，则攸之、祎、允之任也。愿陛下托臣以讨贼兴复之效，不效，则治臣之罪，以告先帝之灵；若无兴德之言，责攸之、祎、允等之慢，以彰其咎⑰。下亦宜自谋，以谘诹善道，察纳雅言⑱，深追先帝遗诏。臣不胜受恩感激，今当远离，临表涕零，不知所言。"⑲遂行，屯于沔北阳平石马⑳。辟广汉太守姚伷为掾，伷并进文武之士，亮称之曰："忠益者莫大于进人，而进人者各务其所尚。今姚掾并存刚柔，可谓博雅矣。"

魏主叡闻亮在汉中，欲大发兵攻之，以问散骑常侍孙资，资曰："昔武皇取张鲁，危而后济，数言'南郑直为天狱，中斜谷道为五百里石穴'㉑。今若进军就南郑，道既险阻，计用精兵及转运、镇守南方，遏御水贼，凡十五六万人，必当更有所兴，天下骚动，此宜深虑。不若但以见兵，分命大将据诸要险，亦足以镇静疆场，百姓无事。数年之间，中国日盛，吴、蜀必自敝矣。"乃止。（《御批通鉴纲目》卷十四）

戊申，（建兴）六年，魏太和二年、吴黄武七年。春，正月，丞相亮伐魏，战于街亭，败绩。诏贬亮右将军，行丞相事。初，魏以夏侯渊子楙都督关中。至是，丞相亮将伐魏，与群下谋之。司马魏延曰㉒："楙，主婿也，怯而无谋。今假延精兵五千，负粮五千，直从褒中出㉓，循秦岭而东，当子午而北㉔，不过十日，可到长安。楙闻延奄至，必弃城走。横门邸阁与散民之谷，足周食也㉕。比东方合聚，尚二十许日，而公从斜谷来，亦足以达。如此，则一举而咸阳以西可定矣。"亮以此为危计，不如安从坦道，可以平取陇右，十全必克而无虞，故不用延计㉖。扬声由斜谷取郿㉗，使将军赵云、邓芝㉘为疑军，据箕谷㉙。魏使曹真督诸军军郿以拒之。亮乃率大军攻祁山，戎陈整齐，号令明肃。始，魏以昭烈既崩，数岁寂然无闻，是以略无备豫；而卒闻亮出，朝野恐惧，于是天水、南安、安定皆举军应亮㉚，关中响震。魏主叡如长安，以右将军张郃督步骑五万拒之。亮使参军马谡督诸军，与郃战于街亭㉛。谡违亮节度，举措烦扰，舍水上山，不下据城。郃绝其汲道，击，大破之。亮乃拔西县千余家还汉中㉜。初，亮以谡才术过人，深加器异，昭烈临终谓曰："谡言过其实，不可大用，君其察之！"亮未以为然，引谡参军事，每与谈论，自昼达夜㉝。至是乃收杀之，而自临祭，为之流涕，抚其遗孤，恩若平生。蒋琬谓亮曰："昔楚杀得臣，而文公喜。今天下未定，而戮智计之士，岂不惜乎！"亮流涕曰："孙武所以能制胜于天下者，用法明也㉞。今四海分裂，兵交方始，若复废法，何用讨贼邪！"先是，裨将军巴西王平连规谏谡㉟，谡不能用。及败，众散，惟平所领千人鸣鼓自守，张郃疑其有伏，不敢逼，于是平徐徐收合诸营散兵以还㊱。亮拜平参军，进位封侯。上疏请自贬三等，诏以为右将军，行丞相事㊲。时赵云亦以箕谷兵败坐贬。亮问邓芝曰："箕谷军退，兵将初不相失，何也？"芝曰："赵云身自断后，军资什物略无所弃，不但兵将不相失也！"云有军资余绢，亮使分赐将士，云曰："军事无利，何为有赐？请须十月为冬给。"亮大善之。或劝亮更发兵者，亮曰："大军在祁山、箕谷"云云。

亮之出祁山也，天水参军姜维诣亮降。亮美维胆智，辟为仓曹掾，使典军事㊳。

（《御批通鉴纲目》卷十五）

（2）史料补编：汉丞相诸葛忠武侯北伐记略

蜀汉建兴五年春，丞相亮出屯汉中，营沔北阳平、石马。

六年春，丞相亮出师攻祁山，天水、南安、安定皆降。魏遣将张郃拒亮。马谡与郃战于街亭，败绩。天水三郡复入于魏。冬，亮复出散关，围陈仓，粮尽退。魏将王双追亮，亮破其师，斩之，还汉中。

七年春，丞相亮遣陈式攻武都、阴平，遂克定二郡。冬，亮徙府营于南山下原上，筑汉、乐二城。是岁，孙权称帝，与蜀约盟，共交分天下。

八年秋，魏使司马懿由西城，张郃由子午，曹真由斜谷，欲攻汉中。丞相亮待之于城固、赤坂，大雨道绝，真等皆还。是岁，魏延破魏雍州刺史郭淮于阳溪。

九年春二月，丞相亮复出祁山，始以木牛运。魏司马懿、张郃救祁山。夏六月，亮粮尽退军，郃追至青封，亮与战，射杀之。秋八月，都护李严废徙梓潼郡。

十年，丞相亮休士劝农于黄沙，作流马木牛毕，教兵讲武。

十一年冬，丞相亮使诸军运米集于斜谷口，治斜谷邸阁。

十二年春，丞相亮率众十万由斜谷出伐魏，始以流马运。夏四月，至郿，军屯于渭水之南，据武功五丈原，数挑战司马懿；司马懿坚垒拒守不敢出。秋八月，丞相亮薨于渭滨。（据《蜀志·后主传、诸葛亮传》及《蜀鉴·汉诸葛忠武侯北伐》编纂）

（3）〔宋〕胡寅由孔明失于马谡论知人之难曰：先主、孔明器识相上下，一时遇合，真君臣也。先主能因水鉴以知卧龙，可谓超世之见矣，而失于蒋琬、庞统。孔明器使群才，各尽其用，而失于马谡。故知人之难，尧、舜亦病也。惟不护己短，不庇私交，大明赏罚，马谡虽死而无怨，此则人之所难也。（《读史管见》卷六《魏纪·汉后主建兴六年》）

（4）〔宋〕罗大经论诸葛亮诛马谡曰：诸葛孔明征蛮，马谡曰："攻心为上，攻城为下，心战为上，兵战为下。"其论高矣。街亭之败，用秦穆宥孟明故事可也。蜀势日倾，蜀才日少，而乃流涕斩谡，过矣。夫法立必诛，而不权以古人八议之仁，此申、韩之所为也。前辈谓子房之学出于黄、老，孔明之学出于申、韩，信矣。近世张魏公之斩曲端、赵哲，乃效孔明所为，尤非也。（《鹤林玉露》甲编卷四《马谡》）

（5）〔清〕王鸣盛论诸葛亮诛马谡曰：习凿齿论诸葛亮诛马谡云："晋人规林父之后济，故废法而收功；楚成暗得臣之益己，故杀之以重败。今蜀僻陋一方，才少上国，而杀其俊杰，退收弩下之用，将以成业，不亦难乎！"亮之误非误于诛谡，误于用谡不得其当耳！谡幼负才名，以荆州从事随先主入蜀，才器过人，好论军计，盖其所长在智谋心战之说。亮既用之，赦孟获以服南方，终亮之世，南方不复敢反，此其明证也。祁山之役，令为先锋，统大众在前，以运筹决策之才而责以陷阵摧坚之事，是使萧何为将而韩信乃转粟敖仓以给军也，宜其败矣。此则亮之误也。(《十七史商榷》卷四一《三国志三·亮诛马谡》)

【笺注】

①此言晋楚邲之战故事。林父，即荀林父，原姓，荀氏，字伯。史料中多用其大宗本家氏号，称荀林父。晋文公时继其父为大夫，晋楚城濮之战时，他为文公御戎。战后，晋作三行（步兵）以御狄，他将中行，因又称中行氏。灵公时迁为卿，任上军佐、中军佐，屡有军功。成公时迁正卿。晋楚争霸，成公七年（前600），他以中军将率军伐陈、救郑，击败楚庄王师。景公三年（前597），他再次率三军救郑，与楚军战于邲（今河南荥阳东北），大败。《左传·宣公十二年》："秋，晋师归，桓子请死，晋侯欲许之。士贞子谏曰：'不可。城濮之役，晋师三日谷，文公犹有忧色。左右曰：有喜而忧，如有忧而喜乎？公曰：得臣犹在，忧未歇也。困兽犹斗，况国相乎！及楚杀子玉，公喜而后可知也，曰：莫余毒也已。是晋再克，而楚再败也。楚是以再世不竞。今天或者大警晋也，而又杀林父以重楚胜，其无乃久不竞乎？林父之事君也，进思尽忠，退思补过，社稷之卫也，若之何杀之？夫其败也，如日月之食焉，何损于明？'晋侯使复其位。"景公六年，荀林父果率师攻灭赤狄潞氏，受赏"狄臣千室"。卒谥曰桓，因又称桓子。

②此言晋楚城濮之战故事。楚成，谓楚成王，芈姓，熊氏，名恽。楚文王少子。公元前672年杀其兄自立，即位之初，整饬内政，结好诸侯，同时借尊奉周惠王之名，攻灭南方多国，使国势日强。又数度北伐中原，与齐争霸。齐桓公死后，前638年在泓（今河南柘城西北）之战中击败意欲称霸的宋襄公，从而称雄中原。前632年，在晋楚城濮（今山东鄄城西南）之战中败于晋，向中原发展受阻。前626年，因欲废嫡立庶，太子商臣发动兵变，他被迫自缢而死。在位四十六年。得臣，即成得臣，芈姓，成氏，名得臣，字子玉。初为大夫，以屡立军功，被任为令尹（正卿）。城濮之战中，得臣不顾成王告诫，骄兵冒险，导致楚军溃败。得臣在撤军至连谷时，因受到

成王谴责，引咎自杀。得臣为楚名将，据《左传·僖公二十八年》："及连谷而死。晋侯闻之，而后喜可知也，曰：'莫余毒也已！'"

③《三国志集解》引何焯曰："魏延、吴壹辈皆蜀之宿将，亮不用为先锋，而违众用谡，其心已不乐矣。今谡败而不诛，则此辈必益哓哓，而后来者将有以藉口，岂不惜一人而乱大事乎？凡亮之治蜀，所以能令人无异议者，徒以其守法严而用情公也。习氏之论亦不达于当时之势矣。"又引钱振锽曰："《向朗传》：'朗素与马谡善，谡逃亡，朗知情不举，亮恨之，免官。'据此，则谡军败后尝畏罪而逃，逃之被获，于是乎其罪不可赦。不然，未必见戮也。《马良传》谓谡下狱物故，盖录马氏私书而未改。"

④汉中：地名。参见佚文第28条笺注⑪。

⑤张裔（165—230）：字君嗣，蜀郡成都（今四川成都）人。刘璋时，举孝廉，为鱼复长，还州署从事，领帐下司马。刘备定成都，以裔为巴郡太守，还为司金中郎将，典作农战之器。出为益州太守，被耆率雍闿缚送于吴。后诸葛亮遣邓芝使吴，周旋解救得归，亮以为参军，署丞相府事，又领益州治中从事。亮出驻汉中，裔以射声校尉领留府长史。加辅汉将军，领长史如故。建兴八年（230）卒。

⑥蒋琬（？—246）：字公琰，零陵湘乡（今湖南湘乡）人。初以州书佐随刘备入蜀，除广都长、什邡令，入为尚书郎。丞相诸葛亮开府，辟为东曹掾，后迁参军，代张裔为长史，加抚军将军。亮数征伐在外，琬留府，常足食足兵以相供给。亮生前尝密表后主："臣若不幸，后事宜以付琬。"亮卒，任尚书令，俄而加行都护，假节，领益州刺史，迁大将军，录尚书事，封安阳亭侯。旋受命开府，加大司马。琬为人方整有威重，总揽蜀汉军政，承丞相亮之成规，因循而不革，是以边境无虞，邦家和一。延熙九年（246）卒。谥曰恭。

⑦《三国志集解》："李周翰曰：'宫中，禁中也；府中，大将军幕府也。'胡三省曰：'蜀后主建兴元年，命亮开府治事，所谓府中，盖丞相府也。'王鸣盛曰：'府者，即三公之府，见《前汉书》。宫中者，黄门常侍也。宏恭、石显排击萧望之、周堪，曹节、王甫辈反噬陈蕃、窦武，此宫、府不一体之祸也。时虽以攸之、祎、允分治宫中政令，犹恐后主柔暗，或有所瞒，故首以为言。其后董允即卒，黄皓专政，而国亡矣。当与《允传》同观。'赵绍祖曰：'府中，通诸官府言之，故下云不宜偏私，使内外异法也。黄皓之事，孔明盖先见之。'"

⑧郭攸之：字演长，南阳（今河南南阳）人。为人和顺，以器识才学知名于时。建兴二年（224）任黄门侍郎，后迁侍中。

⑨费祎（？—253）：字文伟，江夏鄳（今河南罗山西）人。游学入蜀。刘禅为太子时，与董允俱为舍人。禅嗣位，迁黄门侍郎。受诸葛亮器重，以昭信校尉使吴；吴君臣论难锋至，祎辞顺义笃，据理以答，终不能屈。还，迁为侍中。丞相亮北住汉中，以祎为参军。以奉使称旨，频烦使吴。建兴八年（230），转为中护军，后又为司马。亮卒，祎为后军师。顷之，代蒋琬为尚书令。旋迁大将军，录尚书事。延熙七年（244），击退魏军于兴势，封成乡侯。以蒋琬固让，复领益州刺史。自琬及祎，虽长期驻外，朝廷庆赏刑威，皆遥先谘断，然后乃行。十五年，命祎开府。十六年岁首大会，祎欢饮沈醉，为魏降将郭脩所害。谥曰敬侯。

⑩董允（？—246）：字休昭，南郡枝江（今湖北枝江）人。蜀汉掌军中郎将董和之子。初为太子刘禅舍人。禅嗣位，迁黄门侍郎。迁侍中，领虎贲中郎将，统宿卫亲兵。允处事为防制，上则正色匡主，下则数责黄皓。终允之世，皓不敢为非。延熙六年（243），加辅国将军。七年，以侍中守尚书令，为大将军费祎副手。九年卒。

⑪向宠（？—240）：南郡宜城（今襄阳宜城）人。向朗之侄。刘备时为牙门将。秭归之败，宠营特完。建兴元年（223）封都亭侯，后为中部督，典宿卫兵。迁中领军。延熙三年（240），南征汉嘉（今四川雅安北）蛮夷，遇害。

⑫《三国志集解·蜀志·亮传》："李善曰：'《蜀志》，建兴二年，陈震拜尚书。又曰：'诸葛亮出驻汉中，张裔领留府长史。'又曰：'蒋琬迁参军，统留府事。'"

⑬《三国志集解·蜀志·亮传》："《文选》良作亮。何焯曰：'攸之等管机密，陈震等统政事，其职各异，以内外分言之。后但言攸之等者，内职诸臣，专以成就君德为务，震等代领留府事，皆唯公栽决也。或曰：统留府事，易于专权召猜，表其皆贞良死节之臣，明所守之不可夺，亲之信之，则小人之间无自生也。'"

⑭《义门读书记·蜀志·亮传》："以不懈于内任群司，以忘身于外自效，以修身正家、纳谏任人责难其主，又兴复之本也。真王佐之才，与《伊训》、《说命》相表里。"

⑮《三国志集解·蜀志·亮传》："顾炎武曰：'所谓败军，乃当阳、长坂之败；其云奉命，则求救于江东也。'胡三省曰：'自建安十二年至是年，凡二十一年。'"

⑯《三国志集解·蜀志·亮传》:"《水经·若水篇》:'(若水)又东北至犍为朱提县西,为泸江水。'郦注曰:泸津东去县八十里,水广六七百步,深十数丈,多瘴气,鲜有行者。泸峰最为杰秀,孤高三千余丈,水之左右,马步之径裁通,而特有瘴气,三月四月,迳之必死,非此时犹令人闷吐。五月以后,行者差得无害。故诸葛亮表言:五月渡泸,并日而食,臣非不自惜也,顾王业不可偏安于蜀故也。《益州记》曰:'泸水源出曲罗巂下三百里,曰泸水。两峰有杀气,暑月旧不行,故武侯以夏渡为艰。泸水又下合诸水而总其目焉,故有泸江之名矣。'《寰宇记》卷八十:'巂州会川县本汉邛都县地,有泸水。'按《十道记》云:'水出蕃中,入黔府,历郡界入拓州,至此有泸沽关,关上有石岸,高三千丈,四时多瘴气,三四月间发,人冲之死,非此时中则人多闷吐,惟五月上伏即无害。故诸葛武侯征越巂上疏云:五月渡泸,深入不毛。'又按《地志》云:'今昆明道渡所见,有武侯道在。'按《十道记》:'水峻急而多巉石,土人以牛皮为船,方涉津涘会无川。在泸水之南,又有大冢,武侯军此,士卒遭瘟瘴,以大冢葬之。在县南。'朱国桢《涌幢小品》云:'今以渡泸为泸州,非也。泸州古之江阳,泸水乃今之金沙江,即黑水也。'潘眉曰:'泸水即今之金沙江也,之滇、蜀之交,自云南昭通府北流入四川雷波厅界,其水黑,故以为泸耳。在汉为越巂郡地。若今泸州在汉为犍为江阳县地,非孔明所渡之泸水也。'"

⑰《三国志集解·蜀志·亮传》:"《文选》此句上有'若无兴德之言则'七字。本志《董允传》同。梁章钜曰:'《文选》初本亦阙此七字,后李善补足之。注云:无此七字,于义有阙。盖据《董允传》补之也。'"

⑱《通鉴》胡注:"谘事为谘。雅,正也。"

⑲以上即著名的《出师表》,通常又称《前出师表》。关于此表,历来评价极高,有千古文章第一之说。苏轼、王夫之之赞、论具有代表性。苏轼赞曰:"诸葛孔明不以文章自名,而开物成务之姿,综练名实之意,自见于言语,至《出师表》,简而尽,直而不肆,大哉言乎!与《伊训》、《说命》相表里,非秦汉以来以事君为悦者所能至也。"(《苏轼文集·乐全先生文集叙》)王夫之论曰:"诸葛公出师北伐,表上后主,以亲贤臣、远小人为戒,一篇之中,三致意焉。后主失国之由,早见于数十年之前,公于此无可如何,而唯以死谢寸心耳。贤臣之进,大臣之责也,非徒以言,而必有进之之实。公于郭攸之、费祎、董允、向宠亦既进之无遗力矣。然能进而不能必庸主之亲

之。庸主见贤而目欲垂，犹贤主见小人而喉欲哕也，无可如何也。虽然，尚可使之在列也。至于小人之亲，而愈无可如何矣。卑其秩，削其权，不得有为焉止矣。愈抑之，庸主愈狎之；愈禁之，庸主愈私之；敛迹于礼法之下，而嘀沓于帷帘之中；庸主曰：此不容于执政，而固可哀矜者也。绸缪不舍，信其无疵可摘，而蛊毒潜中于胗毊之微。呜呼！其将如之何哉！故贤臣不能使亲而犹可进，小人可使弗进而不能使弗亲。非有伊尹放桐非常之举，周公且困于流言，况当篡夺相仍之世，而先主抑有君自取之之乱命，形格势禁，公其如小人何哉？历举兴亡之緐，著其大端而已。何者为小人，不能如郭、费、董、向之历指其人而无讳也；指其名而不得，而况能制之使勿亲哉？以一死谢寸心于未死之间，姑无决裂焉足矣。公之遗憾，岂徒在汉、贼之两立也乎！"（《读通鉴论》卷十《三国一二》）

⑳沔北：沔水之北。亦即沔阳。《水经·沔水注》："沔水又东迳武侯垒南，诸葛武侯所居也，南枕沔水。水南有亮垒，背山向水，中有小城，回隔难解。沔水又东迳沔阳县故城南，城旧言汉祖在汉中，萧何所筑也。汉建安二十四年，刘备北定汉中，始立坛即汉王位于此城。其城南临汉水，北带通逵，南对定军山，曹公南征汉中，张鲁降，乃命夏侯渊等守之。刘备自阳平关南渡沔水，遂斩渊首，保有汉中。"　阳平：即阳平关，亦即白马城。胡三省注引《水经注》曰："沔水迳白马戍南，谓之白马城，一名阳平关。又有白马山，山石似马，望之逼真。"《读史方舆纪要》卷五十六："石马城在陕西汉中府沔县东二十里，或以为诸葛垒，亦曰诸葛城。"

㉑斜谷道：即斜谷。又名褒斜谷，亦称褒斜道、斜峪道。《读史方舆纪要》卷五十六"陕西汉中府"条："褒斜道。南口曰褒，在褒城县北十里；北口曰斜，在凤翔府郿县西南三十里。谷长四百七十里，昔秦惠王取蜀之道也。汉王就封南郑，张良送至褒中。后汉初平二年，刘焉牧益州，以张鲁为督义司马，使掩杀汉中太守，断绝斜谷阁道。建安二十二年，先主争汉中。曹操出斜谷以临汉中，不克。既还，数言南郑为天狱，中斜谷道为五百里石穴耳，言其深险也。"按：斜谷位于今陕西眉县西南之终南山。谷北口有斜谷关，又名斜峪关，在今岐山与眉县交界处。

㉒魏延（？—234）：字文长，义阳（今河南信阳市浉河区）人。初以部曲随刘备入蜀，以勇略称，数有战功，迁牙门将军。刘备称汉中王，迁治成都，破格拔魏延为督汉中镇远将军，领汉中太守。昭烈践尊号，进拜镇北将军。建兴元年（223），封都

亭侯。五年，丞相亮驻汉中，以延为前部督，领丞相司马、凉州刺史。胡三省曰："汉丞相有长史而无司马，是时用兵，故置司马。"

㉓褒中：地名。在今陕西汉中西南。褒中之名始见于《史记·留侯世家》："良送至褒中。"《正义》引《括地志》云："褒谷在梁州褒城县北五十里南中山。昔秦欲伐蜀，路无由入，乃刻石为牛五头，置金于后，伪言此牛能屎金，以遗蜀。蜀侯贪，信之，乃令五丁共引牛，堑山埋谷，致之成都。秦遂寻道伐之，因号曰石牛道。蜀赋以石门在汉中之西，褒中之北是。"亦县名。《华阳国志·汉中志》："褒中县，孝昭帝元凤六年置，本都尉治也。"则先有褒中都尉后置县。又《汉书·高帝纪》颜师古注："褒中，即今梁州之褒县，旧曰褒中，言居褒谷之中。"

㉔子午：山谷名，指今陕西西安以南至四川汉阴以北穿越秦岭的山谷。又为道路名，谓从关中至汉中之间穿越秦岭的通道。《三秦记》曰："子午，长安正南山名。秦岭谷，一名樊川。"《汉书·王莽传》："元始五年秋，莽以皇后有子孙瑞，通子午道，从杜陵直绝南山，经汉中。"颜师古注："子，北方也；午，南方也。言通南北道相当，故谓之子午。今京城直南山有谷通梁、汉道，名子午谷。"

㉕《通鉴》胡注："魏置邸阁于横门以积粟。民闻兵至必逃散，可收其谷以周食。"

㉖王夫之论孔明不用魏延之计曰："魏延请从子午谷直捣长安，正兵也；诸葛绕山而西出祁山，趋秦陇，奇兵也。高帝舍栈道而出陈仓，以奇取三秦，三秦之势散，拊其背而震惊之，而魏异是。非堂堂之阵直前而攻其坚，则虽得秦陇，而长安之守自有余。魏所必守者长安耳，长安不拔，汉固无如魏何。而迂回西出，攻之于散地，魏且以为是乘间攻瑕，有畏而不敢直前，则敌气愈壮，而我且疲于屡战矣。夏侯楙可乘矣，魏见汉兵累岁不出而志懈，卒然相临，救援未及，小得志焉；弥旬淹月，援益集，守益固，即欲拔一名都也且不可得，而况魏之全势哉！故陈寿谓应变将略非武侯所长，诚有谓已。而公谋之数年，奋起一朝，岂其不审于此哉？果畏其危也，则何如无出而免于疲民邪？夫公固有全局于胸中，知魏之不可旦夕亡，而后主之不可起一隅以光复也。其出师以北伐，攻也，特以为守焉耳。以攻为守，而不可示其意于人，故无以服魏延之心而贻之怨怒。""秦、陇者，非长安之要地，乃西蜀之门户也。天水、南安、安定，地险而民强，诚收之以为外蔽，则武都、阴平在怀抱之中，魏不能越剑阁

以收蜀之北，复不能绕阶、文以捣蜀之西，则蜀可巩固以存而待时以进，公之定算在此矣。公没蜀衰，魏果由阴平以袭汉，夫乃知公之定算，名为攻而实为守计也。""公之始为先主谋曰：'天下有变，命将出宛雒，自向秦川。'惟直指长安，则与宛雒之师相应；若西出陇右，则与宛雒相去千里之外，首尾断绝而不相知。以是知祁山之师非公初意，主暗而敌强，改图以为保蜀之计耳。公盖有不得已焉者，特未可一一与魏延辈语也。"（《读通鉴论·三国一二》）

㉗郿：周为郿邑。《诗·大雅》："申伯信迈，王饯于郿。"汉置郿县，故治在今陕西眉县东北。《通鉴》胡注："郿，师古音媚。郿故城，陈仓县东北十五里故郿城是。"

㉘邓芝（？—251）：字伯苗，义阳新野（今河南新野）人。刘备入蜀，由郫县邸阁督擢为郫县令，迁广汉太守，入为尚书。诸葛亮北驻汉中，以之为中监军、扬武将军。亮卒，迁前军师前将军，领兖州刺史，封阳武亭侯。倾之，为江州督。延熙六年（243），任车骑将军，后假节。十四年卒。

㉙箕谷：山谷名。往时注家多以为在今陕西褒城西北。《通鉴》胡注："今兴元府褒县北十五里有箕山，郑子真隐于此，赵云、邓芝所据，即此谷也。又据《后汉书·冯异传》：箕谷当在陈仓之南，汉中之北。"今人史念海所著《河山集·四集》则据《诸葛亮传》等史事叙述，认为箕谷不当在秦岭南麓的褒县附近，而应在褒水上游即褒斜谷出口附近，即秦岭北麓的陈仓东南。此说似较妥帖。

㉚《通鉴》胡注："魏分陇右置秦州，天水、南安属焉。汉灵帝中平四年，分汉阳之源道立南安郡。汉阳郡至晋方改为天水，史追书也。安定郡，属雍州。杜佑曰：'南安，今陇西郡陇西县。'"

㉛街亭：又名街泉亭。西汉时属天水郡街泉县，东汉时改称略阳县。《后汉书·郡国志》："略阳县有街泉亭，即故县。"《太平寰宇记》："街泉亭，俗名汉街城，即马谡败绩处"。《古今地名大辞典》据《秦安县志》："东北百里曰高妙山，曰丹麻峪、故丹麻驿也。曰断山，其山当略阳南北之冲，截然中起，不与众山连属，其下为连合川，即马谡覆军处。"认定街亭在今甘肃天水秦安县境。

㉜西县：县名。秦置，故治在今甘肃天水西南百里。《通鉴》胡注："《续汉志》：西县，前汉属陇西郡，后汉属汉阳郡，有幡冢山、西汉水。"《三国志注补·诸葛亮传》："《寰宇记》卷一百三十三：梁州西县有诸葛城，即孔明拔陇西千余家还汉中，筑

此城以处之，因取名焉。”

㉝《通鉴》胡注："以孔明之明略，所以待谡者如此，亦足以见其善论军计矣。观孔明南征之时，谡陈攻心之论，岂悠悠坐谈者所能及哉！"

㉞《通鉴》胡注："《孙子·始计篇》曰：'法令孰行。'言法令行者必胜也，故其教吴宫美人兵，必杀吴王宠姬二人以明其法。"

㉟王平：亦作何平。《蜀志·王平传》："王平字子均，巴西宕渠人也。本养外家何氏，后复姓王。"《通鉴》胡注："无当盖蜀军部之号，言其军精勇，敌人无能当者。使平监护之，故名官曰无当监。南围，蜀兵围祁山之南屯。"街亭之败，王平临危不乱，收合诸营安全退军，以功加拜参军，统五部兼当营事，进位讨寇将军，封亭侯。

㊱《通鉴》胡注："据《王平传》，平所识不过十字。观其收马谡败散之兵，拒曹爽猝至之师，则用兵方略，固不在于多识字也。"

㊲右将军：官名。汉代有右将军，金印紫绶，地位如上卿，掌京师兵卫及戍守边隘、讨伐四夷，但不常置。加诸吏、给事中等号则得以宿卫皇帝，参与中朝议，决定军国大事；若录尚书事则负责实际政务。蜀汉及魏、吴皆沿置。诸葛亮以右将军行丞相事，即仍履行丞相职权。

㊳《通鉴》胡注："《续汉志》：丞相仓曹掾，主仓谷事。"

33. 习凿齿曰：夫贤人者，外身虚己，内以下物，嫌忌之名，何由而生乎？有嫌忌之名者，必与物为对，存胜负于己身者也。若以其私憾败国殄民，彼虽倾覆，于我何利？我苟无利，乘之曷为？以是称说，臧获之心耳①。今忍其私忿而急彼之忧，冒难犯危而免之于害，使功显于明君，惠施于百姓，身登于君子之涂，义愧于敌人之心，虽豺虎犹将不觉所复，而况于曹休乎②！然则济彼之危，所以成我之胜，不计宿憾，所以服彼之心，公义既成，私利亦弘，可谓善争矣。在于未能忘胜之流，不由于此而能济胜者，未之有也。

【校记】

本条据《三国志》卷十五《魏志·贾逵传》注引"习凿齿曰"校定。汤本所补背景文字为"曹休与吴战败，贾逵救之，乃振。初逵与休不善，休犹欲以后期罪之"。"以是称说"，汤本"称"作"为"。

【史补】

（1）《通鉴纲目》曰：五月，吴人诱魏扬州牧曹休，大败之。吴使鄱阳太守周鲂诈以郡降于魏，魏扬州牧曹休率步骑十万向皖以应之③。魏主叡又使司马懿向江陵④，贾逵向东关⑤，三道俱进。八月，吴王权至皖，以陆逊为大都督⑥，假黄钺，亲执鞭以见之⑦，以朱桓⑧、全琮为左右督⑨，各督三万人以击休。桓曰："休以亲见任，非智勇名将。今战必败，败必走，走当由夹石、挂车⑩。此两道皆险阨，若以万兵柴路，则彼众可尽，而休可虏。臣请将所部以断之，若得休，则可乘胜长驱，进取寿春，以规许、洛⑪，此万世一时也！"权以问陆逊，逊以为不可，乃止。战于石亭⑫，逊命桓、琮为左右翼，三道俱进，冲休伏兵，因驱走之，追至夹石，斩获万余，资仗略尽。初，叡命贾逵引兵东与休合⑬。逵曰："贼无东关之备，必并军于皖，休深入与战，必败。"乃亟进，闻休已败，而吴遣兵断夹石，诸将或欲待后军，逵曰："休兵败路绝，进退不能，安危之机，不及终日。今疾进，出贼不意，此所谓'先人以夺其心'也⑭。若待后军，贼已断险，兵多何益！"乃兼道进军，多设旗鼓疑兵。吴人惊退，休乃得还。初，逵与休不善⑮，至是赖逵以免。魏亦不之罪也。（《御批通鉴纲目》卷十五）

【笺注】

①臧获：古代对奴婢的贱称。《荀子·王霸》曰："大有天下，小有一国，必自为之然后可，则劳苦耗顇莫甚焉；如是，则虽臧获不肯与天子易势业。"清钱泳《履园丛话·谭诗·以诗存人》曰："古者奴婢皆有罪者为之，谓之臧获。"

②曹休（？—228）：字文烈，沛国谯（今安徽亳州）人。曹操族子。操起兵讨董卓，休投奔之，操待若亲生。后随操征战，历任虎豹骑宿卫、骑都尉、中领军。曹丕称帝，历迁领军将军、镇南将军、征东将军兼扬州刺史，封安阳乡侯。黄初三年（222），为征东大将军，督张辽、贾逵出洞口，击破吴将吕范，拜扬州牧。明帝即位，进封长平侯，迁大司马。太和二年（228），由东道击吴，中吴人伪降计，战不利，幸

得贾逵倍道赴援，乃得脱身。不久惭恨而卒。

③皖：汉置县，故治在今安徽潜山。皖县城曰皖城。《后汉书·郡国志》："扬州庐江郡皖。"《吴志·孙权传》："建安十八年，庐江、九江、蕲春、广陵户十余万，皆东渡江，江西遂虚，合肥以南，惟有皖城。十九年，权克皖城，自是属吴。"《通鉴》胡注："魏扬州止得汉之九江、庐江二郡地，而江津要害之地多为吴所据。"

④贾逵（174—228）：字梁道，河东襄陵（今山西临汾东南）人。少孤家贫。祖父习，口授兵法数万言。初为郡吏，守绛邑长。后举茂才，除渑池令。曹操征马超，以逵领弘农太守，召见计事，大悦，谓左右曰："使天下二千石悉如贾逵，吾何忧！"以过失，为丞相主簿。继而拜谏议大夫，与夏侯尚并掌军计。操卒，逵典丧事。曹丕时，迭迁邺令、魏郡太守、丞相主簿祭酒。出为豫州刺史，整饬吏治，严明法纪，外修军旅，内理民事，吏民悦之。赐爵关内侯。后与诸将征吴，破吕范于洞浦，封阳里亭侯，加建威将军。明帝太和二年（228），逵不计宿嫌，兼道救援大司马曹休于兵败垂危之际。是年卒，谥曰肃侯。

④司马懿：时为抚军、假节，给事中、录尚书事，督荆豫二州诸军事。胡注："懿督诸军屯宛，使向江陵。"

⑤《通鉴》胡注："东关，即濡须口，亦谓之栅江口，有东、西关；东关之南岸，吴筑城，西关之北岸，魏置栅。后诸葛恪于东关作大堤以遏巢湖，谓之东堤，即其地也。"

⑥陆逊（183—245）：本名议，字伯言，吴郡吴（今江苏苏州）人。出身江东大族。孙策之婿。初为幕府令史、屯田都尉、定威校尉等。得吕蒙推荐，拜偏将军右部督，与蒙定策袭夺荆州。领宜都太守，拜抚边将军，封华亭侯。旋拜右护军、镇西将军，进封娄侯。蜀汉章武元年（221），刘备率军伐吴，孙权以逊为大都督、假节，领兵拒敌，次年，以火攻大败之于猇亭。加辅国将军，领荆州牧，改封江陵侯。吴黄武七年（228），大败魏将曹休于皖。拜上大将军、右都护。被征辅佐太子，并掌管荆州及豫章等三郡事，董督军国大事。赤乌七年（244），代顾雍为丞相，因极力谏阻孙权废太子和，屡受责备，愤恚而死。

⑦《通鉴》胡注："此犹古之王者遣将跪而推毂之意也。"

⑧朱桓（177—238）：字休穆，吴郡吴（今江苏苏州）人。孙权为将军时，给事

幕府，除余姚长，稍迁裨将军，封新城亭侯。后为濡须督。黄武初，计破魏大司马曹仁数万步骑，以功封嘉兴侯，迁奋武将军，领彭城相。七年（228），从破曹休于石亭。后官至前将军，领青州牧。赤乌元年（238）病卒，家无余财，孙权赐五千斛盐治丧。

⑨全琮（198—249）：字子璜，吴郡钱塘（今浙江杭州）人。初从孙权，为奋威校尉，稍迁偏将军。曾上疏陈讨关羽之计，封阳华亭侯。黄武元年（222），从吕范拒魏人于江中，以功迁绥南将军，进封钱唐侯。四年，假节领九江太守。七年，从破曹休于石亭。孙权称帝，迁卫将军、左护军、徐州牧。后官至右大司马、左军师。赤乌十二年（249）卒。

⑩夹石：山名。亦作硖石。今安徽桐城县北有北峡山，即此地。又胡注："《元丰九域志》：舒州桐城县北有挂车镇，有挂车岭，镇因岭而得名。"

⑪《通鉴》胡注："汉末都许，有许昌宫；魏时都洛。《魏略》曰：'文帝改长安、谯、许昌、邺、洛阳为五都，立石表，西界宜阳，北循太行，东北界阳平，南循鲁阳，东界郯，为中都之地。'"

⑫石亭：聚落名。故址在今安徽桐城西南八十里。

⑬《通鉴》胡注："按《逵传》，逵自豫州进兵，取西阳以向东关，休自寿春向皖。西阳在皖之西，而东关又在皖之东，今与休合，盖使合兵向东关也。"

⑭《通鉴》胡注："《左传》：'《军志》曰：先人有夺人之心。'"

⑮《魏志·贾逵传》："初，逵与休不善。黄初中，文帝欲假逵节，休曰：'逵性刚，数侮易诸将，不可为督。'帝乃止。"

34.或劝亮更发兵者，亮曰："大军在祁山、箕谷①，皆多于贼，而不能破贼，为贼所破者，则此病不在兵少也，在一人耳。今欲减兵省将，明罚思过，校变通之道于将来。若不能然者，虽兵多何益！自今已后，诸有忠虑于国，但勤攻吾之阙，则事可定，贼可死，功可跷足而待矣。"于是考微劳，甄烈壮，引咎责躬，布所失于天下，厉兵讲武，以为后图；戎士简练，民忘其败矣②。亮闻孙权破曹休，魏兵东下，关中虚弱。十一月，上言曰："先帝虑汉、贼不两立，王业不偏安，故托臣以讨贼也。以先帝之明，量臣之才，故知臣伐贼才弱敌强也。然不伐贼，王业亦亡；惟坐待亡，孰与伐之？是故托臣而弗疑也。臣受命之日，寝不安席，食不甘味，思惟北征，宜先入南，故五月渡泸，深入不毛，并日而食。臣非不自惜也，顾王业不得偏全于蜀都，故冒危难以奉先帝之遗意也。而议者谓为非计。今贼适疲于西，又务于东③，兵法乘劳，此进趋之时也。谨陈其事如左：高帝明并日月，谋臣渊深，然涉险被创，危然后安。今陛下未及高帝，谋臣不如良、平，而欲以长计取胜，坐定天下，此臣之未解一也④。刘繇、王朗，各据州郡，论安言计，动引圣人，群疑满腹，众难塞胸，今岁不战，明年不征，使孙策坐大，遂并江东，此臣之未解二也⑤。曹操智计殊绝于人，其用兵也，仿佛孙、吴，然困于南阳，险于乌巢，危于祁连，逼于黎阳，几败北山，殆死潼关，然后伪定一时耳⑥。况臣才弱，而欲以不危而定之，此臣之未解三也。曹操五攻昌霸不下，四越巢湖不成，任用李服而李服图之，委夏侯而夏侯败亡⑦。先帝每称操为能，犹有此失，况臣驽下，何能必胜？此臣之未解四也。自臣到汉中，中间期年耳，然丧赵云、阳群、马玉、阎芝、丁立、白寿、刘郃、邓铜等及曲长屯将七十余人⑧，突将、无前、賨叟、青羌、散骑、武骑一千余人⑨，此皆数十年之内所纠合四方之精锐，非一州之所有，若复数年，则损三分之二也，当何以图敌？此臣之未解五也⑩。今民穷兵疲，而事不可息；事不可息，则住与行劳费正等，而不及虚图之⑪，欲以一州之地与贼持久，此臣之未解六也。夫难平者，事也。昔先帝败军于楚，当此时，曹操拊手，谓天下以定⑫。然后先帝东连吴越，西取巴蜀，举兵北征，夏侯授首，此操之失计而汉事将成也。然后吴更违盟，关羽毁败，秭归蹉跌，曹丕称帝。凡事如是，难可逆见。臣鞠躬尽力，死而后已，至于成败利钝，非臣之明所能逆睹也。"⑬ 于是有散关之役⑭。此表《亮集》

所无，出张俨《默记》。⑮

【校记】

本条据《三国志》卷三十五《蜀志·诸葛亮传》注引《汉晋春秋》校定。 黄本列"诸葛亮"目下。 "或劝亮更发兵者"，汤本"发"作"增"。 "此病不在兵少也"，黄本脱"兵"。 "欲减兵省将"，汤、黄本"省"皆作"损"，汤本且于"损"后有小注"一作省"。 "自今以后"，《蜀志注》、黄本"以"作"已"。 "诸有忠虑于国"，汤本于"虑"后有小注"一作利"。 "考微劳"，汤本脱"微"字。 "戎士简练"，汤本"士"作"兵"。 "思维北征"，汤本"征"作"伐"。 "顾王业不得偏全于蜀都"，汤本及《集解》本"不得"作"不可得"，而《通鉴》作"不可"，以"不得"为简为安。 "然后伪定一时耳"，汤本"伪"作"能"，黄本脱"耳"。 "曲长屯将"，汤本"曲长"作"部曲"。 "賨、叟、青羌散骑、武骑"，黄本"賨"误为"宾"，《蜀志注》简体横排本"賨"讹为"窦"。 "而不及虚图之"，《蜀志注》"虚"作"今"，而汤、黄本及《通鉴》、《集解》皆作"虚"，从众为安。 "谓天下以定"，汤、黄本"以"皆作"已"。 "此表《亮集》所无，出张俨《默记》"，或为《汉晋春秋》固有自注，而非裴松之案语，汤本以小注排印，似较妥帖。 另黄本有尾注"《书钞》一百十三陈补引'街亭之败，或劝诸葛亮更发兵者'至'可跷足而待矣'"云云，查《北堂书钞》卷一百十三《武功部·论兵》篇，有节引《汉晋春秋》"街亭之败，或劝诸葛亮更发兵者，亮曰：'其贼所破，不在兵少，在一人耳。今欲减兵省将，明罚思过，校变通之道于将来。'于是考微劳，甄烈壮，引咎责躬，布所失于天下"等，不赘。

【史补】

（1）《通鉴纲目》曰：（建兴六年）冬，十二月，右将军亮伐魏，围陈仓，不克而还，斩其追将王双。右将军亮闻曹休败，魏兵东下，关中虚弱，欲出兵击魏，群臣多以为疑。亮言于帝曰："先帝以汉贼不两立"云云。十二月，亮引兵数万出散关，围陈仓⑯，不克。使人说郝昭不下，昭兵才千余人，亮进攻之，起云梯、冲车临城。昭以火箭逆射其梯，人皆烧死；昭又以绳连石磨压其冲车，冲车折。亮乃更为井阑百尺以射城中，以土丸填堑，欲直攀城；昭又于内筑重墙。亮又为地突，欲踊出于城里，昭又于城内穿地横截之。昼夜相攻拒二十余日。魏遣张郃救之，未至，亮粮尽，引还。将军王双追亮，亮击斩之。（《御批通鉴纲目》卷十五）

【笺注】

①祁山：山峦名。位于甘肃礼县东、西汉水北侧，西起北岈（今平泉大堡子山），东至卤城（今盐官镇），绵延约五十华里。祁山扼蜀、陇咽喉，为三国时汉魏必争之地。祁山今又名祁山堡。《通鉴地理通释》："《水经注》：'祁山，在嶓冢之西七十许里。山上有城，极为严固。汉水迳其南，城南三里有武侯故垒，垒之左右犹丰茂宿草，盖武侯所植也，在上邽西南二百四十里。'《开山图》曰：'汉阳西南有祁山，九州之名岨。'武侯《表》言：'祁山去沮五百，有民万户。'" 箕谷：参见佚文第32条笺注㉘。

②《通鉴》胡注："善败者不亡，此之谓也。姜维之败，则不可复振矣。"

③《通鉴》胡注："疲于西，谓郿县、祁山之师；务于东，谓江陵、东关、石亭之师也。"

④《三国志集解》："胡三省曰：'解，读曰懈，言未敢懈怠也；后皆同。'严衍曰：'解者，晓也。旧注训作懈怠之懈，非是。'"

⑤《三国志集解》："胡三省曰：'坐大，言坐致强大也。策破刘繇在汉献帝兴平二年，破王朗在建安元年。'王士骐曰：'此段有借影而无照应，先后文势，俱不如此，此下定有一转，似以刘繇、王朗自譬，而以孙策譬曹氏。'何焯曰：'遂并江东下有脱文，当是指斥孙权之语吴臣讳而削之。'"

⑥《通鉴》胡注："困于南阳，谓攻穰为张绣所败也。险于乌巢，谓攻袁绍将淳于琼时也。逼于黎阳，谓攻袁谭兄弟时也。几败伯山，谓与乌桓战于白狼山时也。殆死潼关，谓与马超战时也。危于祁连，当考，或曰围袁尚于祁山时也。伪定者，言虽定一时之功，而有心于篡汉，故曰伪。"卢弼《集解》云："宋本北作伯。钱大昕曰：'古伯、白通。'姚范曰：'当作北山，盖攻张鲁，阳平有南、北山也。'按：《通鉴》'北山'作'伯山'，因有白狼山一解，误；当以姚说为是。又赵一清《三国志注补》曰："祁连，谓邺下濉口之战也。"

⑦《通鉴》胡注："昌霸，昌狶也。操累攻不下，后命于禁击斩之。四越巢湖不

成，谓攻孙权也。李服，盖王服也，与董承谋杀操被诛。夏侯，谓夏侯渊守汉中，为先主所败也。"又《方舆纪要》卷二十六："巢湖在庐州府东五十里，占合肥、舒城、庐江、巢四县之境。建安中，曹操数与孙氏争衡于此，诸葛武侯所谓四越巢湖不成者也。"

⑧《通鉴》胡注："曲长，一曲之长也。军行有部，部下有曲，曲各有长。屯将，将屯者也。"

⑨《三国志集解》："胡三省曰：'蜀兵谓之叟，賨叟，巴賨之兵也。青羌，亦羌之一种。散骑、武骑，当时骑兵分部之名。'何焯曰：'《后汉书·董卓传》注云：叟兵即蜀兵也。汉代呼蜀为叟。又《刘焉传》注引孔安国《尚书传》云：蜀，叟也。然《光武纪》注引《华阳国志》云：武帝元封二年，叟夷反，将军郭昌讨平之，因开为益州郡。则叟者，蜀之西南夷。《尚书疏》亦云：叟，蜀夷之别名，即今之云南也。又《李恢传》：赋出叟、濮耕牛战马。此叟之在滇显证也。青羌则青衣羌耳。'"

⑩《通鉴》胡注："言不战而将士耗损已如此也。"

⑪《通鉴》胡注："亮意欲及魏与吴连兵未解，乘虚而图之也。"

⑫《通鉴》胡注："拊手，乘快之意发见于外也。"

⑬《通鉴》胡注："自祁山之败，亮益知魏人情伪，故其所言如此。"

⑭散关：关隘名。宋以后称大散关，在今宝鸡市西南大散岭上，形势险要，自古为兵家必争之地。顾祖禹《读史方舆纪要》卷五十二："散关，在凤翔府宝鸡县西南五十二里。汉中府凤县东北百二十五里有大散岭，置关岭上，亦曰大散关，为秦蜀之嗓喉。南山自蓝田而西，至此方尽。又西则陇首突起，汧渭萦流。关当山川之会，扼南北之交。北不得此，无以启梁益，南不得此，无以图关中。"

⑮关于《后出师表》之真伪，历来聚讼纷纭。近人陶元珍于20世纪30年代中期曾撰《后出师表辨证》一文，综述各家之说，并将之归纳为"信兹表真为亮作"与"不信兹表真为亮作"即"疑此表为后人伪撰"两种意见，前者以何焯《义门读书记》所论为代表，后者以钱大昭《三国志辨疑》、林国赞《三国志裴注述》、李宝淦《三国志平义》所论为代表。而陶氏支持后者，该文之结语曰："余疑此表当系吴人之好事者本《前出师表》及恪所著论撰成。惟此种假设自难即成定论，本篇之作，实欲引起学人鉴定此表真伪之兴趣，有同抛砖引玉云尔。"文中之"恪"谓诸葛恪，诸葛瑾之子、

诸葛亮之侄，吴孙亮时为太傅，加荆扬州牧、督中外诸军事，以轻敌违众出军攻魏，遭致新城惨败，回师后被宗室孙峻阴谋杀害，夷三族。"恪所著论"指诸葛恪为说服诸大臣支持出兵所著论议，其中有"每览荆邯说公孙述以进取之图，近见家叔父表陈与贼争竞之计，未尝不喟然叹息也"云云。事见《吴志·诸葛恪传》，本书佚文第61、第63条下亦有叙述。20世纪40年代初，陶先生重新发表此文，并加缀了一段话，进一步表明了自己的看法："至余之意见，已较前更进一步。余意所谓《后出师表》，当即诸葛恪所伪撰。据《吴志·诸葛恪传》，恪于孙亮建兴元年（253）十二月大破魏军于东兴，次年春复欲出军。吴诸大臣以为数出罢劳，同辞谏恪，恪不听，中散大夫蒋延或以固争扶出，恪乃著论以谕众意。恪著论之外，当更伪撰此表，谬云亮作，以为己论根据。亮虽蜀臣，素为吴人所敬佩，假托亮之意见，足以折服众口，且亮死已久无对证，不忧众人不信也。"接着他归纳了"恪所著论"之数点大意，力图将亮表与恪论挂钩。陶氏云："张俨吴臣，卒于孙皓宝鼎元年。俨撰《默记》时，此表业已传布，故被载入。《默记》首载此表，东晋时习凿齿撰《汉晋春秋》复载之，刘宋时裴松之撰《三国志注》，更据《汉晋春秋》引入注中，此表遂俨若真为亮作矣。"按：此类表述皆推测之语，并无佐证，难以凭信。而且这里还回避了一个重要问题：诸葛恪旋即被诛，夷三族，以常理论，自必遭到清算，亮表若果为恪伪撰，何以竟能一点风声不透，聪明之一世吴人全被瞒过？说不通也。若以为承祚于蜀事应无所不知，则裴注所补蜀事岂不尽有伪嫌？承祚蜀人，而《蜀志》最略，备遭訾议，何以如此？彼确有所不知也。故我宁信何焯之说。《义门读书记·蜀志·亮传》云："注：此表亮集所无，出张俨《默记》。按：赵云以建兴七年卒，散关之役乃在六年，后人或据此疑此表为伪，非也。以《元逊传》观之自明。第此表乃剧论时势之尽，非若发汉中时所陈，得以激励士众，不妨宣泄于外。失之蜀而传之吴，或伯松写留箱箧，元逊钩致之于身后耳。集不载者，益明武侯之慎，非由陈氏之疏。若《赵云传》七年字当为六年。云本信臣宿将，箕谷失利，适由兵弱，既贬杂号将军以明法，散关之役，使其尚在，必别统万众，使复所负。而不闻再出，其必殁于是冬之前矣。"

⑯陈仓：本县名，秦置，因陈仓山、水而得名。《水经注·渭水》："（渭水）又东过陈仓县西。县有陈仓山，山上有陈宝鸡鸣祠。《地理志》曰：有上公、明星、黄帝孙、舜妻盲冢祠。有羽阳宫，秦武王起。应劭曰：县氏陈山。姚睦曰：黄帝都陈，言

在此。荣氏《开山图注》曰：伏牺生成纪，徙治陈仓，非陈国所建也。陈仓水出于陈仓山下，东南流注于渭水。渭水又东与绥阳溪水合，其水上承斜水，水自斜谷分注绥阳溪，北届陈仓，入渭。故诸葛亮《与兄瑾书》曰：有绥阳小谷，虽山崖绝险，溪水纵横，难用行军。昔逻候往来，要道通入。今使前军斫治此道，以向陈仓，足以扳连贼势，使不得分兵东行者也。"按：陈仓当关中、汉中要冲，自古为兵家必争之地。今陕西宝鸡市有陈仓区。

后主建兴七年（魏曹叡太和三年、吴孙权黄龙元年）（229）

35.是岁，孙权称尊号，其群臣以并尊二帝来告。议者咸以为交之无益，而名体弗顺，宜显明正义，绝其盟好①。亮曰："权有僭逆之心久矣，国家所以略其衅情者，求掎角之援也②。今若加显绝，仇我必深，便当移兵东戍③，与之角力，须并其土，乃议中原。彼贤才尚多，将相辑穆，未可一朝定也。顿兵相持，坐而须老，使北贼得计，非算之上者。昔孝文卑辞匈奴④，先帝优与吴盟⑤，皆应权通变，弘思远益，非匹夫之为忿者也⑥。今议者咸以权利在鼎足，不能并力，且志望以满，无上岸之情⑦，推此皆似是而非也。何者？其智力不侔，故限江自保；权之不能越江，犹魏贼之不能渡汉，非力有余而利不取也。若大军致讨，彼高当分裂其地，以为后规，下当略民广境，示武于内，非端坐者也⑧。若就其不动而睦于我，我之北伐无东顾之忧，河南之众不得尽西，此之为利，亦已深矣⑨。权僭之罪，未宜明也。"乃遣卫尉陈震庆权正号。

【校记】

本条据《三国志》卷三十五《蜀志·诸葛亮传》注引《汉晋春秋》并参酌《资治通鉴》、《通鉴纲目》相关记载校定。　汤本所补背景文字为"建兴七年"。　黄本列"诸葛亮"目下。　"掎角之援"，汤、黄本"掎"

皆作"犄"。"移兵东戍",《三国志》繁体竖排本注引"东戍"作"东（戍）〔伐〕",简体横排本径作"东伐",而《通鉴》、《纲目》及汤、黄本则皆作"东戍",故从之。"将相辑穆",《三国志注》及汤本"辑"作"缉",黄本及《通鉴》、《纲目》皆作"辑"。"优与吴盟",黄本"与"讹为"于"。"弘思远益",汤本"弘"作"宏",而《通鉴》、《纲目》皆作"深"。"非匹夫之为忿者也",汤本"忿"作"分",而《通鉴》、《纲目》于"匹夫"前多一"若"字,"忿"前少一"为"字。"无上岸之情",《三国志》繁体直排本"上岸"作"上（岸）〔进〕",简体横排本径作"上进",汤本亦作"上进",黄本讹为"上坼",而《通鉴》、《纲目》俱作"上岸",王幼学《通鉴纲目集览》并有释义,故从之。"高当分裂其地",《纲目》及黄、汤本"高"皆作"上",此从《三国志注》及《通鉴》。

【史补】

（1）《通鉴纲目》曰：己酉,七年,魏太和三年、吴黄龙元年。春,右将军亮伐魏,拔武都、阴平。复拜丞相。

夏,四月,吴王孙权称皇帝。吴王权即皇帝位,大赦,改元。百官毕会,权归功于周瑜。绥远将军张昭举笏欲褒赞功德⑩,未及言,权曰："如张公计,今已乞食矣。"昭大惭,汗。权追尊父坚为武烈皇帝,兄策为长沙桓王,立子登为皇太子。以诸葛恪为太子左辅,张休为右弼,顾谭为辅正,陈表为翼正,谢景、范慎、羊衜等为宾客,于是东宫号多士。太子使侍中胡综作《宾友目》曰⑪："英才卓越则诸葛恪,精识时机则顾谭,凝辩宏达则谢景,究学甄微则范慎。"羊衜私驳之曰⑫："元逊才而疏,子嘿精而狠,叔发辩而浮,孝敬深而陿。"⑬恪等恶之。其后皆败,如衜所言。

遣卫尉陈震使吴,及吴主权盟。吴主权使以并尊二帝来告。众皆以为交之无益,而名体弗顺,宜显明正义,绝其盟好。丞相亮曰,云云。乃遣震贺吴,权与盟,约中分天下⑭。（《御批通鉴纲目》卷十五）

（2）《吴志·吴主传》记汉吴结盟曰：六月,蜀遣卫尉陈震庆权践位。权乃参分天下,豫、青、徐、幽属吴,兖、冀、并、凉属蜀。其司州之土,以函谷关为界,造为盟曰："天降丧乱,皇纲失叙,逆臣乘衅,劫夺国柄,始于董卓,终于曹操,穷凶极恶,以覆四海,至令九州幅裂,普天无统，民神痛怨，靡所戾止。及操子丕，桀逆遗丑，荐作奸回，偷取天位。而叡么麽，寻丕凶迹，阻兵盗土，未伏厥诛。昔共工乱象而高辛行师，三苗干度而虞舜征焉。今日灭叡，禽其徒党，非汉与吴，将复谁任？夫讨恶翦暴，必声其罪，宜先分裂，夺其土地，使士民之心，各知所归。是以《春秋》晋侯伐卫，先分其田以畀宋人，斯其义也。且古建大事，必先盟誓，故《周礼》有司盟之官，《尚书》有告誓之文，汉之与吴，虽信由中，然分土裂境，宜有盟约。诸葛丞相德威远著，翼戴本国，典戎在外，信感阴阳，诚动天地，重复结盟，广诚约誓，使东西士民咸共闻知。故立坛杀牲，昭告神明，再歃加书，副之天府。天高听下，灵威棐谌，司慎司盟，群神群祀，莫不临之。自今日汉、吴既盟之后，戮力一心，同讨魏贼，救危恤患，分灾共庆，好恶齐之，无或携贰。若有害汉，则吴伐之；若有害吴，则汉伐之。各守分土，无相侵犯。传之后叶，克终若始。凡百之约，皆如载书。信言不艳，实居于好。有渝此盟，创祸先乱，违贰不协，慆慢天命，明神上帝是讨是督，山川百神是纠是殛，俾坠其师，无克祚国。于尔大神，其明鉴之！"秋九月，权迁都建业，因故府不改馆，征上大将军陆逊辅太子登，掌武昌留事。

（3）史料补编：孙权称帝前至称帝初事略

东汉建安五年（200），孙策卒，权继兄代领其众。曹操表权为讨虏将军、领会稽太守，屯吴，使丞之郡行文书事。

建安八年（203），权西击刘表部将江夏太守黄祖，破其舟师，但未克其城。

建安十二年（207），权再击黄祖，虏其人民而还。

建安十三年（208），春，权三击黄祖，斩之，屠其城。秋，曹操破荆州，举军南下。刘备走夏口，派诸葛亮东联孙权。孙权在周瑜、鲁肃的支持下力排众议，决意抗曹。冬十月，刘孙联军大破曹军于赤壁。十二月，权围曹军于合肥，久不下，明年三月退军。

建安十四年（209），周瑜击走曹仁，权任瑜领南郡太守，屯江陵（明年瑜卒，鲁肃代之）。荆州刺史刘琦卒，刘备自领荆州牧，屯公安；表权为车骑将军，领徐州牧。

建安十六年（211），权移治秣陵。明年，筑石头城，改号建业。作濡须坞以御操。

建安十八年（213），正月，曹操攻濡须，权与之相拒月余，操退军。

建安十九年（214），权征皖城，克之。刘备入蜀，权派诸葛瑾讨荆州，不得，孙刘矛盾激化。权派吕蒙等袭取长沙、零陵、桂阳三郡，派鲁肃屯巴丘，权自驻陆口，节度诸军，与关羽拒于益阳。

建安二十年（215），曹操将攻汉中，刘孙议和，遂分荆州，以湘水为界，长沙、江夏、桂阳以东属权，南郡、零陵、武陵以西属备。八月，权攻合肥，大败而还。

建安二十二年（217），春正月，曹操击孙权军；三月，权请降。鲁肃卒，以吕蒙代之。

建安二十四年（219），秋七月，刘备为汉中王；八月，关羽取襄阳，威震华夏。冬十月，权暗通曹操，使吕蒙袭取江陵；操率师救樊，关羽走还，权使潘璋断其径路。十二月，获羽，斩之。吕蒙未及受封，病发死。操表权为骠骑将军，领荆州牧，封南昌侯。

蜀汉章武元年、魏黄初二年（221），四月，刘备即皇帝位。权徙都鄂，改名武昌。秋七月，备自将伐吴；权请和，不许。八月，权遣使降魏，魏封权为吴王，加九锡。权立子登为太子。

蜀汉章武二年、魏黄初三年、吴黄武元年（222），夏六月，吴将陆逊以火攻大败蜀军于猇亭，刘备退还白帝城，住永安宫（明年四月，卒）。

吴黄武二年（223），春，魏军二道击吴，皆不克。

吴黄武五年（226），魏主丕连年率舟师击吴，皆临江而还。是年五月，丕卒。秋八月，吴王权围魏江夏，不克；攻襄阳，为魏所败。

吴黄武七年（228），夏五月，权使鄱阳太守伪叛以诱魏将曹休，；八月，权至皖口，使陆逊败休军于石亭。

蜀汉建兴七年、魏太和三年、吴黄龙元年（229），夏四月，吴王权称皇帝。改元黄龙。追尊父坚为武烈皇帝，兄策为长沙桓王。以王太子登为皇太子。遣使与汉结盟。权乃三分天下，豫、青、徐、幽属吴，兖、冀、并、凉属蜀；司州之土以函谷关为界。九月，权迁都建业。（据《吴志·吴主权传》及《通鉴纲目》编纂）

（4）〔宋〕唐庚论孔明不绝吴非权宜曰：孙权称尊，议者以为交之无益，而名体弗顺，宜绝之。孔明以为未可。或曰："孔明之不绝吴，权耶？正耶？"曰：正也；非权也。六国之时，诸侯皆僭矣，孟子以为有王者作，不皆比而诛之，必教之不从，而后诛之。然则未教之罪，王者有所不诛。孔明之势既未能有以教吴，则吴之僭拟未可以遽责。此王者之法也，非权也。（《三国杂事》卷下）

（5）〔宋〕叶适论孙权迟迟始称帝曰：孙权以黄龙元年即真，魏明帝三四年也，距策初得江东三十余年矣。以权之能守，众人尽力辅之，患难百罹，方称大号，夫岂不急，势未可也。而袁术袁绍未有仿佛，遽自尊崇，以亡其族。实力之与虚意相去悬绝如此，谋臣策士不可不知。（《习学记言序目》卷二十八《吴志·吴主权》）

（6）〔清〕王夫之论三国之各自帝曰：汉、魏、吴之各自帝也，在三年之中，盖天下之称兵者已尽，而三国相争之气已衰也。曹操知其子之不能混一天下，丕亦自知一篡汉而父子之锋铓尽矣。先主固念曹氏之不可摇，而退息乎岩险。孙权观望曹、刘之胜败，既知其情之各自帝而息相吞之心，交不足惧，则亦何弗拥江东以自帝邪？权所难者，先主之扼其肘腋耳。先主殂于永安，权乃拒魏而自尊，乐得邓芝通好以安处于江东。由此观之，此三君者，皆非有好战乐杀之情，而所求未得，所处未安，弗获已而相为扞格也。

曹氏之战亟矣，处中原而挟其主，其敌多，其安危之势迫，故孙氏之降，知其非诚而受之。敌且尽，势且安，甘苦自知，而杀戮为惨，亦深念之矣。孙氏则赤壁之外无大战也。先主则收蜀争荆而姑且息也。是以三君者，犹可传之后裔，而不与公孙、袁、吕同殄其血胤。上天之大命集于有德，虽无其德而抑无乐杀之心，则亦予之以安全。天地之心，以仁为复，岂不信哉？（《读通鉴论》卷十《三国六》）

（7）〔清〕王鸣盛论孙权之阴谋狡猾曰：孙权称臣事魏已久，及黄武元年春大破蜀，刘备奔走，势愈强盛，则魏欲与盟而不受。九月，魏兵来征，又"卑辞上书，求自改悔，乞寄命交州"。乃随又改年，临江拒守。彼此互有杀伤，不分胜负。十二月，又通聘于蜀。乃既和于蜀，又不绝魏，且业已改元，而仍称吴王。五年令曰："北虏缩窜，方外无事"，乃益务农亩。称帝之举，直隐忍以至魏明帝太和三年而后发。反覆倾危，惟利是视，用柔胜刚，阴谋狡猾，陈寿评以句践比权，诚非虚语。（《十七史商榷》卷四十《三国志四·孙氏阴谋》）

【笺注】

①《通鉴》胡注："天无二日，土无二王，古今之正义也。"

②《通鉴》胡注："衅，隙也，情，欲也。《左传》：'戎子驹支对范宣子曰：譬如捕鹿，晋人角之，诸戎掎之，与晋踣之。'杜预注曰：'掎其足也。'"

③《三国志集解》："官本《考证》曰：'戍当作伐。'"

④汉文帝卑辞厚币以遗匈奴，事见《史记·匈奴列传》。《孙子兵法·行军篇》曰："辞卑而益备者，进也。辞强而进趋者，退也。"

⑤或谓夷陵败后许吴请和事。《蜀志·先主传》："孙权闻先主住白帝，甚惧，遣使请和。先主许之，遣太中大夫宗玮报命。"胡注："优，饶也。今人犹谓宽假为优饶。"

⑥《通鉴》"非"后有"若"字。非若，于义为安。胡注："言所计者大也。"

⑦《通鉴》胡注："谓孙权之志在保江，不能上岸而北向也。"元王幼学《通鉴纲目集览》曰："无上岸之情，谓吴无击魏之意也。献帝时孙权作濡须坞，诸将皆曰：'上岸击贼，洗足入船，何用坞为？'今亮故云。"按：胡注不得要领，王解是也。

⑧《通鉴》胡注："言蜀若破魏，吴亦将分功。"

⑨《通鉴》胡注："言蜀与吴和，则虽倾国北伐，不须东顾以备吴，而魏河南之众，欲留备吴，不得尽西以抗蜀兵也。"

⑩《通鉴》胡注："沈约《志》：'魏置将军四十号，绥远第十四。'"

⑪《通鉴》胡注："目者，因其人之才品为之品题也。"

⑫羊衜：南阳（今河南南阳）人。衜才博辩捷，初为孙权长子孙登宾客，任中庶子。孙登死后，历督军使者，直至始兴太守。又曹魏亦有名羊衜者，泰山南城（今山

东费县西南，一说山东新泰）人，为曹魏上党太守，乃羊祜之父。

⑬《通鉴》胡注："诸葛恪，字完逊；顾谭，字子嘿；谢景，字叔发；范慎，字孝敬。"

⑭《吴志·吴主传》："六月，蜀遣卫尉陈震庆权践位。权乃三分天下，豫、青、徐、幽属吴，兖、冀、并、凉属蜀。其司州之土，以函谷关为界。卢弼《集解》引潘眉曰："三分者，参酌以分天下，与世所称三分异，《蜀志》谓之交分天下也。自是以后，蜀徙鲁王永为甘陵王，梁王理为安平王，以鲁、梁在吴分界故也。吴亦解步骘冀州牧职，又解朱然兖州牧职，以冀、兖在蜀分界故也。其实鲁、梁、冀、兖当时皆是魏地也。""

后主建兴九年（魏曹叡太和五年、吴孙权黄龙三年）（231）

36.亮围祁山，招鲜卑轲比能①，比能等至故北地石城以应亮。② 于是魏大司马曹真有疾③，司马宣王自荆州入朝④，魏明帝曰："西方事重，非君莫可付者。"乃使西屯长安，都督张郃、费曜、戴陵、郭淮等⑤。宣王使曜、陵留精兵四千守上邽⑥，余众悉出，西救祁山。郃欲分兵驻雍、郿⑦，宣王曰："料前军能独当之者，将军言是也。若不能当，而分为前后，此楚之三军所以为黥布禽也。"⑧遂进。亮分兵留攻⑨，自逆宣王于上邽。郭淮、费曜等徼亮，亮破之，因大芟刈其麦，与宣王遇于上邽之东，敛兵依险，军不得交。亮引兵而还。宣王寻亮，至于卤城⑩。张郃曰："彼远来逆我，请战不得，谓我利在不战，欲以长计制之也。且祁山知大军以在近⑪，人情自固，可止屯于此，分为奇兵，示出其后，不宜进前而不敢逼，坐失民望也。今亮县军食少⑫，亦行去矣。"宣王不从，故寻亮⑬。既至，又登山掘营，不肯战。贾（诩）栩⑭、魏平数请战，因曰："公畏蜀如虎，奈天下笑何！"宣王病之⑮。诸将咸请战。五月辛巳，乃使张郃攻无当监何平于南围⑯，自案中道向亮⑰。亮使魏延、高翔、吴班赴拒⑱，大破之，获甲首三千级，玄铠五千领，角弩三千一百张，宣王还保营⑲。

【校记】

本条据《三国志》卷三十五《蜀志·诸葛亮传》注引《汉晋春秋》校定。《太平御览》卷二百九十一《兵部二十二·料敌下》引文亦有此条。　汤本所补背景文字为"建兴九年二月，伐魏"。　黄本列"诸葛亮"目下。　"招鲜卑轲比能，比能等至"，黄本"轲"作"柯"，《御览》脱后"比能"二字。　"督张郃、费曜"，汤本于"督"前多一"都"字；汤、黄本"费曜"皆误为"费耀"。　"留精兵四千守上邽"，黄本于"四千"前衍一"共"字。又《御览》自此句以下至"军不得交"多有脱讹："守上邽"，脱"守"字；"欲分兵驻雍、郿"，脱"分"、"郿"二字；"若不能当，而分为前后"，脱"若"、"而"二字；"郭淮、费曜等徼亮"，无"郭"、"费"而中间有一"与"字，"徼"讹为"邀"；"芟刈其麦"，无"刈"字；"与宣王遇于上邽之东"，无"与"字。　"为夐布禽"，黄本"禽"作"擒"。　"至于卤城"，黄本脱"至"字。　"且祁山知大军以在近"，黄本"且"误为"其"，"以"作"已"。　"亮引而还"，《御览》、汤本于"引"后有"兵"字。　"请战不得"，《御览》、汤本于"请"前有"我"字。　"贾栩"，汤本误为"贾诩"（时贾诩已死）。　"畏蜀如虎"，《御览》、汤本于"虎"前衍一"畏"字。　"南围"，《御览》"围"作"国"，汤本于"围"后有小注"一作国"。　"玄铠"，《御览》无"玄"字，汤本"玄"作"衣"。　黄本尾注"《御览》三百三十七"，误。

【史补】

（1）《通鉴纲目》曰：辛亥，（建兴）九年，魏太和五年、吴黄龙三年。春，二月，丞相亮伐魏，围祁山。

夏，五月，亮败魏司马懿于卤城，杀其将张郃。叡遣司马懿屯长安，督将军张郃、郭淮等以御汉。懿留精兵四千守上邽，余众悉救祁山。张郃欲分兵驻雍、郿，懿曰："料前军能独当之者，将军言是也；若不能当，而分为前后，此楚之三军所以为黥布禽也。"遂进。亮分兵攻祁山，自逆懿于上邽。魏将郭淮等徼亮，亮破之。因大芟其麦，与懿遇于上邽之东。懿敛军依险，兵不得交。亮引还。懿蹑其后，至于卤城；又登山掘营，不肯战。贾栩、魏平数请战，曰："公畏蜀如虎，奈天下笑何？"懿病之。乃使张郃攻南围，自按中道向亮。亮使魏延等逆战，魏兵大败，懿还保营。亮以粮尽退军。懿遣郃追之，至木门㉑，与亮战，中伏弩而卒。（《御批通鉴纲目》卷十五）

（2）〔唐〕虞世南论亮、懿优劣曰：公子曰："诸葛亮冠代奇才，志图中夏。非宣帝之雄谋妙算，其孰能当斯劲敌乎？"先生曰："宣帝起自书生，参赞帝业，济时定难，克清王道，文武之略，实有可称。然多仗阴谋，不由仁义，猜忍诡状，盈诸襟抱。至如示谬言于李胜，委鞠狱于何晏，愧心负理，岂君子之所为！以此伪情，行之万物，若使力均势敌，俱会中原，以仲达之奸谋，当孔明之节制，恐非俦也。"（《帝王略论》卷三《晋宣帝与诸葛亮》）

（3）〔清〕赵翼论《三国志》为张郃等回护曰：魏明帝太和二年，蜀诸葛亮攻天水、南安、安定三郡，魏遣曹真、张郃大破之于街亭，《魏纪》固已大书特书矣。是年冬，亮又围陈仓，斩魏将王双，则不书。三年，亮遣陈式攻克武都、阴平二郡，亦不书。以及四年蜀将魏延大破魏雍州刺史郭淮于阳溪，五年亮出军祁山，司马懿遣张郃来救，郃被杀，亦皆不书。并《郭淮传》亦无与魏延交战之事。此可见其书法，专以讳败夸胜为得体也。（《廿二史札记》卷六《三国志多回护》）

【笺注】

①轲比能（？—235）：汉末鲜卑小种首领，以作战勇敢，执法公平，不贪财物，为部落推举为大人。时袁绍据河北，汉人多亡归之，颇受汉化。建安中，曾助乌丸校尉平叛。后代郡乌丸反，又助之为寇，曹操曾派曹彰征破之。比能走出塞，后复通贡献。曹丕时，曾封其为附义王。后因在进行部落统一战争时受魏国干涉，遂对魏怀贰心。后被幽州刺史王雄遣勇士刺杀。

②北地：郡名。秦置，为三十六郡之一。郡治初在义渠（今甘肃宁县西北），两汉时几经迁徙，建安十八年（213）移治富平（今甘肃吴忠西南）。辖境相当今宁夏贺

兰山、青铜峡、山水河以东及甘肃环江流域。汉末地入羌胡。其时汉又置有侨郡，寄治冯翊郡，三国魏割冯翊之役栩为实土，故治在今陕西耀县，辖境相当今陕西富平、耀县、铜川等县市地。佚文所言之北地当指后者，石城亦当在此一地区。

③曹真（？—231）：字子丹，沛国谯（今安徽亳州）人，曹操族子。操初起兵，真父邵为募徒众，被州郡所杀。操因待如诸子。以屡立战功，官至征蜀将军，屯陈仓备御刘备。曹丕时，历官镇西将军、假节都督雍凉诸军事，上军大将军、都督中外诸军事，中军大将军、加给事中，并受遗诏辅政。明帝时，由东乡侯进封邵陵侯，迁大将军。以屡次抗遏诸葛亮北伐，再迁大司马。太和五年（231）病卒，谥曰元侯。

④司马宣王：即司马懿（179—251），字仲达，河内温（今河南温县）人。曹操为丞相，辟为文学掾。迁黄门侍郎，转议郎、丞相东曹属，再转主簿。随操征张鲁、孙权，有功。曹操进封魏王，以懿为太子中庶子，迁丞相军司马。曹丕继位魏王，懿封河津亭侯，转丞相长史。丕称尊号，懿为尚书，转督军、御史中丞，封安国乡侯。黄初二年（221），迁侍中、尚书右仆射。丕两次伐吴，皆以懿镇许昌，改封为向乡侯。六年，转抚军、假节，加给事中、录尚书事。明帝太和元年（227），加督荆、豫二州诸军事。四年，任大将军，与大司马曹真共伐蜀。五年，都督雍、凉二州诸军事，始主伐蜀事。青龙二年（234），汉丞相诸葛亮出斜谷伐魏，懿与之相峙于渭水；八月，亮卒。三年，任太尉。景初二年（238），征辽东公孙渊，破襄平，屠戮七千余人。三年正月，齐王曹芳继位，与曹爽同受遗诏辅政。正始二年（241），增懿食邑前后共四县、万户，子弟十一人皆封列侯。八年，懿称疾不问政事。嘉平元年（249）春，懿发动政变，诛曹爽，代为丞相，专国政。三年，率军东征，迫杀太尉王凌。旋卒。其子师、昭相继专权。孙司马炎废魏自立，建立晋朝。追尊懿为宣帝，庙号高祖。

⑤张郃、费曜、戴陵、郭淮：据《晋书·宣帝纪》，魏明帝太和四年（230），司马懿迁大将军，加大都督、假黄钺，与曹真伐蜀。"明年，诸葛亮寇天水，围将军贾嗣、魏平于祁山。天子曰：'西方有事，非君莫可付者。'乃使帝西屯长安，都督雍、梁二州诸军事，统车骑将军张郃，后将军费曜，征蜀护军戴凌，雍州刺史郭淮等讨亮。"张郃、郭淮，皆魏国名将。费曜，又作费耀。戴陵，又作戴凌。贾嗣，或为贾栩之误。

⑥上邽：古县名。本邽戎地，秦武公时置邽县，后改上邽县，故治在今甘肃天水市区西南。秦始皇分天下为三十六郡，上邽属陇西郡。汉武帝时置天水郡，上邽属之。

⑦雍、郿：皆为县名。《续汉书·郡国志》："右扶风郿、雍。"雍邑，秦国早期都城。郑玄《毛诗·秦谱》："至孙德公，又徙于雍。"秦献公时又徙都栎阳（今西安市阎良区）。秦统一中国后置雍县，属内史。汉时其所隶州郡时有变动，献帝时省扶风都尉，置汉安郡，属之。曹魏属扶风郡。故治在今陕西凤翔县南。另参见佚文第32条笺注㉗。今雍、眉二县俱隶陕西宝鸡市。

⑧《三国志集解》："《通鉴》：'汉高帝十一年，楚为三军，欲以相救为奇。或说楚将曰：布善用兵，今别为三，彼败我一军，余皆走，安能相救？不听。布果破其一军，其二军败走。'胡三省曰：'观懿此言，盖自知其才不足以敌亮矣。'"

⑨《通鉴》"攻"下有"祁山"二字。

⑩卤城：地名。卢弼《集解·魏志·夏侯渊传》："胡三省曰：'卤城在西县、冀县之间。'何焯曰：'西县属汉阳。西，古作卤。'谢钟英曰：'《杨阜传》，起兵于卤城。《汉晋春秋》云，司马懿至卤城。皆西城之讹。'"又《集解·魏志·杨阜传》："赵一清曰：'《方舆纪要》五十九：卤城在冀县、西县之间，或曰卤城即西城之讹。一清按：《汉志》陇西郡有西县，安定郡有卤县。《续志》汉阳郡西县故属陇西，安定无卤县，盖后汉省也。此当为安定之卤城。'弼按：赵说述《汉志》、《续志》'西'与'卤'之别是也。指杨阜起兵之卤城为安定之卤城，误也。安定之卤城，后汉已省，则传文当云故卤城；且当时用兵，实在天水郡（即汉阳郡）冀县、西县地，不在安定也。"

⑪《通鉴》"以"作"已"。

⑫《通鉴》"其"作"孤"。

⑬《通鉴》胡注："有意为之曰故。寻者，随而蹑其后。"

⑭《集解》："贾诩黄初四年已死，此盖为别一人。《通鉴》作贾栩，《晋书·宣帝纪》作贾嗣。沈家本曰：'诩字误，栩与嗣，则未知孰是。'"

⑮《通鉴》胡注："懿实畏亮，又以张郃尝再拒亮，名著关右，不欲从其计。及进而不敢战，情见势屈，为诸将所笑。"

⑯何平：即王平。参见佚文第32条笺注㉞。平为蜀汉后期名将，此次丞相亮围

祁山，平别守南围；魏司马懿攻亮，张郃攻平，平坚守不动，郃不能克。后官至镇北大将军、汉中太守，封安汉侯。

⑰《通鉴》胡注："案，据也。懿分道进兵，欲以解祁山之围，自据中道，与亮旗鼓相向也。"

⑱魏延：参见佚文第32条笺注⑳。建兴八年（230），魏延以大破魏雍州刺史郭淮之功，迁前军师征西大将军，假节，进封南郑侯。　高翔：字德信，荆州南郡人，一说巴西阆中（今属四川）人。曾随刘备讨汉中，屯于阳平。街亭之战时屯列柳城，马谡为张郃所破，列柳城亦为郭淮攻破，翔退走。建兴九年，为前部督。后李严贻误军机，翔等同亮共上表请废之。官至右将军，封玄乡侯。　吴班：字元雄，陈留（治今河南开封）人。蜀汉车骑将军吴懿族弟。曾随刘备伐吴，为领军，与冯习自巫击破吴将李异等，取得初战胜利。建兴中，初为督后部后将军，封安乐亭侯，后官至骠骑将军，假节，封绵竹侯。

⑲《蜀志·诸葛亮传》："建兴九年，亮复出祁山，以木牛运，粮尽退军。与魏将张郃交战，射杀郃。"《亮传》所记，印证了魏军败绩。《通鉴》卷七十二《魏纪四》记诸葛亮此次北伐，几乎全部采录习凿齿佚文。而《晋书·宣帝纪》竟云："诸葛亮寇天水，围将军贾嗣、魏平于祁山。天子乃使帝西屯长安，都督雍、梁二州诸军事，统车骑将军张郃、后将军费曜、征蜀护军戴凌、雍州刺史郭淮等讨亮。遂进军隃麋。亮闻大军且至，乃自帅众将芟上邽之麦。诸将皆惧，帝曰：'亮虑多决少，必安营自固，然后芟麦，吾得二日兼行足矣。'于是卷甲晨夜赴之，亮望尘而遁。帝曰：'吾倍道疲劳，此晓兵者之所贪也。亮不敢据渭水，此易与耳。'进次汉阳，与亮相遇，帝列阵以待之。使将牛金轻骑饵之，兵才接而亮退，追至祁山。亮屯卤城，据南北二山，断水为重围。帝攻拔其围，亮宵遁，追击破之，俘斩万计。天子使使者劳军，增封邑。"虚张拒葛之锋，讳大败为大胜，《晋书》作者，颠倒乾坤！王鸣盛《十七史商榷》论曰："《蜀志·后主纪》：'建兴八年秋，魏使司马懿由西城，张郃由子午，曹真由斜谷，欲攻汉中。丞相亮待之于城固、赤阪，大雨道绝，真等皆还。'如是而已，安得有遁逃破败之事！彼时亮正大举北伐，虽马谡小挫于街亭，而斩王双，走郭淮，遂平武都、阴平二郡，安得被魏俘斩万计耶？懿从不敢与亮交锋，屡次相持，总以按兵不动为长策，遗之巾帼犹不知耻，假托辛毗杖节止战，制中论之甚明。此《纪》特晋人夸词，在当

日为国史，固应尔尔。今《晋书》成于唐人，而犹仍其曲笔，不加删改，何也？"又《魏志·明帝纪》："秋七月丙子，以亮退走，封爵增位各有差。"卢弼《集解》论曰："据此，则魏兵大败，而乃以亮退走，封爵增位，是真赏罚不明、掩耳自欺者矣！"

㉑木门：地名。《通鉴》胡注："木门去今天水军天水县十里。《水经注》：'籍水出上邦当亭西山，东历当亭川，又东入上邦县，左佩五水，右带五水；木门谷之水其一也。导源南山，北流入籍水。'"

37.诸葛亮围祁山，不克，引退。张郃追之，为流矢所中死[①]。帝惜郃[②]，临朝而叹曰："蜀未平而郃死，将若之何！"司空陈群曰[③]："郃诚良将，国所依也。"毗心以为郃虽可惜，然已死，不当内弱主意，而示外以不大也。乃持群曰："陈公，是何言欤！当建安之末，天下不可一日无武皇帝也，及委国祚，而文皇帝受命。黄初之世，亦谓不可无文皇帝也，及委弃天下，而陛下龙兴。今国内所少，岂张郃乎？"陈群曰："诚亦如辛毗言。"帝笑曰："陈公可谓善变矣。"

【校记】

本条不见于各辑本，为自《三国志》卷二十五《魏志·辛毗传》注引《魏略》中辑出者。本条固为《辛毗传》注引《魏略》文，但裴松之案随后指出："臣松之以为拟人必于其伦，取譬宜引其类，故君子于其言，无所苟而已矣。毗欲弘广主意，当举若张辽之畴，安有于一将之死而可以祖宗为譬哉？非所宜言，莫过于兹。进违其类，退似谄佞，佐治刚正之体，不宜有此。《魏略》既已难信，习氏又从而载之，窃谓是人受枉不少。"裴案"习氏又从而载之"，明确指出了习书尝转载《魏略》此段文字；尽管"围祁山不克引退"数语显属曲笔，凿齿未必照录，但转载了明帝君臣议论应属可信。至于其以辛毗之言引喻失譬，致使"是人受枉不少"，则又当别论。况裴氏所谓"佐治刚正之体"亦大有可商榷者：初袁谭、袁尚兄弟相攻，辛毗受谭派遣求救于曹操，而毗见操后，反献策劝操乘二袁内讧出兵河北以平之。胡三省论曰："观毗之言，非为谭求救也，劝操以取河北也。"（《资治通鉴》卷六十四《汉纪五十六》）赵一清以为："胡三省之论，可谓切中其隐。"（《三国志注补》卷二十五）而萧常《续后汉书·辛毗传赞》则直斥"毗卖二袁于曹操，以为进身之阶，此奸人之雄，乌足道哉！"言虽未免过刻，则毗之光环顿损，引喻失譬，又何伤其大雅哉！裴案否定《魏略》之言，不足为据也。

【史补】

（1）**《魏志·辛毗传》**曰：辛毗字佐治，颍川阳翟人也。其先，建武中自陇西东迁。毗随兄评从袁绍。太祖为司空，辟毗，毗不得应命。及袁尚攻兄谭于平原，谭使毗诣太祖求和④。太祖将征荆州，次于西平⑤。毗见太祖致谭意，太祖大悦。后数日，更欲先平荆州，使谭、尚自相弊。他日置酒，毗望太祖色，知有变，以语郭嘉。嘉白太祖，太祖谓毗曰："谭可信？尚必可克不？"毗对曰："明公无问信与诈也，直当论其势耳。袁氏本兄弟相伐，非谓他人能间其间，乃谓天下可定于己也⑥。今一旦求救于明公，此可知也⑦。显甫见显思困而不能取⑧，此力竭也。兵革败于外，谋臣诛于内，兄弟谗阋⑨，国分为二；连年战伐，而介胄生虮虱，加以旱蝗，饥馑并臻，国无囷仓，行无裹粮，天灾应于上，人事困于下，民无愚智，皆知土崩瓦解，此乃天亡尚之时也。兵法称：有石城汤池带甲百万而无粟者，不能守也。今往攻邺，尚不还救，即不能自守；还救，即谭蹑其后。以明公之威，应困穷之敌，击疲弊之寇，无异迅风之振秋叶矣。天以袁尚与明公，明公不取，而伐荆州。荆州丰乐，国未有衅。仲虺有言：'取乱侮亡。'⑩方今二袁不务远略，而内相图，可谓乱矣；居者无食，行者无粮，可谓亡矣。朝不谋夕，民命靡继，而不绥之，欲待他年；他年或登，又自知亡而改修厥德，失所以用兵之要矣。今因其请救而抚之，利莫大焉。且四方之寇，莫大于河北；河北平，则六军盛而天下震。"⑪太祖曰："善。"乃许谭平，次于黎阳。明年攻邺，克之⑫。表毗为议郎⑬。

【笺注】

①张郃之死，参见前条佚文及史补（1）。

② 帝：谓魏明帝曹叡。

③ 陈群（？—237）：字长文，颍川许昌（今河南许昌东）人。祖、父皆有盛名。群为人清尚有仪，雅好结友，有知人之明。刘备临豫州，尝辟为别驾。曹操破吕布，辟为司空西曹掾属，累迁至御史中丞，转侍中，领丞相东西曹掾。曹丕即王位，封昌武亭侯，徙为尚书。后官至镇军大将军，领中护军，录尚书事，与曹真、司马懿等并受遗诏辅政。明帝时，进封颍阴侯，开府。未几，为司空，故录尚书事。青龙四年（237）卒，谥曰靖侯。群在官，能以天下声教为己任，尝制九品官人之法，影响深远；又数上疏陈为政得失，而不扬君之恶。

④ 裴注引《英雄记》曰："谭、尚战于外门，谭军败奔北。郭图说谭曰：'今将军国小兵少，粮匮势弱，显甫之来，久则不敌。愚以为可呼曹公来击显甫。曹公至，必先攻邺，显甫还救。将军引兵而西，自邺以北皆可虏得。若显甫军破，其兵奔亡，又可敛取以拒曹公。曹公远侨而来，粮饷不继，必自逃去。比此之际，赵国以北皆我之有，亦足与曹公为对矣。不然，不谐。'谭始不纳，后遂从之。问图：'谁可使？'图答：'辛佐治可。'谭遂遣毗诣太祖。"

⑤ 西平：县名。据传为黄帝元妃嫘祖的故乡。嫘祖为西陵氏之女，其地原有西陵亭，以"西陵于夷"，故名西平。西汉初置县，属汝南郡，故治在今西平县吕店乡。今县名依旧，属河南驻马店市。

⑥《通鉴》胡注："言袁氏兄弟相攻，其初计不谓他人能乘其间。乃谓并青、冀为一，则可乘势以定天下矣。"

⑦《通鉴》胡注："言其势穷。"

⑧《三国志集解》："谭字显思，尚字显甫。"

⑨《三国志集解》："阋，斗也，很也，戾也。"

⑩《书·仲虺之诰》："佑贤辅德，显忠遂良，兼弱攻昧，取乱侮亡，推亡固存，邦乃其昌。"孔传："乱则取之，有亡形则侮之，言正义。"

⑪《三国志集解》："胡三省曰：'观毗之言，非为谭求救也，劝操以取河北也。'或曰：'毗为袁氏请救，所论皆向曹氏，其心已有所私邪？抑致师之词，不得不尔邪？迹毗生平，非卖主者，或当时舍此别无以措辞。况曹瞒老奸，岂能欺以非理哉！'弼按：良禽择木，事理之常。操为司空，已有辟毗之命，郭奉孝又为毗之乡人，策谋定

计。算略深通。南向荆州，本为兵家之权变，毗已心折矣，安得不尽情倾吐乎！"柯按：弼言非也。良禽择木，固事理之常，无可厚非；但忠人之托，常人皆知，况乃俊杰！袁谭危难之际，重托于毗，毗反献策陷主，观其所言"他年或登，又自知亡而改修厥德，失所以用兵之要"云云，其欺灭故主之心，迫不及待，又何其狂悖也！纵日后以"刚亮公直"称，能言其身无瑕疵乎？

⑫《三国志集解》："《一统志》：'黎阳故城，今河南卫辉府濬县东北；邺县故城，今河南彰德府临漳县西南。'《魏志·荀攸传》注引《魏书》曰：'攸姑子辛韬，曾问攸取冀州时事。攸曰：佐治为袁谭乞降，王师自往平之，吾何知焉！'"

⑬辛毗投奔曹操，初为议郎，不久任丞相长史。曹丕即位，迁侍中，封关内侯，议改正朔，定行夏历。后任上军大将军曹真军师，从征江陵，还，封广平亭侯。明帝即位，进封颖乡侯。出为卫尉，曾上疏谏阻大修宫室。青龙二年（234），以大将军军师持节至前线节度司马懿军。军还，复为卫尉。卒谥肃侯。

38. 冬十月，江阳①至江州②有鸟从江南飞渡江北，不能达，堕水死者以千数③。

【校记】

本条据《三国志》卷三十三《蜀志·后主传》注引《汉晋春秋》校定。汤本所补背景文字为"建兴九年"。黄本列"后主"目下。

【史补】

（1）《蜀志·后主传》曰：（建兴）九年春二月，亮复出军围祁山，始以木牛运④。魏司马懿、张郃救祁山。夏六月，亮粮尽退军，郃追至青封⑤，与亮交战，被箭死。秋八月，都护李严废徙梓潼郡⑥。

【笺注】

①江阳：参见佚文第27条笺注④。

②江州：县名。本巴国都，战国秦惠王时置县，故治在今重庆市嘉陵江北岸；蜀汉时移治江南。

③《晋书·五行志中》："蜀刘禅建兴九年十月，江阳至江州有鸟从江南飞渡江北，

不能达，堕水死者以千数。是时诸葛亮连年动众，志吞中夏，而终死渭南，所图不遂。又诸将分争，颇丧徒旅，鸟北飞不能达堕水死者，皆有其象也。亮竟不能过渭，又其应乎！此与汉时楚国乌斗堕泗水粗类矣。"卢弼引《宋书·五行志》并按曰："此无稽之谈。"

④木牛：参见佚文第40条笺注④"木牛流马"。

⑤青封：关隘名。又名木门。故址在今甘肃天水西南百里处。参见第36条佚文木门注。

⑥李严事，详见佚文第43条史补（2）。

后主建兴十一年（魏曹叡青龙元年、吴孙权嘉禾二年）（233）

39. 习凿齿曰：张昭于是乎不臣矣！夫臣人者，三谏不从，则奉身而退，身苟不绝，何忿怼之有？且秦穆违谏，卒霸西戎①；晋文暂怒，终成大业②。遗誓以悔过见录③，狐偃无怨绝之辞④，君臣道泰，上下俱荣。今权悔往之非而求昭，后益回虑降心，不远而复，是其善也。昭为人臣，不度权得道，匡其后失，夙夜匪懈，以延来誉，乃追忿不用，归罪于君，闭户拒命，坐待焚灭，岂不悖哉！

【校记】

本条据《三国志》卷五十二《吴志·张昭传》注引"习凿齿曰"校定。 汤本所补背景文字为"建兴十一年，吴拜公孙渊为燕王，张昭谏，不从，因不朝。后屡谢，昭不起，乃烧门以恐之，昭更闭户"。 "臣人"，汤本作"人臣"。

【史补】

（1）《吴志·张昭传》曰：昭每朝见，辞气壮厉，义形于色，曾以直言逆旨，中不进见。后蜀使来，称蜀德美，而群臣莫拒，权叹曰："使张公在坐，彼不折则废，安复自夸乎？"明日，遣中使劳问，因请见昭。昭避席谢，权跪止之。昭坐定，仰曰："昔太后、桓王不以老臣属陛下⑤，而以陛下属老臣，是以思尽臣节，以报厚恩，使泯没之后，有可称述。而意虑浅短，违逆圣旨，自分幽沦，长弃沟壑，不图复蒙引见，得奉帷幄。然臣愚心所以事国，志在忠益，毕命而已。若乃变心易虑，以偷荣取容，此臣所不能也。"权辞谢焉。

权以公孙渊称藩，遣张弥、许晏至辽东拜渊为燕王。昭谏曰："渊背魏惧讨，远来求援，非本志也。若渊改图，欲自明于魏，两使不反，不亦取笑于天下乎？"权与相反复，昭意弥切。权不能堪，案刀而怒曰："吴国士人入宫则拜孤，出宫则拜君，孤之敬君，亦为至矣，而数于众中折孤，孤尝恐失计。"昭熟视权，曰："臣虽知言不用，每竭愚忠者，诚以太后临崩，呼老臣于床下，遗诏顾命之言故在耳。"因涕泣横流。权掷刀致地，与昭对泣。然卒遣弥、晏往。昭忿言之不用，称疾不朝。权恨之，土塞其门，昭又于内以土封之。渊果杀弥、晏。权数慰谢昭，昭固不起，权因出过其门呼昭，昭辞疾笃。权烧其门，欲以恐之，昭更闭户。权使人灭火，住门良久，昭诸子共扶昭起，权载以还宫，深自克责。昭不得已，然后朝会。

（2）〔明〕王志坚为孙权惜曰：孙权于三国时享国最久，两雄既亡，宜其得志于天下；然自称帝以后，竟无一事惬人意者：俘民于海外，报使于辽东，何其迂也！隐蕃之狂也而信之，吕壹之奸也而用之，何其昏也！陆逊以功见疑，张昭以直见忤，虞翻以戆见窜，张温以名见废，吾粲、朱据等以谏见杀，何其愎也！创业之君，不能割衽席之爱，绝婪菲之潜，卒使国本潜夺，何其悖也！已而悔之欲召和，而卒制以逆女，又何其惫也！岂其老而不自克欤？抑量狭小，称帝之后昌披自恣也？吾甚惜之矣！（《读史商语》卷二）

（3）〔清〕赵一清《张昭论》曰：论者谓孙权不相张昭，恶其直也，多为权惜，而不知昭有以自取之也。曹公南下，恫疑虚喝之兵耳，昭当讨虏付托之重，为江表人士之冠，首发迎降之议，顾妻子，挟私意，权固深望之矣。顾其于一二侪辈讦以为直，岂休休有容之度哉！如严畯，昭所荐也，权令诵《孝经》，昭遽斥峻为"鄙生"，自诵《君子之事上章》，是为矜己之长以形人短。又尝毁鲁肃为"年少粗疏"。虽甘宁之讨黄祖，犹且沮之，盖以功非己出，而忘祖杀坚之血仇也。且夫君子之与人也，贤则进之，无能则矜之。及乎事上，惟才是求，庶尽其区区报主之心。况以吴之僻处海隅，思与中国争衡，尤藉群策群力以成其势而益其强。若峻之温温克让，耽学不倦，肃之明于大计，独建奇谋，更非余子可及。昭果公忠卫国，方推援之不暇，而顾忍谮毁之哉，他日权戏之曰"乞食"，而虞仲翔指之为"死人"，一时君臣鄙夷之若此，犹欲望其立以为相，难矣！诗曰："惟是褊心，是以为刺。"昭其不免焉。（《东潜文稿》卷下）

【笺注】

①《史记·秦本纪》：秦穆公三十三年（前629），穆公不顾谋臣蹇叔、百里奚的谏阻，轻信出卖郑国的人，派大将孟明视、西乞术、白乙丙率师长途奔袭郑国，结果在殽山遭到晋军拦击，全军覆没。三将被俘，旋被放归。"三将至，缪（穆）公素服郊迎，向三人哭曰：'孤以不用百里奚、蹇叔言以辱三子，三子何罪乎？子其悉心雪耻，毋怠。'遂复三人官秩如故，愈益厚之。"由是君臣协力，励精图治，国势益强，终于在三十六年派孟明等大败晋人，雪殽之耻。三十七年，又"用由余谋伐戎王，益国十二，开地千里，遂霸西戎。天子使召公过贺缪公以金鼓。"

②《史记·晋世家》：晋公子重耳出亡，"至齐，齐桓公厚礼，而以宗女妻之，有马二十乘，重耳安之。重耳至齐二岁而桓公卒，会竖刀等为内乱，齐孝公之立，诸侯兵数至。留齐凡五岁。重耳爱齐女，毋去心。赵衰、咎犯乃于桑下谋行。齐女侍者在桑上闻之，以告其主。其主乃杀侍者，劝重耳趣行。重耳曰：'人生安乐，孰知其他！必死于此，不能去。'齐女曰：'子一国公子，穷而来此，数士者以子为命。子不疾反国，报劳臣，而怀女德，窃为子羞之。且不求，何时得功？'乃与赵衰等谋，醉重耳，载以行。行远而觉，重耳大怒，引戈欲杀咎犯。咎犯曰：'杀臣成子，偃之愿也。'重耳曰：'事不成，我食舅氏之肉。'咎犯曰：'事不成，犯肉腥臊，何足食！'乃止，遂行。"重耳流亡国外十九年，历经艰难，终于归国为君，是为晋文公。后并称霸诸侯，为春秋五霸之一。

③《三国志集解》："秦穆公悔过，作《秦誓》。"

④狐偃：即咎犯，亦作子犯、白犯、狐子。重耳之舅，故又称舅犯、舅氏。狐偃随重耳出亡时已年逾花甲，一路夹辅重耳，不辞劳苦，无怨无悔，使重耳最终得以归国为君，成就霸业。

⑤太后：谓孙坚吴夫人，吴主权之母。《吴志·孙破虏吴夫人传》："及权少年统业，夫人助治军国，甚有补益。建安七年，临薨，引见张昭等，嘱以后事。" 桓王：孙策也。《吴志·孙讨逆传》："（策）创甚，请张昭等谓曰：'中国方乱，夫以吴、越之众，三江之固，足以观成败。公等善相吾弟！'"

后主建兴十二年（魏曹叡青龙二年、吴孙权嘉禾三年）（234）

40. 亮自至，数挑战。宣王亦表固请战，使卫尉辛毗持节以制之①。姜维谓亮曰："辛佐治仗节而到，贼不复出矣。"亮曰："彼本无战情，所以固请战者，以示武于其众耳。将在军，君命有所不受②，苟能制吾，岂千里而请战邪！"③

【校记】

本条据《三国志》卷三十五《蜀志·诸葛亮传》注引《汉晋春秋》校定。 汤本所补背景文字为"建兴十二年二月，伐魏"。 黄本列"诸葛亮"目下。 "使卫尉辛毗"，汤本无"卫尉"二字，"辛"讹为"卒"。 "仗节而到"，汤本"到"作"至"。 "示武于其众"，汤本脱"其"字。

【史补】

（1）《通鉴纲目》曰：甲寅，十二年、魏青龙二年、吴嘉禾三年。春，二月，丞相亮伐魏。初，丞相亮劝农讲武，作木牛流马④，运米集斜谷口，治斜谷邸阁⑤，息民休士，三年而后用之。至是，悉众十万，由斜谷伐魏，遣使约吴同时大举。

夏，四月，丞相亮进军渭南，魏大将军司马懿引兵据守。亮始分兵屯田。丞相亮至郿，军于渭水之南。司马懿引军渡渭，背水为垒以拒之，谓诸将曰：

"亮若出武功⑥，依山而东，诚为可忧；若西上五丈原⑦，诸将无事矣。"亮果屯五丈原。郭淮曰："若亮跨渭登原，连兵北山，隔绝陇道，摇荡民夷，非国之利也。"懿乃使淮先据北原⑧。堑垒未成，汉兵大至，淮逆击，却之。

亮以前者数出，皆以运粮不继，使己志不伸，乃分兵屯田，为久驻之基，耕者杂于渭滨居民之间，而百姓安堵，军无私焉⑨。（《御批通鉴纲目》卷十五）

（2）〔南朝·梁〕萧绎论葛马兵争曰："诸葛、司马二相，诚一国之宗师，霸王之贤佐也。孔明起巴、蜀之地，蹈一州之土，省任刑法，整齐军伍，步卒数万，长驱祁山，慨然有河、洛饮马之志。仲达据天下十倍之地，仗兼并之众，据牢城，拥精锐，无擒敌之意。若此人不已，则雍、梁败矣。方之司马，理大优乎！"（《金楼子》卷六《杂记篇第十三下》）

（3）〔宋〕程颐论五丈原之兵曰：孔明营五丈原，宣王言无能为，此伪言安一军耳。兵自高地来可胜。先生尝自观五丈原，非此地不可据，英雄欺人，不可尽信。（《河南程氏遗书》卷二十四《伊川先生语十》）

（4）〔宋〕胡寅论五丈原之兵曰：司马懿曰："若诸葛亮出五丈原，吾无患矣。"司马懿之言谲也，实畏孔明屯五丈原，又惮于逆击，故为此语以安其下耳。孔明此举，盖不复为退计矣。亲统大众入他人之境，久驻而魏师不敢攻，杂耕而居民无所苦，三代之兵若时雨，孔明庶几矣。或讥其短于将略，不亦过乎？（《读史管见》卷六《魏纪·汉后主建兴十二年·论司马懿实畏孔明屯五丈原》）

又论曰：世之论古者，往往以司马、诸葛不及一战以决胜负为恨，此殆以形求而不察理也。五丈原之师正与赤壁之役等。然曹公大败于赤壁，谋拒之者众，其势亦抢攘倾侧，会天方佐佑孙、刘，故孟德以八十万人为十艘油苇所挫，几不得免，胜负之伟，为快于无穷也。若夫五丈原之师，深入客地，耕田积谷，声势震薄，而意思安闲；司马仲达奸雄善兵，慑不敢动，请战示武，情见势穷，甘受巾帼之辱，殊无他计，但快孔明食少，幸其早毙，固不俟兵刃之交，而懿已披靡大败矣。惟汉不复兴，孔明亟死，故以形迹观者，谓魏胜而蜀负，虽杜甫善评，亦有呕血酸辛之叹。向使孔明未死，岂但擒懿？长安以东破竹而下矣！至此，然后可以归之于天。孔明云："亡则知汉室之决不兴也。"夫成败之利害，系于一时，而理之得失，事之是非，虽千载而不泯。当此时，蜀丧元帅，惨戚而归，魏师欢欣，奏凯振旅，一荣一悴，存亡关焉。时运不留，时代迁革，向之成败利钝皆为陈迹，而青史所载赫赫若前日事。孔明忠义之行，节制之兵，皆可详细思惟，反复观考，使人懦气激昂，因以兴起。而曹操、司马懿欺人孤儿寡妇，狐媚以取天下，羯奴犹羞而不取，然则虽夸夺雄伯于俄顷间，何足道哉！以是知古今一心，理无间断。志士以远大自期，则本心正、理常不屈于天下矣。(《读史管见》卷六《魏纪·汉后主建兴十二年·论孔明存亡系汉》)

(5)〔宋〕陈亮论孔明之用兵曰：孔明，伊、周之徒也。而论之者多异说，以其遭时之难，而处英雄之不幸也。夫众人皆进，而我独退，雍容草庐，三顾后起。挺身托孤，不放不摄，而人无间言。权逼人主而上不疑，势倾群臣而下不忌。厉精治蜀，风化肃然。"宥过无大，刑故无小"，帝王之政也。"以佚道使人，虽劳不怨，以生道杀人，虽死不怨杀者"，王者之事也。孔明皆优为之，信其为伊、周之徒也。而论者乃谓其自比管、乐，委身偏方，特霸者之臣尔。是何足与论孔子之仕鲁与自比老彭哉！甚者至以为非仲达敌，此无异于儿童之见也。彼岂非以仲达之言而信之耶？而不知其言皆谲也。仲达不能逞其谲于孔明，故常伺孔明之开阖，妄为大言以谲其下。论者特未之察耳。

始孔明出祁山，仲达出兵拒之，闻孔明将芟上邽之麦，卷甲疾行，晨夜往赴。孔明粮乏已退，仲达谲言曰："吾倍道疲劳，此晓兵者之所贪也。亮不敢据渭水，此易与耳。"夫军无见粮而转军与战，纵能胜之，后何以继？此少辨事机者之所必不为也。仲达心知其然，外为大言以谲其下耳。已而孔明出斜谷，仲达又率兵拒之。知孔明兵未逼渭，引军而济，背水为垒。孔明移军且至，仲达谲言曰："亮若勇者，当出武功依山而阵。若西上五丈原，诸军无事矣。"夫敌人之兵已在死地，而率众直进，求与之战，此亦少辨事机者之所不为也。仲达知其必不出此，故诳为此言以妄表其怯，而示吾之能料，且以少安其三军之心也。故孔明持节制之师，不用权谲，不贪小利，彼则曰："亮志大而不见机，多谋而少决，好兵而无权。"凡此者皆伺孔明之开阖，妄为大言以谲其下，此岂其真情也！

夫善观人之真情者，不于敌存之时，而于敌亡之后。孔明之存也，仲达之言则然。及其殁也，仲达按行其营垒，敛衽而叹曰："天下奇才也！"彼见其规矩法度，出于其所不能为，恍然自失，不觉其言之发也。可以观其真情矣。论者不此之信，而信其谲，岂非复为仲达所谲哉！

唐李靖，谈兵之雄者也。吾尝读其问对之书，见其述孔明兵制之妙曲折备至，曾不一齿仲达。彼晓兵者，故有以窥之矣。书生之论，曷为其不然也！孔明距今且千载矣，未有能谅其心者。吾愤孔明之不幸，故备论之，使世以成败论人物者其少戒也。（《陈亮集》卷七《酌古论三·诸葛孔明下》）

(6)〔宋〕朱熹论孔明之用兵曰：直卿问："孔明出师每乏粮。古人做事，须有道理，须先立些根本。"曰："孔明是杀贼，不得不急。如人有个大家，被贼来占了，赶出在外墙下住，杀之岂可缓？一才缓，人便一切都忘了。孔明亦自言一年死了几多人，不得不急为之意。司马懿甚畏孔明，便使得辛毗来遏令不出兵，其实是不敢出也。国家只管与讲和，聘使往来，贺正贺节，称叔称侄，只是见邻国，不知是仇了！"（载王复礼《朱子语类》卷一百三十六《历代三》）

(7)〔明〕宋濂《武侯屯五丈原辨》曰：凡兵之为道，好高而恶下，贵阳而贱阴。故营军于山者，必依山绝谷，视坐处高。孔明五丈原之屯，高平广大，守不可攻而攻不可取，进不可御而退不可追，所谓先据不可胜之地以示敌可胜者也。懿实畏孔明屯五丈原，又惮于逆击，故为谲语以安其下。若曰无事，何为受巾帼之辱，而不敢出兵逆战也与！（载王复礼《季汉五志·诸葛忠武侯志·艺文》）

【笺注】

①此即三国故事中著名的五丈原交兵。《蜀志·诸葛亮传》："十二年春，亮悉大众由斜谷出，以流马运。据武功五丈原，与司马宣王对于渭南。"赵一清《三国志注补》卷三五："《晋书·宣帝纪》：青龙二年，亮又率众十余万出斜谷，垒于郿之渭水南原。天子忧之，遣征蜀护军秦朗督步骑二万，受帝节度。诸将欲住渭北以待之，帝曰：'百姓积聚皆在渭南，此必争之地也。'遂引军而济，背水为垒。因谓诸将曰：'亮

若勇者，当出武功，依山而东。若西上五丈原，则诸军无事矣。'亮果上原，将北渡渭，帝遣将军周当屯阳遂以饵之。数日，亮不动。帝曰：'亮欲争原而不向阳遂，此意可知也。'遣将军胡遵、雍州刺史郭淮共备阳遂，与亮会于积石。临原而战，亮不得进，还于五丈原。《世说》曰：诸葛武侯与司马宣王治军渭滨，克日交战。宣王戎服莅事，使人视武侯，独乘素舆，葛巾毛扇，指挥三军，随其进止。宣王叹曰：'诸葛君可谓名士矣！'又《史通·叙事篇》云：王隐称诸葛亮挑战，冀获曹咎之利，其事相符，言之谬矣。一清按：武侯数挑战，懿不出，因遗以巾帼妇女之饰，以激怒之。知几所指，即此事也。"

②《通鉴》胡注："孙武子及司马穰苴之言也。"

③《晋书·宣帝纪》："亮数挑战，帝不出，因遗帝巾帼妇人之饰。帝怒，表请决战，天子不许，乃遣骨鲠臣卫尉辛毗杖节为军师以制之。后亮复来挑战，帝将出兵以应之，毗杖节立军门，帝乃止。初，蜀将姜维闻毗来，谓亮曰：'辛毗杖节而至，贼不复出矣。'亮曰：'彼本无战心，所以固请者，以示武于其众耳。将在军，君命有所不受，苟能制吾，岂千里而请战邪！'"又《集解》引《通典》卷一百五十《兵三》云："司马宣王使二千余人就军营东南角，大声称万岁。亮使问之，答曰：'吴朝有使至，请降。'亮谓曰：'计吴朝必无降法，卿是六十老翁，何烦诡诳如此！'"

④木牛流马：诸葛亮所创制的运输工具。《亮传》裴注引有《亮集》载作木牛流马法。但清俞樾《茶香室三钞》卷二十七《木牛流马异说》曰："元人《事物纪原》云：蜀相诸葛亮之出征，始造木牛流马以运饷。盖巴蜀道阻，便于登陟故耳。木牛即今小车之有前辕者，流马即今独推者是，而民间谓之江州车子。《后汉·郡国志》：巴州有江州县，疑亮之创始，作之于江州县，当时云然，故后人以为名也。按《三国志》本传，亮性长于巧思，损益连弩，木牛流马，皆出其意。裴注引《亮集》载作木牛流马法，自是以来并无异说。《事物纪原》所云，不知本于何书，仅以备考。蜀道崎岖，如《亮集》所载木牛流马法，恐不可用，《纪原》之说，或转合当时事实乎！"

⑤斜谷：参见佚文第32条笺注㉑。

⑥武功：县名。汉置。故治在今陕西武功西南三十里许。王应麟《困学纪闻》卷十三《考史》："《水经注》引武侯《与步骘书》曰：'仆前军在五丈原，原在武功西十里。马冢在武功东十余里，有高势，攻之不便，是以留耳。'武侯表云：'臣遣虎步监

孟琰据武功水东，司马懿因水长攻琰营。臣作竹桥，越水射之。桥成，遂驰去。'此可以裨《武侯传》之阙。"明杨慎《谭苑醍醐》卷一《孔明遗事》亦录《水经注》此段文字，以为可补史阙。故录此以备一格。

⑦五丈原：地名。在今陕西岐山南斜谷口西侧。岐山县现有五丈原镇建置，距宝鸡市约五十公里。五丈原位于八百里秦川西端，南依秦岭，北临渭水，西接麦里河，东界石头河，原高四十多丈，东西宽一公里，南北长约三十五公里，为一琵琶状狭长的黄土台塬，地势险要，扼关中通往巴蜀通道之要冲，为古代兵家必争之地。汉丞相诸葛武侯亮出师伐魏，尽瘁星殒于此。故后人多有吟五丈原诗词，并在五丈原修建武侯祠，以资纪念。

⑧北原：聚落名。故址在今陕西宝鸡东十余公里。

41.亮卒于郭氏坞①。杨仪等整军而出②，百姓奔告宣王，宣王追焉。姜维令仪反旗鸣鼓③，若将向宣王者，宣王乃退，不敢逼④。于是仪结陈而去，入谷然后发丧⑤。宣王之退也，百姓为之谚曰："死诸葛走生仲达。"⑥或以告宣王，宣王曰："吾能料生，不能料死也。"⑦

【校记】

本条据《三国志》卷三十五《蜀志·诸葛亮传》注引《汉晋春秋》校定。首句"亮卒于郭氏坞"与其后文字见于两处引文，汤本合而为一，《通鉴》与《纲目》亦紧承叙事，故从之。 汤本所补背景文字为"秋八月"。 黄本列"诸葛亮"目下。 "若将向宣王者"，汤本脱"将"。 汤本无"乃退"二字。"结陈"，汤、黄本"陈"皆作"阵"。"不能料死"，《蜀志注》"不能"作"不便"，而汤、黄本皆作"不能"。据《魏氏春秋》，懿已料亮之死，言"不便"乃史家饰词；言"不能"，盖真不能知也，故改。 又黄本有尾注云："《御览》四百九十六引'诸葛亮卒，杨仪整军而出，宣王不敢逼。百姓谚曰：死诸葛走生仲达。'"按此乃《太平御览》卷四百九十六《人事部一百三十七·谚下》引文。

【史补】

（1）《通鉴纲目》曰：八月，丞相武乡侯诸葛亮卒于军⑧。长史杨仪引军还。前军师魏延作乱，仪击斩之。亮数挑战，懿不出，乃遗以巾帼妇人之服。懿怒，上表请战，魏主叡使卫尉辛毗杖节为军师以制之。姜维谓亮曰："贼不复出矣。"亮曰："彼本无战情，所以固请者，以示武于众耳。将在军，君命有所不受，苟能制吾，岂千里而请战邪！"亮遣使者至懿军，懿问其寝食及事之烦简，而不及戎事⑨。使者曰："诸葛公夙兴夜寐，罚二十已上皆亲览焉⑩，所啖食不至数升。"懿告人曰："孔明食少事烦，其能久乎？"亮病笃，帝使仆射李福省侍⑪，因谘大计。与亮语已，别去，数日复还。亮曰："孤知君还意，公所问者，公琰其宜也。"⑫福谢："前实失不咨请，公百年后谁可任大事者，故辄还耳。"又请其次，亮曰："文伟可。"又问，亮不答⑬。八月，薨。

长史杨仪整军而出。百姓奔告懿，懿追之。姜维令仪反旗鸣鼓，若将向懿者，懿不敢逼。于是仪结陈而去，入谷然后发丧。策赠印绶，谥曰"忠武"。百姓为之谚曰："死诸葛走生仲达。"懿闻之，笑曰："吾能料生，不能料死故也。"亮尝推演兵法，作《八阵图》⑭。至是，懿案行亮之营垒处所，叹曰："天下奇才也！"⑮追至赤岸⑯，不及而还。

初，前军师魏延，勇猛过人，善养士卒，每欲请兵万人，与亮异道会于潼关，如韩信故事，亮不许。延常谓亮怯，不能尽用己才。仪为人干敏，亮每出军，仪规画分部，筹度粮谷，咸取办焉。延性矜高，当时皆下之，唯仪不假借，延以为至忿。亮深惜二人之才，不忍有所偏废也。及病笃，作退军节度，令延断后，姜维次之；延或不从，军便自发。亮薨，仪令费祎往揣延意。延曰："丞相虽亡，吾自见在⑰。府亲官属，便可将丧还葬，吾当自率诸军击贼；云何以一人死废天下之事邪！且魏延何人，当为杨仪作断后将乎！"仪等乃案亮成规引还。延果大怒，搀仪未发⑱，率所领先归，烧绝阁道，与仪相表叛逆，一日之中，羽檄交至。帝以问侍中董允、留府长史蒋琬，咸保仪而疑延。仪等槎山通道⑲，昼夜兼行，亦继延后。延据南谷口逆击仪等⑳，将军何平叱先登曰："公亡，身尚未寒，汝辈何敢乃尔！"士卒知曲在延，皆散。延逃奔汉中，仪遣将斩之，夷三族。始，延欲杀仪等，冀时论以己代诸葛辅政，故不北降魏而南击仪，实无反意也㉑。

初，亮表于帝曰："臣成都有桑八百株，薄田十五顷，子弟衣食，自有余饶，不别治生以长尺寸。臣死之日，不使内有余帛，外有赢财，以负陛下。"至是，卒如其言㉒。丞相长史张裔常称亮曰："公赏不遗远，罚不阿近，爵不可以无功取，刑不可以贵势免，此贤愚之所以佥忘其身者也！"

陈寿曰：亮之为相国也，抚百姓，示仪轨，约官职，从权制，开诚心，布公道；尽忠益时者虽仇必赏，犯法怠慢者虽亲必罚，服罪输情者虽重必释，游辞巧饰者虽轻必戮，善无微而不赏，恶无纤而不贬；庶事精练，物理其本，循名责实，虚伪不齿；终于邦域之内，咸畏而爱之，刑政虽峻而无怨者，以其用心平而劝戒明也。可谓识治之良才，管、萧之亚匹矣。（《御批通鉴纲目》卷十五）

（2）〔晋〕张辅《名士优劣论》论乐毅孔明之优劣曰：或以毅相弱燕，合五国之兵，以破强齐，雪君王之耻，围城而不急攻，将令道穷而义服，此则仁者之师，莫不谓毅为优。余以〔为〕五国之兵，共伐一齐，不足为强；大战济西，伏尸流血，不足为仁。夫孔明包文武之德，刘玄德以知人之明，屡造其庐，谘以济世，奇策泉涌，智谋从横，遂东说孙权，北抗大魏，以乘胜之师，翼佐取蜀。及玄德临终，禅登大位，在扰攘之际，立童蒙之主，设官分职，班叙众才，文以宁内，武以折冲，然后布其恩泽于中国之民。其行军也，路不拾遗，毫毛不犯，勋业垂济而陨。观其遗文，谋谟弘远，雅规恢廓，己有功则让于下，下有阙则躬自咎，见善则迁，纳谏则改，故声烈振于遐迩也。孟子曰："闻伯夷之风，贪夫廉。"余以为睹孔明之忠，奸臣立节矣，殆将与伊、吕争俦，岂徒乐毅为伍哉！（《艺文类聚》卷二十二《人部六·品藻》）

（3）〔宋〕宋祁《祭忠武侯文》曰：维诸葛公，矫矫犹龙。躬耕南阳，高卧隆中。究厥抱膝，伊吕比踪。时非三代，炎运欲终。姑谓管乐，王图霸功。谁其知之，有鹿门翁。拜翁床下，心敬高风。如彼子房，跪履益躬。维彼子房，功孰比隆。功非不能，而系所逢。昭烈大度，三顾始从。言践道远，志存数穷。拜表出师，涕泗纵横。渭水秋咽，草庐夜空。呜呼！兴汉曰武，托孤曰忠。经千万年，仰止弥崇。南国之纪，山川秀锺。偶来自蜀，汉水抚封。皆公故国，祗谒遗宫。借公余略，潜打敌冲。惮公

德威，遐迩所同。载祀襄人，永护柏松。（载王复礼《季汉五志·诸葛忠武侯志·艺文》）

（4）〔宋〕**程颐论诸葛孔明曰**：孙觉问："孔明何如人也？"子曰："王佐。"曰："然则何以区区守一隅，不能大有为于天下也？"子曰："孔明欲定中原，与先主有成说矣。不及而死，天也。"曰："圣贤杀一不辜而得天下则不为，孔明保一国，杀人多矣。"子曰："以天下之力，诛天下之贼，义有大于杀也。孔子请讨陈恒，使鲁用之，能不戮一人乎？"曰："三国之兴，孰为正？"子曰："蜀之君臣，志在兴复汉室，正矣。"（《河南程氏粹言·圣贤篇》）

又曰：孔明不死，三年可以取魏。且宣王有英气，久不得伸必沮，死不久也。

孔明庶几礼乐。（《河南程氏遗书》卷二十四《伊川先生语十》）

（5）〔宋〕**苏轼论诸葛孔明曰**：古之君子，如伊尹、太公、管仲、乐毅，其霸王之略，皆定于畎亩中，非仕而后学者也。淮阴侯见高帝于汉中，论刘、项短长，画取三秦，如指诸掌，及佐帝定天下，汉中之言无一不酬之。诸葛孔明卧草庐中，与先主论曹操、孙权，规取刘璋，因蜀之资以争天下，终身不易其言。此岂口传耳受、尝试为之，而侥幸其或成者哉！（《苏轼文集》卷十《范文正公文集叙》）

又曰：西汉之士多智谋，薄于名义；东京之士尚风节，短于权略。兼之者，三国名臣也。而孔明巍然三代王者之佐，未易以世论也。（《苏轼文集》卷六十五《三国名臣》）

（6）〔宋〕**张栻论诸葛亮曰**：三代衰，五伯起，而功利之说盈天下，谋国者不复知正义明道之为贵。亮当汉祚之季，乃能执其机而用之。其言曰"汉、贼不两立"，"臣鞠躬尽力，死而后已"。呜呼！此夏少康四十年经营宗祀，而卒以配天之本心也。若亮者，可谓有正大之体矣。观其高卧隆中，不求闻达，盖将终身焉。昭烈汉室之胄，而三顾之于草庐，名义既正，好贤之意又笃，安得不以身许之？故其君臣相与，一以道义而忘势。受遗之际，肝胆相照，无纤芥形迹，何其盛也！亮之恢复规模，先为根本计。方建兴初，务农训兵，以治国事；国事既定，北向致讨；军旅将发，拜表纳忠，反复曲折，专以宫中府中之事为言，且陈亲贤臣、远小人之义，一篇之中，三致意焉，而其终章尤为切至。亮之意，抑深且远矣！即其行事而观之，绝姑息之私意，本常礼之大公，见善若出诸己，用人各尽其才。至或有罪，虽素所礼遇如马谡，且流涕诛之而弗释也。故李平、廖立虽被废放，没齿无怨言。盖其于斯世所欲不存焉。身都将相，三十年间，家无赢余，视天下无一足以动乎中者，其正大之体为如何哉！亮之奉嗣君，小心恭恪，一国之柄，举出其手，而人不知其为权。彼怀奸稔逆，切切窥人宗祀者，雨雪见睍，而谓亮敌哉！至使耕者杂于渭滨，舆图之复，已恢恢然在其目中矣。天不祚汉，妖星告变，谓之何哉？或谓亮劝昭烈取荆州为不义，而不知刘琮既降操，则荆州固魏之荆州矣，惜昭烈之失此机也。或又谓魏延之策恨其不用，不知天将昌汉，扫除奸逆直余事耳，行险侥幸非其志也。呜呼！秦汉以来，士狃于战国余习，张子房号为杰出者，而犹未免杂以伯术。若亮，真豪杰之士，无文王犹兴者，使得游于洙泗讲学以终之，则其所至又当若何？《传》称：始亮在隆中，以管、乐自许。予谓亮王者之佐，岂与管、乐同在功利之域者哉！意传者之误耳。（萧常《续后汉书·诸葛亮传赞》引）

（7）〔宋〕洪迈赞诸葛孔明曰：诸葛孔明千载人，其用兵行师皆本于仁义节制，自三代以降，未之有也。盖其操心制行，一出于诚。生于乱世，躬耕陇亩，使无徐庶之一言，玄德之三顾，则苟全性命，不求闻达必矣。其始见玄德，论曹操不可与争锋，孙氏可与为援而不可图，唯荆、益可以取，言如蓍龟，终身不易。二十余年之间，君信之，士大夫仰之，夷夏服之，敌人畏之。上有以取信于主，故玄德临终，至云"嗣子不才，君可自取"；后主虽庸懦无立，亦举国听之而不疑。下有以见信于人，故废廖立而立垂泣，废李严而严致死。后主左右，奸辟侧佞充塞于中，而无一人有心害疾者。魏尽据中州，乘操、丕积威之后，猛士如林，不敢西向发一矢以临蜀，而公六出征之，使魏畏蜀如虎。司马懿案行其营垒处所，叹为天下奇才。钟会伐蜀，使人至汉川祭其庙，禁军士不得近墓樵采。是岂智力策虑所能致哉！魏延每随公出，辄欲请兵万人，与公异道会于潼关，公制而不许；又欲请兵五千，循秦岭而东，直取长安，以为一举而咸阳以西可定。史臣谓公以为危计不用，是不然。公真所谓义兵不用诈谋奇计，方以数十万之众，据正道而临有罪，建旗鸣鼓，直指魏都，固将飞书告之，择日合战，岂复羁行窃步，事一旦之谲以规咸阳哉！司马懿年长于公四岁，懿存而公死，才五十四耳，天不祚汉，非人力也。"霸气西南歇，雄图历数屯。"杜诗尽之矣哉！（《容斋随笔》卷八《诸葛公》）

（8）〔元〕郝经《续后汉书·诸葛亮传议》曰：舜五臣以还，暨商周之伊、吕、周、召，皆以道佐主而平天下，及齐管氏首霸术，而周不复王。汉兴，子房为宗国击秦夷项，信复仇之义，董公言仁义，请讨贼，几于汤、武之际，乃皆假之不久而遽归，一用阴谋谲计，杂而不纯。汉四百余年而有诸葛亮，有伊尹之志，吕望之略，周公之才，出处不苟，恢廓正大，笃于道义，慨然委质昭烈，兴复汉室；及受遗托，益加之共，出师讨贼，忠顺勤劳，继之以死，亦圣之任也。天假之年，粪除凶孽，祀汉配天，制礼作乐，黜二京之杂霸，纯于王道，可与殷、周比隆，势已定胜，而夺去之遽，惜哉！宋朱熹有言：亮才高而时不与，志大而资不足，功烈未就而道德有余，土地褊小而规模宏远，三代而下，孟轲以来，一人而已。可谓知亮矣。

（9）〔明〕宋濂《武侯论》曰：三代而下，有合于先王之道者，孔明一人耳。其师以正动，义也；委身事君，忠也；开诚布公，信也；御众以严，智也；其功之不能成，天也。议者则谓其应变将略非其所长；又谓其不攻瑕而攻坚，一出师乃与魏氏角，其亡则宜；又谓其仁义诈力杂用以取天下，所以失之。是皆以权谋术数待孔明，而孔明明白正大之心，初未尝知之也；若三者之议，真蛇鼠之见！（载《季汉五志·诸葛忠武侯志·艺文》）

（10）〔明〕方孝孺论诸葛亮曰：诸葛孔明以布衣至于为相，而人不以为速；以讨贼为己任而不任将帅，人不以为自用；兵败而功不成，人不以为无勇；断一国之政，赏罚予夺无所贷，人不以为专。世皆谓孔明才智之可以服人，而不知不自肆其才智而取诸人，此孔明之所以服人也。三国人才，吴为众，魏次之，而汉又次之。然汉之孔明，二国司马懿、周、鲁、张、陆之徒皆不能及。当是之时，天下一孔明耳，而无所与让。及其为相，顾乃深有资于僚佐，而恳恳求忠益之言。以孔明之贤，岂待乎僚佐之益？举全蜀之士，岂复有出于孔明智虑之右者乎？贤人君子之用心也远，而期望也大，尝自见其不足，而不见其有余，尝恐己阙之不闻，而不敢谓人言为不可。惟不自恃其才智也，故能用举世之才智。苟露其才智，与人角锱铢分寸以求胜，则有才智者皆吾敌也，吾安得而用之！孔明之为相，欿然虚己以求闻己之过，秦汉以下为相者皆不及也。而陈寿之徒比之为萧何，岂不辱孔明也哉！

事功之成败不可以论人也久矣。禹、稷与天地并，而颜子陋巷之穷人；伊尹佐商有天下，而伯夷馁死无以自存。其身之所处殊，其所为又殊，其志之所向亦殊。孟子独谓颜子可比禹、稷，伯夷与伊尹皆得圣人之一偏。若孟子可谓善观人矣！夫善观人者，不以所至为优劣。盖成败利钝，天也；天之所命，虽圣贤有所不能为。圣贤之道宁有不至哉？其所不能者，非道之过也。以孔明之贤，兴汉而致治，其素所蓄积者，不幸而功不成，天也。安得以成败论孔明哉！推孔明之心，伊尹、周公之亚也，而其所未至，道不逮也。使孔明闻道，则为圣贤矣，惜乎其未有闻也。於乎，道不胜其才智，兹其所以为孔明也欤！然其过秦汉之士则远矣。（《逊志斋集》卷五《诸葛孔明》）

（11）〔明〕胡应麟论相曰：论相于唐、虞之后，伊尹、周公、诸葛，至矣！汉萧、曹、丙、魏，唐房、杜、姚、宋，宋李、王、文、富、韩、范、司马，其庶乎。汉之相以质胜，唐之相以才胜，宋之相以体胜。

又论将曰：义兵不尚诈谋。成安君死泜，上矣！诸葛氏之八阵，一何堂堂正正也；唐郭汾阳之御众，大而公；宋岳鄂国之行师，义而肃。论兵于三代之下，三君子其上乘乎！论将于三代之下，三君子其至德乎！（《少室山房笔丛》卷一四《史学佔毕二》）

【笺注】

①《蜀志·诸葛亮传》："相持百余日。其年八月，亮疾病，卒于军，时年

五十四。"《三国志旁证》卷二十一《亮传》:"以建兴十二年公卒、年五十四推之,知其生于汉灵帝辛酉光和四年也。"宋王安石《诸葛武侯》诗曰:"汉日落西南,中原一星黄。群盗伺昏黑,联翩各飞扬。武侯当此时,龙卧独摧藏。掉头《梁父吟》,羞与众争光。邂逅得所从,幅巾起南阳。崎岖巴汉间,屡以弱攻强。晖晖若长庚,孤出照一方。势欲起六龙,东回出扶桑。惜哉沦中路,怨者为悲伤。竖子祖余策,犹能走强梁。"李觏《忠武侯》诗曰:"齐霸燕强旧有基,当年管乐易为奇。何如新野羁栖后,正值曹公挟帝时。指画二州收汉烬,安排八阵与天期。才高命短虽无奈,犹胜隆中世不知。"又《茶香室续钞》卷三有《诸葛孔明封武灵王》轶闻一则,录此聊备一格:"宋王象之《舆地碑记目》:襄阳府有唐《改封诸葛亮为武灵王庙记》,注云:'唐光化五年,封诸葛孔明为武灵王,在今隆中。'按孔明身后有武灵王之封,世罕知之。光化乃唐昭宗年号也。"

②杨仪(?—235):字威公,襄阳人。时任丞相长史、绥德将军。受丞相亮遗命部署安全退军。后以仅拜中军师,心怀怨望,建兴十三年(235)被削职流放汉嘉郡。而仍不思自省,又上书诽谤,言辞激烈,被逮下狱,自杀死。

③姜维(202—264):字伯约,天水冀(今甘肃甘谷东南)人。蜀汉后期名将、军事统帅。原为曹魏天水郡从事,中郎、参本郡军事。后投诸葛归蜀汉,为诸葛亮书重,以为奉义将军,封当阳亭侯。时任中监军征西将军。

④《通鉴》胡注:"犹恐亮未死也。"

⑤《通鉴》胡注:"入斜谷也。"

⑥吕思勉《史通评·曲笔》曰:"推论史事极难,有知其记载之诬,而有相反之记载、传说,足以证明者:如司马宣王列营渭曲,见屈武侯,虽陈、王杜口,陆机《晋史》且为虚张拒葛之锋,然有死诸葛走生仲达之言,已足为葛优于马之征,更得蜀老之说以参之,而晋人记载之诬,不待言而自见矣。"

⑦《三国志集解》:"《通鉴》作'不能料死故也'。杜佑曰:'孔明料吴不降,明矣;司马不料亮死,暗矣。'《晋书·宣帝纪》:'关中多蒺藜,(《通典》云:杨仪多布铁蒺藜。)帝使军士二千人着软材平底木屐前行,蒺藜悉着屐,然后马步俱进,追到赤岸,乃知亮死。'"

⑧宋刘友益《通鉴纲目书法》曰:"凡书'卒于军',嘉死事也,故具官、爵、

姓。亮自书出屯汉中以图中原，至是凡五书伐魏：一书战街亭，败绩；二书围陈仓，斩其将；三书拔武都、阴平；四书败司马懿，杀张郃。于是书进军，书屯田，皆可纪也。唯街亭一败，马谡之罪耳。亮方为足食计，而以'卒于军'书矣。《纲目》书'卒于军'八，未有以丞相书者。书'丞相武乡侯诸葛亮卒于军'，军国之可痛深矣！此《纲目》书甚惜也。"尹起莘《纲目发明》曰："呜呼！亮自经略中原，至是首尾仅八载。《纲目》举书进军渭南，分兵屯田，懿虽引兵拒守，甘受妇人巾帼之服，势已穷蹙，而亮乃告终。天不祚汉，使之功业不就，谓之何哉！然亮受遗托孤之际，盖尝以竭股肱之力，效忠贞之节，继之以死为告；至其出军上表，又以鞠躬尽力、死而后已为言。由今观之，可谓不食其言矣。书'卒于军'，以见殁于王事之实。其讨贼之义，死而不屈，至今凛凛，犹有生气。其视曹、马辈欺孤弱寡、狐媚以取人国家者，曾犬彘之不若，世岂可以成败论人物哉！"

⑨《通鉴》胡注："懿所惮者亮也，问其寝食及事之繁简，以觇寿命之久近耳，戎事何必问耶！"

⑩《义门读书记·蜀志·诸葛亮传》："罚二十以上，岂无参佐可以平之？孔明虽蹙蹙凤夜，不若是之不谙政体也。"

⑪李福：字孙德，梓潼涪（今四川绵阳东）人。蜀汉之初，任书佐、西充长、成都令。建兴中，历任巴西太守、江州督、扬威将军，入为尚书仆射，封平阳亭侯。延熙初，大将军蒋琬出征汉中，福为前监军领司马，终于其任。

⑫蒋琬：参见佚文第32条笺注⑥。又《蜀志·蒋琬传》："亮每言：'公琰托志忠雅，当与我共赞王业者也。'密表后主曰：'臣若不幸，后事宜以付琬。'"

⑬《通鉴》胡注："费祎，字文伟。亮不答继祎之人，非高帝'此后亦非乃所知'之意，盖亦见蜀之人士无足以继祎者矣。呜呼！"陈垣《通鉴胡注表微·感慨篇》曰："温庭筠《过五丈原》句云：'下国卧龙空寤主，中原逐鹿不因人。象床锦帐无言语，从此谯周是老臣。'亦伤蜀之无人也。"

⑭八阵图：传说为诸葛亮创设的一种阵法。作为古代战争中一种战斗队形及兵力部署图，诸葛亮的原图早已失传，然有据说为诸葛亮练兵遗址的所谓"八阵图垒"。后人考其遗垒又绘成图形，见《武备志》。据记载，八阵图遗迹有三处：一在重庆奉节，一在陕西沔县，一在四川新繁，而以在奉节者最为著名。王复礼《季汉五志》收

有唐李靖及宋神宗等前人所著《八阵图说》、《八阵论》多篇，历代诗家吟咏《八阵图》更频见文籍，不赘。

⑮《通鉴》胡注："方亮之出也，懿以为若西上五丈原，诸将无事矣。及亮既死退军，懿案行其营垒处所，以为天下奇才。观此，则知懿已料亮之必屯五丈原，而力不能制，姑为此言以安诸将之心耳。"吕思勉《读史札记·诸葛亮治戎》论曰："《三国志·诸葛亮传》：亮卒于军，及军退，宣王案行其营垒处所，曰：天下奇才也。此非虚美之辞。《晋书·职官志》曰：'武帝甚重兵官，故军校多选朝廷清望之士居之。先是陈勰为文帝所待，特有才用明解军令。帝为晋王，委任使典兵事。及蜀破后，令勰受诸葛亮围阵用兵倚伏之法，又甲乙校标帜之制，勰悉闇练之，遂以勰为殿中典兵中郎将，迁将军。久之，武帝每出入，勰持白兽幡在乘舆左右，卤簿陈列齐肃。太康末，武帝常出射雉，勰时为都水使者，散从，车驾逼暗乃还，漏已尽，当合函停乘舆，良久不得合，乃诏勰合之，勰举白兽幡指麾，须臾之间而函成，皆谢勰闲解，甚为武帝所任。'此事足见诸葛亮之治戎，确有法度也。"

⑯赤岸：聚落名。故址在今陕西留坝东北二十公里。《通鉴》胡注引《水经注》："褒水西北出衙岭山，东南迳大石门，历故栈道下谷，俗谓千梁无柱也。诸葛亮与兄瑾书曰：'前赵子龙退军，烧坏赤崖阁道缘谷一百余里，其阁梁一头入山腹，一头立柱于水中。今水大而急，不得安柱。'又云：'顷大水暴出，赤崖以南，桥阁悉坏。时赵子龙与邓伯苗一戍赤崖屯田，一戍赤崖口，但得缘崖与伯苗相闻而已。'后亮死于五丈原，魏延先退而焚之，即是道也。"赤崖即赤岸，蜀汉置库于此，以储军资。

⑰《通鉴》胡注："此魏延矜高之语也。"

⑱《通鉴》胡注："自后争前曰挽，今人犹言挽先。"

⑲《通鉴》胡注："槎，邪斫木也。"

⑳《通鉴》胡注："南谷，即褒谷也。南谷曰褒，北谷曰斜，长四百七十里，合为一谷。"

㉑魏延一代名将，居功至伟，却以性矜高，死不得其所。然而延不得不死也。胡三省注曰："延虽无反意，使其辅政，是速蜀之亡也。"清彭孙贻《茗香堂史论》卷一："魏延猛烈刚果，寿亭之亚。武侯既没，必不能为姜维、王平下，负其材器，长驱不顾，必有临沮、秭归之失，速蜀之亡耳。延被诛，蜀稍延天也。"虽然，亦不免令人

叹愧。魏源《子午谷行》诗哀之曰："延也十载督汉中，魏虏形势森目胸。大军鼓行西致贼，奇兵间道东垂空。震雷自天耳不掩，三辅响应云争从。何况入险近若咫，进则乘利退无死。蜀国岂俭五千卒，天心方定三分垒。时来陈仓出肘腋，运去阴平丧首尾。唾壶歌缺为谁哀，有酒难呼卧龙起。吁嗟乎，天未厌乱艰人谋，莫嗤马谡姜维侪。不趋平壤遗高丽，岂是秦王髫不剚。"

　　㉒宋胡寅《读史管见》卷六《论孔明无愧于伊周》曰："孔明身都将相，手握强兵，专制一隅，势通四海，亦何所求而不得？纵不外取，全蜀之富，皆可以充牣其家。而三十年间，止有桑八百株，田十五顷，以为子弟衣食之奉，不别治生，增长尺寸，逮其死也，内无余帛，外无赢财，其灵台湛然，不累于物如此。贤哉远矣，亦何愧于伊尹、周公耶！夫势力可以专利而不专利，则利之所覃者广而受惠者多，复以法制行之，则可使匹夫匹妇均被尧、舜之泽。亮既死，蜀人久而歌思，犹《甘棠》之思召公，此其效也。"

　　42. 董恢字休绪①，襄阳人。入蜀，以宣信中郎副费祎使吴②。孙权尝大醉问祎曰："杨仪、魏延，牧竖小人也③，虽尝有鸣吠之益于时务，然既已任之，势不得轻。若一朝无诸葛亮，必为祸乱矣。诸君愦愦，曾不知防虑于此，岂所谓贻厥孙谋乎？"祎怃然四顾视，不能即答。恢目祎曰："可速言仪、延之不协，起于私忿耳，而无黥、韩难御之心也④。今方扫除强贼，混一区夏，功以才成，业由才广，若舍此不任，防其后患，是犹备有风波而逆废舟楫，非长计也。"权大笑乐。诸葛亮闻之，以为知言。还，未满三日，辟为丞相府属，迁巴郡太守。

【校记】

　　本条据《三国志》卷三十九《蜀志·董允传》注引《襄阳记》校定。汤本所补背景文字为"魏延作乱，杨仪击斩之"，并于句首"董恢"前补有一"初"字。　本条《三国志注》引文"祎曰"前"祎怃然四顾视，不能即答，恢目"十二字、"祎曰"后"可速言"三字，汤本将此二处十五字及其后"还，未满三日"四字皆作为小字夹注，并于尾注云："按此系引《襄阳记》，因下云臣松之案'《汉晋春秋》亦载此语，不云董恢所教，辞亦小异'，故节其首尾并所教情事，夹写而姑用辞以存概梗。"考诸《费祎传》，祎初使吴，"诸葛恪、羊衜等论难锋至，祎据理以答，终不能屈"，因而深受孙权器识，"以奉使称旨，频频至吴"，当不致闹出闻问而"愕然四顾视"、不知所措的尴尬场面；而《资治通鉴》转述此事，不著从行副使，径直改写为"权祎问对"，似较合情理。但在本条叙述里，揣度"诸葛亮闻之"以下语意，副使董恢此行亦当有所作为，或即恢直接答权，而"祎愕然"云云不过史家饰词，亦未可知。又据"臣松之案：《汉晋春秋》亦载此语，不云董恢所教，辞亦小异，此二书俱出习氏，而不同若此。本传云'恢年少官微'，若已为丞相府属，出作巴郡，则官不微矣。以此疑习氏之言为不审的也"，可知《汉晋春秋》与《襄阳记》记此事原自不同，故本条姑从《通鉴》所改作，对"祎曰"前后十五字仍作小字。至于"本传云'恢年少官微'"，乃就其时任郎官而言，为丞相府属，出作巴郡则是后话，以此知裴氏之评亦为"不审的"也。　"今方扫除强贼"，汤本"今方"作"方今"。　本条不见于黄本。

【史补】

（1）《蜀志·费祎传》：先主立太子，祎与允俱为舍人，迁庶子。后主践位，为黄门侍郎。丞相亮南征还，群寮于数十里逢迎，年位多在祎右，而亮特命祎同载，由是众人莫不易观。亮以初从南归，以祎为昭信校尉使吴。孙权性既滑稽，嘲啁无方，诸葛恪、羊衜等才博果辩，论难锋至⑤，祎辞顺义笃，据理以答，终不能屈⑥。权甚器之，谓祎曰："君天下淑德，必当股肱蜀朝，恐不能数来也。"还，迁为侍中。亮北住汉中，请祎为参军。以奉使称旨，频烦至吴。建兴八年，转为中护军，后又为司马。值军师魏延与长史杨仪相憎恶，每至并坐争论，延或举刃拟仪，仪泣涕横集。祎常入其坐间，谏喻分别，终亮之世，各尽延、仪之用者，祎匡救之力也。亮卒，祎为后军师。顷之，代蒋琬为尚书令。

（2）〔清〕王夫之论魏延、杨仪曰：武侯遗令魏延断后，为蒋琬、费祎地也。李福来请，公已授蜀于琬、祎。而必不可使任蜀者，魏延也。延权亚于公，而雄猜难御，琬未尝与军旅之任，而威望不隆，延先入而挟孱主，琬固不能与争，延居然持蜀于掌腕矣。唯大军退而延不得孤立于外，杨仪先入而延不得为主于中，虽愤激而成乎乱，一夫之制耳。

延之乱也，不北降魏而南攻仪，论者谓其无叛心。虽然，岂可保哉！延以偏将孤军，主帅死而乞活于魏，则亦司马懿之属吏而已矣，南辕而不北驾，不欲为懿下也。使其操全蜀之兵，制朝权而唯其意，成则攘臂以夺汉，不成将举三巴以附魏，司马懿不得折箠而驭之，其降其否，亦恶可谅哉！

杨仪褊小之器耳，其曰"吾若举军就魏，宁当落度如此"，是则即为懿屈而不惭者。令先归而延与姜维持其后，蒋琬谈笑而废之，非延匹也。于是而武侯之计周矣。故二将讧而于国无损。不然，将争于内，敌必乘之，司马懿之智，岂不能间二乱人以卷蜀，而何为敛兵以退也？（《读通鉴论》卷十《三国一八》）

【笺注】

①董恢：生卒年不详。关羽失荆州，他自襄阳入益州。其事如本条及《蜀志·董允传》所述，余不详。《蜀志·董允传》："允尝与尚书令费祎、中典军胡济等共期游宴，严驾已办，而郎中襄阳董恢诣允修敬。恢年少官微，见允停出，逡巡求去，允不许，曰：'本所以出者，欲与同好游谈也，今君已自屈，方展阔积，舍此之谈，就彼之宴，非所谓也。'乃命解骖，祎等罢驾不行。"

②费祎：蜀汉后期重臣。裴注引《华阳国志》曰："时蜀人以诸葛亮、蒋琬、费祎及允为四相，一号四英也。"

③叶适《习学记言序目·蜀志》论魏延、杨仪曰："每念亮才死，魏延、杨仪便败国事。自战国、秦、汉以后，为一胜一负之兵，虽尽得天下，皆以幸劫不幸耳。独亮欲节制而后用之，然亦止能及其身。武王既殁，三监、淮夷叛民犹罔不反曰艰大，而况亮乎！"

④《三国志集解》："黥布、韩信也。"

⑤梁元帝萧绎《金楼子·捷对篇》："费祎使吴，孙权飨之，逆敕群臣：'使至，伏食勿起。'祎至，权为辍食，祎嘲之曰：'凤凰来朝，麒麟吐哺，钝驴无知，伏食如

故。'诸葛瑾辍食，反嘲之曰：'爱植梧桐，以待凤凰。有何燕雀，自称来翔。'"按：诸葛瑾当为诸葛恪之误。

　　⑥裴注引《祎别传》曰："孙权每别酌好酒以饮祎，视其已醉，然后问以国事，并论当世之务，辞难累至。祎辄辞以醉，退而撰次所问，事事条答，无所遗失。"

　　43. 习凿齿曰：昔管仲夺伯氏骈邑三百①，没齿而无怨言，圣人以为难。诸葛亮之使廖立垂泣，李平致死，岂徒无怨言而已哉！夫水至平而邪者取法，镜至明而丑者无怒，水镜之所以能穷物而无怨者，以其无私也。水镜无私，犹以免谤，况大人君子怀乐生之心，流矜恕之德，法行于不可不用，刑加乎自犯之罪，爵之而非私，诛之而不怒，天下有不服者乎！诸葛亮于是可谓能用刑矣，自秦、汉以来未之有也。

【校记】

　　本条据《三国志》卷四十《蜀志·李严传》注引"习凿齿曰"校定。　汤本所补背景文字为"初，廖立以怨谤废，及亮薨，垂泣曰：吾终为左衽矣。又李平前以罪废，冀复收己，闻之亦发病卒"。　李平，汤本"平"作"严"。　"镜至明而丑者无怒"，汤本"镜"作"鉴"，"无"作"忘"。　"法行于不可不用"，汤本脱后"不"字。

【史补】

　　(1)《蜀志·廖立传》曰：立字公渊，武陵临沅人。先主领荆州牧，辟为从事，年未三十，擢为长沙太守。先主入蜀，诸葛亮镇荆土，孙权遣使通好于亮，因问士人皆谁相经纬者，亮答曰："庞统、廖立，楚之良才，当赞兴世业者也。"建安二十年，权遣吕蒙奄袭南三郡，立脱身走，自归先主。先主素识待之，不深责也，以为巴郡太守。二十四年，先主为汉中王，征立为侍中。后主袭位，徙长水校尉②。立本意，自谓才名宜为诸葛亮之贰，而更游散在李严等下，常怀怏怏。后丞相掾李邵、蒋琬至，立计曰："军当远出，卿诸人好谛其事。昔先帝不取汉中③，走与吴人争南三郡，卒以三郡与吴人，徒劳役吏士，无益而还。既亡汉中，使夏侯渊、张郃深入于巴，几丧一州。后至汉中，使关侯身死无孑遗，上庸覆败，徒失一方。是羽怙恃勇名，作军无法，直以意突耳，故前后数丧师众也④。如向朗、文恭，凡俗之人耳⑤。恭作治中无纲纪；朗昔奉马良兄弟，谓为圣人，今作长史，素能合道。中郎郭演长，从人者耳⑥，不足与经大事，而作侍中。今弱世也，欲任此三人，为不然也。王连流俗，苟作掊克，使百姓疲弊，以致今日。"邵、琬具白其言于诸葛亮。亮表立曰："长水校尉廖立，坐自贵大，臧否群士，公言国家不任贤达而任俗吏，又言万人率者皆小子也；诽谤先帝，疵毁众臣。人有言国家兵众简练，部伍分明者，立举头视屋，愤咤作色曰：何足言！凡如是者不可胜数。羊之乱群，犹能为害，况立托在大位，中人以下识真伪邪！"于是废立为民，徙汶山郡。立躬率妻子，耕殖自守。闻诸葛亮卒，垂泣叹曰："吾终为左衽矣！"⑦后监军姜维率偏军经汶山，往诣立，称立意气不衰，言论自若。立遂终于徙所，妻子还蜀。

（2）《蜀志·李严传》曰：李严字正方，南阳人也。少为郡职吏，以才干称。荆州牧刘表使历诸郡县。曹公入荆州时，严宰秭归⑧，遂西诣蜀，刘璋以为成都令，复有能名。建安十八年，署严为护军，拒先主于绵竹⑨，严率众降先主，先主拜严裨将军。成都既定，为犍为太守、兴业将军⑩。二十三年，盗贼马秦、高胜等起事于郪⑪，合聚部伍数万人，到资中县⑫。时先主在汉中，严不更发兵，但率将郡士五千人讨之，斩秦、胜等首。枝党星散，悉复民籍。又越嶲夷率高定遣军围新道县⑬，严驰往赴救，贼皆破走。加辅汉将军⑭，领郡如故。章武二年，先主征严诣永安宫，拜尚书令⑮。三年，与诸葛亮并受遗诏辅少主；以严为中都护⑯，统内外军事，留镇永安。建兴元年，封都乡侯，假节，加光禄勋⑰。四年，转为前将军⑱。严与孟达书曰："吾与孔明俱受寄托，忧深责重，思得良伴。"亮亦与达书曰："部分如流，趋舍罔滞，正方性也。"其见贵重如此。八年，迁骠骑将军⑲。以曹真欲三道向汉川，亮命严将二万人赴汉中，表严子丰为江州都督督军，典为后事⑳。亮以明年当出军，命严以中都护署府事。严改名为平。

九年春，亮军祁山，平催督运事。秋夏之际，值天霖雨，运粮不继，平遣参军狐忠、督军成藩喻指㉑，呼亮来还㉒；亮承以退军。平闻军退，乃更阳惊，说"军粮饶足，何以便归！"欲以解己不办之责，显亮不进之愆也。又表后主，说"军伪退，欲以诱贼与战"。亮具出其前后手笔书疏本末，平违错章灼。平辞穷情竭，首谢罪负。于是亮表平曰："自先帝崩后，平所在治家，尚为小惠，安身求名，无忧国之事。臣当北出，欲得平兵以镇汉中，平穷难纵横，无有来意，而求以五郡为巴州刺史。去年臣欲西征，欲令平主督汉中，平说司马懿等开府辟召。臣知平鄙情，欲因行之际逼臣取利也，是以表平子丰督主江州，隆崇其遇，以取一时之务㉓。平至之日，都委诸事，群臣上下皆怪臣待平之厚也。正以大事未定，汉室倾危，伐平之短，莫若褒之。然谓平情在于荣利而已，不意平心颠倒乃尔。若事稽留，将致祸败，是臣不敏，言多增咎。"乃废平为民，徙梓潼郡㉔。十二年，平闻亮卒，发病死。平常冀亮当自补复，策后人不能，故以激愤也。丰官至朱提太守㉕。

柯按： 廖立以才拔进，职居五校；李平以干局达，受诏辅遗。皆无显著之功，而不思报本，坐自贵大，贪得无厌，招祸取咎，罪有应得。兹特录二人传，以彰孔明之处分，惟秉持大公而已，何曾有纤毫之私。宋儒论古多刻，而于孔明则交口赞誉，以为三代以下，一人而已。往事越千年。后世握权柄者，多因公行邪，以莫须有之罪，党同伐异，以为能服人，人岂信哉！"诸葛孔明千载人"，诚为允论也。

（3）唐太宗论诸葛亮之为相曰： 贞观二年，太宗谓房玄龄等曰："朕比见隋代遗老，咸称高颎善为相者，遂观其本传，可谓公平正直，尤识治体，隋室安危，系其存没。炀帝无道，枉见诛夷。何尝不想见此人，废书钦叹！又汉魏已来，诸葛亮为丞相，亦甚平直，尝表废廖立、李严于南中，立闻亮卒，泣曰：'吾其左衽矣！'严闻亮卒，发病而死。故陈寿称：'亮之为政，开诚心，布公道，尽忠益时者，虽仇必赏；犯法怠慢者，虽亲必罚。'卿等岂可不企慕及之？朕今每慕前代帝王之善者，卿等亦可

慕宰相之贤者，若如是，则荣名高位，可以长守。"（《贞观政要》卷五《论公平》）

（4）〔宋〕张栻论诸葛亮之驭将曰：亮驾驭诸将，曲尽其情。昭烈尝令黄忠为后将军，亮曰："忠名望素非关、张之伦，今遽令同列，马超、张飞亲见其功，尚可谕旨；羽遥闻之，将不悦。"昭烈不听。顷之，策羽为前将军。羽果大怒，曰："大丈夫终不与老兵同列！"费诗说之，始拜命。魏延、杨仪，皆小人之难养者，且不相能，然延骁勇善抚士，仪有干用；亮使仪当劳剧，延冒险阻，皆受命捐躯，不敢辞难。及亮没，乃举兵相图以死。亮长史张裔尝称亮曰："公赏不遗远，法不阿近，爵不可以无功取，刑不可以贵势免，此贤愚所以佥忘其身也。"陈寿评曰："亮之为相国也，抚百姓，示仪轨，约官职，从权制，开诚心，布公道；尽忠益时者虽仇必赏，犯法怠慢者虽亲必罚，服罪输情者虽重必释，游辞巧饰者虽轻必戮，善无微而不赏，恶无纤而不贬；庶事精练，物理其本，循名责实，虚伪不齿。经载十二而年名不易，军旅屡兴而赦不妄下。"袁晔称之曰："受六尺之孤，摄一国之政，事凡庸之君，专权而不失礼，行君事而国人不疑。"樊建称之曰："闻恶则改，而不矜过；赏罚之信，足感神明。"（《汉丞相诸葛忠武侯传》）

（5）〔宋〕罗大经论孔明无私三代下绝无仅有曰：伊尹，禄之以天下，不顾也；系马千驷，弗受也。天下信之久矣，故事汤事桀，废辟复辟，不惟天下不以为疑，而桀与太甲亦无一毫疑忌之心。东坡论之曰："办天下之大事者，有天下之大节者也。立天下之大节者，狭天下者也。夫以天下之大，而不足以动其心，则天下之大节有不足立，而大事有不足办者矣。"此论甚当。后世唯诸葛武侯有伊尹风味。其草庐三顾而后起，与耕莘聘币，已略相类。观其告后主曰："臣成都有桑八百株，薄田十五顷，子弟衣食，自有余饶。臣身在外，别无调度，不别治生，以长尺寸。若死之日，不使库有余帛，廪有余粟，以负陛下。"观此言，则其视富贵为何等物！故先主临终谓之曰："嗣子可辅，辅之；如其不然，君可自取。"非先主照见孔明肝胆，其肯发此言！虽然先主、孔明鱼水相得，发此言无难也，此言之发，后主与左右固皆闻之矣。后主非明君也，左右非无谗慝也，孔明所谓诸有作奸犯科者，宜付外廷论刑，所以绳束左右者，非不甚严也。而当时曾无一人敢兴单辞之谤，后主倚信，亦卒无纤芥之疑，何哉？只缘平时心事暴白，足以取信上下故也。自三代而后，可谓绝无而仅有矣。后之君子，争一阶半级，虽杀人亦为之。自少至老，贪荣嗜利如飞蛾之赴烛，蜗牛之升壁，青蝇之逐臭，而曰我能立大节，办大事，其谁能信之！（《鹤林玉露》乙编卷五《诸葛武侯》）

又论孔明"吾心如秤"语曰：诸葛孔明曰："吾心如秤，不能为人作轻重。"至哉言乎！信能此，则吾心即造化也。杀之而不怨，利之而不庸，己不劳而万物服矣。乃知孔明长啸草庐时，其所讲不在伊、吕下。杜少陵云："伯仲之间见伊吕，指挥若定失萧曹"，可谓识孔明心事矣。或谓：既比之以伊、吕矣，又比之以萧、曹，何也？余曰：不然，下句盖惜其指挥未定而死耳，使其指挥若定，则虽萧、曹且不能当，况司马仲达乎！指挥盖措置经画也，如兵民杂耕、留屯久驻之类。失犹无也，故末句有志决身歼之叹。（《鹤林玉露》乙编卷五《吾心如秤》）

【笺注】

①《通鉴》胡注："见《论语》。郑氏曰：'小国之下大夫，采地方一成，其定税三百家，故三百户也。'其实大国下大夫亦三百户，故《论语》云：'管仲夺伯氏骈邑三百。'一成所以三百家者，一成九百夫，官至、涂巷、山泽，三分去一，余有六百夫，又不易再易，通率一家受二夫之田，是定税三百家也。"

②长水校尉：官名。汉制五校之一。《三国志考证·蜀志·廖立传》："汉制以步兵校尉、屯骑校尉、越骑校尉、长水校尉、射声校尉为五校。魏制与汉同，群臣奏永宁宫，五校连名。蜀亦沿汉制，步兵校尉见《辅臣赞注》，屯骑校尉见《孟光传》，越骑校尉见《杨洪传》，射声校尉见《向朗传》，长水校尉见《廖立传》。其余如司隶校尉、儒林校尉、典学校尉、昭信校尉、司盐校尉等不在五校之列。"

③《三国志集解》："刘咸炘曰：'主当作帝，他处亦多误。'"

④《义门读书记·蜀志·廖立传》："此实前事之失，亦当参取观之。当吕蒙袭夺三郡，即与吴迫好弃恶，先收汉中，以图关、陇。于时生齿殷盛，录其客户为兵，声

势十倍也。"

⑤向朗（约 167—247）：字巨达，襄阳宜城人。刘表时为临沮长。刘备定江南，以朗督秭归、夷道、巫山、夷陵四县军民事。蜀平，以朗为巴西太守，既而转任牂牁、房陵。建兴中，为步兵校尉，领丞相长史。丞相亮南征，朗留统后事。五年，随亮汉中。以马谡逃亡，知情不举，免官。数年后，起为光禄勋。亮卒，转左将军，封显明亭侯，位特进。自罢长史，潜心典籍，垂三十年。年逾八十，犹手自校书。诱纳后进，但讲论古义，不干时事。为时人所重。 文恭：《华阳国志》："丞相参军文恭，字仲宝，梓潼人。"

⑥《三国志集解》："钱大昕曰：'演长当是攸之字。'"

⑦立自伤将终老于荒蛮之地也。《尚书·周书·毕命》："四夷左衽，罔不咸赖。"《后汉书·西羌传》："羌胡被发左衽，而与汉人杂处，习俗既异，言语不通。"

⑧秭归：县名。商代为归国，西周为夔子国，战国后期称归乡，为屈原故里。西汉置秭归县，相沿至今。秭由姊演变而来。《水经注·江水》："县，故归乡。《地理志》曰：归子国也。袁山松曰：屈原有贤姊，闻原放逐，亦来归。喻令自宽，全乡人冀其见从，因名曰秭归。"秭归地处川楚咽喉之长江西陵峡两岸，隶属今湖北宜昌市。

⑨绵竹：县名。西汉置。治所在今四川绵竹东南。属广汉郡。绵竹西北部为龙门山脉，东南部为成都平原，自古有"古蜀翘楚，益州重镇"之誉。蜀汉之亡，诸葛瞻父子战没于此。

⑩《三国志集解》："《华阳国志》：'犍为郡去成都百五十里，渡大江，昔人作大桥曰汉安桥，广一里半。每秋夏水盛断绝，岁岁修理，百姓苦之。建安二十一年，太守南阳李严乃凿天社山，寻江通车道，省桥梁三津，吏民悦之。严因更造起府寺观，壮丽为一州胜宇云。'又洪饴孙曰：'兴业将军一人，蜀所置。'"

⑪郪：县名。西汉置，属广汉郡。蜀汉同。南朝梁废。故治在今四川中江东南四十公里之郪江上游南岸。

⑫资中县：西汉置，属犍为郡。故治在今四川资阳。北周时改磐石县。后或改资州，或降资县，民初复置资中县。今县属四川内江市。

⑬《三国志考证·蜀志·李严传》："两汉无新道县，蜀汉新置，属越巂郡。"按：新道县故治在今四川甘洛县东北。

⑭《三国志集解》："洪饴孙曰：'蜀置辅汉将军一人。'"

⑮尚书令：官名。秦置，属少府。西汉因之，掌章奏文书，秩六百石，同时也并非尚书台的长官。朝廷重臣秉权者以录尚书事为名。东汉政归台阁，尚书令为尚书台长官，总揽一切政令，权力极大。尚书令秩本千石，若以三公充任，则增至二千石。三国时各国皆沿置。

⑯中都护：官名。蜀汉置，并有左右都护。地位略同于曹魏大都督。《义门读书记·蜀志·李严传》："李严所以并当大任者，既蜀土故臣，宜加奖慰，又南阳人，诸葛公侨客兹郡，有乡党之分，必能协规。荆土归操，严独西奔，似有志操，理民治戎，干略亦优，是故取之。然自其归降，即领军于外，不共帷幄，何由得其腹心？昭烈用人，必由试可，严特未试之于左右，周旋历年，所以犹有失也。"

⑰光禄勋：官名。秦置郎中令，掌宫殿门户。汉初因之。武帝太初元年（前104）更名光禄勋，为九卿之一，属官有大夫（光禄大夫、太中大夫等）、郎、谒者、期门（虎贲）、羽林等。职掌极其重要。汉末曾改称郎中令。魏、吴初置郎中令，后改光禄勋。蜀于建安二十四年始置，即称光禄勋。

⑱前将军：官名。战国已有，秦因之，而汉不常置。汉末以降，将军名号繁多，名称素朴的前、后、左、右将军之类遂渐废置。三国时则为常设的高级将军位。其地位低于大将军及骠骑将军、车骑将军、卫将军，与后、左、右将军同列，高于其他杂号将军。关羽生前曾拜前将军。西汉的李广、曹魏的夏侯惇、张辽和孙吴的朱桓都曾拜前将军，皆为一代名将。

⑲骠骑将军：官名。汉武帝元狩二年（前121）始置，以霍去病为之。秩、禄同大将军，皆金印紫绶，位同三公。东汉、三国沿置。蜀汉更增置右骠骑将军。而魏曾授司马懿骠骑大将军称号。

⑳《通鉴》胡注："李严本都督江州，今赴汉中，令其子为督军，以典后事。"

㉑狐忠：即马忠。字德信，巴西阆中（今四川阆中）人。以少养外家，姓狐名笃，后复姓，改名忠。丞相诸葛亮开府治事，忠为门下督。诸葛亮南征，拜牂牁太守。入为丞相参军，领益州治中从事。亮出祁山，忠相从经营戎事。后历任庲降都督、监军奋威将军、安南将军、镇南大将军。初封博阳亭侯，进封彭乡侯。大将军费祎北御魏敌，召忠留成都，平尚书事。祎还，忠乃归南。延熙十二年（249）卒。忠

久镇南土，数次平叛，威恩并立，为蛮夷所畏爱。及卒，夷莫不流涕尽哀，为之立庙祭祀。　成藩：史籍失记。

②《通鉴》胡注："喻以后主指，言粮运不继。"

③《华阳国志·刘后主志》："严初求以五郡为巴州，书告亮言，魏大臣陈群、司马懿不开府。亮乃加焉中都护，以严子丰为江州都督。"

④梓潼：郡名。《续汉书·郡国志》："广汉郡梓潼。"刘昭注："建安二十二年，刘备以为郡。"《华阳国志·汉中志》：建安二十二年，分广汉置梓潼郡，以霍峻为太守。郡治梓潼（今四川梓潼）。辖境当今四川江油、安县以东，绵阳、盐亭以北，广元、剑阁以西，陕西宁强、四川青川以南地区。

⑤朱提：郡名。建安十九年（214）刘备改犍为属国置。治朱提（今云南昭通市），领朱提、汉阳、南广、堂琅、南昌五县。属益州。辖境约当今云南会泽东北及贵州威宁、四川高县一带。境内有朱提山，以产银多而美著称。

后主建兴十三年（魏曹叡青龙三年、吴孙权嘉禾四年）（235）

44. 初，甄后之诛①，由郭后之宠②，及殡，令被发覆面，以糠塞口；遂立郭后，使养明帝。帝知之，心常怀忿，数泣问甄后死状。郭后曰："先帝自杀，何以责问我？且汝为人子，可追仇死父，为前母枉杀后母邪？"明帝怒，遂逼杀之，敕殡者使如甄后故事。

【校记】

本条据《三国志》卷五《魏志·文德郭皇后传》注引《汉晋春秋》校定。　汤本所补背景文字为"建兴十三年，魏青龙三年，郭后崩"。　黄本以"郭后"为目。《太平御览》卷四百九十二《人事部一百三十二·虐》引此条，脱"被发覆面"之"覆"字，"责问"作"请问"，"后母"误"母"为"儿"；又卷八五四《饮食部十二·糠》亦引"甄后之诛，由郭后之宠，及殡，令以糠塞口。后明帝逼杀郭后，使殡如甄后"。黄本尾注亦具此引，末句作"使殡一如后"。

【史补】

(1)《通鉴纲目》曰：乙卯，（建兴）十三年，魏青龙三年、吴嘉禾二年。春，正月，魏太后郭氏卒。魏主叡数问甄后死状于太后，由是太后以忧卒。（《御批通鉴纲目》卷十五）

(2)〔宋〕**胡寅论魏主叡弑母曰**：《孟子》曰："杀人以梃与刃，有以异乎？曰：无以异也。以刃与政，有以异乎？曰：无以异也。"皇太后尊矣，不可即而弑也，而欲其死，故问之以示意焉，又再问之，又数问之，则逼矣。弑莫惨于问，匕首为下。甄后虽母，然父之所废也，郭氏虽怨，然父之所立也。伸母之怨，杀父所立，是无父也。为史者书曰："帝弑其母皇太后郭氏。"则罪著矣。若文帝之建郭而诛甄，则不待贬而见者也。（《读史管见》卷六《魏纪·汉后主建兴十三年》）

(3)〔清〕**赵翼辨诸史载甄夫人、郭后之死曰**：魏文帝甄夫人之卒，据《汉晋春秋》谓由郭后之宠，以至于死，殡时被发覆面，以糠塞口，是甄之不得其死可知也。而《魏文纪》但书夫人甄氏之卒，绝不见暴亡之迹。（《廿二史札记》卷六《三国志多回护》）

郭后之死，《汉晋春秋》谓文帝宠郭而赐甄死，即命郭母养其子明帝。明帝知之，即位后，数向郭后问母死状，后曰："先帝自杀，何责问我？"帝怒，遂逼杀之，使如甄后故事以敛。《魏略》则谓甄临殁以明帝托李夫人，及郭太后崩，李夫人始说甄被谮惨死，不得大敛之状。帝哀感流涕，令殡郭太后一如甄法。由前之说，则郭被明帝逼死也，由后之说，则郭死后，明帝始知旧事而以恶殡也。案明帝即位，郭为皇太后，凡九年始崩，若明帝欲报怨，岂至如许之久？则逼杀之说，当是讹传。（《廿二史札记》卷六《三国志书事得实处》）

【笺注】

①甄后：魏文帝曹丕皇后。中山无极（今河北无极）人。父逸，上蔡令。初嫁袁绍子袁熙；建安九年（204），曹操平冀州，丕随军入邺，纳为妻。生明帝曹叡。后失宠，黄初二年（221）赐死。相传甄氏当初亦为曹植所爱慕，甄死，植思念而作《感

甄赋》，即传世名篇《洛神赋》。

②郭后：曹丕皇后。字女王，安平广宗（今河北威县）人。父永，汉末仕至南郡太守。后早失双亲。曹操为魏公时，得入东宫。丕即王位，为夫人。及践祚，为贵嫔。黄初三年（222）立为皇后。明帝即位，为皇太后。青龙三年（235）卒。

45.青龙三年七月，曹叡崇华殿灾①。时郡国有龙九见，故改曰九龙殿②。

【校记】

本条为《艺文类聚》卷九十八《祥瑞部上·龙》引文，文中采用魏明帝青龙年号纪年，与《汉晋春秋》帝蜀主魏宗旨相悖，且与文中直呼"曹叡"相忤，疑为《类聚》撰者为足文意所加，姑存之。 汤本此条原列在下条佚文之后，今据《资治通鉴》卷七十三叙事先后移置其前。 黄本列"魏明帝"目下。

【史补】

（1）**《通鉴纲目》**曰：（建兴十三年）夏，四月，魏作洛阳宫。魏主叡好土功，既作许昌宫③，又治洛阳宫④，起昭阳太极殿⑤，筑总章观，高十余丈⑥，力役不已，农桑失业。司空陈群谏曰："昔禹承唐、虞之盛，犹卑宫室而恶衣服。况今丧乱之后，人民至少，边境有事乎！昔刘备多作传舍⑦，兴费人役，太祖知其疲民也。今中国劳力，亦吴、蜀之所愿；此安危之机也，惟陛下虑之。"叡答曰："王业、宫室，亦宜并立，灭贼之后，岂可复兴役邪！此君之职，萧何之大略也。"⑧群曰："昔汉祖已灭项羽，宫室烧焚，是以萧何建武库、太仓，皆是要急，然高祖犹非其壮丽。今二虏未平，诚不宜与古同也。且人之所欲，莫不有辞，况乃王者，莫之敢违。若必欲作之，固非臣下辞言所屈；若卓然回意，亦非臣下所及也。汉明帝欲起德阳殿，钟离意谏而止；后乃复作之，谓群臣曰：'钟离尚书在，不得成此殿也。'⑨夫王者岂惮一臣，盖为百姓也。"叡为之少省。

○帝耽于内宠，自贵人以下至掖庭洒扫，凡数千人。廷尉高柔谏曰⑩："《周礼》，天子后妃以下百二十人，既已盛矣。窃闻后庭之数今复过之，圣嗣不昌，殆或由此。

臣愚以为可妙简淑媛以备内官之数，其余尽遣还家，且以育精养神，专静为宝，则《螽斯》之征可庶而致矣。"⑪叡报之曰："辄克昌言，他复以闻。"是时猎法严峻，杀禁地鹿者身死，财产没官。柔复上疏曰："百姓供役，田者既减；复有鹿暴，所伤不赀。至如荥阳左右，周数百里，略无所入。方今天下生财者少，而麋鹿之损者多，请除其禁。"

○叡又欲平北芒，作台观以望孟津。卫尉辛毗谏曰⑫："天地之性，高高下下⑬。今而反之，既非其理；加以损费人功，民不堪役。"叡乃止。少府杨阜上疏曰⑭："尧尚茅茨而万国安其居⑮，禹卑宫室而天下乐其业；及至殷、周，或堂崇三尺，度以九筵耳⑯。桀作璇室、象廊⑰，纣为倾宫、鹿台⑱，以丧其国；楚灵以筑章华，而身受祸⑲；秦皇作阿房，二世而灭。夫不度万民之力以从耳目之欲，未有不亡者也。陛下当以尧、舜、殷、周为法，桀、纣、楚、秦为诫，而乃自暇自逸，惟宫台是饰，必有危亡之祸矣。君作元首，臣为股肱，存亡一体，得失同之。臣虽驽怯，敢忘斯义！言不切至，不足以感悟陛下；谨叩棺沐浴，伏俟重诛。"叡感其忠，手笔诏答。叡尝著帽，被缥绫半袖。阜问曰："此于礼何法服也？"叡默然⑳。自是不法服不见阜。阜又上疏欲省宫人，乃召御府吏问后宫人数㉑。吏对曰："禁密，不得宣露！"阜怒，杖而数之曰："国家不与九卿为密，反与小吏为密乎！"叡愈严惮之。

○散骑常侍蒋济上疏曰㉒："昔句践养胎以待用㉓，昭王恤病以雪仇㉔。今二敌强盛，当身不除，百世之责也㉕。以陛下神武，舍其缓者，专心讨贼，臣以为无难矣。"中书侍郎王基上疏曰㉖："古人以水喻民曰：'水所以载舟，亦所以覆舟。'颜渊曰：'东野子之御，马力尽矣，而求进不已，殆将败矣。'㉗今事役劳苦，男女离旷，愿陛下深察东野之敝，留意舟水之喻。汉文之时，唯有同姓诸侯，贾谊忧之，以为'置火积薪之下而寝其上'。今寇贼未殄，猛将拥兵，检之则无以应敌，久之则难以遗后，使贾谊复起，必深切于曩时矣。"皆不听。

秋，七月，魏崇华殿灾。魏主叡以殿灾问侍中领太史令高堂隆曰㉘："此何咎也？"对曰："《易传》曰：'上不俭，上不节，孽火烧其室。'又曰：'君高其台，天火为灾。'㉙此人君务饰宫室，不知百姓空竭，故天应以旱，火从高殿起也。"诏问隆："汉柏梁灾，而大起宫殿以厌之㉚，其义云何？"对曰："此越巫所为，非圣贤之训也。今宜罢遣民役，清扫所灾之处，不敢有所立作，则蓂荚、嘉禾必生其地矣。"㉛

八月，魏立子芳为齐王，询为秦王。魏主叡无子，养二王为己子，宫省事秘，莫有知其所由来。或云：芳，任城王楷之子也。

魏复立崇华殿。魏主叡复立崇华殿，更名九龙。通引榖水过殿前㉜，为玉井绮栏，蟾蜍含受，神龙吐出。使博士马钧作司南车㉝，水转百戏㉞，作者三四万人。陵霄阙始构，有鹊巢其上，魏主以问高堂隆，对曰："《诗》曰：'惟鹊有巢，惟鸠居之。'今始构阙而鹊巢之，天意若曰：'宫室未成，身不得居，将有他姓制御之耳。'天道无亲，惟与善人。今宜休罢百役，增崇德政，则可转祸为福矣！"㉟帝性严急，督修宫室有稽限者，亲召问之，言犹在口，身首已分。散骑常侍王肃谏曰，云云。（《御批通鉴纲目》卷十五）

（2）〔南朝·梁〕萧绎论魏明帝之奢华曰：魏明修许昌宫，作景福、承光、永宁、昌晏、百子、延休诸殿，筑建神芝观。又作长寿、康乐、永休、宜昌诸堂，建承露盘。穿虞渊池，激引流川，蛟龙吐水，珍木芳草，周环后庭。呜呼！足称过差者矣。（《金楼子》卷四《立言篇第九下》）

【笺注】

①《三国志集解》："《晋书·五行志上》云：'青龙二年四月，崇华殿灾，延于南阁，缮复之；至三年七月，此殿又灾。'据此，则崇华殿实二次被灾也。"

②《高堂隆传》："时郡国有九龙见，故改曰九龙殿。""九龙见"与"龙九见"，不知孰是。

③《魏志·明帝纪》："（太和六年）九月，行幸摩陂，治许昌宫，起景福、承光殿。"

④《通鉴》胡注："诸葛亮死，帝乃大兴宫室。晋士燮所谓释楚为外惧者，此也。"《义门读书记·魏志·明帝纪》："诸葛既卒，边鄙无事，而叡遂恣淫荒矣。"

⑤《通鉴》胡注："《水经注》：明帝上法太极，于洛阳南宫起太极殿，即汉崇德殿之故处。"

⑥《通鉴》胡注："舜有总章之访，相传以为总章即明堂也。观，阙也。总章观盖在太极殿前。"

⑦《通鉴》胡注："《典略》曰：'备镇成都，拔魏延督汉中，于是起馆舍，筑亭障，从成都至白水关四百余区。'"

⑧《通鉴》胡注："此指萧何治未央宫事为言。"

⑨《后汉书·钟离意传》，汉明帝欲大起宫室，尚书钟离意谏，不听。"后德阳殿成，百官大会。帝思意言，谓公卿曰：'钟离尚书若在，此殿不立。'"

⑩廷尉：官名。秦始置，九卿之一。掌刑狱。两汉时曾数度改称大理。曹魏始亦称大理，后改廷尉，秩中二千石，第三品。后世二名亦时有转换。

⑪《通鉴》胡注："《诗·螽斯》，后妃子孙众多也。"

⑫辛毗：字佐治。为官有"刚亮公直"之名。详见佚文第37条史补及笺注⑬。

⑬《通鉴》胡注："《国语》：'周太子晋曰：天地成而聚于高，归物于下。四岳佐禹，高高下下，封崇九山，决汨九川。'"

⑭少府：官名。秦始置，九卿之一。掌皇室财政收支，天子供养及宫廷杂务。西汉时少府职司较广，属官设令、丞者达二十余官（尚书、侍中、御史中丞等皆隶属之），居诸卿之首。东汉少府职司大大缩小，仅为经管天子服御、宝货、珍膳和诸杂务的机构，设太医、太官、守宫、上林苑四令、丞。曹魏因之，秩中二千石，第三品。

⑮《通鉴》胡注："尧土阶三尺，茅茨不翦。"

⑯《通鉴》胡注："《周官·考工记》曰：'殷人重屋，堂修七寻，堂崇三尺。周人明堂，度九尺之筵，东西九筵，南北七筵，堂崇一筵。五室，凡室二筵。'"

⑰《通鉴》胡注："《史记·龟策传》曰：'桀为瓦室，纣为象廊，与此稍异。'"

⑱《通鉴》胡注："《新序》曰：'鹿台其大三里，高千仞。'臣瓒曰：今在朝歌城中。"

⑲《通鉴》胡注："楚灵王为章华之台，民不堪命，从乱如归，不走而死于芊尹氏。"

⑳《晋书·五行志上》："夫缥，非礼之色。亵服尚不以红紫，况接臣下乎？人主亲御非法之章，所谓自作孽不可禳也。"又《通鉴》胡注引《说文》曰："帽，小儿蛮夷头衣。缥，青白色。绫，纹帛，或谓之绮，或谓之纹缯。半袖，半臂也。"

㉑《通鉴》胡注："少府属官有御府令，典官婢，员吏七十人，吏从官二十人。"

㉒散骑常侍：官名。秦汉有散骑，又置中常侍，为皇帝侍从，均为加官。东汉省散骑，改以宦官任中常侍。魏文帝并散骑与中常侍为一官，称散骑常侍，以士人充

任。掌侍从皇帝左右，随事规谏，备顾问，不典事。

㉓《通鉴》胡注："《国语》：'越王句践困于会稽，既反国，命壮者无取它妇，老者无取壮妻；女子十七不嫁，丈夫二十不娶，其公母有罪；将免乳者以告公，令医守之；生丈夫，二壶酒、一犬；生女子，二壶酒、一豚；生三人，公与之母；生二人，公与之饩。'"

㉔《通鉴》胡注："燕昭王于破燕之后，吊死问疾，欲以报齐，雪先王之耻。"

㉕《通鉴》胡注："当帝之身，不能灭吴、蜀，后世之责，必归于帝。"

㉖中书侍郎：官名。魏文帝置中书监、令，下设通事郎、黄门郎，掌草拟诏旨，后改称中书侍郎，或简称中书郎。隋唐以降实行三省制，中书侍郎遂演变为中书省的副长官，居宰相之职。

㉗《通鉴》胡注："《荀子》：鲁定公问于颜渊曰：'东野子善御乎？'颜渊曰：'善则善矣，虽然，其马将失。'定公曰：'何以知之？'颜渊曰：'臣以政知之。昔舜巧于使民，造公巧于使马。舜不穷其民力，造公不穷其马力，是舜无失民，造公无失马。今东野毕之御，上车执辔，御体矣；步骤驰骋，朝礼毕矣；历险致远，马力尽矣；然犹求进不已，是以知之也。'"

㉘《通鉴》胡注："太史令，属太常，隆以侍中领之。"高堂隆其人，详见第48条佚文及注释。

㉙《通鉴》胡注："京房《易传》之辞。"

㉚《史记·平准书》：汉武帝元鼎二年（前140），"是时，越欲与汉用船战逐，乃大修昆明池，列观环之。治楼船，高十余丈，旗帜加其上，甚壮。天子感之，乃作柏梁台，高数十丈。宫室之修，由此日丽。"又《汉书·武帝纪》：太初元年（前104）初，"未央宫柏梁台灾。""二月，起建章宫。"颜师古注："文颖曰：'越巫名勇，谓帝曰：越国有火灾，即复起宫室以厌胜之。故帝作建章宫。'师古曰：在未央宫西，今长安故城西俗呼贞女楼者，即建章宫之阙也。"

㉛《通鉴》胡注："《说文》：蕙莆，瑞草也。尧时生于庖厨，扇暑而凉。"

㉜《通鉴》胡注："《水经注》：穀渠东历故金市南，直千秋门，枝流入石逗，伏流注灵芝、九龙池。"

㉝《通鉴》胡注："司南车，即指南车也。崔豹《古今注》曰：'黄帝与蚩尤战于涿

鹿，蚩尤作大雾，士皆迷路，乃作指南车以正四方。'《述征记》曰：'指南车上有木仙人，持信幡，车转而人常指南。'"

㉞《通鉴》胡注："傅玄曰：人有上百戏而不能动，帝问钧：'可动否？'对曰：'可动。''其巧可益否？'对曰：'可益。'受诏作之。以大木雕构，使其形若轮，平地施之，潜以水发焉。设为女乐舞象，至令木人击鼓吹箫。作山岳，使木人跳絙掷剑，缘絙倒立，出入自在，百官行署，舂磨斗鸡，变巧百端。"

㉟叶适论高堂隆之谏曰："鹊巢而鸠居，非有恶于鹊，非有爱于鸠也。鸠以均一之德，《诗》所发兴；至其材拙不营而夺非其有，岂复取之哉？鸟巢于高，物理之常，何遂怪欤！然时主心有所疑而问，隆即事为象而言，如契之合、券之同，无其义而有其应，何也？虽然，物凿以显，而理不正以通，此亡国昏主之大患，谏者所不能回，可叹耳！"（《习学记言序目·魏志·高堂隆》）

46. 氐池县大柳谷口①，夜激波涌溢，其声如雷。晓而有苍石立水中，长一丈六尺，高八尺，白石画之，为十三马②、一牛、一鸟，八卦玉玦之象，皆隆起，其文曰"大讨曹③，适水中，甲寅"。帝恶其"讨"也，使凿去为"计"，以苍石窒之④，宿昔而白石满焉⑤。至晋初，其文愈明，马象皆焕彻如玉焉⑥。

【校记】

本条据《三国志》卷三《魏志·明帝纪》注引《汉晋春秋》校定。汤本于"其声如雷"后有小注"上亦见《初学记》八，涌作满"。按《初学记》卷八《州郡部·陇右道第六·事对》下引习文，仅"大柳谷夜激波满溢其声如雷"十二字。 黄本以"魏明帝"为目。

【史补】

(1)《通鉴纲目》曰：魏张掖涌石负图。张掖柳谷口，水溢涌，宝石负图，状象灵龟，立于川西，有石马七及凤凰、麒麟、白虎、牺牛、璜玦、八卦、列宿、孛彗之象，又有文曰"大讨曹"。诏书班天下，以为嘉瑞⑦。任令于绰以问巨鹿张臶，臶曰："夫神以知来，不追已往，祥兆先见，而后废兴从之。今汉久亡，魏已得之，何

所追兴祥兆乎！此石当今之变异，而将来之符瑞也。"（《御批通鉴纲目》卷十五）

（2）〔唐〕李德裕《祥瑞论》曰：夫天地万物异于常者，虽至美至丽，无不为妖，睹之宜先戒惧，不可以为祯祥。何以言之？桓灵之世多鸾凤，丘坟之上生芝草。神仙之物，食之上可以清倒景，次可以保永年；生于丘坟，岂得为瑞？若以孝思所致，则瞽瞍之墓，曾皙之坟，宜生万株矣。何者为仁孝之瑞？惟甘露降于松柏。又黄河清而圣人生，征应不在于当世明矣。柳谷玄石为魏室之妖，启将来之瑞，亦不可不察也。是以宜先戒惧，以消桑谷雊雉之变耳。（《李卫公外集》卷四）

（3）〔清〕杭世骏论柳谷口石象曰：魏明帝时，河西柳谷出石，有牛继马后之象。沈约撰《宋符瑞志》称，宣帝宠将牛金屡有功，宣帝作两口榼，一盛毒酒，一盛善酒，自饮善酒，毒酒与金，金饮之即毙。景帝曰："金，名将，可大用，云何害之？"宣帝曰："汝忘石瑞马后有牛乎！"元帝母夏侯妃，与琅邪国小吏姓牛私通而生元帝，《元帝纪》因之。按《魏书·僭晋司马叡传》，称叡为晋将牛金子，与约所言固殊。《宋书》言晋元帝小字铜环，《魏书》言夏侯氏字铜环，亦异。《史通》云：沈约《晋书》喜造奇说，称元帝牛金之子，又与约造《宋书》异。以应牛继马后之征。邺中学者王劭、宋孝工言之详矣。宋孝王云，收以叡为金子，计其年全不相干。而魏收深嫉南国，幸书其短，著《司马叡传》遂具录休文所言。据刘知幾云云，则牛继马后在唐时已有传疑之论，故元行冲著《魏典》谓昭成皇帝名犍，继晋受命独此可以当之。史臣既为司马作纪，自当传信，焉得妄引不根之说乎！（《诸史然疑·晋书》）

（4）〔清〕赵翼《牛继马非晋元帝》曰：《晋书》载：魏明帝时，河西柳谷出玄石图，有牛继马后之象。故司马懿深忌牛氏，为二榼共一口，以贮酒，懿先饮其佳者，以毒酒鸩其将牛金。而其孙恭王觐之妃夏侯氏，竟通小吏牛氏而生元帝。盖当时传闻如此，魏收本之作《魏书》，因谓："僭晋司马睿，母夏侯氏，字铜环，与牛金奸通而生，冒姓司马，以为此石之应。"《通鉴》等书皆从其说。然金已为懿毒死，则夏氏所通小吏别是一人也，而收云云，可见皆传闻谬悠之词耳。唐元行冲则以为，元魏昭帝名

犍，继晋受命，乃为牛继马之象，特为著论。此又可备一说。(《陔余丛考》
卷十九)

【笺注】

①氏池县大柳谷：汉武帝元鼎六年（前111）置张掖郡，始置氏池县，属张掖所
辖十县之一。东汉至西晋相沿不改。故治在今甘肃张掖市属之民乐县。大柳谷在民乐
境内。《三国志集解》云："《郡国志》：'张掖郡氏池。'《一统志》：'氏池故城，在山丹
县西南。'胡三省曰：'删丹、氏池二县，《汉志》皆属张掖，《晋志》无之，当是并省
也。《五代志》：甘州张掖县有大柳谷。又后周废金山县入删丹县。盖历代废置无常，
疆土有合离合也。'吴增仅曰：'《通鉴》云：张掖谷口涌石负图，此与《魏氏春秋》所
云玄川涌溢，即是一事。或云删丹，或云氏池，盖二县境地相接，同属张掖也。又
《晋书·崔游传》，魏末游为氏池长，有惠政。据此，是魏时氏池明属张掖，洪志张掖
郡不录氏池，盖据《晋志》而误也。"又云："《方舆纪要》卷六十三：'大柳谷在甘州
卫东南百里，与山丹卫接境。《隋志》，张掖县有大柳谷，张掖废县，即今卫治。'谢
钟英曰：'大柳谷疑张掖之洪水河。'"

②裴注引《魏氏春秋》曰："有石马七，其一仙人骑之，其一羁绊，其五有形而
不善成。"《义门读书记·魏志·明帝纪》："马有七，其宣、景、文、武、惠、怀、愍
之祥乎？"《三国志注补》卷三："《宋书·符瑞志》作石马十二，与此不同；其余文亦
稍异。"

③《宋书·五行志二》："魏世张掖石瑞，虽是晋氏之符命，而于魏为妖。好攻战，
轻百姓，饰城郭，侵边境，魏氏三祖，皆有其事。刘歆以为金石同类，石图发非常之
文，此不从革之异也。晋定大业，多散曹氏，石瑞文'大讨曹'之应也。"又胡注：
"石图之文，天意盖昭昭矣。"

④《宋书·符瑞志》"窒"作"塞"，见下笺注⑦。

⑤《三国志集解》："昔"疑作"夕"。

⑥《三国志注补》卷三："《拾遗记》：魏明帝时，泰山下有连理文石，高十二丈，
状如柏树，其文彪发，如人雕镂，自下及上皆合，而中开广五尺，望若真树也。父老
云，当秦末二石相去百余步，芜没无有蹊径。及魏帝之始，稍觉相近，如双阙。土王
阴类，魏为土德，斯为灵征。"

⑦《宋书·符瑞志》："汉元、成之世，先识之士有言曰：'魏年有和，当有开石于西三千余里，系五马，文曰讨曹。'及魏之初兴也，张掖删丹县金山柳谷有石生焉，周围七寻，中高一仞，苍质素章，有五马、麟、鹿、凤凰、仙人之象。始见于建安，形成于黄初，文备于太和。至青龙三年，柳谷之玄川溢涌，石形改易，状似云龟，广六尺，长一丈七尺一寸，围五丈八寸，立于川西。有石马十二，其一仙人骑之，其一羁靮，其五有形而不善成，其五成形。又有一牛八卦列宿彗星之象。有玉匣开盖于前，有玉玦二，玉璜一。又有麒麟、凤凰、白虎、马、牛于中布列。有文字曰：'上上三天王述大会计大曹金但取之金立中大金马一疋中正大吉关寿此马甲寅述水'，凡三十五字。石色苍，而物形及字，并白石书之，皆隆起。魏明帝恶其文有'讨曹'，凿去为'计'，以苍石塞之，宿昔而白石满焉。当时称为祥瑞，班行天下。"

后主建兴十五年（魏曹叡景初元年、吴孙权嘉禾六年）（237）

47.帝徙盘①，盘折，声闻数十里。金狄或泣②，因留于霸城③。

本条据《三国志》卷三《魏志·明帝纪》注引《汉晋春秋》校定。汤本所补背景文字为"建兴十五年，魏景初元年"，并于"帝"前补一"魏"字，于尾注有"《水经注》四引作或言金狄泣，故留之"十四字（按：系指《水经注》卷四《河水四》"（河水）又东过陕县北"句下注引"《汉晋春秋》曰"云云）。　黄本列"魏明帝"目下。

【史补】

（1）《通鉴纲目》曰：魏铸铜人，起土山于芳林园。魏主叡徙长安钟簴、橐佗、铜人、承露盘于洛阳。盘折，声闻数十里。铜人重，不可致。大发铜铸铜人二，号曰翁仲，列坐于司马门外④。又铸黄龙、凤凰，置内殿前。起土山于芳林园⑤，使公卿皆负土，树杂木、善草，捕禽兽致其中。司徒掾董寻⑥上疏曰："建安以来，野战死亡，或门殚户尽，虽有存者，遗孤老弱。若宫室狭小当广大之，犹宜随时，不妨农务，况作无益之物哉！陛下既尊群臣，显以冠冕，载以华舆，而使穿方举土⑦，沾体涂足，毁国之光以崇无益，甚无谓也。孔子曰：'君使臣以礼，臣事君以忠。'⑧无忠无礼，国何以立！臣知言出必死，而自比于牛之一毛，生既无益，死亦何损⑨！秉笔流涕，心与世辞。臣有八子，死后累陛下矣！"将奏，沐浴以待命。叡曰："寻不畏死邪？"主者奏收之，诏勿问。

高堂隆上疏曰："今之小人，好说秦、汉之奢靡以荡圣心，取亡国不度之器以伤德政⑩，非所以兴礼乐之和，保神明之休也。况今吴、蜀欲与中国争衡，今若有人来告：'权、禅并修德政，轻省租赋，动咨耆贤，事遵礼度'，陛下闻之，岂不恶其如此而为国忧乎？若告者曰：'彼并为无道，崇侈无度，重其赋敛，民不堪命'，陛下闻之，岂不幸彼疲敝而取之不难乎？苟如此，则可易心而度，事义之数亦不远矣⑪！亡国之主自谓不亡，然后至于亡；贤圣之君自谓亡，然后至于不亡。今天下雕敝，若有寇警，臣惧版筑之士不能投命虏庭矣⑫。又，将吏奉禄，稍见折减，不应输者今皆出半，此为官入兼多于旧，其所出与参少于昔。而度支经用，更每不足。反而推之，凡此诸费，必有所在矣。"⑬叡览之，曰："观隆此奏，使朕惧哉！"

尚书卫觊上疏曰："今议者多好悦耳：其言政治，则比陛下于尧、舜；其言征伐，则比二虏于狸、鼠。臣以为不然。四海之内，分而为三，群士陈力，各为其主，是与六国分治无以异也。武皇帝之时，后宫食不过一肉，衣不用锦绣，茵蓐不缘饰，器物无丹漆，用能平定天下，遗福子孙。当今宜计校府库，量入为出，犹恐不及；而工役不休，侈靡日崇，帑藏日竭。昔汉武信神仙之道，谓当得云表之露以餐玉屑，故立仙掌以承高露，陛下通明，每所非笑。汉武有求于露而犹尚见非，陛下无求于露而空设之，糜费功夫，皆圣虑所宜裁制也。"

时有诏录夺士女前已嫁为吏民妻者，还以配士。太子舍人张茂⑭上书曰："陛下天之子也，百姓吏民亦陛下子也，今夺彼以与此，亦无以异于夺兄之妻妻弟也，于父母之恩偏矣。又县官以配士为名，实内之掖庭，其丑恶乃出与士。得妇者未必喜，而失妻者必有忧。夫君天下而不得万姓欢心者，鲜不危殆。且军师在外，日费千金；而后庭无录之女⑮，椒房母后之家，赏赐横与，其费半军。加以尚方作玩弄之物，后园建承露之盘，斯诚快耳目之观，然亦足以骋寇雠之心矣！"皆不听。(《御批通鉴纲目》卷十五)

(2)〔宋〕叶真记秦汉魏三铸铜人曰：秦始皇收天下兵聚咸阳，销以为钟，镣金人十二，重各千石。《史·索隐》：长人见临洮，故销兵器铸而象之。汉在长乐宫前。董卓坏其十为钱，余二犹在，此秦铸也。汉灵帝中平三年，使掖庭令毕岚铸四铜人，列苍龙、玄武阙外，此汉铸也。魏明帝景初元年，徙长安钟簴、骆驼、铜人、承露盘，盘折，铜人重不可致，留霸城南，大发铜铸作铜人二，号曰翁仲，列坐司马门外。郦氏《水经》以为文帝黄初元年，小异。李长吉以为明帝青龙九年八月。《缃素杂记》辨明帝青龙五年三月改景初元年，至三年而崩，无青龙九年。《李集》一本自云青龙元年。后，石虎使牙将张弥徙洛阳钟簴、九龙、翁仲、铜驼、飞廉入邺，苻坚又徙邺铜驼、铜马、飞廉、翁仲于长安，此魏铸也。由嬴秦包括四海，尽敛锋利于无用，且千万岁，方将震耀黔首，而竿木已为兵矣。时君僭王，不悟其缪，相承若镇宝，何耶？（《爱日斋丛钞》卷一《铜人凡四铸》）

（3）〔清〕赵翼辨徙铜人不始于魏明帝曰：《魏明帝纪》：徙长安铜人、承露盘之类于洛，铜人重不可致，留于霸城。任昉《述异记》：魏明帝取汉武捧露盘仙人，既拆盘，临行泣下。此皆魏明帝事也。然《汉书·武帝本纪》：作通天台、飞廉馆。应劭注曰：飞廉，神禽。《后汉书》：明帝永平五年，至长安，迎取飞廉并铜马，置上西门外，名平乐馆。亦见程大昌《演繁露》。则移置飞廉、铜马实始于汉明帝，而魏明帝特仿之。后赵石虎又徙洛阳飞廉、钟虡之类于邺之华林园，则又仿魏明帝，而徙魏明帝物耳。

陈寿《三国志》于《董卓传》既云卓迁天子都长安，悉椎破铜人、钟虡以铸钱，而于《魏明帝纪》又云：徙长安铜人、承露盘之类于洛阳，铜人重不可致，留于霸城。铜人既为卓所椎破，此所徙又是何物，殊不明晰。按潘岳《关中记》：秦铜人十二，卓坏以为钱，余二枚魏明帝欲徙于洛，重不能致。任昉《述异记》：魏明帝诏取汉武捧露盘仙人，盘既拆，临行泣下。然则卓所毁者乃秦铜人十二之十，而魏明帝所徙则汉武承露仙人及卓毁秦铜人所余之二也。《后汉书·方术传》：蓟子训摩挲金狄，即此秦余之二。而李石《续博物志》又谓苻坚毁其二以为钱，其一百姓推置河

中。按董卓毁后仅余其二，安得又有一人河耶？（《陔余丛考》卷十九）

【笺注】

①盘：谓承露盘，又名承露仙人掌。汉武帝迷信神仙，于神明台上作承露盘，立铜仙人舒掌承甘露，以为饮之可以长生。《汉书·郊祀志》颜师古注："苏林曰：'仙人以手掌擎承甘露。'师古曰：《三辅故事》云：建章宫承露盘高二十丈，大七围，以铜为之，上有仙人掌承露，和玉屑饮之。盖张衡《西京赋》所云'立修茎之仙掌，承云表之清露，屑琼蕊以朝餐，必性命之可度'也。"卢弼《集解》以为：魏明帝"铸承露盘为太和六年事"。陈思王曹植有《承露盘颂》曰："皇帝铸承露盘，茎长十二丈，大十围。上盘径四尺，下盘径五尺，铜龙绕其根。龙身长一丈，背负两子，自立于芳林园，甘露乃降。"景初元年，《明帝纪》注引《魏略》："是岁，徙长安诸钟簴、橐佗、铜人、承露盘"，所徙或为汉铸。而李贺《金铜仙人辞汉歌·自序》系于青龙元年。诸说纷纭，待考。

②《义门读书记·魏志·明帝纪》何按："金狄泣者，叡死魏亡之妖也。"

③霸城：本地名，后为县名。据《西安通览》，春秋时秦穆公东向扩张，初度滋水，筑芷阳城。秦晋韩原之战（前645），晋惠公被俘，秦尽有今陕西东部之地，于是改滋水为霸水，扩建芷阳城，改称霸城，以彰其功。战国秦孝公十二年（前350），依原霸城置芷阳县。汉文帝九年（前171）始筑霸陵，遂改芷阳县为霸陵县，后归葬霸陵。胡三省曰："霸城，即汉京兆霸陵县故城也。"曹魏于原霸陵城北筑城，改称霸城县，故治在今陕西西安东北郊。

④《晋书·五行志上》："案古长人见，为国亡。长狄见临洮，为秦亡之祸。始皇不悟，反以为嘉祥，筑铜人以象之。魏法亡国之器，而于义竟无取焉。"

⑤芳林园：魏都洛阳御苑名。故址在今河南洛阳白马寺一带。齐王曹芳即位后，改名华林园。

⑥《通鉴》胡注："汉公府无军议掾，此官魏置也。"

⑦《通鉴》胡注："方，穴土为方也。《汉书》所谓方中，亦此义。"

⑧《论语·八佾》："定公问：'君使臣，臣事君，如之何？'孔子對曰：'君使臣以礼，臣事君以忠。'"

⑨《通鉴》胡注："司马迁《答任安书》曰：'假令仆伏法受诛，若九牛亡一毛，

与蝼蚁何异！'"

⑩《通鉴》胡注："不度之器，谓长安钟簴、橐佗、铜人、承露盘也。"

⑪《通鉴》胡注："义，礼也，高堂隆之论谏，可谓深切著明矣。"

⑫版筑之士：谓商高宗时傅说。此泛指智谋之士。《孟子·告子下》孟子曰："舜发于畎亩之中，傅说举于版筑之间，胶鬲举于鱼盐之中，管夷吾举于士，孙叔敖举于海，百里奚举于市。故天将降大任于是人也，必先苦其心志，劳其盘骨，饿其体肤，空乏其身，行拂乱其所为，所以动心忍性，曾益其所不能。"

⑬《通鉴》胡注："指言诸费皆在于营缮也。"

⑭太子舍人：官名。秦始置，宋以前历代相沿。汉时秩二百石，选良家子充任，轮番宿卫，似郎中。无员额。西汉隶太子太傅、少傅，东汉隶太子少傅，太子阙位则隶少府。三国沿置，魏官七品。

⑮《通鉴》胡注："非员，谓出于员数之外者；无录，谓宫中录籍无其名者。"

48. 习凿齿曰：高堂隆可谓忠臣矣①。君侈每思谏其恶②，将死不忘忧社稷，正辞动于昏主，明戒验于身后，謇谔足以励物，德音没而弥彰，可不谓忠且智乎！《诗》云："听用我谋，庶无大悔。"又曰："曾是莫听，大命以倾。"③ 其高堂隆之谓也。

【校记】

本条据《三国志》卷二十五《魏志·高堂隆传》注引"习凿齿曰"校定。 汤本所补背景文字为"高堂隆卒"。

【史补】

（1）《通鉴纲目》曰：魏光禄勋高堂隆卒。隆疾笃，口占上疏曰："三代之有天下，历数百载，尺土、一民莫非其有。然癸、辛纵欲④，皇天震怒，宗国为墟，纣枭白旗，桀放鸣条⑤，天子之尊，汤、武有之。岂伊异人？皆明王之胄也。黄初之际，天兆其戒，异类之鸟，育长燕巢，此大异也⑥。宜防鹰扬之臣于萧墙之内⑦。可选诸王，使典兵棋跱，镇抚皇畿，翼亮帝室。夫皇天无亲，惟德是辅。民咏德政，则延期过历；下有怨叹，则辍录授能。由此观之，天下乃天下之天下，非独陛下之天下也！"魏主叡手诏深慰劳之。未几而卒。

陈寿曰：隆学业修明，志存匡君，因变陈戒，发于恳诚，忠矣哉！及至必改正朔，俾魏祖虞，所谓意过其通者欤！（《御批通鉴纲目》卷十五）

（2）〔清〕**王夫之论高堂隆之谏曰：**得直谏之士易，得忧国之臣难。识所不及，诚所不逮，无死卫社稷之心，不足与于忧国之任久矣。若夫直谏者，主德之失，章章见矣。古之为言也，仁慈恭俭之得，奢纵苛暴之失，亦章章见矣。习古之说而以证今之得失，不必深思熟虑，殷忧郁勃，引休戚于躬受，而斟酌以求宁，亦可奋起有言，而直声动天下矣。

魏主叡之后，一传而齐王芳废，再传而高贵乡公死，三传而常道乡公夺。青龙、景初之际，祸胎已伏，盖岌岌焉，无有虑此为叡言者，岂魏之无直臣哉？叡之营土木、多内宠、求神仙、察细务、滥刑赏也，旧臣则有陈群、辛毗、蒋济，大僚则有高堂隆、高柔、杨阜、杜恕、陈矫、卫觊、王肃、孙礼、卫臻，小臣则有董寻、张茂，极言无讳，不避丧亡之谤诅，至于叩棺待死以求伸；叡虽包容勿罪，而诸臣之触威以抒忠也，果有身首不恤之忧。汉武、唐宗不能多得于群臣者，而魏主之廷森森林立以相绳纠。然而阽危不救，旋踵国亡。由是观之，直谏之臣易得，而忧国之臣未易有也。

高堂隆因鹊巢之变，陈他姓制御之说；问陈矫以司马公为社稷之臣，而矫答以未知。然则魏之且移于司马氏，祸在旦夕，魏廷之士或不知也，知而或不言也。隆与矫知之而不深也，言之而不力也。当其时，懿未有植根深固之党，未有荣人、辱人、生人、杀人之威福，而无能尽底蕴以为魏主告；无他，心不存乎社稷，浮沈之识因之不定，未能剖心刻骨为曹氏徘徊四顾而求奠其宗祐也。逮乎魏主殂，刘放、孙资延大奸于肘掖之后，虽灼见魏之必亡，而已无及矣。（《读通鉴论》卷十《三国二十》）

（3）〔清〕**李慈铭论高堂隆之谏曰：**阅《三国志·高堂隆传》。隆上疏有云："夫六情五性，同在于人，嗜欲廉贞，各居其一。及其动也，交争于心。欲强质弱，则纵滥不禁；精诚不制，则放溢无极。情苟无极，则人不堪其劳，物不充其求。劳求并至，将起祸乱。故不割情，无以相供。由此观之，礼义之制，非苟拘分，将以远害而兴治也。"数语可作《乐记》"人生而静，天之性也"一节义疏，是七十子所传之精理微言也。隆为高堂生后人，故能为此论。阮文达撰《性命古训》，未采及此。又其临终上疏云："臣观黄初之际，天兆其戒，异类之鸟，育长燕巢，口爪胸赤，此魏室之大异也，宜防鹰扬之臣于萧墙之内。可选诸王，使君国典兵，往往棋跱，镇抚皇畿，翼亮帝室。"其于后日司马氏之篡，事如烛照，谁谓儒者无益于国哉？（《越缦堂读书记·三国志》）

【笺注】

①高堂隆：字升平，泰山平阳（今山东新泰）人。善占天象。初任泰山督邮。建安十八年（213），曹操召为丞相军议掾，后为历城侯曹徽文学，转为相。黄初中为堂阳长，以选为平原王曹叡傅。叡即位，累迁为散骑常侍，赐爵关内侯。青龙中，叡大治宫室，西取长安大钟，隆上疏切谏。迁侍中，犹领太史令。及崇华殿灾，天变示警，种种怪异与无道，隆皆引经据典，陈说利害，导君兴治，用心良苦。迁光禄勋。景初元年（237）卒，遗令薄葬。

②高堂隆之谏言，参见佚文第45、第47条史补（1）。

③出《诗·大雅·抑》及《大雅·荡》。

④《三国志集解·魏志·高堂隆传》："《史记·夏本纪》：'子帝履癸立，是为桀。'《殷本纪》：'子辛立，是为帝辛，天下谓之纣。知足以拒谏，言足以饰非。'"

⑤《通鉴》胡注："武王斩纣首，悬之太白之旗。商汤破桀于鸣条，遂放之于南巢。孔安国曰：鸣条地在安邑之西。"

⑥《三国志注补》卷二十五："《晋书·五行志》：黄初元年，未央宫中有燕生鹰，口爪俱赤。此与商纣、宋隐同象。景初元年，又有燕生巨鷇于卫国李盖家，形若鹰，吻似燕。高堂隆所指即此二事。其后司马氏诛曹爽，遂有魏室。文、明二《纪》俱不载。"

⑦《三国志集解》："胡三省曰：'司马氏之事，隆固逆知之矣。'李慈铭曰：'此显指司马懿，而晋君臣不以为非，史官因而载之，皆非后世所及。'"

后主延熙元年（魏曹叡景初二年、吴孙权赤乌元年）（238）

49. 公孙渊自立①，称绍汉元年。闻魏人将讨，复称臣于吴，乞兵北伐以自救。吴人欲戮其使，羊衜曰②："不可，是肆匹夫之怒，而捐霸王之计也。不如因而厚之，遣奇兵潜往，以要其成。若魏伐渊不克，而我军远赴，是恩结遐夷，义盖万里；若兵连不解，首尾离隔，则我虏其旁郡，驱略而归，亦足以致天之罚，报雪曩事矣。"③权曰："善。"乃勒兵大出④。谓渊使曰："请俟后问，当从简书⑤，必与弟同休戚⑥，共存亡，虽陨于中原，吾所甘心也。"又曰："司马懿所向无前，深为弟忧也。"⑦

【校记】

本条据《三国志》卷八《魏志·公孙度传》注引《汉晋春秋》校定。汤本所补背景文字为"延熙元年，魏景初二年"，"驱略"作"驱民"。 黄本列"孙权"目下。

【史补】

（1）《通鉴纲目》曰：戊午，延熙元年，魏景初二年、吴赤乌元年。春正月，魏遣太尉司马懿击辽东⑧。魏主叡召司马懿于长安，使将兵四万讨辽东。议臣或以为兵多难供。叡曰："四千里征伐⑨，虽云用奇，亦当任力，不当计役费也。"因谓懿曰："公孙渊将何计以待君？"对曰："弃城豫走，上计也；据辽东拒大军⑩，其次也；坐守襄平⑪，此成禽耳。"曰："三者何出？"对曰："唯明智能审量彼我，乃豫有所割弃。此非渊所及，必先拒辽水，后守襄平也。"曰："还往几日？"对曰："往百日，攻百日，还百日，以六十日为休息，如此一年足矣。"渊闻之，复遣使称臣，求救于吴。（《御批通鉴纲目》卷十五）

【笺注】

①公孙渊：三国时辽东地方割据首领。汉末辽东太守公孙度之孙，公孙康之子。魏明帝太和二年（228），渊夺其叔公孙恭位，割据辽东，明帝拜渊扬烈将军、辽东

太守。渊又遣使南通孙权，权立其为燕王，而渊却斩送吴使张弥、许晏等首于魏，明帝于是拜渊大司马，封乐浪公，持节、领郡如故。使者至，渊设甲兵为军陈，出见使者，又数对国中宾客出恶言。景初元年 (237) 叛魏，自立为燕王，置百官有司。诱呼鲜卑，侵扰北方。二年，魏遣太尉司马懿出兵辽东，大败渊军，击斩渊父子。

②羊衜：南阳（今河南南阳）人。仕吴，初为孙权长子孙登宾客，太子中庶子。赤乌二年 (239)，为督军使者，率军至辽东击魏，虏得男女。孙登卒 (242)，历任始兴太守、桂阳太守。衜有人物之鉴，以才博果辩著称。卒年不详。三国时又有泰山羊衜，仕魏为上党太守，乃羊祜之父。不赘。衜，古"道"字。

③曩事：谓公孙渊诱斩吴使张弥、许晏之首献魏之事。

④《三国志集解》："一云，'大'疑作'不'。《通鉴》作'乃大勒兵'。"

⑤《通鉴》胡注："《左传》：狄伐邢，管敬仲言于齐侯曰：诗云：'岂不怀归，畏此简书。'简书，同恶相恤之谓也。请救邢以从简书。"

⑥《三国志集解》："胡三省曰：'渊遣使谢吴，自称燕王，求为兄弟之国，故权因而称之为弟。'弼按：与上文复称臣于吴之语不合，盖权谲之也。"

⑦《三国志集解》："《晋书·宣帝纪》：'文懿闻魏师之出也，请救于孙权；权亦出兵，遥为之声援。遗文懿书曰：司马公善用兵，变化若神，所向无前，深为弟忧之。'胡三省曰：'此晋史臣为此语耳，权必无此言。'"

⑧辽东：古郡、国名。战国燕置辽东郡，治所在襄平（今辽宁辽阳市），辖境相当今辽宁大凌河以东。东汉安帝时分辽东、辽西两郡地置辽东属国都尉，治所在昌黎，辖境相当今辽宁西部大凌河中下游一带。三国魏改为昌黎郡。此处辽东当为地域之泛称。

⑨《通鉴》胡注："《续汉志》：辽东郡在洛阳东北三千六百里。"

⑩《通鉴》胡注："辽东当作辽水。"按：辽水，古水名，即今东北地区南部辽河。有东西二源：东辽河源出吉林东辽县萨哈岭；西辽河上游北源西拉木伦河出内蒙古自治区克什克腾旗西南白岔山，南源老哈河出河北平泉光头山；东、西辽河在辽宁昌图古榆树附近汇合后始称辽河。辽河南流至盘山湾入海，全长一千多公里。

⑪《通鉴》胡注："襄平县，汉辽东郡治所，公孙渊所都。"

50.公孙渊闻魏将来讨，复称臣于孙权，乞兵自救。帝问蒋济①："孙权其救辽东乎?"济曰："彼知官备以固②，利不可得，深入则非力所能，浅入则劳而无获；权虽子弟在危，犹将不动，况以异域之人，兼以往者之辱乎! 今所以外扬此声者，谲其行人疑于我。我之不克，冀折后事已耳③。然沓渚之间④，去渊尚远，若大军相持，事不速决，则权之浅规，或能轻兵掩袭，未可测也⑤。"

【校记】

本条据《三国志》卷十四《魏志·蒋济传》注引《汉晋春秋》校定。汤本脱开头"公孙渊闻魏将来讨，复称臣于孙权，乞兵自救"三句，于"况异域之人"之"况"后多一"以"字。黄本以"蒋济"为目，于"事不速决"脱"事"字。

【史补】

(1)《通鉴纲目》曰：(延熙元年)秋，八月，司马懿克辽东，斩公孙渊。六月，司马懿军至辽东，公孙渊使其将卑衍等将步骑数万屯辽隧⑥，围堑二十余里。诸将欲击之，懿曰："此欲老吾兵也，攻之正堕其计。且贼大众在此，其巢窟空虚。直指襄平，破之必矣。"乃多张旗帜，欲出其南，衍等尽锐趣之。懿潜济水出其北，直趣襄平；衍等恐，引兵夜走。诸军进至首山⑦，渊复使衍等逆战，懿击破之，遂进围襄平。秋，大霖雨，辽水暴涨，运船自辽口径至城下⑧。雨月余不止，平地水数尺。三军恐，欲移营，懿令军中："敢有言徙者斩!"都督令史犯令⑨，斩之，军中乃定。贼恃水，樵牧自若，诸将欲取之，懿皆不听。司马陈珪曰："昔攻上庸，八部俱进，昼夜不息，故能一旬之半，拔坚城，斩孟达⑩。今者远来而更安缓，愚窃惑焉。"懿曰："达众少而食支一年，我军四倍于达而粮不淹月；以一月图一年，安可不速! 以四击一，正令失半而克，犹当为之，是以不计死伤，与粮竞也⑪。今贼众我寡，贼饥我饱，水雨乃尔，功力不设，虽当促之，亦何所为! 自发京师，不忧贼攻，但恐贼走。今贼粮垂尽而围落未合，掠其牛马，抄其樵采，此故驱之走也。夫兵者诡道，善因事变。贼凭众恃雨，故虽饥困，未肯束手，当示无能以安之。取小利以惊之，非计也。"朝廷闻师遇雨，咸欲罢兵。魏主叡曰："懿临危制变，禽渊可计日待也。"雨霁，懿乃合围，作土山地道，楯橹钩冲⑫，昼夜攻之，矢石如雨。渊窘急，粮尽，人相食。八月，使其相王建、柳甫请解围却兵，当君臣面缚。懿命斩之，檄告渊曰："楚、郑列国，郑伯犹肉袒牵羊迎之⑬。孤天子上公⑭，而建等欲使退舍，岂得礼邪！二人老耄，传言失指，已相为斩之。若意有未已，可更遣年少有明决者来。"渊复遣侍中卫演乞克日送任⑮，懿谓演曰："军事大要有五：能战当战，不能战当守，不能守当走；余二事，惟降与死耳。汝不肯面缚，此为决就死也，不须送任！"既而城溃，渊将数百骑突围走，懿击斩之。遂入城，诛其公卿以下及兵民七千余人，筑为京观⑯。辽东、带方、乐浪、玄菟四郡皆平⑰。渊之将反也，将军纶直、贾范等苦谏，渊皆杀之，懿乃封其墓，显其遗嗣，释渊叔父恭之囚。遂班师⑱。（《御批通鉴纲目》卷十五）

（2）〔清〕王夫之论魏伐辽东曰：魏伐辽东，蜀征南中，一也，皆用兵谋国之一道也；与隋炀之伐高丽、唐玄之伐云南，异矣。隋、唐当天下之方宁，贪功而图远，涉万里以徼幸，败亡之衅，不得而辞焉。诸葛公之慎，司马懿之智，舍大敌而勤远略，其所用心者未易测矣。

两敌相持，势相若而不相下，固未得晏然处也。而既不相为下矣，先动而躁，则受其伤，弗容不静以俟也。静以俟，则封疆之吏习于固守，六军之士习于休息，会计之臣习于因循。需之需之，时不可徼而兵先弛；技击奔命、忘生趋死之情，日以翱翔作好而堕其气；则静退之祸，必伏于不觉。一旦有事，张皇失措，惊扰胁缩，而国固不足以存，况望其起而制人，收长驱越险之功哉！魏之东征，蜀之南伐，皆所以习将士于战而养其勇也。先主殂，蜀未可以图中原，孟德父子继亡，魏未可以并吴、蜀，兵不欲其久安而忘致死之心，诸葛之略，司马之智，其密用也，非人之所能测也。

或曰：习士于战，有训练之法，而奚以远伐为？呜呼！此坐而谈兵，误人家国之言耳。步伐也，击刺也，束伍也，部分也，训练而习熟者也。两军相当，飞矢雨集，白刃拂项，趋于死以争必胜，气也，非徒法也。有其法不作其气，无轻生之情，而日试于旌旗金鼓之间，雍容以进退，戏而已矣。习之愈久而士愈无致死之心，不亡何待焉？训练者，战余而教之也，非数十年之中目不见敌，徒修其文具之谓也。(《读通鉴论》卷十《三国一七》)

【笺注】

①蒋济(188—249)：字子通，楚国平阿(今安徽怀远北)人。初为郡计吏、州别驾。投奔曹操后，历官丹杨太守、扬州别驾、丞相府主薄西曹属，为操心腹谋士。曹丕践祚，出为东中郎将，未几，入为散骑常侍，征为尚书。明帝即位，赐爵关内侯，迁中护军，又迁护军将军。齐王芳即位，徙为领军将军，进爵昌陵亭侯，迁太尉。济才兼文武，历仕曹氏四朝，而以从司马懿诛曹爽等，进封都乡侯，邑七百户；固辞，不许。旋病卒，谥曰景侯。

②《通鉴》胡注："魏、晋之间，谓国家为官。"

③《通鉴》此句作"冀其折节事己耳"。

④沓渚：地名。汉初于辽东半岛南部设置沓氏县，县最南端的海湾洲渚，称沓渚。沓氏，曹魏时改名东沓；又名沓津。晋代的乌石津，唐代的都里镇，元代的狮子口，明代以来的旅顺口，即此。今属辽宁大连市。

⑤《通鉴》胡注："浅规，谓规图浅攻，不敢深入；吴君臣之为谋，已不逃蒋济所料矣。"

⑥《通鉴》胡注："《姓谱》：'卑，卑耳国之后，或云鲜卑之后。蔡邕《胡太傅碑》有太傅掾鴈门卑登。'"

⑦首山：山名。又名驻跸山。在今辽宁辽阳西南十余里。

⑧辽口：古地名。辽河口之省称。《通鉴》胡注："辽水津渡之口也。"在今辽宁营口市。

⑨《通鉴》胡注："《晋书·职官志》：魏制，诸公加兵者置都督令史一人。"

⑩孟达(？—228)：字子敬，避刘备叔父讳，改为子度。扶风(今陕西兴平东南)人。初事刘璋，刘备入蜀后任宜都太守。以不发兵救关羽，惧罪，以郡降魏。曹丕遇之甚厚，以为散骑常侍、建武将军，封平亭侯；合房陵、上庸、西城三郡为新城，以达领新城太守，委以西南之任。丕死，达内不自安，又欲叛魏而归蜀汉。太和二年(228)春正月，司马懿率军自宛倍道兼行，突造新城下，旬有六日，破斩达，传首京师。

⑪《通鉴》胡注："竞，争也。懿之语珪，犹有廥辞，盖其急攻孟达，岂特与粮竞哉？惧吴、蜀救兵至耳。"

⑫《通鉴》胡注："楯，干也，攻城之士以扞蔽其身。橹，楼车，登之以望城中。钩，钩梯也。所以钩引上城者。冲，冲车也，以冲城。"

⑬《通鉴》胡注："《左传》：楚庄王围郑，克之，入自皇门，至于逵路，郑伯肉袒牵羊以逆。"

⑭《通鉴》胡注："汉太傅，位上公。懿时为太尉而自谓上公，以太尉于三公为上也。"

⑮《通鉴》胡注："送任，谓送质子也。"

⑯《通鉴》胡注："杜预曰：积尸封土于其上，谓之京观。"

⑰《通鉴》胡注："汉带方县，属乐浪郡，公孙氏分立郡。陈寿曰：'建安中，公孙康分屯有以南荒地为带方郡，倭、韩诸国羁属焉。乐浪，音洛琅。'"按：带方郡治带方，在今朝鲜凤山附近。

⑱《通鉴》胡注："司马懿与诸葛亮相守闭壁，若无能为者；及讨公孙渊，智计横出。鄙语有云：'棋逢敌手难藏行'，其是之谓乎！"

51. 史官言于帝曰："此周之分野也①，洛邑恶之。"于是大修禳祷之术以厌焉。

【校记】

本条据《三国志》卷三《魏志·明帝纪》注引《汉晋春秋》校定。汤本所补背景文字为"秋，有彗星见张宿"。　黄本列"魏明帝"目下。

【史补】

（1）《魏志·明帝纪》曰：（秋八月）癸丑，有彗星见张宿②。

（2）《宋书·天文志一》曰：景初二年八月，彗星见张，长三尺，逆西行，四十一日灭。占曰："为兵丧。"张，周分野，洛邑恶之。其十月，斩公孙渊。明年正月，明帝崩。

【笺注】

①分野：古代本指分封诸侯的境域，后演变为占星术的一种概念。占星家用天象变化来占卜人间的吉凶祸福，将天上星空区域与地上的国、州互相对应，称作分野。《读史方舆纪要》卷一百三十《分野》曰："《周礼》：'保章氏以星土辨九州之地，所分封域，皆有分星，以观妖祥。'此后世言分野之始也。《晋志》云：'职方掌天下之土，保章辨九州之野。'《春秋传》：'子产曰，辰为商星，参为晋星。'《外传》：'伶州鸠曰，岁之所在，则我有周之分野。'郑氏曰：'此即《周礼》星土之说也。'易氏曰：'在诸侯则谓之分星，在九州则谓之星土。九州星土之书亡矣，今其可言者，十二国之分。'"如"周地，柳、七星、张之分野也。自柳三度至张十二度，谓之鹑火之次，为周之分。"即今河南洛阳所在的三河地区。分野之说，纯属迷信。其实古人早已疑之。《分野》又曰："《汉书·地理志》分郡国以配诸次，其地分或多或少。鹑首极多，鹑火极狭。徒以相传为说，其原不可得闻。其于分野，或有妖祥，而为占者多得其效。盖古之圣哲有以度知，非后人所能测也。易氏曰：'分野之说，有可疑者。武王伐殷，岁在鹑火。伶州鸠曰：岁之所在我有周之分野，盖指鹑火为西周丰、岐之地。今乃以当洛阳之东周，何也？周平王以丰、岐之地赐秦襄公，而其分星乃谓之鹑首，何也？又如燕在北，而配以东方之析木；鲁在东，而配以西方降娄；秦居西北，而鹑首次于东南；吴越居东南，而星纪次于东北。贾氏以为古者受封之月，岁星所在之辰，恐不其然。若谓受封之辰，则春秋战国之诸侯以之占妖祥可也，后世占分野而妖祥亦应，岂皆古者受封之国乎！"

②张宿：星宿名。二十八宿之一，南方朱雀第五宿。《义门读书记·魏志·明帝纪》："'有彗星见张宿。'其占与王莽地皇三年有星孛于张同，天将除曹氏矣。"

52. 帝以燕王宇为大将军①，使与领军将军夏侯献、武卫将军曹爽②、屯骑校尉曹肇、骁骑将军秦朗等对辅政③。中书监刘放、令孙资久专权宠④，为朗等素所不善，惧有后害，阴图间之，而宇常在帝侧，故未得有言。甲申，帝气微，宇下殿呼曹肇有所议，未还，而帝少闲，惟曹爽独在。放知之，呼资与谋。资曰："不可动也。"放曰："俱入鼎镬⑤，何不可之有？"乃突前见帝⑥，垂泣曰："陛下气微，若有不讳，将以天下付谁?"帝曰："卿不闻用燕王耶?"放曰："陛下忘先帝诏敕，藩王不得辅政⑦。且陛下方病，而曹肇、秦朗等便与才人侍疾者言戏。燕王拥兵南面，不听臣等入，此即竖刁、赵高也⑧。今皇太子幼弱⑨，未能统政，外有强暴之寇，内有劳怨之民，陛下不远虑存亡，而近系恩旧。委祖宗之业，付二三凡士，寝疾数日，内外壅隔，社稷危殆，而己不知，此臣等所以痛心也。"帝得放言，大怒曰："谁可任者?"放、资乃举爽代宇⑩；又白"宜诏司马宣王使相参"⑪，帝从之。放、资出，曹肇入，泣涕固谏，帝使肇敕停。肇出户，放、资趋而往，复说止帝，帝又从其言。放曰："宜为手诏。"帝曰："我困笃，不能。"放即上床，执帝手强作之。遂赍出，大言曰："有诏免燕王宇等官，不得停省中。"于是宇、肇、献、朗相与泣而归第⑫。

【校记】

本条据《三国志》卷三《魏志·明帝纪》注引《汉晋春秋》校定。汤本所补背景文字为"十二月"。黄本列"魏明帝"目下。"阴图间之"，汤、黄本"阴"皆作"因"。"凡士"，汤本作"阉寺"。"外内壅隔"，汤本"外内"作"内外"，汤、黄本"壅"皆作"拥"。

【史补】

（1）《通鉴纲目》曰：魏主叡有疾，立郭夫人为后，召司马懿入朝，以曹爽为大将军。初，魏太祖以刘放、孙资皆为秘书郎。文帝更命秘书曰中书，以放为监，资为令，遂掌机密。魏主叡即位，尤见宠任。时亲览万机，数兴军旅，腹心之任，皆二人管之；每大事朝臣会议，常令决其是非，择而行之。中护军蒋济上疏曰："臣闻大臣太重者国危，左右太亲者身蔽，古之至戒也。往者大臣秉事，外内扇动⑬；陛下卓然自览，万机莫不祗肃。夫大臣非不忠也，然权在下则众心慢上，势之常也。陛下既已察之于大臣矣，愿无忘于左右。左右忠正远虑未必贤于人臣，至于便辟取容，或能工之；况实握事要，日在目前，倪因疲倦之间有所割制⑭，众臣见其能推移于事，即亦因时而高之。一有此端，私招朋援，臧否毁誉必有所兴，功负赏罚必有所易⑮，直道而上者或壅，曲附左右者反达，因微而入，缘形而出，意所狎信，不复猜觉。此宜早以经意也！"⑯叡不听。及寝疾，深念后事，乃以武帝子燕王宇为大将军，夏侯献、曹爽、曹肇、秦朗等辅政。刘放、孙资久典机任，献、肇心不平。殿中有鸡栖树，二人相谓曰："此亦久矣，其能复几！"⑰放、资惧，阴图间之。宇性恭良，陈诚固辞。叡引放、资入卧内，问曰："燕王正尔为？"⑱对曰："燕王实自知不堪大任故耳。"帝曰："谁可者？"时惟爽在侧，放、资因荐之，且请召司马懿与相参。叡从之。既而中变，放、资复入说，又从之。放请为手诏。叡曰："我困笃，不能。"放上床，执其手强作之。遂赍出，大言曰："有诏免燕王宇等官，不得停省中。"⑲皆流涕而出。遂以爽为大将军。叡嫌其才弱，拜尚书孙礼为长史以佐之。时，懿在汲⑳，宇以为关中事重，宜遣懿还长安，事已施行。至是复得手诏，前后相违，懿疑京师有变，乃疾驱入朝。

己未，三年，魏景初三年、吴赤乌二年。春，正月，魏司马懿至洛阳，与爽受遗辅政；魏主叡卒，太子芳立。司马懿至洛阳，入见魏主，叡执其手曰："吾以后事属君，君与曹爽辅小子。死乃可忍，吾忍死待君，得相见，无恨矣！"乃召二王示懿，别指齐王芳曰："此是也，君谛视之，勿误也！"又教芳前抱懿项。懿顿首流涕。于时芳年八岁，即日立为太子。叡寻卒㉑。芳嗣位，尊皇后为皇太后，爽、懿并加侍中，加节钺，都督中外诸军、录尚书事㉒。诸所兴作，皆以遗诏罢之㉓。

明帝沈毅明敏，任心而行，简功能，屏浮伪。行师动众，论决大事，谋臣将相咸服之。左右小臣，官簿性行，名迹所履，及其父兄子弟，一经耳目，终不遗忘。孙盛曰：魏明帝天姿秀出，少言好断。诸公受遗辅导者，皆以方任处之㉔，政自己出。优礼大臣，虽犯颜极谏，无所摧戮，其君人之量伟矣。然不思建德垂风，不固维城之基㉕，至使大权偏据，社稷无卫，悲夫㉖！（《御批通鉴纲目》卷十五）

（2）〔清〕王夫之论魏主叡之托孤曰：魏主叡授司马懿以辅政，而懿终篡也，宜哉！法纪立，人心固，大臣各得其人，则卧赤子于天下之上而可不乱，何庸当危病昏瞀之时，委一二人，锡以辅政之名，倒魁柄而授之邪！

周公之辅成王也，王幼而未有知识，且公之至德，旷古一人，而武王之信公也，以两圣而相知也。然使无辅政之名，则二叔亦无衅以构难，而冲人晏然矣。汉武之任霍、金、上官也，上官逆，霍氏不终矣；辅政之名，由此而立，而抑安足师乎！先主之任诸葛，而诸葛受命，当分争之世，而后主不足有为也，两俱弗获已而各尽其心耳。先主不能舍后主而别有所立，则不能不一委之诸葛以壹后主之心。

若夫魏主叡，无子而非有嫡长之不可易也，宗室之子唯其所择以为后。当其养芳与询为子之日，岂无贤而可嗣者，慎简而豫教之？迨其将殂，芳之为子已三岁矣，可否熟知而教训可夙？何弗择之于先，教之于后，令可君国而勿坠，而使刘放、孙资得乘其笃疾以晋奸雄于负扆哉？为天下得人者，得一人尔，得其人而宰辅百执无不得焉。己既无子，唯其意而使一人以为君，不审其胜任与否，而又别委人以辅之，则胡不竟授以天下而免于篡弑乎？汉之自旁支入继者皆昏庸之器，母后权奸之为之也，非若叡之自择而养之也。彼愦愦以死，无意于宗社而委之妇人者，无责耳矣，而魏主叡何为者也！（《读通鉴论》卷十《三国二四》）

（3）〔清〕赵翼论陈寿为放、资曲讳并作佳传曰：蒋济为魏名臣，而疏言云云，是可见放、资之窃弄威福矣。其后乘明帝临危，请以司马懿辅政，遂至权移祚易，故当时无不病二人之奸邪误国。《晋书·荀勖传》，论者以勖倾国害时，为放、资之亚。可知二人之名至晋时犹为世所诟詈也。而寿作二人合传，极言其身在近密，每因群臣谏净，多扶赞其义，并时陈损益，不专导谀言。是直以放、资为正人，与当时物议大相反也。盖二人虽不忠于魏而有功于晋，晋人德之，故寿为作佳传。是不惟于本纪多所讳，并列传中亦多所讳矣！（《廿二史札记》卷六《三国志多回护》）

【笺注】

①燕王宇：即曹宇，字彭祖。曹操之子。曹操在日封侯，曹丕时晋爵为公，继而封下邳王，改封单父县。明帝叡太和六年（232），改封燕王。叡少与宇同止，常爱异之。及即位，宠赐与诸王殊。景初二年（238）冬十二月，叡疾笃，拜宇为大将军，属以后事。受署四日，宇固让；叡意亦变，遂被免官归第。叡死，还邺。后宇子奂于帝髦被弑后继位，是为元帝。

②《三国志注补》卷三："《宋书·百官志》：领军将军一人，掌内军。魏武为丞相，相府自置领军，非汉官也。文帝即魏王位，始置领军，主五校、中垒、武卫三营。又骁骑将军，魏世置，为内军，有营兵，高功者主之。""武卫将军，无员。初，魏王始置武卫中郎将，文帝践阼，改为将军，主禁旅。"屯骑校尉，汉制五校之一。参见佚文第43条笺注②。又，夏侯献，诸夏侯之一，余不详；曹爽，曹真之子；曹肇，曹休之子；秦朗，曹操养子。

④《三国志集解》："《刘放传》：'魏国既建，放、资俱为秘书郎。黄初中，改秘书为中书，以放为监，资为令。明帝即位，尤见宠任。'《宋书·百官志》：'汉桓帝延熹二年，置秘书监；魏武为魏王，置秘书令、丞，典尚书奏事。黄初初，改为中书，置监、令。'胡三省曰：'中书有监、令自此始。自魏及晋，遂为要官，荀勖所谓凤凰池也。'"

⑤《三国志集解》："《汉书·刑法志》有凿颠、抽胁、镬亨之刑。师古曰：'鼎大而无足曰镬，以鬻人也。'"

⑥《三国志集解》："《放传》言，帝引见放、资入卧内。案，魏明病已气微，安能从容引见？放、资突前，于事实为近之。"

⑦《三国志集解》："此则魏文猜忌骨肉，一念之差，遂启亡国之祸。"

⑧竖刁：春秋时齐国宦寺貂谀，谄事桓公，颇受宠信。桓公卒，诸公子争立，貂等特宠争权，杀群吏，立公子无亏，导致齐国内乱。事见《左传·桓公十七年》。 赵高：秦始皇时宦官，任中车府令，兼行符玺令事，深受信任。始皇死，他发动沙丘政变，矫诏杀死太子扶苏，立始皇幼子胡亥为帝，是为秦二世。高自任郎中令，旋即谋夺丞相之位，专擅朝政，诛戮宗室、大臣，指鹿为马，肆行残虐，后更迫二世自杀，另立子婴为帝。不久被子婴所诛，夷三族。

⑨皇太子：即齐王曹芳。曹叡养子。周寿昌《三国志注证遗》卷一"齐王芳早慧"曰："齐王十岁即通《论语》，知祀孔子，以颜子配，其质性亦非凡矣。"

⑩《三国志集解》："时惟爽犹在，且利去庸懦，故举之。"

⑪《三国志集解》："《放传》：'辽东平定，放、资以参谋之功，各进爵封本县侯。'则早已与司马氏有因缘矣。此裴松之所谓魏室之亡，祸基于此也。"

⑫清康发祥《三国志补义·燕王宇传》："按《明帝纪》，景初二年辛巳，以燕王

宇为大将军，甲午免，实受暑四日也。宇免后三日，为三年正月丁亥，太尉宣王还自河内矣。帝意之变，见《汉晋春秋》所载，为刘放、孙资所谮，此以晋代魏之关键。吁！可骇也。"

⑬《通鉴》胡注："盖谓文帝时也。或曰：谓受遗大臣也。"

⑭《通鉴》胡注："谓因人主疲倦之时，有所剖割而制断也。"

⑮《通鉴》胡注："负，罪也；易则赏罚不当乎功罪。"

⑯《通鉴》胡注："言放、资日在左右，狎而信之，不复觉其为奸；非若早闻忠言，自览万机，外以示经意国事，则放、资之形际必呈露而不可掩矣。"

⑰《通鉴》胡注："殿中畜鸡以司晨，栖于树上，因谓之鸡栖树。献、肇指以喻放、资。一言而发司马氏篡魏之机，言之不可不谨也如是夫！以此观献、肇之轻脱，又何足以托孤哉！"

⑱《通鉴》胡注："言其性恭良，为事正如此也。"

⑲《三国志集解·魏志·明帝纪》："按《放传》所云，与此多异。《通鉴考异》曰：'陈寿当晋世作《魏志》，若言放、资本情，则于时非美，故迁就而为之讳也。今依习凿齿《汉晋春秋》，似得其实。'"

⑳《通鉴》胡注："时自辽东还师，次于汲也。汲县自汉以来属河内郡。"

㉑《通鉴》胡注："陈寿曰：'年三十六。'裴松之曰：'按魏武以建安九年八月定邺，文帝始纳甄后，明帝应以十年生，计至此年正月，整三十四年耳。时改正朔，以故年十二月为今年正月，可强名三十五年，不得三十六也。'"

㉒《通鉴》胡注："《晋书·职官志》曰：'持节、都督无定员。前汉遣使始有持节。光武建武初，征伐四方，始权时置督军御史，事竟罢。建安中，魏武为相，始遣大将军督之，二十一年，征孙权还，遣夏侯惇督二十六军是也。文帝黄初三年，始置都督诸州军事，或领刺史。又上军大将军曹真都督中外诸军事，假黄钺，则总统内外诸军矣。'录尚书事，汉东都诸公之重任也。今爽、懿既督中外诸军，又录尚书事，则文武大权尽归之矣。自此迄于六朝，凡权臣壹是专制国命。"

㉓《通鉴》胡注："曰'以'者，非遗诏真有此指也。"

㉔《通鉴》胡注："谓使曹休镇淮南、曹真镇关中、司马懿屯宛也。"

㉕《通鉴》胡注："《诗》曰：'宗子维城。'此言帝猜忌宗室，以亡魏。"

㉖元胡一桂《史纂通要》卷九论魏明帝曰："于时百姓凋敝，四海分崩，不肆修显祖开拓宏基，顾乃务修宫室，耽于内宠，不思安民之本，不固维城之基，至弥留之际，牵奸臣之手，付托非人，遂使权臣专国，社稷无卫，以至易姓，哀哉！"

后主延熙四年（魏曹芳正始二年、吴孙权赤乌四年）（241）

53.零陵太守殷礼言于权曰①："今天弃曹氏，丧诛累见②，虎争之际而幼童莅事。陛下身自御戎，取乱侮亡③，宜涤荆、扬之地④，举强赢之数，使强者执戟，赢者转运，西命益州，军于陇右，授诸葛瑾⑤、朱然⑥大众指事襄阳，陆逊⑦、朱桓⑧别征寿春，大驾入淮阳⑨，历青、徐。襄阳、寿春困于受敌，长安以西务对蜀军，许、洛之众势必分离；掎角瓦解，民必内应，将帅对向，或失便宜；一军败绩，则三军离心。便当秣马脂车，陵蹈城邑，乘胜逐北，以定华夏。若不悉军动众，循前轻举，则不足大用，易于屡退；民疲威消，时往力竭，非出兵之策也。"⑩权弗能用之⑪。

【校记】

本条据《三国志》卷四十七《吴志·孙权传》注引《汉晋春秋》校定。　汤本所补背景文字为"延熙四年，魏正始二年，吴赤乌四年"。《通鉴》此条文字亦系于魏正始二年下："春，吴人将伐魏。零陵太守殷札言于吴主曰"云云。但实际上这应是一段追述文字，殷礼建议应发生在至少三四年前，因为议中所提到的朱桓已卒于吴赤乌元年即魏景初二年（238）。《纲目》显然注意到了这一点，因此在引述此条文字时，在前面加了一个"初"字。　黄本列"孙权"目下。"殷礼"，汤本及《通鉴》、《纲目》"礼"并作"札"，黄本讹为"杜"，何焯《读书记》及卢弼《集解》皆以为"札乃礼字之讹"，故从《吴志注》作"礼"。　"淮阳"，黄本作"淮扬"。　"掎角"，黄本"掎"作"犄"。　"或失便宜"，汤、黄本"宜"

皆作"益"，而《通鉴》亦作"宜"。 "陵蹈城邑"，汤、黄本"蹈"皆作
"陷"，而《通鉴》亦作"蹈"。

【史补】

（1）《通鉴纲目》曰：（延熙四年，）夏，四月，吴人攻魏，魏击却之。
初，吴主权将伐魏。零陵太守殷礼言曰，云云。权不能用。四月，命全琮略淮南⑫，
朱然围樊，诸葛瑾攻柤中。魏将军王凌与琮战，败之。司马懿曰："柤中民夷十万，流
离无主，樊城被攻历月，此危事也，请自讨之。"遂督诸军救樊。吴军夜遁。（《御批
通鉴纲目》卷十五）

（2）（清）何焯《义门读书记》曰：德嗣欲用其民，必其政教足以使
之。蜀之跨渭虎争，盖以十年教训，民忘其劳。今吴之政教粗足检制其
众，不至离叛；但举见兵浅尝同利，则所及耳；涤境大举，事异季汉，难
可得动，倘致内忧，是谓未战自困。仲谋雅知虚实，亦审己而动，其弗能
用，避所短也。苟非伯符、公瑾之时，又无武侯易地而处，虽雄略远规，
固无所施哉！（卷二十八《吴志·吴主传》）

【笺注】

①殷礼：字德嗣，云阳（治今江苏丹阳）人。《吴志·顾邵传》："云阳殷礼，起乎
微贱"；"礼，零陵太守"。裴注引礼子基所作《通语》曰："礼字德嗣，弱不好弄，潜
识过人。少为郡吏，年十九，守吴县丞。孙权为王，召除郎中。后与张温俱使蜀，诸
葛亮甚称叹之。稍迁至零陵太守，卒官。"

②《通鉴》胡注："丧诛，谓魏累有大丧，盖天诛也。"

③《三国志集解》："《书·仲虺之诰》之辞。"

③《通鉴》胡注："涤，洗也，言举国兴师后无留者，其地如洗也。"

⑤诸葛瑾：诸葛亮之兄，诸葛恪之父。东吴重臣。参见佚文第28条笺注⑥。

⑥朱然（182—249）：字义封，丹阳故鄣（今浙江安吉）人。本姓施，为舅父朱
治嗣子。仕吴，累迁至临川太守。吕蒙袭荆州，然与潘璋擒关羽，迁昭武将军，封
西安乡侯。蒙死，代之镇江陵。黄武元年（222），以与陆逊抗击刘备之功，拜征西将
军；二年，以固守江陵六个月抗击魏军，名震敌国，改封当阳侯。黄龙元年（229），
拜车骑将军、右护军。赤乌九年（246），拜左大司马、右军师。十年，总为大督，以

名将硕果仅存，隆遇无比。十二年卒。

　⑦ 陆逊：参见佚文第 33 条笺注⑥。

　⑧ 朱桓：参见佚文第 33 条笺注⑧。

　⑨《通鉴》胡注："前汉之淮阳，后汉章帝改曰陈郡；此直谓淮水之阳耳。"

　⑩《通鉴》作"非上策也"。《纲目》从之。

　⑪《通鉴》胡注："倾国出师，决胜负于一战，符坚之所以亡也，吴主非不能用殷礼之计，不肯用也。"

　⑫ 全琮：参见佚文第 33 条笺注⑨。

后主延熙七年（魏曹芳正始五年、吴孙权赤乌七年）（244）

　　54. 司马宣王①谓夏侯玄②曰："《春秋》责大德重③，昔武皇帝再入汉中，几至大败，君所知也④。今兴（平路）势至险⑤，蜀已先据；若进不获战，退见邀绝，覆军必矣。将何以任其责！"玄惧，言于爽⑥，引军退。费祎进兵⑦，据三岭以截爽⑧，爽争崄苦战，仅乃得过。所发牛马运转者死失略尽，羌、胡怨叹，而关右悉虚耗矣⑨。

　　【校记】

　　本条据《三国志》卷九《魏志·曹爽传》注引《汉晋春秋》校定。汤本所补背景文字为"延熙七年，魏正始五年，曹爽至长安，与夏侯玄入汉中"，并于"司马宣王"后有小注"与书"二字，于"今兴平路势"后有小注"'平路'二字疑衍，止作'兴势'"。 黄本列"曹爽"目下。 "蜀已先据"，黄本"据"误为"徼"。 "争崄苦战"，汤、黄本"崄"皆作"险"。 "仅乃得脱"，黄本脱"仅"字。

　　【史补】

　　（1）《通鉴纲目》曰：（延熙七年，）三月，魏曹爽寇汉中。闰月，费祎督诸军救之。魏征西将军夏侯玄，爽姑子也，辟李胜为长史。胜及尚书邓飏欲令爽立威名于天下，劝使伐蜀，司马懿止之，不得。三月，爽至长安，发卒十余万人，与玄自骆谷入汉中⑩。汉中守兵不满三万，诸将皆恐，欲守城不出，以待涪兵⑪。王平曰："此去涪垂千里，贼若得关，便为深祸。"⑫遂遣护军刘敏据兴势，多张旗帜，弥亘百余里。闰月，帝遣大将军费祎救汉中，将行，光禄大夫来敏诣祎别，求共围棋；于时羽檄交至，人马擐甲，严驾已讫，祎与敏对戏，色无厌倦。敏曰："向聊观试君耳；君信可人，必能办贼者也。"

夏，四月，朔，日食。五月，魏军退走。魏兵距兴势不得进，关中及氐、羌转输不能供，牛畜多死，民夷号泣道路。司马懿与夏侯玄书曰，云云。（《御批通鉴纲目》卷十五）

【笺注】

①司马宣王：即司马懿。参见佚文第36条笺注④。

②夏侯玄（209—254），字太初，又作泰初。夏侯渊侄孙。父尚，官至魏征南将军、荆州牧、假钺都督南方诸军事，封昌陵乡侯。玄少知名，弱冠为散骑黄门侍郎。因进见时耻与皇后弟并坐，明帝恨之，左迁为羽林监。正始初，曹爽辅政；玄以爽之姑子，累迁散骑常侍、中护军。太傅司马懿问以时事，玄报以审官择人、除重官、改服制数事，懿"皆大善"之。《世语》称："玄世名知人，为中护军，拔用武官，参戟牙门，无非俊杰，多牧州典郡，立法垂教，于今皆为后式。"不久，任征西将军，假节，都督雍、凉诸军事。因与曹爽共兴骆谷之役而致惨败，为时人所讥。司马懿阴欲篡魏，诛曹爽，征玄为大鸿胪，数年徙太常。中书令李丰与皇后父光禄大夫张缉等谋欲以玄辅政，而乘间诛大将军司马师，玄被构处斩，夷三族。玄风格高朗，博识宏辩，尤精玄学，与何晏等人开创魏晋玄学先河；又于文学造诣深厚，著《乐毅论》等，传于天下后世。

③《通鉴》胡注："责，责望也。德，恩德也。言责望之甚大者，其恩之为甚重也。"

④建安二十年曹操讨平张鲁，留夏侯渊留守汉中。二十四年，刘备斩夏侯渊于阳平；曹操军临汉中，备因险拒守，操无功而返。事见《魏志·武帝纪》。

⑤《三国志集解》："赵一清曰：'此语疑有错误。是时魏军入汉，蜀已先据兴势围之，后主、王平两传，极为分明。于文当是今兴势山路至险。顾景范亦云尔。'弼按：

《通鉴》引此作'兴势'。胡三省曰:'《水经注》:小成固城北百二十二里有兴势坂。《寰宇记》:兴势山在洋州兴道县北四十三里。今郡城所枕,形如一盆,外险而内有大谷,为盘道上数里,方及四门,因名兴势。《东坡指掌图》以为在兴元,恐非也。宋白曰:兴势山在今兴道县西北二十里。'"

⑥爽:谓曹爽(? —249),字昭伯。曹真长子,曹操侄孙。魏明帝曹叡时,累迁至城门校尉,加散骑常侍,转武卫将军。叡寝疾,拜大将军,假节钺,都督中外诸军事,录尚书事,与太尉司马懿并受遗诏辅少主。齐王芳即位,加侍中,改封武安侯,赐剑履上殿,入朝不趋,赞拜不名。诸弟皆贵盛。后因与司马懿争权,为懿所算。正始十年(249),爽兄弟离军随天子朝高平陵(明帝陵),懿乘机发动兵变,奏免爽兄弟,旋被收,夷三族。

⑦费祎:时任蜀汉大将军,录尚书事。参见佚文第32条笺注⑨。

⑧《三国志集解》:"胡三省曰:'自骆谷出扶风,隔以中南山,其间有三岭:一曰沈岭,近芒水;一曰衙岭;一曰分水岭。'《方舆纪要》卷三十六:'三岭:沈岭,见盩厔县;衙岭,见郿县;分水岭,见武功县。一云:骆谷有三岭关。'谢钟英曰:'按《一统志》,分水岭在渭南县,南衙岭在襄城县界,斜水所出;分水岭在衙岭数百里,皆为魏境。爽自骆谷入,而祎东出分水岭,西趋衙岭,与爽兵势不相接。三岭当在骆谷中,胡说非也。'"

⑨此骆谷之役也。《义门读书记·魏志·夏侯尚传》议夏侯玄与曹爽共兴此役曰:"(曹)真尝建议伐蜀而无功,(夏侯)渊被杀于阳平,二子所以共兴是役也。然不思刘、葛之泽尚存,贤才未尽,君臣无衅,岂可倖其有功哉?年少浮华,未练于事,无端轻举,遂为国家之忧。悲夫!"

⑩《通鉴》胡注:"骆谷在汉中成固县东北,北达扶风郿县。"《通鉴地理通释》:"《唐·地理志》:洋州兴道县有骆谷路,南口曰傥谷,北口曰骆谷;黄金县有子午谷路,京城前直子午谷。《郡县志》:'傥谷,一名骆谷,在兴道县北三十里。'按骆谷在长安西南,骆谷关在京兆府盩厔县西南一百二十里。骆谷道,汉魏旧路也,南通蜀汉。"按:今名骆谷者,自陕西城固西北至眉县,全长四百余里。

⑪《通鉴》胡注:"自蒋琬屯涪,蜀之重兵在焉。"

⑫《通鉴》胡注:"关,关城也。杜佑曰:'关城,俗名张鲁城,在西县西四十

里。'呜呼！王侯设险以守其国。其后关城失守，钟会遂平行平行至汉中；王平谓贼若得关，遂为深祸，斯言验矣。"

　　55. 陈骞兄丕① 有名于世，与夏侯玄亲交，玄拜其母。骞时为中领军②，闻玄会于其家，悦而归。既入户，玄曰："相与未至于此。"骞当户立，良久曰："如君言。"乃趋而出，意气自若。玄大以此知之③。

【校记】
　　本条据《太平御览》卷四百九十八《人事部一百三十九·简傲》引文校定。　汤本于句首有擅加"玄名知人"四字，删。　黄本以"陈骞"为目。

【史补】
　　（1）《世说新语》曰：夏侯泰初与广陵陈本善，本与玄在本母前宴饮，本弟骞行还，径入，至堂户。泰初因起曰："可得同，不可得而杂。"④（卷中《方正第五》）
　　又曰：夏侯太初尝倚柱作书，时大雨，霹雳破所倚柱，衣服焦然，神色无变，书亦如故。宾客左右皆跌荡不得住⑤。（卷中《雅量第六》）
　　又曰：夏侯玄既被桎梏⑥，时钟毓为廷尉，钟会先不与玄相知，因便狎之。玄曰："虽复刑余之人，未敢闻命。"⑦ 考掠初无一言，临刑东市，颜色不变⑧。（卷中《方正第五》）
　　（2）〔宋〕叶适论夏侯玄曰：夏侯玄言"先王建国，分疆画界，各守土境，非重累羁绊之体"，"欲省郡守，县皆径达"。两汉论治，未有及此者，其自负宏济，良不虚也。而亲姻中外，竟相首尾。委肉以当豺虎之锋，悲夫！如玄之智，虽未必能存魏，然玄死而后魏卒亡，盖与其国相始终矣。（《习学记言序目》卷二十七《魏志·夏侯玄》）
　　（3）〔元〕郝经议夏侯玄曰：玄以重名高节，表仪一世，其言议规格，深见治体，蔼然有大臣之风。翘翘者易摧，皓皓者易汙。挺特正大，旷无单复，焉能出大盗之城府哉！观对许允之言，则以身死国，前定久矣。蹈白刃而不惧，临死生之际而不乱，生平所养，至此乃见，壮哉乎天下之至勇也！魏之王侯，久自禁锢，爽夷而玄诛，诸曹、夏侯又复单毙，自是而魏亡矣。丰、翼诸人，智微力少，暗于大义，忽忽举事，陷玄于死，族灭身夷，死不偿责矣。（《续后汉书·夏侯玄传》）

　　柯按：叶适又有论曰："夏侯玄、何晏以器韵玄远为一时表则，士之神隽朗迈者争宗之，其老成重朴有局干者皆所不悦；此司马懿所以能乘机取魏柄，俗人甘心为之役而不悟。然虽能取魏，而晏、玄之标度风流已不可掩抑，所以晋人终于成俗，而向之不悦者久亦消折，后生遂靡然矣。余观三代之后，道德丧坏而义利不并立，虽孔、颜、孟轲，不容有晋、楚之位；况晏、玄挟高名而竞厚利，自无全理。"魏晋玄学，幽深玄远，末流至于清谈误国。语云："成王败寇。"西谚云："播下的是龙种，收到的却是跳蚤。"岂非夏侯玄、何晏之谓乎？悲夫！

【笺注】

　　①陈骞兄丕：据《魏志·陈矫传》，骞为骞之讹，而丕为本之误。《矫传》："景初元年（矫）薨，谥曰贞侯。子本嗣，历位郡守、九卿。所在操纲领，举大体，能使群下自尽。有统御之才，不亲小事；不读法律，而得廷尉之称优于司马岐等；精练文理。迁镇北将军，假节都督河北诸军事。本弟骞，咸熙中为车骑将军。"刘孝标《世说新语·方正》注引《晋阳秋》曰："骞字休渊，司徒第二子，无馨谤风，滑稽而多智谋。仕至大司马。"

　　②中领军：建安十二年（207）曹操为丞相时，相府自置领军，非汉官。后改称中领军，另置中护军一职，共典禁卫之事。魏时沿置，为第三品，掌禁军，统领五校、武卫、中垒三营。中护军亦隶中领军。任中领军资深者冠以将军名号，称领军将军。中领军多以宗室亲信为之，曾任此职者有夏侯渊、曹休、曹真、夏侯尚、陈群、王肃、桓范、王观等。蜀汉亦置中领军之职，由向宠担任；并有领军、前领军、行领军名号。吴置领军将军，复置左、右领军。

　　③《世说新语·容止》曰："魏明帝使后弟毛曾与夏侯玄共坐，时人谓蒹葭倚玉树。"又曰："时人目夏侯太初'朗朗如日月之入怀'"。

④刘孝标注："《名士传》曰：'玄以乡党贵齿，本不论德位，年长者必为拜。与陈本母前饮，骞来而出，其可得同，不可得而杂者也。'"

⑤刘孝标注："《语林》曰：'太初从魏帝拜陵，陪列于松柏下。时暴雨，霹雳正中所立之树，冠冕焦坏。左右睹之皆伏，太初颜色不改。'"

⑥刘孝标注："《魏氏春秋》曰：正始中，护军曹爽诛，征为太常。内知不免，不交人事，不畜笔研。及太傅薨，许允谓玄曰：'子无复忧矣！'玄叹曰：'士宗，卿何不见事乎！此人尤能以通家年少遇我，子元、子上不吾容也。'后中书令李丰恶大将军执政，遂谋以玄代之。大将军闻其谋，诛丰，收玄送廷尉。"干宝《晋纪》曰："初，丰之谋也，使告玄，玄答曰：'宜详之尔！'不以闻也，故及于难。"

⑦刘孝标注："《世语》曰：玄至廷尉，不肯下辞。廷尉钟毓自临履玄，玄正色曰：'吾当何辞，为令史责人邪？卿便为吾作。'毓以玄名士，节高不可屈，而狱当竟，夜为作辞，令与事相附，流涕以示玄。玄视之曰：'不当若是邪！'钟会年少于玄，玄不与交。是日，于毓坐狎玄，玄正色曰'钟君何得如是！'"

⑧夏侯玄后为司马师制造的冤案所杀。参见佚文第65条史补（1）。

后主延熙九年（魏曹芳正始七年、吴孙权赤乌九年）（246）

56. 是年，吴将朱然入柤中①，斩获数千；柤中民夷万余家渡沔②。司马宣王谓曹爽曰："若便令还，必复致寇，宜权留之。"爽曰："今不修守沔南，留民沔北，非长策也。"宣王曰："不然。凡物置之安地则安，危地则危。故兵书曰：成败，形也；安危，势也。形势御众之要，不可不审。设令贼二万人断沔水，三万人与沔南诸军相持，万人陆钞柤中，君将何以救之？"爽不听，卒令还。然后袭破之③。袁淮言于爽曰④："吴楚之民脆弱寡能⑤，英才大贤不出其土，比技量力，不足与中国相抗。然自上世以来常为中国患者，盖以江汉为池，州楫为用，利则陆钞，不利则入水，攻之道远，中国之长技无所用之也。孙权自十数年以来，大畋江北，缮治甲兵，精其守御，数出盗窃，敢远其水，陆次平土，此中国所愿闻也。夫用兵者，贵以饱待饥，以逸击劳，师不欲久，行不欲远，守少则固，力专则强。当今宜捐淮、汉以南，退却避之。若贼能入居中央，来侵边境，则随其所短，中国之长技得用矣。若不敢来，则边境得安，无钞盗之忧矣。使我国富兵强，政修民一，陵其国不足为远矣。今襄阳孤在汉南，贼循汉而上，则断而不通，一战而胜，则不攻而自服，故置之无益于国，亡之不足为辱。自江夏已东，淮南诸郡，三后已来，其所亡几何，〔非〕以近贼疆界，易钞略之故哉！若徙之淮北，远绝其间，则民人安乐，何鸣吠之惊乎！"遂不徙。

【校记】

本条据《三国志》卷四《魏志·齐王芳纪》注引《汉晋春秋》校定。汤本所补背景文字为"延熙九年，魏正始七年，吴赤乌九年"。 黄本列"曹爽"目下。 "故兵书曰"，汤本"曰"作"云"。 "然后袭破之"，黄本于其下有小注"句疑有误"。 "英才大贤不出其土"，汤本"英才大贤"作"英贤大才"，"土"作"地"。 "〔非〕以近贼疆界"，"非"字据汤、黄本补。 "徙之淮北"，黄本"徙"讹为"从"。

【史补】

（1）《资治通鉴》曰：（正始七年）春，二月，吴车骑将军朱然寇柤中，杀略数千人而去。（卷七十五《魏纪七·邵陵厉公中》）

【笺注】

①柤中：古地名。在今湖北襄阳市辖宜城市西部及与南漳县交界地区。一说在沮水流域。《吴志·朱然传》注引《襄阳记》曰："柤，音如租税之租。柤中在上黄界，去襄阳一百五十里。魏时夷王梅敷兄弟三人，部曲万余家屯此。分布在中卢、宜城西山鄢、沔二谷中，土地平敞，宜桑麻，有水陆良田。沔南之膏腴沃壤，谓之柤中。"《通鉴》胡注："杜佑曰：柤中之襄州南漳界。"《三国志旁证》卷五："顾祖禹曰：《左传·哀六年》，楚子所谓江、汉、睢、漳者是也。后从沮，又讹为柤，读曰祖。今襄阳府以南沮水左右地皆曰沮中，亦谓之柤中。后汉建武二十三年南郡蛮反，刘尚讨

破之。杜佑曰：湹山蛮也，湹亦作阻，即阻中蛮也。"又《三国志注证遗》"阻中"条："阻，即《汉地理志》汉中郡房陵之阻水也。《说文》：'阻水出汉中房陵县，从水，且声，本作雎。'《左传·襄六年》：'江、汉、雎、漳，楚之望也。'此作阻，与沮、雎同一字。自阻中之阻字出，后遂少有作沮、雎者矣。"

②沔：沔水。即汉水。《水经注》有"沔水"，述之甚详，不赘。

③《晋书·宣帝纪》："七年春正月，吴寇阻中，夷夏万余家避寇北渡沔。帝以沔南近贼，若百姓奔还，必复致寇，宜权留之。曹爽曰：'今不能修守沔南而留百姓，非长策也。'帝曰：'不然。凡物致之安地则安，危地则危。故兵书曰：成败，形也；安危，势也。形势，御众之要，不可以不审。设令贼以二万人断沔水，三万人与沔南诸军相持，万人陆梁阻中，将何以救之？'爽不从，卒令还南。贼果袭破阻中，所失万计。"

④《三国志集解》引姚范曰："淮疑作准，见《袁涣传》。"按：此当存疑。据裴注引《袁氏世纪》及《九州记》，袁准字孝尼，魏郎中令涣第四子，有俊才，以儒学知名。准"以世事多险，故常恬退而不敢求进"，未见其有仕魏记录。晋泰始中，官给事中。

⑤《三国志集解》："《后汉书·循吏传》：'许荆迁桂阳太守，郡滨南州，风俗脆薄。'章怀注：'脆薄，犹轻薄也。'"

后主延熙十二年（魏曹芳嘉平元年、吴孙权赤乌十二年）（249）

57. 曹芳谒曹叡墓于大石山①，曹爽兄弟皆从。于是司马懿闭四城，遂与太尉蒋济俱屯于洛水南浮桥②，奏罢爽兄弟。[爽得奏，]不知所为。芳还宿伊水南③，发屯田数千人④，树鹿角为营。

【校记】

本条见《太平御览》卷三百三十七《兵部六十八·鹿角》引文。　汤本所补背景文字为"延熙十二年，魏嘉平元年"。　黄本列"曹爽"目下。 汤、黄本"洛水南浮桥"前皆脱"于"字。 "爽得奏"三字原系汤本所加小注，据文意此处或有脱文，今改大字，但加括号以示别。

【史补】

（1）《通鉴纲目》曰：己巳，（延熙）十二年，魏嘉平元年、吴赤乌十二年。春，正月，魏司马懿杀曹爽及何晏等⑤，夷三族。曹爽骄奢无度，饮食衣服，拟于乘舆；尚方珍玩，充牣其家；又私取先帝才人以为伎乐。作窟室，绮疏四周⑥，与何晏等纵酒其中。弟羲泣谏，不听。又兄弟数俱出游，司农桓范谓曰："总万机，典禁兵，不宜并出。若有闭城门，谁复内人者？"爽曰："谁敢尔邪！"初，清河、平原争界，八年不能决。冀州刺史孙礼请天府所藏烈祖封平原时图以决之⑦，爽信清河之诉，云图不可用。礼上疏自辨，辞颇刚切，爽大怒，劾礼怨望，结刑五岁⑧。久之复为并州刺史，往见太傅懿，有忿色而无言。懿曰："卿得并州少邪？恚理分界失分乎？"⑨礼曰："礼虽不德，岂以是为意邪！本谓明公匡辅魏室，以报明帝之托。今社稷将危，天下凶凶，此所以不悦也。"因涕泣横流。懿曰："且止，忍不可忍！"后李胜出刺荆州，过辞懿。懿令两婢侍。持衣，衣落；指口言渴，婢进粥，懿不持杯而饮，粥流沾胸。胜曰："众谓明公旧风发动⑩，何意乃尔！"懿使声气才属，言"年老枕疾，死在旦夕。并州近蕃，好为之备"，且以子师、昭为托。胜曰："还忝本州⑪，非并州也。"懿复错乱其辞曰："君方到并州？"胜复曰："当忝荆州。"懿曰："年老意荒，不解君言。今为本州，好建功勋！"胜退，告爽曰："司马公尸居余气，形神已离，不足虑矣。"故爽等不复设备。

是月，魏主芳谒高平陵，爽与弟中领军羲、武卫将军训、散骑常侍彦皆从。懿与师、昭谋，以皇太后令闭诸城门，勒兵据武库，授兵出屯洛水浮桥；召司徒高柔假节行大将军事，据爽营；太仆王观行中领军事，据羲营。奏曰："大将军爽，背弃顾命，败乱国典，僭拟专权，尽据禁兵，群官要职，皆置所亲，殿中宿卫，易以私人，伺察至尊，离间两宫，天下汹汹，人怀危惧。此非先帝诏陛下及臣升御床之本意也⑫。太尉臣济等皆以爽有无君之心，兄弟不宜典军宿卫奏永宁宫，皇太后令敕臣如奏施行。臣辄敕主者'罢爽、羲、训吏兵，以侯就第，敢有稽留车驾，便以军法从事！'臣辄力疾将兵屯洛水浮桥，伺察非常。"⑬爽得奏，迫窘不知所为。懿使爽所亲信说爽，宜早自归罪，唯免官而已。懿以太后令召桓范⑭，范欲应命，其子曰："车驾在外，不如南出。"范乃出。懿谓蒋济曰："智囊往矣！"济曰："驽马恋栈豆，必不能用也。"⑮ 范劝爽以天子诣许昌，发四方兵自辅。爽疑未决，范谓羲曰："此事昭然，卿用读书何为！今卿门户，求贫贱复可得乎！且匹夫质一人，尚欲望活；卿与天子相随，令于天下，谁敢不应！今诣许昌，不过中宿⑯，所忧谷食，而大司农印章在我身。"羲兄弟不从，自甲夜至五鼓⑰，爽乃投刀于地曰："我亦不失作富家翁！"范哭曰："曹子丹佳人，生汝兄弟，豚犊耳！何图今日坐汝族灭也！"⑱

爽乃通懿奏请下诏免己官，奉驾还宫。爽兄弟归家，懿发吏卒围守之。有司奏"黄门张当私以所择才人与爽，疑有奸"，收付廷尉考实，辞云："爽与尚书何晏、邓飏、丁谧、司隶校尉毕轨、荆州刺史李胜等谋逆。"于是收爽、羲等并桓范、张当，俱夷三族⑲。（《御批通鉴纲目》卷十五）

（2）〔蜀汉〕费祎论司马懿诛曹爽等为僭滥曰： 司马懿诛曹爽，祎设甲乙论平其是非。甲以为曹爽兄弟凡品庸人，苟以宗子枝属，得蒙顾命之任，而骄奢僭逸，交非其人，私树朋党，谋以乱国。懿奋诛讨，一朝殄尽，此所以称其任，副士民之望也。乙以为懿感曹仲付己不一，岂爽与相干？事势不专，以此阴成疵瑕。初无忠告侃尔之训，一朝屠戮，搅其不意，岂大人经国笃本之事乎！若爽信有谋主之心，大逆已构，而发兵之日，更以芳委爽兄弟。懿父子从后闭门举兵，蹙而向芳，必无悉宁，忠臣为君深虑之谓乎？以此推之，爽无大恶明矣。若懿以爽奢僭，废之刑之可也，灭其尺口，被以不义，绝子丹血食，及何晏子魏之亲甥，亦与同戮，为僭滥不当矣。（《蜀志·费祎传》裴松之注引殷基《通语》）

（3）〔宋〕叶适论司马懿因公行邪曰： 司马懿初除曹爽，盖因朝臣内外恶其骄纵，方以此举为便，固未有言其非者。王凌虽知之，而谋立藩王，不利见主，使懿尤得以自直。二事皆因当时之所谓正义以售其逆谋，人心密移，国向随改，转盼呼吸，倾夺已成，虽欲起而图之，无与共功矣。古今存亡之机，虽未尝不如此，然曹氏辛苦作计，三世相承，才二十年，本以托孤，乃得篡弑；而懿因公行邪，乘间掩窃，上下拱手，全而付之，是非疑信曾不及一出诸口。呜呼！孰谓三国多智士哉？如刘晔、蒋济之流，区区乎以揣摩从人者，固至是欤！（《习学记言序目》卷二十七《魏

志·齐王芳》)

又论曰：嘉平之役，极是异事。曹氏造基立业，虽无两汉本根之固，然自操至此已五六十年，民志已久定；司马懿再世受遗，信非忠贞，何遽盗夺！而况虚位无权，势同单庶，一旦因人主在外，闭门截桥，窃取事柄，与反何殊？此至愚者不敢为，懿号有智，而披猖妄作，自取族灭，然竟以胜，一异也。曹爽兄弟，昏庸童竖，无足深责。然崇信何、邓，惟其所为，晏等皆胜流名士，并居要职，命令所由出；方天子朝陵，爽、羲扈从，未知晏、飏之流安在，而变起仓促，但有桓范拔剑南奔，其余竟无一辞。懿奏既通，骈首就戮，而魏事已去矣。懿一旦侥幸，以至愚而成至智；晏平时自许以上智而终成下愚，苟无人心，忍而就此，哀哉！二异也。昔韩馥让州于袁绍，竟奏厕求死；当危亡之际，举国无人，乃至于是。孟子谓"耳目之官不思而蔽于物"，何太甚乎！(《习学记言序目》卷二十七《魏志·曹爽》)

又曰：曹操盗汉三世四十年，诸将未有擅兵于外者，盖人主自执其权也。懿累立大功，位极将相，年垂七十，欲取其兵柄而不能；忽值齐王童幼，爽、羲子弟，晏、飏文吏，皆莫以为意，故懿父子得募兵于外，以逆行之，然亦可谓危矣。使晏等有一人知出于此，第不至弃军游荡，懿父子何由肆其志？正与吕虋事同矣。然则虚谈无据，远于事情，岂非自昔书生之戒也哉！(《习学记言序目》卷二十九《晋书一·宣帝纪》)

(4)〔明〕王志坚为何晏辨冤曰：史于何平叔诸人，诋之无所不至。试平心而论，果直笔也乎哉？晏等共推曹爽，以为重权不可委之于人，又白迁司马懿为太傅，外以名尊之，内欲令尚书奏事先来白己；由今观之，尊曹氏为是乎，尊司马氏为是乎？不幸爽非其人，以至于败。平叔诸人死而曹氏之社亦屋矣！时移局换，操笔舌而从事者皆司马氏之臣，谁复能直其事者？诸人之得谤所自来也。惟傅咸疏云："正始中，任何晏以选举，内外众职，各得其才，粲然之美，于斯可观！"咸，晋之贤臣，其言必不妄。此皆史家抹杀不尽处，读书者不于此处着眼，则古人之受冤者多矣！(《读史商语》卷二)

（5）〔清〕王夫之为何晏辩诬并论《三国志》曰：史称何晏依势用事，附会者升进，违忤者罢退，傅嘏讥晏外静内躁，皆司马氏之徒党邪丑正，加之不令之名耳。晏之逐异己而树援也，所以解散私门之党，而厚植人才于曹氏也。卢毓、傅嘏怀宠禄，虑子孙，岂可引为社稷臣者乎？藉令曹爽不用晏言，父事司马懿，而唯言莫违，爽可不死，且为戴莽之刘歆；若逮其篡谋之已成，而后与立异，刘毅、司马休之之所以或死或亡，而不亦晚乎！爽之不足与有为也，魏主叡之不知人而轻托之也。乃业以宗臣受顾命矣，晏与毕轨、邓飏、李胜不与爽为徒而将谁与哉？

或曰："图存社稷者，智深勇沈而谋之以渐。晏一旦蹶起而与相持，激懿以不相下之势，而魏因以亡。"夫曹芳以暗弱之冲人孤立于上，叡且有"忍死待君，相见无憾"之语，举国望风而集者，无敢逾司马氏之阃阈，救焚拯溺而可从容以待乎？懿之不可托也，且勿论其中怀之叵测也；握通国之兵，为功于阃外，下新城，平辽东，却诸葛，抚关中，将吏士民争趋以效尺寸，既赫然矣。恶有举社稷之重，付孺子于大将之手，而能保其终者哉？王敦无边徼之功，故温峤得制之于衰病；桓温有枋头之败，故王、谢得持之以从容。夺孤豚于猛虎之口，雅士无所容其静镇，智者无所用其机谋，力与相争而不胜，天也，非人之所能为也。

当是时，同姓猜疏而无权，一二直谅之臣如高堂隆、辛毗者又皆丧亡，曹氏一线之存亡仅一何晏，而犹责之已甚，抑将责刘越石之不早附刘渊、文宋瑞之不亟降蒙古乎？呜呼！惜名节者谓之浮华，怀远虑者谓之钤巧，《三国志》成于晋代，固司马氏之书也。后人因之掩抑孤忠，而以持禄容身、望风依附之逆党为良图，公论没，人心蛊矣。（《读通鉴论》卷十《三国二五》）

（6）〔清〕钱大昕为王弼、何晏辩诬曰：昔范宁之论王辅嗣、何平叔也，以为二人之罪深于桀、纣，《晋书》既载其文，又以"崇儒抑俗"称之。乌呼，宁之论过矣！史家称之，亦又过矣！方典午之世，士大夫以清谈为经济，以放达为盛德，竞事虚浮，不修方幅，在家则丧纪废，在朝则公务废，而宁为此论，以箴砭当世，其意非不甚善。然以是咎嵇、阮可，以是罪王、何不可。史载平叔为尚书，奏言："善为国者，必先治其身，治其身者慎其所习，所习正则其身正。是故人君所与游必择正人，所观览必察正象，放郑声而不听，远佞人而弗近。可自今以后，御幸式乾殿及游豫后园，皆大臣侍从，因从容戏宴，兼省文书，询谋政事，讲论经义，为后世法。"予读其疏，以为有大儒之风，使魏主能用斯言，可以常守位而无迁废之祸，此岂徒尚清谈者能知之而能言之者乎！若夫劝曹爽绌司马懿，此平叔之忠于公室也。爽固庸才，不足与断大事，不幸为懿所害，魏之国是去矣。辅嗣位虽未显，而见知于平叔尤深，当亦非廑以浮誉重者。宁奈何不考其本末，而辄以"膏粱傲诞，利口覆邦"诋二人者哉！自古以经训颛门者列于儒林，若辅嗣之《易》，平叔之《论语》，当时重之，更数千载不废，方之汉儒即或有间，魏晋说经之家，未能或之先也。宁既志崇儒雅，固宜尸而祝之，顾诬以罪深桀、纣，吾见其蔑儒，未见其崇儒也。

　　论者又以王、何好老庄，非儒者之学。然二家之书具在，初未尝援儒以入《庄》、《老》，于儒乎何损？且平叔之言曰："鬻庄躯，放玄虚，而不周于时变，若是，其不足乎庄也。"亦毋庸以罪平叔矣。陈寿之徒，徒以平叔与司马宣王有隙，而辅嗣说《易》与王肃父子异；晋武，肃之外孙也，故传记于二人不无诬辞，而宁复倡为大言以諆之，恐后人惑于其说，爰著论以驳其失焉。（《潜研堂文集》卷二《何晏论》）

　　（7）**陈垣论史诬曹爽、何平叔曰：**（全祖望）《鲒埼亭集》外编廿八，《读魏志曹爽传》云："旧史不平之事，有二大案焉：其一为曹爽，其一为王叔文王伾。爽以曹氏宗支，有见于司马氏之难制，夺其官，思以张王室，不可谓非。而不自知驾驭奸雄之非其才也，委任何、邓，而又非其才也，遂见覆于司马氏。既覆，而司马氏百端造谤以加之，居然下流之归矣。叔文、伾之事，范文正公颇昭雪之，而爽之冤，千古无言之者。呜呼！八司马当时幸而不死，皆有文章经术传于世，故后人尚有昭雪之者，何、邓实亦八司马之流，浮躁率露则有之，其心岂有他哉！身罹重典，不复邀有心人之原谅，其可伤也！"《潜研堂集》二亦有《何晏论》，云："陈寿之徒，以平叔与司马宣王有隙，故传记不无诬词。"二家所论，意与胡注同。（《通鉴胡注表微·考证篇》"《通鉴》卷七五魏邵陵厉公正始八年注"）

【笺注】

①《三国志旁证》卷五："嘉平元年春正月甲午，车驾谒高平陵。注：孙盛《魏世谱》曰：'高平陵之洛水南大石山，去洛城九十里。'按齐王在位九年，而谒陵至此一举，故郑重书之。《太平寰宇记》卷三：大石山，一名万安山，之洛阳西南四十五里。魏武乐府《城南篇》云'南上大石山'，即此山也。"按大石山又名玉泉山，在今洛阳东南，洛阳、偃师、巩县三县交界处，与中岳嵩山遥遥相对，沟壑深险，巍峨壮观，为洛阳东南之要冲。魏明帝曹叡墓（高平陵）至今犹存。

②洛水：即今河南洛河。发源于华山南麓，东南流，于崤山、熊耳山之间广纳百川，于洛阳平原形成主河段，左携涧水，右带伊水，又东北流入黄河。《通鉴》胡注："《水经注》曰：洛城南出西头第二门曰宣阳门，汉之小苑门也，对闾阖，南直洛水浮桁。"《三国志集解·魏志·曹爽传》："《方舆纪要》卷四十八：'桥在洛阳故城南五里，后汉时建，魏、晋因之。隋曰天津桥。'谢钟英曰：'浮桥在故洛阳城南二十五里。'"

③伊水：洛河支流。发源于熊耳山南麓的栾川县，流经嵩县、伊川，穿伊阙，经洛阳北至偃师注入洛水。洛河纳伊河后称伊洛河。

④《通鉴》胡注："魏武创业，令州郡例置田官，故洛阳亦有屯田兵。"

⑤何晏（？—249）：字平叔，南阳宛（今河南南阳）人。汉大将军何进之孙，其母尹氏，曹操纳为夫人。晏少为操所宠爱，以才秀知名。性无所顾惮，为曹丕所憎，呼为"假子"。娶魏公主。黄初时无所事任，明帝时仅充冗官。正始初，曹爽辅政，始以才能用为散骑侍郎，迁侍中尚书。晋傅咸以为："正始中，任何晏以选举，内外众职，各得其才，粲然之美，于斯可观！"（《晋书·傅咸传》）晏以为朝廷重权不可委之于人，白曹爽迁司马懿为太傅，尊以荣名，削其实权。不幸爽非其人，为懿所诛灭，晏等亦被害，夷三族。《夏侯玄传》裴注引《魏氏春秋》曰："初，夏侯玄、何晏等名盛于时，司马景王亦预焉。晏尝曰：'唯深也，故能通天下之志，夏侯泰初是也；唯几也，故能成天下之务，司马子元是也；惟神也，不疾而速，不行而至，吾闻其语，未见其人。'"盖欲以神况诸己也。与王弼齐名，为玄学贵无派创始人。作《道德论》及《景福殿赋》等凡数十篇，今佚，有《论语集解》传世。

⑥《三国志集解·魏志·曹爽传》："胡三省曰：'窟室，掘地为室也。贤曰：绮疏，

谓镂为绮文。'潘眉曰:'郦道元云:永宁寺其地是曹爽故宅,熙平元年立寺,经始之日,于寺院西南隅得爽窟室,下入地可丈许,地壁悉累以方石砌之。石作细密,都无所毁。其石悉入法用,自非曹爽,庸匠亦难复制。此可想见其靡丽。'弼按:见《水经·穀水注》。"

⑦《通鉴》胡注:"烈祖,明帝也,封平原王。画壤分国,有地图在天府。《周礼》有天府,郑玄注云:掌祖庙之宝藏;又贤能之书及功书皆藏于天府。"

⑧《通鉴》胡注:"结刑五岁者,但结以徒作五岁之罪而不使之输作也。"

⑨《通鉴》胡注:"魏并州统太原、上党、西河、雁门、新兴。冀州大于诸州,并州远接荒外,故意其觖望。懿多权数,以此言擿发礼耳。"

⑩《通鉴》胡注:"魏武之辟懿也,懿辞以风痹,故胜以为旧风发动。"

⑪李胜(?—249):字公昭,议郎休之子。少游京师,雅有才智,与曹爽善。曹芳时,爽辅政,任为腹心,为洛阳令。后为征西将军夏侯玄长史。骆谷之役,议自胜出。累迁荥阳太守、河南尹,转荆州刺史。爽与司马懿争权,懿称病不出。胜往伺察,为懿所蒙蔽。后懿发动兵变收爽兄弟,与胜等并伏诛,夷三族。胡三省曰:"李胜,南阳人,故谓荆州为本州。"

⑫谓明帝托孤事也。参见佚文第52条及其史补(1)。

⑬《通鉴》胡注:"辄,专也。懿虽挟太后以临爽,而其奏自言'辄'者至再,以天子在爽所也。"

⑭桓范(?—249):字元则,沛国(治今安徽濉溪西北)人。世为冠族。建安末入丞相府。延康元年(220)为羽林左监。明帝时历任中领军尚书、征虏将军、东中郎将、使持节都督青徐诸军事,以事免官。复为兖州刺史。正始中,拜大司农,以清省称。时曹爽辅政,以范乡里老宿,于九卿中特敬之,然不甚亲。嘉平元年(249),司马懿乘曹爽兄弟随车驾谒陵发动兵变,范以"太傅图逆"赚出城门,劝爽奉天子诣许昌,征外兵勤王。爽不能听,卒被懿所收诛,夷三族。范亦遇害。范有文才,尝与王象等纂集《皇览》,并有《桓子新书》传世。

⑮《通鉴》胡注:"言爽顾恋室家而虑不及远,必不能用范计。"

⑯《通鉴》胡注:"中宿,次宿也。《左传》曰:'命汝三宿,汝中宿至。'"

⑰《通鉴》胡注:"甲夜,初夜也。夜有五更:一更为甲夜,二更为乙夜,三更为

丙夜，四更为丁夜，五更为戊夜。"

⑱《三国志集解·魏志·曹爽传》引王懋竑曰："桓范与曹爽，仅乡里之旧，其赴爽日，盖逆知懿之必篡魏矣，而不能识爽之无成，何也？然人臣之义，当以桓范为正。范初出即曰：太傅谋逆。谓爽等曰：坐汝族灭。被收曰：我亦义士。前后语自分明。懿以太后诏召范，乃矫诏也。矫诏岂可从乎？懿勒兵先据武库，师屯司马门，直举兵称乱耳。其遣高柔据爽营，王观据羲营，必同谋之，非仓促间事也。既以王观行中领军，何复以中领军召范？此直胁之使随己同屯洛水耳。范之出也，司农诸吏皆止之，不听；非仅听儿子言者。其见懿叩头，不知有无。然范尝曰：我宁作卿，向三公长跪。则平时见懿当拜，亦非为畏死而叩头也。懿收张当考问，又令司蕃自首，皆以大逆诛灭之。《魏书》晋臣所作，不敢尽其辞，而微见其意。《通鉴》多因旧史，《纲目》分注，亦未及改正。是不能无待遇后人也。'以太后诏'，当云'矫太后诏'；'黄门张当奏'，当云'懿使廷尉诬奏当与爽阴谋为逆'。《通鉴》所叙，亦自分明，但未直接说破耳。"懋竑又曰："蒋济、桓范，皆魏之大臣，非懿党也。幸则为蒋济，不幸则为桓范，必无自全之理矣。故曰：危邦不入，乱邦不居。"

⑲《三国志集解·魏志·曹爽传》引王懋竑曰："何晏、邓飏、丁谧、李胜当懿起兵时，不知何在。若在外从行，史无一语及之，自是不从行也。素为爽党，至此乃坐视以图侥免，其视桓范远不逮矣。晏等浮华相扇，凭借权势，惟以割分产业，因缘求欲为事。晏、谧、飏为尚书，轨司隶校尉，胜河南尹，皆未为要职。而懿父子拥兵，其视晏等直几上肉耳。一日变起，束手相视，俱就死地，亦非不欲为爽谋也。"又《通鉴考异》曰："《魏氏春秋》曰：宣王使晏典治爽等狱，晏穷治党与，冀以获宥。宣王曰：'凡有八族'，晏疏丁、邓等七姓。宣王曰：'未也。'晏穷急，乃曰：'岂谓晏乎？'宣王曰：'是也。'乃收晏。"按宣王方治爽党，安肯使晏典其狱！就令有之，晏岂不自知与爽最亲而冀独免乎！此殆孙盛承说者之妄耳。"

58. 安定皇甫谧以九年冬梦至洛阳①，自庙出，见车骑甚众，以物呈庙云："诛大将军曹爽。"寤而以告其邑人。邑人曰："君欲作曹人之梦乎！朝无公孙强，如何？且爽兄弟典重兵，又权尚书事，谁敢谋之？"谧曰："爽无叔振铎之请，苟失天机则离矣，何恃于强②！昔汉之阎显，倚母后之尊，权国威命，可谓至重矣，阉人十九人一旦尸之③，况爽兄弟乎！"

【校记】

本条据《三国志》卷九《魏志·曹爽传》注引《汉晋春秋》校定。汤本所补背景文字为"懿收爽等诛之"。 黄本列"曹爽"目下。 "告其邑人"，黄本"其"讹为"甚"。 "如何"，汤本作"何如"。

【史补】

（1）〔宋〕萧常《续后汉书·曹爽传》曰：自爽死，大权悉归司马懿父子。曹氏日削，寻至于亡。

（2）〔清〕何焯评曹爽之诛曰：莽之杀贤，懿之族爽，皆稔知其中外殚微，猝起乘之。

曹爽固豚犊，终于必败；然不兴骆谷之役，则民怨未起。（《义门读书记》卷二十六《魏志·曹爽传》）

【笺注】

①皇甫谧（215—282），字士安，幼名静，安定朝那（今宁夏固原东南）人。汉太尉嵩之曾孙。年二十余始志于学，就乡人席坦受书，勤力不怠。居贫，躬自稼穑，带经而农，遂博综典籍百家之言。沈静寡欲，有高尚之志，自号玄晏先生，以著述为务，屡征不仕。后得风痹疾，犹手不辍卷。有《帝王世纪》、《高士传》、《逸士传》、《列女传》、《针灸甲乙经》及《玄晏先生集》等书传世。在中国文学、史学、医学史上均享有盛名。清李巨来尝云："考晋时著书之富，无若皇甫谧者。"（《书古文尚书冤词后》）。

②《三国志集解》："曹叔振铎，周武王弟也。武王克纣，封叔振铎于曹。《左传·哀公七年》：初，曹人或梦众君子立于社宫，而谋亡曹。曹叔振铎请待公孙强，许之。旦而求诸曹，无之。戒其子曰：'我死，尔闻公孙强为政，必去之。'及曹伯阳即位，好田弋。曹鄙人公孙强好弋，获白雁，献之，有宠，使为司城以听政。梦者之子乃行。强言霸说于曹伯，背晋而奸宋。宋人伐之，遂灭曹，执曹伯及司城强以归，杀之。"

③《三国志集解》："范书《安思阎皇后纪》：'后弟显、燿、景、晏，并为卿校，典禁兵。帝崩，尊后曰皇太后，以显为车骑将军。中黄门孙程等合谋立济阴王，是为顺帝。显、景、晏皆伏诛。'《宦者传·孙程传》：'程与王康等十八人迎济阴王，立之。收显等送狱。封程等为侯，是为十九侯。'"

④《晋书·五行志中》："魏明帝太和中，京师歌《兜铃曹子》，其唱曰'其奈汝曹何'。此诗妖也。其后曹爽见诛，曹氏遂废。"

59. 费祎谓维①曰："吾等不如丞相亦已远矣。丞相犹不能定中夏，况吾等乎！且不如保国治民，敬守社稷，如其功业，以俟能者，无以为希冀徼幸而决成败于一举。若不如志，悔之无及。"②

【校记】

本条据《三国志》卷四十四《蜀志·姜维传》注引《汉晋春秋》校定。 汤本所补背景文字为"延熙十二年，姜维出西平，不克，每欲大举"。 黄本以"费祎"为目。《汉晋春秋》费祎这番话，裴注系于《姜维传》延熙十二年相关记载下，而《通鉴》则作为追述文字系于魏嘉平五年即蜀汉延熙十六年，《纲目》因之（见佚文第64条史补1）。 又《通鉴》"敬守"作"谨守"，"无以为希冀徼幸而"无"以"、"而"二字。

【史补】

(1)《蜀志·姜维传》曰：(延熙)十二年，假维节，复出西平，不克而还③。维自以练西方风俗④，兼负其才武，欲诱诸羌、胡以为羽翼，谓自陇以西可断而有也。每欲兴军大举，费祎尝裁制不从，与其兵不过万人⑤。

(2) 史料补编：蜀汉后期战事与姜维伐魏

汉后主建兴十二年（234）秋八月，丞相亮卒。姜维还成都，为右监军辅汉将军，统诸军，进封平襄侯。

延熙元年（238）冬十一月，大将军蒋琬出屯汉中，姜维随之。明年

（239），琬迁大司马，以维为司马，数率偏军西入。

五年（242）春正月，监军姜维督偏军，自汉中还屯涪县。

六年（243）冬十月，大司马蒋琬自汉中还，住涪，以王平督汉中。十一月，以尚书令费祎为大将军。是年，维迁镇西大将军，领凉州刺史。

七年（244）闰月，魏大将军曹爽、夏侯玄等由骆谷向汉中，镇北大将军王平据兴势围，大将军费祎往赴救，魏军退。九月，祎还成都。

八年（245）十二月，大将军费祎至汉中，行围守。

九年（246）夏六月，费祎还成都。冬十一月，大司马蒋琬卒。

十年（247），姜维迁卫将军，与大将军费祎共录尚书事。是岁，汶山平康夷反，维率众讨平之。又出陇西、南安、金城界，与魏大将军郭淮、夏侯霸等战于洮西。凉州胡王白虎文。治无戴等叛降汉，维将还安处之。

十一年（248）夏五月，大将军费祎出屯汉中。

十二年（249）秋，卫将军姜维假节，出攻雍州，不克而还。

十三年（250），姜维复出西平，不克而还。

十四年（251）夏，大将军费祎还成都。冬，复北驻汉寿。

十六年（253）岁首，大将军费祎为魏降人所害。夏四月，姜维率数万人出石营，围南安，魏雍州刺史陈泰解围至洛门，维粮尽退还。

十七年（254），加姜维督中外军事。夏六月，维复率众出陇西，守狄道长李简举城降。进围襄武，与魏将徐质交锋，斩首破敌，魏军败退。维乘胜多所降下，拔河关、狄道、临洮三县民还。

十八年（255）春，姜维率众出狄道，与魏雍州刺史王经战于洮西，大破之。经退保狄道城，维围之。魏征西将军陈泰来救，维却住钟题。

十九年（256）春，进姜维为大将军，督戎马，与镇西大将军胡济期会上邽，济失誓不至，致维为魏将邓艾破于段谷，死者甚众。维退军还成都，谢过引负，求自贬削。诏贬维为后将军，行大将军事。

二十年（257），姜维闻魏征东大将军诸葛诞反于淮南，欲乘虚向秦川，复率数万人出骆谷，径至沈岭。魏大将军司马望、邓艾引兵拒之。维前住芒水，倚山为营，望、艾傍渭坚围，维数下挑战，望、艾皆不应。

景耀元年（258），姜维闻诞破败，乃还成都，复拜大将军。是年，宦人黄皓始专蜀政。

五年（262），姜维复率众出洮阳，与邓艾战于侯和，败绩，还驻沓中。（据《蜀志·后主传、姜维传》及《通鉴纲目》编纂）

（3）〔清〕赵青黎论费祎曰：蜀汉之亡，亡于费祎，黄皓乌足责哉！皓不过小有巧慧便给，善伺人主意旨，非有大奸大慝若莽、操，并非有深根固党若东汉十常侍之难卒除也。终允之世，皓位止黄门丞，则皓非不可制亦明矣。允卒，骤擢为中常侍。其时任大将军录尚书事者非祎乎？以陈祗代允为侍中者非祎乎？《传》称祗与皓相表里，皓始预政。皓固不遽预政也。祎以祗为贤，越次用之，皓乃得张其羽翼以肆行其志，而帝之追怨允者日深。是允能以严惮制帝欲于将萌，而祎徒以材干事主，岂大臣之本计哉？故来敏尝称之矣，孙权尝器之矣，允父和尝决之，而允亦自叹为才之不及相远也。嗟乎！此祎之所以贻蜀于亡，而卒以自陨其身乎！延熙十六年书曰："盗杀大将军费祎。"具官盖深讥之，讥其防卫不密也，抑其诲盗实甚。当吴人辨难蜂至，何遽不能镇之以静，折之以片言，而顾争不屈于御人之口，然犹曰："国命攸关，不得不尔。"至其先上鹿车，意气自豪，是《传》所讥"举趾高而心不固"者也。彼羽檄交驰，与客对戏无倦色，又其甚焉者矣。钮麂之刺盾也，见其秉烛整朝衣冠而坐，乃触槐死。盗亦有人心哉？故大臣之立朝也，必内正其身，有不苟之言笑，而后上格其君，旁争其寮案，以下制夫宵小。申屠嘉召责邓通，通叩首涕泣谢罪。汉武帝倨待大将军，而汲黯不冠则不敢见，盖其素所积渐然也。武侯曰："先帝知臣谨慎，故托臣以大事。"而其兢兢于宫中府中者尤至。祎不知以谨慎持其躬，因不知以严惮事其主，其视黄皓直易与也，而抑知盗之视之亦易与乎？身殒而蜀亦覆灭，其谁贻伊戚也与？或曰：蜀亡距祎没凡十年，何不责黩武之维，而专责祎？即维尝并祎录尚书事矣，独不宜与制皓乎？然维录尚书在皓预政之后，皓之预政适当祎秉国之时。火之燎原也，必于始然扑之。水决其防，从而壅焉，必无及矣。枝附叶连，蔓草其犹难图哉！且维非祎匹也，从魏新至，未猒人心；祎少长于蜀，左右于帝者久，与允俱为太子舍人迁庶子，允能制皓，而祎不能，祎亦何辞之有？若夫义关讨贼，非同黩武，即小有损，譬则手足差跌之疾耳，吾未见腹心无恙而遽绝其命者也。允之严惮，利在腹心，而祎之轻肆，中于膏肓。患固有伏于数十年之前者，以患之既见，而从而责蛊惑君心之黄皓。呜呼，责黄皓愈不能为祎也恕矣！（《星阁史论·费祎论》）

(4)〔清〕尚镕论姜维曰：武侯《后出师表》虽有"不伐贼，王业亦亡；惟坐待亡，孰与伐之"等语，然军中病时谓魏延等云："我之死后，但仅自守，慎勿复来也。"费祎谓姜维曰："吾等不如丞相亦已远矣。丞相犹不能定中夏，况吾等乎！且不如保国治民，敬守社稷，如其功业，以俟能者，无以为希冀徼幸而决成败于一举。若不如志，悔之无及。"故姜维每欲兴军大举，祎常裁制不从，与其兵不过万人。自祎卒后，维乃累年攻战，功绩不立，遂致内讧外侮，魏人入寇。以姜维虐用其众为词而又罢诸围守兵，退守汉乐，开门揖盗；及成都降艾，又不能率拔刀斫石之将士背城一战，一闻后帝敕令，遽投戈甲降钟会于涪城。律以谋人军师败则死之义，其罪岂可胜言耶！寿以维与蒋琬、费祎同传，著其系蜀之存亡，而评中责其玩众黩旅，明断不周，一切伪降之谋皆削而不载，所以深罪之也。

或谓："子深罪姜维，然则武侯连年动众，亦非也？"曰：武侯德足以服蜀人，力足以威魏人，故可北伐；且受昭烈之托，义亦不得不讨贼也。后蒋琬继武侯秉政，屡欲出师不果，可谓度德量力者矣。姜维以羁旅脱国，值主昏民敝之时，每动大众，内外怨咨，而力又不能克敌，其可以人国为侥幸耶！观武侯临终之际，不举维任大事以继琬、祎，是亦不满于维矣！（《三国志辨微》卷二《姜维》）

【笺注】

①维：谓姜维（202—264），字伯约，天水冀（今甘肃甘谷东南）人。少孤，好郑氏学。初仕魏，为郡上计掾、州从事，中郎、参本郡军事。建兴六年（228），诸葛亮收服之，为奉义将军，封当阳亭侯，后迁中监军、征西将军。亮卒，迁右监军、辅汉将军，统诸军，进封平襄侯。蒋琬、费祎相继秉政，维迁司马，镇西大将军、领凉

州刺史，延熙十年（247）迁卫将军，与大将军祎共录尚书事。祎卒，维督中外军事，加大将军。维感诸葛亮之知遇，志在兴复汉室，屡次兴兵伐魏，奈国力弱小，先为费祎裁制，后遭黄皓弄权，终究无力回天。及钟会、邓艾伐蜀，后主降艾，敕维降；维乃伪降于会，并策会叛魏，拟乘间恢复蜀汉，事败，与妻子皆遇害。

②《三国志集解》："《通鉴》：'及祎死，维得行其志。'胡三省曰：'费祎死，蜀诸臣皆出维下，故不能裁制之。'又曰：'此为维以劳民亡蜀张本。'《通鉴辑览》曰：'祎之言似是而非。试思后主昏庸，信任奸宦，安能保国治民？若姜维虽近冒昧，其志故在乘机恢复也。少与之兵，自是败国事，安得谓忠？庸腐者流，但言息兵，则拊掌大悦，宜其以祎为是耳。'"

③《蜀志·后主传》："十三年，姜维复出西平，不克而还。"与此相差一年。

④《通鉴》胡注："姜维本天水冀人，故自以为练西方风俗。练，习也。"

⑤《义门读书记·蜀志·姜维传》评曰："欲断陇则当及曹爽初诛，众志二三，未遑外事之时。文伟身驻汉川，以牵关中之救，伯约以万众招诱羌、胡，披割西鄙，过相裁制，又失事机，元逊轻举于东，文伟坐待于西，皆若天之假助典午以成其奸者，可长太息。"

60. 凌、愚谋①，以帝幼制于强臣，不堪为主，楚王彪长而才②，欲迎立之以兴曹氏。凌使人告广，广曰："凡举大事，应本人情。今曹爽以骄奢失民，何平叔虚而不治③，丁、毕、桓、邓虽并有宿望④，皆专竞于世；加变易朝典，政令数改，所存虽高，而事不下接⑤，民习于旧，众莫之从。故虽势倾四海，声震天下，同日斩戮，名士减半，而百姓安之，失民故也。今懿情虽难量，事未有逆。而擢用贤能，广树胜己⑥，修先朝之政令，副众心之所求。爽之所以为恶者，彼莫不必改⑦，夙夜匪懈，以恤民为先。父子兄弟并握兵要，未易亡也。"凌不从⑧。

【校记】

本条据《三国志》卷二十八《魏志·王凌传》注引《汉晋春秋》校

定。　汤本所补背景文字为"延熙十四年，懿杀王凌及曹彪"，按凌、愚之谋发生于蜀汉延熙十二年末，当魏嘉平元年，而败于嘉平三年，汤氏为支持这一背景文字，又在起句"凌、愚谋"前补一"初"字，可见其随意性，故删之。　黄本以"王凌"为目。　"强臣"，黄本"强（彊）"误为"疆"。　"楚王彪"，黄本脱"彪"字。　"凌使人告广"，汤本"告"后补有小注"其子"二字。　"势倾四海"，黄本"势"作"权"。　"广树胜己"，汤、黄本"胜己"皆作"声色"（或据毛本），误。　"莫不必改"，黄本脱"必"字。　黄本尾注"愚谓令狐愚"。　又"虚而不治"，《通鉴》"而"作"华"；"百姓安之"，《通鉴》"安之"作"莫之或哀"。

【史补】

（1）《通鉴纲目》曰：（延熙十二年）冬，十二月，魏即拜王凌为太尉。初，凌以将军假节督扬州西，其甥令狐愚为兖州刺史，屯平阿⑨，甥舅并典重兵，专淮南之任。阴谋，以帝制于强臣，楚王彪有智勇，欲共立之，迎都许昌。愚遣其将与楚王相闻。凌子广谏曰："凡举大事，应本人情。曹爽骄奢，平叔虚华，丁、毕、桓、邓专竞于世，所存虽高而事不下接，变易朝典，民莫之从。故同日斩戮，名士减半，而百姓不哀，失民故也。今司马懿情虽难量，事未有逆，而擢用贤能，修先朝政令，副众心所求；爽之所以为恶者，彼莫不必改，夙夜匪懈，以恤民为先。父子兄弟并握兵要，未易亡也。"凌不从。会愚病卒。

辛未，十四年，魏嘉平三年、吴大元元年。夏，四月，魏司马懿杀王凌及楚王曹彪，遂置诸王公于邺。凌遣将军杨弘以废立事告兖州刺史黄华，华、弘连名以白司马懿，懿将中军乘水道讨凌⑩，先下赦赦凌罪，又为书谕凌，已而大军掩至百尺⑪。凌势穷，面缚水次；懿解其缚，送诣京师⑫，道饮药死。懿至洛阳，穷治其事，诸相连者悉夷三族。发凌、愚冢，剖棺暴尸。赐楚王彪死，尽录诸王公置邺，使有司察之，不得与人交关。

初，愚为白衣时，常有高志，众谓必兴令狐氏。族父邵独以为："愚性倜傥，不修德而愿大，必灭我宗。"愚甚不平。及愚仕进有名称⑬，从容谓邵曰："先时闻大人谓愚为不继，今竟云何？"邵熟视而不答，私谓妻子曰："公治性度，犹如故也。不知我当坐之不邪，将逮汝曹耳。"邵没后十余年，而愚族灭⑭。

初，愚以别驾单固、治中杨康为腹心；及愚卒，康露其阴事，愚由是败。懿至寿春，以问固，固曰："无有。"遂收系狱，使康诘之，固辞穷，乃骂曰："老佣⑮！既负使君，又灭我族，顾汝当活邪！"康初自冀封侯，后以辞颇参错⑯，亦并斩之。临刑，固又骂之曰："若死者有知，汝何面目行地下乎！"

秋，八月，魏太傅司马懿卒⑰；以其子师⑱为辅军大将军，录尚书事⑲。（《御批通鉴纲目》卷十五）

（2）〔明〕王志坚为王凌事斥晋人曲笔曰：王凌当司马氏之时，知齐王不任天位，欲迎立楚王彪，盖魏之忠臣也，不幸而败，当骂贼而死。乃史载其面缚出迎，自谓折東可致，冀从老猾掌中乞命。果尔，不亦惫乎！然凌死不三月，懿亦死，史云死于王凌之祟。是何其生惫而死勇也？然则面缚出迎，殆晋人曲笔耳！（《读史商语》卷二）

（3）〔清〕李慈铭因王凌败亡而哀王允曰：王子师为汉末忠臣之最，杀身湛族，仅遗兄子晨与凌二人，而彦云尽忠于魏，复灭其嗣，此天道之不可知者。（《越缦堂读书记·三国志》）

【笺注】

①凌、愚：谓王凌与令狐愚。王凌（172—251），字彦云，太原祁（今山西祁县）人。叔父允，为汉司徒，诛董卓。李傕、郭氾杀允，凌逃归乡里，举孝廉，为发干长。迁中山太守。后被曹操辟为丞相掾属。文帝即位，拜散骑常侍，出为兖州刺史，与张辽等讨孙权，以功封宜城亭侯，加建武将军。正始初，为征东将军，假节都督扬州诸军事。二年（241），以击退吴大将全琮进犯，进封南乡侯，迁车骑将军、仪同三司。迁为司空。凌文武俱赡，当世无双，外甥令狐愚亦以才能，由曹爽大将军府长史出为兖州刺史，舅甥并典兵，专淮南之重。司马懿诛曹爽，进凌为太尉，假节钺。凌、愚密谋，谓齐王芳年幼，不任天位，楚王彪长而有才，欲迎立彪都许昌。往来联络中，愚病死。不久事泄，司马懿大军掩至，凌被执，服毒死。彪亦被赐死，诸相连者悉夷三族。凌子广，字公渊，有志尚学行，才武过人，遇难时年四十余。令狐愚（？—249），字公治，太原人。原名浚。黄初时为和戎护军，因文帝诏有"令狐浚何其愚蠢"语，改名愚。《通鉴》胡注："《姓谱》：'周文王之子高封于毕，其后有毕万。万子犨封于魏，为魏氏。犨子颗封于令狐，为令狐氏。'"

②《三国志集解》："胡三省曰：'楚王彪，武帝子，黄初三年徙王白马。白马县属东郡。'弼按：《楚王彪传》，黄初七年，徙封白马。胡注言黄初三年，误。又按《彪传》，太和六年，自白马改封楚，楚即淮南郡。彪云都督扬州，屯兵寿春，与楚王近在咫尺，何事不可协商，乃必遣将远至东郡之白马，事之离奇，无过于此。千古疑狱，留此破绽，以待后人之推求。承祚之笔，亦谲而婉矣。"

③何平叔：即何晏。参见佚文第 57 条笺注 ⑤。

④谓丁谧、毕轨、桓范、邓飏。参见佚文第 57 条笺注 ⑭⑱⑲。

⑤《通鉴》胡注："言虽存心于高旷，而不切事情，与下不接也。"

⑥《通鉴》胡注："谓蒋济、高柔、孙礼、陈泰、郭淮、邓艾等。"

⑦《通鉴》胡注："必当作毕"。

⑧裴注："臣松之以为如此言之类，皆前史所不载，而犹出习氏。且制言法体不似于昔，疑悉凿齿所自造者也。"《集解》引姚范曰："即云彦威自造，而切著事情。"

⑨平阿：县名。东汉置。故址在今安徽怀远西南三十公里。《通鉴》胡注："《水经注》：'淮水过当涂县北，又北沙水注之，淮之西有平阿县故城。《晋志》，平阿县属淮南郡，有涂山。'"

⑩《三国志集解》："《晋书·宣帝纪》：'帝自帅中军，泛舟沿流，九日而到甘城。'谢钟英曰：'甘城当在丘头西北颍水上。'何焯曰：'此中军犹言禁军，不及征调外军，故以中军进也。'"

⑪百尺：陂堰名。故址在今河南沈丘北数公里。《通鉴》胡注："《水经注》：'沙水东南过陈县，又东南流注于颍，谓之交口。水次有大堰，即古百尺堰；司马宣王讨王凌，大军掩至百尺，即此地。'杜佑曰：'百尺在陈州宛丘县。不意其至而至曰掩至；掩者，掩其不备也。'"

⑫《通鉴》胡注："自颍河溯流而西，诣洛阳。"

⑬《通鉴》胡注："凡名号谓之称。《孟子题辞》曰：'子者，男子之通称。'"

⑭《通鉴》胡注："此晋人作魏史所书云尔。"《通鉴胡注表微·考证篇》："愚与凌同讨司马懿而失败，此明为司马氏谤愚之词，读史者当观其语之所自出。"

⑮《通鉴》胡注："佣，雇也。奴仆受雇者曰佣。老佣，犹言老奴也。"

⑯《通鉴》胡注："言狱辞与单固参杂也。"

⑰干宝《晋纪》曰："凌到项，见贾逵祠在水侧，凌呼曰：'贾梁道！王凌固忠于魏之社稷者，惟尔有神知之。'其年八月，太傅有疾，梦凌、逵为厉，甚恶之，遂薨。"《三国志集解》引颜之推曰："《还冤记》云：宣王有疾，白日见凌来，并贾逵为崇。因呼字曰：彦云缓我。宣王身亦有打处，少日遂薨。"胡三省曰："史以懿死为王凌之崇，信乎？傥其果能然，固忠勇之鬼也。《通鉴》不语怪，今著之，以示为人臣者。"

⑱师：谓司马师（208—255），字子元，河内温（今河南温县西）人。司马懿长子、司马昭之兄。少流美誉，与夏侯玄、何晏齐名。魏景初年间，拜散骑常侍，累迁中护军。嘉平元年（249），与其父协谋诛曹爽，以功封长平乡侯，旋加卫将军。懿卒，以抚军大将军辅政。四年，迁大将军，加侍中，持节、都督中外诸军，录尚书事。权倾内外，朝野肃然。六年，擅杀中书令李丰，制造夏侯玄等冤案，迫太后废魏主曹芳为齐王，立高贵乡公曹髦为帝。正元二年（255），毌丘俭等举兵讨之，师亲率兵平定，途中病死，年四十八。后其侄司马炎篡魏建立晋朝，追尊其为景皇帝，庙号世宗。

⑲《通鉴》胡注："魏晋之制，骠骑、车骑、卫将军，伏波、抚军、都护、镇军、中军、四征、四镇、龙骧、典军、上军、辅国等大将军，位皆从公；至录尚书事，则专制朝政矣。"

后主延熙十五年（魏曹芳嘉平四年、吴孙亮建兴元年）（252）

61. 初，孙权筑东兴堤以遏巢湖①，后征淮南，坏不复修②。是岁，诸葛恪③率军吏更于堤左右结山挟筑两城④，使全端、留略守之⑤，引军而还。诸葛诞言于司马景王曰⑥："致人而不致于人者⑦，此之谓也。今因其内侵，使文舒逼江陵⑧，仲恭向武昌⑨，以羁吴之上流，然后简精卒攻两城，比救至，可大获也。"景王从之。

【校记】

本条据《三国志》卷四《魏志·齐王芳纪》注引《汉晋春秋》校定。汤本所补背景文字为"延熙十五年，魏嘉平四年，吴建兴元年，吴修东兴堤"。　黄本列"司马景王"目下。　"诸葛恪率军吏"，黄本脱一"吏"字。

【史补】

（1）《**通鉴纲目**》曰：冬，十月，吴诸葛恪修东兴堤。十二月，魏人击之，恪与战于徐塘，魏人败走。初，吴大帝筑东兴堤以遏巢湖，后攻魏淮南，败，以内船，遂废不治。至是，诸葛恪更作大堤，左右结山峡筑两城，各留千人，使全端、留略守之。魏诸葛诞言于司马师曰："今因吴内侵，使文舒逼江陵，仲恭向武昌，以羁吴之上流；然后简精卒攻其两城，可大获也。"是时，征南王昶、征东胡遵、镇南毌丘俭等各献征吴之策⑩。诏以问尚书傅嘏⑪，嘏曰："吴为寇六十年⑫，君臣相保，吉凶同患，设令列船津要，彼坚城据险，横行之计，其殆难捷。今边城之守，与贼相远，罗落重密⑬，间谍不行，而举大众、临巨险以徼功，先战而后求胜，非长策也。唯有进军大佃，最差完牢，可诏昶、遵等择地居险，三方并进。夺其肥壤，使还瘠土，一也；兵出民表，寇抄不犯，二也；招怀近路，降附日至，三也；罗落远设，间构不来，四也；贼退其守，罗落必浅，佃作易立，五也；坐食积谷，士不运输，六也；衅隙时闻，讨袭速决，七也。凡此七者，军事之急务也。不据则贼擅便资，据之则利归于国，不可不察也。"师不从，诏昶等三道击吴，昶攻南郡，俭向武昌，遵、诞攻东兴。恪将兵四万救东兴。遵等作浮桥以渡，陈于堤上，分兵攻两城；城高峻，不可拔。恪使冠军将军丁奉与吕据为前部⑭，从山西上。奉谓诸将曰："诸军行缓，若贼据便地，则难以争锋，我请趋之。"乃辟诸军使下道⑮，自率麾下三千人径进，举帆二日，至东关，遂据徐塘。时天雪，寒，遵方置酒高会。奉见其前部兵少，使兵皆解铠，去矛戟，但兜鍪刀楯，倮身缘堨。魏人望见，大笑之，不即严兵。吴兵得上，便鼓噪，斫破其前屯，据等一至，魏军惊扰，散走争渡，桥坏，相蹈藉，溺死者数万。吴获车乘、牛马、骡驴各以千数，资器山积，振旅而归⑯。（《御批通鉴纲目》卷十五）

【笺注】

① 东兴堤：堤坝名。在今安徽含山县西南三十公里。《通鉴》胡注："吴主权黄龙二年筑东兴堤。" 巢湖：湖名。在今安徽中部，据云为古居巢城陷落而成，以状若鸟巢，故名巢湖。《三国志集解》引《一统志》："巢湖在巢县西十里，周回四百余里，港汊大小三百六十，纳诸水以注大江，为淮西巨浸。一名濡湖，一曰焦湖。"

② 《通鉴》胡注："谓正始二年芍陂之败也。遏巢湖所以利舟师，而反为湖内之船所败，故废而不治。"

③ 诸葛恪（203—253）：字元逊，吴大将军诸葛瑾长子。少知名，弱冠拜骑都尉。从中庶子转为左辅都尉。恪才思敏捷，辩论应机，莫与为对。及长，英才卓越，超逾伦匹。孙权甚异之，欲试以事，令守节度。节度掌军粮谷，文书繁猥，非其所好。乃自求外放丹杨险地为官，受任抚越将军，领丹杨太守，时年三十二。在郡恩威并用，迅致一方从化。以功拜威北将军，封都乡侯。丞相陆逊卒，迁大将军，假节，驻武昌，代逊领荆州事。孙权临终，以太子年少，征恪以大将军领太子太傅，属以后事。孙亮即位，更拜太傅。遂总揽朝政，罢严苛，轻赋敛，除弊兴利，事崇恩泽。民心大悦，思见其人。建兴元年（252）十月，更作东兴大堤以御魏；十二月，大败来犯之魏军，斩获颇丰。进封阳都侯，加荆、扬州牧，督中外诸军事。恪遂有轻敌之心，二年三月，又大发州郡二十万众，违众出军，终于遭致合肥新城惨败。回军后，更加独断专权。旋被宗室孙峻设计杀害，夷三族。

④ 《通鉴》"挟"作"侠"。胡注："今栅江口有两山，濡须山在和州界，谓之东关；七宝山在无为军界，谓之西关。两山对峙，中为石梁，凿石通水。《唐志》：'庐州巢县东南四十里，有故东关。'侠，读曰夹；古者侠、夹二字通。汉灵帝光和二年《华山亭碑》，其文有云'吏卒侠路'，晋、宋《书》诸王有侠毂队，皆以'夹'为'侠'。"

⑤ 全端为吴名将全琮从子，时任将军，受诸葛恪命守备东兴左城，不久自寿春降魏。留略时为都尉，受命守备东兴右城，魏将胡遵来攻，略率领少数士兵死守，直至丁奉援军到达，击退胡遵。后官东海太守。《通鉴》胡注："留，姓也。《汉功臣表》有强围侯留盻。《姓谱》曰：'卫大夫留封人之后，汉末避地会稽，遂居东阳，为郡豪族。'"

⑥ 诸葛诞：字公休。时为魏镇东将军，假节都督扬州诸军事。后起兵讨司马昭，

兵败被杀。详见佚文第68条及相关史补与笺注。

⑦致人而不致于人：语出《孙子兵法·虚实篇》。

⑧文舒：即王昶（？—259），字文舒，太原晋阳（今山西太原）人。魏国名将。时任征南大将军、仪同三司。后以镇压毌丘俭、诸葛诞反叛司马氏有功，官至骠骑将军、司空。卒谥穆侯。

⑨仲恭：即毌丘俭，字仲恭。时为魏镇南将军，假节监豫州诸军事，领豫州刺史。后起兵讨司马师，兵败被杀。详见佚文第65、第66条及相关史补与笺注。

⑩《通鉴》胡注："汉置四征将军，谓征东、征西、征南、征北也。其后又置四镇将军，有功进号，则自镇为征。"魏因汉制，置四征、四镇。胡遵：安定临泾（今甘肃镇原南）人，时为魏征东将军。后官至卫将军，卒赠车骑将军。

⑪傅嘏（209—255）：字兰石，北地泥阳（今陕西耀县东南）人。弱冠知名，魏司空陈群辟为掾。正始初除尚书郎，迁黄门侍郎。曹爽辅政，以非议吏部尚书何晏免官，司马懿请为从事中郎。爽被诛，任河南尹，内掌帝都，外统京畿，立司马氏之纲统，裁汉室之纲目以经纬之。迁尚书。尝谏阻伐吴，及东关军败，益为司马氏所重，嘉平末赐爵关内侯。正元初，进封武乡亭侯。毌丘俭、文钦讨司马师，嘏力劝师亲征，并以守尚书仆射同行。师死昭继，嘏以功进封阳乡侯。是岁卒，年四十七。追赠太常，谥曰元侯。

⑫《通鉴》胡注："自汉建安十三年赤壁之战，吴、魏始为寇敌；至是年凡五十五年，吴、魏通者三年耳。"

⑬《通鉴》胡注："谓设烽燧，远候望，以罗落边面也。罗，布也。落，与络同，联络也。《庄子》曰：'牛马四足，是谓天。落马首，穿牛鼻，是谓人。用此落字。'"

⑭丁奉（？—271）：字承渊，庐江安丰（今河南固始东南）人。少以骁勇为小将，历随甘宁、陆逊、潘璋等征伐，每斩将搴旗，身被创夷。稍迁偏将军。孙亮即位，为冠军将军，封都亭侯。东兴之役大破魏军，迁灭寇将军，进封都乡侯。继迁虎威将军、左将军。孙休时，以诛权臣孙綝之功，迁大将军，加左右都护。既而假节领徐州牧。又以迎立孙皓，迁右大司马左军师。建衡三年（271）卒。　吕据：吴大司马吕范次子，时为右将军。

⑮《通鉴》胡注："辟诸军使避路而己军前进也。"

⑯《三国志集解》："此所谓东关之役也。《魏志·诸葛诞传》：'诸葛恪兴东关，遣诞督诸军讨之，与战，不利；还。'《毌丘俭传》：'诸葛诞战于东关不利。'《吴志·诸葛恪传》：'魏以吴入其疆土，耻于受侮，命大将胡遵、诸葛诞等率众七万，欲围攻两坞，图坏堤遏。恪兴军四万，星夜赴救。'《水经·沔水注》：'魏遣司马昭督镇东诸葛诞率众攻东关三城，将毁堤遏诸军，作浮梁陈于堤上，分兵攻城。恪遣冠军丁奉等登塘，鼓噪，奋击。朱异等以水军攻浮梁，魏征东胡遵军士争渡，梁坏，投水死者数千。塘即东兴堤，城即关城也。'案，是役诸葛诞实督诸军，而纪文不书诞者，或以诞为镇东，在征东胡遵之下耶？"

62. 毌丘俭、王昶闻东军败①，各烧屯走。朝议欲贬黜诸将，景王曰②："我不听公休，以至于此③。此我过也，诸将何罪？"悉原之。时司马文王为监军④，统诸军，唯削文王爵而已⑤。是岁，雍州刺史陈泰求救并州并力讨胡⑥，景王从之。未集，而雁门、新兴二郡以为将远役，遂惊反⑦。景王又谢朝士曰："此我过也，非玄伯之责。"于是魏人愧悦，人思其报⑧。

习凿齿曰："司马大将军引二败以为己过⑨，过消而业隆，可谓智矣。夫民忘其败，而下思其报，虽欲不康，其可得邪！若乃讳败推过，归咎万物，常执其功而隐其丧，则上下离心，贤愚解体，是楚再败而晋再克也⑩，谬之甚矣！君人者苟统斯理而以御国，则朝无秕政，身靡留愆，行失而名扬，兵挫而战胜，虽百败可也，况于再乎！"

【校记】

本条据《三国志》卷四《魏志·齐王芳纪》注引《汉晋春秋》校定。汤本所补背景文字为"师使王昶攻南郡，毌丘俭向武昌，胡遵、诸葛诞攻东兴。恪救东兴，使丁奉等为前部。奉遂据徐塘，破遵，大获而归"。黄本列"司马景王"目下（例不辑"习曰"云云）。"并力讨胡"，汤、黄本"胡"皆作"恪"，汤本并于"恪"后有小注"今作陈泰求救并州讨胡"。　又，汤本于前段叙事有尾注"《三国志注》四"，"习凿齿曰"又尾注"《三国志注》四、《纲目》十五"（按：当为《纲目》十六），此两段文字本相连贯，故统一尾注并在此说明。

【史补】

（1）〔唐〕虞世南论司马氏兄弟曰：景帝少有名节，见重当时。所以何平叔云："惟深也，故能通天下之志，夏侯玄是也；惟几也，故能成天下之务，司马子元是也。"故知王佐之才，著于往日。及诛爽之际，智略已宣；钦、俭称兵，全军独克，此足以见其英图矣。虽道盛三分，而终身北面；威名震主，而臣节不亏。侯服归全，于斯为美。太祖嗣兴，克宁祸乱，南定淮海，西平庸蜀，役不逾时，厥功为重。及高贵篡位，聪明凤智，朝野欣欣，方之文、武，不能竭忠叶赞，拟迹伊、周，遂乃伪杀彦士，委罪成济，自贻逆节，终享恶名。斯言之玷，不可为也！（《帝王略论》卷三《晋景帝与晋文帝》）

（2）〔宋〕王应麟论司马氏兄弟曰：司马师引二败以为己过，司马昭怒王仪责在元帅之言。昭之恶，甚于师。（《困学纪闻》卷十三《考史》）

（3）〔明〕方孝孺论史载司马师之事不可尽信曰：司马师之于魏，莽、操之流亚也。东关之败，以司马王仪引罪于己而杀之，其暴虐不仁，狼虎而冠者耳。史氏又谓朝廷欲贬诸将，师不许曰："此我不听傅公休之过也，诸将何罪！"悉宥不问，而削其弟昭之爵。师一人也，兵败一事也，由前之言则为小人，由后之言则虽君子无以加之，将孰据而信哉？使二者俱得其实，何暴于王仪而仁于诸将乎？其必不然矣。盖盛德无继者，善多暗而不彰，奸雄有后者，恶多隐而不著。师兄弟连执魏政，弟之子遂夺魏而有天下。子孙讳其先祖之恶，而史氏亦畏而不敢直言。故于师之纪传则过称其美，于仪之事则谨志之以微见，颂师之美不亦轻于信乎？（《逊志斋集》卷五《晋论》）

【笺注】

①《通鉴》胡注："时三道伐吴，东关最在东，故曰东军。"

②景王：司马景王，即司马师。

③《三国志集解》："三道进兵，本用公休之策，所谓不听公休者，或别有兵略也。严衍《通鉴补存疑》云：'伐吴之议，倡自诸葛诞，而谏止之者，惟傅嘏耳。嘏字兰石，则公休当作兰石。不然，不听公休当作误听公休，两者必有一误。'姚范曰：'前云攻两城，从诸葛之言，此又云我不听公休，未详其事。'"

④司马文王：即司马昭（221—265），字子上。司马懿次子，司马师母弟。魏景初二年（238），以父荫封新城乡侯。正始初，为洛阳典农中郎将。转散骑常侍。大将军曹爽伐蜀，以昭为征蜀将军，副夏侯玄出骆谷，次于兴势。还，拜议郎。司马懿诛曹爽，昭进位安西将军、持节，屯关中，为诸军节度。转安东将军、持节，镇许昌。王淩被诛，昭假金印紫绶。寻进号都督，统征东、镇东二将击吴，战于东关，败绩。司马师废曹芳立曹髦，昭以参定策，进封高都侯。师东征毌丘俭，昭兼中领军，留镇洛阳。旋拜卫将军。师卒，昭代为大将军，加侍中，都督中外诸军（《宋书·百官志》："晋世都督诸军为上，监诸军次之，督诸军为下。"）、录尚书事，进封高都公，从此专擅朝政。甘露二年（257），诸葛诞举兵讨昭，昭挟魏主及太后亲征，击破之。五年，弑魏主髦，改立曹奂。景元四年（263），大发兵三道灭蜀汉，自称晋公，旋称晋王。咸熙二年（265）卒，年五十五。数月后，其子司马炎篡魏，建立晋朝，追尊之为文皇帝，庙号太祖。

⑤《魏志·王脩传》注引干隐《晋书》曰："司马文王为安东，王仪为司马。东关之败，文王曰：'近日之事，谁任其咎？'仪曰：'责在军师。'文王怒曰：'司马欲委罪于孤耶！'遂杀之。"

⑥《三国志集解》："'胡'，各本皆作'恪'，误。官本《考证》陈浩曰：'东关之败，与并州无涉，注中所引，明是二事。宋本作并力讨胡，则恪字为胡字之讹。'弼按：《通鉴》作'讨胡'。"

⑦《通鉴》胡注："雍州在并州西南，而雁门、新兴二郡，并州北鄙也，其道里相去远。汉末，曹公集塞下荒地为新兴郡。宋白曰：'曹公立新兴郡于楼烦郡，唐为岚州，汉为汾阳县地。'"

⑧《通鉴》胡注："司马师承父懿之后，大臣未附，引咎责躬，所以愧服天下之心而固其权耳。盗亦有道，况盗国乎！"

⑨《通鉴》胡注："二败，谓东关师败及并州胡反也。"

⑩谓春秋时晋楚争霸之事。

后主延熙十六年（魏曹芳嘉平五年、吴孙亮建兴二年）（253）

63. 恪使司马李衡往蜀说姜维①，令同举，曰："古人有言：圣人不能为时，时至亦不可失也。今敌政在私门②，外内猜隔，兵挫于外，而民怨于内，自曹操以来，彼之亡形未有如今者也。若大举伐之，使吴攻其东，汉入其西③，彼救西则东虚，重东则西轻，以练实之军，乘虚轻之敌，破之必矣。"④维从之。

【校记】

本条据《三国志》卷六十四《吴志·诸葛恪传》注引《汉晋春秋》校定。　汤本所补背景文字为"延熙十六年春"，并于起句"恪"前补有"诸葛"二字。　黄本列"姜维"目下。

【史补】

（1）《通鉴纲目》曰：二月，吴诸葛恪击魏。吴军还自东兴，加诸葛恪荆、扬二州牧，督中外诸军事。恪遂有轻敌之心，复欲出军。诸大臣以为数出罢劳，固谏，不听。中散大夫蒋延固争⑤，恪命扶出。因著论以谕众曰，云云⑥。众人皆心以为不可，莫敢复难。独滕胤⑦谓曰："君前破强敌，天下震动。今猥以劳役之后⑧，兴师出征，民疲力屈，远主有备⑨。若攻城不克，野掠无获，是丧前劳而招后责也。且兵者大事⑩，事以众济。众苟不悦，君独安之！"恪又不听。遂大发州郡二十万众复击魏，以滕胤为都下督⑪，掌统留事。

夏四月，姜维伐魏围狄道。吴师围魏新城不克⑫。

冬十月，吴杀其太傅诸葛恪，以孙峻为丞相。（《御批通鉴纲目》卷十六）

（2）《吴志·诸葛恪传》载恪论伐魏文曰：夫天无二日，土无二王，王者不务兼并天下而欲垂祚后世，古今未之有也。昔战国之时，诸侯自恃兵强地广，互有救援，谓此足以传世，人莫能危。恣情从怀，惮于劳苦，使秦渐得自大，遂以并之，此既然矣。近者刘景升在荆州，有众十万，财谷如山。不及曹操尚微，与之力竞，坐观其强大，吞灭诸袁。北方都定之后，操率三十万众来向荆州，当时虽有智者，不能复为画计，于是景升儿子，交臂请降，遂为囚虏。凡敌国欲相吞，即仇雠欲相除也。有雠而长之⑬，祸不在己，则在后人，不可不为远虑也。昔伍子胥曰："越十年生聚，十年教训，二十年之外，吴其为沼乎！"⑭夫差自恃强大，闻此邈然，是以诛子胥而无备越之心，至于临败悔之，岂有及乎？越小于吴，尚为吴祸，况其强大者邪！昔秦但得关西耳⑮，尚以并吞六国，今贼皆得秦、赵、韩、魏、燕、齐九州之地，地悉戎马之乡，士林之薮。今以魏比古之秦，土地数倍；以吴与蜀比古六国，不能半之。然今所以能敌之，但以操时兵众于今适尽，而后生者未悉长大，正是贼衰少未盛之时⑯。加司马懿先诛王淩，续自陨毙，其子幼弱，而专彼大任，虽有智计之士，未得施用，当今伐之，是其厄会⑰。圣人急于趋时，诚谓今日。若顺众人之情，怀偷安之计，以为长江之险可以传世，不论魏之终始，而以今日遂轻其后，此吾所以长叹息者也⑱。自古以来，务在产育，今者贼民岁月繁滋，但以尚小，未可得用耳。若复十数年后，其众必倍于今，而国家劲兵之地，皆已空尽，唯有此见众可以定事。若不早用之，端坐使老，复十数年，略当损半，而见子弟数不足言。若贼众一倍，而我兵损半，虽复使伊、管图之，未可如何。今不达远虑者，必以此言为迂。夫祸难未至而豫忧虑，此固众人之所迂也。及于难至，然后顿颡，虽有智者，又不能图。此乃古今所病，非独一时。昔吴始以伍员为迂，故难至而不可救。刘景升不能虑十年之后，故无以诒其子孙。今恪无具臣之才⑲，而受大吴萧、霍之任⑳，智与众同，思不经远，若不及今日为国斥境，俯仰年老，而仇敌更强，欲刎颈谢责，宁有补邪㉑？今闻众人或以百姓尚贫，欲务闲息，此不知虑其大危，而爱其小勤者也。昔汉祖幸已自有三秦之地，何不闭关守险以自娱乐，空出攻楚，身被创痍，介胄生虮虱，将士厌困苦，岂甘锋刃而忘安宁哉？虑于长久不得两存者耳！每览荆邯说公孙述以进取之图㉒，近见家叔父表陈与贼争竞之计㉓，未尝不喟然叹息也㉔。凤夜反侧，所虑如此，故聊疏愚言，以达二三君子之末。若一朝陨殁，志画不立，贵令来世知我所忧，可思于后^㉕。

（3）〔明〕王志坚悲诸葛恪曰：余读诸葛元逊事而深悲之。吴自孙权称帝，志骄气衰，群臣持禄保位，无志在疆场者。恪后出，据大位，慨然有驰驱之志，事虽不成，其志未可非也。其著论云："以为长江之险可以传世，不论魏之终始，而以今日遂轻其后，此吾所以长太息者也。"可谓深中吴人膏肓。吴亡，而恪之言验矣。所可恨者，身辅少主，离本朝而履敌庭，使峻得因群臣之不乐而潜图之。然恪自为谋则疏耳，其于为国谋未尝不忠也。文钦、诸葛诞之降，使恪在也，司马氏亦危矣哉！孙綝死而朝廷请为恪立碑，则当时公论可知已。吴事之不可为，盖自峻害恪始也。（《读史商语》卷二）

【笺注】

①恪：谓诸葛恪。　李衡：字叔平，汉末襄阳人，后移居吴武昌（今湖北鄂州）。时为大将军诸葛恪司马，理府事。恪死，出为丹阳太守。孙休时，加威远将军。

②《三国志集解》："时魏政在司马氏。"

③《三国志集解》："此为称蜀为汉之证。"

④《义门读书记·吴志·诸葛恪传》："诚有是形，但亦当审已。"

⑤《通鉴》胡注："汉制，大夫、议郎皆掌顾问应对，无常事。中散大夫秩六百石，在谏议大夫上。按中散大夫，王莽所置，后汉因之。"

⑥诸葛恪之论，《通鉴》及《纲目》删节较多，兹从略；全文另见史补（2）。

⑦滕胤：字承嗣，北海剧（今山东昌乐）人。胤少有节操，弱冠尚公主。年三十，起家为丹杨太守，徙吴郡、会稽，所在见称。权临终，任为太常，与诸葛恪等俱受遗诏辅政。孙亮即位，加卫将军。胤厉修士操，遵蹈规矩。后宗室孙綝专政，胤与吕据共谋废綝，兵败被杀，夷三族。

⑧《通鉴》胡注："劳役，谓内有山陵营作，外有东关之师也。"

⑨《通鉴》胡注："《左传》曰：国之大事，在祀与戎。"

⑩《通鉴》胡注："胤之言，可谓深切矣。"

⑪《三国志集解》："都下督，吴置。"

⑫姜维围狄道、吴师围新城不克，详见下条佚文史补（1）。

⑬《三国志集解》："《左传》：'晋先轸曰：堕军实而长寇仇。'"

⑭《三国志集解》："伍员语见《左传·哀公元年》。杜注：'生民聚财，富而后教之，吴宫室废坏，当为汙也。'"

⑮《通鉴》胡注："函谷关以西也。"

⑯《通鉴》胡注："是时魏兴三十余年，生聚教训，精兵良将分镇于面。诸葛、蒋、费、陆逊、朱然相继凋谢，吴、蜀盖小儒矣。恪不能兢惧以保胜，恃一战之捷，遽谓魏人为衰少未盛之时，其轻敌甚矣。"

⑰《通鉴》胡注："既以司马师为幼弱，又为其未能用人，兹可谓不善料敌者矣。"

⑱《通鉴》胡注："恪自谓其才足以办魏，不欲以贼遗后人。吾不知其自视与叔公亮果何如也？孔明累出师以攻魏，每言一州之地不足以与贼支久，卒无成功，赍志以没。恪无孔明之才，而轻用其民，不唯不足以强吴，适足以灭其身灭其家而已。"

⑲《三国志集解》："《论语》：'可谓具臣矣。具臣，谓备臣数而已。"

⑳《三国志集解》："萧何、霍光也。"

㉑《三国志集解》："何焯曰：'此用沈尹戍事。'弼按：《左传·定公四年》：楚左司马沈尹戍谓其臣曰：谁能免吾首？吴句卑曰：臣贱，可乎？句卑布裳，刭而裹之，藏其身，而以其首免。杜注：'司马已死，刭取其首。'"

㉒《后汉书·公孙述传》："明年，隗嚣称臣于述。述骑都尉平陵人荆邯见东方将平，兵且西向，说述曰：昔秦失其守，豪桀并起，汉祖起于行阵之中，躬自奋击，军败复合，创愈复战。何则？前死而成功，逾于却就于灭亡也。隗嚣遭遇运会，割有雍州，兵强士附，威加山东，不及此时推危乘胜，以争天命，而退欲为西伯之事，卑辞事汉，喟然自以文王复出也。今汉帝释关陇之忧，专精东伐。臣之愚计，以为宜及天下之望未绝，豪杰尚可招诱，急以此时发国内精兵，据江陵，临江南之会，倚巫山之固，传檄吴、楚，长沙以南必随风而靡。出汉中，定三辅，天水、陇西拱手自服。如此，海内震摇，冀有大利。"

㉓《通鉴》胡注："家叔父，谓诸葛亮。"按："表陈"云云，即谓《后出师表》所云耳。

㉔《义门读书记·吴志·诸葛恪传》："元逊但知忠武频烦出师，而不规其务农殖

谷，闭关息民，三年而后南征。还师之后，又蓄力一年，乃屯汉中；其明年，始攻祁山耳。恶有狃于一胜，主少国疑，群情未一，遽谋轻举者乎？是役也，虽克新城，归将不免而况违众玩寇，弗戢自焚，衅非马谡，不请贬三等，谢创夷之众，塞同异之口，乃更思兴作，愈治威严，虹绕虿鸣，身分族赤。画虎类狗，元逊之谓也。"

㉕《义门读书记·吴志·诸葛恪传》："此论祖述武侯《出散关表》。"按：《出散关表》，即《后出师表》。

64.是时姜维亦出围狄道①。司马景王问虞松②曰："今东西有事，二方皆急③，而诸将意沮，若之何？"松曰："昔周亚夫坚壁昌邑而吴、楚自败④，事有似弱而强，或似强而弱，不可不察也。今恪悉其锐众，足以肆暴，而坐守新城，欲以致一战耳⑤。若攻城不拔，请战不得，师老众疲，势将自走。诸将之不径进，乃公之利也。姜维有重兵而县军应恪，投食我麦⑥，非深根之寇也；且谓我并力于东，西方必虚，是以径进。今若使关中诸军倍道急赴，出其不意，殆将走矣。"景王曰："善！"乃使郭淮、陈泰悉关中之众，解狄道之围，敕毌丘俭等案兵自守⑦，以新城委吴⑧。姜维闻淮进兵，军食少，乃退屯陇西界⑨。

【校记】

本条据《三国志》卷四《魏志·齐王芳纪》注引《汉晋春秋》校定。汤本所补背景文字为"吴诸葛恪围新城"。　黄本列"司马景王"目下。

【史补】

（1）**《通鉴纲目》曰**：夏，四月，姜维伐魏，围狄道。维负其才武，欲诱诸羌胡以为羽翼，谓自陇以西，可断而有。每欲大举，费祎尝裁制不从，与兵不过万人。曰："丞相犹不能定中夏，况吾等乎！不如保国治民，谨守社稷，如其功业，以俟能者，无为徼幸决成败于一举。若不如志，悔之无及。"及祎死，维遂将数万人伐魏，围狄道。

吴师围魏新城不克。初，诸葛恪入淮南，或曰："宜围新城，俟救至而图之，可大获也。"恪从其计。魏司马师问于虞松曰："今二方皆急，而诸将意沮，若之何?"松曰："昔周亚夫坚壁昌邑而吴楚自败，事有似弱而强者，不可不察也。今恪悉其锐众，足以肆暴，而坐守新城，欲以致一战耳。若攻城不拔，请战不可，师老众疲，势将自遁，诸将之不进，乃公之利也。姜维投食我麦，非深根之寇，且谓我并力于东，是以径进。今若使关中诸军倍道急赴，出其不意，殆将走矣。"师曰："善!"乃使郭淮、陈泰解狄道之围；敕毋丘俭等案兵自守，以新城委吴。泰至洛门⑩，维果以粮尽引还。魏扬州牙门将张特守新城，吴人攻之连月，城中兵合三千人，疾病、战死者过半。而恪起土山急攻城，将陷，特乃谓吴人曰："今我无心复战也，然魏法，被攻过百日而救不至者，虽降，家不坐⑪；自受敌以来已九十余日矣，城虽陷，尚有不欲降者，我当还为相语，条别善恶，明早送名，且以我印绶去为信。"吴人听之。特乃夜撤诸屋材栅，补其缺为二重。明日，谓曰："我但有斗死耳!"吴人大怒，进攻之，不能拔。会大暑，吴军病者大半，死伤涂地。恪内惟失计，忿形于色。将军朱异以军事迕恪，恪夺其兵。都尉蔡林数陈计不用，策马奔魏。魏诸将伺知其兵已疲，乃进救兵。七月，恪引去，士卒伤病，流曳顿仆⑫，哀痛嗟呼。而恪晏然自若，诏召相衔⑬，徐乃旋师。由此众庶失望，而怨讟兴矣⑭。汝南太守邓艾言于司马师曰："孙权已没，大臣未附，恪不念抚恤上下以立根基，乃竟于外事，载祸而归，其亡可待也。"（《御批通鉴纲目》卷十六）

（2）〔清〕尚镕论姜维学武侯而不知谨慎曰：维事事欲学武侯，寿序维亦仿《武侯传》，如云"时年二十七"，又云"拔河间、狄道、临洮三县民还"，又云"求自贬为后将军，行大将军事"，皆似有意同前。镕尝谓维文武才略固可立功，然心胆太大，视强寇如小儿，有楚子玉"今日必无晋、齐"，齐顷公"灭此朝食"之意，是以败多胜少，国覆身亡。夫武侯之所以使魏畏如虎者，以其谨慎也；维学武侯而不知谨慎，安得不败乎!（《三国志辨微续》卷二《姜维功绩不立》）

【笺注】

①狄道：县名。秦献公灭西戎部族狄、桓，建立狄道、桓道二县；昭王时置陇西郡，治所即在狄道（今甘肃临洮南）。秦陇西郡辖境约当今兰州、定西、天水加陇南地区一部和临夏一部；为当时右拒西羌、左护咸阳之要郡。两汉沿置，属凉州刺史

部，安帝时郡治一度由狄道移至襄武（今甘肃陇西南），不久还治狄道。曹魏时又移治襄武。

②虞松：字茂叔，陈留（治今河南开封）人。弱冠有才，司马懿征辽东，辟为掾，年才二十四。时或为中书郎。

③《通鉴》胡注："谓吴攻淮南，蜀攻陇西也。"

④《三国志集解》："昌邑，山阳郡治。《汉书·周勃传》：'景帝三年，吴、楚反，亚夫至，会兵荥阳，吴方攻梁，梁急请救。亚夫引兵东北走昌邑，深壁而守。吴、楚既饿，乃引而去。亚夫出精兵追击，大破吴王濞。凡相守攻三月，而吴、楚破平。'"

⑤《通鉴》胡注："致者，犹古所谓致师也。"

⑥《通鉴》胡注："谓维军后无转饷，投兵魏地，拟其麦以为食耳。"

⑦郭淮时为征西将军，都督雍、凉诸军事；陈泰为雍州刺史；毌丘俭为镇东将军，都督扬州诸军事。

⑧新城：即合肥新城。《三国志集解》："合肥新城见《满宠传》。胡三省曰：'即太和六年满宠所筑新城也。《华夷对镜图》：魏合肥新城，今为庐州谢步镇。'弼按：《满宠传》，'青龙元年，宠上疏言，合肥城南临江、湖，北达寿春，其西三十里，有奇险可依，更立城以固守。其年，权自将号十万，至合肥新城。'是宠上疏筑新城在青龙元年，《通鉴》误编于太和六年，胡注复沿其误也。《一统志》：'合肥新城在今合肥县西北三十里。'"

⑨陇西：地理概念，指陇山（六盘山南段别称，为渭河平原和陇西高原之分界）以西、黄河以南广大地区。古人以西为右，故又称陇右。据《蜀志·姜维传》："十六年夏，维率数万人出石营，经董亭，围南安，魏雍州刺史陈泰解围至洛门，维粮尽退还。"《通鉴》胡注："果如虞松所料。"

⑩洛门：聚落名。故址在今甘肃甘谷西三十公里的渭河南岸。胡注："即天水冀县落门聚。"

⑪《通鉴》胡注："言虽身降而其家不坐罪也。"

⑫《通鉴》胡注："流者，放而不能自收也。曳者，羸困不能自扶，相牵引而行。颠仆，颠顿而僵仆也。"

⑬《通鉴》胡注："言召命相继也。舟行以舳舻不绝为相衔，陆行以马首尾相接为

相衔。"

　　⑭《通鉴》胡注："痛怨而谤曰譏。"

后主延熙十八年（魏曹髦正元二年、吴孙亮五凤二年）（255）

　　65.嘏固劝景王行①，景王未从。嘏重言曰："淮、楚兵劲②，而俭等负力远斗，其锋未易当也③。若诸将战有利钝，大势一失，则公事败矣。"是时景王新割目瘤，创甚，闻嘏言，蹶然而起④，曰："我请舆疾而东。"

【校记】

　　本条据《三国志》卷二十一《魏志·傅嘏传》注引《汉晋春秋》校定。　汤本所补背景文字为"延熙十八年，魏正元二年，毌丘俭反"，并于起句"嘏"前补一"傅"字，而"毌丘"作"毋邱"。　黄本列"司马景王"目下。

【史补】

　　（1）《通鉴纲目》曰：甲戌，（延熙）十七年，魏主曹髦正元元年。吴五凤元年。春，二月，魏司马师杀中书令李丰及太常夏侯玄、光禄大夫张缉，遂废其后张氏。初，李丰年十七八，已有清名，其父恢不悦，敕使闭门断客。后司马师秉政，以丰为中书令。时太常夏侯玄有天下重名，以曹爽亲故，不得在势任⑤，居常怏怏；张缉以后父家居⑥，亦不得意。丰皆与亲善，虽为师所擢用，而心常在玄。魏主芳又数独召丰语，师知其议己，诘之不以实告；师怒，以刀镮筑杀之⑦。遂收玄、缉下廷尉，钟毓案治，云丰等谋诛大将军，以玄代之，缉知其谋。遂皆夷三族，并废张后⑧。夏侯霸之入蜀也，邀玄与俱，玄不从⑨。及司马懿薨，中领军许允曰："无复忧矣！"玄叹曰："此人犹能以通家年少遇我，子元、子上不吾容也。"⑩及下狱，玄不肯下辞，钟毓自临治之。玄正色责毓曰："吾当何罪！卿为令史责人也⑪，卿便为吾作！"毓以玄名士，节高，不可屈，而狱当竟，夜为作辞，令与事相附⑫，流涕示之；玄惟颔之而已。及就东市，颜色不变，举动自若⑬。后允出为镇北将军，与魏主芳别，涕泣歔欷；师讽有司奏其罪，徙乐浪，道死⑭。

秋，九月，魏司马师废其主芳为齐王，迁之河内⑮。冬，十月，迎高贵乡公髦，立之。魏主以李丰之死，意殊不平。安东将军司马昭镇许昌，诏召之使击姜维。九月，昭领兵入见，帝幸平乐观以临军过⑯。左右劝因昭辞杀之，勒兵以退大将军；已书诏于前，芳惧，不敢发。司马师以太后令召群臣议，以魏主荒淫无度，亵近倡优，不可以承天绪；群臣莫敢违。乃奏收玺绶，归藩于齐，立彭城王据。芳与太后垂涕而别，乘王车从太极殿南出⑰，群臣送者数十人，司马孚悲不自胜，余多流涕⑱。太后曰："彭城王，季叔也，今来，我当何之！高贵乡公，文皇帝长孙，明皇帝弟子。于礼，小宗有后大宗之义，其详议之。"⑲师乃更召群臣议，定迎髦于元城⑳。髦，东海定王霖之子也，时年十四。师使请玺绶迎之，太后曰："我见高贵乡公，小时识之㉑，欲以玺绶手授之。"冬，十月，髦至玄武馆㉒，群臣奏请舍前殿，髦以先帝旧处，避止西厢；群臣又请以法驾迎，不听。入洛阳，群臣迎拜，髦下舆答拜，傧者请曰："仪不拜。"㉓髦曰："吾人臣也。"遂答拜。至止车门，左右曰："旧乘舆入。"髦曰："吾被征，未知所为。"㉔遂步至太极东堂，见太后。其日即位，百僚皆欣欣焉㉕。

乙亥，十八年，魏正元二年、吴五凤二年。春，正月，魏扬州都督毌丘俭、刺史文钦起兵讨司马师㉖。师击败之，钦奔吴，俭走死。初，钦以骁果见爱于曹爽，而俭素与夏侯玄、李丰善，至是，皆不自安，俭乃以计厚待钦。俭子甸谓俭曰："大人居方岳重任㉗，国家倾覆而晏然自守，将受四海之责矣！"于是俭矫太后诏起兵寿春，移檄州郡，以讨司马师。又遣使邀镇南将军诸葛诞，诞斩其使。俭将五六万众渡淮，至项坚守，使钦在外为游兵。

师问计于河南尹王肃，肃曰："昔关羽有北向争天下之志，后孙权袭取其将士家属，羽众瓦解。今淮南将士家皆在内州㉘，但急往御卫㉙，使不得前，必有土崩之势矣。"时师新割目瘤，创甚，或谓不宜自行。肃又与尚书傅嘏、中书侍郎钟会劝师自行㉚，师疑未决。嘏曰："淮、楚兵劲，其锋未易当。若诸将战有利钝，则公事败矣。"师蹶然起曰："我请舆疾而东。"以弟昭兼中领军，留镇洛阳。

师问计于光禄勋郑袤，袤曰："俭好谋而不达事情，钦勇而无算。今大军出其不意，江淮之卒锐而不能固，宜深沟高垒以挫其气，此亚夫之长策也。"㉛荆州刺史王基言于师曰㉜："淮南之逆，非吏民思乱也，畏俭等迫胁，是以屯聚。若大兵一临，瓦解必矣。"师从之。以基为前军，既复敕基停驻。基曰："俭等诈谋已露，众心疑沮。今不张示威形以副民望，而停军高垒，有似畏懦，非用兵之势也。若俭、钦略民以自益，而州郡兵家为贼所得者更怀离心，此为错兵无用之地而成奸宄之源，吴寇因之，则淮南非国家之有矣。军宜速据南顿㉝，南顿有大邸阁，计足四十日粮。保坚城，因积谷，先人有夺人之心㉞，此平贼之要也。"师听之，进据㵎水。㉟闰月，次㵎桥。基复言于师曰"兵闻拙速，未睹巧久㊱。议者多言将军持重，持重非不行之谓也，进而不可犯耳。今以积实资虏而远运军粮，甚非计也。"师犹未许。基曰："将在军，君令有所不受。彼得则利，我得亦利，是谓争地㊲，南顿是也。"遂辄进据之。俭等亦往争，闻基先到，乃还。

吴孙峻率兵袭寿春，师命诸军皆深壁高垒，以待东军之集㊳。诸将请进攻项，师曰："淮南将士本无反志，俭、钦欺诱与之举事，小与持久，诈情自露，将不战而克矣。"乃遣诸葛诞自安风向寿春㊴，征东将军胡遵出谯、宋，绝其归路。俭、钦进不得斗，退恐寿春见袭，计穷不知所为。将士家皆在北，降者相属。兖州刺史邓艾将万余人趋乐嘉城㊵。俭使钦袭之。师自汝阳潜兵就艾，钦猝遇之，未知所为。其子鸯，年十八，勇力绝人，谓之曰："及其未定，击之，可破也。"于是分为二队，夜夹攻之。鸯率壮士先至鼓噪，军中震扰。师惊骇，病目突出，恐众知之，啮被皆破。钦失期不应，会明，鸯见兵盛，乃还。钦引而东，鸯以匹马拒追骑数千，所向披靡，人莫敢逼。殿中人尹大目㊶，故曹氏家奴，从师行，知师目出，启云："钦本是明公腹心，素与大目相信，乞为公追解之。"乃乘马追钦，谓曰："君侯何苦不可复忍数日中也！"㊷钦殊不悟，乃更怒骂，欲射之。大目涕泣曰："世事败矣，善自努力！"

俭闻钦退，恐惧，夜走；寿春亦溃。孙峻进至橐皋㊸，钦以孤军无继，不能自立，遂诣竣降。俭走慎县㊹，人就杀之，传首京师。诏夷三族。以诸葛诞为镇东大将军，都督扬州诸军事。吴军亦还。

魏大将军司马师卒。二月，师弟昭自为大将军，录尚书事㊺。师疾笃，还许昌。昭自洛阳往省之，师令总统诸军而卒。中书侍郎钟会从师典知密事，魏主髦诏敕尚书傅嘏，以东南新定，权留昭屯许昌，为内外之援，令嘏率诸军还。会与嘏谋，使嘏表上，辄与昭俱发，还屯洛水南。以昭为大将军、录尚书事。会由是常有自矜之色，嘏戒之曰："子志大其量，而勋业难为也，可不慎哉！"（《御批通鉴纲目》卷

十六)

（2）〔宋〕**叶适论傅嘏曰**：傅嘏精识自命，谓"何平叔不念务本"，败曹爽兄弟，是矣。至其为司马师谋，力疾劝行；又与昭还洛，继世执政，终移魏柄；然则此嘏之所谓务本欤！国命延促之际，士所去就，忠邪、贤不肖分焉。过是而自号曰能，吾不信也。（《习学记言序目》卷二十七《魏志·傅嘏》）

（3）〔清〕**王夫之论傅嘏等现象曰**：何晏、夏侯玄、李丰之死，皆司马氏欲篡而杀之也。而史敛时论之讥非，以文致其可杀之罪，千秋安得有定论哉！当时人士所推而后世称道弗绝者，傅嘏也，王昶也，王祥也，郑小同也。数子者，以全身保家为智，以随时委顺为贤，以静言处锜为道，役于乱臣而不怍，视国之亡、君之死，漠然而不动于心，将孔子所谓贼德之乡原，殆是乎！风尚既然，祸福亦异，天下之图安而思利者，固必襄裳而从之，禄位以全，家世以盛，而立人之道几于息矣。呜呼！此无道之世，所以崩风坏俗而不可挽也。

虽然，有未可以过责数子者存焉。魏之得天下也不以道，其守天下也不以仁，其进天下之士也不以礼；利啖之，法制之，奴虏使之，士生其时，不能秉耒而食，葛屦而履霜也。无管宁之操，则抑与之波流，保其家世已耳。故昶与祥皆垂裔百年而享其名位，兢兢门内之行，自求无过，不求有益于当时；士之不幸，天所弗求全也。狂狷罝于网罗，容容获其厚福，是或一道也；不可以汉、唐、宋数百年戴天履地栽培长育之人才，忘躯捐妻子以扶纲常者责之也。施及宋、齐以降，君屡易而士大夫之族望自若也，皆此焉耳。欧阳永叔伤五代无死节之臣，而不念所事之何君也，亦过矣。（《读通鉴论》卷十《三国三三》）

（4）〔清〕**何焯论傅嘏曰**：嘏亦一时之良，然以不平之故，自此遂为司马氏腹心，于义有所掩矣。特功名之士，稍循幅尺者耳。（《义门读书记》卷二十六《魏志·傅嘏传》）

（5）〔清〕**王鸣盛论傅嘏曰**：《王粲卫觊刘廙刘劭傅嘏传》评末云："傅嘏用才达显。"松之云："嘏识量名辈，实当时高流。而云'用才达显'，不足以见毈之美。"案：此书于易代之际有二心以邀功者，必加微词。司马氏势虽逼主，然师死于淮，昭方在许，亦事之至危也。毈专心奉戴，拥众还洛，大柄已得，魏祚倾矣。故首列王粲，书其劝琮纳土在谋。中传卫觊，特著还汉助禅之事。终之以毈，则奉马倾曹。此始此终，著鉴甚明。故评中特表徐干之冲虚，以示优劣焉。如干犹杨雄之不与事耳，此外皆与闻乎篡者，称毈"才达"，节不足见矣。松之未明作者之凡也。（《十七史商榷》卷四十《三国志二·傅毈才达》）

【笺注】

① 毈：谓傅毈。参见佚文第 61 条笺注⑪。

②《通鉴》胡注："寿春，故楚都，时为淮南重镇以南备吴，劲兵聚焉。"

③ 俭：谓毌丘俭，复姓毌丘，名俭，字仲恭，河东闻喜（今山西闻喜县）人。父兴，仕魏为将作大匠，封高阳乡侯。俭袭父爵，为平原侯文学。明帝即位，为尚书郎，迁羽林监。以东宫之旧，甚见亲待。出为洛阳典农。迁荆州刺史。青龙中，徙为幽州刺史，加度辽将军，使持节，护乌丸校尉。以佐司马懿定辽东，进封安邑侯。正始中，高句骊侵叛，俭两度征破之，几灭其国。以功迁左将军，假节监豫州诸军事，领豫州刺史，转为镇南将军。诸葛诞战于东关，不利，乃令诞、俭对换，俭改镇东，都督扬州。吴太傅诸葛恪围合肥新城，俭与扬州刺史文钦御之，太尉司马孚来援，恪退还。俭初与夏侯玄、李丰等厚善，玄、丰等被诛，更值齐王芳被废，正元二年（255）正月，俭遂与文钦矫太后诏，声讨司马师之罪，移檄郡国，举兵反。旋被司马师亲征所破，俭被杀，传首京都，夷三族。

④《通鉴》胡注："蹶然，急遽而起之貌。"

⑤《通鉴》胡注："邵陵厉公嘉平元年，玄自关右召诣京师。势任，权势之任也。"

⑥《通鉴》卷七十五：嘉平四年，"二月，立皇后张氏，大赦。后，故凉州刺史既之孙，东莞太守缉之女也。召缉拜光禄大夫。"

⑦《魏志·毌丘俭传》注引俭、钦上表数司马师之罪曰："故中书令李丰等，以师无人臣节，欲议退之。师知而请丰，其夕拉杀，载尸埋棺。丰等为大臣，帝王腹心，擅加酷暴，死无罪名，师有无君之心，其罪五也。"

⑧《毌丘俭传》注引俭、钦上表数司马师之罪曰："故光禄大夫张缉，无罪而诛，

夷其妻子，并及母后，逼恐至尊，强催督遣，临时哀愕，莫不伤痛；而师称庆，反以欢喜，其罪七也。"又《通鉴·魏纪八》：高贵乡公正元元年，"三月，废皇后张氏。胡三省曰'曹操杀汉后伏氏，而司马师杀魏后张氏；此不惟天道，亦操之有以教之也。'"

⑨《通鉴》卷七十五："初，右将军夏侯霸为曹爽所厚，以其父渊死于蜀，常切齿有报仇之志，为讨蜀护军，屯于陇西，统属征西。征西将军夏侯玄，霸之从子，爽之外弟也。爽既诛，司马懿召玄诣京师，以雍州刺史郭淮代之。霸素与淮不叶，以为祸必相及，大惧，遂奔汉。"

⑩《通鉴》胡注："司马师，字子元。司马昭，字子上。"

⑪《通鉴》胡注："自汉以来，公府有令史，廷尉则有狱史耳。玄盖责毓以身为九卿，乃承公府指，自临治我，是为公府令史而责人也。"

⑫《通鉴》胡注："为作狱辞，使与所按之事相附合也。"

⑬宋陈亮《三国纪年》所拟"夏侯玄李丰张缉传赞"曰："夏侯太初处死生祸福之际而不动，名不虚得也，而遇非其时矣。二子之死义，乃与太初同命，尚何憾乎！"

⑭《毌丘俭传》注引俭、钦上表数司马师之罪曰："近者领军许允当为镇北，以厨钱给赐，而师举奏加辟，虽云流徙，道路饿杀，天下闻之，莫不哀伤，其罪九也。"

⑮河内：地域名，亦郡名。春秋战国时称黄河以北为河内，以南为河外。楚汉之际置河内郡，故治怀县，在今河南武陟西南二十里。辖境约当今河南黄河以北、京汉铁路（含汲县）以西地区。

⑯《通鉴》胡注："平乐观在洛阳城西，昭已过军，复引入城，帝事去矣。"

⑰《通鉴》胡注："王车，诸王所乘青盖车也。"

⑱《魏志·齐王芳纪》："是日，迁居别宫，年二十三。使者持节送卫，营齐王宫于河内重门，制度皆如藩国之礼。"《通鉴》胡注："废帝时年二十一。"《三国志注补》卷四："《水经·清水注》：重门城，昔齐王芳为司马师废之，宫于此，即《魏志》所谓送齐王于河内重门者也。城在共县故城西北二十里。《方舆纪要》卷四十九：城在河南辉县北二十里。"

⑲《通鉴》胡注："世嫡为大宗支子之子，各宗其父为小宗。礼，王后无嗣，择建支子以继大宗。"

⑳《通鉴》胡注："定迎者，议始定而迎之也。元城县，汉属魏郡，魏属阳平郡；

时魏王公皆录置邺，故出毫而就元城迎之。"元城县在唐以后与邻县时有并分，北守时为大名府治所在，有"北京"之称。民国初年并入大名县。今属河北邯郸市。

㉑《通鉴》胡注："太后欲立高贵乡公，必见其小时意气异于诸王子，故欲立之，岂知禄去帝室，而终无益乎！"

㉒《通鉴》胡注："郦道元曰：'魏氏立玄武馆于芒垂。'盖馆在芒山之尾，其地直洛城北。"

㉓《通鉴》胡注："傧，赞导者也。仪不拜者，谓于仪不当答拜也。"

㉔《通鉴》胡注："言唯天子可乘舆入止车门，吾方被征，未知何如，不可以天子自居也。以余观高贵乡公，盖小慧而知书，故能为此。若以为习于礼，则余以为犹鲁昭公也。"

㉕参见佚文第71条笺注⑤。

㉖文钦：字仲若，曹操部将文稷之子。少以材武见称。明帝太和中，为五营校督，出为牙门将，转庐江太守、鹰扬将军。曹爽秉政，以钦乡里，加冠军将军。爽诛，进为前将军以安其心，后代诸葛诞为扬州刺史。正元二年（255），与毌丘俭共起兵讨司马师，兵败后奔吴。吴任为都护、假节、镇北大将军、幽州牧，封谯侯。

㉗《通鉴》胡注："古者，天子巡狩四方，其方之诸侯，各会朝于方岳之下。尧、舜有四岳之官。孔安国曰：'尧命羲和四子分掌四方之诸侯，故曰四岳。'魏、晋之时，征、镇、安、平，总督诸军，任专方面，时因谓之方岳重任。"

㉘《通鉴》胡注："魏制，诸将出征及镇守方面，皆留质任。时淮南将士皆自内州出戍，故家属皆留内。"

㉙《通鉴》胡注："御俭、钦之众，使不得进；又卫其家属。"

㉚《通鉴》胡注："魏初中书既置监、令，又置通事郎，次黄门郎；黄门郎已署事过，通事郎乃署名；已署，奏以入，为帝省读，书可。后改曰中书侍郎。"

㉛《通鉴》胡注："汉周亚夫坚壁以破吴、楚。"

㉜时司马师以荆州刺史王基为行监军，假节，统许昌军。胡三省曰："魏、晋之制，使持节都督诸军为上，假节都督次之，假节监诸军又次之，假节行监军又次之。魏受汉禅，以许昌为别宫，屯重兵，以为东、南二方根本。"

㉝南顿：县名。西汉置。治所在今河南项城西南。胡三省曰："南顿县，属汝南郡，故顿子国。应劭曰：顿迫于陈，其后南徙，故号南顿。"

㉞《通鉴》胡注："《左传》，楚令尹孙叔敖之言也。杜预注曰：夺敌战心。"

㉟《通鉴》胡注："《水经注》：汝水东南过定陵县，又东南径奇雒城，枝分别出，世谓之大瀙水，瀙水东流至南顿县北，入于颍。师古曰：瀙，于谨翻，又音殷。"

㊱《通鉴》胡注："孙子之言。"

㊲《通鉴》胡注："孙子之言，所谓九地，争地其一也。"

㊳《通鉴》胡注："东军，青、徐、兖之军也。"

㊴安风：县名。西汉置，治所在今安徽霍邱县城关，属九江郡。王莽篡汉，改县为"安风亭"。东汉初复称县，属扬州六安国。窦融为安丰侯，县并入安丰侯国。魏初复安风县，属庐江郡；后分安风等五县置安丰郡，安风为郡治所在，属豫州。

㊵乐嘉：县名。西汉置博阳县，王莽改曰乐嘉。治所在今河南商水东南。《通鉴》胡注："《水经注》：颍水过汝阳县北，又东南过南顿县，瀙水注之，又南径博阳故城东；城在南顿县北四十里，汉宣帝封丙吉为侯国，王莽更名乐嘉。"

㊶《通鉴》胡注："大目时为中殿中校尉。"

㊷《通鉴》胡注："盖谓文钦何不坚忍数日，与师相持，师病已笃，必当有变也。"

㊸《通鉴》胡注："《春秋》：会吴于橐皋。杜预曰：在九江逡道县东南，今其地在巢县界，亦谓之柘皋。"

㊹《通鉴》胡注："慎县，汉属汝南郡，魏分属汝阴郡。贤曰：慎县故城在今颍州颍上县西北。"

㊺《三国志注补》卷四："《宋书·百官志》：汉东京大将军自为官，位在三司上。晋宣帝自大将军为太尉，然则大将军在三司下矣。其后又在三司上。晋景帝为大将军，而景帝叔父孚为太尉，奏改大将军在太尉下，后还复旧。"

66. 习凿齿曰：毌丘俭感明帝之顾命①，故为此役。君子谓毌丘俭事虽未成，可谓忠臣矣。夫竭节而赴义者我也，成之与败者时也，我苟无时，成何可必乎？忘我而不自必，乃所以为忠也。古人有言："死者复生，生者不愧。"若毌丘俭，可谓不愧也②。

【校记】

本条据《三国志》卷二十八《魏志·毌丘俭传》注引"习凿齿曰"校定。　汤本所补背景文字为"俭败被诛"四字，且其书"毌丘"皆如前作"毋邱"。

【史补】

（1）〔唐〕刘知幾论史笔曰：盖霜雪交下，始见贞松之操；国家丧乱，方验忠臣之节。若汉末之董承、耿纪，晋初之诸葛、毌丘，齐兴而有刘秉、袁粲，周灭而有王谦、尉迥，斯皆破家殉国，视死犹生。而历代诸史，皆书之曰逆，将何以激扬名教，以劝事君者乎！古之书事也，令贼臣逆子惧；今之书事也，使忠臣义士羞。若使南、董有灵，必切齿于九泉之下矣。（《史通》卷七《曲笔第二十五》）

（2）〔宋〕郑樵论史笔曰：晋史党晋而不有魏，凡忠于魏者目为叛臣，王凌、诸葛诞、毌丘俭等之徒，抱屈黄壤。（《通志二十略·序》）

（3）〔清〕王鸣盛论史家书法曰：《毌丘俭传》："俭与夏侯玄、李丰善。扬州刺史文钦，徼赏不许，怨恨。俭以计厚待钦。正元二年正月，俭、钦矫太后诏，罪状大将军司马景王，举兵反。"案：凡作史者书法，先书其反，而后言其罪状，则是正其罪而书之，坐以实反也。先具其状，然后言反，则所云反者乃不得已而言之。俭反司马师非反魏，显然可见。（《十七史商榷》卷四十《三国志二·毌丘俭反》）

【笺注】

①毌丘俭早年受魏明帝恩遇，其忠于魏室，与王凌、诸葛诞并为魏国起兵反对司马氏专权篡国的所谓"三叛"，事见佚文第65条史补（1）与笺注③。毌丘，又作毋邱；古籍中，毌又常讹为毋、母。清杭世骏《订讹类编续补·字讹》"毌丘"条曰："《读书质疑》：贯丘氏即毌丘。《索引》曰：毌音贯，作巫、牡二音者皆非。贯丘，古国名，卫之邑。汉有贯丘兴，魏有毌丘俭，皆同。俗今分为二姓，曰毌，曰丘，而以毌为父母之母。今有母仪者，为县令。不惟人不知，而母氏子孙亦不知也。"又何焯

《义门读书记·三国志·魏志》："《毋邱俭传》，《汉书·高纪》下注云：'曼邱、毋邱本一姓也，语有缓急耳。'知此字作母者，传写之误。《史通》中音贯，是也。"潘眉《三国志考证》，"毌丘"作"毋邱"，并引明"杨慎曰"等对此有详考，不赘。

②《三国志集解》："《隋书·经籍志》：'《毌丘俭记》三卷，梁有《毌丘俭集》二卷，录一卷，亡。'严可均辑文九篇，冯氏《诗纪》录《答杜挚诗》一首。"

67. 正元二年，司马文王反自乐嘉①，杀嵇康②、吕安③。

【校记】

本条据《三国志》卷二十一《魏志·王粲传附嵇康传》注引《世语》之"裴案"校定。《魏志注》于本条"正元二年"前有"臣松之案：本传云嵇康以景元中坐事诛，而干宝、孙盛、习凿齿诸书，皆云"数语（详见史补），可知《汉晋春秋》有此内容；虽然裴案接着细述其与史实不合（嵇康之死当在魏景元二年至四年间，《通鉴》及《纲目》皆载在景元三年），但"诸书皆云正元二年"，言之凿凿，宜备一格。 本条不见于汤本，系黄本所辑，以"嵇康、吕安"为目。 "诸书"，《三国志》繁、简体本注引皆作"诸事"，误。

【史补】

（1）《通鉴纲目》曰：（汉景耀五年，魏景元三年、吴永安五年。）魏司马昭杀中散大夫嵇康。康文辞壮丽，好言老庄而尚奇任侠④，与阮籍、籍兄子咸、山涛、向秀、王戎、刘伶相友善，号"竹林七贤"，皆崇尚虚无，轻蔑礼法，纵酒昏酣，遗落世事。籍为步兵校尉，其母卒，方与人围棋，对者求止，籍留与决赌。既而饮酒二斗，举声一号，吐血数升，毁瘠骨立。居丧，饮酒无异平日。司隶何曾面质籍于司马昭座曰："卿纵情背礼、败俗之人，不可长也！"因谓昭曰："公方以孝治天下，而听籍以重哀饮酒食肉于公座，何以训人？宜摈之四裔，无令败坏风俗。"昭爱籍才，常拥护之⑤。咸素幸姑婢，姑将婢去，咸方对客，遽借客马追之，累骑而还⑥。伶尤嗜酒，常乘鹿车⑦，携一壶酒，使人荷锸随之，曰："死便埋我。"当时士大夫皆以为贤，争慕效之，谓之放达。钟会闻康名，造之，康箕踞而锻，不为之礼。会将去，康曰："何所闻而来，何所见而去？"会曰："闻所闻而来，见所见而去！"遂深衔之⑧。涛为吏部郎⑨，举康自代；康与涛书，自说不堪流俗，而非薄汤、武⑩。昭闻而怒之。康与东平吕安亲善⑪，安兄巽诬安不孝，康为证其不然。会因谮"康尝欲助毌丘俭⑫，与安皆有盛名于世，而言论放荡，害时乱教，宜因此除之"，昭遂杀安及康。康尝诣隐者孙登，登曰："子才多识寡，难乎免于今之世矣！"（《御批通鉴纲目》卷十六）

(2)《魏志·嵇康传》曰：时又有谯郡嵇康，文辞壮丽，好言老庄，而尚奇任侠。至景元中，坐事诛。臣松之案：本传云康以景元中坐事诛，而干宝、孙盛、习凿齿诸书，皆云正元二年，司马文王返自乐嘉，杀嵇康、吕安。盖缘《世语》云康欲举兵应毌丘俭，故谓破俭便应杀康也。其实不然。山涛为选官，欲举康自代，康书告绝，事之明审者也。案《涛行状》，涛始以景元二年除吏部郎耳。景元与正元相较七八年，以《涛行状》检之，如本传为审。又《钟会传》亦云会作司隶校尉时诛康；会作司隶，景元中也。干宝云吕安兄巽善于钟会，巽为相国掾，俱有宠于司马文王，故遂抵安罪。寻文王以景元四年钟、邓平蜀后，始授相国位；若巽为相国掾时陷安，焉得以破毌丘俭年杀嵇、吕？此又干宝之疏谬，自相违伐也⑬。

(3)〔宋〕胡寅论司马昭之滥杀曰：司马昭方有代魏之志，故恶康薄汤、武，是以汤、武为弑君夺国，与己同也。不然，是以己为顺天应人，与汤、武一也。汤、武革命之事，经仲尼折衷，取其《誓》、《诰》以训后世，真顺天应人矣，岂曰弑君夺国云乎？师废芳，昭弑髦，炎代奂，三君之失果可班于桀、纣，为天下所疾耶？不如桀、纣为天下所疾，而司马氏弑而夺之，乃敢以汤、武自况，小人之无忌惮，自以为中庸者，则其滥杀无罪，又奚责矣？不知康虚名无实，非能为卧龙者，昭疑之过也。（《读史管见》卷六《魏纪·汉后主景耀五年》）

(4)〔宋〕陈亮拟"嵇康阮籍传赞"曰：司马氏非有大功于魏也，乘斯人望安之久而窃其机耳。籍、康以英特之资，心事荦荦，宜其所甚耻也。而羽翼已成，虽孔孟能动之乎！死生避就之际，固二子之所不屑也。（《陈亮集》卷十二《三国纪年》）

(5)〔宋〕叶适哀嵇康曰：昔孔子患世俗之多故，其教必以厚人薄己，远虑近忧，立则参前，舆则倚衡，凛然若兵之加颈；而又曰"鸟兽不可与同群，吾非斯人之徒而谁与"；盖人道之难甚哉！然则康虽欲采薇散发以颐天年，而不可得也。悲夫！悲夫！竹林之贤，过是无观已。（《习学记言序目》卷三十《晋书二·嵇康》）

【笺注】

①乐嘉：旧县名。参见佚文第65条笺注⑩。

②嵇康（224—263，223—262）：字叔夜，谯郡铚（今安徽省宿州西南）人。三国魏文学家。少孤贫，有奇才。及长，博学多艺，为时所重。崇尚老庄之学，尝曰"老庄，吾之师也"；著《养生论》，讲求导气养生之术。正始末，与阮籍等一帮名士为竹林之游，共倡玄学新风，主张"越名教而任自然"、"审贵贱而通物情"，反对儒家之繁琐礼教，被称为"竹林七贤"。娶长乐亭主（曹操孙女，沛王曹林之女；一说为操曾孙女，林之孙女）为妻。任至中散大夫。然性不喜为官，平时以打铁为乐（一说以此谋生）。因拒绝投靠司马氏权贵阴谋集团，并结怨于司隶校尉钟会，被构陷下狱，旋被杀，时年四十。有鲁迅精校之十卷本《嵇中散集》传世。

③吕安：字仲悌。魏镇北将军、冀州牧吕昭次子。安志量开旷，有拔俗风气，而性刚烈。与嵇康友善。安妻徐氏貌美，其兄吕巽奸之；事发，巽反诬安不孝，康为之辩白，得免。旋又为司马氏集团所诬，与康同下狱死。

④《世说·德行》："王戎曰：'与嵇康居二十年，未尝见其喜愠之色。'"刘孝标注引《康别传》曰："康性含垢藏瑕，爱恶不争于怀，喜怒不寄于颜。所知王濬冲在襄城，面数百，未尝见其疾声朱颜。此亦方中之美范，人伦之胜业也。"

⑤《通鉴》胡注："昭之让九锡也，籍为公卿为劝进笺，辞甚清壮，故昭爱其才。"

⑥《通鉴》胡注："累，重也，两人共马，谓之累骑。"

⑦《通鉴》胡注："贤曰：鹿车，言其小仅可容鹿也。"

⑧《世说·简傲》："钟士季精有才理，先不识嵇康，钟要于时贤俊之士，俱往寻康。康方大树下锻，向子期为佐鼓排。康扬槌不辍，旁若无人，移时不交一言。钟起去，康曰：'何所闻而来？何所见而去？'钟曰：'闻所闻而来，见所见而去。'"刘孝标注引《魏氏春秋》曰："钟会为大将军兄弟所昵，闻康名而造焉。会名公子，以才能贵幸。乘肥衣轻，宾从如云。康方箕踞而锻，会至，不为之礼，会深衔之。后因吕安

事，而遂谮康焉。"胡三省曰："康性巧而好锻，小冶也。"

⑨《通鉴》胡注："魏尚书郎有二十三员，吏部其一也。"

⑩《世说·栖逸》："山公将去选曹，欲举嵇康，康与书告绝。"刘孝标注引《康别传》曰："山巨源为吏部郎，迁散骑常侍，举康。康辞之，并与山绝。岂不识山之不以一官遇己情邪？亦欲标不屈之节，以杜举者之口耳。乃答涛书，自说不堪流俗，而非薄汤武。大将军闻而恶之。"

⑪《世说·简傲》："嵇康与吕安善，每一相思，千里命驾。安后来，值康不在，喜出户延之，不入，题门上作"凤"字而去。喜不觉，犹以为欣故作。凤字，凡鸟也。"刘孝标注引干宝《晋纪》曰："初，安之交康也，其相思则率尔命驾。""安尝从康，或遇其行，康兄拭席而待之，弗顾。独坐车中，康母就设酒食，求康儿共语戏，良久则去。其轻贵如此。"又引《晋百官名》："嵇喜字公穆，历扬州刺史，康兄也。"

⑫《通鉴》胡注："言毌丘俭反，而康欲助之。"

⑬《三国志集解》："或曰：'昭为相国，会已在蜀被杀，安得共相构陷康等乎？皆不足信。'弼按：《高贵乡公纪》：'甘露三年五月，命大将军司马文王为相国。'《陈留王纪》：'景元四年十月，复命大将军进位爵赐，一如前诏。'又按《钟会传》，会迁司隶校尉，嵇康等见诛，皆会谋也，俱在平蜀之前。"

后主延熙二十年（魏曹髦甘露二年、吴孙亮太平二年）（257）

68. 蒋班、焦彝言于诸葛诞①曰："朱异等以大众来而不能进②，孙綝杀异而归江东③，外以发兵为名，而内实坐须成败④，其归可见矣。今宜及众心尚固，士卒思用，并力决死，攻其一面，虽不能尽克，犹有可全者。"⑤ 文钦曰："江东乘战胜之威久矣，未有难北方者也。况公今举十余万之众内附，而钦与全端等皆同居死地⑥，父子兄弟尽在江表，就孙綝不欲，主上及其亲戚岂肯听乎？且中国无岁无事，军民并疲，今守我一年，势力已困，异图生心，变故将起，以往准今，可计日而望也。"⑦ 班、彝固劝之，钦怒，而诞欲杀班。二人惧，且知诞之必败也，十一月，乃相携而降。

【校记】

本条据《三国志》卷二十八《魏志·诸葛诞传》注引《汉晋春秋》校定。 汤本所补背景文字为"延熙二十年，魏甘露二年，诸葛诞起兵"。 黄本列"诸葛诞"目下。 "父子兄弟"，汤、黄本皆作"父兄子弟"。"就孙綝不欲"，汤本"就"误为"说"。"势力已困"，黄本"已"作"日"。

【史补】

（1）《通鉴纲目》曰：魏扬州都督诸葛诞起兵讨司马昭。六月，昭奉其主髦攻之；吴人救之，不克而还。诞素与夏侯玄等友善，玄等死，王凌、毌丘俭相继诛灭，诞内不自安，乃倾帑赈施，曲赦有罪，以收众心，养轻侠数千人为死士。司马昭初秉政，长史贾充请遣参佐慰劳四征⑧，且观其志。充至淮南，见诞，论时事，因曰："洛中诸贤皆愿禅代，君以为何如？"诞厉声曰："卿非贾豫州子乎？ 世受魏恩，岂可以社稷输人！ 若洛中有难，吾当死之。"充默然。还，言于昭曰："诞再在扬州⑨，得士众心。今召之，必不来，然反疾而祸小；不召，则反迟而祸大，不如召之。"充，逵之子也。诏以诞为司空。诞得诏愈恐，疑扬州刺史乐綝间己，遂杀綝⑩，敛屯田兵十余万，及新附四五万人，聚谷足一年食，为闭门自守计。遣长史吴纲将少子靓至吴，称臣请救。司马昭奉魏主髦及太后讨之⑪。吴使将军全怿、全端、唐咨等与文钦同救诞。六月，昭督诸军二十六万进屯丘头⑫，以镇南将军王基行镇东将军、都督扬豫诸军事，与安东将军陈骞等围寿春。围未合，怿等将众因山乘险，突入城⑬。昭敕基敛军坚壁。基累求进讨，会吴朱异率三万人屯安丰，为钦外势⑭，诏基转据北山。基曰："今围垒转固，兵马向集，当修守备以待越逸，而更移兵守险，使得放纵，虽有智者，不能善其后矣！"遂守便宜，上疏曰云云，报听⑮。于是四面合围，堑垒甚峻。击钦、异，皆破走之。秋，吴孙綝大发卒，出屯镬里⑯，复遣异帅将军丁奉等解寿春之围，魏人又击破之；异走归綝，綝使异更死战，异以士卒乏食，不从。綝怒，斩异而还。綝既不能拔出诞，而丧败士众，自戮名将，吴人咸怨。昭乃纵反间，言"吴救方至，大军乏食，势不能久"。诞益宽恣食，俄而乏粮，外救不至。蒋班、焦彝，诞谋主也，言于诞曰："宜及众心尚固，并力决死，攻其一面，犹有可全，空坐守死，无为也。"诞不听，欲杀之。班、彝逾城出降。全怿兄子辉等得罪于吴，与其家内争讼，奔魏。司马昭作辉书告怿等，说"吴中怒怿等不能拔寿春⑰，欲尽诛诸将家，故逃来归命。"怿等遂帅其众出降。（《御批通鉴纲目》卷十六）

【笺注】

①诸葛诞（？—258）：字公休，琅邪阳都（今山东临沂）人，与蜀汉诸葛亮、吴诸葛瑾同宗。仕魏，累迁御史中丞、尚书，与夏侯玄、邓飏等相善，收名朝廷。明帝听言事者，以诞等修浮华，免官。正始初复出为扬州刺史。王凌起兵讨司马懿，懿潜军东伐，以诞为镇东将军、假节都督扬州诸军事。诸葛恪兴东关之役，诞与战不利，徙为镇南将军。毌丘俭讨司马师，师东征，诞督豫州诸军先至寿春，俭、钦败，复为镇东大将军、仪同三司、都督扬州。又以抗击吴将孙峻等攻寿春，进封高平侯，转征东大将军。齐王芳被废，诞内不自安，欲拥兵自重。甘露二年（257），征诞入为司空；诞不敢奉诏，遂起兵讨司马昭，不久兵败被杀。蒋班、焦彝，皆为诸葛诞部将。

②朱异：字季文，吴将朱桓之子。以父任为郎，后拜骑都尉，历迁偏将军、扬武将军、镇南将军。吴太平二年（257），受命为大都督，率兵解诸葛诞寿春之围；三战不利，败归，为权臣孙綝所杀。

③孙綝：字子通，吴国宗室。始为偏将军，权臣孙峻死，綝为侍中武卫将军，领中外诸军事，代知朝政。旋迁大将军，假节，封永宁侯。綝专权嗜杀，擅诛大将，又废会稽王孙亮，而立孙休为帝。后被孙休联络宿将丁奉等人诛杀。

④《三国志集解》："须：待也。"

⑤《通鉴》作"犹有可全者。空坐守死，无为也。"胡注："言不若决死而求生，无为坐守而待毙。"

⑥《吴志·孙綝传》："魏大将军诸葛诞举寿春叛，保城请降。吴遣文钦、唐咨、全端、全怿率三万人救之。魏镇南将军王基围诞，钦等突围入城。魏悉中外军二十余万，增诞之围。"文钦，时任吴镇北大将军，后因在军情紧急时与诸葛诞互相猜疑，为诞所杀。唐咨，本魏将，黄初中降吴，官至前将军，封侯；寿春战事紧张时又降魏，拜安远将军。全怿、全端，东吴名将全琮之子、侄，皆于寿春之围中出城先降。

⑦《通鉴》作"今守我一年，内变将起，奈何舍此，欲乘危侥幸乎"。

⑧贾充：曹魏奸臣，时任司马昭大将军长史，深得信重。详见后佚文第74条笺注⑨。又《通鉴》胡注："魏置征东将军屯淮南，征南将军屯襄、沔以备吴；征西将军屯关、陇以备蜀；征北将军屯幽、并以备鲜卑；皆授以重兵。司马昭初当国，故充请慰劳以观其志趣。"

⑨《通鉴》胡注："诞先督扬州，东关之败，改督豫州，毌丘俭既死，复督扬州。"

⑩《通鉴》胡注："征东将军与扬州刺史同治寿春。魏四征之任，率以其州刺史为储帅，故诞疑䌷间己。"

⑪《三国志集解·魏志·高贵乡公纪》："胡三省曰：'昭若自行，恐后有挟两宫为变者，故奉之以讨诞。'王鸣盛曰：'诞乃宿将，非王凌、毌丘俭、文钦之比，故昭不肯从众议轻遽用师，必挟天子，兴重兵，厚集其势，以遏其锋。然是时吴国内乱，孙綝辅政，多行无礼，将士不附。诞无外援，故卒致灭亡耳。若吴无内衅，则淮南三叛成败未可知也。'"

⑫丘头：聚落名。故地在今河南沈丘东南五十里。《水经·颍水注》："颍水东迳丘头，丘头南枕水。"丘头亦名武丘，据云司马氏为旌武功而改。杨守敬《水经注疏要删》："改丘头为武丘，《魏志·少帝纪》谓司马昭克诸葛诞事，而《元和志》则谓司马懿讨克王凌所改。《寰宇记》又云司马师讨克毌丘俭所改。三事皆在汝、颍间，故传闻异辞，然自应以讨诞为得实。"

⑬《通鉴》胡注："寿春城外他无山，唯城北有八公山耳。"

⑭安丰：县名。汉置，属庐江郡；曹魏沿置，属安丰郡。故治在今河南固始东南五十里。亦郡名。三国魏分庐江郡置，治所在安风、即今安徽霍邱县城关西南。

⑮《通鉴》胡注："报基听行其策。时帝在军，故诸军节度皆禀诏指，而裁其可否者实司马昭也。"

⑯《通鉴》胡注："后吴王责孙綝以留湖中不上岸一步，则镬里当在巢县界。"

⑰《通鉴》胡注："言不能拔寿春之众于重围也。"

后主景耀元年（魏曹髦甘露三年、吴孙休永安元年）（258）

69. 文钦曰："蒋班、焦彝谓我不能出而走，全端、全怿又率众逆降①，此敌无备之时也，可以战矣。"诞及唐咨等皆以为然，遂共悉众出攻。

【校记】

本条据《三国志》卷二十八《魏志·诸葛诞传》注引《汉晋春秋》校定。 汤本所补背景文字为"景耀元年，魏甘露三年，昭拔寿春，杀诞"。 黄本列"诸葛诞"目下。 汤本于句首"文钦"后有小注"教诞决围出"，末句"出攻"后有小注"不克而还"，皆删。 黄本于"诞及唐咨"后脱一"等"字。

【史补】

（1）《通鉴纲目》曰：戊寅，景耀元年，魏甘露三年、吴景帝孙休永安元年。春，正月，魏司马昭拔寿春，杀诸葛诞。文钦教诸葛诞决围而出，不克。复还城中。食尽，降者日众。钦欲尽出北方人，省食与吴人坚守，诞不听，由是争恨，遂杀钦。钦子鸯逾城自归于魏。军吏请诛之，司马昭曰："钦子固应就戮；然今以穷归命，且城未拔，杀之是坚城内之心也。"乃使将数百骑巡城呼曰："文钦之子犹不见杀，其余何惧！"又表为将军，赐爵关内侯。城内皆喜。昭因进军，克之。斩诞，夷三族。诞麾下数百人，皆拱手为列，不降，每斩一人，辄降之，卒不变，以至于尽②。吴将于诠曰："大丈夫受命其主，以兵救人，既不能克，又束手于敌，吾弗取也。"乃免胄冒阵而死。

昭初围寿春，王基等欲急攻之，昭曰："城固众多，攻之必力屈；若有外寇，表里受敌，此危道也。今三叛相聚于孤城之中③，天其或者使同就戮，吾当以全策縻之。但坚守三面，若吴贼陆道而来，军粮必少；吾以轻骑绝其转输，可不战而破也。吴贼破，钦等必成禽矣！"乃命诸军按甲以守之，卒不烦攻而破。议者又以为"淮南仍叛④，吴兵家在江南，不可纵，宜悉坑之"。昭曰："古之用兵，全国为上，戮其元恶而已⑤。吴兵得亡还，适可示中国之大度耳。"一无所杀，分布三河近郡安处之⑥。昭欲遣诸军因衅击吴，王基谏曰："昔诸葛恪乘东关之胜以围新城，众死大半；姜维因洮西之利轻兵深入，军覆上邽。夫大捷之后，上下轻敌；轻敌，则虑难不深。今贼新败于外，又内患未弭，是修备设虑之时也。"昭乃止。以基为征东将军、都督扬州诸军事。时钟会谋画居多，昭亲待日隆，委以腹心之任，时人比之子房。(《御批通鉴纲目》卷十六)

（2）《世说新语·品藻》记三国三诸葛曰：诸葛瑾弟亮，及从弟诞，并有盛名，各在一国。于时以为蜀得其龙，吴得其虎，魏得其狗。诞在魏，与夏侯玄齐名；瑾在吴，吴朝服其宏量。

（3）〔宋〕陈世崇论三诸葛之喻曰：孔明仕蜀，子瞻、孙尚死于忠义。瑾仕吴，子恪死于诛戮。诞仕魏，死于兵。三诸葛皆丰之后，分仕三国。惟孔明从刘氏，瞻、尚得其死，合乎正。当时龙、虎、狗之喻，甚当。
(《随隐漫录》卷五)

（4）〔明〕方孝孺论诸葛诞不失为忠义曰：诸葛氏兄弟三人仕于三国，才气虽不相类，然孔明之下，瑾与诞亦人豪也。诞当司马昭僭窃之时，拒贾充之说，起兵讨之，事虽无成，身不失为忠义，岂非凛然大丈夫乎！世俗乃以是訾之，谓蜀得龙，吴得虎，魏得狗。为斯言者，必贾充之徒，自以鬻国弑君取富贵为得计，论人成败，而不知逆顺是非之辨者也。岂非杨子云所谓舍其沐猴，而谓人沐猴者耶！(《逊志斋集》卷五《诸葛诞》)

（5）〔明〕胡应麟论三国之诸葛氏曰：汉末诸葛氏分处三国，并著忠诚，以为蜀得其龙，吴得其虎，并自笃论，至魏乃曲为訾诋，此晋人谀上之词耳。瑾子恪、孙竦，亮子瞻、孙尚，诞子靓、孙恢，奕叶知名，诸葛之才一何盛也。恪以材，诞以节，俱覆宗族，祸害略同。瑾以乔延息于蜀，诞以靓续嗣于吴，天之不绝贤者又何其巧相似也。瞻则死君，尚则死父，懿哉！武乡其有后矣。恪材辩英英，照耀一世，伐魏之举，乘其衅隙，岂曰佳兵？观其输众之书，胡异厥叔，世率以成败论，惜哉！案史，诞与瑾、亮虽并称丰后，而不言行辈，恪尝与诞相拒东

关，似非近族，然恪死后临淮臧均表乞收葬，略云："故太傅恪，得承祖
考风流，伯叔诸父遭汉祚尽，九州鼎立，分托三方，并诸忠诚，熙隆世
业。"考魏公休以前未有显者，所云忠勤世业，舍诞而谁？则于恪为诸
父，正子瑜兄弟行耳。史以诞欲保有淮南，晋人笔耳。钟会称姜维云：
"伯约名士，公休、太初不足多也。"钟高视一世，而居诞二子间，其人
可想。寿春之破，致死者数百人，讵不伟哉！（《少室山房笔丛》卷一六《史
书佔毕四》）

（6）〔明〕王志坚论诸葛诞为魏忠臣曰：司马昭遣贾充至淮南见诸葛
诞，讽以禅代；诞曰："卿非贾豫州子乎？世受魏恩，岂可以社稷输人！若
洛中有难，吾当死之。"充归语昭，诏征诞；诞遂遣人降吴，卒以败死。
诞事不成，命也。对贾充数语，凛然有生气；既死，麾下数百人至死无一
降者，田横以后，无此义士也。人谓诸葛兄弟三人，蜀得其龙，吴得其
虎，魏得其狗；诞即狗也，乃曹氏防家之狗，无奈盗已在内，不能咋盗，
反为盗所杀耳。主家者，予盗乎？予狗乎？（《读史商语》卷二）

（7）〔清〕尤侗评诸葛诞等失误曰：扬州都督毌丘俭、刺史文钦起兵
讨司马师，扬州都督诸葛诞起兵讨司马昭，皆魏忠臣也，惜乎志大而才
疏。三人合从，事未可知。而诞斩使拒俭，一误也；文鸯劫营，师惊骇目
出，啮被皆破，钦失期不应，二误也；尹大目追至，本欲联结，而钦不
悟，更怒骂射之，三误也；文钦救诞，诞与争恨杀之，驱其二子投魏，自
剪羽翼，四误也。吴兵已出，而不求救于蜀，亦是失著。

又评诸葛诞之义烈曰：诞面斥贾充，词严义正，足褫老革。事败就
戮，麾下数百人拱手为列，无一人降者，亦田横义士也。世谓魏得其狗，
此狗正不易得。若贾充者，狗之不如。（《看鉴偶评》卷三）

【笺注】

①《通鉴》胡注："逆，迎也。"吴使将军全怿、全端、唐咨等与文钦同解诸葛诞
寿春之围，事见上条史补。

②《魏志·诸葛诞传》裴注引干宝《晋纪》曰："时人比之田横。"《通鉴》胡注：
"史言诸葛诞得人心，人蒙其恩而为之死。"《通鉴胡注表微·民心篇》曰："诞在诸葛

兄弟中所被詈为狗者，狗能得人心如是乎？方正学曾辨之矣，语见《逊志斋集》五。诞被詈为狗，见《世说新语·品藻篇》。"

③《通鉴》胡注："三叛，谓诸葛诞、文钦、唐咨也。"

④《通鉴》胡注："仍，相因也。"

⑤《通鉴》胡注："言全其国之人民，止戮其君；所谓诛其君而吊其民也。"

⑥《通鉴》胡注："河南，都也；河东、河内皆近京师。"

70. 习凿齿曰：自是天下畏威怀德矣。君子谓司马大将军于是役也，可谓能以德攻矣①。夫建业者异矣，各有所尚，而不能兼并也。故穷武之雄，毙于不仁②；存义之国，丧于懦退③。今一征而禽三叛，大虏吴众，席卷淮浦，俘馘十万④，可谓壮矣。而未及安坐，赏王基之功⑤；种惠吴人，结异类之情⑥；宠鸯葬钦⑦，忘畴昔之隙；不咎诞众，使扬士怀愧。功高而人乐其成，业广而敌怀其德，武昭既敷⑧，文算又洽，推此道也，天下其孰能当之哉⑨！

【校记】

本条据《三国志》卷二十八《魏志·诸葛诞传》注引"习凿齿曰"并参酌《资治通鉴》卷七十七《魏纪九·高贵乡公甘露三年》的记载校定。　汤本所补背景文字为"三叛既平，听收葬钦"。"能以德攻"，汤本"攻"作"怀"。"夫建业者异矣"，《魏志注》及汤本皆如此，而《通鉴》"异矣"独作"异道"，似稍胜，聊记于此。"赏王基之功"，《魏志注》"赏"讹为"丧"，从《通鉴》改。钱仪吉《三国志征闻》亦云"从《通鉴》改'赏'字"。　又《魏志注》结尾尚有"丧王基，语在基传。鸯一名俶"十一字，汤本未录。

【史补】

（1）〔宋〕陈亮论所谓三叛曰：司马氏之祸，举天下皆安之。四子者独以义死，岂惟魏之纯臣哉！至其发不待事，奋不及机，梭巡就围，以冀天下之有变，此所以有忠愤而无远略，明于义而不知其变者也。而王广亦与此祸，何其悲哉！（《陈亮集》卷十二《三国纪年·王凌令狐愚毋丘俭诸葛诞》）

又曰：余读《书》，至武庚之事，何尝不为之流涕哉。嗟夫！忠孝者，立身之大节，为臣而洗君之耻，父仇而子复之，人之至情也。度不可为，不顾而为之者，抑吾之情不可不伸也。逆计而不为，人乌知吾心生犹愧耳！况卒不免于死，则将藉口谓何哉！夫武王之伐纣也，以至仁顺天命，以大义拯斯民。然君父不以无道贬尊，则武庚视太白之旗，必有大不忍于此者。然而未即死者，犹有待也。及武王即立而没，嗣子幼，君臣兄弟之间疑问方兴，故将挟管、蔡之隙以起义。成败之不问，姑明吾心，奋而为之，是以殒首而不顾。余以为武庚者，古之忠臣孝子也。世例是非于成败，故无褒，而孔氏又讳而不道。然则武庚之死，越二千载，目未之瞑也。

虽然，武庚受之嫡嗣，处义之心不可已，而非有深计于后世者。若翟义、王凌、毋丘俭、诸葛诞之徒，非清议之所必责，俯首相随属，未过也。而数子者忠胆愤发，视其国之倾，身之危，不啻不暇熟权其力，趣起扶之，意虽不就，此其心可诬也哉！作史者谓宜大书以示劝，乃惟旅次之，然且不免不量之讥，甚遂传之《叛臣》。语曰："盖棺论乃定。"是可信乎！

昔者贯高有言："人情岂不各爱其父母妻子乎！今吾三族皆已论死，顾岂以王易吾亲哉！"然则数子之心壮矣，尤其冤有甚于武庚者。余悲之，故列为《忠臣传》，信千古以兴颓俗，圣人惩劝之法也。（《陈亮集》卷十三《史传序·忠臣传序》）

(2)〔宋〕王应麟论所谓三叛曰：魏以不仁得国，而司马氏父子世执其柄。然节义之臣，蠚巨奸之铓，若王凌以寿春欲诛懿而不克，文钦、毋丘俭以淮南欲诛师而不遂，诸葛诞又以寿春欲诛昭而不成，千载犹有生气，魏为有臣矣！郑渔仲谓："《晋史》党晋，凡忠于魏者为叛臣；《齐史》党齐，凡忠于宋者为逆党。"《史通》亦云："古之书事也，令乱臣贼子惧；今之书事也，使忠臣义士羞。"（《困学纪闻》卷十三《考史》）

（3）〔明〕**朱明镐纠史传指忠为叛曰**：《传》曰："诞、钦屠戮，咨亦生擒，三叛既获，天下快焉。"愚谓司马氏父子柄国，奕视其主，在朝贵仕，惟预撰九锡文为典午劝进而已。乃彦云、公冶唱义于前，仲恭、公休著忠于后，或感思明帝之顾命，奋袂誓师，或自伤魏氏之重臣，愿清帝侧。司马曾不悔祸阻兵，安忍收魏氏之甲兵，攻魏氏之城邑，借魏氏之市朝，屠魏氏之公孤？参夷三族，葅及尺童，凡有知识，莫不含辛，咸谓西陵墓田，无泪可挥，忍耻登床，六尺安在？厥后子孙末裔，有以床覆面之事；石勒胡人，有司马狐媚之辞。知典午父子兄弟之邪，则知公休诸人之正；而修史无识，昧于大义，指忠为叛，以愤为快。文钦即非诞侔，要亦魏之烈士；唐咨本属亡命，宁非吴之义师，曲予之以叛名，将何法而受恶耶？（《史纠》卷一《魏志·诸葛诞传》）

（4）〔清〕**何焯以三叛为三贤曰**：至于三贤乃心王室，事连不就，而典午之势益重。诸人之终，即国之终也。（《义门读书记》卷二十六《魏志·王毌邱诸葛钟邓传》）

（5）〔明〕**王志坚论司马氏盗亦有道曰**：司马氏之有天下也，天予之哉？懿一举而杀曹爽、王凌，师一举而杀李丰、毌丘俭，威已振矣，犹未见德也。寿春之役，昭一举而平三叛，方且宠文鸯，使葬其父，赦淮南士民为诞所胁略者，分吴兵家室在江南者于近郡，自是而天下归心矣。凡魏之臣子怀忠义而起抗之者，非张其威，则助之见德。司马氏之有天下，非天与之哉？曰：非与之司马氏也，乃夺之曹氏也！

三国之主，皆以绝人之才百战以争天下，而卒莫能一。司马昭父子非曹孟德之匹，明矣；乃能混一天下，岂独时异哉？盖亦有道焉。张悌之言曰："曹操虽功盖中夏，民畏其威而不怀其德也。丕、叡承之，刑繁役重，无有宁岁。司马懿父子除其烦苛，而布其平惠，民心归之，亦已久矣。噫！此司马氏取天下根本也。昭他日知钟会必反而卒用之，彼亦深信夫人心在己，必不肯从会反耳。济大事未有不以人心为本者也。自古取天下，至司马氏几于盗矣，岂知盗亦有道耶！（《读史商语》卷二）

柯按：《通鉴》引习氏此论而仅略首句，胡三省为注云："凿齿晋人，其辞盖有溢美者。"胡评是也。章学诚论文德曰："临文必敬，论古必恕。"
凿齿身为晋臣，距魏已远，责魏氏易而犯晋讳难，兼《汉晋春秋》以晋承
汉，正统斯在，其颂晋祖，势在难免。然郑樵有言："《晋史》党晋而不有
魏，凡忠于魏者目为叛臣，王凌、诸葛诞、毌丘俭之徒，抱屈黄壤。天日
在上，安可如是。"呜呼！世无南、董，抱屈黄壤者无代无之，不知凡几
也。岂不悲哉！岂不悲哉！

【笺注】

①《左传·僖公二十八年》：夏四月，晋楚城濮之战，楚师败绩。五月，晋文公
献楚俘于周王，王策命晋侯为侯伯。对战败之国郑、卫，文公则以礼相待。"癸亥，
王子虎盟诸侯于王庭，要言曰：'皆奖王室，无相害也。有渝此盟，明神殛之：俾队
其师，无克祚国，及而玄孙，无有老幼。'君子谓是盟也信，谓晋于是役也，能以
德攻。"

②《通鉴》胡注："如夫差、智伯是也。"

③《通鉴》胡注："如宋襄公是也。"

④《通鉴》胡注："生房为俘，截耳为馘。古者战胜，馘所格之左耳而献之。"

⑤王基（190—261）：字伯舆，东莱曲城（今山东招远）人。魏黄初中，察孝廉，
除郎中。刺史王凌表请为别驾，后召为秘书郎，凌复请还。曹叡时，擢为中书侍郎。
迁安平太守。大将军曹爽请为从事中郎。出为安丰太守，加讨寇将军。曹爽伏诛，基
尝为爽官属，例罢。旋任尚书，出为荆州刺史，加扬烈将军。随征南王昶击吴有功，
赐爵关内侯。曹髦即位，晋封常乐亭侯。以从司马师讨平毌丘俭、文钦之乱，迁镇南
将军，都督豫州诸军事，领豫州刺史，进封安乐乡侯。诸葛诞讨司马昭，昭任基以本
官行镇东将军，都督扬豫诸军事，并用基之谋，诸军并据深沟高垒，以逸待劳，卒拔
寿春。昭与书褒奖，转基为征东将军，都督扬州诸军事，进封东武侯。再转为征南将
军，都督荆州诸军事。元帝景元二年卒，追赠司空，谥曰景侯。

⑥《通鉴》胡注："《书》曰：皋陶迈种德。孔安国注曰：'种，布也。'夫种则有
获，种惠于吴人，使归心中国，以成他日混一之功，如种艺之有秋也"。

⑦《魏志·诸葛诞传》："听鸯、虎收敛钦丧，给其车牛，致葬旧墓。"鸯、虎，文
钦之子，司马昭皆以为将军，各赐爵关内侯。

⑧《三国志集解》："何焯校改'昭'作'略'。"

⑨《通鉴》胡注："凿齿晋人，其辞盖有溢美者。"

71. 帝乞言于祥①，祥对曰："昔者，明王礼乐既备，加之以忠诚，忠诚之发，形于言行。夫大人者，行动乎天地，天且弗违，况于人乎！"②

【校记】

本条据《三国志》卷四《魏志·高贵乡公纪》注引《汉晋春秋》校定。　汤本所补背景文字为"八月，髦养老于太学"，并于首句"祥"前补一"王"字。　黄本列"高贵乡公"目下。

【史补】

(1)《魏志·高贵乡公纪》曰：高贵乡公讳髦③，字彦士，文帝孙，东海定王霖子也。少好学，夙成。即皇帝位④，百僚陪位者欣欣焉⑤。诏罢尚方御府百工技巧靡丽无益之物⑥。

正元元年，遣侍中持节分适四方，观风俗，劳士民，察冤枉失职者。

二年，司马景王薨；以司马文王为大将军，录尚书事⑦。

（甘露元年）夏四月，赐大将军司马文王衮冕之服，赤舄副焉⑧。帝幸太学，问诸儒曰⑨："圣人幽赞神明，仰观俯察，始作八卦，后圣重之为六十四，立爻以极数，凡斯大义，罔有不备。而夏有《连山》，殷有《归藏》，周曰《周易》；《易》之书，其故何也？"《易》博士⑩淳于俊对曰："包羲因燧皇之图而制八卦，神农演之为六十四，黄帝、尧、舜通其变，三代随时，质文各繇其事。故《易》者，变易也；名曰《连山》，似山出内气，连天地也；《归藏》者，万事莫不归藏于其中也。"⑪帝又曰："若使包羲因燧皇而作《易》，孔子何以不云燧人氏没包羲氏作乎？"俊不能答。帝又问曰："孔子作彖、象，郑玄作注，虽圣贤不同，其所释经义一也。今彖、象不与经文相连，而注连之，何也？"俊对曰："郑玄合彖、象于经者，欲使学者寻省易了也。"帝曰："若郑玄合之，于学诚便，则孔子曷为不合以了学者乎？"俊对曰："孔子恐其与文王相乱，是以不合，此圣人以不合为谦。"帝曰："若圣人以不合为谦，则郑玄何独不谦邪？"俊对曰："古义弘深，圣问奥远，非臣所能详尽。"讲《易》毕，复命讲《尚书》、《礼记》，诸儒皆莫能及。

帝宴群臣于太极东堂，与侍中荀颉、尚书钟毓、给事中中书令虞松等并讲述礼典，言帝王优劣之差。帝慕夏少康⑫，因问颉等曰："少康收集夏众，复禹之绩，高祖驱帅豪俊，芟夷秦、项，二主可谓殊才异略，命世大贤也。考其功德，谁宜为先？"颉等曰："少康功德虽美，犹为中兴之君，高祖为优。"帝曰："少康生为诸侯之隶，布德兆谋，卒灭过、戈，非至德弘仁，岂济斯勋？汉祖仗一时之权，专任智力以成功业，行事动静，多违圣检；为人子数危其亲，为人君囚系贤相，为人父不能卫子。若与少康易时而处，或未能复大禹之绩也。少康布德，仁者之英也；高祖任力，智者之隽也。《诗》、《书》述殷高宗、中宗，皆列《大雅》，少康功美过于二宗，其为大雅明矣。少康为优。"⑬于是群臣咸悦服。

二年，帝幸辟雍，会命群臣赋诗。侍中和逎等作诗稽留，有司奏免官，诏曰："吾好文雅，广延诗赋，以知得失，而乃尔纷纭，今后群臣皆当玩习古义，修明经典，称朕意焉。"

三年，夏五月，命司马文王为相国⑭，封晋公，食邑八郡⑮，加之九锡⑯。文王前后九让，乃止。秋八月，诏曰："夫养老兴教，三代所以树风化，垂不朽也。必有三老、五更以崇至敬⑰，乞言纳诲著在惇史，然后六合承流，下观而化。宜妙简德行，以充其选。王祥履仁秉义，郑小同温恭孝友⑱，其以祥为三老，小同为五更。"车驾亲率群司，躬行古礼焉。

五年，夏四月，复进大将军司马文王位为相国，封晋公，加九锡。五月己丑，高贵乡公卒，年二十⑲。（据《三国志详节·高贵乡公纪》，文字略有损益）

（2）〔宋〕**胡寅论曹髦不明晦曰**：曹髦于是时，惟晦庶可免祸。在《易》，《明夷》之《象》曰："君子以莅众，用晦而明。"乃昭昭然若揭日月而行。故终于不明晦，无登天之照，而有入地之辱矣。髦之以少康为优也，方司马氏于浇、殪，而形灭之之心。夫东堂诸儒，孰非昭之人者，是髦故欲昭之闻之耶？何其褊之甚也！（《读史管见》卷六《魏纪·汉后主延熙十七年》）

（3）〔清〕尚镕辨陈寿详载魏主髦才器英明之微意曰： 钟会称魏主髦武类曹操，石苞亦以为非常人，然大权为司马昭所窃，一无表见。寿载其诣太学问诸儒古义，累数百言，见其才器英明，虽不讨昭，昭亦不能容也。髦称慕少康，以为收集夏众，复禹之绩，功德优于高祖，尤其中兴之本志，寿不载于本纪，为晋讳也。《晋书》载记载慕容盛与其臣论周公、管蔡及太甲、伊尹之优劣，源出于此。《齐王纪》亦累书讲经，毫无过举，竟至放废，此固曹操欺孤寡之报也。（《三国志辨微续》卷一《帝幸太学问诸儒古义》）

【笺注】

①王祥（185—269）：字休征，琅琊临沂（今属山东）人。汉末，隐居庐江二十余年。徐州刺史辟为别驾，后累迁大司农。魏主髦即位，封关内侯，拜光禄勋，转司隶校尉。又迁太常，封万岁亭侯，命为三老。髦遇弑，祥自责"老臣无状"，涕泪交流。顷之，拜司空，转太尉，加侍中；进封睢陵侯。晋代魏，拜太保，进爵为公。泰始五年卒，谥曰元。祥一生贵宠无比，且以事后母孝，为旧时民间流传"二十四孝"人物之一。然其历仕汉、魏、晋三朝，于大节不能无亏，致有因此疑其孝行真伪者。明丘濬《世史正纲·三国世史》曰："祥仕魏，累迁太常，封万岁亭侯。魏主临幸太学，命祥为三老，南面几杖，以师道自居，天子北面乞言。其受魏之礼，荷魏之恩，不为不至。一旦乃甘心臣于异姓，所谓明王圣帝、君臣政化之要，果安在哉？古者求忠臣于孝子之门，祥事君之忠如此，则其孝可知矣！"

②《晋书·王祥传》："天子幸太学，命祥为三老。祥南面几杖，以师道自居；天子北面乞言，祥陈明王圣帝、君臣政化之要以训之，闻者莫不砥砺。"

③《三国志集解》："高贵乡在今山东沂州府郯城县境。"按：郯城县今属山东临沂市。

④《三国志集解》："时年十四。裴注引《魏氏春秋》：公神明爽俊，德音宣朗。罢朝，景王私曰：'上何如主也？'钟会对曰：'才同陈思，武类太祖。'景王曰：'若如卿言，社稷之福也。'"

⑤《通鉴》胡注："谓公之足与有为也，而卒死于权臣之手。呜呼！余观汉文帝入立之后，夜拜宋昌为卫将军，领南北军，张武为郎中令，行殿中，周勃、陈平、朱虚、东牟虽有大功，其权去矣，夫然后能自固。魏朝百官皆欣欣，果何所见邪？"《集解》卢弼按："汉文帝即位之时，年已二十三矣，当时又无如司马氏之权臣，故能操纵自如。若高贵乡公以十四岁小儿，周旋中礼，已属难能；岂能以彼例此乎！又按，汉宣帝即位，年方十八，以久在民间，习知霍氏专恣，然当霍光稽首归政，犹谦让委任。迨光殁后，始亲政事，禹、云谋逆，咸服其辜，诚不愧为中兴令主。而曹魏则两世幼君，师死昭继，政柄潜移，由来久矣。高贵乡公若韬光养晦，或免于毒手；乃远慕少康，锋芒未敛，祸变及身，惜哉！"

⑥《三国志集解》："赵一清曰：'《汉书·百官公卿表》，尚方、御府属少府。《续志》：尚方令一人，六百石，掌上手工作御刀剑诸好器物。御府令一人，六百石，宦者；典官婢作中衣服及补浣之属。二官各有所司。此言尚方御府，统为掌内府制造之事，非有分日。'"

⑦《三国志集解》："《晋书·文帝纪》：'毌丘俭、文钦之乱，大军东征，帝兼中领军，留镇洛阳。及景帝疾笃，帝自京都省疾，拜卫将军。景帝崩，天子命帝镇许昌，尚书傅嘏帅六军还京师。帝用嘏及钟会策，自帅军而还。至洛阳，进位大将军，加侍中，都督中外诸军、录尚书事辅政，剑履上殿。帝固辞不受。'弼按：据《晋纪》所载，是当时朝命本命司马昭镇许昌，傅嘏帅六军还洛阳。昭则不奉中诏，自帅军还屯洛阳，始进位大将军，加侍中，都督中外诸军、录尚书事辅政。是当日拥兵胁迫之事，历历可见；参阅傅嘏、钟会传，则情势了然。群凶继轨，掌握朝权，魏祚之衰，嗟何及矣。"

⑧《三国志集解》："李善注：'韦昭《汉书》注曰：衮卷龙衣，玄上纁下。冕，冠也。《周礼》：王之服屦。赤舄，青绚也。'胡三省曰：'毛苌曰：赤舄，人君之盛屦也；释舄，复屦也。郑玄曰：复下曰舄。郑众曰：舄有三等，赤舄为上，冕服之舄。'又曰：'九锡之渐也。'"

⑨《三国志集解》："何焯曰：陈氏详书幸学问难于《纪》，盖亦深致嗟惜之意。"

⑩博士：古代官名。秦以前已有博士之号，用以泛称博学之士。战国时开始出现博士官。秦统一中国后乃定制为掌通古今，备顾问之官。汉承秦制，汉武帝时设五经

博士，专门教授经学。后汉、三国皆沿置此官，具体称谓、职数则不一。《后汉书·儒林传·序》："光武中兴，爱好经术，未及下车，而先访儒雅。于是立五经博士，各以家法教授。《易》有施、孟、梁丘、京氏，《尚书》欧阳、大小夏侯，《诗》齐、鲁、韩，《礼》大小戴，《春秋》严、颜，凡十四博士，太常差次总领焉。"《续汉书·百官志》："博士十四人，比六百石。国有疑事，掌承问对。"《汉官仪》："博士，秦官也。博者，博通古今；士者，辨于然否。"又《宋书·百官志》："魏置（博士）十九人，不知掌何经。"

⑪《隋书·经籍志》："始宓羲氏始画八卦，以通神明之德，以类万物之情。盖因而重之，为六十四卦。及乎三代，实为三《易》：夏曰《连山》，殷曰《归藏》，周文王作卦辞，谓之《周易》。周公又作爻辞，孔子作彖、象、系辞、文言、序卦、说卦、杂卦，而子夏为之传。"孔颖达曰："郑玄又释云：《连山》者，象山之出云，连连不绝；《周易》者，言易道周普，无所不备。虽有此释，更无所据。按《世谱》等书，神农一曰连山氏，亦曰列山氏，黄帝一曰归藏氏。既《连山》、《归藏》并是代号，则《周易》称周，盖取岐阳地名；文王作《易》之时，正在羑里，犹是殷世，故题周以别于殷。《易纬》云：因代以题周是也。"

⑫夏少康：即少康，传说中的夏朝君主。姒姓。夏王相之子。相传后羿发动叛乱，废相篡夺王位，后寒浞又杀羿篡位，并追杀相。相妻逃回娘家有仍氏，生下遗腹子少康。少康长大后为有仍氏牧正，又逃至有虞氏任庖正，有田一成（方十里），众一旅（五百人）。少康历经苦难，发愤图强，志在复国，后终于在夏旧臣靡及同姓部落有鬲氏的帮助下，攻灭寒浞，恢复夏朝，后又攻灭寒浞二子浇、豷，还都阳夏（今河南周口太康）。史称"少康中兴"。事见《帝王世纪》。

⑬《通鉴》胡注："呜呼！帝固有志于少康矣，然不能歼浇、豷而身死人手者，不能布其德而兆其谋也。余观帝之所以论二君优劣，书生之谭耳，未能如石勒辞气之雄爽也。"钱大昕《廿二史考异·三国志一·高贵乡公纪》曰："少康之论，意常在司马氏也。聪明太露，终为权臣所忌，失坚贞自晦之义。能处此者，其后周武帝乎！"

⑭相国：官名。为宰辅之职。《通鉴》胡注："按《萧何传》，何自丞相拜相国，则相国尊于丞相。"《艺文类聚》卷四十五："《汉书·百官表》曰：'相国，秦官。金印紫绶，丞天子，助理万机。'《汉书》曰：'萧何拜相国，益封五千户，卒五百人为卫。众

人皆贺，召平独吊。召平者，故秦东陵侯，秦破，为布衣，种瓜长安城东。平谓何曰：祸自此始也。何乃让封，悉以家财佐军，上喜。'《独断》曰：'相国自萧何以后，殆非复人臣之位。'"

⑮《晋书·文帝纪》："以并州之太原、上党、西河、乐平、新兴、雁门，司州之河东、平阳，凡八郡，封为晋公。"

⑯九锡：古代天子赐与重臣有殊勋者的九种礼器。加九锡通常被认为是朝廷的最高礼遇。《汉书·武帝纪》注引应劭曰：九锡者，"一曰车马，二曰衣服，三曰乐器，四曰朱户，五曰纳陛，六曰虎贲百人，七曰鈇钺，八曰弓矢，九曰秬鬯。"《王莽传》注引"《礼·含文嘉》云"与此略同。汉魏时，王莽、曹操、司马昭都曾受过九锡，后来宋、齐、梁、陈四朝开国君主也都受过九锡，于是九锡又几乎异化为"篡逆"的代称。

⑰三老、五更：《高贵乡公纪》裴注引郑玄、蔡邕二解并附以己见。叶适《习学记言序目》辨曰："郑玄以三老五更为更事之称，蔡邕云'更应作叟'，引俗字'女'傍'更'为证。按三老五更，二戴集书也。至东汉初，既立更以养之，距玄与邕时上下二百年尔，一朝见闻，未至悬隔。玄经生家，以意说之，固未必是；邕周旋台阁，从胡广诸人游，号为通博，既不能以义断其是非，又于故实无所考据，而徒以字学偏傍轻改之，可乎？后世经文以邕改定者为的，而其见识如此，恐未可凭也。"（卷二十七《魏志·高贵乡公髦》）另参见"汉明帝"下史补之笺注③。

⑱郑小同：郑玄之孙。少有名誉，学综六经。历官郎中、侍中，封关内侯。为曹髦讲授《尚书》。尝诣司马昭，昭有密疏未函，如厕，疑小同偷窥，毒杀之。撰有《郑志》，已佚，有辑本。

⑲梁章钜曰："前此幸太学，幸大雍，皆称帝，至此忽改从旧号；且明系成济刺死，而但书卒，皆不可解。"（《三国志旁证》卷六）按：《三国志》此一书法，被认定为陈寿为司马氏曲讳的典型之笔，后世史家无论攻陈护陈，于此几无争讼：攻之者甚锐，护之者难辨也。

72. 彝①，魏尚书令阶之弟②。

【校记】

本条据《三国志》卷六十四《吴志·孙綝传》注引《汉晋春秋》校定。　汤本所补背景文字为"九月，吴孙綝废其主亮，桓彝弗肯署名，綝杀之"。　黄本以"桓彝"为目。

【史补】

（1）《通鉴纲目》曰：（吴主亮太平三年休永安元年）九月，吴孙綝废其主亮为会稽王。冬十月，迎立琅琊王休；休以綝为丞相，封兄子晧为乌程侯。孙綝以其主亮亲政，多所难问，称疾不朝，使弟据入宿卫，恩、干、闿分屯诸营，以自固。亮恶之，阴与全公主及将军刘丞谋诛之。全后父尚为卫将军，亮使尚子纪语尚"严整士马，孤当率宿卫临桥"；且曰："勿令卿母知。女人不晓大事，且綝姊也，邂逅漏泄，误孤非小！"纪承诏以告尚。尚无远虑，以语纪母，母使人密语綝。綝夜袭尚，执之，杀刘承，比明，遂围宫。亮大怒，上马带鞬，执弓欲出，曰："孤大皇帝適子，在位已五年，谁敢不从者！"近臣共牵止之，不得出。綝使光禄勋孟宗告太庙，废亮为会稽王。以其罪班告远近。尚书桓彝不肯署名，綝怒，杀之。遂迎琅邪王休于会稽。遣会稽王亮之国，亮时年十六。杀全尚，迁全公主于豫章。封故南阳王和子为乌程侯。（《御批通鉴纲目》卷十六）

（2）〔宋〕胡寅论桓彝杀身成仁曰：吴主被废，彝不能救，徒死何益乎？曰：食焉不避其难，人臣之义也。居高位，享厚禄，躬见其君废于强臣，既不能救，又不能死，则是与贼同情矣。霍光废昏立明，犹有言其罪者，而朝廷加肃，况君欲治吾罪而报之者耶？若彝，可谓不求生以害仁，能杀身以成仁矣。（《读史管见》卷六《魏纪·汉后主景耀元年》）

【笺注】

①桓彝：长沙临湘（今湖南长沙市）人。桓阶之弟。仕吴为尚书。《吴志·孙綝传》裴松之注引《吴录》曰："晋武帝问薛莹吴之名臣，莹对称彝有忠贞之节。"《困学纪闻》卷一四《考史》："吴有桓彝，晋亦有桓彝，此忠臣名氏之同者。"余不详。

②桓阶：字伯绪。曹操平荆州，辟为丞相掾主簿，后历官赵郡太守、侍中、尚书。曹丕时迁尚书令，封高乡亭侯，加侍中；徙封安乐乡侯，拜太常。卒谥贞侯。

后主景耀二年（魏曹髦甘露四年、吴孙休永安二年）（259）

73. 是时龙仍见，咸以为吉祥。帝曰："龙者，君德也。上不在天，下不在田，而数屈于井，非嘉兆也。"乃作《潜龙》之诗以自讽①。司马文王见而恶之②。

【校记】

本条据《三国志》卷四《魏志·高贵乡公纪》注引《汉晋春秋》校定。 汤本所补背景文字为"景耀二年，魏甘露四年，正月。先是，魏地井中屡有龙见"。 黄本列"高贵乡公"目下。 "乃作《潜龙》之诗以自讽"，《魏志注》"乃"作"仍"，而汤、黄本皆作"乃"，此从汤、黄。

【史补】

（1）《魏志·高贵乡公纪》曰：（甘露三年）是岁，青龙、黄龙仍见顿丘、冠军、阳夏县界井中。四年春正月，黄龙二，见宁陵县界井中③。

（2）〔清〕梁章钜证魏世祥瑞曰：自魏明帝太和末，青龙见摩陂井中，改元青龙；至景初元年正月，山荏县黄龙见。高贵乡公正元元年十月，黄龙见郪井中；甘露元年正月，青龙见轵县井中；六月，青龙见元成县界；二年，青龙见温县井中；三年，青龙、黄龙仍见顿丘、冠军、阳夏县界井中。陈留王景元元年十二月，黄龙见华阴县井中；三年二月，青龙见轵县井中。考《晋书》《宋书》，《五行志》并引干宝曰："自明帝终魏世，青龙、黄龙见者皆其主兴废之应。魏土运，青木色，而不胜于金；黄得位，青失位之象也。青龙多见者，君德国运，内相勍伐也。故高贵乡公卒败于兵。按刘向说，龙贵象而困井中，诸侯将有幽执之祸也。魏世龙莫不在井，此居上者逼制之应。高贵乡公著《潜龙》诗，司马文王恶之，其皆早见及此矣。"（《三国志旁证》卷六）

（3）〔清〕彭孙贻论三国之书祥瑞曰：魏、吴二国，屡书祥瑞，黄龙、青龙、麒麟、白虎，不一而足。鼎分瓦裂，何瑞之多乎！惟先主、终亮之世，无祥瑞之纪；惟亮既没，史官言景星见，改元景耀。君子以是知亮之秉国，官无献谀，君臣协德，不贵符瑞，卓然绝识。(《茗香堂史论》卷一《三国志》)

【笺注】

①《通鉴纲目发明》曰："龙见井中，叡以之改元，而髦以之自讽，亦足以觇二人之识趣矣。叡虽克终于位，而髦则不免成济之祸，后世以龙见为祥者可以观矣！"(《御批通鉴纲目》卷十六)

②《通鉴》胡注："帝有诛昭之心，不务养晦，而愤郁之气见于辞而不能自掩，盖亦浅矣。此其所以死于权臣之手乎！"

③《通鉴》胡注："宁陵县，前汉属陈留郡，后汉、魏属梁国。顿丘县，汉属东郡，魏属魏郡。冠军县，属南阳郡。阳夏县，汉属陈国，魏属梁国。"

后主景耀三年（魏曹奂景元元年、吴孙休永安三年）（260）

74. 自曹芳事后，魏人省彻宿卫，无复铠甲，诸门戎兵，老弱而已。帝见威权日去，不胜其忿，乃召侍中王沈①、尚书王经②、散骑常侍王业③，谓曰："司马昭之心，路人所知也④。吾不能坐受废辱，今日当与卿[等]自出讨之。"⑤王经曰："昔鲁昭公不忍季氏，败走失国，为天下笑⑥。今权在其门，为日久矣，朝廷四方皆为之致死，不顾逆顺之理，非一日也。且宿卫空阙，兵甲寡弱，陛下何所资用？而一旦如此，无乃欲除疾而更深之邪！祸殆不测，宜见重详。"帝[不听，]乃出怀中版令投地，曰："行之决矣！正使死，何所惧？况不必死邪！"⑦于是入白太后。沈、业奔走告文王⑧，文王为之备。帝遂帅僮仆数百，鼓噪而出。文王弟屯骑校尉伷入，遇帝于东止车门，左右呵之，伷众奔走。中护军贾充又逆帝⑨，战于南阙下，帝自用剑。众欲退，太子舍人成济问充曰⑩："事急矣，当云何？"充曰："公畜养汝等，正为今日⑪。今日之事，无所问也！"济即抽戈犯跸，前刺帝，刃出于背⑫。文王闻之，大惊，自投于地曰："天下其谓我何?"太傅孚奔往⑬，枕帝股而哭⑭，哀甚，曰："杀陛下者，臣之罪也!"⑮

【校记】

本条有部分重见于《三国志》卷四《魏志·高贵乡公纪》注引《汉晋春秋》和《世说新语·方正第五》注引《汉晋春秋》中。其中，自"自曹芳事后"至"刃出于背"，见《世说注》；自"帝曹髦见威权日去"至"杀陛下者，臣之罪也"，见《魏志注》。以上两段文字连同以下第75条"于是召百官议其事"云云，汤本总辑为一条，所补背景文字为"景耀三年，魏景元元年，昭弑其主髦及王经"。而黄本则以以上两段文字连同第77条"丁卯葬高贵乡公"云云为一条，列"高贵乡公"目下。其间两本各加有小注若干，不赘。因本条文字辑自二书，对魏主髦，《魏志注》皆称"帝"，而《世说注》及汤、黄本则直呼其名，原《汉晋春秋》帝蜀伪魏之旨，其于曹氏自不会以"帝"称，但考虑到与此前佚文一致，故从《魏志注》；对司马昭，《魏志注》皆称"文王"（"司马昭之心"出自髦口例外），《世说注》则直呼曰"昭"，而习氏为晋臣，于昭名必有所讳，故亦从《魏志注》。"王沈"，黄本"沈"作"沉"。"散骑常侍王业"，汤本脱"散骑"二字。"当与卿［等］自出讨之"，汤、黄本及《世说注》皆无"等"字，系《魏志注》据文意所补。 自"王经曰"至"帝不听，乃出怀中版令投地"一段，汤、黄本于"王经"后加有一"谏"字，黄本无"为曰"二字，《魏志注》、黄本皆无"不听"二字，《世说注》则将这几句话略写为"王经谏，不听"五字。"正使死，何所惧"，《世说注》及汤、黄本"惧"皆作"恨"。"帝自用剑"，汤、黄本于"剑"后皆缀一"挥"字。"公畜养汝等，正为今日"，《魏志注》、黄本无"公"字，《世说注》无"养"字，《魏志注》、黄本"为"作"谓"。"抽戈犯跸"四字仅见于汤本，为依《史通·直书》所补，今从之并删去其后小注。"文王闻之"，《魏志注》脱"之"字。 又按《太平御览》卷九十四"皇王部十九·魏高贵乡公"目下，亦引有自"帝见威权日去"至"杀陛下臣之罪也"及其后"葬高贵乡公"一节，文字略同《魏志注》。

【史补】

（1）《通鉴纲目》曰：夏，五月，魏司马昭弑其主髦于南阙下。尚书王经死之。（《御批通鉴纲目》卷十六）

（2）《魏志·高贵乡公纪》：五月己丑，高贵乡公卒。年二十⑯。皇太后令曰："吾以不德，遭家不造，昔援立东海王子髦，以为明帝嗣，见其好书疏文章，冀可成济，而情性暴戾，日月滋甚。吾数呵责，遂更忿恚，造作丑逆不道之言以诬谤吾，遂隔绝两宫。其所言道，不可忍听，非天地所覆载。吾即密有令语大将军，不可以奉宗庙，恐颠覆社稷，死无面目以见先帝。大将军以其尚幼，谓当改心为善，殷勤执据。而此儿忿戾，所行益甚，举弩遥射吾宫，祝当令中吾项，箭亲堕吾前。吾语大将军，不可不废之，前后数十。此儿具闻，自知罪重，便图为弑逆，赂遗吾左右人，令因吾服药，密因酖毒，重相设计。事已觉露，直欲因际会举兵入西宫杀吾，出取大将军，呼侍中王沈、散骑常侍王业、尚书王经，出怀中黄素诏示之，言今日便当施行。吾之危殆，过于累卵。吾老寡，岂复多惜余命邪？但伤先帝遗意不遂，社稷颠覆为痛耳。赖宗庙之灵，沈、业即驰语大将军，得先严警，而此儿便将左右出云龙门，雷战鼓，躬自拔刃，与左右杂卫共入兵陈间，为前锋所害。此儿既行悖逆不道，而又自陷大祸，重令吾悼心不可言。昔汉昌邑王以罪废为庶人，此儿亦宜以民礼葬之，当令内外咸知此儿所行。又尚书王经，凶逆无状，其收经及家属皆诣廷尉。"⑰

（3）〔宋〕**李觏论司马昭为大恶而避恶名曰**：成济刺杀高贵乡公，司马文王闻之，自投于地，乃收济家属付廷。夫弑逆非文王意耶？曰：弑逆之名，何可当也！有其意者，必假手于人而归罪焉。养犬者固欲其御人也，客来而伤，则击犬；惭于客，不得不有说也。为大恶而得大利，既外于人伦矣，况父母妻子狼藉都市者乎！智矣哉，王僧辩也！其对湘东王曰："平贼之谋，臣为己任；成济之事，请举别人。"（《李觏集》卷三十二《常

语上》）

（4）〔宋〕叶适哀高贵乡公曰：高贵乡公劣汉高而优少康，论著祯祥以耀远近，其意盖欲感动臣下，使之协同耳。今其书之存者，但纵论文义，无所激发，则当时未尝领会可知矣。而公不胜忿怒，奋一夫之决而速其死，悲夫！

又曰：按晋灵公不君，赵穿弑之，赵盾反不讨贼，史官以穿罪罪焉，孔子以为其义足以戒后世，因而不改，然而法一变矣。及晋厉公亦以淫虐被杀，而悼公要誓之词曰："立而不从，将安用君！二三子用我今日，否亦今日"；而栾书、中行偃束手退听，晋自是复霸，人以为才。至鲁昭公不忍，讨伐季氏不克而奔齐。齐悼公亦循周子故步，欲正其始，陈乞不从，寻即遇篡。四者之迹，足以互见。盖赵盾、栾范，恭顺未失，故臣道可复存；意如、田恒，悖恶已定，故君权不复反。事已至此，但以胜负为是非耳。至高贵乡公，则又有可哀者。司马懿父子暴擅疪夺，五年未远，国祚已非魏有。按毌丘俭表，司马师自公立未尝朝，公欲问其疾，亦拒不得至。观此际会，虽有二悼，余正其始，何可复行？侍从、群臣一语不酬对，更假数岁，不过身亲授受而已。而或者乃指《易》屯膏之义，谓小贞则吉，大贞则凶，未知亡国与杀身，小大何所别异，而尚以吉凶言乎！宜公欲以少康自比而终不能也。公立时年十五，英材逸气，与少康、晋悼略相似，哀哉！哀哉！（《习学记言序目》卷二十七《魏志·高贵乡公髦》）

（5）〔明〕邱濬《世史正纲》记魏主髦被弑并论曰：庚辰，ⓗ景耀三年，魏甘露五年、五月以后魏主奂景元元年，吴永安三年。春，正月朔，日有食之。○夏，五月，魏主自讨司马昭，王沈、王业泄其谋，昭弑之于南阙下，尚书王经死之。○魏尚书仆射请司马昭诛贾充。○魏司马昭以弑逆罪归成济，诛之，夷三族。

魏主髦之被弑，司马昭之心、贾充之计也，特假成济手耳。昭杀之，以欺世遒诛，今亦以"昭诛"书之何？用以示戒万世，使人莫为贼臣所欺也。盖以君臣之义根于人心，人人有之，初不以贵贱而有异也。昭之官虽尊，济之官虽卑，然皆魏之臣子也。昭固不可有将之之心，济岂可有刺之

之理哉？书之于册，以示万世之为人臣仆者，使知所去就，人人不为权奸所用，则彼安能以其一人智力为之哉！（卷十《三国世史》）

（6）〔清〕**李慈铭赞高贵乡公并斥当时儒臣曰**：高贵乡公经术文章，咸有师法，留心政事，常以夏少康为念，真三代后不多见之令主。其决计讨司马昭，亦不失为英雄。后人见其败死，谓之寡谋轻举，为鲁昭公之续。不知楚庄王之讨斗椒，叔孙昭子之讨竖牛，卫献公之讨宁喜，汉桓帝之讨梁冀；即同时吴景帝之讨孙綝，后世若宋文帝之讨徐傅、谢晦，周武帝之讨宇文护，皆冒险奋发，卒底于成。事机之会，间不容发，勇决速断，固除乱之首务矣！后世人君狃于鲁昭、高贵之事，因循容忍以酿大祸者，不知凡几，可胜慨哉！高贵自言："正使死，何所惧？况不必死耶！"二语慷慨激烈，千载下读之犹有生气。元魏孝庄帝谓"宁与高贵乡公同日而死，不与常道乡公同日而生"，二君英武，异代同符，其皆不免，则天也。观《齐王纪》中历载其通《论语》，通《尚书经》，通《礼记》，皆遣使以太牢祀孔子、颜渊；高贵养老乞言，亲行古礼，以王祥为三老，郑小同为五更，皆穆然有东汉之风，令人起敬。操尚权诈，丕尚词章，皆不重儒，而二君乃有此事，不可谓非高堂、叔平等之功也。观《高贵纪》所载太后追废之诏，丑辞诬诋，令人发指。以贤如髦，而致斯惨酷，操之余殃，甚矣。其时儒学重臣，若王祥、王沈、高柔、裴秀、卢毓辈，皆坐视此变，附和贼臣，经术之害，固有甚于匡、张、孔、马者焉。（《越缦堂读书记·三国志》）

（7）〔清〕**周寿昌论曹髦之教训曰**：甘露二年，"侍中何逌、尚书陈骞等作诗稽留，有司奏免官"。予案作诗稽留，有司奏罚，帝之性急，信有征矣。其后受祸，未尝不因性急害之。以帝之才而遵时养晦，勤治图成，魏祚其可少延乎！（《三国志注证遗》卷一《曹髦性急》）

（8）〔宋〕**胡寅论司马孚欺世盗名曰**：考司马孚忠于魏室之事，无有也。惟邵陵厉公之废，孚送之，悲不自胜，高贵乡公之死，孚枕其股而哭之甚哀，如此而已。师、昭擅魏，孚为上公，兴建晋朝，于魏何有？及帝逊位，孚又欷歔。每值君父大变，专以泣涕悲哀眩惑观听，实则安据高位，常都宠荣。至于没身，又令敛以素棺时服，若初无意于富贵者，且自号曰"有魏贞士"，而史称其废立之际，未尝与谋。若孚者，可谓敢为大言绝行以欺世盗名，奸人之深厚缜密者也。推见至隐，罪不容诛矣。（《读史管见》卷六《魏纪·元帝咸熙元年》）

（9）〔明〕王志坚论司马孚之无耻并及司马光曰：以曹爽有无君之心，兄弟不宜典兵宿卫奏太后者，司马孚也。以高贵乡公之出为欲弑太后，引《春秋》书襄王不能事母事奏太后者，亦司马孚也。孚于禅代之事，实为谋主，而佯为不忘故主者，自称"有魏贞士"，可谓无耻矣。温公为孚之裔，书孚事往往不欲尽言，读者识其微意可也。（《读史商语》卷二）

（10）〔清〕尤侗评司马孚之诈伪并及司马光曰：司马孚亲为懿弟，高贵乡公之死，枕股而哭，不闻一言责昭，治贾充之罪，不及陈泰远矣。至炎篡魏，不能救正，止于拜辞流涕，自称"大魏纯臣"，其谁信之！晋封为安平王，亦未见其辞让也。计其为人，不若朱全昱之朴直。温公孚裔，为亲者讳。○孚自称"有魏贞士"，而《纲目》书"晋安平王卒"，诛其诈也。（《看鉴偶评》卷三）

【笺注】

① 王沈（？—266）：字处道，太原晋阳（今山西太原）。魏征南大将军王昶之侄。少孤，好书，善属文。大将军曹爽辟为掾，累迁中书门下侍郎。及爽诛，以故吏免。后起为治书侍御史，转秘书监。正元中，迁散骑常侍、侍中，典著作。高贵乡公曹髦好学有文才，号沈为文籍先生。后以出卖髦依附司马氏，封安平侯。累迁镇南将军。晋代魏，以佐命功，转骠骑将军、录尚书事，加散骑常侍；晋爵为县公。泰始二年（266）卒，谥曰元。沈既不忠于魏主，甚为众论所非。王志坚《读史商语》论曰："王沈事高贵乡公，呼为文籍丈人，可谓尊礼之优矣！其欲讨司马昭也，沈走往告之，卖主以取富贵，何其无人心也！沈之子浚袭父爵，希贾后意害太子，其后拥强兵，据要地，坐视司马氏之乱而不救，欲自称尊，卒为石勒所杀。司马氏之宜有此臣也，沈亦宜有此子也，盖天实为之矣！"王鸣盛《十七史商榷》亦论曰："王沈以高贵乡公之谋告司马氏而弑之，其子浚承贾后旨害愍怀太子于许昌，可云父子世济其恶。"

② 王经（？—260）：字彦伟（又作纬），冀州清河（治今河北清河东南）人。出

身贫寒仕魏，初为江夏太守，后司隶校尉、尚书。甘露五年（260），以忠于魏，不附司马氏，被诛。

③《三国志旁证》卷六："按《钟会传注》有王业，字长绪，为王粲族兄凯之子，刘表之外孙。粲子被诛，文帝以业嗣王粲，疑即其人也。"

④《通鉴》胡注："言路人亦知其将篡。"

⑤《通鉴》胡注："'卿'下当有'等'字。"

⑥《通鉴》胡注："鲁季氏世执鲁国之政。至昭公时，伐之，不胜，公孙于齐，次于阳州，死于干侯。事见《左传》。"

⑦《三国志集解》："《晋书·文帝纪》：'天子既以帝三世宰辅，政非己出，情不能安，又虑废辱。将临轩召百僚，而行放黜。五月戊子夜，使冗从仆射李昭等发甲于陵云台，召侍中王沈、散骑常侍王业、尚书王经，出怀中黄素诏示之，戒严俟旦。'何焯曰：'或以公是举失之轻脱，正使隐忍不发，亦不过作陈留王耳；吾殊健其勇决也。'弼按：据《晋史》所载，当时实将有废立之事，昭之密疏，或即为此。郑小同之鸩死，虑其漏泄也。"

⑧《通鉴》胡注："帝礼遇王沈，呼为文籍先生，而临变乃尔，吁！"

⑨贾充（217—282）：字公间，魏豫州刺史、阳里亭侯贾逵之子。初袭爵为侯，拜尚书郎，累迁黄门侍郎、汲郡典农中郎将。后参司马师军事，继而为司马昭司马，转右长史，先后从讨毌丘俭、诸葛诞，进爵宣阳乡侯。迁廷尉，转中护军，弑高贵乡公。曹奂即位，进封安阳乡侯，加散骑常侍。晋代魏，充以佐命元勋，累迁至太尉，行太子太保、录尚书事。太康三年（282）卒，追赠太宰。《晋书·贾充传论》曰："贾充以谄谀陋质，刀笔常材，幸属昌辰，滥叨非据。抽戈犯顺，曾无猜惮之心；杖钺推亡，遽有知难之请，非惟魏朝之悖逆，抑亦晋室之罪人者欤！然犹身极宠光，任兼文武，存荷台衡之寄，没有从享之荣，可谓无德而禄，殃将及矣。逮乎贻厥，乃乞丐之徒，嗣恶稔之余基，纵奸邪之凶德。煽兹哲妇，索彼惟家，虽及诛夷，曷云塞责。昔当涂阙翦，公间实肆其劳，典午分崩，南风亦尽其力，可谓'君以此始，必以此终'，信乎其然矣。"

⑩《通鉴》胡注："《晋志》，太子舍人职比散骑、中书等侍郎。时未立太子，不应置东宫官属；济本昭之私人，授以是官耳。"

⑪《三国志集解》："《晋书·景帝纪》：'帝阴养死士三千，散在人间，至是一朝而集。'可知司马氏之图篡，自曹爽时已然矣。"

⑫《三国志集解》："《晋书·文帝纪》：'沈、业驰告于帝，帝召护军贾充等为之备。天子知事泄，帅左右攻相府，称有所讨，敢有动者族诛。相府兵将止不敢战，贾充叱诸将曰：公畜养汝辈，正为今日耳！太子舍人成济抽戈犯跸，刺之，刃出于背，天子崩于车中。'赵一清曰：'赵高以后，复见此事。王莽、梁冀阴行鸩毒，未有如此之显者也。'"

⑬司马孚：（180—272），字叔达。河内温（今河南温县西）人。司马懿之弟。北宋司马光是其嫡传后裔。司马孚自曹操时起任文学掾，历仕曹魏五代皇帝，累迁至太傅。在高平陵政变中，他协助兄懿控制京师，诛杀曹爽一党，后又督军成功抵御吴、蜀的进攻，为司马氏政权的稳固卓著勋劳。但他性格谨慎，自司马懿执掌大权起，便一直表现低调。晋代魏，孚哭拜于魏废帝曹奂前，声言"身为魏臣，终不背魏"；进拜太宰，封安平王。晋武帝司马炎对他这位叔祖备极尊宠，但他似乎并不以为荣，而常有忧色，临终犹遗令曰："有魏贞士河内温县司马孚，字叔达，不伊不周，不夷不惠，立身行道，终始若一，当以素棺单椁，敛以时服。"后世史家对他评价不一，但显然誉少毁多。宋陈普《司马孚》诗曰："心地终输范粲安，鱼熊兼得古今难。永嘉陵墓温明器，得似安平素木棺。"又《三国志集解·魏志·高贵乡公纪》引林国赞曰："司马孚为司马懿弟，懿害曹爽，孚实与闻。孚在齐王芳时为太尉，在高贵乡公时为太傅，芳废，孚仅一哭送之；高贵弑，孚又仅一哭尽之。七年之间，两见此事，入晋后又父子并为上公，名教扫地，至此极矣！"

⑭《通鉴》胡注："枕帝于股也。《左传》，齐崔杼弑其君光，晏子枕尸股而哭之，三踊而出。"

⑮裴注："臣松之以为，习凿齿书虽最后出，然述此事差有次第。故先载习语，以其余所言微异者次其后。"按："其余所言微异者"，谓《世语》、干宝《晋纪》、《魏氏春秋》及《魏末传》等，不赘。刘知幾《史通·直书》赞曰："当宣、景开基之始，曹、马构纷之际，或列营渭曲，见屈武侯，或发仗云台，取伤成济。陈寿、王隐咸杜口而无言，干宝、虞预各栖毫而靡述。至习凿齿，乃申以死葛走生达之说，抽戈犯跸之言。历代厚诬，一朝始雪。考斯人之书事，盖近古之遗直欤！"

⑯朱明镐《史纠·三国志·魏志》论曰:"《志》云:'五年,五月己丑,高贵乡公卒。'书法至此,是无天矣! 大行之惨夷于大夫,即司马恭自削牍,尚或心战而不敢下。或曰寿官于晋之故,然则郭颁、傅畅、习凿齿独非晋人乎? 郭颁《世语》,傅畅《诸公赞》,习凿齿《汉晋春秋》,深晰充、济之逆,叹服王经之义,纪己丑之事,本末详尽,具有微文;寿独何情甘蚀大义,以奖乱人乎!"赵翼《陔余丛考·三国志》曰:"高贵乡公之被弑也,但云'五月己丑,高贵乡公卒,年二十',而贾充奉司马昭旨使成济刺帝之事,略无一字。但书卒之年月,使无裴世期引《汉晋春秋》及《世语》以注之,竟似考终寝殿者矣。然犹曰为本朝讳也。使暴崩者同于考终,行弑者泯其逆节,所谓善叙事者安在耶? 使作史者凡有忌讳皆不书,必待后人之追注,则安用作史耶?"

⑰彭孙贻《茗香堂史论·三国志》论曰:"高贵乡公髦,博学善谈论,乃是书生耳;不知权略,死成济之刃,哀哉! 公谓少康优于汉高,其志可嘉;少康遁迹民间,智深勇沉,始能克灭诸贼,祚夏配天,公何仓促乎? 成济之弑,直书'高贵乡公卒'。弑逆,大恶也,即为晋曲讳,亦当微文存实,何抹杀乃尔耶! 然则皇太后诏、大将军奏归罪成济,坐以大逆,何说邪? 且天子而曰'卒',无其例,晋臣何佞也!"牛运震《读史纠谬·三国志》则论曰:"高贵乡公遇弑之事,人所共愤。司马氏又诬之以谋危太后之罪,岂复有天道邪! 陈寿身为晋臣,书其事而不尽其词,犹之可矣,乃详载其所假太后令,籑其矫诬之词,助之凶逆,真无人心者矣!"赵翼《廿二史札记·三国志多回护》复论曰:"司马师之废齐王芳也,据《魏略》云,师遣郭芝入宫,太后方与帝对奕,芝奏曰:'大将军欲废陛下。'帝乃起去,太后不悦。芝曰:'大将军意已定,太后但当顺旨。'太后曰:'我欲见大将军。'芝曰:'大将军何可见耶?'太后乃付以玺绶。是齐王之废全出于师,而太后不知也。《魏纪》反载太后之令,极言齐王无道不孝,以见其当废,其诬齐王而党司马氏亦太甚矣。至高贵乡公之被弑也,帝以威权日去,心不能甘,发甲于凌云台,亲讨司马昭。昭令贾充拒之,时相府兵尚不敢动,充即谕成倅、成济曰:'公畜养汝等,正为今日!'济乃抽戈犯帝,刃出于背而崩。此事见《汉晋春秋》、《魏氏春秋》及《世语》、《魏末传》,是司马昭实为弑君之首。乃《魏志》但书'高贵乡公卒,年二十',绝不见被弑之迹。反载太后之令,言高贵乡公之当诛,欲以庶人礼葬之。并载昭奏,称'公率兵向臣,臣即敕将士不得伤害,骑督成

倅弟成济横入兵阵，伤公，进至殒命，臣辄收济付廷尉，结正其罪'等语。转似不知弑君之事，而反有讨贼之功。本纪如此，又无列传散见其事，此尤曲笔之甚者矣。"

75. 曹髦之薨，司马昭闻之，自投于地曰"天下谓我何？"于是召百官议其事。昭垂涕问陈泰曰①："何以居我？"泰曰："公光辅数世，功盖天下，谓当并迹古人，垂美于后。一旦有弑君之事，不亦惜乎！速斩贾充，犹可以自明也。"昭曰："公间不可得杀也。卿更思余计。"泰厉声曰："意唯有进于此耳②，余无足委者也！"归而自杀③。

【校记】

本条据《世说新语·方正第五》注引《汉晋春秋》校定。 汤本与前条并为一条。 黄本以"陈泰"为目。

【史补】

（1）《世说新语·方正篇》曰：高贵乡公薨，内外喧哗。司马文王问侍中陈泰曰："何以静之？"泰曰："唯杀贾充以谢天下。"文王曰："可复下此不？"对曰："但见其上，未见其下。"干宝《晋纪》曰："高贵乡公之杀，司马文王会朝臣谋其故。太常陈泰不至，使其舅荀颛召之，告以可不。泰曰：'世之论者，以泰方于舅；今舅不如泰也。'④子弟内外咸共逼之，垂涕而入。文王待之曲室，谓曰："玄伯，卿何以处我？"对曰："可诛贾充以谢天下。"文王曰："为我更思其次。"泰曰："唯有进于此，不知其次。"文王乃止。《汉晋春秋》曰，云云。

（2）〔宋〕苏轼斥贾充叛魏曰：司马景王既执王凌而归，过贾逵庙，大呼曰："贾梁道，我大魏之忠臣也。"及景王病，见凌与逵共守，答杀之。逵之子充乃叛魏事晋，首发成济之事。凌尝谓充："卿非贾梁道子耶？乃欲以国与人！"由此观之，逵之忠于魏久矣，充岂不知也耶？予乃知小人嗜利，利之所在，不难反父，父且不顾，不知人主亦安用此物？故亡晋者，卒充也。（《苏轼文集》卷六十五《贾充叛魏》）

（3）〔宋〕胡寅论贾充者人之不祥曰：司马氏经营大业，其人材多在宣、景、文王之世。至武帝即位，为公辅与大政者，盖鲜贤材矣。而贾充亲曾弑君，罪在成济之上，乃辅相初政，而冯紞、荀觊、荀勖，又皆小人而据要位，相与党友，献纳邪说，间离齐王攸，纳充女为太子妃。晋之亡也，用此二事，而武帝不之悟也。贾充亡魏又亡晋，非人之不祥者欤！康节邵先生深明易数，以晋室之祸，本于夕阳亭之一言，石勒长啸于上东门，亦悠悠耳。师、昭废二主，杀一君，欺人孤幼，以夺其国，曾不再世，称兵相屠者起自兄弟叔侄，而非他人也。出乎尔，反乎尔，可不信夫！得之不以其道，而欲长有也难矣。（《读史管见》卷六《晋纪·武帝泰始八年》）

柯按：贾充之父贾逵，魏之忠臣，生前威恩并著，遗爱身后，吏民追思之，为刻石立祠，魏明帝称其“殁而不朽”；而贾充则谄谀陋质，背父弑君，卖魏祸晋，无恶不作。贾梁道无子，岂不悲哉！陈群亦魏之忠臣，通雅博畅，以天下为己任；其子陈泰，立功立事，正气彪炳天地之间。陈氏有子，而时人犹谓其四世“公惭卿，卿惭长”（裴注引《博物记》语）。今犹有人曰：“龙生龙，凤生凤。”视此可以休矣！斯可为勋臣及勋臣子孙戒。

【笺注】

①陈泰（？—260）：字玄伯，魏司空陈群之子。魏青龙中，除散骑侍郎。正始中，为并州刺史，使持节，护匈奴中郎将，怀柔夷民，甚有威惠。嘉平初，代郭淮为雍州刺史。淮卒，又代为征西将军，假节都督雍凉诸军事。备御蜀汉姜维进攻，多建功绩。征为尚书右仆射，典选举，加侍中光禄大夫。吴大将孙峻出淮泗，泰为镇军将军，假节都督淮北诸军事。峻退，还，转左仆射。诸葛诞讨司马昭，昭率六军军丘头，泰总署行台。泰与司马师、昭兄弟皆亲友，昭尝问友人武陔曰：“玄伯何如其父司空也？”陔曰：“通雅博畅，能以天下声教为己任者，不如也；明统简至，立功立事，过之。”景元元年（260）卒，追赠司空。谥穆侯。

②《通鉴》胡注：“言当以弑君之罪罪昭。”

③泰自杀事，不见于本传及干宝《晋纪》等书。唯裴注引《魏氏春秋》曰：“泰劝大将军诛贾充，大将军曰：‘卿更思其他。’泰曰：‘岂可使泰复发后言！’遂呕血薨。”

④刘孝标注："干宝《晋纪》曰：高贵乡公之杀，司马文王会朝臣谋其故。太常陈泰不至，使其舅荀𫖮召之，告以可不。泰曰：'世之论者，以泰方于舅；今舅不如泰也。'子弟内外咸共逼之，垂涕而入。文王待之曲室，谓曰：'玄伯，卿何以处我？'对曰：'可诛贾充以谢天下。'文王曰：'为我更思其次。'泰曰：'唯有进于此，不知其次。'文王乃止。"

76. 初，曹髦将自讨司马昭。王经谏曰："昔鲁昭公不忍季氏，败走失国，为天下笑。今权在其门，为日久矣，朝廷四方皆为之致死，不顾逆顺之理，非一日也。且宿卫空阙，寸刃无有，陛下何所资用？而一旦如此，无乃欲除疾而更深之邪！祸殆不测，宜见重详。"髦不听。后杀经并及其母。经被收，将死，垂泣谢母，母颜色不变，笑而谓曰："人谁不死？往所以不止汝者，恐不得其所也。以此并命，何恨之有！"①

【校记】

本条据《世说新语·贤媛第十九》注引《汉晋春秋》，并参酌《三国志》卷九《魏志·夏侯玄传》注引《汉晋春秋》校定。 "初，曹髦将自讨司马昭"，或为《世说》注引《汉晋春秋》的概述文字，但汤本作背景文字处理，却亦欠妥，故去其所加括号。 黄本以"王经"为目。 自"经谏曰"至"髦不听"，见于《魏志·高贵乡公纪·注》，而"经被收"以下又见于《魏志·夏侯尚传·注》，自"经被收，辞母。母颜色不变，笑而应曰"至文末，文字并有小异。 "王经"之"王"、"鲁昭公"之"公"，及"为日"、"经被收"等七字，皆《世说注》所无，系汤本或据《魏志注》所补，姑存之。汤本又于"寸刃无有"后有小注"一作兵甲寡弱"，于"笑而谓"之"谓"后有小注"一作应"，或亦据《魏志注》所加，俱删。 "往所以止汝者"，《魏志注》及汤本于"止"前有"不"字，而《世说注》、黄本俱无，今从后者。 文末《魏志注》缀有"哉"字。

【史补】

（1）《世说新语·贤媛篇》曰：王经少贫苦，仕至二千石，母语之曰："汝本寒家子，仕至二千石，此可以止乎！"经不能用。为尚书，助魏，不忠于晋。被收，涕泣辞母曰："不从母敕，以至今日。"母都无戚容，语之曰："为子则孝，为臣则忠，有孝有忠，何负吾邪！"②

（2）〔宋〕萧常《续后汉书·王经传赞》曰：王经不附司马昭，可谓知死所矣。其母知有名义，含笑地下，虽古烈妇，何以加诸！

（3）〔元〕郝经《续后汉书·王经传议》曰：君死社稷，臣死于君，王经有焉。

（4）〔明〕朱明镐《史纠》论陈寿记王经事之三异曰：王彦伟之义，上方孔父；视彼王沈、王业二人，罪通于天矣。陈寿不为立传，而附见于《夏侯尚传》之末，一异也。"经被收，辞母。母颜色不变，笑而应曰：'人谁不死？往所以不止汝者，恐不得其所也。以此并命，何恨之有哉！'"习凿齿记之甚详。由此言之，彦伟之母允矣！圣善非止，知兴知废之母，及东海贤智之母，所得仿佛正谊者。而陈寿删去不录，止载其守分知足之言，使后世读史不关本末者，徒以彦伟之母一清河喆妇耳。而彦伟并不能辞干没进趋之恶名。二异也。或曰：书经忠是昭晋篡，寿亦畏罪耳；则应之曰：泰始元年之诏，赐经孙以郎中之爵，是晋武尚深愍其忠，而寿《志》必曲掩其美也。三异也。（卷一《魏志·夏侯尚传》）

（5）〔清〕王鸣盛论陈寿不为王经立传曰：魏氏之亡，始于曹爽之诛，而终于齐王之废及高贵乡公之弑。爽之骄溢，其败有由。然爽不死，司马之篡不成。若夏侯玄、李丰之狱，则师、昭相继，逆节彰著。诸公身沉族灭，皆魏室之忠臣也。故于《玄传》末以许允、王经终之，以见其皆亡身殉国者。而皆贬其以过满取祸，则庾词以避咎耳。世愈近，言愈隐，作史之良法也。（《十七史商榷》卷四十《三国志二·夏侯玄传附许允王经》）

【笺注】

①《三国志集解》："胡三省曰：'非此母不生此子。'袁宏《三国名臣序赞》曰：'君亲自然，匪由名教；敬爱既同，情理兼到。烈烈王生，知死不挠；求仁不远，期在

忠孝。'"

②刘孝标注："《世语》曰：'经字彦伟，清河人。高贵乡公之难，王沈、王业驰告文王，经以正直不出。因沈、业申意，后诛经及其母。'晋诸公赞曰：'沈、业将出，呼经，不从，曰：吾子行矣！'《汉晋春秋》曰，云云。干宝《晋纪》曰：'经正直不忠于我，故诛之。'按傅畅、干宝所记，则是经实忠贞于魏，而《世语》既谓其正直，复云因沈、业申意，何其相反乎！故二家之言深得之。"

77. 丁卯，葬高贵乡公于洛阳西北三十里瀍涧之滨①。下车数乘，不设旌旒②，百姓相聚而观之曰："是前日所杀天子也。"③或掩面而泣，悲不自胜。

【校记】

本条据《三国志》卷四《魏志·高贵乡公纪》注引《汉晋春秋》校定。　黄本与佚文第74条共为一条。　"旌旒"，汤本"旌"作"旐"。

【史补】

(1)《魏志·高贵乡公纪》曰：庚寅，太傅孚、大将军文王、太尉柔、司徒冲稽首言："伏见中令，故高贵乡公悖逆不道，自陷大祸，依汉昌邑王罪废故事，以民礼葬。臣等备位，不能匡救祸乱，式遏奸逆，奉令震悚，肝心悼栗。《春秋》之义，王者无外，而书'襄王出居于郑'，不能事母，故绝之于位也④。今高贵乡公肆行不轨，几危社稷，自取倾覆，人神所绝，葬以民礼，诚当旧典。然臣等伏惟殿下仁慈过隆，虽存大义，犹垂哀矜，臣等之心实有不忍，以为可加恩以王礼葬之。"⑤ 太后从之⑥。

(2)〔清〕**李慈铭斥《晋书》丑诬高贵乡公曰**：《晋书》先冠以宣帝景帝文帝纪，已是纰缪。《三国志·三少帝纪》称高贵乡公"少好学，夙成。齐王废，公卿议迎立"，其下备述公之辞让有礼；又云"即皇帝位，百僚陪位者欣欣焉"，此明言高贵之为令主。而《晋书·景帝纪》则言帝本欲立彭城王据，太后不听，乃迎高贵；高贵"受玺惰，举趾高，帝心忧之"，其下又备载帝训高贵之言，浮辞谵语，令人愤邑。此皆当时司马之党如王沈辈者丑诬妄造。其后孙盛、鱼豢、王隐、朱凤之流传播秽言，以为信史。承祚身仕晋武之世，羁旅孤危，其时典午方隆，王沈诸党逆之徒咸据高位，其书盛行，乃悉归刊削，绝不顾忌，此所以为良史也。裴世期注遍搜异说，而于《高贵纪注》未有《晋书》所称一字，《彭城王据传》亦不注司马师本欲迎立之言。盖晋人多诬，世所共悉，而高贵贤明好学，见酷逆臣，亦古今所共痛。唐修《晋书》，何嫌何疑，乃舍承祚之直笔，而拾王沈之奸唾，满纸丑言，自成秽史，许敬宗辈真犬彘也。刘子玄云："古之书事也，令乱臣贼子惧；今之书事也，使忠臣义士羞。"每诵斯言，为之三叹！（《越缦堂读书记·晋书》）

【笺注】

①瀍涧：瀍水与涧水之合称。《水经》："瀍水出榖城县北山东，与千金渠合。又东过洛阳县南，又东过偃师县，又东入于洛。涧水出新安县南白石山，东南入于洛。"古都洛阳（在今河南洛阳市东），瀍水穿城中，涧水环城西，故多以二水连称谓其地。清顾祖禹《读史方舆纪要》："高贵乡公陵在县西北三十里屈涧之滨。"屈涧，即涧河弯曲处，在今洛阳王城公园以北对应的邙山上。

②《三国志集解》"旌"作"旐"。其引周寿昌曰："《御览》引《帝王世纪》曰：'高贵乡公为太子舍人成济所害，年二十，以公礼葬之。'是并无王礼之说。"

③《三国志集解》："赵一清曰：'详味此言，与故长安天子之语何异邪？呜呼！'弼按：晋愍帝降于刘聪，聪使帝戎服执戟前导，见者指之曰：'此固长安天子也。'"

④《春秋》："僖公二十四年冬，天王出居于郑。"杜注："襄王也。天子以天下为家，故所在称居。天子无外，而书出者，讥王蔽于匹夫之孝，不顾天下之重，因其辟母弟之难。书出，言其自绝于周。"

⑤裴注："臣松之以为若但下车数乘，不设旌旗，何以为王礼葬乎？斯盖恶之过言，所谓'不如是之甚'者。"周寿昌《三国志注证遗》曰："下车数乘，不设旌旗，虽曰王礼，实用民礼也。司马昭之凶威，何所不至，裴氏疑为过甚之言，亦何其不达邪！"

⑥《三国志集解》："或曰：'从之'二字中，几许血泪！"

后主景耀四年（魏曹奂景元二年、吴孙休永安四年）（261）

78.孙休①时，珝为五官中郎将②，遣至蜀求马。及还，休问蜀政得失，对曰："主暗而不知其过，臣下容身以求免罪，入其朝不闻正言，经其野民皆菜色。臣闻燕雀处堂，子母相乐，自以为安也；突决栋焚，而燕雀怡然，不知祸之将及，其是之谓乎！"③

【校记】

本条据《三国志》卷五十三《吴志·薛综传》注引《汉晋春秋》校定。 汤本于"珝"前补有"薛"字。 黄本以"薛珝"为目。

【史补】

（1）《通鉴纲目》曰：（景耀四年）冬，以董厥为辅国大将军，④诸葛瞻为都护、卫将军⑤，共平尚书事，以侍中樊建为尚书令⑥。时中常侍黄皓用事⑦，厥、瞻皆不能矫正，士大夫多附之，唯建不与皓往来。秘书令郤正久在内职⑧，与皓比屋，周旋三十余年，淡然自守，以书自娱，既不为皓所爱，亦不为皓所憎，故官不过六百石⑨，而亦不罹其祸。帝弟甘陵王永⑩憎皓，皓谮之，使十年不得朝见。

吴主使薛珝来聘，及还，吴主问汉政得失，对曰："主暗而不知其过，臣下容身以求免罪，入其朝不闻直言，经其野民皆菜色。臣闻燕雀处堂，子母相乐，突决栋焚，而怡然不知祸之将及，其是之谓乎！"

【注释】

①孙休（235—264）：字子烈，吴国第三位皇帝。《三国志集解》："孙休永安时，即蜀后主景耀时，去蜀亡之日不远矣。"

②薛珝：吴名臣薛综之子。曾任将作大匠。孙休时，以五官中郎将使蜀，及还，预言蜀祸将及。不久，蜀果亡。后以威南将军、大都督与苍梧太守陶璜等率军南征，攻陷交趾。璜领交趾太守，珝于归途中病逝。

③《通鉴》胡注："魏相子顺引先人之言也。呜呼！蜀之亡形成矣，薛珝见而知之。濮阳兴、张布用事，浦里塘之役，吴民愁怨，韦昭、盛冲以切直而不得居王所，珝亦知之否邪？知而不言，无亦容身而求免罪邪！"《通鉴胡注表微·臣节篇》曰："薛珝言蜀之散政，即所以警吴主也。吴主之不悟，故终与蜀同其命运。身之责备薛珝，为保持禄位而不肯直言者微耳！"

④董厥：字龚袭，义阳（今河南桐柏县东）人。丞相亮时为府令史，徙为主簿。亮卒后，稍迁至尚书仆射。景耀元年（258），代陈祗为尚书令。四年，迁辅国大将军，平尚书台事。蜀亡，入魏为相国参军，兼散骑常侍。

⑤诸葛瞻（227—263）：字思远，诸葛亮长子。年十七，尚公主，拜骑都尉。明年为羽林中郎将，屡迁射声校尉、侍中、尚书仆射，加军师将军。景耀四年（261），为行都护卫将军，与董厥并平尚书事。六年冬，魏征西将军邓艾伐蜀，瞻战死于绵竹，时年三十七。长子尚，与瞻俱战没。

⑥樊建：字长元，义阳（今河南桐柏县东）人。少有文名，曾随丞相亮伐魏。历任蜀汉掾史、典军书记、主簿、令史、校尉、侍中。景耀四年（261），代董厥为尚书令。黄皓弄权，虽不能匡矫，亦不与其往来。蜀亡，入魏任相国参军，兼散骑常侍；入晋后为给事中。

⑦黄皓：蜀汉宦官。皓便辟佞慧，甚得后主刘禅宠幸。董允当政时，上则正色匡主，下则数责于皓；皓畏之，不敢为非，位亦不过黄门丞。延熙九年（246）允卒，陈祗为侍中，与皓互相表里，皓始预政事。景耀元年（258）祗卒，皓以黄门令为中常侍、奉车都尉，遂操弄威柄，恣擅朝政，以致大将军姜维惧而避祸；皓又征信鬼巫，谓敌终不自致，卒致蜀亡。后以厚赂魏将邓艾左右，得免一死。

⑧郤正：本名纂，字令先。祖父俭于灵帝末任益州刺史，因家于蜀。正少孤，而安贫好学，弱冠能属文，入为秘书吏，转为令史，迁郎，至令。性淡于荣利，后主降魏迁洛阳，蜀旧臣仅正等二人单身随侍、相导，时论嘉之。晋泰始中，除安阳令，迁巴西太守。咸宁四年（278）卒。

⑨《通鉴》胡注："秘书令，秩六百石。"

⑩甘陵王永：后主庶弟。章武元年（221）封为鲁王，建兴八年（230）改封甘陵王。蜀亡，入魏拜奉车都尉，封为乡侯。

后主景耀五年（魏曹奂景元三年、吴孙休永安五年）（262）

79.景耀五年，姜维率众出狄道，廖化曰①："兵不戢，必自焚，伯约之谓也②。智不出敌而力少于寇，用之无厌，何以能立③！《诗》云：'不自我先，不自我后'④，今日之事也。"

【校记】

本条据《三国志》卷四十五《蜀志·廖化传》注引《汉晋春秋》校定。　黄本以"廖化"为目。　"智不出敌"，汤、黄本"智"皆作"知"。

【史补】

（1）《通鉴纲目》曰：冬，十月，姜维伐魏洮阳，不克。初，维将出军，车骑将军廖化曰："'兵不戢，必自焚'，伯约之谓也。智不出敌而力小于寇，用之无厌，何以自存！"维遂伐魏，攻洮阳，邓艾与战于侯和，破之，维退住沓中⑤。时黄皓用事，与右大将军阎宇亲善，欲废维树宇⑥。维知之，言于帝曰："皓奸巧专恣，将败国家，请杀之！"帝曰："皓趋走小臣耳，往董允每切齿，吾常恨之⑦，君何足介意！"维见皓枝附叶连，逊辞而出。帝敕皓诣维陈谢。维由是疑惧，返自洮阳⑧，因求种麦沓中，不敢归成都⑨。

魏以钟会都督关中军事⑩。魏司马昭患姜维数北伐，官骑路遗求为刺客入蜀⑪，从事中郎荀勖曰："明公为天下宰，宜仗正义以伐违贰，而以刺客除贼，非所以刑于四海也。"⑫昭善之。遂欲大举伐汉。朝臣多以为不可，独钟会劝之。昭谕众曰："自定寿春已来，息役六年，治兵缮甲，以拟二虏。今吴地广大而下湿，攻之用力差难，不如先定巴蜀，三年之后，因顺流之势，水陆并进，此灭虢取虞之势也⑬。计蜀战士九万，据守成都及备他境不下四万，然则余众不过五万。今绊姜维于沓中，使不得东顾，直指骆谷，出其空虚之地以袭汉中，以刘禅之暗，而边城外破，士女内震，其亡可知也。"乃以会为镇西将军，督关中。邓艾以蜀未有衅，屡陈异议⑭；昭使人谕之，艾乃奉命。姜维表汉主："闻锺会治兵关中，欲规进取，宜并遣左右车骑张翼、廖化⑮，督诸军分护阳安关口⑯及阴平桥头⑰，以防未然。"⑱黄皓信巫鬼，谓敌终不

自致，启帝寝其事，群臣莫知。(《御批通鉴纲目》卷十六)

（2）〔明〕胡应麟论姜维曰：姜维之讨贼，伟哉！中原难复也，夫人辨之矣，维竭一身以殉之，虽衄犹胜也。(《少室山房笔丛》卷一四《史书占毕二》)

【笺注】

①廖化（？—264）：本名淳，字元俭，襄阳中庐（今襄阳市南漳县）人。初为前将军关羽主簿，羽败，诈降吴；旋诈死西归，于秭归遇刘备东征，被任为宜都太守。后历任丞相参军、广武都督、阴平太守，迁右车骑将军，假节，领并州刺史，封中乡侯。以果烈著称。魏咸熙元年（264），内徙洛阳，途病卒。

②《通鉴》胡注：“《左传》，鲁众仲曰：‘兵，犹火也，不戢，将自焚。’姜维，字伯约。”

③《通鉴》作“将何以存”。胡注：“谓较智则不出于敌人之上，而较力则又弱小也。”

④《诗·小雅·正月》：“父母生我，胡俾我瘉。不自我先，不自我后。好言自口，莠言自口。忧心愈愈，是以有侮。”

⑤侯和、沓中：皆地名。侯和在今甘肃卓尼东北三十里；沓中在今甘肃舟曲西、岷县南一带。《通鉴》胡注：“《水经注》：洮水径洮阳城，又东径共和山南，城在四山中，又东径迷和城北。意侯和即此地也。沓中在诸羌中，即沙漒之地。晋张骏据河西，因前赵之乱，收河南地，至于狄道，置武街、石门、侯和、漒川、甘松五屯护军，与后赵分境。乞伏炽盘攻漒川，师次沓中。则侯和之地在塞内，沓中之地在羌中明矣。”

⑥阎宇：字文平，南郡人。仕蜀，官至右大将军，都督巴东。黄皓弄权，宇与之联。魏伐蜀，召宇西还救难，不果。后不知所终。

⑦《蜀志·董允传》：“后主渐长大，爱宦人黄皓。皓便辟佞慧，欲自容入。允常上则正色匡主，下则数责于皓。皓畏允，不敢为非。终允之世，皓位不过黄门丞。”

⑧洮阳：汉时城邑，属陇西郡临洮县。故城在今甘肃临潭西南。胡注：“洮阳，洮水之阳也。洮水之阴，魏不置郡县，维渡洮而攻之也。《沙州记》曰：‘强城东北三百里有曾城，临洮水，曰洮阳城。’杜佑曰：‘临洮郡城本洮阳城，临洮水。’”晋惠帝时

始置洮阳县。

⑨《通鉴》胡注："司马昭因是决计绊维于沓中而伐蜀。"

⑩钟会（225—264）：字士季，魏太傅钟繇之子。少敏惠夙成。齐王芳正始中，为秘书郎，迁尚书中书侍郎。高贵乡公即位，赐爵关内侯。司马师东征毌丘俭，会典知密事。司马昭为大将军辅政，会迁黄门侍郎，封东武亭侯。从征诸葛诞，破寿春，会谋居多，亲待日隆，时人谓之子房。迁司隶校尉。昭欲大举图蜀，会力赞其成，豫共筹度。景元四年，会以镇西将军、假节都督关中诸军事，统十余万众，与邓艾、诸葛绪分三道进军击蜀。明年，灭蜀。会自谓功名盖世，内有异志，而蜀汉姜维不甘国亡，遂共谋据蜀反，称魏太后遗诏使讨司马昭。事败，并为乱兵所杀。

⑪《通鉴》胡注："官骑，驺骑也。"《通鉴纲目集览》："官骑，官名也；路遗，姓名也。"

⑫《通鉴》胡注："毛苌曰：'刑，法也。'韩婴曰：'刑，正也。'"

⑬《通鉴》胡注："《春秋》，晋献公灭虢，因以取虞。此言灭蜀乘势可以灭吴也。"

⑭《通鉴》胡注："善用兵者，观衅而动，此艾所以陈异议也。"

⑮张翼（？—264）：字伯恭，犍为武阳（今四川彭山）人。刘备领益州牧，翼为书佐。建安末，举孝廉，为江阳长，徙涪陵令，迁梓潼太守，累迁至广汉、蜀郡太守。建兴九年（231），为庲降都督、绥南中郎将。丞相亮北伐出武功，以翼为前军都督。领扶风太守。亮卒，拜前领军，赐爵关内侯。延熙元年，入为尚书，稍迁督建威、假节、近封都亭侯、征西大将军。进位镇南大将军。景耀二年（259），迁左车骑将军，领冀州刺史。屡从姜维北伐。炎兴元年（264）与姜维、钟会同死于乱兵之手。

⑯阳安关口：又名阳安关、阳安口、关头、关口、关城。在今陕西宁强西北。南倚鸡公山，北傍嘉陵江，形势险要。自古为汉中循南栈道入川之咽喉。《通鉴》胡注："阳安关口，意即阳平关也。"

⑰阴平：地名。亦郡、县名。西汉置县，名阴平道，治所在今甘肃文县西北；东汉建安末又于此置阴平郡，去"道"字。而阴平又为古道名。阴平道起于阴平都，即今文县鹄衣坝（文县老城所在地），途逐文县城，翻越青川县境的摩天岭，经唐家河、阴平山、马转关、靖军山，到达川北平武县的江油关，全长约五百七十里。按今古华

里比例推算，与《三国志》所记"艾自阴平道行无人之地七百余里"基本相符。

⑱《义门读书记·蜀志·姜维传》："此密表而不关尚书，故思远不能力争。伯约不贻思远书言其事者，当以素非同心故耶？"按：思远，诸葛瞻也。

后主炎兴元年（魏曹奂景元四年、吴孙休永安六年）（263）

80.蒋舒将出降，乃诡谓傅佥曰①："今贼至不击，而闭城自守，非良图也。"佥曰："受命保城，惟全为功，今违命出战，若丧师负国，死无益矣。"舒曰："子以保城获全为功，我以出战克敌为功，请各行其志。"遂率众出。佥谓其战也，至阴平以降胡烈②。烈乘虚袭城，佥格斗而死，魏人义之③。

【校记】

本条据《三国志》卷四十四《蜀志·姜维传》注引《汉晋春秋》校定。　汤本所补背景文字为"炎兴元年，魏景元四年，吴永安六年，魏入寇关口"。　黄本以"傅佥"为目。"请各行其志"，黄本脱"请"字。

【史补】

（1）《通鉴纲目》曰：秋，魏遣邓艾④、钟会将兵入寇，关口守将傅佥死之；姜维战败，还守剑阁⑤。魏遣邓艾督三万余人自狄道趣甘松、沓中⑥，以缀姜维；雍州刺史诸葛绪督三万余人自祁山趣武街、桥头⑦，绝维归路。钟会统十余万众分从斜谷、骆谷、子午谷趣汉中，以卫瓘持节监军事、行镇西军司⑧。会过幽州刺史王雄之孙戎问计，戎曰："道家有言：'为而不恃。'非成功难，保之难也。"或以问参相国军事刘寔曰："钟、邓其平蜀乎？"曰："破蜀必矣，而皆不还。"客问其故，寔笑而不答。八月，军发洛阳，陈师誓众。将军邓敦谓蜀未可讨，司马昭斩以徇。汉人遣廖化为姜维继援，张翼、董厥诣阳安关口为诸围外助。大赦，改元。敕诸围不得战，退保汉、乐二城⑨。会平行至汉中，使兵围二城；径趣阳安口，遣人祭诸葛亮墓。使护军胡烈为前锋，攻关口。守将傅佥据守，其下蒋舒率众迎降，烈乘虚袭城，佥格斗而死。会遂长驱而前，大得藏库积谷。维闻会已入汉中，引兵还。艾遣兵追蹑于强

川口⑩，大战，维败走；还至阴平，合众欲赴关城，闻其已破，遇化、翼、厥等，合兵守剑阁以拒会。（《御批通鉴纲目》卷十六）

【笺注】

①傅佥（？—263）：义阳（治今湖北枣阳东南）人。蜀汉将领。父彤，章武二年（222）随刘备征吴，兵败断后，壮烈殉国。《蜀志·杨戏传》："时又有义阳傅彤，先主退军，断后拒战，兵人死尽，吴将语彤令降，彤骂曰：'吴狗！何有汉将军降者！'遂战死。"拜佥为左中郎，后为关中都督。景耀六年（263），佥又临危受命，与蒋舒共守关城，舒降魏，佥接敌，格斗至死。"论者嘉其父子奕世忠义。"

②胡烈（220—270）：魏车骑将军胡遵之子。历官魏襄阳太守、太山太守、荆州刺史等。随邓艾伐蜀有功。入晋，为秦州刺史。泰始六年（270）在平叛时阵亡。

③《蜀志·杨戏传·季汉辅臣赞》裴注："《蜀记》载晋武帝诏曰：'蜀将军傅佥，前在关城，身拒官军，致死不顾。佥父彤，复为刘备战亡。天下之善一也，岂由彼此以为异？'佥息著、募，后没入奚官，免为庶人。"

④邓艾（197—264）：字士载，义阳棘阳（今河南新野）人。少孤，为人养牛。年十二，读文至"文为世范，行为士则"，遂自名范，字士则。后改焉。初为都尉学士，以口吃，不得作干佐，为稻田守丛草吏。后为典农纲纪，上计吏，因使见，太尉司马懿奇之，辟为掾。迁尚书郎。出参征西军事。历迁南安、城阳、汝南太守。再迁兖州刺史，加振威将军。高贵乡公即位，进封方城亭侯。以从征毌丘俭，败吴将孙峻，抗击姜维等功，历迁安西、镇西、征西将军，迭封方城乡侯、邓侯。魏景元四年（263）秋，艾与镇西将军钟会率兵分道伐蜀。十一月，蜀君臣诣艾请降。艾以居功，深自矜伐，致为钟会及监军卫瓘所陷，被捕斩，诸子悉遭诛。宋陈普吟邓艾诗曰："刘葛元非百世仇，缘崖攀木作猿猴。瞻崇艾会谁芳臭，死国沉身各二头。"

⑤剑阁：地名。在今四川剑阁南。《三国志集解》："《华阳国志》：'广汉郡德阳县有剑阁三十里，至险。有阁尉。'《水经·漾水注》：'又东南迳小剑戍北，西去大剑三十里。连山绝险，飞阁通衢，故谓之剑阁也。《张载铭》曰：一人守险，万夫趦趄。信然。故李特至剑阁而叹曰：刘氏有如此地而面缚于人，岂不奴才也。'《元和志》：'大剑山亦曰梁山，姜维拒钟会于此。'《方舆胜览》、《舆地广记》云：'山有小石门，即秦时所开石牛道，亦即钟会伐蜀之路。大剑虽号天险，有阨塞可守，崇墉之间，径路颇

夷。小剑凿石架阁，有不容越者。'《寰宇记》：'诸葛武侯相蜀，于此立剑阁，以大剑山至此有隘束之路，故曰剑门。'"

⑥甘松：古地名。在今甘肃迭部东南六十里。《通鉴》胡注："甘松，本生羌之地，张骏置甘松护军，乞伏国仁置甘松郡。后魏时，白水羌朝贡，置甘松县，太和六年，改置扶州。隋改甘松为嘉诚县，属同昌郡。唐武德初置松州，取甘松岭为名，且其地产甘松也。《新唐书》曰：甘松山在洮水之西，吐谷浑居山之阳。"

⑦《通鉴》胡注："贤曰：'下辨县属武都郡，今城州同谷县，旧名武街城。《水经注》：浊水径武街城南。'又曰：'白水出临洮县西倾山东南，径阴平故城南，又东北径桥头。'"《三国志集解》引谢钟英曰："司马昭使诸葛绪出径道由祁山自武街，即从武街西南走桥头。武街，今成县治；桥头，今文县治。东南跨白水上，是武街与桥头划然两地，无所谓武街桥者。"

⑧《通鉴》胡注："钟会时为镇西将军，瓘既监艾、会军，又行会军司。"卫瓘，魏尚书卫觊之子。详见第84条佚文笺注②。

⑨《蜀志·后主传》：建兴七年，诸葛武侯徙府营于南山下原上，筑汉、乐二城。《通鉴》卷七十一：太和三年，"汉丞相亮筑汉城于沔阳，筑乐城于城固。"胡注："沔阳、城固二县，皆属汉中郡。《水经注》：'沔水迳白马戍城南，城即阳平关也。又东迳武侯垒南，诸葛武侯所居也。又东迳沔阳故城南，城南对定军山，又东过南郑县，又东过城固县南。'如此，则汉城在南郑西，乐城在南郑东也。"

⑩《通鉴》胡注："强川口，在强台山南。强台山，即临洮之西倾。阚骃曰：强水出阴平西北强山，一曰强川。姜维之还也，邓艾遣王颀追败之于强口，即是地也。"

81. 后主将从谯周之策①，北地王谌怒曰②："若理穷力屈，祸败必及，便当父子君臣，背城一战，同死社稷，以见先帝可也。"后主不纳，遂送玺绶。是日，谌哭于昭烈之庙，先杀妻子，而后自杀③。左右无不为涕泣者④。

【校记】

本条据《三国志》卷三十三《蜀志·后主传》注引《汉晋春秋》校

定。 黄本以"北地王刘谌"为目。 《太平御览》卷四百三十八《人事部七十九·烈士》引至"然后自杀"止；并于"谯周之策"脱"之"，"理穷"作"数穷"，"而后"作"然后"，无"左右无不为涕泣者"八字。

【史补】

（1）《通鉴纲目》曰：卫将军诸葛瞻与邓艾战于绵竹，败绩，及其子尚皆死之。邓艾进至阴平，欲与诸葛绪自江油趣成都⑤。绪以西行非本诏，遂引兵向白水⑥，与钟会合。会欲专军势，密白绪畏懦不进，槛车征还，军悉属会。姜维列营守险，会攻之不能克，粮道险远，军食乏，欲引还。邓艾上言："贼已摧折，宜遂乘之，若从阴平由邪径经汉德阳亭趣涪⑦，出剑阁西百里，去成都三百余里，奇兵冲其腹心，出其不意。剑阁之守必还赴涪，则会方轨而进；如不还，则应涪之兵寡矣。"遂自阴平行无人之地七百余里⑧，凿山通道，造作桥阁⑨。山谷高深，又粮运将匮，濒于危殆，艾以毡自裹推转而下。将士皆攀木缘崖，鱼贯而进⑩。先登至江油，守将马邈降。诸葛瞻督诸军拒艾，至涪，不进。尚书郎黄崇屡劝瞻速行据险⑪，无令敌得入平地，瞻不从。艾遂长驱而前，瞻退住绵竹⑫。艾以书诱瞻曰："若降者，表为琅邪王。"⑬瞻斩其使，列陈以待。艾大破之，斩瞻及崇⑭。瞻子尚曰："父子荷国重恩，不早斩黄皓，使败国殄民，用生何为！"策马冒陈而死⑮。

邓艾至成都，帝出降，北地王谌死之。汉亡。汉人不意魏兵卒至，不为城守调度。闻艾已入平地，帝使群臣会议，或劝奔吴，或劝入南中，光禄大夫谯周以为："自古无寄他国为天子者，魏能并吴，吴不能并魏，等为称臣，为小孰与为大，再辱何与一辱⑯！若欲奔南，当早为计，今大敌已近，群心无可保者，恐发道之日，其变不测。就能至南，远夷平常无所供给，犹数反叛；今外不当拒敌，内供服御，耗损诸夷，其叛必矣！"乃遣使奉玺绶，诣艾降⑰。北地王谌怒曰："若理穷力屈，祸败将及，便当父子君臣背城一战，同死社稷，以见先帝可也，奈何降乎！"帝不听。谌哭于昭烈之庙，先杀妻、子而后自杀。帝别敕姜维，使降钟会。又送士民簿于艾，户二十八万，口九十四万，甲士十万二千，吏四万人。艾至成都城北，帝率群臣面缚舆榇诣军门。艾持节解缚焚榇，延见，禁将士无得虏掠；辄依邓禹故事⑱，承制拜汉帝以下官。收黄皓，将杀之，皓赂左右以免。维等及诸郡县围守得敕放仗诣会降。将士

咸怒，拔刀斫石⑲。会厚待维等，皆权还其印绶节盖。(《御批通鉴纲目》卷十六)

(2)〔宋〕**唐庚论天不祚汉曰**：建安二十四年，先主始王汉中，是岁关羽卒；明年，黄忠、法正卒；又明年，张飞卒；又明年，马超、马良卒。基业未就，而一时功臣相继沦谢，如有物夺之者。明年，后主践阼，而旧人独有孔明、赵云；后七年，云卒；又五年，孔明卒，而勋旧于是乎尽。正卒时四十五，超四十七，良三十五，自余不著其年。《飞传》称"少与羽俱事先主，羽年长数岁，飞兄事之"，则飞卒时年才五十许。霍峻年四十。此数杰者皆以高才早世，而谯周至七十余而终，天不祚汉，明矣！(《三国杂事》卷下)

(3)〔宋〕**王应麟论汉之亡曰**：君子小人之夭寿，可以占世道之否泰。诸葛孔明止五十四，法孝直才四十五，庞士元仅三十六，而年过七十者，乃奉书乞降之谯周也。天果厌汉德哉？张文潜《梁父吟》曰："永安受诏堪垂涕，手挈庸儿是天意。渭上空张复汉旌，蜀民已哭归师至。堂堂八阵竟何为？长安不见汉官仪。邓艾老翁夸至计，谯周鼠子辨兴衰。"其言悲壮感慨，蜀汉始终，尽于此矣。《说斋》云："人心思汉，王郎假之而有余；人心去汉，孔明扶之而不足。"(《困学纪闻》卷十三《考史》)

(4)〔元〕**郝经《续后汉书·北地王谌诸葛瞻父子传议》曰**：呜呼！亲王义兼臣子，国有难犹当死义，以先诸臣，先王所以封建宗子，而固维城也。西汉之亡，惟刘更生谆谆劝戒，晻暧而卒，其余诸侯，称说符命，劝进于莽者以千数。故莽晏然盗国，坐追虞、黄，未闻一人独不从而死之也。东汉之亡，封国亦既尽除，堕妊祝允，刘氏无噍类。故操、丕居然为西伯、舜、禹，未闻一人独从容就义而死之也。惟朔易一遗孤，与隆中一草茅士，素无封爵，不阶尺土一民，万折而与操争，肉薄血并者三十余年，力竭而继之以死。及其遂亡，昭烈之一孙，孔明之一子及孙，慨然赴义，与国俱灭。巍巍义烈，高视两京，五百年所无有也。壮哉谌也！后主为有愧矣。勇哉尚也！过夫瞻矣。

(5)〔明〕**邱濬《世史正纲》书汉之亡并论曰**：癸未，㊎炎兴元年。魏景元四年、吴永安六年。魏邓艾至成都，帝禅出降，皇子北地王谌死之。汉亡。是岁蜀汉亡，历二主、四十三年。通前、后二汉，共四百六十九年。

汉自帝协为魏所废，其亡也四十四年矣，至是始书汉亡何？所以绍昭烈于高、光也。夫国家之兴，上以承天奉祖，下以君国子民。汉之土地人民，至是虽分于魏于吴，而其祀祖配天实未尝绝，以有昭烈父子存焉耳。此《纲目》于帝协之废而不书汉亡，必至于帝禅之降而后书之也欤！（卷十《三国世史》）

（6）〔明〕朱明镐论谯周之罪并论陈寿以罪为功曰：周劝主衔璧俯首事仇，觍颜希利，要冀微荣，孙绰论之详矣。顾愚重有恨于周者，作《仇国》之论，以本国为因余，以敌国为肇建；当涂篡窃，崇为正统，昭烈受命，鄙以闰位：身受汉官，独吠其主，亦至此乎！犹可怪者，祖周舒之说，演杜琼之议，造作符谶，肆成妖言。先主名备，训以为具；后主名禅，训以为授。曲诋至尊之讳，巧作亡国之辞。此不必阴平缒军、绵竹败衄，而边鄙不耸之夕，后主高枕之年，周已翘首顿足，日夜悬望魏军之入矣！心乎亡汉，以媚新君，人之无良，未见其匹！借曰周明于天文，则当涂未几，典午窃之，典午二传，牛氏代之，乾象有征，周何以一无推验，寂若吞灰耶？陈寿不加贬辞，猥以安刘奠邦誉之；斯时后主婴城固守，势穷而溃，魏即淫刑，断不以亡国之君肆之东市。蚕丛土著，恐难户诛。则《传》所谓"刘氏无虞，一邦蒙赖"者，周或自以为功，而陈氏亦从而功之耳。输国于人，受赏彻侯，如周者，当斩头沥血以祭昭烈之庙、北地之墓，招思远诸人死战之魂而告之，并图其奸状于鼎曰："使后世人臣，无如谯周也！"（《史纠》卷一《蜀志·谯周传》）

（7）〔清〕王夫之论谯周之恶甚于冯道曰：人知冯道之恶，而不知谯周之为尤恶也。道，鄙夫也，国已破，君已易，贪生惜利禄弗获已而数易其心。而周异是，国尚可存，君尚立乎其位，为异说以解散人心，而后终之以降，处心积虑，唯恐刘宗之不灭，憯矣哉！读周《仇国论》而不恨焉者，非人臣也。

姜维之力战，屡败而不止，民胥怨之，然其志苦矣。民惮于劳，而不知君父之危，所赖以启其惰心而振其生气者，士大夫之公论耳。其论曰："既非秦末鼎沸之时，实有六国并据之势。"显然以秦予魏，以韩、燕视蜀，坐待其吞噬，唯面缚舆榇之一途耳。夫汉之不可复兴，天也；蜀之不可敌魏，势也；无可如何者也。故诸葛身歼而志决，臣子之道，食其禄，终其事，志不可夺，烈于三军之帅。且使人心不靡于邪说，兵力不销于荒惰，延之一日，而忠臣志士之气永于千秋。周而无人之心哉！无亦括囊以听，委之天而弗助其虐之为咎尚浅乎？夫民之不息，诚不容已于闵恤矣，譬之父母积疾，仆妾劳于将养，则亦酒食以劳之，和煦以拊之，使鼓舞而忘怨已耳。若恤仆妾之疲，废药食而听其酣寝，有人之心者，以是为恻隐哉？

当周之时，黄皓、陈祗蛊庸主而不顾百姓之疾苦；诚念民也，则亦斥奸佞，劝节俭，饬守令以宽廉，使民进而战䃼，退而休息，可也。周塞目箝口，未闻一谠言之献，徒过责姜维，以饵愚民、媚奄宦，为司马昭先驱以下蜀，国亡主辱，己乃全其利禄；非取悦于民也，取悦于魏也，周之罪通于天矣！服上刑者唯周，而冯道末减矣。（《读通鉴论》卷十《三国三五》）

（8）〔清〕康发祥评《谯周传》书法曰： 城下之盟，《春秋》耻之。谯周于邓艾度阴平之日，一筹莫展，惟劝迎降。老奸卖国，恬不知耻！承祚为之作传，谓"从周之策，刘氏无虞，一邦蒙赖，周之谋也"，曲护之辞，可谓不知人间有羞耻之事矣！（《三国志补义》卷二）

柯按： 前人多以尊崇武侯、关、张等，怨天不假之年，致一个个高才早逝，而恨造作妖言、诱主降仇之谯周，老而不死。爱屋及乌，因叹惋天不祚汉，致其速亡。呜呼！天何言哉？祚汉不祚汉未可知也。清尚镕撰《三国志辨微》，以为数事中有一事立则汉不速亡，因驳天灭之说曰："后帝能听姜维诛黄皓，汉不速亡；皓不寝维防阴平之表，汉亦不速亡；维若举十万之师由剑阁案道南归，邓艾必成禽，禽艾已讫还拒钟会，汉亦不速亡；维若知后帝欲速降，必倍道赴救，虽素与执政者不平，断不使知卫敌之难，汉亦不速亡；诸葛瞻能听黄崇之谏引兵据险，邓艾不能入，汉亦不速亡；后帝能固守待援不听谯周之策，汉亦不速亡。而卒至速亡，皆人谋之不臧，似非天欲灭汉也。"信哉尚氏之言也。以刘禅生平之庸懦，晚岁之荒怠，奸臣弄权于内，战将避祸于外，邪说嚣尘，卖国有功，欲其不亡，可得乎！

【笺注】

①谯周（201—270）：字允南，巴西西充国（今四川西充）人。幼孤，及长，耽古笃学，研精六经，善书札，晓天文。丞相亮领益州牧，以之为劝学从事。大将军蒋琬领刺史，徙为典学从事，总州之学者。后为太子家令。徙为中散大夫，犹侍太子。后迁光禄大夫，位亚九列。炎兴元年（263），魏军入阴平，克江油，周力谏后主降魏，并作降书。司马昭以周之功，封为阳城亭侯。入晋，拜骑都尉，复为散骑常侍，以疾卒。《蜀志·谯周传》裴注引孙盛曰："《春秋》之义，国君死社稷，卿大夫死位，况称天子而可辱于人乎！周谓万乘之君偷生苟免，亡礼希利，要冀微荣，惑矣。且以事势言之，理有未尽。何者？刘禅虽庸主，实无桀纣之酷，战虽屡北，未有土崩之乱，纵不能君臣固守，背城借一，自可退次东鄙以思后图。是时罗宪以重兵据白帝，霍戈以强卒镇夜郎。蜀土险狭，山水峻隔，绝巘激湍，非步卒所涉。若悉取舟楫，保据江州，征兵南中，乞师东国，如此则姜、廖五将自然云从，吴之三师承命电赴，何投寄之无所而虑于必亡邪？魏师之来，襄国大举，欲追则舟楫靡资，欲留则师老多虞。且屈伸有会，情势代起，徐因思奋之民，以攻骄惰之卒，此越王所以败阖闾，田单所以摧骑劫也，何为忿忿遽自囚虏，下坚壁于敌人，致砎石之至恨哉？葛生有云：'事不济即亡耳，安能复为之下？'壮哉斯言，可以立懦夫之志矣。观古燕、齐、荆、越之败，或国覆主灭，或鱼县鸟窜，终成建功立事，康复社稷，岂曰天助，亦抑人谋也。向使怀苟存之计，纳谯周之言，何邦基之能构，令名之可获哉？禅既暗主，周实弩臣，方之申包、田单、范蠡、大夫种，不亦远乎！"叶适《习学记言序目·蜀志·谯周》曰："孙盛论谯周画降事，特可录。余观诸葛亮奋惰偷之习，厉其众而用之，戎车屡动，邦域不耸，至于一隅而抗天下，理犹未尽，比公孙述相去几何？而费祎、谯周之流，执愚儒之腐说，逮其倾灭，祸实由此。彼实无箕子、周公之德者，不过为谯周而已。"袁枚《谯周》诗曰："将军被刺方豪日，丞相身寒未暮年。惟有谯周老难死，白头抽笔写降笺。"

②《蜀志·后主传》："（景耀）二年夏六月，立子谌为北地王。"按：北地王，后主第五子也。后主生七子：长曰璿，次曰瑶，三曰琮，四曰瓒，五曰谌，六曰恂，七

曰璩。七子中，惟谌自幼聪慧，英敏过人，余皆懦善。

③《蜀志·后主传》："（景耀）六年冬，邓艾破卫将军诸葛瞻于绵竹。用光禄大夫谯周策，降于魏。是日，北地王谌伤国之亡，先杀妻子，次以自杀。"尹起莘《通鉴纲目发明》曰："呜呼！谌虽已死，其言至今凛凛犹有生气。帝禅与有子如此而不能听用其言，可谓上愧乃父，下愧乃子矣。"《通鉴》胡注："曾谓庸禅有子如此乎！"夏之蓉《读史提要录》曰："北地王谌哭于昭烈之庙，有背城一战，同死社稷之言，洵烈丈夫哉！蜀之亡，赖此差有生色。"牛运震《读史纠谬》曰："北地王抗节殉国，何其烈也！君子谓'先主有孙矣！'"

④赵翼《廿二史札记·三国志立传繁简不同处》曰："此岂得无传！乃寿《志》仅于《后主传》内附见其死节，而《王子传》不立专传，未免太略也。"周寿昌《三国志注证遗补·北地王无传》曰："北地王谌何以不为立传，仅于《后主传》中纪其事乎？若非裴注引《汉晋春秋》数语，则王之武烈忠愤几无可见。《通鉴》虽不帝蜀，而此数语全引之，则承祚良史之笔于此不无阙失也。"

⑤江油：戍地名。蜀汉置。故址在今四川江油北百里。《水经注·涪水》："涪水出广汉属国刚氐道徼外，东南流迳涪县西，又东南迳绵竹县北，又东南迳江油戍北。邓艾自阴平、景谷步道悬兵束马入蜀，迳江油、广汉者也。"江油约于北魏正始年间设县，其地今为县级江油市。

⑥白水：县名。西汉置。治所在今四川青川东北八十里。《续汉书·郡国志》："广汉郡白水。"刘昭注："《山海经》曰：白水出蜀而东南入江。"又为关隘名。《通鉴》胡注："此白水关也。"

⑦阴平：参见佚文第79条笺注⑰。 德阳：县名。《通鉴》胡注："按前汉无德阳县。《续汉志》：广汉郡始有德阳县，盖因汉故亭而置县也。自蜀分广汉置梓潼郡之后，剑阁县属梓潼，德阳县属广汉。《续汉志》以为德阳县有剑阁。今姜维守剑阁拒钟会，而邓艾欲从德阳亭趣涪，则此时分为两县明矣。然德阳亭亦非此时德阳县治，盖前汉德阳亭故处也。此道即所谓阴平、景谷道。" 涪：县名。西汉置。治今绵阳市涪城区。《续汉书·郡国志》："广汉郡涪。"蜀汉涪县属梓潼郡。《通鉴》胡注引陈寿曰："涪去成都三百六十里。"

⑧《三国志集解·魏志·邓艾传》："李安溪曰：'蜀备之疏，乃至于此！虽欲不

亡，不可得也。'"

⑨桥阁：地名。即马阁。《通鉴》胡注："今隆庆府阴平县北六十里有马阁山，峻峭崚嶒，极为艰险。邓艾军行至此，路不得通，乃悬车束马，造作栈阁，始通江油，因名马阁。又自文州青塘岭至龙州百五十里，自北而南者，右肩不得易所负，谓之左担路，亦艾伐蜀路也。据《钟会传》，艾自汉德阳亭入江油左担道，则德阳亭盖当马阁山之路。"

⑩《通鉴》胡注："山崖险狭，单行相继而进，如贯鱼然。"王应麟《困学纪闻·考史》曰："邓艾取蜀，行险以徼幸，阎伯才《阴平桥》诗云：鱼贯羸师堪坐缚，尔时可叹蜀无人。"

⑪黄崇（？—263）：巴西阆中（今属四川南充市）人，黄权之子。黄权原仕刘备，备伐吴，以权为镇北将军，督江北军。猇亭兵败，权归途无路，乃降魏。崇留蜀汉，为尚书郎。随卫将军诸葛瞻拒邓艾，绵竹之战，崇帅厉军士，期于必死，临阵殉国。

⑫绵竹：县名。《元和郡县志》："绵竹县，本汉县也，属广汉郡，都尉理之。有紫岩山，绵水所出。初刘焉为益州牧，从事贾龙选吏卒迎焉，徙理绵竹，抚纳离叛，阴图异计。其后遇天火烧蘂，乃徙理成都。绵竹故城，在县东五十里。诸葛瞻于此战败。"《读史方舆纪要》："绵竹县，地宜竹，因名。后汉仍曰绵竹县。"按：古绵竹县治当在今四川绵竹东南。

⑬《通鉴》胡注："诸葛氏本琅邪人，故以此诱之。"

⑭《蜀志·诸葛亮传》裴注："《晋泰始起居注》载诏曰：'诸葛亮在蜀，尽其心力，其子瞻临难而死义，天下之善一也。其孙京，随才署吏。'后为郿令。"

⑮《三国志集解·蜀志·诸葛亮传》："随瞻战死绵竹者，张飞孙遵，见《飞传》；黄权子崇，见《权传》；李恢弟子球，见《恢传》。赵一清曰：'《元和郡县志》：初，瞻在涪，艾已入江油。瞻曰：吾内不除黄皓，外不制姜维，进不守江油；吾有三罪，何面目反！遂就绵竹埋人脚而战，父子死焉。'李膺《益州记》云：'石子头二十里，即故绵竹县城，诸葛瞻埋人脚战处也。'"

⑯《通鉴》胡注："谓今降魏，一辱而已。若奔吴称臣，是一辱矣；与吴俱亡，又将臣服于魏，是为再辱。"

⑰《三国志集解·蜀志·后主传》："胡三省曰：'杜预曰：面缚，缚手于后，唯见其面也。榇，棺也，示将受死。后主时年四十八。'弼按：当作五十八。胡玉缙曰：《汉书·项籍传》：'马童面之。'如淳曰：'面，谓不正视也。'师古曰：'如说非也。面，谓背之而面向也。面缚，亦谓反背而缚之。杜元凯以为但见其面，非也。'按：颜说是也。此乃相反为诂之例。"

⑱《通鉴》胡注："依邓禹承制授隗嚣故事也。后艾由此得罪。"

⑲《通鉴》胡注："观此，则蜀之将士岂肯下人哉，其主不能用之耳！"

82. 初，夏侯霸①降蜀，姜维问之曰："司马懿既得彼政，当复有征伐之志不？"霸曰："彼方营立家门，未遑外事。有钟士季者②，其人虽少，终为吴、蜀之忧，然非非常之人，亦不能用也。"后十五年，而会果灭蜀③。

【校记】

本条据《三国志》卷二十八《魏志·钟会传》注引《汉晋春秋》校定。从"初"字起句看，本条当为记载钟会灭蜀事件时的追述文字。夏侯霸降蜀，《通鉴》系于曹爽被诛的嘉平元年（延熙十二年），首句为"初，右将军夏侯霸为曹爽所厚"，"初"字时间指向不同，且其文末无"后十五年"云云，故佚文以置于钟会灭蜀后为宜。 黄本以"钟会"为目。"征伐之志"，汤本"志"作"意"。 "然非非常之人"，黄本脱一"非"字。

【史补】

（1）《资治通鉴》曰：初，右将军夏侯霸为曹爽所厚，以其父渊死于蜀，常切齿有报仇之志，为讨蜀护军，屯于陇西，统属征西。征西将军夏侯玄，霸之从子，爽之外弟也。爽既诛，司马懿召玄诣京师，以雍州刺史郭淮代之。霸素与淮不叶，以为祸必相及，大惧，遂奔汉。汉主谓曰："卿父自遇害于行间耳，非我先人之手刃也。"遇之甚厚④。姜维问于霸曰："司马懿既得彼政，当复有征伐之志不？"霸曰："彼方营立家门，未遑外事。有钟士季者，其人虽少，若管朝政，吴、蜀之忧也。"士季者，钟

繇之子尚书郎会也。（卷七十五《魏纪七·邵陵厉公嘉平元年》）

（2）〔清〕康发祥论陈寿未为夏侯霸立传曰："夏侯霸远来归国，故复得谥。"按《蜀志》未为霸立传，故其谥亦不传。黄权降魏，仍传于蜀；若从权例，则夏侯霸降蜀何不作传于《魏志》欤？详略异宜又如是。（《三国志补义》卷二）

【笺注】

① 夏侯霸：字仲权，魏名将夏侯渊次子。魏正始中，为征蜀护军右将军，封博昌亭侯，屯住陇西。霸素为曹爽所厚，司马懿诛曹爽，霸内不自安，加之与新任征西将军郭淮不睦，遂投奔蜀汉，被任为车骑将军。后数随姜维北伐，尝大破魏雍州刺史王经于洮西。病卒，有谥号（史失记）。

② 钟士季：即钟会。参见佚文第79条笺注⑩。

③ 自延熙十二年即嘉平元年（249）正月夏侯霸降蜀，至炎兴元年（263）冬蜀汉亡，其间整十五年耳。

④《魏志·夏侯渊传》裴注引《魏略》曰："初，建安五年，时霸从妹年十三四，在本郡，出行樵采，为张飞所得。飞知其良家女，遂以为妻，产息女，为刘禅皇后。故渊之初亡，飞妻请而葬之。及霸入蜀，禅与相见，释之曰：'卿父自遇害于行间耳，非我先人之手刃也。'指其儿子以示之曰：'此夏侯氏之甥也。'厚加爵宠。"

83. 会阴怀异图，维见而知其心，谓可构成扰乱以图克复也。乃诡说会曰："闻君自淮南已来，算无遗策①，晋道克昌，皆君之力。今复定蜀，威德振世，民高其功，主畏其谋，欲以此安归乎？夫韩信不背汉于扰攘，以见疑于既平②，大夫种不从范蠡于五湖，卒伏剑而妄死③，彼岂暗主愚臣哉？利害使之然也。今君大功既立，大德已著，何不法陶朱公泛舟绝迹，全功保身④，登峨嵋之岭⑤，而从赤松游乎？"⑥ 会曰："君言远矣，我不能行。且为今之道，或未尽于此也。"维曰："其他则君智力之所能，无烦于老夫矣。"⑦ 由是情好欢甚⑧。

【校记】

本条据《三国志》卷四十四《蜀志·姜维传》注引《汉晋春秋》校定。　汤本所补背景文字为"甲申，魏咸熙元年，以槛车征邓艾，钟会谋反伏诛"。　黄本列"姜维"目下。《艺文类聚》卷二十五《人部九·说》亦引此条。　《类聚》、汤本于前两句"会"、"维"二字前分别补有"钟"、"姜"姓氏。　"谓可构成扰乱以图克复也"，"诡说"之"诡"字，"晋道克昌，皆君之力"，"大功既立，大德已著"，"君言远矣，我不能行，且"，"无烦于"之"于"字，"由是情好欢甚"等，皆为《类聚》所省略或脱漏。　"自淮南已来"，汤、黄本"已"皆作"以"。"晋道克昌"，黄本"克"作"光"。　"威德振世"，《类聚》"振"作"震"，汤本于"振"后有小注"一作震"。　"主畏其谋"，汤本于"主"前衍一"而"字。　"不背汉于扰攘"，《类聚》引文"于"在"汉"上，当属笔误，而汤本或据《类聚》笔误于"于"后又加小注"一于在汉上"，甚费解。　"以见疑于既平"，《类聚》"以"作"而"，汤本于"以"后有小注"一作而"。　"今君"，《类聚》作"今公"。　"陶朱公"，《类聚》、汤本少一"公"字。　"为今之道"，《类聚》"今"作"全"，汤本于"今"后有小注"一作全"。"君智力之所能"，《类聚》、汤本皆于"能"后多一"尽"字。

【史补】

（1）《通鉴纲目》曰：甲申，魏咸熙元年、吴主孙晧元兴元年。○凡二国。春，正月，魏以槛车征邓艾；钟会谋反，伏诛；监军卫瓘袭艾，杀之。邓艾在成都，颇自矜伐，以书言于晋公昭曰："兵有先声而后实者⑨，今因平蜀之势以乘吴，吴必震恐，席卷之时也。然大举之后，将士疲劳，不可便用，宜留陇右，及蜀兵煮盐兴冶，并作舟船，豫为顺流之事。且王刘禅以显归命之宠，如此则吴人畏威怀德，望风而从矣！"昭使卫瓘谕艾；"事当须报，不宜辄行。"艾曰："元恶既服，承制拜假以安初附，谓合权宜。若命往复，延引日月。《春秋》之义，'大夫出疆，有可以安社稷、利国家者，专之可也。'今吴未宾，势与蜀连，不可拘常，以失事机。《兵法》：'进不求名，退不避罪。'⑩艾虽无古人之节，终不自嫌以损国家计也！"

钟会有异志，姜维知之，欲构成扰乱，乃说会曰："君自淮南已来，算无遗策；

今复定蜀，威德振世，欲以此安归乎？何不法陶朱公泛舟绝迹，全功保身邪！"会曰："君言远矣，我不能行。"维曰："其他则君智力之所能，无烦于老夫矣。"由是情好欢甚。会因艾承制专事，乃与璀密白艾有反状。会善效人书，于剑阁要艾章表，皆易其言，令悖傲至是。诏以槛车征邓艾。昭恐艾不从命，敕会进军成都，又遣贾充将兵入斜谷。昭自将大军从魏主幸长安，令山涛为行军司马，镇邺。初，会以才能见任，昭夫人王氏言于昭曰："会见利忘义，好为事端，宠过必乱，不可大任。"及将伐汉，西曹属邵悌曰："会单身无任⑪，不若使余人行也。"昭笑曰："我宁不知此邪！蜀数为边寇，师老民疲，我今伐之，如指掌耳，而众言蜀不可伐。夫人心预怯则智勇并竭，强使之适所以为敌禽耳。惟会意与人同，今遣伐蜀，蜀必可灭。灭蜀之后，就如卿虑，蜀已破亡，遗民震恐，不足与共图事；中国将士各自思归，会若作恶，祗自灭族耳。不须忧也！"及昭将之长安，悌复曰："会所统兵五六倍于艾，但可敕会取艾，不须自行。"昭曰："卿忘前言邪？虽然，所言不可宣也。我要自当以信意待人，但人不当负我耳！近日贾护军问我'颇疑会不？'我答言：'如遣卿行，宁可复疑卿邪？'我到长安，则自了矣。"

会遣璀先至成都收艾，会以璀兵少，欲令艾杀璀，因以为艾罪。璀知其意，然不可得距⑫，乃夜至成都，檄艾所统诸将，称："奉诏收艾，其余一无所问；若来赴官军，爵赏如先，敢有不出者，诛及三族！"比至鸡鸣，悉来赴璀，唯艾帐内在焉。平旦开门，璀乘使者车径入⑬，艾卧未起，遂执艾父子，置于槛车。诸将图欲劫艾，整仗趣璀营；璀轻出迎之，伪作表草，将申明艾事⑭，诸将信之而止。

会至成都，送艾赴京师。会所惮惟艾，艾既就禽，遂决意谋反。欲使姜维为前驱，自将随其后；既至长安，令骑士从陆道，步兵从水道，浮渭入河，五日可到孟津，与骑兵会洛阳，一旦天下可定也。会得昭书云："恐艾或不就征，吾自将屯长安，相见在近。"会惊曰："但取艾，相国知我独办之；今来大重，必觉我异矣，便当速发。事成，可得天下；不成，退保蜀、汉⑮，不失作刘备也！"会郭太后卒⑯，会乃悉召诸将为太后发哀，称遗诏使起兵废司马昭，更使所亲信代领诸军，所请群官悉闭诸曹屋中，璀诈称疾笃，出就外廨。会信之，无所复惮。维欲使会尽杀北来诸将，己因杀会，复立故汉帝，密书与帝曰："愿陛下忍数日之辱，臣欲使社稷危而复安，日月幽而复明。"⑰会欲从维言诛诸将，犹豫未决。会帐下督丘建本属胡烈，会信爱之。建愍烈独坐，启会，使听内一亲兵出取饮食，诸牙门随例各内一人。烈绐语亲兵及疏与其子渊曰："会已作大坑，白棓数千，欲悉呼外兵棓杀内坑中。"一夜，转相告皆遍。渊率其父兵出门，诸军不期皆鼓噪，争先赴城。所闭诸人各缘屋出，与其军士相得，斩会及维，死丧狼藉。瓘分部诸将，数日乃定。

艾本营将士追出艾于槛车，迎还。瓘自以与会共陷艾，恐其为变，乃遣护军⑱田续等将兵袭艾父子，于绵竹西斩之⑲。（《御批通鉴纲目》卷十六）

（2）〔清〕尤侗评姜维曰：姜维伐魏，虽无成功，然其竭力讨贼，犹武侯之志也。至蜀亡之后，犹施巧计，欲使社稷危而后安，卒之邓艾、钟会皆为所杀，而身亦殉之，可谓忠矣。天不祚汉，奈之何哉！谯周乃为《仇国论》以讥之，然周首倡降魏，独非仇国乎！（《看鉴偶评》卷三）

（4）〔清〕夏之蓉论姜维曰：姜维构成衅端，计虽未遂，而剿会馘艾，灭国家之仇雠，视傅佥、瞻、尚辈用心弥苦，而其节则弥贞。（《读史提要录》卷三《三国·蜀》）

（5）〔清〕王鸣盛论姜维曰：《姜维传》末叙维为魏将士所杀事。维本志在复蜀，不成被杀，其赤心则千载如生。陈寿蜀人而入晋，措词之际有难焉者。评中于其死事反置不论，而但讥其"玩众黩旅，以致陨毙"。寿岂不知"不伐贼，王业亦亡；惟坐待亡，孰与伐之"？特敌国之词云尔。若以维之谋杀钟会而复蜀为非，则寿不肯为此言，此其所以展转诡说以避咎也。维之于蜀，犹张世杰、陆秀夫之于宋耳。（《十七史商榷》卷四十一《三国志三·姜维志在复蜀》）

柯按：姜维受武侯知遇之恩，思有以报国，苦心孤诣，屈节事敌，致以身殉。尤、夏、王之论是也。后世之评，多以成败论人，未为允也。

【笺注】

①谓从司马师、昭东征毌丘俭、诸葛诞以来。

②《汉书·蒯通传》：蒯通知天下权在信，欲说信令背汉，曰："足下挟不赏之功，戴震主之威，归楚，楚人不信；归汉，汉人震恐。足下欲持是安归乎？夫势在人臣之位，而有高天下之名，切为足下危之。"信犹与不忍背汉，又自以功多，汉不夺我齐，遂谢通。天下既定，后信以罪废为淮阴侯，谋反被诛，临死叹曰："悔不用蒯通之言，

死于女子之手！"

③《史记·越王勾践世家》："范蠡遂去，自齐遗大夫种书曰：'飞鸟尽，良弓藏；狡兔死，走狗烹。越王为人长颈鸟喙，可与共患难，不可与共乐。子何不去？'种见书，称病不朝。人或谗种且作乱，越王乃赐种剑曰：'子教寡人伐吴七术，寡人用其三而败吴，其四在子，子为我从先王试之。'种遂自杀。"

④《通鉴》胡注："越大夫范蠡既与越王勾践灭吴以雪会稽之耻，乃扁舟五湖，泛海而止于陶，欲绝其迹，乃号曰陶朱公。"

⑤峨嵋：山名。《水经注》："峨眉山去成都千里，然秋日清澄，望见两山相峙如峨眉焉。"峨眉山素有"峨眉天下秀"之称，为我国著名旅游胜地及佛教名山之一。今四川省有峨眉山市，乃以山名市（此亦当今时髦之一也）。

⑥《汉书·张良传》："良乃称曰：今以三寸舌为帝者师，封万户，位列侯，此布衣之极，于良足矣。愿弃人间事，欲从赤松子游耳。"颜师古注曰："赤松子，仙人号也。神农时为雨师，服水玉，教神农能入火自烧。至昆山上，常止西王母石室，随风雨上下。炎帝少女追之，亦得仙俱去。"

⑦《通鉴》胡注："言为乱也。维之智固足以玩弄钟会于掌股之上，迫于时，制于命，奈之何哉！"

⑧晋孙盛《晋阳秋》曰："盛以永和中从安西将军平蜀，见诸父老，及姜维既降之后密与刘禅表疏，说欲伪服事钟会，因杀之以复蜀土。会事不捷，遂至泯灭，蜀人至今伤之。"

⑨《通鉴》胡注："汉初，李左车以是说韩信，艾祖其说以言于晋公。司马昭既受封锡，遂书其爵。"

⑩《通鉴》胡注："《孙子》曰：将之至任，不可不察也，进不求名，退不避罪。唯人是保，而利于主，国之宝也。"

⑪《通鉴》胡注："魏制，凡遣将帅，皆留其家以为质任。会单身无子弟，故曰单身无任。"

⑫《通鉴》胡注："瓘监艾、会军，遣之收艾，是以职分使之，故不可得而拒。"

⑬《通鉴》胡注："《续汉志》，有大使车、小使车、诸使车。大使车，立乘，驾驷，赤帷，持者重导，从贼曹车、斧车、督车、功曹车皆两大车，伍伯，璪弩十二

人，辟车四人，从车四乘，无节，单导，从者减半。小使车，不立乘，有骓，赤屏泥，油，重绛帷，导无斧车。近小使车，兰舆、赤毂、白盖、赤帷，从骑骑四十人。此谓追捕考案，有所敕取者之所乘也。诸使车，皆朱班轮，四辐，赤衡轭。"

⑭《通鉴》胡注："诡言将申明艾无反心。"

⑮《通鉴》胡注："蜀、汉，谓汉蜀郡、汉中郡之地。"

⑯《通鉴》胡注："魏明元郭太后去年殂。"

⑰《通鉴》胡注："姜维之心，始终为汉，千载之下，炳炳如丹。陈寿、孙盛、干宝之讥贬皆非也。"

⑱护军：官名。秦始设护军都尉，两汉沿置。建安十二年，曹操将护军改为中护军，领军改为中领军，职掌禁军，总统诸将，并主武官选举。魏、蜀、吴三国皆沿置。蜀汉李严、魏司马氏兄弟均曾任此职。又有护军将军名目，隶领军。诸州设置都督以管理地方军事，随之又设置护军。后来在诸要镇及将军出征时也都设置护军，如魏曹真曾为征蜀护军，负责统督诸将。

⑲此下省略内容同佚文第84、第86条，个别文字稍异。

魏曹奂咸熙元年、吴孙皓元兴元年（264）

84. 初，艾之下江由也，以续不进①，欲斩，既而舍之。及瓘② 遣续，谓曰："可以报江由之辱矣。"杜预② 言于众曰③："伯玉其不免乎！身为名士，位望已高，既无德音，又不御下以正，是小人而乘君子之器，将何以堪其责乎？"瓘闻之，不俟驾而谢④。

【校记】

本条据《三国志》卷二十八《魏志·邓艾传》注引《汉晋春秋》校定。 本条汤本所补背景文字为"卫瓘遣田续袭邓艾，杀之"；原置于"文王嘉其忠亮"条后，现参酌《资治通鉴》卷七十八叙事先后移至其前。 黄本以"卫瓘"为目。 "不俟驾"，黄本脱"不"字，汤、黄本及

《通鉴》"俟"皆作"候"，似欠妥。

【史补】

（1）〔宋〕陈亮论邓艾行险侥幸曰：自古英伟之士乘时而出佐其君，其所以摧陷坚敌，开拓疆土，使声威功烈暴白于天下者，未有不本于谋者也。盖其平居暇日，规模术略定于胸中者久矣。一旦遇事而发之，如坐千仞而转圆石，其勇决之势殆有不可御者。故其用力也易，而其收功也大，非径行无谋，侥幸以求胜也。故夫侥幸以求胜者，幸而成则为福，不幸而不成则为祸，祸福之间，相去不能以寸。此君子之论所以无取于斯也。然其间有实出于谋而其迹若幸，有实出于幸而其迹若谋者，虽君子不能无惑。何者？疑似易乘也。

桓温之伐蜀也，师次笮桥，李势率众出战，龚护战没，众惧欲退，而鼓吏误鸣，遂进破之。此其迹若幸也。然温之谋蜀，审其必破，然后进兵而伐之。使鼓吏不误鸣，则温岂将遂退耶！故吾谓温见客主殊势，而势又决死于一战，不若遂因恐惧，姑命退军以懈其心，乘其懈而击之，结阵而前，可以大胜。此曹操之所以破张鲁也。谋未必施而鼓吏误鸣，士卒勇斗，一举荡之。天下之人见其功而不见其谋，皆曰："笮桥之胜，幸也。"谢玄之御秦也，师次淝水，符坚拒岸而军。玄使人请坚麾众少退，而坚众相蹂，遂进败之。此其迹若幸也。然玄之拒秦，审其可败，然后进兵而御之。使坚退军整齐，则玄岂将遂已耶！故吾谓玄见众寡不敌，而坚又求奋于一举，不若请其退军，进兵求战，佯败反走，俟其半济而击之，挫其前锋，可以得志。此韩信之所以破龙且也。谋未及骋而坚众相蹂，因引精锐，一战覆之。天下之人见其功而不见其谋，皆曰："淝水之胜，亦幸也。"夫所谓幸也者，尝试之而后得之也。不幸而或不然，则不能有所处矣。彼二人之所以为谋者如此其久也，制胜之术如此其深也。虽胜之似偶然，使其不然，亦不害其为胜，何名为幸哉！然史氏不能少发之，而二子之志掩抑不伸，非有智者，孰能辨之！

邓艾攻蜀，自阴平道无人之地数百里，冒险历艰，无所不至。艾则裹毡推转而下，将士悬崖鱼贯而进，卒破诸葛瞻，降刘禅。天下之人皆以艾为能冒险谋胜也。吾尝论之，使瞻能拒束马之险，则艾将不战而自沮；禅忍数日不降，则艾将束手而就缚。彼艾特以侥幸而成也，何足道哉！宋武帝伐慕容超，引兵直度大岘，卒能破之；彼策超必不能拒故也。艾能策瞻必不能拒乎？唐太宗既破宗罗睺，以二千骑直造薛仁杲城下，卒能降之；彼策仁杲必出降故也。艾能策禅必降乎？艾皆不能素策之，而率兵径进，岂非幸其或成哉！自古幸而成功者多矣，死而论定，未有如邓艾之欺于后世者也。（《陈亮集》卷七《酌古论三·邓艾》）

（2）〔宋〕叶适论杜预曰：预言"立功立言可庶几"，又言"禹稷之功期于济世"。秦汉以后，儒者守师传而遗实用，号为通人，又辄放荡疏漏，取办一切，道德滞固，功名浅迫。如预密而有意，博而能成，智立而不遗，有功而不伐，近战国、春秋时人材也。（《习学记言序目》卷二十九《晋书一·杜预传》）

【笺注】

①续：谓田续。魏伐蜀时，为镇西将军邓艾护军。续受卫瓘以私怨鼓动追杀邓艾事，参见前条佚文史补（1）。

②卫瓘：（220—291）：字伯玉，河东安邑（今山西夏县西北）人。魏尚书卫觊之子。弱冠为魏尚书郎，累迁散骑常侍。曹奂即位，拜侍中，转廷尉卿。钟会、邓艾伐蜀，瓘以本官持节监艾、会军事，行会军司。以伐蜀功，除使持节、都督关中诸军事、镇西将军，寻迁都督徐州诸军事、镇东将军，增封菑阳侯。晋武帝时，官至司空、侍中、尚书令，领太子少傅。其为政清简，甚得朝野声誉。以屡请逊位，进位太保，以公就第。惠帝即位，复出录尚书事，赐剑履上殿，入朝不趋，与汝南王亮共辅政。但因结怨贾后与楚王玮，与子孙等九人同被矫诏杀害。瓘幼承父教，学问深博，与尚书郎索靖俱善草书，时人号为"一台二妙"。后平反，追封兰陵郡公，谥曰成。

③杜预（222—284）：字元凯，京兆杜陵（今陕西西安东南）人。初仕魏，历官尚书郎、钟会镇西将军府长史、河南尹。晋代魏，为安西军司，秦州刺史领东羌校尉、轻车将军，迁度支尚书。咸宁四年（278），任镇南大将军、都督荆州诸军事。太康元年（280），以平吴功封当阳县侯，留镇襄阳。五年，征为司隶校尉，加特进，行至邓县，突然病故。追赠征南大将军、开府仪同三司，谥曰成。预多谋略而不善弓

马，当时号为"杜武库"；耽思经籍，博学多通，为一代著名学者。曾参与制定《晋律》等。撰有《春秋左氏经传集解》、《春秋释例》、《盟会图》等。

④《通鉴》胡注："卫瓘行镇西军司，而杜预为镇西长史，则为同僚，而军事则瓘任之也。"

85. 文王嘉其忠亮，笑答毓曰①："若如卿言，必不及以宗矣。"

【校记】

本条据《三国志》卷二十八《魏志·钟会传》注引《汉晋春秋》校定。 汤本所补背景文字为"初，钟毓密启会不可专任"。 黄本以"钟毓"为目。 "必不以及宗矣"，汤本脱"以"字。

【史补】

（1）《资治通鉴》曰：钟会兄毓尝密言于晋公曰："会挟术难保，不可专任。"及会反，毓已卒，晋公思钟繇之勋②与毓之贤，特原毓子峻、辿，官爵如故。（卷七十八《魏纪十·元帝咸熙元年》）

（2）《世说新语》记钟毓兄弟曰：钟毓、钟会少有令誉，年十三，魏文帝闻之，语其父钟繇曰："可令二子来！"于是敕见。毓面有汗，帝曰："卿面何以汗？"毓对曰："战战惶惶，汗出如浆。"复问会："卿何以不汗？"对曰："战战栗栗，汗不敢出。"

钟毓兄弟小时，值父昼寝，因共偷服药酒。其父时觉，且托寐以观之。毓拜而后饮，会饮而不拜。既而问毓何以拜，毓曰："酒以成礼，不敢不拜。"又问会何以不拜，会曰："偷本非礼，所以不拜。"（卷上《言语第二》）

（3）《世语》记钟毓制造夏侯玄冤案曰：玄至廷尉，不肯下辞。廷尉钟毓自临治玄。玄正色责毓曰："吾当何辞？卿为令史责人也，卿便为吾作。"毓以其名士，节高不可屈，而狱当竟，夜为作辞，令与事相附，流涕以示玄。玄视，颔之而已。毓弟会，年少于玄，玄不与交，是日于毓坐

狎玄，玄不受。(《魏志·夏侯玄传》注引)

【笺注】

①毓：谓钟毓，字稚叔，魏太傅钟繇长子，钟会之兄。年十四为魏散骑侍郎，太和初迁黄门侍郎，正始中为散骑常侍。以失曹爽意，徙侍中，出为魏郡太守。爽被诛，入为御史中丞、侍中廷尉。参与制造夏侯玄冤案。后为青州刺史，加后将军，迁都督徐州诸军事，假节。转督荆州。景元四年(263)卒，追赠车骑将军，谥惠侯。

②《通鉴》胡注："钟繇有定关中之功。"钟繇(151—230)，字元常，颍川长社(今河南长葛)人。汉末举孝廉，除尚书郎、阳陵令，后为廷尉正、黄门侍郎。以助献帝出长安，拜御史中丞，迁侍中、尚书仆射。曹操当政，任侍中，守司隶校尉，持节督关中军事。繇经营关中，招抚流散，恢复生产，为操提供兵马，操比之萧何。历大理、相国、太尉，终官太傅，封定陵侯。繇工书，尤精于隶、楷，后人将其与晋王羲之并称为"钟王"。

86. 向雄字茂伯，河内人，为镇西将军功曹①。钟会既诛，雄收而葬之。文王闻雄之收葬会也，召而责之曰："往者王经之死，卿哭于东市而我不问②；今钟会躬为叛逆，而又辄收葬，若复相容，其如王法何！"雄曰："昔先王掩骼埋胔，仁流朽骨③，当时岂先卜其功罪而后收葬哉？今王诛既加，于法已备；雄感义收葬，教亦无阙。法立于上，教宏于下，以此训物，雄曰可矣④！何必使雄背死违生，以立于时。殿下仇对枯骨，捐之中野，百岁之后，为臧获所笑，岂仁贤所掩哉？"王悦，与宴谈而遣之⑤。

习凿齿曰："向伯茂可谓勇于蹈义也。哭王经而哀感市人，葬钟会而义动明主，彼皆忠烈奋劲，知死而往，非存生也。况使经、会处世，或身在急难而有不赴者乎？故寻其奉死之心，可以见事生之情，览其忠贞之节，足以愧背义之士矣。王加礼而遣，可谓明达。"

【校记】

本条系汤本据《三国志》卷二十八《魏志·钟会传》注引《汉晋春秋》及《世说新语·方正篇》注引《汉晋春秋》编辑而成。 《魏志注》引文自"文王闻钟会功曹向雄之收葬会也"起句，此前"向雄"之"向"及"为镇西将军功曹。钟会既诛，雄收而葬之"共十七字皆汤本为足语意而补，而起句汤本又为避免重复省去了"钟会功曹向"五字，姑从汤本。《世说注》则仅引"雄字茂伯河内人"七字，汤本于"人"后有小注"句亦见《世说注》三"。 《魏志注》引文又见于《太平御览》卷四百二十《人事部·义上》："文王诛钟会，为功曹向雄收葬，王召而责之。雄曰云云"，"雄曰"前较《魏志注》少三十七字，"雄曰"下至"与宴谈而遣之"同。 又《御览》引文"骼"作"骨"，"朽骨"作"枯骨"，"而后收葬"少"收"字，"教亦无阙"作"于教无阙"，"仇对"作"仇怼"。 汤本于"为臧获所笑，岂仁贤所掩哉"下又有小注"二句一作'为仁贤之资，不亦惜乎'"，或据《书钞》所加。 "加礼"，汤本作"知礼"，并于"明达"后有"也"字。 黄本辑《世说注》及《魏志注》引文各为一条（例不录习论），并以"向雄"为目。其辑文本《魏志注》，但于"文王闻钟会功曹"下无"向雄"二字，同时尾注"《群书治要》二十六《魏志·钟会传》注引'功曹'下有'向雄'二字"，并曰"《御览》引文'雠对'作'仇怼'，'岂仁'下衍'人'字"，或又据他本，未可悉知。

【史补】

（1）《世说新语》曰：向雄为河内主簿，有公事不及雄，而太守刘准横怒，遂与杖遣之。雄后为黄门郎，刘为侍中，初不交言。武帝闻之，敕雄复君臣之好。雄不得已，诣刘，再拜曰："向受诏而来，而君臣之义绝，何如？"于是即去。武帝闻尚不和，乃怒问雄曰："我令卿复君臣之好，何以犹绝？"⑤ 雄曰："古之君子，进人以礼，退人以礼；今之君子，进人若将加诸膝，退人若将坠诸渊。臣于刘河内，不为戎首，亦已幸甚，安复为君臣之好？"武帝从之。（卷中《方正第五》）

（2）〔清〕李慈铭辨《晋书·向雄传》之疏曰：《晋书·向雄传》，雄为河内主簿，太守刘毅、吴奋皆以非理辱之。后雄为黄门侍郎，毅、奋皆为侍中，同省，初不交言。武帝敕雄复君臣之好，雄不得已，乃诣毅再拜云云。《世说·方正篇》以为河内太守刘淮，孝标注引王隐、孙盛之言，以为太守是吴奋，非刘淮。考《晋书·刘毅传》，晋有两刘毅，一与刘裕同起兵者，此则在武帝时。毅一生未尝历外任，初无为河内太守之事。盖唐人修《晋书》，杂采诸说，既并列两事，又误淮为毅，上云毅、奋同为侍中，下止云诣毅再拜，皆其疏也。（《越缦堂读书记·晋书》）

【笺注】

① 向雄（？—286）：字茂伯（一作伯茂），河内山阳（今河南修武西北）人。初仕魏为郡主簿，事太守王经。后太守易人，雄以过失入狱，司隶钟会拔之于狱中，辟为都官从事，后为镇西将军功曹。王、钟二人俱不得其死，雄皆冒险殓葬，义干一时。入晋，历迁黄门侍郎、秦州刺史、御史中丞、侍中、征虏将军。太康初，为河南尹，赐爵关内侯。泰始中，以固谏齐王攸归藩忤旨，愤而卒。

② 《魏志·夏侯玄传》："王经为司隶校尉，辟雄为都官从事。经被诛，雄哭之，感动一市。"而《晋书·向雄传》云："司隶钟会于狱中辟雄为都官从事。"

③ 《通鉴》胡注："《礼记·月令》：'孟春之月，掩骼埋胔。'郑玄注：'骨枯曰骼，肉腐曰胔。'陆德明曰：'露骨曰骼，有肉曰胔。'周文王泽及枯骨。"

④ 《通鉴》引作"不亦可乎"。

⑤ 刘孝标注："《世语》曰：雄有节概，仕至黄门郎、护军将军。'按王隐《孙盛不与故君相闻议》曰：'昔在晋初，河内温县领校向雄，送御牺牛，不先呈郡，辄随比送洛。值天大热，郡送牛多暍死。台法甚重，太守吴奋召雄与杖，雄不受杖，曰：郡牛者亦死也，呈牛者亦死也。奋大怒，下雄狱，将大治之。会司隶辟雄都官从事，数年，为黄门侍郎。奋为侍中，同省，相避不相见。武帝闻之，给雄酒礼，使诣奋解，雄乃奉诏。此则非刘淮也。"

87. 三月，晋公既进爵为王①，太尉王祥、司徒何曾、司空荀颢并诣王。颢曰："相王尊重，何侯与一朝之臣皆已尽敬②，今日便当相率而拜，无所疑也。"祥曰："相国位势，诚为尊贵，然要是魏之宰相，吾等魏之三公，公、王相去一阶而已，班列大同，安有天子三公可辄拜人者！损魏朝之望，亏晋王之德。君子爱人以礼，吾不为也。"及入，颙遂拜，而祥独长揖。王谓祥曰："今日然后知君见顾之重。"③

【校记】

本条据《三国志》卷四《魏志·陈留王纪》注引《汉晋春秋》，并参酌《太平御览》卷五百四十二《礼仪部二十一·拜》引《汉晋春秋》校定。　黄本列"司马文王"目下。　"进爵为王"，《御览》脱"进"字。　"并诣王。颙曰"，《御览》作"并请诣谒。颙谓祥曰"。　"何侯与一朝之臣皆已尽敬"，《御览》脱"与一朝之臣"五字，"皆"作"既"，"尽"讹为"书"。　"班列"，《御览》误作"班例"。"天子三公"，《御览》"公"误为"司"。　"王谓祥曰"，《御览》无"谓祥"二字。　"然后知见顾之重"，《御览》"然后"作"方"字，"重"后有"矣"字。黄本"公王相去"作"王公相去"，尾注并有"王谓祥曰作帝曰"十字，不知更据何本。　黄本尾注又有"《世说·简傲篇》注引文王进爵为王，司徒何曾与朝臣皆尽礼，唯王祥独长揖不拜"，查《世说注》原引，"长揖"前无"独"字。

【史补】

（1）**《魏志·陈留王纪》曰**：咸熙元年三月丁丑，以司空王祥为太尉，征北将军何曾为司徒，尚书左仆射荀颙为司空。乙卯，进晋公爵为王，封十郡，并前二十。

（2）〔宋〕**胡寅论加司马昭殊礼曰**：司马氏取魏，犹曹氏取汉也。乱臣贼子之心，未尝不欲速，顾势有未可，则缓以图之，归于得而已矣。司马师既废曹芳，而犹立高贵乡公，司马昭既弑曹髦，而犹立元帝者，奸人图大事，亦欲十全而不遽，则得之亦稍安。若肆其凶力，非不可亟取，然不旋踵而祸及矣，王莽、董卓、朱温是也。黄鹄利于螳螂，挟弹者又在其后，奸人智足以及此矣。以昭为晋王受殊礼之节观焉，亦可谓魏世有

教化风俗，使司马昭畏名义而不敢取乎？（《读史管见》卷六《魏纪·元帝咸熙元年》）

　　又论王祥为臣不忠曰：祥之至孝超卓，不事清谈，又有政事之才，用为公辅，可以表化天下矣。然孔子曰：事父孝，故忠可移于君，求忠臣者必于孝子之门。于所厚者薄，则无所不薄也。祥仕魏朝，致身太尉，革命之际，初无一言，随众拜迁，不以为异，孝诚虽显，忠节遂隳，无乃质美而学不足乎？故成材莫大乎学。石苞、贾充、王沈之徒，不足责也。如祥者，君子惜之。（《读史管见》卷六《晋纪·武帝泰始四年》）

　　（3）〔宋〕**叶适论王祥不拜曰**：王祥不拜而长揖，世以为雅淡，此固无忤时之患也。以为贤于何曾、荀颉则可；若遂以为名节，未知只如此当得甚是，宜学者所宜知也。余于袁涣、张范、邴原已论此意。王戎言"祥在正始时不在能言之流"，王敦亦言"不意永嘉在末，复闻正始在音"，正始乃为人所慕若是耶！（《习学记言序目》卷二十九《晋书一·王祥》）

　　（4）〔清〕**王夫之论王祥不拜曰**：司马昭进爵为王，荀颉欲相率而拜，王祥曰："王、公相去一阶尔，安有天子三公可拜人者？"骤闻其言，未有不以为岳立屹屹，可以为社稷臣者。冯道之劳郭威曰："侍中此行不易。"亦犹是也。炎篡而祥为太保于晋，威篡而道为中书令于周，则其亢矫以立名，而取合于新主，大略可知矣。昭谓祥曰："今日然后知君见顾之深。"祥所逆揣而知其必然也。矜大臣之节，则太保之重任，终授之己也无疑。历数姓而终受瀛王之爵，道固远承衣盖于祥也。不吝于篡，而吝于一拜；不难于北面为臣，而难折节于未篡之先；天下后世不得以助逆之名相加，万一篡夺不成如桓玄，可以避责全身，免于佐命之讨，计亦狡矣。（《读通鉴论》卷十《三国三八》）

　　（5）〔清〕**王鸣盛论王祥并斥晋君臣之伪曰**：祥庸贪小人，名仕魏室，实为晋臣，乃以不拜自重乎？史家盛夸其孝友名德，此史家妙于立言。范蔚宗传胡广，欧阳永叔传冯道，皆如此矣。以不拜为高，与高贵乡公被弑而号泣为忠，正复一类。昭、炎佯敬之，明知如傀儡，相与为伪而已。禄位之昌，名寿之高，子孙之繁衍，古今少比。鄙夫例多福，无怪志于鄙夫者之多也。

又论何曾曰：《何曾传》既言"无声乐嬖幸之好"，又言其"豪奢华侈，日食万钱无下箸处"，此自相矛盾也。若无声乐嬖幸，则曾之奢但为口腹乎？曾本倾险，杀曹爽，废齐王，皆预其谋。又以奢豪为子孙倡，历世以侈侈闻。永嘉之乱，何氏灭亡无遗，此则天道之可信者。（《十七史商榷》卷四十八《晋书六·祥颎同谒晋王、何氏灭亡》）

(6)〔清〕李慈铭论晋初佐命者皆卑污无耻之徒曰：自魏武崇尚权诈，流品不立，继以文、明，点饰浮华，由是风教凌迟，人不知有礼义。晋初佐命者皆卑污无耻之徒，视篡盗为固有。若郑冲、何曾、石苞、陈骞、王沈、荀颉、荀勖、贾充辈，皆人奴耳。所称元德耆旧，若王祥、李憙、郑袤、鲁芝，并浮沈无耻，庸鄙取容。（《越缦堂读书记·晋书》）

【笺注】

①《通鉴》胡注："司马氏，河内温县人。宣王懿得魏政传景王师，至文王昭，始封晋公，以温县本晋地，故以国号。"

②《三国志集解》："胡三省曰：'何侯，谓何曾。一朝之臣，谓举魏朝之臣也。'《晋书·何曾传》：'文帝为晋王，曾与高柔、郑冲为三公。将入见，曾独致拜尽敬，二人犹揖而已。'钱大昕曰：'高柔卒于景元四年，司马昭未为晋王，至咸熙元年封王，其时三公则太尉王祥、司空荀颉也。传误。'弼按：诸史所载，虽有异同，然何曾屈膝，则为不可掩之事实也。"

③《三国志集解》卢弼曰："据《晋书》王祥、郑冲、何曾、荀颉传，当咸熙、泰始之际，祥等皆年届八十，在魏已位至三公，而皆眷恋爵秩，佐命新朝，与钟繇、华歆、魏略前后一辙。操、懿创篡夺之局，而开国宰辅尽属庸流，宜其国祚之不永也。"

88. 魏以蜀宫人赐诸将之无妻者，李昭仪曰："我不能二三屈辱。"乃自杀①。

【校记】

本条据《三国志》卷三十四《蜀志·后主张皇后传》注引《汉晋春

秋》校定。黄本以"李昭仪"为目。

【史补】

(1)〔清〕牛运震《读史纠谬·三国志》曰：《汉晋春秋》载魏以蜀宫人赐诸将，李昭仪不屈自杀，亦卓卓义烈事，当录入《妃子传》。

【笺注】

①宋陈世崇《随隐漫录》卷二曰："刘禅降魏，见蜀伎不悲，有'此间乐，不思蜀'之语。孔明之子瞻、孙尚战死，张飞之孙遵、赵云次子广亦战死，北地王谌哭于昭烈庙，先杀妻子，乃自杀。魏以蜀宫人赐将士，李昭仪不辱自杀。禅不特愧于诸将士，且愧于妇人矣！"

89. 霍弋闻魏军来①，弋欲赴成都，后主以备敌既定，不听。及成都不守，弋素服号哭，大临三日。诸将咸劝宜速降，弋曰："今道路隔塞，未详主之安危，大故去就，不可苟也。若主上与魏和，见遇以礼，则保境而降，不晚也。若万一危辱，吾将以死拒之，何论迟速邪！"得后主东迁之问，始率六郡将守上表曰②："臣闻人生于三，事之如一③；惟难所在，则致其命。今臣国败主附，守死无所，是以委质，不敢有贰。"晋文王善之，又拜南中都督，委以本任。后遣将兵救援吕兴④，平交阯、日南、九真三郡⑤，功封列侯，进号崇赏焉。弋孙彪，晋越嶲太守。

【校记】

本条据《三国志》卷四十一《蜀志·霍峻传附霍弋传》注引《汉晋春秋》校定。　汤本所补背景文字为"禅举家迁洛阳，霍弋降"，且于句首"霍弋"前补有"初"字，于"委以本任"后漏辑。　黄本以"霍弋"为目。　"弋素服号哭"，汤本脱"弋"字。　"大故去就"，《通鉴》与《纲目》作"去就大故"，似稍胜。　汤本于"六郡"下有小注"建宁等"。　黄本"惟难所在"误"在"为"至"。

【史补】

（1）《蜀志·霍弋传》曰：弋，字绍先，先主末年为太子舍人。后主
践阼，除谒者⑥。丞相诸葛亮北驻汉中，请为记室⑦，使与子乔共周旋游
处。亮卒，为黄门侍郎⑧。后主立太子璿，以弋为中庶子⑨，璿好骑射，
出入无度，弋援引古义，尽言规谏，甚得切磋之体。后为参军庲降屯副贰
都督⑩，又转护军⑪，统事如前。时永昌郡夷獠恃险不宾，数为寇害，乃
以弋领永昌太守，率偏军讨之，遂斩其豪帅，破坏邑落，郡界宁静。迁监
军、翊军将军，领建宁太守，还统南郡事⑫。景耀六年，进号安南将军。
是岁，蜀并于魏，弋与巴东领军襄阳罗宪各保全一方，举以内附，咸因仍
前任，宠待有加。

【笺注】

①霍弋：字绍先，南郡枝江（今湖北枝江东北）人。蜀汉梓潼太守霍
峻之子。昭烈末年，拜太子舍人。后主时，累迁至监军翊军将军，领建宁太守，兼统永昌郡事。
景耀六年（263），进号安南将军。蜀亡降魏，仍旧职，遥领交州。入晋，为南中都
督，封侯。《通鉴》胡注："建宁，汉益州郡也，蜀后主建兴元年，改建宁郡，治味
县。"

②《通鉴》胡注："南中七郡，而此言六郡者，盖越巂已降魏也。"按：南中七郡，
其余六郡曰牂柯、朱提、建宁、永昌、云南、兴古。本条佚文及史补文所涉及地名，
可参见佚文第31条笺注①。

③《通鉴》胡注："无父母乌生，无君乌以为生，所谓人生在三也。"《历代通鉴辑
览》："人生于三，君、亲、师也。"

④吕兴：本为孙吴交阯郡吏，以太守孙谞贪暴，为百姓所患，永安六年（263），
他纠合豪杰杀谞等，遣使以郡附魏。次年，魏以兴为使持节、都督交州诸军事、南中
大将军，封定安县侯。策命未至，兴为功曹李统所杀。

⑤交阯、日南、九真三郡，皆西汉所置，属交阯刺史部（东汉建安中改称交州）。
三郡辖境约当今越南国北部和中部地区。

⑥谒者：传达国君命令的近侍官名，秩六百石。参见卷一《光武帝纪治要》笺注⑬。

⑦记室：东汉置，诸王、三公及大将军皆设记室令史，掌章表书记文檄。魏晋以

后，各地方郡、国始设记室参军一职，专掌文书起草、记录表彰等重要事务。

⑧黄门侍郎：官名。《后汉书·献帝纪》："初令侍中、给事黄门侍郎员各六人。"李贤注："《汉官仪》曰：'给事黄门侍郎，六百石，无员。掌侍从左右，给事中使，关通中外。'然则黄门郎给事黄闼之内，故曰黄门郎。本既无员，于此各置六人也。"

⑨中庶子：官名。秦置中庶子，汉称太子中庶子，为太子属官。《后汉书·百官志》："太子中庶子，六百石，本注曰：员五人，职如侍中。"蜀汉、魏、吴皆沿置，掌侍从、奏事、谏议等。

⑩参军庲降屯副贰都督：或即副贰都督。庲降都督总督南中各郡军政，治夷之务或重于军事。参见佚文第31条笺注⑮。

⑪护军：参见佚文第83条笺注⑱。

⑫南郡：此谓南方之郡。因永昌郡在建宁郡西南，或即以省文代称之。《三国志集解》："萧常《续后汉书音义》曰：'南郡属吴，无还统之理。时弋领永昌，复领建宁，故曰两郡。'赵一清曰：'南郡字误。蜀称益州为南中，非汉荆州之南郡，或是南中郡县，史省文。'"

90. 司马文王与禅宴，为之作故蜀技①，旁人皆为之感怆，而禅喜笑自若。王谓贾充曰："人之无情，乃可至于是乎！虽使诸葛亮在，不能辅之久全，而况姜维邪！"充曰："不如是，殿下何由并之？"他日，王问禅曰："颇思蜀否？"禅曰："此间乐，不思蜀。"郤正闻之，求见禅曰："若王后问，宜泣而答曰：'先人坟墓远在陇蜀，乃心西悲，无日不思②，因闭其目。"会王复问，对如前。王曰："何乃似郤正语邪？"禅惊视曰："诚如尊命。"左右皆笑③。

【校记】

本条据《三国志》卷三十三《蜀志·后主传》注引《汉晋春秋》校定。　汤本所补背景文字为"封禅为安乐公"六字。　黄本列"后主"目下。　"陇蜀"，汤本讹为"陇西"。　黄本于"邪"皆作"耶"，"西悲"作"心悲"。　又《太平御览》亦引有本条文字，但分见二处：卷五百六十八《乐部六·女乐》引文，自"晋文王与刘禅宴"，至"何由并之哉"止；"司马文王"作"晋文王"，"故蜀技"作"蜀旧乐"，"为感怆"作"代禅感"，"喜笑"作"语笑"，"邪"作"耶"，"何由"前无"殿下"二字，"并之"后多一"哉"字。《御览》卷四百九十八《人事部一百四十·真愚》引文则相当于本条后半段："司马文王问刘禅曰：'颇思蜀不？'禅曰：'此间乐，不思蜀也。'郤正闻之，求见禅曰：'若王后问，宜泣而后答。'会王复问，禅曰：'先王坟墓远在陇蜀，乃心西望，无日不思。'因闭其眼。王曰：'何乃似郤正语邪？'禅惊视曰：'如尊命。'左右皆大笑。"可知《御览》引文与《蜀志》注引小有不同。　汤本尾注辑文出处未标《御览》，黄本有之。

【史补】

（1）《通鉴纲目》曰：（三月，）魏封故汉帝禅为安乐公。禅举家迁洛阳，大臣无从行者④，惟秘书令郤正及殿中督张通舍妻子单身从行。正相导宜适，举动无阙⑤，禅乃慨然叹息，恨知正之晚⑥。晋王昭封禅为安乐公⑦。他日与宴，为之作蜀伎，旁人皆感怆，而禅喜笑自若。昭谓贾充曰，云云。（《御批通鉴纲目》卷十六）

（2）〔清〕赵青黎论后帝为中材之主曰：呜呼！亡国之君，若蜀汉后帝，可不谓中材之主哉？惜武侯先卒耳，武侯不卒，必不失国。司马昭顾以"不思蜀"之言，遂曰"武侯且不可与图存"，岂信然耶？人君之善在任相，继世之美在法祖。后帝当日，终武侯无掣其肘者，疾笃荐蒋琬等俱见擢用，岂非生尽其才，没遵其训者与？祖宗之天下传之子孙，其时老臣受顾命之重，藏太府之盟，不转盼即背之者，往往而然。武侯虽圣，分则臣也，东西南北，惟所命耳；卒乃拱手以静听其经营，此固有人君之度矣。且帝即位垂四十年，未闻有大失德，若吴、魏主之营宫室，缮园囿，筑台凿池者，燕燕夜饮而醉行杀戮者，田猎游敖，所过蹂躏，征发无算，而民疲于奔命者。故曰"武侯不卒，必不失国"。匪直不失国也，吾知朝廷宫府，穆然肃清；渭滨之屯，兵民浃洽。而其主之失德，又有以驱之。咸阳陇西，谁为守者？即以智力论，司马懿差可耳，师、昭岂其敌哉！然则后帝之不克终复汉业称令主者，武侯之先卒为不幸也。若郤虑所云，虽欲欺三尺童子不能。且以无凭之身，入不可知之域，而时露其留恋慨叹之情，危道也。我方失国，人甚疑我；幸且轻我，惟乘其轻心而用之，则疑去而身得安。故"不思蜀"之言，亦聊以应昭也。或曰："令后帝求贤之切，若昭烈于武侯，意必有武侯其人者出，即不然而摈斥祗、皓，亦可无伤国本，至不幸而背城借一，身殉社稷，尚足告无罪于列祖。"然此皆上智之主优为之，而非后帝所及也。后帝者，中材之主也。若谓武侯且不可与图存，彼直以为武侯为何如人耶！（《星阁史论·蜀汉后帝论》）

（3）〔清〕钱大昕论后主有知人之哲曰：问："陈寿之评蜀后主也，曰：'经载十二而年名不易，军旅屡兴而赦不妄下，不亦卓乎！'裴松之以为：'赦不妄下，诚为可称，至于年名不易，犹所未达。建武、建安之号皆久而不改，未闻前史以为美谈，经载十二，盖何足云？'不审承祚之评何义？"曰："昭烈之殁，政由葛氏，礼乐征伐自下出者十余年，以曹、马之辈当此，改元自立必矣。自古大臣握重权者，身死之后，嗣主亲政，亦必改元，更革其旧。后主信任武侯，不以存殁二三其德，李邈上书诋亮，下狱诛死，其任贤勿疑，有足称者。孔明卒于建兴十二年，前此不改元，孔明事君之忠也；继此不改元，后主知人之哲也。君明臣忠，不亦卓乎！"（《潜研堂文集》卷十二《答问九 诸史》）

【笺注】

①《通鉴》胡注："蜀技，蜀乐也，如巴渝舞之类也。技与伎同。"唐刘禹锡《蜀先主庙》诗曰："天地英雄气，千秋尚凛然。势分三足鼎，业复五铢钱。得相能开国，生儿不象贤。凄凉蜀故妓，来舞魏宫前。"

②《通鉴》胡注："西悲，用《诗·东山》语，此儒生之搜章摘句也。"

③《三国志旁证·蜀志·刘后主传》："于慎行曰：'刘禅之对司马昭，未为失策也；郤正教之，浅矣。思蜀之心，昭之所不欲闻也，幸而先以己意对，再问之时，已虑有教之者，禅即以正指对。左右虽笑，不知禅之免死，正以是矣。'黄恩彤曰：'先主遗诏敕后主曰：丞相叹卿智量甚大，增修过于所望，审能如此，吾复何忧云云。武侯非面谀，先主非誉儿，足见后主本非不肖也。《陈志》以为任贤相则为循理之君，

惑阉竖则为昏暗之主，洵然。'"

④《通鉴》胡注："姜维既死，张翼、廖化、董厥必亦死于乱兵矣。"

⑤《通鉴》胡注："宜，当也；适，亦当也。禅初入洛，见魏君臣，其礼各有所当。呜呼！使正东带立于朝，上而摈赞汉主，下而与宾客言，事事合宜而无阙失，岂非人臣之至愿哉！"

⑥王志坚《读史商语》论郤正曰："刘禅时，黄皓用事，士大夫多附之。郤正在内职，与皓比屋三十余年，淡然自守，以书自娱，既不为皓所爱，亦不为皓所憎。及禅亡，正弃妻、子，单身随之。禅赖正相导，宜适举动无阙。噫，何世无贤者哉！"

⑦安乐：《华阳国志》曰："上庸郡安乐县，咸熙元年为公国，封刘后主也。"《晋书·地理志》则云：幽州。燕国。"安乐国相，蜀主刘禅封此县公。"未知孰是。又《蜀志·后主传》："后主举家东迁，既至洛阳，策命之曰：惟景元五年三月丁亥，皇帝临轩，使太常嘉命刘禅为安乐县公。於戏！其进听朕命，云云。"牛运震《读史纠谬·三国志·后主传》曰："谯周《降书》，安乐《策命》，极不可录。陈寿作《志》，不为蜀汉惜其亡，而为魏、晋夸其胜，衷私戈戈，其可以无责耳矣！"

91.初，魏军始入蜀，刘禅分二千人付罗宪留守①。吴闻蜀败，遂起兵遣盛曼、谢询等水陆并到②，说宪以合从之计。宪谓诸将曰："今据孤城，百姓无主，吴人因衅，公敢西过。宜一决战，以示众心。"遂衔枚夜出，击破曼。（《御览》三百五十七）

【校记】

本条为《太平御览》卷三百五十七《兵部八十八·啣枚》引文，不见于汤本，乃黄本所辑，以"罗献"为目。《御览》引文及黄本"罗宪"皆作"罗献"，"盛曼"皆作"盛宪"。据《蜀志·霍弋传》注引《襄阳记》，以及《晋书·罗宪传》、《资治通鉴》卷七十八对此事的记载，罗氏即"襄阳罗宪"，时任巴东领军，驻守永安城；而"盛宪"当为"盛曼"，据钱仪吉《三国志证闻》："《晋书·罗宪传》'吴遣将盛宪西上'（赵改曼），按盛曼见《吴三主传》，俗本《晋书》作'宪'，误也。"故于二氏径改为

"罗宪"、"盛曼",不再一一正误。　黄本无"谢询"二字。

【史补】

（1）《通鉴纲目》曰：秋，七月，魏以罗宪为陵江将军③。初，汉使罗宪守永安④，及汉败，宪得其主手敕，乃帅所统临于都亭三日。吴闻蜀败，起兵西上，外托救援，内欲袭宪。宪曰："吴不恤我难而背盟徼利，不义甚矣！"乃缮甲誓众，厉以节义。遣使告急于魏。吴人来攻，与战，大破之。吴主怒，复遣陆抗等帅众三万增其围。宪被攻凡六月，救援不到。或说宪弃城走，宪曰："吾为城主，百姓所仰。危不能安，急而弃之，君子不为也，毕命于此矣！"魏遣荆州刺史胡烈攻西陵以救之。吴师遂退。晋王昭使仍旧任，加号将军，封亭侯。（《御批通鉴纲目》卷十六）

【笺注】

①罗宪（218—270）：字令则，襄阳人。仕蜀汉为太子舍人、宣信校尉。以不附黄皓，左迁巴东太守。大将军阎宇都督巴东，拜为领军。汉亡，成功抗击吴人入侵。入魏，加陵江将军、监巴东军事、使持节，领武陵太守。泰始六年卒，追封西鄂侯，谥曰烈。

②盛曼，时任吴建平太守。谢询，未详。

③《通鉴》胡注："沈约《志》：魏置陵江将军，为四十号之首，言欲陵驾江流，以荡平吴、会也。"按：四十号者，魏所置四十位杂号将军也。

④《通鉴》胡注："谯周《巴记》曰：汉献帝初平六年，益州司马赵韪建议分巴郡诸县汉安以下为永宁郡。建安六年，刘璋改永宁为巴东郡，治鱼复县；蜀先主章武二年，改鱼复曰永安。"

92. 晋文王与晧① 书曰："圣人称有君臣然后有上下礼义，是故大必字小，小必事大，然后上下安服，群生获所。逮至末涂，纯德既毁，剿民之命，以争强于天下，违礼顺之至理，则仁者弗由也。方今主上圣明，覆帱无外，仆备位宰辅，属当国重。惟华夏乖殊，方隅坼裂，六十余载，金革亟动，无年不战，暴骸丧元，困悴罔定，每用悼心，坐以待旦。将欲止戈兴仁，为百姓请命，故分命偏师，平定蜀汉，役未经年，全军独克。于时猛将谋

夫，朝臣庶士，咸以奉天时之宜，就既征之军，藉吞敌之势，宜
遂回旗东指，以临吴境。舟师泛江，顺流而下，陆军南辕，取
径四郡，兼成都之械②，漕巴汉之粟，然后以中军整旅，三方云
会，未及浃辰，可使江表底平，南夏顺轨。然国朝深惟伐蜀之
举，虽有静难之功，亦悼蜀民独罹其害，战于绵竹者，自元帅以
下并受斩戮，伏尸蔽地，血流丹野。一之于前，犹追恨不忍，况
重之于后乎！是故旋师按甲，思与南邦共全百姓之命。夫料力忖
势，度资量险，远考古昔废兴之理，近鉴西蜀安危之效，隆德保
祚，去危即顺，屈己以宁四海者，仁哲之高致也；履危偷安，陨
德履祚，而不称于后世者，非智者之所居也。今朝廷遣徐绍、孙
彧献书喻怀，若书御于前，必少留意，回虑革算，结欢弭兵，共
为一家，惠矜吴会，施及中土，岂不泰哉！此昭心之大愿也，敢
不承受。若不获命，则普天率土，期于大同，虽重干戈，固不获
已也。"③

【校记】

本条据《三国志》卷四十八《吴志·孙皓传》注引《汉晋春秋》校
定。　汤本所补背景文字为"吴孙皓立"四字。　黄本列"司马文王"
目下。　"违礼顺之至理"，黄本"礼"作"逆"。　"分命偏师"，汤本
"分"作"今"。　"三方云会"，汤、黄本"三"皆作"二"。　"可使江表
底平"，黄本"可"作"便"。　"亦悼蜀民独罹其害"，汤本"悼"误为
"焯"。　"陨德覆祚"，汤本"覆"讹为"履"。

【史补】

（1）《吴志·孙皓传》曰：皓字元宗，权孙、和子也。一名彭祖。孙
休立，封为乌程侯。休薨，时蜀初亡，而交阯携叛，国内震惧，贪得长
君。左典军万彧昔为乌程令，与皓相善，称皓才识明断，屡言之于丞相濮
阳兴、左将军张布。兴、布说休妃太后朱，欲以皓为嗣。朱曰："我寡妇
人，安知社稷之虑。苟吴国无陨，宗庙有赖可矣。"于是遂迎立皓，时年

二十三。是岁，于魏咸熙元年也。元兴元年九月，贬太后为景皇后，追谥父和曰文皇帝，尊母何氏为太后。十月，立皇后滕氏。晧既得志。粗暴骄盈，多忌讳，好酒色，大小失望。兴、布窃悔之。或以谮晧，十一月，诛兴、布。封后父滕牧为高密侯，舅何洪等三人皆列侯。是岁，魏置交阯太守之郡。晋文帝为魏相国，遣昔吴寿春城降将徐绍、孙或衔命赍书，陈事势利害，以申喻晧。甘露元年三月，晧遣使随绍、或报书曰：云云。绍行到濡须，召还杀之。七月，晧逼杀景后朱氏，又送休四子于吴小城，寻复追杀大者二人④。九月，徙都武昌。十二月，晋受禅。

（2）〔清〕王鸣盛记历史之巧合曰：汉高祖始为汉王居南郑，至蜀先主以汉中王终之。吴孙坚始封乌程侯，至孙晧亦以乌程侯入即位终之。（《十七史商榷》卷四二《三国志四·汉吴始终》）

柯按：吴大帝孙权之后传三世，曰亮，曰休，曰晧。亮为权少子，童孺莅位而无贤辅，受制权臣、宗室孙綝，终遭废黜，才十六岁。休为权第六子，乃綝所迎立而能谋诛綝，且志善好学，博览群籍，但任用私人，不能拔进良才，有所兴革，年三十而病卒。晧以虚伪得逞，既继位，淫虐残暴，触目惊心，天人共愤，卒致失国。陈寿评曰："晧之淫刑所滥，陨毙流黜者盖不可胜数。是以群下人人惴恐，皆日日以冀，朝不谋夕。其荧惑、巫祝，交致祥瑞，以为至急。昔舜、禹躬稼，至圣之德，犹或矢誓众臣，予违女弼，或拜昌言，常若不及。况晧凶顽，肆行残暴，忠谏者诛，谗谀者进，虐用其民，穷淫极侈，宜腰首分离，以谢百姓。"承祚此评，可谓平允。魏、蜀、吴三国分争，至穷凶极恶之孙晧画上句号。呜呼，悲哉！聊为一卷之结语。

【笺注】

①晧：谓孙晧（242—284），字元宗；一名彭祖，字晧宗。孙权废太子孙和之子。吴亡国之君（264—280在位）。以性嗜酒，残暴好杀，亡于晋。降晋后，受封为归命侯，四年后病卒。"晧"，亦作"皓"。

②《三国志集解》："潘眉曰：械，谓器械。时新并蜀军，故云兼成都之械。"

③《三国志集解》："潘眉曰：'《孙楚传》载文王与晧书。与此不同。又云劭等至

吴，不敢为通。然则文王令楚所作之书，至吴未通，其所通者，又是一篇，此《汉晋春秋》所载者是也。此书不知何人所作。'弼按：《孙楚传》，将军石苞令楚作书遗孙皓，是孙楚为石苞作，非为晋文王作。《文选》载孙子荆《为石仲容与孙皓书》是也，潘说误。又按《荀勖传》，时发使聘吴，并遣当时文士作书于孙皓，帝用勖所作，皓既报命和亲，帝谓勖曰：'君前作书，使吴思顺，胜十万之众也。'是此书为荀勖所作，潘说又误。又按是书措辞和婉，又为司马昭之书，使者将命，不敢不达，若孙楚代石苞之书，语极愤激，易致偾事，绍等不敢为通，或以此欤？"

④孙皓以七月入继大位，二月后即废贬太后，逾年又逼杀之，并枉杀先君二子，可谓不仁至极矣！

汉晋春秋通释卷三
西晋（265—316）

武　帝

柯按：魏主曹奂咸熙二年十二月壬戌，晋王司马炎演当年魏文帝曹丕之故伎，受禅称帝，建立晋朝，改元泰始。魏亡。自司马懿专魏政，传师、昭兄弟，再传炎，魏主形同虚设，篡魏只在迟早之间。元胡一桂《史篹通要》论司马氏之篡魏曰："吁！邵陵厉公之见废，高贵乡公之见弑，常道乡公之见篡，司马安然为之，不闻有所谓节义之士出于其间，风俗之衰，可痛也已。南宫氏曰：魏自曹操肇谋，迄于亡国，五六十年间，与司马氏相为终始。方懿辞操辟之时，魏犹未篡汉也，而懿之心已不下于操；未几把握魏政，杀楚王彪，置诸王公于邺，去篡汉之日，历三十载；其后再世受遗，父子祖孙云鳞秉政，势之所趋，骎骎乎若火之尚炎，而不可遏。黄雀利于螳螂，挟弹者又在其后，而世之怀奸忍逆，窃窥人宗社者，常囿于其中而不自知。悲夫！魏篡国凡五传，合四十六年，而为晋。"（卷九《魏》）明李贽《藏书》悲魏氏曰："魏之前后五帝，共享国四十（一）〔六〕年，其一被弑，其二见废，唯丕与叡仅存。然则魏武亦枉苦心矣，本欲灭吴并蜀以一天下，孰知吴、蜀未灭，而己先灭耶。又岂料俯仰之间，四十余年，荡然遂无复有耶。已取天下于人，若此其难；人取天下于己，若此其易。难易之故，吾知虽以曹公之多智，亦必不能逆为之筹矣。可不悲欤！奂在位七年，虚器也。髦在位七年，身且不保，求为虚器又不能得也。芳虽在位十六年乃废，然实他人子，非魏物也；其与司马晋之为牛、嬴秦之为吕等耳，未绝而先自绝矣。然则自魏明帝而后，称魏帝者，空有帝之名，无帝之实也。吾又以是观之，丕七年，叡十四年，是魏之有天下也，实则仅仅二十又一年也，只有二代相继而为帝也。魏武不亦枉哉，而苦心乎哉。悲夫！"（《世纪·三国兵争·魏》）读史至此，能不兴叹！

《汉晋春秋》佚文于魏晋禅受之事阙如，聊补《通鉴》纪事，以备一朝暨本卷之始。又凿齿以晋承汉，虽伪魏而帝晋，故以下补晋事秉《三国志》及《资治通鉴》书法。

【史补】

（1）《资治通鉴》曰：（魏曹奂咸熙二年、吴孙皓甘露元年）十二月，壬戌，魏帝禅位于晋①；甲子，出舍于金墉城②。太傅司马孚拜辞，执帝手，流涕歔欷不自胜，曰："臣死之日，固大魏之纯臣也。"丙寅，王即皇帝位，大赦，改元③。丁卯，奉魏帝为陈留王，即宫于邺。优崇之礼，皆仿魏初故事。魏氏诸王皆降为侯。追尊宣王为宣皇帝，景王为景皇帝，文王为文皇帝；尊王太后曰皇太后。封皇叔祖孚为安平王，叔父干为平原王，亮为扶风王、伷为东莞王、骏为汝阴王、肜为梁王，伦为琅邪王，弟攸为齐王、鉴为乐安王、机为燕王；又封群从司徒望等十七人皆为王④。以石苞为大司马，郑冲为太傅，王祥为太保，何曾为太尉，贾充为车骑将军，王沈为骠骑将军；其余文武增位进爵有差。乙亥，以安平王孚为太宰，都督中外诸军事⑤。未几，又以车骑将军陈骞为大将军，与司徒义阳干望、司空荀颛，凡八公，同时并置。帝惩魏氏孤立之敝，故大封宗室，授以职任。又诏诸王皆得自选国中长吏；卫将军齐王攸独不敢，皆令上请。（卷七十九《晋纪一》）

【笺注】

①胡注："魏元帝时年二十，困敦上章，魏文帝始受汉禅，传五世，历四十六年而亡。"

②胡注："金墉城在洛阳城西北角。"

③是为晋武帝。即司马炎（236—290），字安世。司马懿之孙，司马昭长子。魏咸熙二年（265）八月继昭为相国、晋王，至是称帝，改元泰始，国号晋，都洛阳。咸宁六年（280）灭吴，统一全国。即位之初，尚有俭德，旋即流于放纵。灭吴后，天下无事，遂大封宗室，使居要地，同时尽去州郡武备，埋下其后皇室内讧及五胡乱华祸根。晚年更怠于政事，信用谗佞，斥逐贤良，荒淫无极。加之立痴呆之子为太子

嗣位，身死不久，天下大乱，国家重又陷入长期分裂混战的局面。在位二十六年卒，谥曰武，庙号世祖。胡注："文王庙号太祖，故帝庙号世祖。谥法：克定祸乱曰武。"

④胡注："望，孚之子也。帝封诸王，以郡为国。邑二万户为大国，置上、中、下三军，兵五千人；万户为次国，置上军、下军，兵三千人；五千户为小国，置一军，兵五百人。王不之国，官于京师。"

⑤胡注："《晋志》曰：太宰、太傅、太保，周之三公官也。晋初以景帝讳故，又采周官官名，置太宰以代太师之任，秩增三司，与太傅、太保皆为上公。大司马，古官也，汉制以冠大将军、骠骑将军之上，以代太尉之职，故恒与太尉迭置，不并列。及魏有太尉，而大司马、大将军各自为官，位在三司上。晋因其制，以太宰、太傅、太保、司徒、司空为文官公，左右光禄大夫、光禄大夫开府者，位从公，冠进贤、三梁、黑介帻。大司马、大将军、太尉为武官公，骠骑、车骑、卫将军、伏波、抚军、都护、镇军、中军、四征、四镇、龙骧、典军、上军、辅国等大将军开府者，位从公，皆着武冠，平上黑帻。"

武帝泰始二年（吴孙皓宝鼎元年）（266）

93.初，文帝①之崩也，羊祜②谓傅玄③曰："三年之丧，虽贵遂服，自天子达④。而汉文除之⑤，毁礼伤义，常以为叹。今上天纵至孝，有曾、闵之性⑥，虽夺其服，而实行丧礼⑦。丧礼行，除服何为耶？若因此革魏之薄而兴先王之法，以敦厚风俗，垂之百代，不亦美乎！"玄曰："汉文以来，世乃浅薄，不能复行国君之丧，因而除之数百年⑧。一旦复古，恐难行也。"祜曰："就不能使天下如礼，且使主上遂服，不犹善乎！"玄曰："君上不除而下除，是为但有父子无君臣，三纲之道亏矣。"

君子曰：傅玄知无君臣之伤教，而不知兼无父子之为重，岂不蔽惑哉！汉废君臣之丧，不降父子之服⑨，故四海黎庶莫不尽于其亲。三纲之道，二服犹用于私室，而主者独尽废之，岂所以孝治天下乎？《诗》云："猷之未远"，其傅玄之谓也。

【校记】

本条主要依据《太平御览》卷五百四十七《礼仪部二十六·丧服》引《汉晋春秋》校定。《宋书》卷十五《礼志二》亦引此内容，而文字较略，其文曰："晋文帝之崩也，羊祜谓傅玄曰：'三年之丧，自天子达。汉文除之，毁礼尚义。今上有曾、闵之性，实行丧礼。丧礼实行，何为除服？若因此守先王之法，不亦善乎！'玄曰'汉文以末世浅薄，不能复行国君之丧，故因而除之。数百年一旦复古，恐难行也。'祜曰：'且使主上遂服，犹为善乎？'玄曰：'若上不除而臣下除，此为但有父子，无复君臣，三纲之道亏矣。'习凿齿曰：傅玄知无君臣之伤教，而不知兼无父子之重，岂不蔽哉。且汉废君臣之丧，不降父子之服，故四海黎庶莫不尽情于其亲。三纲之道，二服恒用于私室，而王者独尽废之，其所以孝治天下乎！《诗》曰：猷之未远，其傅玄之谓也。"　汤本本条所补背景文字为"泰始二年八月，谒崇阳陵，诏以衰绖行，不果"。　黄本以"傅玄"为目。　汤、黄二本与《御览》也多见异字："除服何为耶"，汤本"何为"作"为何"；"兴先王之法"，汤本同《宋志》；"不犹善乎"，汤本于"善"前有"为"字；"君上不除而下除"，汤、黄本"君上"皆作"若主上"，汤本且于"下"上多一"臣"字；"无君臣"，汤本于"无"后多一"复"字；"莫不尽于其亲"，黄本"亲"作"心"；"二服犹用于私室，而王者独尽废之"，汤、黄本"犹"皆作"恒"。又"孝治天下"，《御览》讹"治"为"制"，而《宋志》及汤、黄本皆作"治"，据改。　汤本尾注标有以上二书，黄本则未标《宋志》，而有"《书钞》九十三陈补引至'亏矣'"数字，查其所引文尤略，不赘。

【史补】

(1)《**资治通鉴**》曰：文帝之丧，臣民皆从权制，三日除服。既葬，帝亦除之；然犹素冠疏食，哀毁如居丧者。秋，八月，帝将谒崇阳陵，群臣奏言，秋暑未平，恐帝悲感摧伤。帝曰："朕得奉瞻山陵，体气自佳耳。"又诏曰："汉文不使天下尽哀，亦帝王至谦之志[10]。当见山陵，何心无服！其议以衰绖从行。群臣自依旧制。"尚书令裴秀奏曰："陛下既除而复服，义无所依；若君服而臣不服，亦未之敢安也。"诏曰："患情不能跂及耳，衣服何在⑪！诸君勤勤之至，岂苟相违。"遂止。

中军将军羊祜谓傅玄曰："三年之丧，虽贵遂服，礼也。今主上至孝，虽夺其服，实行丧礼。若因此复先王之法，不亦善乎！"玄曰："以日易月，已数百年⑫，一旦复古，难行也。"祜曰："不能使天下如礼，且使主上遂服，不犹愈乎！"玄曰："主上不除而天下除之，此为但有父子，无复君臣也。"乃止。

戊辰，群臣奏请易服复膳，诏曰："每感念幽冥，而不得终莒经之礼⑬，以为沈痛。况当食稻衣锦乎！适足激切其心，非所以相解也。朕本诸生家，传礼来久，何至一旦便易此情于所天！相从已多，可试省孔子答宰我之言⑭，无事纷纭也！"遂以疏素终三年。

臣光曰：三年之丧，自天子达于庶人，此先王礼经，百世不易者也。汉文师心不学，变古坏礼，绝父子之恩，亏君臣之义；后世帝王不能笃于哀戚之情，而群臣谄谀，莫肯厘正。至于晋武独以天性矫而行之，可谓不世之贤君；而裴、傅之徒，固陋庸臣，习常玩故，而不能将顺其美，惜哉⑮！

(2)〔宋〕**朱熹论汉文帝革丧制曰**：文帝不欲天下居三年丧，不欲以此勤民，所为大纲类墨子。或问："文帝欲短丧。或者要为文帝遮护，谓非文帝短丧，乃景帝之过。"曰："恐不是恁地。文帝当时遗诏教大功十五日，小功七日，服纤三日。或人以为当时当服大功者只服十五日，当服小功者只服七日，当服纤者只三日，恐亦不解恁地。臣为君服，不服则已，服之必斩衰三年，岂有此等级！或者又说，古者只是臣为君服三年服，如诸侯为天子，大夫为诸侯，及畿内之民服之。于天下吏民无三年服，道理必不可行。此制必是秦人尊君卑臣，却行这三年，至文帝反而复之耳。"（《朱子语类》卷一三五《历代二》）

(3)〔宋〕**罗大经论汉文帝改丧制曰**：汉文帝以七月己亥崩，乙巳葬，才七日耳。与窭人之家，敛手足形还葬者何以异？景帝必不忍以天下俭其亲，此殆文帝之顾命也。虽未合中道，见亦卓矣。文帝此等见解，皆自黄

老中来。（《鹤林玉露》丙编卷一《汉文帝葬》）

（4）〔清〕李慈铭议三年之丧曰：汉文短丧，意以便民，后遂不知其本。晋武能以身率先，毅然行之，而当日群臣必夺其志，不知是何肺腑也！试问降膳素衣，人主行此于宫中，何损于天下之事？而谏者动以海内未平，万几事殷为言。其时首列名者，太宰司马孚、太傅郑冲、太保王祥、太尉何曾、司徒司马望、司空荀颙。孚，司马氏所称名德，冲、祥、曾、颙皆当时所谓至孝也，而力强其君以从短丧，忠孝之道，如是而已矣。其后，杜预造皇太子短丧之议，谓天子古无行服三年之制，高宗谅闇者除服而不言，故不云服丧三年，而云谅闇三年，明不复寝苫枕土，以荒大政也。夫既云百官总己听于冢宰，则固不听政矣，言且可以不言，而身不可以行服，遁辞害理，可谓无人心者也。又引翟方进自以身为汉相，居丧三十六日而除，明国典之不可逾，而况于皇太子。是所谓饮狂药以药人也！典午之世，名教扫地，深可悲哉！（《越缦堂读书记·晋书》）

【笺注】

① 文帝：谓司马昭。晋武帝司马炎代魏称帝，追尊其父昭为文皇帝，庙号太祖。

② 羊祜（221—278）：字叔子，泰山南城（今山东费县西南）人。世吏二千石，至祜九世。蔡邕外孙，司马师妻弟，夏侯霸之婿。司马昭当魏政，公车征拜中书侍郎，俄迁给事中、黄门郎。陈留王立，赐爵关中侯。徙秘书监，封钜平子。拜相国从事中郎，参掌机密。迁中领军。司马炎代魏，以佐命之勋，进号中军将军，加散骑常侍，晋爵为侯，置郎中令，备九官之职，加夫人印绶。继而为都督荆州诸军事、假节、散骑常侍、卫将军如故。后加车骑将军。以故坐贬为平南将军。咸宁初，拜征南大将军、开府仪同三司。祜镇襄十年，屯田兴学，增修德信，深得吏民之心；又缮甲训卒，留心戎事，为伐吴做准备。咸宁四年（278），祜寝疾，入朝，面陈伐吴之计。十一月卒，年五十八。临终，举杜预自代。

③ 傅玄（217—278）：字休奕，北地泥阳（今陕西铜川耀州东南）人。博学善属文，解钟律。性刚劲亮直，不能容人之短。仕魏累迁至弘农太守，领典农校尉，封鹑觚男。入晋，进爵为子，加附马都尉。俄迁侍中。泰始四年（268），为御史中丞。以应对称旨，转司隶校尉。卒年六十二，谥曰刚。玄虽显贵，而著述不废，撰有《傅

子》数十万言。惜其书已佚，但有辑本传世。

④《左传·昭公十五年》："三年之丧，虽贵遂服，礼也。"《礼记·三年问》："夫三年之丧，天下之达丧也。"郑玄注："达，谓自天子至于庶人。"《通志二十略·礼略·凶礼·丧期》曰："《易》云，古者丧期无数。（贾公彦曰：此黄帝时也。是以其心丧终身也。）《虞书》称：'三载，四海遏密八音。'（按唐虞虽行心丧，更三年为限，三王乃制丧服。）商高宗谅闇，三年不言。《檀弓》云：'子张问曰：《书》云高宗三年不言，言乃欢。有诸？仲尼曰：胡为其不然也。古者天子崩，王世子听于冢宰。'周武王崩，成王十三而嗣立，周公居冢宰摄政。明年六月，既葬，周公冠成王而朝于祖，以见诸侯。"

⑤汉文帝（前202—前157）：名恒，汉高祖中子。初为代王，太尉周勃、丞相陈平等诛灭诸吕，迎立为帝。前180—前157年在位。帝好黄老之学，实行与民休息政策，轻徭赋，除苛刑，兴水利；谦逊克己，俭约自持；同时削弱诸侯王势力，加强中央集权，使汉朝日益强盛。其子景帝因之，史称"文景之治"。卒葬霸陵。谥孝文，庙号太宗。《汉书·文帝纪》载其遗诏曰："朕闻之，盖天下万物之萌生，靡不有死。死者天地之理，物之自然，奚可甚哀！当今之世，咸嘉生而恶死，厚葬以破业，重服以伤生，吾甚不取。且朕既不德，无以佐百姓；今崩，又使重服久临，以罹寒暑之数，哀人父子；伤长老之志，损其饮食，绝鬼神之祭祀，以重吾不德，谓天下何！朕获保宗庙，以眇眇之身托于天下君王之上，二十有余年矣。赖天之灵，社稷之福，方内安宁，靡有兵革。朕既不敏，常畏过行，以羞先帝之遗德；惟年之久长，惧于不终。今乃幸以天年得复供养于高庙，朕之不明与嘉之，其奚哀念之有！其令天下吏民，令到出临三日，皆释服。无禁取妇嫁女祠祀饮酒食肉。自当给丧事服临者，皆无践。经带无过三寸。无布车及兵器。无发民哭临宫殿中。殿中当临者，皆以旦夕各十五举音，礼毕罢。非旦夕临时，禁无得擅哭临。以下，服大红十五日，小红十四日，纤七日，释服。它不在令中者，皆以此令比类从事。布告天下，使明知朕意。霸陵山川因其故，无有所改。归夫人以下至少使。"

⑥曾、闵：谓曾参、闵子骞。二人皆孔门高徒，以孝著称。

⑦《晋书·礼志中》："文帝之崩，国内服三日。武帝亦遵汉魏之典，既葬除丧，然犹深衣素冠，降席撤膳。"

⑧《晋书·礼志中》："五礼之别，二曰凶。自天子至于庶人，身体发肤，受之父母，其理既均，其情亦等，生则养，死则哀，故曰三年之丧，天下之达礼者也。汉礼，天子崩，自不豫至于登遐及葬，丧纪之制，与夫三代变易。魏晋以来，大体同汉。然自汉文革丧礼之制，后代遵之，无复三年之礼。及魏武临终，遗令'天下尚未安定，未得遵古。百官当临殿中者，十五举音，葬毕便除。其将兵屯戍者，不得离部'。魏武以正月庚子崩，辛丑即殡，是月丁卯葬，是为不逾月也。及宣帝、景帝之崩，并从权制。"

⑨《通志二十略·礼略·凶礼·丧期》："成帝时，丞相翟方进母终，既葬，三十六日除服视事，自以为身备汉相，不敢逾国典。然而原涉行父丧三年，名彰天下；河间惠王行母丧三年，诏书褒称，以为宗室仪表。是则丧制三年，能行者贵之矣。"叶适《习学记言序目·汉书·文帝》曰："汉文除肉刑，短丧，赐民租，皆以其予民者行之，不为勉强。"

⑩胡注："真德秀曰：文帝此诏，乃短丧之始也。然本文盖为吏民设耳，景帝嗣君也，可缘此而短其丧乎！"

⑪胡注："言患哀慕之情不至耳，不在乎服也。跂，举踵也。"

⑫胡注："以日易月，汉儒之谬说也。"按：汉儒之说，见《通鉴》卷十五《汉纪一·文帝后七年》，不赘。

⑬胡注："《左传》：齐晏桓子卒，晏婴粗缞斩苴绖带。杜预注云：苴，麻之有子者，取其粗也。"

⑭胡注："《论语》：宰我问：'三年之丧，期已久矣。君子三年不为礼，礼必坏；三年不为乐，乐必崩。旧谷既没，新谷既升，期可已矣。'孔子曰：'食夫稻，衣夫锦，于女安乎？'曰：'安。'孔子曰：'女安，则为之。'宰我出，孔子曰：'予之不仁也！子生三年，然后免于父母之怀。夫三年之丧，天下之通丧也。'"

⑮胡注："《孝经》曰：君子之事上也，将顺其美，匡救其恶。注云：将，奉也。"

94. 初，望气者云："荆州有王气，破扬州而建业宫不利。"故皓徙武昌①，遣使者发民掘荆州界大臣名家冢与山冈连者以厌之。既闻但反②，自以为徙土得计也，使数百人鼓噪入建业，杀但妻子，云"天子使荆州兵来破扬州贼"，以厌前气。

【校记】

本条据《三国志》卷四十八《吴志·孙晧传》注引《汉晋春秋》校定。 汤本所补背景文字为"十二月，吴讨山贼施但，还都建业"。 黄本列"孙晧"目下。 "破扬州"，黄本"破"讹为"被"。 "与山冈连者"，汤本于"连"前多一"相"字。 "使数百人鼓噪"，汤本"噪"讹为"操"。

【史补】

（1）《资治通鉴》曰：（宝鼎元年）冬，十月，丙午朔，日有食之。永安山贼施但③，因民劳怨，聚众数千人，劫吴主庶弟永安侯谦作乱，北至建业，众万余人，未至三十里住，择吉日入城。遣使以谦命召丁固、诸葛靓④，固、靓斩其使，发兵逆战于牛屯⑤。但兵皆无甲胄，即时败散。谦独坐车中，生获之。固不敢杀，以状白吴主，吴主并其母及弟俊皆杀之⑥。初，望气者云：荆州有王气，当破扬州。故吴主徙都武昌。及但反，自以为得计，遣数百人鼓噪入建业，杀但妻子，云"天子使荆州兵来破扬州贼"。（卷七十九《晋纪一·武帝泰始二年》）

【笺注】

①《吴志·孙晧传》：吴甘露元年九月，吴主孙晧徙都武昌。武昌，即今鄂州。汉高祖六年（前201），始置鄂县，属江夏郡（治今武昌）。据云樊哙封于鄂，而城为灌婴所筑。汉献帝建安十四年（209），孙权与周瑜等于城东虎头山商议大计，闻凤鸣，遂筑凤凰台。魏黄初二年（221）四月，孙权自公安迁鄂，取"以武而昌"之义，改鄂县为武昌县；分江夏立武昌郡，以武昌等六县属之。八月，曹丕封权为吴王；筑吴王城。吴黄龙元年（229）四月，夏口、武昌并言黄龙、凤凰现，于是权即皇帝位于武昌，由建业（今南京）迁富户千家以益之。九月，权迁都建业，以陆逊辅太子登留守武昌，为吴陪都。吴甘露元年（265）九月，孙晧自建业迁都武昌。于是有"宁饮建业水，不食武昌鱼"童谣，樊口鳊鱼始名"武昌鱼"。次年十二月，晧还都建业。晋灭吴，三国归晋，分武昌县复置鄂县。清末辛亥革命在江夏县爆发，江夏县遂改名

武昌县，而武昌县则改名寿昌县，后复旧名鄂城县。今为湖北省鄂州市。

②但：谓施但，吴山民起义头领。宝鼎元年（266），在吴兴郡永安县聚众数千人起事，北上进攻建业，发展到万余人，后失败。

③永安：县名。三国吴置，故治在今浙江德清西北四十里。胡注："《吴录》曰：永安，今武康县也。沈约曰：吴分乌程、余杭立永安县，晋武帝太康元年更名武康，属吴兴郡。宋白曰：永安县，本汉乌程县之余不乡。"《三国志辨疑》卷三："《宋志》：吴分乌程、余杭立永安县，晋太康元年更名武康。"

④丁固，字子贱，吴山阴人，孙休时为左御史大夫，孙皓即位，迁司徒。诸葛靓，诸葛诞之子，时仕吴任右将军。孙皓徙都武昌，固与靓留镇建业。

⑤胡注："据吴历，牛屯去建业城二十一里。"

⑥《吴志·孙皓传》："冬十月，永安山贼施但等聚众数千人，劫皓庶弟永安侯谦出乌程，取孙和陵上鼓吹曲盖。比至建业，众万余人。丁固、诸葛靓逆之于牛屯，大战，但等败走。获谦，谦自杀。"

武帝泰始七年（吴孙皓建衡三年）（271）

95. 初，霍弋遣杨稷、毛炅等戍①，与之誓曰："若贼围城，未百日而降者，家属诛；若过百日而城没者，刺史受其罪。"稷等日未满而粮尽，乞降于璜②。璜不许，而给粮使守。吴人并谏，璜曰："霍弋已死，无能来者，可须其粮尽，然后乃受，使彼来无罪，而我取有义，内训吾民，外怀邻国，不亦可乎！"稷、炅粮尽，救不至，乃纳之③。

【校记】

本条据《三国志》卷四十八《吴志·孙皓传》注引《汉晋春秋》校定。 汤本所补背景文字为"泰始七年，吴复取交阯"。 "霍弋遣杨稷、毛炅等戍"，汤本"遣"误为"使"，并于"戍"后擅补"交阯"二字，于下文"稷等"前擅补"及吴陶璜围之"六字，所补字并删。 黄本以"杨稷、毛炅"为目,有尾注曰:"《白帖·降》引'霍弋'讹作'霍光','等成'作'屯交阯',无'与之誓'三字,'受其罪'下作'吴陶璜围之',无'稷等'二字,而'给粮'下无'使守'至'稷、炅'四十九字,'乃纳之'作'乃受降',末有'与荀吴事正类也'七字。"汤本或据《白帖》以上异文又有小注数处,皆删。

【史补】

(1)《晋书·陶璜传》记晋吴交阯之争曰:孙皓时,交阯太守孙谞贪暴,为百姓所患。会察战邓荀至,擅调孔雀三千头,遣送秣陵,既苦远役,咸思为乱。郡吏吕兴杀谞及荀,以郡内附。武帝拜兴安南将军、交阯太守。寻为其功曹李统所杀,帝更以建宁爨谷为交阯太守。谷又死,更遣巴西马融代之。融病卒,南中监军霍弋又遣犍为杨稷代融,与将军毛炅,九真太守董元,牙门孟干、孟通、李松、王业、爨能等④,自蜀出交阯,破吴军于古城,斩大都督修则、交州刺史刘俊⑤。吴遣虞汜为监军,薛珝为威南将军、大都督,璜为苍梧太守,距稷,战于分水。璜败,退保合浦,亡其二将。珝怒谓璜曰:"若自表讨贼,而丧二帅,其责安在?"璜曰:"下官不得行意,诸军不相顺,故致败耳。"珝怒,欲引军还。璜夜以数百兵袭董元,获其宝物,船载而归,珝乃谢之,以璜领交州,为前部督。璜从海道出于不意,径至交阯,元距之。诸将将战,璜疑断墙内有伏兵,列长戟于其后。兵才接,元伪退,璜追之,伏兵果出,长戟逆之,大破元等。以前所得宝船上锦物数千匹遗扶严贼帅梁奇,奇将万余人助璜。元有勇将解系同在城内,璜诱其弟象,使为书与系,又使象乘璜轺车,鼓吹导从而行。元等曰:"象尚若此,系必去志。"乃就杀之。珝、璜遂陷交阯。吴因用璜为交州刺史。

初,霍弋之遣稷、炅等,与之誓曰:"若贼围城未百日而降者,家属诛;若过百日救兵不至,吾受其罪。"稷等守未百日,粮尽,乞降,璜不许,给其粮使守。诸将并谏,璜曰:"霍弋已死,不能救稷等必矣,可须其日满,然后受降,使彼得无罪,我受有义,内训百姓,外怀邻国,不亦可乎!"稷等期迄粮尽,救兵不至,乃纳之。修则既为毛炅所杀,则子允随璜南征，城既降，允求复仇，璜不许。晃密谋袭璜，事觉，收晃，呵曰："晋贼！"晃厉声曰："吴狗！何等为贼？"允剖其腹，曰："复能作贼不？"晃犹骂曰："吾志杀汝孙晧，汝父何死狗也！"璜既擒稷等，并送之。稷至合浦，发病死。孟干、爨能、李松等至建邺，晧将杀之。或劝晧，干等忠于所事，宜宥之以劝边将，晧从其言，将徙之临海。干等志欲北归，虑东徙转远，以吴人爱蜀侧竹弩，言能作之，晧留付作部⑥。后干逃至京都，松、能为晧所杀。干陈伐吴之计，帝乃厚加赏赐，以为日南太守。先是，以杨稷为交州刺史，毛晃为交阯太守，印绶未至而败，即赠稷交州，晃及松、能子并关内侯。

九真郡功曹李祚保郡内附，璜遣将攻之，不克。祚舅黎晃随军，劝祚令降。祚答曰："舅自吴将，祚自晋臣，唯力是视耳。"逾时乃拔。晧以璜为使持节、都督交州诸军事、前将军、交州牧。武平、九德、新昌土地阻险，夷獠劲悍，历世不宾，璜征讨，开置三郡，及九真属国三十余县。征璜为武昌都督，以合浦太守修允代之。交土人请留璜以千数，于是遣还。

（2）〔宋〕王观国辨交阯（阯、止）曰：《前汉·武帝纪》：元鼎六年，定越地以为南海、交阯等郡。《前汉·地理志》：交止郡。注曰："武帝元鼎六年开。"《后汉·光武纪》：建武五年，交阯牧邓逊奉贡。章怀太子注引《舆地志》曰："其夷足大，指开坼，两足并立，指则相交。"应劭注曰："始开北方，遂交于南，为子孙基阯，故曰交阯。"又《后汉书·郡国志》："交阯郡。"观国今考，《汉武纪》言交阯，用阯字；又《地理志》言交止，用止字；《后汉·光武纪》言交阯，用阯字；又《郡国志》言交趾，用趾字。其用字既不同，而注释者或谓足指相交，或谓子孙基阯，亦不同。观国按，《礼记·王制》云："南方曰蛮，雕题交趾，有不食火食者矣。"郑氏注曰："交趾足相乡。盖雕题者，鲸其额也。交趾者，足相乡也。其俗所生所习如此。"然则当用趾字，而史或用阯、止者，假借用之也。应劭以为子孙基阯，皆牵于从阜之阯，遂误训耳。（《学林》卷六《交趾》）

（3）〔清〕顾炎武述交阯史曰：《大学衍义补》曰：交阯本秦汉以来中

国郡县之地，五代时为刘隐所并，至宋初始封为郡王。然犹授中国官爵勋阶，如所谓特进检校太尉、静海军节度观察等使，及赐号推诚顺化功臣，皆如内地之臣，未始以国称也。其后封南平王，奏章文移犹称安南道。孝宗时始封以王，称国，而天下因以高丽、真腊视之，不复知其为中国之郡县矣。李氏传八世，陈氏传十二世至日煃，为黎季犛所篡，季犛上表审姓名为胡一元，子苍，易名奆，诈称陈氏绝嗣，奆为甥，求权署国事。太宗皇帝从其请。逾年，陈氏孙名添平者始逋至京，诉其实，季犛乃表请迎添平还国。朝廷不逆其诈，遣使送添平归，抵其境，季犛伏兵杀之，并及使者。事闻，太宗遍告于天地神祇，声罪致讨，遣征夷将军朱能等征之。能道卒，命副将张辅总其兵，生禽季犛及其子苍、澄，献俘京师，诏求陈氏遗裔立之，国人咸称季犛杀之尽，无可继者，佥请复古郡县。遂如今制，立交阯都、布、按三司及各府、州、县、卫所诸司，一如内地。其后有黎利者，乃彼中么么小丑耳，中官庇之，遂致猖肆，上表请立陈氏后，宣宗皇帝谓此皇祖意也，遂听之，即弃其地，俾复为国。呜呼！自秦并百粤，交阯之地已与南海、桂林同入中国；汉武立岭南九郡，而九真、日南、交阯与焉；在唐中叶，江南之人仕中国显者犹少，而爱州人姜公辅已仕中朝，为学士、宰相，与中州之士相颉颃矣。奈何世历五代，为土豪所据，宋兴，不能讨之，遂使兹地沦于蛮夷之域，而为侏离、蓝缕之俗三百余年，而不得与南海、桂林等六郡同为衣冠礼乐之区，一何不幸哉！按交阯自汉至唐为中国之地，在宋为化外州，虽贡赋、版籍不上户部，然声教所及，皆边州帅府领之。永乐间平定其地，设交阯都指挥使司、布政使司、按察司各一，卫十，千户所二，府十三，州四十一，县二百八，市舶提举司一，巡检司、百税课司局等衙门九十二。而升遐之后，上尊谥，议以复交阯郡县于数千载之后，驱漠北残寇于数万里之外为言，既述武功之成，亦侈舆图之广，后以兵力不及而弃之。乃天顺中修《一统志》，竟以安南与占城、暹罗等国同为一卷。嗟乎！"巴、濮、楚、邓，吾南土也"，狃域中之见，而忘无外之规，吾不能无议夫儒臣者！（《日知录》卷三十一《交阯》）

（4）〔清〕洪亮吉《补三国疆域志·吴疆域》曰：交州。汉建安八年，改交趾刺史为交州，治苍梧广信县，十六年徙治番禺。吴黄武五年，分立广州。交州还治龙编，凡得汉旧郡四，复旧郡一，增置郡三。合浦郡，汉置，吴黄武七年更名珠官，后复旧，领县五；交趾郡，汉置，吴领县十四；新昌郡，吴建衡三年分交趾置，领县四；武平郡，吴建衡三年讨扶严夷，以其地置，领县七；九真郡，汉置，吴领县六；九德郡，吴末分九真置，领县六；日南郡，本秦象郡，汉改今名吴领县五；朱崖郡，汉置，吴赤乌五年复立，领县二。

【笺注】

①霍弋：参见佚文第89条笺注①。　杨稷：益州犍为（治今四川彭山东）人，《华阳国志·后贤志·杨邠传》附："邠同郡杨稷文曹，泰始初为交趾太守，平九真、郁林、日南四郡，斩吴交州刺史刘俊、大将军修则。武帝方授交州，会孙皓遣大将薛珝、陶璜十万人攻稷。被攻八月，救援不至，众寡不敌，遂为珝、璜所获。囚稷，欲以送皓。稷殴血死。帝嘉其忠烈殁命，追赠交州刺史。"　毛炅：益州建宁（治今云南曲靖）人。初为晋交趾守将，后被任为太守，印绶未至而败，为吴人所惨杀。

②璜：谓陶璜，字世英，丹阳秣陵（今江苏南京）人。吴交州刺史陶基之子。孙皓时，在晋、吴交趾之争中，吴以璜为苍梧太守，从大都督薛珝率兵拒晋，以攻陷交趾功，被任为交州刺史，既而为使持节都督交州诸军事、前将军、交州牧。晋灭吴，以璜复任本职，封宛陵侯，改为冠军将军。璜任官交趾历三十年，威恩著于殊俗。及卒，举州号哭，如丧慈亲。后其子威、淑及淑子绥，亦相继任交州刺史。

③《吴志·孙皓传》裴注引《汉晋春秋》与《华阳国志》，以为二者"所说不同"。《通鉴》卷七十九载《考异》亦曰："《汉晋春秋》曰云云，《华阳国志》则云：'稷等城破被囚，稷呕血死，炅骂贼死。'二者相戾，不可得合。而《晋书·陶璜传》兼载之。按孙皓猜暴，恐璜不敢以粮资敌。今从《华阳国志》。"而《义门读书记》卷二十八《三国志·吴志·孙皓传》则曰："《华阳国志》欲见蜀士之多耳，当从习氏。"

④爨能：《华阳国志·南中志》作爨熊。

⑤刘俊：《华阳国志·南中志》作刘峻。

⑥《华阳国志校补图注·南中志》："作部，谓工艺官署。"

武帝泰始八年（吴孙晧凤凰元年）（272）

96.羊祜既归①，增修德信，以怀吴人。陆抗②每告其边戍曰："彼专为德，我专为暴，是不战而自服也。各保分界，无求细益而已。"于是吴、晋之间，余粮栖亩而不犯，牛马逸而入境，可宣告而取也。沔上猎，吴获晋人先伤者，皆送而相还。抗尝疾，求药于祜，祜以成合与之，曰："此上药也，近始自作，未及服，以君疾急，故相致。"抗得而服之，诸将或谏，抗不答。孙晧闻二境交和，以诘于抗，抗曰："夫一邑一乡，不可以无信义之人，而况大国乎！臣不如是，正足以彰其德耳，于祜无伤也。"或以祜、抗为失臣节，两讥之③。

习凿齿曰：夫理胜者，天下之所保；信顺者，万人之所宗。虽大猷既丧，义声久沦，狙诈驰于当涂，权略周乎急务，负力从横之人，臧获牧竖之智，未有不凭此以创功，舍兹而独立者也。是故晋文退舍，而原城请命④；穆子围鼓，训之以力⑤；冶夫献策，而费人斯归⑥；乐毅缓攻，而风烈长流⑦。观其所以服物制胜者，岂徒威力相诈而已哉！自今三家鼎足四十有余年矣，吴人不能越淮、沔而进取中国，中国不能陵长江以争利者，力均而智侔，道不足以相倾也。夫残彼而利我，未若利我而无残；振武以惧物，未若德广而民怀。匹夫犹不可以力服，而况一国乎！力服犹不如以德来，而况不制乎！是以羊祜恢大同之略，思五兵之则⑧，齐其民人，均其施泽，振义纲以罗强吴，明兼爱以革暴俗，易生民之视听，驰不战乎江表。故能德音悦畅，而襁负云集，殊邻异域，义让交弘。自吴之遇敌，未有若此者也。抗见国小主暴，而晋德弥昌，人积兼己之善，而己无固本之规，百姓怀严敌之德，阖境有弃主之虑，思所以镇定民心，缉宁外内，奋其危弱，抗权上国者，莫若亲行斯道，以侔其胜。使彼德靡加吾，而此善流闻，归重邦国，弘明远风，折冲于枕席之上⑨，校胜于帷幄之内⑩，倾敌而不以甲兵之力，保国而不浚沟池之固，信义感于寇仇，丹怀体于先日。岂设狙诈以危贤，徇己身之私名，贪外物之重我，暗服之而不备者哉！由是论之，苟守局而保疆，一卒之所能；协数以相危，小人之近事；积诈以防物，臧获之余虑；威胜以求安，明哲之所贱。贤人君子所以拯世垂范，舍此而取彼者，其道良弘故也。

【校记】

本条据《三国志》卷五十八《吴志·陆抗传》注引《汉晋春秋》校定。　汤本所补背景文字为"泰始八年，吴陆抗拔西陵，羊祜救不及"。　黄本以"陆抗"为目。　"祜以成合与之"，黄本"成合"作"合成"。　"无信义之人"，汤本"之"作"于"。　"正足以彰其德耳"，黄本无"耳"字。　"义声久沦"，汤本"沦"误为"渝"。

【史补】

（1）**《资治通鉴》曰：**（泰始八年）八月，吴主征昭武将军、西陵督步阐。阐世在西陵⑪，猝被征，自以失职，且惧有谗，九月，据城来降，遣兄子玑、璿诣洛阳为任。诏以阐为都督西陵诸军事、卫将军、开府仪同三司、侍中，领交州牧，封宜都公。

吴陆抗闻步阐叛，亟遣将军左弈、吾彦等讨之。帝遣荆州刺史杨肇迎阐于西陵，车骑将军羊祜帅步军出江陵，巴东监军徐胤帅水军击建平，以救阐。陆抗敕西陵诸军筑严围，自赤溪至于故市⑫，内以围阐，外以御晋兵，昼夜催切，如敌已至，众甚苦之。诸将皆欲攻阐，抗欲服众心，听令一攻，果无利。围备始合，而羊祜兵五万至江陵。诸将咸以抗不宜上⑬，抗曰："江陵城固兵足，无可忧者。假令敌得江陵，必不能守，所损者小。若晋据西陵，则南山群夷皆当扰动⑭，其患不可量也！"乃自帅众赴西陵。

初，抗以江陵之北，道路平易，敕江陵督张咸作大堰遏水，渐渍平土以绝寇叛⑮。羊祜欲因所遏水以船运粮，扬声将破堰以通步军。抗闻之，使咸亟破之。诸将皆惑，屡谏，不听。祜至当阳，闻堰败，乃改船以车运粮，大费功力。

十一月，杨肇至西陵。陆抗令公安督孙遵循南岸拒羊祜，水军督留虑拒徐胤，抗自将大军凭围对肇⑯。将军朱乔营都督俞赞亡诣肇。抗曰："赞军中旧吏，知吾虚实。吾常虑夷兵素不简练，若敌攻围，必先此处。"即夜易夷兵，皆以精兵守之。明日，肇果攻故夷兵处。抗命击之，矢石雨下，肇众伤、死者相属。十二月，肇计屈，夜遁。抗欲追之，而虑步阐畜力伺间，兵不足分，于是但鸣鼓戒众，若将追者。肇众凶惧，悉解甲挺走。抗使轻兵蹑之，肇兵大败，祜等皆引军还。抗遂拔西陵，诛阐及同谋将吏数十人，皆夷三族，自余所请赦者数万口。东还乐乡，貌无矜色，谦冲如常。吴主加抗都护⑰。羊祜坐贬平南将军⑱，杨肇免为庶人。

羊祜归自江陵，务修德信以怀吴人。每交兵，刻日方战，不为掩袭之计。将帅有欲进谲计者，辄饮以醇酒，使不得言。祜出军行吴境，刈谷为粮，皆计所侵，送绢偿之。每会众江、沔游猎，常止晋地，若禽兽先为吴人所伤而为晋兵所得者，皆送还之。于是吴边人皆悦服⑲。祜与陆抗对境，使命常通：抗遗祜酒，祜饮之不疑；抗疾，求药于祜，祜以成药与之，抗即服之。人多谏抗，抗曰："岂有酖人羊叔子哉！"抗告其边戍曰："彼专为德，我专为暴，是不战而自服也。各保分界而已，无求细利。"吴主闻二境交和，以诘抗，抗曰："一邑一乡不可以无信义，况大国乎！臣不如此，正是彰其德，于祜无伤也。"（卷七十九《晋纪一·武帝泰始八年》）

（2）〔宋〕唐庚论羊陆和交曰：《汉晋春秋》曰："孙晧闻羊陆和交，以诘于抗，抗曰：'臣不如是，正足以彰其德耳，于祜无伤也。'或以祜、抗为失臣节，两讥之。"亲仁善邻者，国家之事；出奇克敌者，将帅之职。羊、陆以将帅之职而修国家之事，此论者所以讥其失节也。窃谓不然。兵固多术矣，有以力相倾者，有以智相倾者，有以德相倾者，是以出奇而已矣，何名为失节哉！然《晋阳秋》以为羊、陆推侨札之好，兹又过矣。兵家诡道，何侨札之有？就如所云，乃不足贵。何者？非吴、郑之使而敦

侨札之分，处方面之任而私境外之交，此非以称羊陆之美也。（《三国杂事》卷上）

（**3**）〔宋〕**胡寅论羊祜修德怀吴、羊陆交欢边境曰：**人臣之义无私交。将军师，保境土，以扞外患，与凡人比邻而居，敦交好、通忧虞者异矣。宋司马子鱼曰："勍敌之人，隘而不列，天赞我也。阻而鼓之，不亦可乎？虽及胡耇，获则取之，何有于二毛？明耻教战，求杀敌也。伤未及死，如何勿重？若爱重伤，则如勿伤。爱其二毛，则如服焉。"羊祜务以德信怀吴人，与陆抗使命常通，降人欲去，即以还之，刻日方战，不事掩袭，美则美矣，而非将军师保境土之正法也。以为计耶？卒之所以取吴者，凡八大将，二十余万人，舟师数千里，战胜攻克，非吴人感祜怀徕之恩而自服也。故君子以羊祜、陆抗交欢边境，方之华元、子返私平于下而蔑其君。仁人正义而不谋利，法固如是也。借使羊祜当日以此得吴之城壁镇戍，或取其师徒，而有奉使交私之嫌，则所得者少，所丧者大，仁人不为矣。六一居士评羊、杜襄阳去思之美，曰："元凯以其功，叔子以其仁。"盖亦未知仁之为道。夫慈爱宽厚，特仁之一事耳，且原祜之心，诚非为私。况以大晋而临一方之吴，若无可嫌者，君子尤以为不可，有如吴人臣晋，而陆抗行之，公为交欢，阴有通遗，安知其非借势于晋以固其权，取必于吴而胁其主耶？故君子于祜之事正之，所以谨礼于微，训后世臣子无外交之义也。（《读史管见》卷六《晋纪·武帝泰始八年》）

（**4**）〔宋〕**朱熹论羊陆相遗问曰：**羊、陆相遗问，只是敌国相倾之谋，欲以气相胜，非是好意思。如汉文修尉佗祖墓，及石勒修祖逊母墓，事皆相近。（《朱子语类》卷一三六《历代三》）

（**5**）〔清〕**王夫之论羊祜之用兵曰：**三代以下，用兵以道，而从容以收大功者，其唯羊叔子乎！祖逖之在雍邱，宗泽之在东京，屹立一方，以图远略，与叔子等。乃逖卒而其弟称兵以犯顺，泽卒而部众瓦解以为盗，皆求功已急而不图其安，未尝学于叔子之道以弭三军之骄气，骄则未有能成而不乱者也。或曰："叔子之时，晋盛而吴衰，拥盛势以镇之，则敌亡可以坐待；而逖与泽抗方张之虏，未可以理折，则时异而不可相师矣。"

曰：叔子之可以理服而逊、泽不能者，遇陆抗耳。若夫敌国之氓，信其仁厚而愿归附之，则逊与泽之邻壤，犹晋、宋之遗黎；而叔子则晋、吴异主，义不相下者也。使逊与泽以此临之，不愈效乎！夫陆抗亦智深谋远，不与叔子争一日之利耳，使其狂逞如石勒、女直之为，则其亡愈速；是遇陆抗者，两碁逢敌之难，而非易制于石勒、女直也。石勒虽骁而志不及于江、淮，且未几而国内大乱，甚于孙皓之犹安处也。女直虽竞而斡离不、挞嬾、兀术各怀猜忌，豕突鹿奔，无有能如陆抗之持重以相制者。使二子以道御兵，以信抚民，以缓制敌，垂之数十年，赵有冉闵之乱，金有完颜亮之变，以顺临逆，以静待动，易于反掌矣。叔子之功亦收之身后者也，何至于子弟为枭獍以伏诛，部曲审萑苇而偾起哉！故曰：逊与泽求之已急而未图其安也。逊有雍邱之可据，而郭默、邵续之流皆相倚以戴晋；泽有东京之可恃，而两河忠义皆相待以效功；与为愤兴而不与为固结，二子之志义尚矣，惜乎其不讲于叔子之道也。（《读通鉴论》卷十一《晋四》）

【笺注】

① 羊祜：参见佚文第 93 条笺注 ②。

② 陆抗（226—274）：字幼节，吴名将陆逊次子，孙策外孙。逊卒，抗年二十，为建武校尉，领其父众五千人。历迁立节中郎将、奋威将军、征北将军、镇军将军等。孙皓即位，加镇军大将军，领益州牧，都督西陵、信陵、夷道、乐乡、公安诸军事，驻乐乡（今湖北江陵西南）。凤皇元年（272），西陵督步阐据城叛降晋，晋车骑将军羊祜率师为援，抗率三军击退之，攻陷西陵城。加拜都护。二年，就拜大司马、荆州牧。次年病卒，年四十九。

③ 明邵宝《学史》曰："抗之饮祜药也，其识度明且弘矣。虽然，此岂人之情与理也哉？康子馈药，子拜而受之，曰：'丘未达，不敢尝。'盖凡药之馈也，皆当如此，而况敌国之将乎？"《通鉴辑览》乾隆御批曰："羊祜刘谷偿绢，送还猎兽，特用是愚弄边界之人，岂真所云修德信者？甚至遗酒馈药，使命频通，不惟身犯外交，直废弃军律矣。论者率以此事为贤，故不可以不辨。"

④ 《三国志集解》："《左传·僖公二十五年》：'晋侯围原，命三日之粮；原不降，命去之。谍出曰：原将降矣。军吏曰：请待之。公曰：信，国之宝也，民之所庇也。得

原失信，何以庇之？所亡滋多。退一舍而原降。'"按：此所谓"伐原示信"。

⑤《三国志集解》："《左传·昭公十五年》：'晋荀吴帅师伐鲜虞，围鼓。鼓人或请以城叛，穆子弗许。鼓人告食竭力尽，而后取之。克鼓而反，不戮一人。'"按：鲜虞，春秋时少数民族，活动于今河北西南部。鼓，鲜虞族小国，在今河北晋州市一带。

⑥《三国志集解》："《左传·昭公十三年》：'叔弓围费，弗克，败焉。季平子怒，令见费人执之，以为囚俘。冶区夫曰：非也。若见费人，寒者衣之，饥者食之，为之令主，而共其乏困。费来如归，南氏亡矣。平子从之，费人叛南氏。'"

⑦《史记·乐毅列传》："燕昭王悉起兵，使乐毅为上将军，赵惠文王以相国印授乐毅。乐毅于是并护赵、楚、韩、魏、燕之兵以伐齐，破之济西。诸侯兵罢归，而燕军乐毅独追，至于临菑。齐湣王之败济西，亡走，保于莒。乐毅独留徇齐，五岁下齐七十余城，皆为郡县以属燕。"

⑧《周礼·夏官·司兵》："掌五兵五盾。"郑玄注："五兵者，戈、殳、戟、酋矛、夷矛也。"《汉书·吾丘寿王传》："臣闻古者作五兵，非以相害，以禁暴讨邪也。"通常亦用指各种兵器，或代指军队。《战国策·齐策五》："彼明君察相者，则五兵不动而诸侯从。"

⑨《战国策·齐策五》："苏秦说齐闵王曰：臣之所闻攻战之道非师者，虽有百万之军，北之堂上；虽有阖闾、吴起之将，禽之户内；千丈之城，拔之尊俎之间；百尺之冲，折之衽席之上。"

⑩《史记·高祖本纪》："夫运筹策帷帐之中，决胜于千里之外，吾不如子房。"

⑪胡注："自吴主权用步骘督西陵，骘卒，子协继之。阐，协弟也。"

⑫胡注："《水经注》：江水出西陵峡，东南流，径故城洲。洲北附岸洲头曰郭洲，长二里，广一里，上有步阐故城，方圆称洲，周回略汉，故城洲上城周里，阐父骘所筑也。又东径陆抗故城。今峡州远安县在江北，有孤山，有陆抗故城，有舟山，时有赤气，意赤溪当出于舟山，故市即步骘故城，所居成市，而阐别筑城，故曰故市。"

⑬胡注："自乐乡而西赴西陵为上。"

⑭胡注："南山，谓江南诸山，群夷所依阻。"

⑮胡注："今江陵有三海八柜，引诸湖及沮、漳之水注之，弥漫数百里，即作堰之故智也。"

⑯ 胡注："凭长围以对之，则彼为客，我为主。"

⑰ 胡注："吴官有左右都护，今加都护，尽护诸将也。"

⑱ 胡注："征、镇、安、平，四平最下。车骑位次骠骑，自此而下，六等至四征。祜自车骑贬平南，凡降十四号。"

⑲ 胡注："成伐吴之计者，祜也，凡其所为，皆綦吴也。正以陆抗对境，无间可乘，故为是耳。若曰务修德信，则吾不知也。"《通鉴胡注表微·民心篇》曰："羊陆对峙，各务得民，故斯时之民，汔得小息。"

97. 初，羊祜以军法欲斩王戎①，夷甫②又忿祜言其必败，不相贵重。天下为之语曰："二王当朝，世人莫敢称羊公之有德。"

【校记】

本条据今本《世说新语》卷中《识鉴第七》注引《汉晋春秋》校定。 汤本所补背景文字为"咸宁四年，羊祜卒"七字。据《晋书·羊祜传》及《资治通鉴》卷七十九，羊祜以军法欲斩王戎在泰始八年步阐之役，而本条所记乃"二王"作为对羊公之影响，故始以"初"字引领下文。 黄本以"羊祜"为目。 汤本据《通鉴》于"初，羊祜"后补有"攻江陵"三字，于"必败"后有小注"即谓夷甫方当以盛名处大位，然败俗伤化，必此人也"二十一字，并删。

【史补】

（1）《资治通鉴》曰：羊祜不附结中朝权贵③，荀勖、冯紞之徒皆恶之④。从甥王衍尝诣祜陈事，辞甚清辩；祜不然之，衍拂衣去。祜顾谓宾客曰："王夷甫方当以盛名处大位，然败俗伤化，必此人也。"⑤及攻江陵⑥，祜以军法将斩王戎。衍，戎之从弟也，故二人皆憾之，言论多毁祜。时人为之语曰："二王当国，羊公无德。"（卷七十九《晋纪一·武帝泰始八年》）

【笺注】

① 王戎（234—305）：字濬冲，琅琊临沂（今山东临沂北）人。魏幽州刺史王雄之孙，晋凉州刺史王浑之子。与父友阮籍及嵇康等七人共为竹林之游，崇老庄，尚清谈，闻名于时，被称为"竹林七贤"。袭父爵为贞陵亭侯。司马昭为相国，辟为掾。历吏部黄门郎、散骑常侍、河东太守、荆州刺史。迁豫州刺史，加建威将军，以平吴有功，晋爵安丰县侯。征为侍中。后迁光禄勋、吏部尚书，以母忧去职。惠帝初，拜太子太傅。转中书令，加光禄大夫。迁尚书左仆射（一说右仆射），领吏部。继而为尚书令。寻拜司徒。永兴二年（305）卒，年七十二，谥曰元。按：步阐之役，羊祜因何事以军法欲斩王戎，《戎传》不载，《祜传》及《通鉴》皆语焉不详。

② 夷甫：即王衍（256—311），字夷甫，琅琊临沂人。《世说新语·识鉴篇》注引《晋阳秋》曰："夷甫年十七，见所继从舅羊祜，申陈事状，辞甚俊伟。祜不然之，夷甫拂衣而起。祜顾谓宾客曰：'此人必将以盛名处当世大位，然败俗伤化者，必此人也。'"仕晋，初为太子舍人，迁尚书郎，出补元城令，历中庶子、黄门侍郎、北军中候、中领军等，后更累迁中书令、尚书仆射、尚书令、司空、司徒、太尉。衍虽仕途亨通，久居宰辅，却不以经国为念，每思自全之计。永嘉五年（311）被石勒所俘，竟为自免劝勒称尊号，为勒所不齿，使人夜排墙填杀之。

③ 《晋书·羊祜传》曰："祜贞悫无私，疾恶邪佞，荀勖、冯𬘭之徒甚忌之。"王鸣盛《十七史商榷·晋书六》则曰："观《贾充传》，充出镇关中，自以失职忧虑，荀勖既为画策留之，而羊祜亦密启留充。祜一时名德，而党恶乃尔。急功名之士，非道德中人，貌为方雅，岂真君子。"而李德裕《羊祜留贾充论》此前已为之辨曰："任恺、庾尹以贾充邪僻，欲其疏远，劝晋武令西镇长安，唯羊祜密表留之。祜岂悦贾充者哉？良以爱君体国发于至诚耳。晋氏倾夺魏国，初有天下，其将相大臣非魏之旧臣，即其子孙，所寄心腹惟贾充而已。充亦非忠于君者，自以成济之事，与晋室当同休戚，此羊祜所以愿留也。昔汉高不去吕后，亦近于此。所以存之，为社稷也。"（《李卫公外集》卷一）

④ 荀勖：字公曾，颍川颍阴（今河南许昌市）人。仕魏为大将军曹爽掾，爽诛，累迁廷尉正，参司马昭大将军军事；司马炎代魏，勖为佐命功臣，封侯，拜中书监，加侍中，领著作，又领秘书监；终官守尚书令。 冯𬘭：字少胄，博陵安平（今属河

北衡水市）人。仕魏至越骑校尉；入晋，历官御史中丞、侍中、散骑常侍等。勖、统二人皆博学而佞，与贾充亲善，疾善助恶，为倾国害时之蟊贼。

⑤胡注："史言羊祜知人之鉴，为怀帝时王衍误国亡身张本。"

⑥《晋书·羊祜传》："步阐之役，祜以军法将斩王戎。"

武帝泰始九年（吴孙晧凤凰二年）（273）

98.樊建为给事中①，晋武帝问诸葛亮之治国，建对曰："闻恶必改，而不矜过；赏罚之信，足感神明。"帝曰："善哉！使我得此人以自辅，岂有今日之劳乎？"建稽首曰："臣窃闻天下之论，皆谓邓艾见枉，陛下知而不理，此岂冯唐之所谓'虽得颇、牧而不能用'者乎！"②帝笑曰："吾方欲明之，卿言起我意。"于是发诏治艾焉。

【校记】

本条据《三国志》卷三十五《蜀志·诸葛亮传》注引《汉晋春秋》校定。 汤本所补背景文字为"泰始九年，理邓艾，以其孙朗为郎中"，并于"樊建"前补有一"时"字。 黄本以"邓艾"为目，尾注有"《群书治要》二十七《蜀志》"数语。

【史补】

（1）《资治通鉴》曰：夏，四月，戊辰朔，日有食之。初，邓艾之死，人皆冤之，而朝廷无为之辨者。及帝即位，议郎敦煌段灼上疏曰："邓艾心怀至忠而荷反逆之名，平定巴、蜀而受三族之诛；艾性刚急，矜功伐善，不能协同朋类，故莫肯理之。臣窃以为艾本屯田掌犊人③，宠位已极，功名已成，七十老公，复何所求？正以刘禅初降，远郡未附，矫令承制，权安社稷。钟会有悖逆之心，畏艾威名，因其疑似，构成其事。艾被诏书，即遣强兵，束身就缚，不敢顾望，诚知奉见先帝，必无当死之理也。会受诛之后，艾官属将吏，愚戆相聚，自共追艾，破坏槛车，解其囚执；艾在困地，狼狈失据，未尝与腹心之人有平素之谋，独受腹背之诛，岂不哀哉！陛下龙兴，阐弘大度，谓可听艾归葬旧墓，还其田宅，以平蜀之功继封其后，使艾阖棺定谥，死无所恨，则天下徇名之士，思立功之臣，必投汤火，乐为陛下死矣！"帝善其言而未能从。会帝问给事中樊建以诸葛亮之治蜀，曰："吾独不得如亮者而臣之乎？"建稽首曰："陛下知邓艾之冤而不能直，虽得亮，得无如冯唐之言乎！"④帝笑曰："卿言起我意。"乃以艾孙朗为郎中。（卷八十《晋纪二·武帝泰始九年》）

【笺注】

①樊建：字长元，义阳（今河南桐柏东）人。少有文名。原仕蜀汉，曾以典军书记随丞相亮伐魏，后历官令史、校尉、侍中、尚书令。黄皓弄权，虽不能匡矫，亦不与其往来。蜀亡入魏，封列侯，为相国参军，兼散骑常侍。入晋，任给事中。

②《史记·冯唐列传》："上既闻廉颇、李牧为人，良说，而搏髀曰：'嗟乎！吾独不得廉颇、李牧，时为吾将，吾岂忧匈奴哉！'唐曰：'主臣！陛下虽得廉颇、李牧，弗能用也。'上怒，起入禁中。良久，乃卒复问唐曰：'公何以知吾不能用廉颇、李牧也？'唐对曰，云云。"

③胡注："邓艾本义阳棘阳人，魏太祖破荆州，徙汝南，为农民养犊。"

④胡注："狼前则跋其胡，退则疐其尾。狈，狼属也。生子或欠一足，二足相附而后能行，离则颠蹶。故猝遽谓之狼狈。"

武帝泰始十年（吴孙皓凤凰三年）（274）

99. 袤①与济南刘兆字延世②，俱以不仕显名。袤以父仪为文王所滥杀③，终身不应征聘，未尝西向坐，以示不臣于晋也④。

【校记】

本条据《三国志》卷十一《魏志·王修传》注引《汉晋春秋》校定。汤本所补背景文字为"泰始十年，以嵇绍为秘书丞"，且于句首"袤"前补有"王"字。 黄本以"王裒"为目,"刘兆"后无"字延世"三字,"西向"作"向西"并有尾注"《御览》三百九十三'王裒父仪为文帝所杀,未尝西向坐,示不臣也'"数语,系指《太平御览》卷三百九十三《人事部三十四·坐》下引文。

【史补】

(1)《资治通鉴》曰:山涛为吏部尚书⑤。涛典选十余年,每一官缺,辄择才、资可为者启拟数人⑥,得诏旨有所向,然后显奏之。帝之所用,或非举首,众情不察,以涛轻重任意,言之于帝,帝益亲爱之。涛甄拔人物,各为题目而奏之,时称"山公启事"。

涛荐嵇绍于帝⑦,请以为秘书郎⑧,帝发诏征之。绍以父康得罪,屏居私门,欲辞不就。涛谓之曰:"为君思之久矣,天地四时,犹有消息,况于人乎!"绍乃应命,帝以为秘书丞。

初,东关之败⑨,文帝问僚属曰:"近日之事,谁任其咎?"安东司马王仪⑩,脩之子也,对曰:"责在元帅。"文帝怒曰:"司马欲委罪孤邪!"引出斩之。仪子裒痛父非命,隐居教授,三征七辟⑪,皆不就,未尝西向而坐。庐于墓侧,旦夕攀柏悲号,涕泪著树,树为之枯。读《诗》至"哀哀父母,生我劬劳"⑫,未尝不三复流涕,门人为之废《蓼莪》⑬。家贫,计口而田,度身而蚕;人或馈之,不受,助之,不听。诸生密为刈麦,裒辄弃之。遂不仕而终。

臣光曰:昔舜诛鲧而禹事舜,不敢废至公也。嵇康、王仪,死皆不以其罪,二子不仕晋室可也;嵇绍苟无荡阴之忠⑭,殆不免于君子之讥乎⑮!(卷八十《晋纪二·武帝泰始十年》)

(2)〔宋〕朱熹论王裒嵇绍曰:王仪为司马昭军师,昭杀之虽无辜,裒仕晋犹有可说;而裒不仕,乃过于厚者。嵇康魏臣,而晋杀之,绍不当仕晋明矣;荡阴之忠固可取,亦不相赎。事仇之过,自不相掩。司马公云:"使无荡阴之忠,殆不免君子之讥。"不知君子之讥,初不可免也。(《朱子语类》卷一三六《历代三》)

(3)〔宋〕洪迈论王裒嵇绍曰:舜之罪也殛鲧,其举也兴禹。鲧之罪足以死，舜徇天下之公议以诛之，故禹不敢怨，而终治水之功，以盖父之恶。魏王裒、嵇绍，其父死于非命。裒之父仪，犹以为司马昭安东司马之故，因语言受害，裒为之终身不西向而坐。绍之父康以魏臣钟会谮之于昭，昭方谋篡魏，阴忌之，以故而及诛。绍乃仕于晋武之世，至为惠帝尽节而死；绍之事亲，视王裒远矣！（《容斋三笔》卷五《王裒嵇绍》）

　　柯按：王裒、嵇绍，父皆为司马昭所杀，而死非其罪；裒耻臣于晋，绍死事晋室。唐史臣以为"裒独善其身，故得全其孝，而绍兼济于物，理宜竭其忠，可谓兰、桂异质而齐芳，韶、武殊音而并美"，而历代论者多是裒而讥绍。史臣言："夫君，天也，天可仇乎！"但若君为昏主，乃至民贼，亦天视之乎？绍事仇陨身，忠则忠矣，而勇难言，过难掩；裒行己以礼，"枯柏以应其诚，惊雷以危其虑"，孝之为德，大矣哉！

【笺注】

　　①裒：谓王裒，字伟元，城阳营陵（今山东昌乐）人。魏大司农郎中令王脩之孙；父仪，任司马昭司马，东关之役为昭所枉杀。裒痛父死于非命，遂终身不仕，亦不西向坐，以示不臣于晋廷。

　　②刘兆：字延世，济南东平（今山东东平西北）人。博学洽闻，温笃善诱，从受业者数千人。晋武帝时五辟公府，三征博士，皆不就。安贫乐道，潜心著述，不出门庭数十年。以《春秋》一经而三家殊途，互为仇敌，乃作《春秋调人》七万余言，合而通之。又为《春秋左氏全综》，《公羊》、《谷梁》解诂皆纳其中，朱书以别之。又撰有《周易训注》。凡所赞述百余万言。年六十六卒。

　　③《魏志·王脩传》注引王隐《晋书》曰："脩一子，名仪，字朱表，高亮雅直。司马文王为安东，仪为司马。东关之败，文王曰：'近日之事，谁任其咎？'仪曰：'责在军帅。'文王怒曰：'司马欲委罪于孤邪！'遂杀之。"

　　④《晋书·孝友列传·王裒传》："裒少立操尚，行己以礼，身长八尺四寸，容貌绝异，音声清亮，辞气雅正，博学多能，痛父非命，未尝西向而坐，示不臣朝廷也。于是隐居教授，三征七辟皆不就。"又《通鉴》胡注："裒居城阳，晋朝在洛阳，故未尝西向。"

　　⑤山涛（205—283）：字巨源，河内怀（今河南武陟）人。早孤，家贫。性好

《庄》《老》，与嵇康、阮籍等交游，为"竹林七贤"之一。年四十，始为郡主簿、功曹、上计掾。因见司马懿与曹爽争权，乃隐身不问事务。司马师当政，欲倾心依附，被举秀才，除郎中，累迁尚书吏部郎。司马炎代魏，守大鸿胪，加奉车都尉，出为冀州刺史，加宁远将军。再入为侍中，迁尚书。咸宁初，转太子少傅，加散骑常侍；除尚书仆射，加侍中，领吏部。以老病固辞，不许。太康初，迁右仆射，加光禄大夫，侍中、掌选如故。卒年七十九，谥曰康。

⑥胡注："才，谓其少足以任；资，谓其资序当为者。"

⑦嵇绍：字延祖，魏中散大夫嵇康之子。晋武帝时征为秘书丞，历汝颍太守、徐州刺史。惠帝元康初，为给事黄门侍郎，封弋阳子，迁散骑常侍，领国子博士。赵王伦篡位，署为侍中。惠帝反正，选为御史中丞，未拜；复为侍中。永安元年（304），惠帝北征成都王司马颖，绍死于荡阴之败。绍父康为司马昭枉杀，绍臣于晋，历代以之与王裒相比，多所讥议。

⑧胡注："晋制，秘书监属官有丞、有郎。"

⑨东关之败：指魏嘉平四年（252）大将军司马师为吴太傅诸葛恪所败。

⑩安东司马：东关之役，司马昭为安东将军、监诸军，王仪为安东将军司马。

⑪胡注："征，诏召也。辟，公府及州郡辟也。"

⑫《诗·小雅·蓼莪》："蓼蓼者莪，匪莪伊蒿。哀哀父母，生我劬劳。"

⑬胡注："以哀悲惨，故废《蓼莪》之篇不敢讲习。"

⑭荡阴之忠：谓嵇绍之死事。《晋书·忠义列传·嵇绍传》："寻而朝廷复有北征之役，征绍，复其爵位。绍以天子蒙尘，承诏驰诣行在所。值王师败绩于荡阴，百官及侍卫莫不散溃，唯绍俨然端冕，以身捍卫，兵交御辇，飞箭雨集，绍遂被害于帝侧，血溅御服，天子深哀叹之。及事定，左右欲浣衣，帝曰：'此嵇侍中血，勿去。'"

⑮胡注："余谓荡阴之难，君子以嵇绍为忠于所事可也，然未足以塞天性之伤也。"《通鉴胡注表微·伦纪篇》曰："嵇康、王仪，在魏世同为司马昭所枉杀。仪子裒，隐居教授，不臣司马氏，时人称孝，门人为废《蓼莪》之篇。康子绍，为山涛引诱仕仇，斫其天性，炫以荣利，复巧为之解释。绍之仕而是，则裒之隐为非矣，涛固名教罪人也。温公谓'绍苟无荡阴之忠，不免君子之讥'；朱子谓'不知君子之讥，初不可免也'。"

100.晋武帝谓胡威曰①："卿清孰与父清?"对曰："臣不如父。"帝曰："以何为不如?"对曰："臣父清，恐人知；臣清，唯恐人不知。是不如父也。"

【校记】

本条据《北堂书钞》卷三十八《政术部十二·廉洁三十二》"清恐人知"条引文校定。　本条不见于汤本，但其所辑杜延业《晋春秋》则有此条。　黄本以"胡威"为目。　又《魏志·胡质传》注引《晋阳秋·胡威传》，长达三百二十余字，《艺文类聚》卷五十引《晋阳秋》一百余字，其中"武威问对"一节，与本条文字皆略异，不知究系出自何人之手。

【史补】

（1）《晋书·胡威传》曰：胡威字伯武，淮南人。父质，字文德，清廉洁白。质之为荆州刺史也，威自京都定省。家贫，每至客舍，自放驴，取樵。既至见父，停厩中十余日，告归。临辞赐绢一匹，为道中资，威跪曰："大人清高，不审于何得此绢?"质曰："是吾俸禄之余，故以为汝粮耳。"②威受之，辞归。荆州帐下都督闻威将去，请假还家，持资粮，于路要威，因与为伴，每事佐助，又进饭食。威疑而诱问之，既知，乃取向所赐绢与都督，谢而遣之。后因他信，以白质。质杖都督一百，除吏名。父子清慎如此。于是名誉著闻。为安丰太守、徐州刺史，正化大行。后入朝，世祖因言次谓威曰："卿清孰与父清?"对曰："臣不如也。"世祖曰："以何为胜邪?"对曰："臣父清恐人知，臣清恐人不知，是臣不及远也。"世祖以威言直而婉，谦而顺，累迁豫州刺史，入为尚书③。（《群书治要》卷三十《晋书下》）

【笺注】

①胡威：字伯武（《魏志·胡质传》裴注作"伯虎"），一名貔。淮南寿春（今安徽寿县）人。父质，仕魏以忠清著称，累官至荆州刺史，加振威将军。后以在樊城击退吴将朱然，迁征东将军，假节都督青徐诸军事。嘉平二年（250）卒，家无余财，惟有赐衣书箧而已。追封阳陵亭侯，谥曰贞侯。威早厉志尚，亦以清慎闻名。历官侍

御史、安丰太守、徐州刺史，迁监豫州诸军事、右将军、豫州刺史，入为尚书，加奉车都尉。更拜前将军、监青州诸军事、青州刺史，封平春侯。太康元年（280）卒，追赠使持节、都督青州诸军事、镇东将军，谥曰烈。

②《三国志旁证·魏志·胡质传》引《史通·暗惑篇》辨之曰："古人谓方牧为二千石者，以其禄有二千石故也。名以定体，贵实甚焉。设使廉如伯夷，介若黔敖，苟居此职，终不患于贫馁者。如胡威之别其父也，一缣之财，犹且发问，则千石之俸，其费安施？推其厚薄，知不然矣。"

③《魏志·胡质传》裴注引《晋阳秋·胡威传》已入选中学语文课本，传播较广，文字稍异，可资对照。

武帝咸宁五年（吴孙晧天纪三年）（279）

101. 先是，吴有说谶者曰①："吴之败，兵起南裔②，亡吴者公孙也。"晧闻之，文武职位至于卒伍有姓公孙者，皆徙于广州③，不令停江边。及闻马反④，大惧曰："此天亡也。"

【校记】

本条据《三国志》卷四十八《吴志·孙晧传》注引《汉晋春秋》校定。 汤本所补背景文字为"咸宁五年，吴天纪三年夏，郭马反"。 黄本列"孙晧"目下；并于"天亡"二字间衍一"下"字。

【史补】

（1）《资治通鉴》曰：（咸宁五年，夏，四月，）吴桂林太守修允卒⑤，其部曲应分给诸将。督将郭马、何典、王族等累世旧军，不乐离别，会吴主料实广州户口，马等因民心不安，聚众攻杀广州督虞授，马自号都督交、广二州诸军事，使典攻苍梧⑥，族攻始兴⑦。秋，八月，吴以军师张悌为丞相，牛渚都督何植为司徒，执金吾滕修为司空；未拜，更以修为广州牧，帅万人从东道讨郭马。马杀南海太守刘略，逐广州刺史徐旗。吴主又遣徐陵督陶濬将七千人⑧，从西道与交州牧陶璜共击马。（卷八十《晋纪

二·武帝咸宁五年》）

（咸宁六年，三月，）陶濬将讨郭马，至武昌，闻晋兵大入，引兵东还。至建业，吴主引见，问水军消息，对曰："蜀船皆小⑨，今得二万兵，乘大船以战，自足破之。"于是合众，授濬节钺。明日当发，其夜，众悉逃溃。

时王浑⑩、王濬⑪及琅邪王伷皆临近境⑫，吴司徒何植、建威将军孙晏悉送印节诣浑降。吴主用光禄勋薛莹、中书令胡冲等计，分遣使者奉书于浑、濬、伷以请降。又遗其群臣，深自咎责，且曰："今大晋平治四海，是英俊展节之秋，勿以移朝改朔，用损厥志。"使者先送玺绶于琅邪王伷。壬寅，王濬舟师过三山⑬，王浑遣信要濬暂过论事，濬举帆直指建业，报曰："风利，不得泊也。"是日，濬戎卒八万，方舟百里⑭，鼓噪入于石头，吴主晧面缚舆榇，诣军门降。濬解缚焚榇，延请相见。收其图籍，克州四，郡四十三，户五十二万三千，兵二十三万⑮。

夏，四月，甲申，诏赐孙晧爵归命侯。

乙酉，大赦，改元⑯。（卷八十一《晋纪二·武帝太康元年》）

柯按：太康元年春，晋军大举攻吴；吴丞相襄阳张悌迎战，死之。三月，晋龙骧将军王濬以舟师入石头，吴主晧面缚舆榇，诣军门降。吴亡。蜀汉、魏、吴三国故事最终落下帷幕。唐李德裕撰《三国论》，以为："魏、蜀、吴三分天下，而亡有先后，非形势有轻重，积累有厚薄；察其政柄所归，则亡之先后可知也。蜀政在于黄皓；皓，隶人也，内不能修武侯之旧典，外不能制姜维之黩武，纪纲日坏，君子不服，所以先亡也。魏自明帝之后，政归仲达，齐王已降，惟守空宫，亡之淹速，系于师、昭之志。将移神器之重，须服天下之心，未立大功，亦不敢取，所以蜀灭而魏亡也。孙皓虽骄奢极欲，残虐用刑，而自专生杀之柄，不牵帷墙之制，运尽天亡，而后夷灭。由是而知人君不可一日失其柄也；如神龙之脱深泉，震雷之无烟气，威灵既露，人得制之。蒋济睹魏文帝与夏侯尚诏曰：'作威作福，为亡国之言。'所谓柄者，威、福是也，岂可假于臣下哉！后代睹三国之事，可不戒惧哉！"（《李卫公外集》卷一）元胡一桂《史纂通要》

则论曰："南宫氏引诗云：'明知蜀破则吴亡，鼎峙相持势久长'；陈同父亦谓灭虢取虞之势；愚独以为不然。自癸未蜀亡，越明年乙酉魏亡，又十七年庚子而吴始亡，吴于三国独为稍久，使皓无荒淫之失，尽修攘之计，国势延洪，尚未可知也。今观王濬陈伐吴之疏曰：'皓荒淫凶逆，速宜征伐。一旦皓死，更立贤王，则强敌难图也。'斯言最为得之。盖国势之兴亡，诚在人而已，岂必因蜀亡之故哉！论者不可不察。又尝观诸儒之论，而考三国所以终莫能相统一者，盖亦有故矣。孙策死，权志惟在保江东，上不系于汉祚之存亡，下无关乎曹、刘之强弱。吴无庸论矣。乃若以操言之，既不乘汉中之降以谋蜀，又舍鞍马之利而事舟楫以图吴，赤壁之败，反成孙氏之盛。此魏所以不能一吴、蜀也。至若以蜀言之，吴可以为援而不可图，孔明隆中之约然也。已无一吴之理，又复盟好不终，兴戎是尚，后虽修好协谋，营星已陨，蜀亦安能以一魏哉！惟三国之主，昭烈有德义；三国之才，孔明有王佐之心、正大之体，眉山苏子以为岿然三代之佐，未得以世论。出师有《表》，与《伊训》、《说命》相为表里，至今读之，真可与日月争光。初平之初亮即辅刘，孙、曹负矣，荀、贾、瑜、肃何足算哉！特其手写《申》、《韩》之书以授后主，与夫袭取刘璋之事，于道有未尽耳。吁！吴之为国，自权称号至皓，凡四传六十年，而合于晋。《纲目》终吴之世置分书之列焉。"（卷九）李、胡二氏之论，掌国者其鉴之！

【笺注】

①说谶者：秦汉时预言未来吉凶、兴亡的巫师、方士之类迷信人物。

②南裔：古时指南方边境地区。约当今岭南及以远之越南等地。晋陆机《赠顾交趾公贞》诗："发迹翼藩后，改授抚南裔。"《晋书·苻坚载记下》："吾将躬先启行，薄伐南裔，于诸卿意何如？"唐刘知幾《史通·杂说下》："交阯远居南裔，越裳之俗也；敦煌僻处西域，昆戎之乡也。"

③广州：州名，吴置。洪亮吉《补三国疆域志·吴疆域》："吴黄武五年，分交州之南海、苍梧、郁林、高梁立广州，俄复旧。永安七年复置，凡得汉旧郡三，增置郡三，都尉治一；治番禺。"按：时广州下辖为南海、苍梧、郁林、桂林、高凉、高兴六郡及合浦北部尉，辖境约当今广东除廉江以西地区及广西大部地区。又，番禺，汉置

县名，三国吴为侯国；汉赵佗南越国都番禺，两汉及吴南海郡治番禺，吴交州治所一度移此，后为广州治；约当今广州市越秀区。

④马：指郭马，三国吴人。本为吴合浦太守修允部曲督。天纪三年（279）叛吴为乱，被孙晧派兵讨平。

⑤胡注："桂林，汉县，属郁林郡。吴主晧凤凰三年，分立桂林郡。"

⑥苍梧：郡名。西汉置，治广信（今广西梧州）。《补三国疆域志》卷下："苍梧郡，汉置。吴领县十一。"

⑦胡注："吴主晧甘露元年，分桂阳南部都尉立始兴郡。"

⑧胡注："徐陵与洞浦对岸。吴主权时，吕范洞浦之败，魏臧霸渡江攻徐陵，全琮、徐盛击却之。又华覈封徐陵亭侯，则徐陵盖亭名。吴以其临江津，置督守之。《南徐州记》曰：京口先为徐陵，其地盖丹徒县之西乡京口里也。"

⑨胡注："陶濬盖以寻常蜀船言之，谍候不明，亦可见矣。"

⑩王浑（223—297）：字玄冲，太原晋阳（今山西太原）人。魏司空王朗之子。仕魏至越骑校尉。晋代魏，累官至安东将军、都督扬州诸军事。晋伐吴，浑率师出横江，以功转镇东大将军，拜尚书左仆射，加散骑常侍。后迁司徒，加侍中。惠帝元康七年（297）卒，谥曰元。

⑪王濬（206—285）：字士治，弘农湖（今河南灵宝西）人。仕魏至益州刺史。上疏力主伐吴，拜龙骧将军、监梁益诸军事，受诏预为筹备。太康元年（280）正月，濬率师沿江东下，一路势如破竹，直抵建业，吴亡。以功拜辅国大将军，领步兵校尉，封襄阳县侯，邑万户。时人以濬功重报轻，为之不平，乃迁镇军大将军，加散骑常侍，领后军将军；再迁抚军大将军，开府仪同三司，加特进。太康六年（285）卒，谥曰武。

⑫琅邪王伷：即司马伷（227—283），字子将，司马懿第五子，司马师、司马昭异母弟。曹魏时，官至征虏将军、假节。晋代魏，封东莞郡王，万六百户。入为尚书右仆射、抚军将军，又出为镇东大将军、假节、都督徐州诸军事。以镇御有方，加开府仪同三司，改封琅邪王。以平吴功，并督青州诸军事。进拜大将军，开府仪同三司。太康四年卒。

⑬胡注："三山，在今建康府上元县西南四十五里，又西即江宁夹。陆游曰：三山矶在烈洲下。凡山临江皆曰矶，三山，距金陵才五十余里。"

⑭胡注:"《诗》云:就其深矣,方之舟之。注:方,泭也。《尔雅》:方木置水曰泭,音夫。"

⑮胡注:"吴有荆、扬、交、广四州。汉献帝兴平二年,孙策始取江东;魏文帝黄初三年,吴王孙权始称帝,传四主,五十七年而亡。"

⑯胡注:"改元太康。"

武帝太康三年（282）

102. 世祖问毅①曰:"卿以吾可方汉何帝?"对曰:"可方桓、灵。"世祖问:"吾虽德不及古人,犹克己为治,又平吴会,混一天下。方之桓、灵,其已甚乎?"对曰:"桓、灵卖官,钱入官库;陛下卖官,钱入私门。以此言之,乃殆不如桓、灵也。"毅答已,帝大笑曰:"桓、灵之朝,不闻此言。今有直臣,故不同乎!"②散骑常侍邹湛进曰③:"世说以陛下比汉文帝,人心犹多不同。昔冯唐答文帝曰'不能用颇、牧'而文帝怒④,今刘毅言犯顺而陛下乐,以此相校,圣德乃过之也。"帝曰:"我平天下而不封禅,焚雉头裘,行布衣礼⑤,卿初无言。今于小事,何见褒之甚耶?"湛曰:"圣诏所及,皆可豫先算计,以长短相推,慕名者能力行为之。至如向诏,非明恕内充,苞之德度,不可为也。臣闻猛兽在田,荷戈而出,凡人能之,蜂虿起于怀袖,勇夫为之惊骇;非虎弱蜂虿强也,仓卒出于意外故也。夫君臣有自然之尊卑,辞语有自然之逆顺。向刘毅始言,臣等莫不变色易容而仰视陛下者。陛下发不世之诏,出思虑之外,臣之喜庆,不亦宜乎!"

【校记】

本条据《群书治要》卷三十《晋书下·刘毅传》注引《汉晋春秋》校定,"卿初无言"四字则系据《晋书·刘毅传》补足。 本条不见于汤本,乃黄本所辑,以"刘毅"为目。 黄本有尾注曰:"《群书治要》卷第三十引习凿齿《阳秋》。自'毅答已'起，其上'世祖问毅曰'至'不如桓、灵也'，乃所载《晋书》正文。案其文义，当亦《汉晋春秋》所有，故备录之，以足语意。"姑从之。又据《资治通鉴》卷八十一，"武毅问对"载于太康三年春正月，胡注且引《考异》辨正，故亦从之。"雉头裘"，黄本脱"裘"字。

【史补】

（1）〔唐〕虞世南论晋武帝曰："武帝克平江表，混一宇内，可谓晋之明主乎？"先生曰："武帝平一天下，谁曰不然？至于创业垂统，其道则阙矣。夫帝王者，必立德立功，可大可久；经之以仁义，纬之以文武，深根固蒂，贻厥子孙；一言一行，以为轨范，垂之万代，为不可易。武帝平吴之后，怠于政事，蔽惑邪佞，留心内宠，用冯紞之谗言，拒和峤之正谏，智士永叹，有识寒心。以此国风，传之庸子，遂使坟土未干，四海鼎沸，衣冠殄灭，县宇星分。何曾之言，于是信矣。其去明主，不亦远乎！"（《帝王略论》卷三）

（2）〔清〕萧震论晋武帝曰：司马炎以中人之才，侥倖而受魏禅，使炎当三国群雄割据之日，炎未必能得天下也。怀、愍之时，晋室已亡，赖一时之豪杰维持而匡扶之，奄奄百年，受禅于宋，亦其幸也。（《史略》）

（3）〔宋〕胡寅论刘毅对武帝问无所规益曰：晋常并圆丘之祀于北郊，是阳从阴，夫从妇，非小失也，莫有议者。既行夏正，而以正月之吉有事于南郊，何礼也？武帝比方之问，其可知矣，无亦谓天下分析之久，至已然后混一，欲以光武自况与？毅宜对曰："陛下武功既昭，克广前烈，掩迹曹魏，而远绍汉家矣。然储嗣常才，公辅近局；诸王地大，而法制不修；风俗奢颓，而礼度未立。自宣皇、景、文经营四方，数十年来，所用多权谋策略之人。陛下当翼翼深思，众建贤德，使之损益大政，为国远图。而平吴已还，志意骄侈。不迩声色，异乎成汤；警戒无虞，未同舜帝。臣恐祸发所忽，安而易危，此宜圣虑所当留意者。"如此庶乎足以警帝矣。而顾举卖官畜钱一事，岂能有所规益哉？（《读史管见》卷七《晋纪·武帝太康三年》）

【笺注】

①毅：谓刘毅（216—285），字仲雄，东莱掖（今山东莱州）人。仕魏，历郡功曹、司隶都官从事、司马昭相国掾。司马炎代魏，任为尚书郎、驸马都尉，迁散骑常侍、国子祭酒等。咸宁初，转司隶校尉，纠正豪右，京师肃然。在职六年，迁尚书左仆射。上疏请罢中正，除九品，未被采纳。年七十，以光禄大夫归第。后被举为青州大中正。太康六年（285）卒，赠仪同三司。

②《通鉴》胡注："《考异》曰：《地理志》：'太康元年，省司隶，置司州。'《毅传》：'毅为司隶校尉，帝尝南郊，礼毕，问毅'，而无年月。《晋春秋》问毅在此月，而不言毅官。按《毅传》，'六年，自司隶迁左仆射'，或者此年尚未改为司州也，今从《毅传》。"

③邹湛：字润甫，南阳新野（今河南新野）人。少有才名，仕魏历通事郎、太学博士。晋泰始初，转尚书郎、廷尉平、征南从事中郎，为羊祜所器重。入为太子中庶子。太康中，拜散骑常侍，出补渤海太守，转太傅杨骏长史，迁侍中。骏诛，以僚佐免官。寻起为散骑常侍、国子祭酒，转少府。元康末卒。所著诗及论议，为时所重。

④参见佚文第98条笺注②。

⑤《晋书·武帝纪》："咸宁四年十一月辛巳，太医司马程据献雉头裘，帝以奇技异服，典礼所禁，焚之于殿前。甲申，敕内外有敢犯者罪之。""太康元年九月，群臣以天下一统，屡请封禅，帝谦让弗许。"另详见《晋书·礼志》。

武帝太康五年（284）

103. 初①，陈群为吏部尚书②，制九格登用③，皆由于中正，考之簿世④，然后授任。

【校记】

本条据《初学记》卷十一《职官部上·吏部尚书第六》"事对·考簿世"条引习凿齿《晋春秋》校定。　汤本所补背景文字为"太康六年，刘毅卒。毅尝上疏论宜罢中正，除九品，未能改"，似觉未安。按陈群为尚书立九品官人之法，在曹丕初任魏王时，而据《资治通鉴》卷八十一，此追述文字缀于太康五年春刘毅谏贺二青龙现武库井中事后，故本条系于太康五年而非刘毅卒后。　黄本以"陈群"为目。

【史补】

（1）《资治通鉴》曰：初，陈群以吏部不能审核天下之士，故令郡国各置中正，州置大中正，皆取本土之人任朝廷官、德充才盛者为之，使铨次等级以为九品，有言行修著则升之，道义亏缺则降之，吏部凭之以补授百官。行之浸久，中正或非其人，奸敝日滋。刘毅上疏曰："今立中正，定九品，高下任意，荣辱在手，操人主之威福，夺天朝之权势，公无考校之负，私无告讦之忌⑤，用心百态，营求万端，廉让之风灭，争讼之俗成，臣窃为圣朝耻之！盖中正之设，于损政之道有八：高下逐强弱，是非随兴衰，一人之身，旬日异状，上品无寒门，下品无势族，一也。置州都者⑥，本取州里清议咸所归服，将以镇异同，一言议也。今重其任而轻其人，使驳违之论横于州里，嫌仇之隙结于大臣，二也。本立格之体，为九品者，谓才德有优劣，伦辈有首尾也。今乃使优劣易地，首尾倒错，三也。陛下赏善罚恶，无不裁之以法，独置中正，委以一国之重，曾无赏罚之防，又禁人不得诉讼，使之纵横任意，无所顾惮，诸受枉者抱怨积直，不获上闻，四也。一国之士，多者千数，或流徙异邦，或取给殊方⑦，面犹不识，况尽其才！而中正知与不知，皆当品状，采誉于台府，纳毁于流言，任己则有不识之蔽，听受则有彼此之偏，五也。凡求人才者，欲以治民也，今当官著效者或附卑品，在官无绩者更获高叙，是为抑功实而隆空名，长浮华而废考绩，六也。凡官不同人，事不同能。今不状其才之所宜而但第为九品，以品取人，或非才能之所长，以状取人，则为本品之所限，徒结白论而品状相妨⑧，七也。九品所下不彰其罪，所上不列其善，各任爱憎，以植其私，天下之人焉得不懈德行而锐人事，八也。由此论之，职名中正，实为奸府；事名九品，而有八损；古今之失，莫大于此！愚臣以为宜罢中正，除九品，弃魏氏之敝法，更立一代之美制。"太尉汝南王亮、司空卫瓘亦上疏曰："魏氏承丧乱之后，人士流移，考详无地，故立九品之制，粗且为一时选用之本耳。今九域同规，大化方始，臣等以为宜皆荡除末法，咸用土断⑨，自公卿以下，以所居为正，无复县客，远属异土，尽除中正九品之制，使举善进才，各由乡论，则华竞自息，各求于己矣。"始平王文学江夏李重上疏⑩，以为："九品既除，宜先开移徙，听相并就，则土断之实行矣。"帝虽善其言，而终不能改也。（卷八十一《晋纪三·武帝太康五年》）

（2）〔宋〕叶适论九品中正曰：刘毅论九品，称"所立品格，还访刁攸，攸非州里之所归，非职分之所置"，莫晓此语，似是为中正者私问之也。又言"刘良上攸之所下，石公罪攸之所行"，尤不可解。（《傅咸传》："臣识石公，前在殿上脱衣，为荀恺所奉。"）若非人主素所知名，岂应但略疏而不析言也？毅陈八损虽精详，然不如卫瓘。瓘言"魏氏承颠覆之运，起丧乱之后，人士流移，考详无地"，此九品始立，有为为之也。又言："魏始造，乡邑清议，不拘爵位，褒贬所加，足为劝励，犹有乡论余风；中间渐染，遂计资定品，使天下观望，唯以居位为贵。"此论九品得失之要也。李重又言"九品始于丧乱军中之政"。详此，是汉末用兵久，人才自行伍杂进，莫能考察，故以中正乡论品之，使不得尽由军功；及其敝，则反以位定品，并门地子孙皆然，而素行无施，名实乱矣。然则瓘之论又不如重之简而可考也。按操虽以百战篡汉，而能立中正九品，清浊不杂，仕进者赖之，正始以后，胜流争出，标宇离俗，为国光华，后世固不及远矣。（《习学记言序目》卷二十九《晋书一·刘毅》）

【笺注】

①初：当指汉献帝延康元年。《通鉴》卷六十九《魏纪一·黄初元年》：春，正月，魏王曹操薨。太子曹丕即王位。"改元延康。（胡注：此汉改元，魏志也。）""尚书陈群以天朝选用不尽人才，（胡注：谓汉朝也。）乃立九品官人之法，州、郡皆置中正以定其选，择州郡之贤有识鉴者为之，区别人物，第其高下。（胡注：九品中正自此始。）"

②吏部尚书：官名。吏部为官署名。汉制，尚书分曹治事，汉成帝置列曹尚书四人，其一曰常侍曹，主丞相、御史、公卿事。后汉初光武改常侍曹为吏部曹，主选举斋祠事；后汉末灵帝改为选部曹，于此始见曹名。及魏，又改选部为吏部，专掌选职；

时置五曹尚书，吏部尚书居诸尚书之右。尚书秩六百石，第三品；其上为尚书令及仆射。自此始定吏部之名，晋、宋至清，相沿不改。《魏志·陈群传》：曹丕"即王位，封群昌武亭侯，徙为尚书。制九品官人之法，群所建也。"

③制九格登用：即九品官人法，亦称九品中正制。汉献帝延康元年，魏王曹丕采纳吏部尚书陈群创议，建立了这一选官制度。其主要内容是：选择"贤有识鉴"的中央官吏兼任原籍地州、郡、县的大小中正官（州为大中正），负责察访本州、郡、县各地的士人，综合德、才、门第（家世）定出"品"和"状"，上报朝廷三公中的司徒府核准后，送吏部作为选官的依据。中正官最初由各郡长官推举产生，晋以后改由司徒选授，其中郡、县小中正可由州大中正推举，但须经司徒任命。所谓"品"，就是综合士人德、才、门第所评定的等级，共分为上上、上中、上下、中上、中中、中下、下上、下中、下下九品（其中，上上仅为虚设，上中、上下为上品；中上、中中为中品；中下至下下为下品）。所谓"状"，乃是中正官对士人德才的评语，一般只有一两句话，如"天才英博，亮拔不群"、"德优能少"之类，这也是东汉后期名士品评人物的制度化语言。九品中正制创立之初，评议人物大致还能兼顾德、才、门第三者，但由于大小中正官皆为门阀世族所把持，才、德标准很快被忽视，家世遂成为唯一标准，至晋初已事实上形成了"上品无寒门，下品无势族"的局面。

④《初学记》卷十一《职官部上·吏部尚书第六》："考簿世，调门户。习凿齿《晋阳秋》曰云云。王隐《晋书》曰：'王戎为左仆射，领吏部尚书，自戎居选，未尝进一寒素，退一虚名，理一冤枉，杀一痁嫉，随其沉浮，门调户选。好营生，广收八方园田水碓；周遍天下，聚敛积实，不知纪极。'"

⑤胡注："谓铨次高下或有不当，而在公不以考校失实为罪负，发人隐慝，无所不至，而在私不以告讦为避忌。"

⑥胡注："州都，谓中正。"

⑦胡注："谓衣食有不给者，客於殊方以取给也。"

⑧胡注："白，素也。释素餐者以为空餐，白论，犹空言也。"

⑨胡注："以土著为断也。"

⑩胡注："自魏以来，王国置师友、文学各一人。"

武帝太康八年（287）

104.武帝改营太庙①，南致荆山之木，西采华山之石，铸铜柱十二，涂以黄金，镂以百物，填以丹青，缀以珠玉，以丽之也。

【校记】

本条据《太平御览》卷五百三十一《礼仪部十·宗庙》引《汉晋春秋》校定。　汤本所补背景文字为"太康八年，太庙殿陷，改营之"。　黄本以"晋武帝"为目。

【史补】

（1）《宋书·五行志一》曰：（太康）八年正月，太庙殿又陷，改作庙，筑基及泉。其年九月，遂更营新庙，远致名材，杂以铜柱，陈勰为匠，作者六万人。十年四月乃成，十一月庚寅，梁又折。按地陷者，分离之象；梁折者，木不曲直也。孙盛曰：于时后宫殿有孽火，又庙梁无故自折。先是帝不豫，益恶之。明年，帝崩，而王室频乱，遂亡天下。

【笺注】

①《晋书·武帝纪》："（太康）八年，春正月戊申朔，日有食之。太庙殿陷。秋七月，前殿地陷，深数丈，中有破船。九月，改营太庙。"

105.景福、在许昌。听政在邺。诸殿。

【校记】

本条据《初学记》卷二十四《居处部·殿第四·叙事》引《汉晋春秋》校定。不见于汤本，黄本以"殿"为目。

惠　帝

【史补】

〔明〕**李贽论晋惠帝曰**：惠帝昏愚不辨菽麦①，自为太子，朝野咸知不堪，及居大位，政由群下，货赂公行。南阳鲁褒作《钱神论》以讥之。尝之华林园，闻蝦蟆声，谓左右曰："此鸣者为官乎，私乎？"或对曰："之官地为官，之私地为私。"及天下荒乱，百姓饥馁，帝曰："何不食肉糜？"其蒙蔽皆类此也。（《藏书》卷四《世纪·晋司马氏·惠帝》）

【笺注】

①惠帝：即司马衷（259—307），字正度，司马炎第二子。公元290—307年在位。性痴呆不能任事，悍后贾南风专权淫虐，赵王伦杀后，一度篡夺帝位，齐王冏又起兵灭伦，其后诸王诛戮相继，终成八王之乱。帝被辗转挟持，形同傀儡。五胡则乘间蜂起，侵入内地，荼毒中原，晋祸遂亟。后中毒死，谥曰惠。

惠帝元康七年（297）

106. 王夷甫①、乐广俱以宅心事外②，名重于时，故天下之言风流者称"王乐"焉③。

【校记】

本条据《昭明文选》卷四十七任昉撰《王文宪集序》李善注引《汉晋春秋》校定。　汤本所补背景文字为"元康七年，以王戎为司徒。是时王夷甫为尚书令，乐广为河南尹"。　黄本以"王衍、乐广"为目。　如黄本尾注所言，《文选》卷五十八王俭撰《褚渊碑文》、卷五十九任昉撰《刘先生夫人墓志》二篇李善注，俱引有"名重于时"四字。

【史补】

（1）《资治通鉴》曰：（元康七年）九月，以尚书右仆射王戎为司徒。

戎为三公，与时浮沉，无所匡救，委事僚寀④，轻出游放。性复贪吝，园田遍天下，每自执牙筹，昼夜会计，常若不足。家有好李，卖之恐人得种，常钻其核。凡所赏拔，专事虚名。阮咸之子瞻尝见戎，戎问曰："圣人贵名教，老、庄明自然，其旨同异？"瞻曰："将无同！"⑤戎咨嗟良久，遂辟之，时人谓之"三语掾"。

是时，王衍为尚书令，南阳乐广为河南尹，皆善清谈，宅心事外⑥，名重当世，朝野之人，争慕效之。衍与弟澄，好题品人物，举世以为仪准。衍神情明秀，少时山涛见之，嗟叹良久，曰："何物老妪，生宁馨儿⑦！然误天下苍生者，未必非此人也！"乐广性冲约，与物无竞。每谈论，以约言析理厌人之心，而其所不知，默如也。凡论人，必先称其所长，则所短不言自见。王澄及阮咸、咸从子修、泰山胡毋辅之⑧、陈国谢鲲、城阳王尼、新蔡毕卓，皆以任放为达⑨，至于醉狂裸体，不以为非。胡毋辅之尝酣饮，其子谦之窥而厉声呼其父字曰："彦国！年老，不得为尔！"辅之欢笑，呼入共饮。毕卓尝为吏部郎，比舍郎酿熟，卓因醉，夜至瓮间盗饮之，为掌酒者所缚，明旦视之，乃毕吏部也。乐广闻而笑之曰："名教内自有乐地，何必乃尔！"⑩（卷八十二《晋纪四·惠帝元康七年》）

（2）〔宋〕叶适论王衍曰：王衍贵无，裴頠崇有，是非相攻，终不能定。凡天下义理，始于尧、舜、禹、皋陶，使其见义不明，析理不精，安得致唐、虞、三代之治！孔、孟犹是祖述之尔。老、庄妄作，晏、衍随和，区区对起有无之间，自不足论也。然独有一事，秦汉以后，学术之所立，皆人才之所趋，所以好尚崇长，门户师承，大抵亦欲为进取地，顾其品局高下如何耳。苟国家大计不与之共，则兴废之责，岂其所关？正始中虽以虚无起义，然诸名士即为司马氏父子锄刬；及惠、怀时虽以矜诞成俗，然晋业已坏于武帝之世，杨骏与诸宗室祸机交发，如激矢转轮，正复张、裴不能措手足，而况衍辈！后世乃以兴亡事归罪于彼。夫始蒙其祸而终任其责，不知人皆欲为进取地，而世论何独督过之深！岂其以湾涊鄙陋、安取荣达者自为宜得，而俊颖胜特之士，终无以自容耶？是真可怜，而务为笃论者之所当识也。

又论乐广曰：史言乐广"每以约言析理厌人之心，其所不知，默如也"。孔子称"君子于其所不知，盖阙如也"，以此自修可也，以此综物可乎？裴颜丰博，广不能屈，王敦又谓"乐彦辅短才"；若以有限之知而取不让之名，诚圣贤之所贱也。恐史家所载亦有未必然者。（《习学记言序目》卷二十九《晋书一·王戎、乐广》）

（3）〔清〕王夫之论晋人曰：夫晋之人士，荡检逾闲，骄淫懈靡，而名教毁裂者，非一日之故也。魏政之综核，苛求于事功，而略于节义，天下已不知有名义；晋承之以宽弛，而廉隅益以荡然。孔融死而士气灰，嵇康死而清议绝，名教为天下所讳言，同流合污而固不以为耻。其以世事为心者，则毛举庶务以博忠贞干理之誉，张华、傅咸、刘毅之类是已。不然，则崇尚虚浮，逃于得失之外以免害，则阮籍、王衍、乐广之流是已。两者交竞，而立国之大体、植身之大节，置之若遗；国之存亡，亦孰与深维而豫防之哉？故与贾充偕而不惭，与杨骏比而不忌。如是，则虽得中主，难持以永世，况惠帝之愚无与匹者乎！董养升太学之堂而叹曰："天人之理既绝，大乱将作。"诚哉其言之也！（《读通鉴论》卷十二《惠帝一》）

（4）〔清〕彭孙贻论晋人曰：晋代实无人物。开国之初，羊祜、杜预、山涛等始为经济之才。张华、裴颜、乐广名重一时，不能保身，焉能安国；王戎、王衍首唱风流，阮氏世负旷达，嵇康乃以杀身。晋之不竟，诸贤罪也。（《茗香堂史论》卷一《晋书》）

【笺注】

① 王夷甫：即王衍。参见佚文第 97 条笺注 ②。

② 乐广（？—304）：字彦辅，南阳淯阳（今河南南阳南）人。魏征西将军夏侯玄参军乐方之子。年八岁，为夏侯玄所赏，谓其"当为名士"。王戎为荆州刺史，举为秀才。裴楷又荐之于贾充，遂辟太尉掾，转太子舍人，出补元城令。历中书侍郎、太子中庶子、侍中河南尹，迁吏部尚书右仆射，领吏部。终代王戎为尚书令。成都王颖为广之婿，及颖与长沙王乂遘难，广为乂所疑，竟以忧死。

③ 《晋书·王衍传》："魏正始中，何晏、王弼等祖述老庄，立论以为天地万物皆以无为本云云，衍甚重之。惟裴颜以为非，著论以讥之，而衍处之自若。衍既有盛才

美貌，明悟若神，常自比子贡。兼声名藉甚，倾动当世。妙善玄言，唯谈《老》《庄》为事。每捉玉柄麈尾，与手同色。义理有所不安，随即改更，世号'口中雌黄'。朝野翕然，谓之'一世龙门'矣。累居显职，后进之士，莫不景慕放效。选举登朝，皆以为称首。矜高浮诞，遂成风俗焉。"又《乐广传》："尚书令卫瓘，朝之耆旧，逮与魏正始中诸名士谈论，见广而奇之，曰：'自昔诸贤既没，常恐微言将绝，而今乃复闻斯言于君矣。'命诸子造焉，曰：'此人之水镜，见之莹然，若披云雾而睹青天也。'王衍自言：'与人语甚简至，及见广，便觉己之烦。'其为识者所叹美如此。"

④胡注："寀，此宰翻。《说文》曰：同官为僚，同地为寀。《尔雅》曰：寀，僚官。"

⑤胡注："程大昌曰：不直云'同'而云'将无同'者，晋人语度自尔也。庾亮辟孟嘉为从事，正旦大会，褚衰问嘉何在。亮曰：'但自觅之。'衰历观，指嘉曰：'将无是乎？'将无者，犹言殆是此人也，意以为而未敢自主也。阮瞻指孔、老为同，亦此意。"

⑥宅心：居心。《书·康诰》："宅心知训。"孔颖达疏："居之于心。"亦作归心。陆机《汉高祖功臣颂》："万邦宅心，骏民效足。"

⑦胡注："杨正衡《晋书音义》：今人传读'宁'如宁武子之'宁'。洪迈《随笔》曰：今吴中人语，尚多用'宁馨'字为言，犹言若何也。刘梦得诗：'为问中华学道者，几人雄猛得宁馨？'盖得其义。以宁字作平声读。"

⑧胡注："毋，音无。姓谱：齐宣王封母弟于毋乡，其乡本胡国，因曰胡毋氏。汉有太史胡毋恭。"

⑨胡注："任者，任物之自然；放者，纵其心而不制。"

⑩《晋书·乐广传》："广所在为政，无当时功誉，然每去职，遗爱为人所思。凡所论人，必先称其所长，则所短不言而自见矣；人有过，先尽弘恕，然后善恶自彰矣。广与王衍俱宅心事外，名重于时。故天下言风流者，谓王、乐为称首焉。"

惠帝永宁元年（301）

107. 齐王冏之方盛也①，有妇人诣大司马门，求寄产。吏诘

之，妇人曰："待我截脐罢便去耳。"〔言讫不见。〕有识者闻而恶
其言②。〔至二年而囧被诛。〕

【校记】

本条据《太平御览》卷三百七十一《人事部十二·脐》引《汉晋春
秋》校定。 汤本所补背景文字为"永宁元年，齐王囧辅政"，并于"方
盛也"下有小注《占经》引作齐王囧辅政，太安元年与下至二年文不顺"
云云。 查《四库全书》本《开元占经》卷一百十三《人及鬼神占》，其
"人走入宫室"条下引《汉晋春秋》曰："齐王囧辅政。太安元年，有一妇
人诣大司马门，求寄产。吏乃诘之，曰：'待我截脐罢便去。'言讫不见。
有识者闻而恶之。至二年而囧被诛。"则知汤本于"有识者"前有"言讫
不见"四字，于"恶其言"后有"至二年而囧被诛"七字（皆《御览》引
文及黄本所无），系据《占经》所补，故存之以足语意。 汤本又于"至
二年"下有小注"即太安元年"五字；史载齐王囧死而改元太安，则其死
时仍当为永宁二年（时已在十二月），所谓有妇人求寄产事，即当断为永
宁元年。 黄本以"齐王囧"为目。 "脐"，汤、黄本皆作"齐"，古脐、
齐通。

【史补】

（1）《齐王攸传附子囧传》：齐献王攸，字大猷，文帝第二子。清和平
允，亲贤好施，爱经籍，能属文，善尺牍，为世所楷。才望出武帝之右。
景帝无子，命攸为嗣。袭封舞阳侯。历散骑常侍、步兵校尉，时年十八，
绥抚营部，甚有威惠。迁卫将军。武帝践阼，封齐王。时朝廷草创，而攸
总统军事，抚宁内外，莫不景附焉。迁骠骑将军。降身虚己，待物以信。
每朝政大议，悉心陈之。转镇军大将军，加侍中，行太子少傅。数年，授
太子太傅，献箴于太子，世以为工。咸宁二年，为司空，侍中、太傅如
故。初，攸特为文帝所宠爱，每见攸，辄抚床呼其小字曰"此桃符座也"，
几为太子者数矣③。及帝寝疾，虑攸不安，为武帝叙汉淮南王、魏陈思故
事而泣④。临崩，执攸手以授帝。及武帝晚年，诸子并弱，而太子不令，

朝臣内外，皆属意于攸。中书监荀勖、侍中冯紞皆谄谀自进，恐其为嗣，遂进谗攸将不利于太子，宜遣之国。帝纳其说，乃以攸为大司马、都督青州诸军事，又以济南郡益齐国。攸知勖、紞构己，愤怨发疾，乞守先后陵⑤，不许。疾转笃，犹催上道。攸自强入辞。辞出信宿，呕血而薨，时年三十六。

子囧嗣，字景治。与赵王伦共废贾后；伦篡，迁囧镇东大将军、开府仪同三司。囧因民心怨望，移檄天下，破伦。帝反正，就拜大司马，加九锡，如宣、景、文辅魏故事。大筑第馆，使大匠营，使与西宫等。后房施钟悬，前庭舞八佾，沈于酒色，不入朝见。坐拜百官，符敕三台，选举不均，惟宠亲昵。殿中御史桓豹奏事，不先经囧府，即考竟之。于是朝廷侧目，海内失望。囧骄恣日甚，终无悛志。长沙王乂发兵攻囧府，生擒囧，斩于阊阖门外，诸党属皆夷三族⑥。（据《晋书·齐王攸传》及《群书治要·晋书上·齐王囧传》编纂）

（2）〔清〕赵翼撮叙晋八王之乱曰：惠帝时八王之乱，《晋书》汇叙在一卷，《通鉴纪事本末》亦另写一，然头绪繁多，览者不易了。今撮叙于此。武帝崩，欲以汝南王亮（司马懿之子，武帝叔父）与皇后父杨骏同辅政，骏匿其诏，矫令亮出镇许昌。惠帝既立，贾后擅权，杀杨骏，废杨太后，征亮入，与卫瓘同辅政。亮与楚王玮（武帝第五子，惠帝之弟）不协，玮谄于贾后，诬亮、瓘有废立之谋。后乃使帝诏玮杀亮、瓘，又坐玮以矫杀亮、瓘之罪，即日杀玮。后益肆淫恣，废太子遹（惠帝长子，非贾后生），弑杨太后。时赵王伦在京师（懿第九子，惠帝之叔祖），素谄贾后。其嬖人孙秀说以太子之废人言公实与谋，宜废后以雪此声。伦从之。秀又恐太子聪明，终有疑于伦，不如待后杀太子而废后，为太子报仇，可以立功。乃使后党讽后，后果杀太子。伦遂矫诏与齐王囧（齐王攸之子，惠帝从弟）率兵入宫，废后，幽于金墉城，寻害之。伦自为相国、侍中，都督中外诸军事。孙秀等恃势肆横，囧内怀不平，秀觉之，出囧镇许昌。伦僭位，以惠帝为太上皇，迁于金墉。于是囧及河间王颙（司马孚之孙，惠帝从叔，时镇长安）、成都王颖（武帝第十六子，惠帝之弟，时镇邺中）共起兵讨伦。伦兵败，其将王舆废伦斩秀，迎惠帝复位。伦寻伏诛。颖遂还邺。冏入京，帝拜冏大司马，如宣、景辅魏故事。冏大权在握，沈湎酒色，不入朝，坐召百官，恣行非法。有校尉李含奔于长安，诈称有诏使河间王颙讨冏，颙遂上表请废冏，以成都王辅政，并檄长沙王乂为内主（武帝第六子，惠帝之弟）。冏遣兵袭乂，乂径入宫，奉帝讨斩冏。颙本以乂弱冏强，冀乂为冏所杀，而以杀乂之罪讨之，因废帝立颖，己为宰相，可以专政，及乂先杀冏，其计不遂，颖亦以乂在内，己不得遥执朝权，于是颙遣将张方率兵，与颖同向京师。帝又诏乂为大都督拒方等，连战，先胜后败。东海王越在京（司马泰之子，惠帝从叔祖）虑事不济，与殿中将收乂送金墉，乂为张方所杀。颖入京，寻还于邺。颙表颖为皇太弟，位相国，乘舆服御及宿卫兵皆迁于邺，朝政悉颖主之。左卫将军陈眕不平，奉帝讨颖。颖遣将石超败帝于荡阴，超遂以帝入于邺。平北将军王浚起兵讨颖，颖战败，仍拥帝还洛阳。时颙遣张方救颖，方遂挟帝及颖归于长安。颙废颖，立豫章王炽（武帝第二十五子，惠帝之弟，是为怀帝）为皇太弟。东海王越自徐州起兵迎大驾，颙又命颖统兵拒之，河桥战败，越兵入关，奉惠帝还洛阳。颖窜于武关、新野间，有诏捕之，为刘舆所害。颙亦单骑逃太白山，其故将迎入长安。有诏征颙为司徒，颙入京，途次为南阳王模所杀。惠帝崩，怀帝即位。越出讨石勒而卒。此八王始末也。

赵王伦将篡时，淮南王允（武帝子，惠帝弟）在京师，举兵欲诛伦，为伦所杀。又吴王晏（亦武帝子）亦助淮南王允攻伦，兵败被废。后长沙王乂及成都王颖相攻时，晏又为前锋都督。此二王俱不在八王之内。（《廿二史札记》卷八《晋书·八王之乱》）

（3）〔宋〕胡寅论齐王冏之败亡曰：冏以贤王之子，纠率诸侯，入讨篡逆，迎帝复位，臣子之义得矣。即当请帝下诏，散遣外兵，归重成都，留辅大政，己为之副，选建贤材，更革弊事，辞避荣宠，居以谦降，颙、歆、虓、乂之师，何名而起哉？伦、秀甫诛，台省府卫尚尔空阙，战死之士未加收恤，遽受九锡，以宣、景、文、武为比，标示争端，于是卢志献谋，使成都委权而去。以恶相稔，犹且未悟。方欲久专大政，骄奢荒宴，选举不公，任用嬖幸，忠谋者远，直谏者诛，仗义之功，反成罪衅。以数十万众，为百余人所禽，遂使献王国绝不祀，良由生长富贵，不知义理故也。惜哉！（《读史管见》卷七《晋纪·惠帝太安元年》）

（4）陈垣论八王之乱与袁氏兄弟相攻同曰： 司马氏八王之乱，其所经之途径，虽较袁氏谭、尚兄弟为复杂，然其因果，固与袁氏无异也。（《通鉴胡注表微·伦纪篇·晋惠帝光熙元年注》）

【笺注】

①齐王冏：即司马冏，字景治，齐王攸之子。袭父封，初拜散骑常侍、领左将军、翊军校尉。八王之乱中，与赵王伦废杀皇后贾南风，以功迁游击将军，但被排挤，出镇许昌。赵王伦篡位，冏乃联络成都王颖等共讨杀伦，迎惠帝复位。冏为大司马辅政，又自为太子太师，骄奢擅权，大起府第，耽于宴乐，朝野失望。永宁二年（302）十二月，长沙王乂挟天子攻冏，两军在城内激战三日，冏大败，被擒斩首。

②《晋书·齐王冏传》："初，冏之盛也，有一妇人诣大司马府求寄产。吏诘之，妇人曰：'我截齐便去耳。'识者闻而恶之。时又谣曰：'著布袙腹，为齐持服。'俄而冏诛。"

③《通鉴·魏纪十·元帝咸熙元年》："初，晋王娶王肃之女，生炎及攸，以攸继景王后。攸性孝友，多才艺，清和平允，名闻过于炎，晋王爱之，常曰：'天下者，景王之天下也，吾摄居相位，百年之后，大业宜归攸。'炎立发委地，手垂过膝，尝从容问裴秀曰：'人有相否？'因以异相示之。秀由是归心。羊琇与炎善，为炎画策，察时政所宜损益，皆令炎豫记之，以备晋王访问。晋王欲以攸为世子，山涛曰：'废长立少，违礼不祥。'贾充曰：'中抚军有君人之德，不可易也。'何曾、裴秀曰：'中抚军聪明神武，有超世之才，人望既茂，天表如此，固非人臣之相也。'晋王由是意定，丙午，立炎为世子。"胡注："为晋武帝不能容齐王攸张本。"

④《通鉴》胡注："汉文帝诛淮南厉王长，魏文帝不能容陈思王植，引此二事以戒切帝也。"

⑤先后：谓司马昭文明皇后。

⑥齐王攸去留，乃武帝时关乎晋之治乱存亡一大事件。攸为一代贤王，朝野属望，而其子冏竟以骄恣殒身，使乃父国绝不祀，可堪叹息。故摘录二传以资对照、

鉴戒。

怀　帝

【史补】

《晋书·怀帝纪》曰：怀帝在东宫①，恂恂谦损，接引朝士，讲论书籍。及即位，始遵旧制，临太极殿，使尚书郎读时令，又于东堂听政。至于宴会，辄与群官论众务，考经籍。秘书监荀崧常谓人曰："怀帝天姿清劭，少著英猷，若遭承平，足为守文佳主。而遭惠帝扰乱之后，东海专政，无幽、厉之衅，而有流亡之祸。"

【笺注】

① 怀帝（284—313）：即司马炽，字丰度，司马炎第二十五子。兄弟相屠，存者三，怀其一。惠帝时立为皇太弟。惠帝崩，东海王越立炽为帝，并专政。其时匈奴贵族建立汉国，刘渊、刘聪相继为帝，迭次派兵略晋。永嘉五年（311）六月，刘曜攻陷洛阳，俘送帝于平阳。刘聪以帝为左光禄大夫，封平阿公。后二年，聪大宴群臣，命帝著青衣行酒，旋被害。谥曰怀。

怀帝永嘉五年（汉刘聪嘉平元年）（311）

108. 怀帝陷于平阳①，刘聪加帝开府仪同三司②、会稽郡公，引帝入宴，谓帝曰："卿为豫章王时，朕与王武子俱造卿③，武子称朕于卿，卿言'闻名久矣'。卿以所作乐府示朕，曰：'刘君，闻君善词赋，试为看也。'朕与武子俱为《盛德颂》，卿称善者久之。又引朕射于皇堂，朕得十二筹，卿与武子俱得九筹，卿又赠朕柘弓、银砚。卿颇忆否？"帝曰："安敢忘之，恨尔日不得早识龙颜。"聪曰："卿家骨肉何相残之甚耶？"帝曰："此殆非人事，皇天意也。大汉将兴，应乾受历，故为陛下自相驱耳。且臣家若能奉武皇帝之业，九族敦睦，陛下何由得之?"聪甚有喜色。

【校记】

本条据《太平御览》卷五百八十八《文部四·颂》引《晋春秋》校定。 本条不见于汤本，乃黄本所辑，以"晋怀帝"为目，并尾注"案诸书引孙盛《晋阳秋》亦有作《晋春秋》者，故两存之"数语。按前人著史，于史料辗转沿用司空见惯，"两存"之言似可认同。 又黄本于"乐府"后多一"文"字，"相残之甚"后无"耶"字，于"十三筹"、"九筹"讹"筹"为"等"，皆据《御览》原文径改。

【史补】

(1)《资治通鉴》曰：汉主聪使前军大将军呼延晏将兵二万七千寇洛阳，比及河南④，晋兵前后十二败，死者三万余人。始安王曜⑤、王弥⑥、石勒皆引兵会之⑦，未至，晏留辎重于张方故垒⑧；癸未，先至洛阳；甲申，攻平昌门⑨；丙戌，克之，遂焚东阳门及诸府寺。六月，丁亥朔，晏以外继不至，俘掠而去。帝具舟于洛水，将东走，晏尽焚之。庚寅，荀籓及弟光禄大夫组奔辕辕⑩。辛卯，王弥至宣阳门⑪；壬辰，始安王曜至西明门；丁酉，王弥、呼延晏克宣阳门，入南宫，升太极前殿，纵兵大掠，悉收宫人、珍宝。帝出华林园门，欲奔长安，汉兵追执之，幽于端门。曜自西明门入屯武库。戊戌，曜杀太子诠、吴孝王晏、竟陵王楙、右仆射曹馥、尚书闾丘冲、河南尹刘默等，士民死者三万余人。遂发掘诸陵，焚宫庙、官府皆尽。曜纳惠帝羊皇后，迁帝及六玺于平阳。

丁未，汉主聪大赦，改元嘉平。以帝为特进左光禄大夫，封平阿公⑫。(卷八十七《晋纪九·怀帝永嘉五年》)

(2)〔明〕丘濬论怀帝被执贻中国之羞曰：辛未，晋永嘉五年。夏，六月，刘聪兵陷洛阳弑太子诠，掘诸陵，焚宫庙。刘曜烝羊后。晋主炽迁于平阳，刘聪称炽为光禄大夫、平阿公。

此中国帝王为夷狄所执之始。呜呼！堂堂中国帝王，为天地人物之主，乃为胡虏所执，官以光禄大夫，封以平阿公，恬然受之而不知君死社稷之义，其为中国之羞也甚矣！书之于册，垂戒万世。（《世史正纲》卷十一《晋世史》）

（3）〔清〕王夫之论晋亡百官无死节者曰：刘聪陷洛阳，执怀帝，百官无一死者。呜呼！若此之流而可责以仗节死义之道乎！洛阳之困危也，周馥请幸寿春而不听，苟晞请幸仓垣而不果，迨其后欲出而不能，悲哉！帝将迁而公卿止之，为之辞曰：效死以守社稷也。乃若其情，则有二焉：弗能固守而依于所迁，则迁寿春而周馥为公辅矣，迁仓垣则苟晞为公辅矣，从迁之臣弗能据尊荣也，此一情也。久宦于洛，而治室庐、置田园、具器服、联姻戚，将欲往而徘徊四顾，弗能捐割，此又情也。故《盘庚》曰："无总于货宝，生生自庸。"总其心于田庐器服之中，仰不知有君，俯不知有躯命，故曰：若此之流，恶可责以仗节死义乎！（《读通鉴论》卷十二《怀帝四》）

【笺注】

①平阳：古邑、县名。相传尧都于此。春秋时为晋羊舌氏邑，后置县。治今山西临汾西南。十六国时为汉刘渊国都。隋初改名临汾，迄于今。

②刘聪（？—318）：一名载，字玄明。匈奴族。十六国时汉开国君主刘渊第四子，公元310年渊死，聪杀兄和夺取帝位。公元310—318年在位。在位期间穷兵黩武，派刘曜等攻破洛阳、长安，先后俘晋怀、愍二帝，并鸩杀怀帝。在位期间，骄奢淫暴，杀戮无已，广建宫室，沉溺酒色。卒谥昭武，庙号烈宗。

③王武子：即王济，字武子。大将军王浑次子，司马炎之婿。少有逸才，风姿英爽，好弓马，勇力绝人，善《易》及《庄》、《老》，文词俊茂，有名当世。而性豪侈，丽服玉食。《晋书·王济传》："帝尝幸其宅，供馔甚丰，悉贮琉璃器中。蒸肫甚美，帝问其故，答曰：'以人乳蒸之。'帝色甚不平，食未毕而去。"

④胡注："河南县，属河南尹，周东都王城郏鄏也。"

⑤始安王曜：即刘曜，字永明。刘渊侄。匈奴族。晋永嘉二年（308），渊称帝，以曜为龙骧大将军，封始安王。后为征讨大都督、领单于左辅。刘聪即位，命曜等攻洛阳，败晋将裴邈，大掠于梁、陈、汝、颍间。次年，与呼延晏等攻陷洛阳。后为前

赵国君,公元318—329年在位。

⑥ 王弥:时为汉主刘聪征东大将军。攻陷洛阳后不久,为石勒所杀。

⑦ 石勒(274—333):字世龙。羯族。幼为人力耕,二十多岁被晋官吏卖到山东为耕奴,因与汲桑等聚众起义,作战勇敢,屡为前锋。永嘉元年(307)投归汉王刘渊,为辅汉将军,封平晋王,历迁镇东、安东大将军。刘聪即位,为征东大将军。晋太兴二年(319)称赵王,旋杀刘曜称帝,史称后赵,公元319—333年在位。

⑧ 胡注:"张方故垒在洛阳西七里。"

⑨ 胡注:"平昌门,洛城南面东头第一门。"

⑩ 轘辕:山名。《左传》襄公二十一年:"晋栾盈出奔楚。过于周,周西鄙略之。王使司徒禁略栾氏者归所敢焉。使候出诸轘辕。"《元和郡县志》:"轘辕山,山路险阻,十二曲道,将近复回,故曰轘辕。"古又称轘辕道,为今河南洛、偃通汝、颖、襄之捷径,历代兵家必争和控守之要地。

⑪ 胡注:"宣阳门,洛城南面东来第四门,亦谓之谇门。"

⑫ 胡注:"《考异》曰:《帝纪》:'聪以帝为会稽公。'《载记》、《三十国春秋》:'明年二月,乃封帝会稽公。'盖先封平阿,后进会稽。《帝纪》阙略,今从诸书。"

109. 初,刘琨① 知轶② 必败,谓其自取之也。

【校记】

本条据《世说新语·识鉴篇》注引《汉晋春秋》校定。 汤本所补背景文字为"永嘉五年,琅邪王睿击华轶,斩之"。 黄本以"华轶"为目。

【史补】

(1)《资治通鉴》曰:时海内大乱,独江东差安,中国士民避乱者多南渡江。镇东司马王导说琅邪王睿③,收其贤俊,与之共事。睿从之,辟掾属百余人,时人谓之百六掾。以前颍川太守勃海刁协为军谘祭酒,前东海太守王承、广陵相卞壶为从事中郎,江宁令诸葛恢、历阳参军陈国陈頵为行参军,前太傅掾庾亮为西曹掾。

江州刺史华轶,歆之曾孙也,自以受朝廷之命而为琅邪王睿所督,多不受其教令。郡县多谏之，轶曰："吾欲见诏书耳。"及睿承荀藩檄，承制署置官司，改易长吏，轶与豫州刺史裴宪皆不从命。睿遣扬州刺史王敦、历阳内史甘卓与扬烈将军庐江周访合兵击轶。轶兵败，奔安成，访追斩之，及其五子。（卷八十七《晋纪九·怀帝永嘉五年》）

【笺注】

①刘琨：(271—318)：字越石，中山魏昌（今河北无极）人。年二十六，为司隶从事。先后为高密王泰、赵王伦、齐王冏、范阳王虓所用。以迎惠帝功，封广武侯。永嘉中为并州刺史。愍帝时，拜大将军、司空、都督并冀幽三州诸军事。元帝称制江左，琨遣长史温峤上表劝进，因拜侍中、太尉。琨忠于晋室，长期坚守并州，抗御刘聪、石勒，深得众心。但性豪奢，不能弘经略，驾豪杰，终为聪、勒所败。后投幽州刺史鲜卑段匹磾，因人离间，竟被害。《晋书·刘琨传》："琨少负志气，有纵横之才，善交胜己，而颇浮夸。与范阳祖逖为友，闻逖被用，与亲故书曰：'吾枕戈待旦，志枭逆虏，常恐祖生先吾著鞭。'其意气相期如此。在晋阳，常为胡骑所围数重，城中窘迫无计，琨乃乘月登楼清啸，贼闻之，皆凄然长叹。中夜奏胡笳，贼又流涕歔欷，有怀土之切。向晓复吹之，贼并弃围而走。"琨善文学，通音律。有明人辑《刘越石集》传世。

②轶：谓华轶，字彦夏，魏司徒华歆曾孙。少有才气，闻于当世。初为博士，累迁散骑常侍。东海王越牧兖州，引为留府长史。永嘉中，历振威将军、江州刺史。时天子孤危，四方瓦解，轶有匡天下之志，不失臣节。洛阳沦陷，琅邪王睿被推为盟主，既而承制改易长吏，轶不从命，睿遣军讨之，兵败被杀。《世说新语·识鉴第七》："刘越石云：华彦夏识能不足，强果有余。"

③琅邪王睿：即司马睿，字景文。司马懿曾孙。惠帝末，累迁安东将军、都督扬州诸军事。永嘉中，加镇东大将军、开府仪同三司。怀帝蒙尘，他被推为盟主。愍帝时，进位丞相、大都督中外诸军事。建兴四年（317）十一月，愍帝蒙尘。次年三月，睿承制改元，称晋王于建康。又次年三月，愍帝凶问至，始即皇帝位，是为晋元帝。

愍　帝

【史补】

《晋书·愍帝纪》曰：愍帝之继皇统也①，属永嘉之乱，天下崩离，长安城中户不盈百，墙宇颓毁，蒿棘成林。朝廷无车马章服，唯桑版署号而已。众唯一旅，公私有车四乘，器械多阙，运馈不继。巨猾滔天，帝京危急，诸侯无释位之志，征、镇阙勤王之举，故君臣窘迫，以至杀辱云。

【笺注】

①愍帝：即司马邺（300—318），字彦旗，司马炎之孙，怀帝之侄。公元313—317年在位。刘曜陷洛阳，怀帝被掳，司马邺出逃长安，被拥立为太子。怀帝死讯传来，立为帝。建兴四年（317）冬，刘曜攻占长安，被俘至平阳，不久被害。谥曰愍。西晋亡。

愍帝建兴三年（汉刘聪建元元年）（315）

110.初，王夷甫言东海王越①，转王敦为扬州②。潘滔初为太傅长史③，言于太傅曰："王处仲蜂目已露，豺声未发。今树之江外，肆其豪强之心，是贼之也。"

【校记】

本条据《世说新语·识鉴篇》注引《汉晋春秋》校定。　汤本所补背景文字为"建兴三年，丞相睿加王敦都督江、扬等州军，而敦潜畜异志矣"。　黄本以"王敦"为目。　《太平御览》卷三百八十八《人事部二十九·声》引《汉晋春秋》作"王敦为扬州刺史，潘滔曰：'处仲蜂目已露，但豺声未发，今树之江外，是见贼也'，仅三十字。　黄本于"潘滔"失一"滔"字，于"豺声未发"前多一"但"字；而于尾注有"《御览》三百八十八引王敦为荆州刺史"及"滔讹作涛，仲讹作冲"等语，不知更据何本。

【史补】

（1）《世说新语·识鉴第七》曰：潘阳仲见王敦小时，谓曰："君蜂目已露，但豺声未振耳。必能食人，亦当为人所食。"④《晋阳秋》曰："潘滔字阳仲，荥阳人，太常尼从子也。有文学才识。永嘉末，为河南尹，遇害。"《汉晋春秋》云云。《晋阳秋》曰："敦为太子舍人，与滔同僚，故有此言。"习、孙二说，便小迁异⑤。《春秋传》曰："楚令尹子上谓世子商臣：蜂目而豺声，忍人也。"⑥

【笺注】

①东海王越：即司马越，字元超，高密王泰次子。讨杨骏有功，封东海王。永康初，为中书令，徙侍中，迁司空，领中书监，后加尚书令。光熙元年（306）八月，以太傅录尚书事，独揽朝政。永嘉初，领兖州牧，督六州。越恐清河王覃终为储副，矫诏害之。又自领豫州牧。专擅威权，图为霸业，朝贤名将，充于己府，不臣之迹，四海所知，祸结衅深，遂忧惧成疾。永嘉五年卒。

②潘滔：字阳仲，荥阳人。初为愍怀太子洗马，东海王越引为心腹，与刘舆、裴邈合称"越府三才"。历迁黄门侍郎、散骑常侍。及越专朝政，曾劝其悉诛尚书何绥等。永嘉四年（310），为河南尹，惠帝恶越专权，与苟晞联结，五年，晞陈越罪状，表请杀滔，滔闻讯夜遁，得免。

③王敦（266—324）：字处仲，琅邪临沂（今山东临沂北）人。王导堂兄，王衍族弟。《晋书·王敦传》："敦少有奇人之目，尚武帝女襄城公主，拜驸马都尉，除太子舍人。时王恺、石崇以豪侈相尚，恺尝置酒，敦与导俱在坐，有女伎吹笛小失声韵，恺便驱杀之，一坐改容，敦神色自若。他日，又造恺，恺使美人行酒，以客饮不尽，辄杀之。酒至敦、导所，敦故不肯持，美人悲惧失色，而敦傲然不视。导素不能饮，恐行酒者得罪，遂勉强尽觞。导还，叹曰：'处仲若当世，心怀刚忍，非令终也。'"后历迁黄门侍郎、散骑常侍、左卫将军、侍中等职，出为青州刺史。永嘉初，征为中书监。东海王越自荥阳来朝，以敦为扬州刺史，潘滔说越曰云云。元帝镇江东，敦与导同心翼戴，以隆中兴，时人为之语曰："王与马，共天下。"进征南大将军，拜侍中、江州牧。敦既得志，遂欲专制朝廷，帝畏恶之。永昌元年（322），敦起兵谋夺政权，两年后病死军中。

④余嘉锡《世说新语笺疏》引李详案："《汉书·王莽传》：有用方技待诏黄门者，或问以莽形貌。待诏曰：'莽所谓鸱目虎吻，豺狼之声者也。故能食人，亦当为人所食。'阳仲之语本此。"

⑤《世说新语笺疏》引程炎震云："如习说，则在惠帝末；如孙说，则在惠帝初。皆非王敦小时。孝标此注，盖隐以规正本文，今《晋书》则从孙说。"

⑥《左传·文公元年》："楚子将以商臣为太子，访诸令尹子上。子上曰：'是人也，蜂目而豺声，忍人也，不可立也。'弗听。"后楚王竟死于商臣之手。

愍帝建兴四年（汉刘聪麟嘉元年）（316）

111. 愍帝在长安，为刘粲①所攻，粮尽，太仓有曲数十饼，屑之为粥，以供奉帝。曲屑尽，遂降。（《御览》八百五十三）

【校记】

本条据《太平御览》卷八百五十四《饮食部十一·曲蘗》引《汉晋春秋》校定。　汤本所补背景文字为"建兴三年"四字，误；当为四年。　黄本以"晋愍帝"为目，尾注有"《书钞》一百四十七又二十一引曲屑为粥"数字。查《北堂书钞》卷二十一《帝王部·失政》有"曲屑为粥"条，卷一百四十七则不见相关引文。

【史补】

（1）《晋书·愍帝纪》曰：建兴四年八月，刘曜逼京师，内外断绝，镇西将军焦嵩、平东将军宋哲、始平太守竺恢等同赴国难，麹允与公卿守长安小城以自固②，散骑常侍华辑监京兆、冯翊、弘农、上洛四郡兵东屯霸上，镇军将军胡崧帅城西诸郡兵屯遮马桥，并不敢进。冬十月，京师饥甚，米斗金二两，人相食，死者太半。太仓有麹数十饼，麹允屑为粥以供帝，至是复尽。帝泣谓允曰："今窘厄如此，外无救援，死于社稷，是朕事也。然念将士暴离斯酷，今欲闻城未陷为羞死之事，庶令黎元免屠烂之苦。行矣遣书，朕意决矣。"十一月乙未，使侍中宋敞送笺于曜，帝乘羊车，肉袒衔璧，舆榇出降。群臣号泣攀车，执帝之手，帝亦悲不自胜。御史中丞吉朗自杀。曜焚榇受璧，使宋敞奉帝还宫。辛丑，帝蒙尘于平阳，麹允及群官并从。刘聪假帝光禄大夫、怀安侯。壬寅，聪临殿，帝稽首于前，麹允伏地恸哭，因自杀。尚书梁允、侍中梁濬、散骑常侍严敦、左丞臧振、黄门侍郎任播、张伟、杜曼及诸郡守并为曜所害。

五年春正月，帝在平阳。冬十月丙子，日有蚀之。刘聪出猎，令帝行车骑将军，戎服执戟为导，百姓聚而观之，故老或歔欷流涕，聪闻而恶之。聪后因大会，使帝行酒洗爵，反而更衣，又使帝执盖，晋臣在坐者多失声而泣，尚书郎辛宾抱帝恸哭，为聪所害③。十二月戊戌，帝遇弑，崩于平阳，时年十八。

(2)〔宋〕胡寅论西晋之速亡曰：干宝论晋之兴亡，其略曰："宣帝雄才硕量，知人善采拔。世祖仁俭宽和，民乐其生。武皇既崩，变难继起，戎羯称制，二帝失尊，何哉？树立失权，托付非才，四维不张，而苟且之政多也。"愚以谓自古有天下者，非有大德以庇生民，则有大功以平祸乱，植根深则枝叶茂，施济厚则享报长，理不可诬也。秦之窥周，意在并吞，厉将东鹜，纯尚智力，未及平定，而社稷为吕姓所有。吕又甚焉，其亡立至，宜矣。西汉、东京之起，虽异乎三王，然有大功于天下，去其贼害，而兴其便利，深仁厚泽，固结于民，是以延祚皆二百年。若魏、晋初心，岂为拯民涂炭而涵养之哉？乘人衰微，规掩夺之，以济其所大欲而已。间有善政仁术，其所取数于智力刑法之中，亦十有一焉尔矣。司马懿阴贼狡险，师、昭前人是似，废二君，弑一君，此三君者，非以暴虐失道闻于四海，有"及汝皆亡"之怨也。以是得国，基既不坚，武帝承平，又无远略，荒耽声色，崇信奸回，风俗尚虚无，士夫贱名检，廉耻道丧，贿赂公行，以此欲保邦而长世，是犹纵酒多欲，无谷米药石之奉以祈长年也，岂不远哉！《老子》曰："佳兵者，不详之器，其事好还。"佳兵者，善用之言也。司马懿为魏上将，征伐四克，意实图曹，以自封殖，一念之力，倚伏在焉，师、昭肆凶，遂为篡逆，逮天之定，靡人不胜。惠帝之昏愚无似，政非己出，皇后、太子，四废五复，亦足以报仲达之专制曹氏乎？怀帝天资清劭，过匿不彰，而为刘汉所禽，俾着青衣，侍宴行酒，亦足以报邵陵夺玺之愤乎？愍帝仅得虚名，服廪不给，荐被围困，舆榇出降，蒲伏汉庭，洗爵执盖，亦足以报高贵乡公堕车之痛乎？彼其劳心思，逞狙诈，怙恃甲兵，控勒纵舍，无不如志，曾不数十年，骨肉相残，剪命胡虏，如反覆手，其事好还，讵不信夫！而世之乱臣贼子，妄心逆节，曾不是惩，方且笑王季、文王积德累仁，非义不取之为迂阔也，则亦未如之何矣！（《读史管见》卷七《晋纪·愍帝建兴四年》）

（3）〔元〕胡一桂论西晋之亡曰：陈同父曰：礼义廉耻，为国四维；四维不张，国乃灭亡。古之圣人所以正天下之风俗而建万世之长策者，莫先于此。夫何晋武帝顾昧然而弗察也？且自何晏等以庄老之学为宗，而虚无之论盈于朝野，士风不美，莫此为甚，帝惟坐视而莫之革，故其后王衍、乐广以清谈取重于世，而王澄、阮咸之徒又皆以任放为达，一时士大夫遂至于乐浮诞而废职业，于是裴颁崇有之论作矣。自王濬平吴与王浑争功不已，同列相逊之义已不复见，帝惟容恕而不之问，故其后悠悠风尘，皆奔竞之士，列官千百，无退逊之举，于是刘实崇逊之论作矣。自何曾忕侈无度，奉养过于人主，侈靡之风已见于此，其后王琇、王澄、石崇竞以奢侈相高，帝又从而助之，凡可以求胜者彼亦何所求而不为也，于是傅咸崇俭之书上矣。自杜预饷遗洛中贵要以求免祸，贪墨之风已见于此，其后贾、郭用事，货赂公行，于是鲁褒钱神之论作矣，则凡可以贿成者盖无所不至也。夫谈者以浮诞为高而贱名，检士者以奔竞为务而乏退逊，拥高资者以侈靡相夸而鲜节俭，居大官者以贪墨成风而寡清洁，毁誉乱于善恶之真情，懋奔于货欲之途。礼、义、廉、耻于兹扫地，天下大物亦何恃而能久哉！昔人有言："国之将亡，本必先颠"，岂西晋之谓乎？噫！至此而后，知四维有系于国家也为大。西晋自武至愍，共四帝，通五十二年。（《史纂通要》卷十《西晋》）

（4）〔明〕彭孙贻论西晋之亡曰：晋室之坏，因于守成非人。诸王弄兵，削弱帝室，戎狄以之生心，扑灭不早，遂生乱阶。怀、愍虽无失德，皆乏雄材；苟使辅弼得人，亦可驱策群力。在帝左右，无一英豪，二胡之

来如振槁，不亦悲哉！（《茗香堂史论》卷一《晋书》）

（5）〔清〕尤侗评西晋之亡曰：晋自武帝一传，惠帝憨呆，愍、怀枉杀。怀、愍被虏，赵、齐、长沙、成都、河间、东海、南阳，同室操戈，自相夷灭，至石勒破洛阳，宗室四十八王，一时同尽。此三马之报也。（《看鉴偶评》卷三）

【笺注】

① 刘粲：字士光，刘聪之子。匈奴族。汉光兴元年（310），刘聪即位，以粲为河内王，抚军大将军，都督中外诸军事。明年，粲与刘曜、石勒等陷洛阳。汉嘉平四年（314），迁粲为丞相，领大将军，录尚书事，晋封晋王。旋再迁相国、大单于，总百揆。汉麟嘉元年（316），与刘曜等陷长安。两年后，聪死，粲即位，三个月后被靳准所杀。谥曰隐。

② 麴允：金城（今甘肃兰州）人，陇西豪族。怀帝时为安夷护军、始平太守。洛阳沦陷，任雍州刺史。愍帝即位，为尚书左仆射、领军、持节、西戎校尉、录尚书事，雍州如故。旋为大都督、骠骑将军。

③ 《通鉴》胡注："使之执戟前导，使之行酒洗爵，使之执盖，所以屈辱之至此极矣！戎狄狡计，正以此观晋旧臣及遗黎之心也。"（《通鉴胡注表微·民心篇》）曰："刘渊父子虽匈奴，自谓同化于汉，其灭晋也，自诡于政治革命，而非蛮夷滑夏也。岂知中国人心未死，晋犹能偏安者百年。"

衍 文

112. 翼风仪美劭①，才能丰赡，少有经纬大略。及继兄亮居方州之任②，有匡维内外，扫荡群凶之志。是时杜乂、殷浩诸人盛名冠世③，翼未之贵也，常曰："此辈宜束之高阁，俟天下清定，然后议其所仕耳！"其意气如此。唯与桓温友善，相期以宁济宇宙之事④。初，翼辄发所部奴及车马万数，率大军入沔，将谋伐狄，遂次于襄阳。

【校记】

本条据《世说新语·豪爽篇》注引《汉晋春秋》校定。鉴于本条内容已超出《汉晋春秋》纪事"迄于愍帝"下限,而刘孝标注又确然无疑,汤、黄本亦皆辑之。考晋人著史多用自注,或补叙前事,或缀述后人,或交代细节等,以使人物、事件的记述相对集中、完整,本条佚文或即习氏自注。辑录古人佚书,宁存以备考,勿因疑轻弃,故姑以"衍文"存之。 汤本"居方州之任"后有小注"建元元年,庾翼移镇襄阳"数字。 黄本以"庾翼"为目,于"万数"作"数万"。

【史补】

(1)《世说新语》曰:庾稚恭既常有中原之志,文康时⑤,权重未在己;及季坚作相⑥,忌兵畏祸,与稚恭历同异者久之,乃果行。倾荆、汉之力,穷舟车之势,师次于襄阳⑦,大会参佐,陈其旌甲,亲援弧矢曰:"我之此行,若此射矣。"遂三起三叠。徒众瞩目,其气百倍。(卷中《豪爽第十三》)

【笺注】

① 庾翼(305—345):字稚恭,颍川鄢陵(今河南鄢陵)人。庾亮弟。初为太尉陶侃府参军,累迁南蛮校尉,领南郡太守,赐爵都亭侯。亮卒,代镇武昌,任都督江、荆、司、雍、梁、益六州诸军事、安西将军、荆州刺史、假节。翼雅有大志,欲以灭胡平蜀为己任。康帝即位,翼欲率众北伐,已并发所统六州奴及车牛驴马,移屯襄阳,而举朝谓之不可,唯其兄庾冰及桓温等数人赞成。又进征西将军,领南蛮校尉。后因康帝及兄冰卒,以家国情事,乃还镇夏口,旋又还督江州。不久病卒,年四十一。追赠车骑将军,谥曰肃。

② 庾亮(289—340):字元规。颍川鄢陵(今河南鄢陵)人。妹为明帝皇后。好《庄》《老》,善谈论,风格峻整,动由礼节。历仕元、明、成三帝。太宁元年(325)与王导等辅立成帝,以中书令执政。苏峻之乱,亮与温峤共推荆州刺史陶侃为盟主,乱平,乃求外镇自效,出为持节、都督豫州扬州之江西宣城诸军事、平西将军、假节、豫州刺史。咸和九年(334)侃卒,亮迁都督江、荆、豫、益、梁、雍六州诸军事,领江、荆、豫三州刺史,进号征西将军、假节,移镇武昌。时石勒新死,亮谋北

伐中原，未及大举已败，忧愤发疾而卒。追赠太尉，谥曰文康。初，亮所乘马有的颅，殷浩以为不利于主，劝亮卖之。亮曰："岂有己之不安而移之于人！"浩惭而退。初，亮在武昌，诸佐吏殷浩之徒，乘秋夜往共登南楼，俄而不觉亮至，诸人将起避之。亮徐曰："诸君少住，老子于此处兴复不浅。"便据胡床与浩等谈咏竟坐。其坦率行己，多此类。

③杜乂：字弘理，京兆杜陵（今陕西西安）人。杜预之孙，女为成帝皇后。性纯和，美姿容，有盛名于江左。王羲之见而目之曰："肤若凝脂，眼如点漆，此神仙人也。"桓彝亦曰："卫玠神清，杜乂形清。"早卒。司徒蔡谟甚器重乂，尝言于朝曰："恨诸君不见杜乂也。"其为名流所重如此。　殷浩：字渊源，陈郡长平（今河南西华东北）人。弱冠有美名。善玄言，好《老》、《易》，为风流谈论者所宗。后官至都督扬、豫、徐、兖、青五州军事，统兵北征，军败，废为庶人。卒后追复本官。

④《晋书·庾翼传》："翼字稚恭。风仪秀伟，少有经纬大略。京兆杜乂、陈郡殷浩并才名冠世，而翼弗之重也，每语人曰：'此辈宜束之高阁，俟天下太平，然后议其任耳。'见桓温总角之中，便期之以远略，因言于成帝曰：'桓温有英雄之才，愿陛下勿以常人遇之，常婿畜之，宜委以方邵之任，必有弘济艰难之勋。'"

⑤文康：庾亮谥文康。

⑥季坚：庾冰（296—344）字季坚。庾亮之弟，庾翼之兄。丞相王导卒，冰以中书监、扬州刺史、都督扬豫兖三州军事、征虏将军、假节，掌朝权。时有贤相之称。进号左将军。康帝即位，进车骑将军。冰惧权盛，乃求外出。会弟翼当伐石季龙，于是以本号除都督江荆宁益梁交广七州豫州之四郡军事、领江州刺史、假节，镇武昌，以为翼援。卒时年四十九。赠侍中、司空，谥曰忠成。

⑦刘孝标注：《翼别传》曰："翼为荆州，雅有大志，每以门第威重，兄弟宠授，不陈力竭诚，何以报国。虽蜀阻险塞，胡负凶力，然皆无道酷虐，易可乘灭。当此时，不能扫除二寇，以复王业，非丈夫也。于是征役三州，悉其帑实，成众五万，兼率荒附，治戎大举，直指魏、赵，军次襄阳，耀威汉北也。"

附　录

一、晋书·习凿齿传

习凿齿字彦威，襄阳人也。宗族富盛，世为乡豪。凿齿少有志气，博学洽闻，以文笔著称。荆州刺史桓温辟为从事，江夏相袁乔深器之，数称其才于温，转西曹主簿，亲遇隆密。

时温有大志，追蜀人知天文者至，夜执手问国家祚运修短。答曰："世祚方永。"温疑其难言，乃饰辞云："如君言，岂独吾福，乃苍生之幸。然今日之语自可令尽，必有小小厄运，亦宜说之。"星人曰："太微、紫微、文昌三宫气候如此，决无忧虞。至五十年外不论耳。"温不悦，乃止。异日，送绢一匹、钱五千文以与之。星人乃驰诣凿齿曰："家在益州，被命远下，今受旨自裁，无由致其骸骨。缘君仁厚，乞为标碣棺木耳。"凿齿问其故，星人曰："赐绢一匹，令仆自裁，惠钱五千，以买棺耳。"凿齿曰："君几误死！君尝闻干知星宿有不覆之义乎？此以绢戏君，以钱供道中资，是听君去耳。"星人大喜，明便诣温别。温问去意，以凿齿言答。温笑曰："凿齿忧君误死，君定是误活。然徒三十年看儒书，不如一诣习主簿。"

累迁别驾。温出征伐，凿齿或从或守，所在任职，每处机要，莅事有绩，善尺牍论议，温甚器遇之。时清谈文章之士韩伯、伏滔等并相友善，后使至京师，简文亦雅重焉。既还，温问："相王何似？"答曰："生平所未见。"以此大忤温旨，左迁户曹参军。时有桑门释道安，俊辩有高才，自北至荆州，与凿齿初相见。道安曰："弥天释道安。"凿齿曰："四海习凿齿。"时人以为佳对。

初，凿齿与其二舅罗崇、罗友俱为州从事。及迁别驾，以坐越舅右，屡经陈请。温后激怒既盛，乃超拔其二舅，相继为襄阳都督，出凿齿为荥阳太守。

温弟祕亦有才气，素与凿齿相亲善。凿齿既罢郡归，与祕书曰：

吾以去五月三日来达襄阳，触目悲感，略无欢情，痛恻之事，故非书言之所能具也。每定省家舅，从北门入，西望隆中，想卧龙之吟；东眺白沙，思凤雏之声；北临樊墟，存邓老之高；南眷城邑，怀羊公之风；纵目檀溪，念崔、徐之友；肆睇鱼梁，追二德之远，未尝不徘徊移日，惆怅极多，抚乘踌躇，慨尔而泣。曰若乃魏武之所置酒，孙坚之所殒毙，裴、杜之故居，繁、王之旧宅，遗事犹存，星列满目。璨璨常流，碌碌凡士，焉足以感其方寸哉！

夫芬芳起于椒兰，清响生乎琳琅。命世而作佐者，必垂可大之余风；高尚而迈德者，必有明胜之遗事。若向八君子者，千载犹使义想其为人，况相去之不远乎！彼一时也，此一时也，焉知今日之才不如畴辰，百年之后，吾与足下不并为景升乎！

其风期俊迈如此。

是时温觊觎非望，凿齿在郡，著《汉晋春秋》以裁正之。起汉光武，终于晋愍帝。于三国之时，蜀以宗室为正，魏虽受汉禅晋，尚为篡逆，至文帝平蜀，乃为汉亡而晋始兴焉。引世祖讳炎兴而为禅受，明天心不可以势力强也。凡五十四卷。后以脚疾，遂废于里巷。

及襄阳陷于苻坚，坚素闻其名，与道安俱舆而致焉。既见，与语，大悦之，赐遗甚厚。又以其蹇疾，与诸镇书："昔晋氏平吴，利在二陆；今破汉南，获士裁一人有半耳。"俄以疾归襄阳。寻而襄邓反正，朝廷欲征凿齿，使典国史，会卒，不果。临终上疏曰：

臣每谓皇晋宜越魏继汉，不应以魏后为三恪。而身微官卑，无由上达，怀抱愚情，三十余年。今沈沦重疾，性命难保，遂尝怀此，当与之朽烂，区区之情，切所悼惜，谨力疾著论一篇，写上如左。愿陛下考寻古义，求经常之表，超然远览，不以臣微贱废其所言。论曰：

或问："魏武帝功盖中夏，文帝受禅于汉，而吾子谓汉终有晋，岂实理乎？且魏之见废，晋道亦病，晋之臣子宁可以同此言哉！"

答曰："此乃所以尊晋也。但绝节赴曲，非常耳所悲，见殊心异，虽奇莫察，请为子言焉。

"昔汉氏失御，九州残隔，三国乘间，鼎峙数世，干戈日寻，流血百载，虽各有偏平，而其实乱也。宣皇帝势逼当年，力制魏氏，蠖屈从时，遂羁戎役，晦明掩耀，龙潜下位，俯首重足，鞠躬屏息，道有不容之难，躬蹈履霜之险，可谓危矣！魏武既亡，大难获免，始南擒孟达，东荡海隅，西抑劲蜀，旋抚诸夏，摧吴人入侵之锋，扫曹爽见忌之党，植灵根以跨中岳，树群才以翼子弟，命世之志既恢，非常之业亦固。景、文继之，灵武冠世，克伐贰违，以定厥庸，席卷梁益，奄征西极，功格皇天，勋侔古烈，丰规显祚，故以灼如也。至于武皇，遂并强吴，混一宇宙，义清四海，同轨二汉。除三国之大害，静汉末之交争，开九域之蒙晦，定千载之盛功者，皆司马氏也。而推魏继汉，以晋承魏，比义唐虞，自托纯臣，岂不惜哉！

"今若以魏有代王之德，则其道不足；有静乱之功，则孙刘鼎立。道不足则不可谓制当年，当年不制于魏，则魏未曾为天下之主；王道不足于曹，则曹未始为一日之王矣。昔共工伯有九州，秦政奄平区夏，鞭挞华戎，专总六合，犹不见序于帝王，沦没于战国，何况暂制数州之人，威行境内而已，便可推为一代者乎！

"若以晋尝事魏，惧伤皇德，拘惜禅名，谓不可割，则惑之甚者也。何者？隗嚣据陇，公孙帝蜀，蜀陇之人虽服其役，取之大义，于彼何有！且吴楚僭号，周室未亡，子文、延陵不见贬绝。宣皇帝官魏，逼于性命，举非择木，何亏德美，禅代之义，不同尧舜，校实定名，必彰于后，人各有心，事胡可掩！定空虚之魏以屈于己，孰若杖义而以贬魏哉！夫命世之人正情遇物，假之际会，必兼义勇。宣皇祖考立功于汉，世笃尔劳，思报亦深。魏武超越，志在倾主，德不素积，义险冰薄，宣帝与之，情将何重！虽形屈当年，意申百世，降心全己，愤慨于下，非道服北面，有纯臣之节，毕命曹氏，忘济世之功者也。

"夫成业者系于所为，不系所藉；立功者言其所济，不言所起。是故汉高禀命于怀王，刘氏乘毙于亡秦，超二伪以远嗣，不论近而计功，考五德于帝典，不疑道于力政，季无承楚之号，汉有继周之业，取之既美，而己德亦重故也。凡天下事有可借喻于古以晓于今，定之往昔而足为来证者。当阳秋之时，吴楚二国皆僭号之王也，若使楚庄推鄢郢以尊有德，阖闾举三江以奉命世，命世之君、有德之主或藉之以应天，或抚之而光宅，彼必自系于周室，不推吴楚以为代明矣。况积勋累功，静乱宁众，数之所录，众之所与，不资于燕哙之授，不赖于因藉之力，长辔庙堂，吴蜀两毙，运奇二纪而平定天下，服魏武之所不能臣，荡累叶之所不能除者哉！

"自汉末鼎沸，五六十年，吴魏犯顺而强，蜀人杖正而弱，三家不能相一，万姓旷而无主。夫有定天下之大功，为天下之所推，孰如见推于暗人，受尊于微弱？配天而为帝，方驾于三代，岂比俯首于曹氏，侧足于不正？即情而恒实，取之而无惭，何与诡事而托伪，开乱于将来者乎？是故故旧之恩可封魏后，三恪之数不宜见列。以晋承汉，功实显然，正名当事，情体亦厌，又何为虚尊不正之魏而亏我道于大通哉！

"昔周人咏祖宗之德，追述篡商之功；仲尼明大孝之道，高称配天之义。然后稷勤于所职，聿来未以篡商，异于司马氏仕乎曹族，三祖之寓于魏世矣。且夫魏自君之道不正，则三祖臣魏之义未尽。义未尽，故假涂以运高略；道不正，故君臣之节有殊。然则弘道不以辅魏而无逆取之嫌，高拱不劳汗马而有静乱之功者，盖勋足以王四海，义可以登天位，虽我德惭于有周，而彼道异于殷商故也。

"今子不疑共工之不得列于帝王，不嫌汉之系周而不系秦，何至于一魏犹疑滞而不化哉！夫欲尊其君而不知推之于尧舜之道，欲重其国而反厝之于不胜之地，岂君子之高义！若犹未悟，请于是止矣。"

子辟强，才学有父风，位至骠骑从事中郎。

二、历代评述摘要

1.〔晋〕袁宏论魏冒揖让之名而无代王之德

袁宏撰《后汉纪》，不迄于曹丕篡汉之年，而以"明年，刘备自立为天子"终篇，用意或深焉。其论汉未必亡，则魏不可取曰：

"夫君位，万物之所重，王道之至公。所重在德，则弘济于仁义；至公无私，故变通极于代谢。是以古之圣人，知治乱盛衰有时而然也，故大建名教以统群生，本诸天人而深其关键。以德相传，则禅让之道也；暴极则变，则革代之义也。废兴取与，各有其会，因时观民，理尽而动，然后可以经纶丕业，弘贯千载。是以有德之兴，靡不由之。百姓与能，人鬼同谋，属于苍生之类未有不蒙其泽者也。其政化遗惠，施及子孙，微而复隆，替而复兴，岂无僻王赖前哲以免？及其亡也，刑罚淫滥，民不堪命，匹夫匹妇莫不憔悴于虐政，忠义之徒无由自效其诚，故天下嚣然，新主之望，由兹而言。君理既尽，虽庸夫得自绝于桀纣；暴虐未极，纵文王不得拟议于南面，其理然也。

"汉自桓、灵，君道陵迟；朝纲虽替，虐不及民。虽宦竖乘间，窃弄权柄，然人君威尊，未有大去王室，世之忠贤，皆有宁本之心。若诛而正之，使各率职，则二祖、明、章之业复陈乎目前，虽曰微弱，亦可辅之。时献帝幼冲，少遭凶乱，流离播越，罪不由己。故老后生，未有过也。其上者悲而思之，人怀匡复之志。故助汉者协从，背刘者众乖，此盖民未忘义，异乎秦汉之势。魏之讨乱，实因斯资，旌旗所指，则以伐罪为名；爵赏所加，则以辅顺为首。然则刘氏之德未泯，忠义之徒未尽，何言其亡也？汉苟未亡，则魏不可取。今以不可取之实，而冒揖让之名，因辅弼之功，而当代德之号，欲比德尧舜，岂不诬哉！"（《后汉纪·孝献皇帝纪第三十》）

2.〔南朝·宋〕刘义庆父子述习凿齿撰《汉晋春秋》之旨

刘义庆《世说新语》曰：习凿齿史才不常，宣武甚器之，未三十，便用为荆州治中。凿齿谢笺亦云："不遇明公，荆州老从事耳！"后至都见简文，返命，宣武问："见相王何如？"答云："一生不曾见此人。"从此忤旨，出为衡阳郡，性理遂错。于病中犹作《汉晋春秋》，品评卓逸。"刘孝标注：《续晋阳秋》曰："凿齿少而博学，才情秀逸，温甚奇之。自州从事，岁中三转，至治中。后以忤旨，左迁户曹参军、衡阳太守。在郡著《汉晋春秋》，斥温觊觎之心也。"凿齿集载其论，略曰："静汉末累世之交争，廓九域之蒙晦，大定千载之盛功者，皆司马氏也。若以魏有代王之德，则不足；有静乱之功，则孙、刘鼎立。共王、秦政犹不见叙于帝王，况暂制数州之众哉！且汉有系周之业，则晋无所承魏之迹矣。春秋之时，吴、楚称王，若推有德，彼必自系于周，不推吴、楚也。况长辔庙堂，吴、蜀两定，天下之功也。"（《世说新语》卷上《文学第四》）

3.〔唐〕刘知幾赞习凿齿《汉晋春秋》明顺逆之理

隋内史李德林著论，称陈寿蜀人，其撰《国志》，党蜀而抑魏。刊之国史，以为格言。案曹公之创王业也，贼杀母后，幽逼主上，罪百田常，祸千王莽。文帝临戎不武，为国好奢，忍害贤良，疏忌骨肉。而寿评皆依违其事，无所措言。刘主地居汉宗，仗顺而起，夷险不挠，终始无瑕。方诸帝王，可比少康、光武；譬以侯伯，宜辈秦缪、楚庄。而寿评抑其所长，攻其所短。是则以魏为正朔之国，典午攸承；蜀乃僭伪之君，中朝所嫉。故曲称曹美，而虚说刘非，安有背曹而向刘，疏魏而亲蜀也？夫无其文而有其说，不亦凭虚亡是者耶？

习凿齿之撰《汉晋春秋》，以魏为伪国者，此盖定邪正之途，明顺逆之理耳。而檀道鸾称其当桓氏执政，故撰此书，欲以绝彼瞻乌，防兹逐鹿。历观古之学士，为文以讽其上者多矣。若齐囧失德，《豪士》于焉作赋；贾后无道，《女史》由其献箴。斯皆短什小篇，可率尔而就也。安有变三国之体统，改五行之正朔，勒成一史，传诸千载，而藉以权济物议，取诚当时。岂非劳而无功，博而非要，与夫班彪《王命》，一何异乎？求之人情，理不当尔。（《史通·探赜第二十七》）

4.〔宋〕程颐答门人问论三国之兴蜀为正

孙觉问："孔明何如人也？"子曰："王佐。"曰："然则何以区区守一隅，不能大有为于天下也？"子曰："孔明欲定中原，与先主有成说矣。不及而死，天也。"曰："圣贤杀一不辜而得天下则不为，孔明保一国，杀人多矣。"子曰："以天下之力，诛天下之贼，义有大于杀也。孔子请讨陈恒，使鲁用之，能不戮一人乎？"曰："三国之兴，孰为正？"子曰："蜀之君臣，志在兴复汉室，正矣。"（《二程集·河南程氏粹言·圣贤篇》）

5.〔宋〕司马光论《通鉴》所以不予昭烈绍汉统而以魏纪年

臣光曰：天生烝民，其势不能自治，必相与戴君以治之。苟能禁暴除害以保全其生，赏善罚恶使不至于乱，斯可谓之君矣。是以三代之前，海内诸侯，何啻万国，有民人、社稷者，通谓之君。合万国而君之，立法度，班号令，而天下莫敢违者，乃谓之王。王德既衰，强大之国能帅诸侯以尊天子者，则谓之霸。故自古天下无道，诸侯力争，或旷世无王者，固亦多矣。秦焚书坑儒，汉兴，学者始推五德生、胜，以秦为闰位，在木火之间，霸而不王，于是正闰之论兴矣。及汉室颠覆，三国鼎跱。晋氏失驭，五胡云扰。宋、魏以降，南、北分治，各有国史，互相排黜，南谓北为索房，北谓南为岛夷。朱氏代唐，四方幅裂，朱邪入汴，比之穷、新，运历年纪，皆弃而不数，此皆私己之偏辞，非大公之通论也。臣愚诚不足以识前代之正闰，窃以为苟不能使九州合为一统，皆有天子之名而无其实者也。虽华夏仁暴，大小强弱，或时不同，要皆与古之列国无异，岂得独尊奖一国谓之正统，而其余皆为僭伪哉！若以自上相授受者为正邪，则陈氏何所受？拓跋氏何所受？若以居中夏者为正邪，则刘、石、慕容、苻、姚、赫连所得之土，皆五帝三王之旧都也。若有以道德者为正邪，则蕞尔之国，必有令主，三代之季，岂无僻王！是以正闰之论，自古及今，未有能通其义，确然使人不可移夺者也。臣今所述，止欲叙国家之兴衰，著生民之休戚，使观者自择其善恶得失，以为劝戒，非若《春秋》立褒贬之法，拨乱世反诸正也。正闰之际，非所敢知，但据其功业之实而言之。周、秦、汉、晋、隋、唐，皆尝混一九州，传祚于后，子孙虽微弱播迁，犹承祖宗之业，有绍复之望，四方与之争衡者，皆其故臣也，故全用天子之制以临之。其余地醜德齐，莫能相一，名号不异，本非君臣者，皆以列国之制处之，彼此均敌，无所抑扬，庶几不诬事实，近于至公。然天下离析之际，不可无岁、时、月、日以识事之先后。据汉传于魏而晋受之，晋传于宋以至于陈而隋取之，唐传于梁以至于周而大宋承之，故不得不取魏、宋、齐、梁、陈、后梁、后唐、后晋、后汉、后周年号，以纪诸国之事，非尊此而卑彼，有正闰之辨也。昭烈之于汉，虽云中山靖王之后，而族属疏远，不能纪其世数名位，亦犹宋高祖称楚元王后，南唐烈祖称吴王恪后，是非难辨，故不敢以光武及晋元帝为比，使得绍汉氏之遗统也。

（《资治通鉴》卷六十九《魏纪一·文帝黄初二年》）

6.〔宋〕刘恕关于昭烈绍汉统与司马光之论难

道原尝谓司马君实曰：正统之论，兴于汉儒，推五行相生，指玺绂相传，以为正统。是神器大宝必当扼喉而夺之，则乱臣贼子释然得行其志矣。若春秋无二王，则吴、楚固周诸侯也。史书非若《春秋》，以一字为褒贬。而魏、晋、南北、五代之际，以势力相敌，遂分裂天下，其名分、位号异乎周之与吴、楚，安得强拔一国谓之正统，余皆为僭伪哉？况微弱自立者不必书为僭，背君自立者不必书为逆，其臣子所称亦从而称之，乃深著其僭逆也。

君实曰：道原言诸国名号各从臣子所称，固为通论，然修至十六国有修不行者。今欲将吴蜀、十六国及五代偏据者皆依《三十国春秋》，书为某主，但去其僭伪字，犹《汉书》称赵王歇、韩王信也，至其死则书曰卒，谥曰某皇帝，庙号某祖某宗；独南北朝书某主而不名，其崩薨之类从旧史之文，不为彼此升降。如此，以理论之虽未为通，然非出己意，免刺人眼耳。

道原曰：晋元东渡，南北分疆，魏、周据中国，宋、齐受符玺，互相夷虏，自谓正统。则宋、齐与魏、周势当两存之。然汉昭烈窜巴蜀似晋元，吴大帝兴于江表似后魏；若谓中国有主，蜀不得绍汉为伪，则东晋非中国也；吴介立无所承为伪，则后魏无所承也；南北朝书某主而不名，魏何以得名吴、蜀之主乎？

君实曰：光因道原以吴蜀比南北朝，又思得一法。魏、吴、蜀，宋、齐、梁、陈、后魏、秦、夏、凉燕、北齐、后周，五代诸国，名号均敌，本非君臣者，皆用列国之法，殁皆称殂，王公称卒。周、秦、汉、晋、隋、唐，尝混一天下，传祚后世，其子孙微弱播迁，承祖宗之业，有绍复之望，欲全用天子法，以统临诸国，殁则称崩，王公称薨。东晋元帝已前称崩、薨而名列国。刘备虽承汉后，不能纪其世次，犹宋高祖称楚元王后，李昇称吴王恪后，是非不可知，不得与汉光武、晋元帝为例。

道原曰：尝混一海内者并其子孙用天子法，未尝相君臣者从列国法，此至当之论也。然以晋元比光武，兹事恐未当。晋失其政，五胡纷扰，天命不常，唯归有德。若东晋德政胜，则僭伪之主必复为臣仆；而东晋与诸国异名号，立正朔，是德政不相胜也。吴尝称臣于魏，魏不能混一四海，不得用天子法。而东晋僻在江南，非魏之比；又诸国苻健、姚苌、慕容垂等与东晋非君臣，东晋乃得用天子之法乎？若秦、夏、凉、燕及五代诸国，虽僭窃名号，皆继踵仆灭，其兴亡异于蜀、南北朝，此黜之不当疑也。（刘羲仲《通鉴问疑》）

附《四库全书总目提要·通鉴问疑》：《通鉴问疑》一卷，宋刘羲仲撰。羲仲，筠州人，秘书丞恕之长子。《宋史》附见恕传末，但称恕死后七年，《通鉴》成，追录其劳，官其子羲仲。史称司马光编次《资治通鉴》，英宗命自择馆阁英才共修之。光对曰："馆阁文学之士诚多，至于专精史学，臣得而知者惟刘恕耳。"即召为局僚，遇史事纷杂难治者，辄以诿恕。恕于魏晋以后事，考证差谬，最为精详。羲仲之书，即哀录恕与光往还论难之词。据书末称"方今《春秋》尚废，况此书乎"云云，盖成于熙宁以后。邵伯温《闻见录》称，《通鉴》以《史记》、前后汉属刘敛，以唐逮五代属范祖禹，以三国历九朝至隋属恕。故此书所论皆三国至南北朝事也。凡所辨论，皆极精核。史所称笃好史学，自太史公所记，下至周显德末私记杂说，无所不览，上下数千载间钜细之事，如指诸掌者，殆非虚语。《通鉴》帝魏，朱子修《纲目》改帝蜀，讲学家以为申明大义，上继《春秋》。今观是书，则恕尝以蜀比东晋，拟绍正统，与光力争而不从。是不但习凿齿、刘知幾先有此说，即修《通鉴》时亦未尝无人议及矣。

7.〔宋〕王安石、苏轼劝人重修三国史

〔宋〕唐庚《三国杂事序》："往时欧阳文忠公作《五代史》，王荆公曰："五代之事无足采者，此何足烦公？三国可喜事甚多，悉为陈寿所坏。可更为之。"公然其言，竟不暇作也，惜哉！"

〔宋〕王銍《默记》卷中："东坡自海外归，至南康军语刘羲仲壮舆曰：'轼元丰中过金陵，见介甫论《三国志》曰：'裴松之之该洽，实出陈寿上，不能别成书但注《三国志》，此所以□陈寿下也。盖好事多在注中。安石旧有意重修，今老矣，非子瞻，他人下手不得矣。轼对以'轼于讨论非所工'。盖介甫以此事付托轼，轼今以付壮舆也。'仆闻此于壮舆，尽直记其旧言。"

〔宋〕朱弁《曲洧旧闻》卷五："东坡曾谓刘壮舆曰：'《三国志》注中好事甚多，道原欲修之而不果，君不可辞也。'壮舆曰：'端明曷不为之？'东坡曰：'某虽工于语言，也不是当行家。'"

8.〔宋〕唐庚评《三国志》不当改汉称蜀

上自司马迁《史记》，下至《五代史》，其间数千百年，正统、偏霸与夫僭窃乱贼、甚微至弱之国，外至蛮夷、戎狄之邦，史家未有不书国号

者，而《三国志》独不然。刘备父子相传四十余年，始终号汉，未尝一称蜀；其称蜀者，流俗之语耳。陈寿黜其正号，从其俗称，徇魏晋之私意，废史家之公法，用意如此，则其所书善恶、褒贬、与夺尚可信乎！魏晋之世，称备为蜀，犹五代称李璟为吴、称刘崇为晋矣。今《五代史》作南唐、东汉《世家》，未尝以吴、晋称之，独陈寿如此，初无义例，直循好恶耳！（唐庚《三国杂事·序》）

9.〔宋〕朱熹以昭烈绍汉统而以魏吴为僭国

朱熹撰《资治通鉴纲目》，本《春秋》之义论史统，将历世诸国区别为正统、列国、篡贼、建国、僭国、无统、不成君小国七类；于三国时期，以昭烈皇帝承献帝之后绍汉统，以魏、吴为僭国，以晋继汉，力矫《资治通鉴》因循《三国志》以魏纪年、帝魏主蜀之失。《通鉴纲目·朱子序例》云，其书"别为义例"："表岁以首年，而因年以著统；正统之年，岁下大书，非正统者两行分注。大书以提要，而分注以备言"。《通鉴纲目·凡例》更开宗明义："凡正统，谓周、秦、汉、起高祖五年，尽炎兴元年。此用习凿齿及程子说，自建安二十五年以后，黜魏年而系汉统，与司马氏异。晋、隋、唐"；"僭国，谓乘乱篡位或据土者。如汉之魏、吴。"云云。

汉献帝建安二十五年，《通鉴纲目》书曰："庚子，（建安）二十五年。魏文帝曹丕黄初元年。是岁僭国一。

"冬，十月，魏王曹丕称皇帝，废帝为山阳公。"

次年，《纲目》书曰："辛丑，昭烈皇帝章武元年。魏黄初二年。

"夏，四月，汉中王即皇帝位。"（据《资治通鉴纲目》之《朱子序例》及《凡例》编纂）

10.〔宋〕周必大赞萧常《续后汉书》"合习氏之论"

曹氏代汉，名禅实篡，特新莽之流亚，丕登坛自形舜禹之言，固不敢欺其心矣！今向千载，人之好恶，岂复相沿，而苏轼记王彭之说，以为涂巷谈三国时事，儿童听者闻刘败则颦蹙，曹败则称快，遂谓君子小人之泽，百世不斩。兹岂人力强致也与？陈寿身为蜀人，徒以仕屡见黜，父又为诸葛所髡，于刘氏君臣不能无憾。著《三国志》，以魏为帝，而指汉为蜀，与孙氏俱谓之主，设心已偏，故凡当时祫祭高帝以下昭穆制度，皆略而不书。方见乞米于人，欲作佳传，私意如此，史笔可知矣！其死未几，习凿齿作《汉晋春秋》，起光武，终愍帝，以蜀为正，魏为篡，谓汉亡仅一二年，则已为晋炎兴之名，天实命之，是盖公论也。然五十四卷徒见于唐《艺文志》、本朝《太平御览》之目，逮仁宗时修《崇文总目》，其书已逸，或谓世亦有之，而未之见也。幸《晋史》载所著论千三百余言，大旨昭然。刘知幾《史通》云："备王道，则曹逆而刘顺。"近世欧阳修议正统不黜魏，其宾客章望之著《明统论》辨之，见于国史。张栻《经世纪年》直以先主上继献帝为汉，而附魏、吴于下方，皆是物也。今庐陵贡士萧常潜心史学，谓古以班固史为《汉书》，范晔史为《后汉书》，乃起昭烈章武元年辛丑，尽少帝炎兴元年癸未，为《续后汉书》，既正其名，复择注文之善者并书之，积勤二十年，成帝纪、年表各二卷，列传十八卷，吴载记十一卷，魏载记九卷，别为音义四卷。惜乎寿疏略于前，使常不得追记英贤宪章于后，以释裴松之之遗恨也。昔周东迁，寖以微弱，至春秋时仅为王城，而吴、楚强大，绵地数千里，皆僭称王，圣人断然以夷狄子之。昭烈土地、甲兵甚非周比，兴于汉中，适与沛公始封国号同。天时人事，决非偶然；孔子复生，必有以处此。乃为首探魏文当日之心，次举苏氏百世之说，以合习氏之论，而证旧志之非，作《续后汉书序》。（萧常《续后汉书·周必大序》）

11.〔宋〕高似孙论《三国志》以蜀名汉之失

自司马氏史至五代史，数千百年，正统、偏霸与夫僭窃乱贼、甚衰至微之国，虽如夷狄，而史未有不书其国号者。陈寿志三国，乃独不然。刘备父子在蜀四十余年，始终号汉，是岂可以蜀名哉！其曰蜀者，一时流俗之言耳。寿乃黜正号而从流俗，史之公法，国之正统，辄皆失之，则其所书，尚可信乎？且是时称备为蜀者，犹五代称李璟为吴，称刘崇为晋耳。今《五代史》作南唐、东汉《世家》，未尝以吴、晋称史。荆公曰："五代之事不足书，何足烦公。三国可喜事甚多，率坏于陈寿，公其成之。"公虽深然，未暇作也。予遂作《蜀汉书》，系蜀以汉，尚庶几乎？（《史略》卷二《三国志》）

12.〔宋〕黄震驳司马光等论昭烈者每以族属疏远为疑

《古今纪要》十九卷，宋黄震撰。震字东发，慈溪人，官至浙东提举，事迹具《宋史·儒林传》。是书撮举诸史，括其纲要。上自三皇，下迄哲宗元符。每载一帝之事，则以一帝之臣附之。其僭窃割据，亦随时附见。词约事该，颇有条贯。非曾先之《十八史略》之类粗具梗概，伤于疏陋者比。所叙前代诸臣，各分品目。惟北宋诸臣事迹较历代稍详，而无忠佞标题，盖不敢论定之意也。朱子作《通鉴纲目》，始遵习凿齿《汉晋春秋》之例，黜魏帝蜀。同时张栻作《经世纪年》，萧常作《续后汉书》，持论并同。震传朱子之学，故是书亦用《纲目》之例。其谓：论昭烈者每以族属疏远为疑，使昭烈果非汉子孙，曹操盖世奸豪，岂不能声其罪而诛其伪，今反去之千百载下，而创疑其谱牒耶？其所发明可谓简而尽矣。（《四库全书总目提要·古今纪要》）

13.〔宋〕章俊卿《群书考索》论三国史书法三则

《群书考索前集》卷十四《正史门·三国志类·正统》曰：晋桓温觊觎非望，凿齿著《汉晋春秋》以裁正之，起光武，终晋愍，凡五十四卷，于三国时蜀以宗室为正统，魏武虽受汉禅，尚为篡逆，至晋文平蜀，乃为汉亡而晋始兴焉。（《习凿齿传》）又曰：吴、魏犯顺，蜀人仗正。（《三恪论》）习凿齿《汉晋春秋》，以蜀为正统，编目叙事皆谓蜀先主为昭烈皇帝。（《史通》）《三国志》泰和五年乃书诸葛寇天水、正始元年书曹爽征蜀，岂其然乎！〇寿之志三国也，纪魏而传吴、蜀。夫三国鼎立称帝，魏之不能有吴、蜀，犹吴、蜀之不能有魏也。寿独以帝当魏而以臣视吴、蜀，于魏何有而然哉！此寿之失也。（苏文）

又《群书考索前集》卷十六《正史门·通鉴类·通鉴之失》曰：汉刘备即皇帝位于武担之南，而温公以昭烈于中山靖王族属疏远，不能纪其世数名位，是非难辨，遂贬抑之不得绍汉统，则未知其去取之意也。昔诸葛亮称玄德为帝室之胄，岂凭虚无据云尔！温公宽宥曹操，谓操取天下于群盗，非取之汉室；抑退蜀之主、相，不少假于孔明，北伐亦以入寇书之，亦独何哉？习凿齿作《汉晋春秋》，以蜀为正统，其编目叙事皆谓蜀先主为昭烈皇帝，观此则温公之失可见矣！

又《群书考索续集》卷十五《诸史门·三国志·不当书魏为纪吴蜀为传》曰：寿以魏承汉统为正，故称纪；吴、蜀各据一方，故在诸侯之列而言传。愚以谓既以魏为正统，则诸侯宜奉天子之正朔，其书当皆言魏志、吴主蜀主传，安得言"三国志"而于吴、蜀主传各称其纪年乎？若曰吴、蜀不禀魏正，各擅制度，则其书自称纪无害史例也。或者谓仲尼作《春秋》不曰周史而曰鲁史，不称天王之元年而称鲁公之元年，则吴、蜀传不系于魏史而自称其年纪，于义无异。予曰：仲尼所作者鲁史尔，故称其国君之元，犹《书》曰"王正月"，言王者之正，诸侯所当禀奉而行。称鲁公之元者，是别其一国之书也。（苏魏公文）

14.〔宋〕王应麟述三国正统之争源流

习凿齿《汉晋春秋》以蜀汉为正。朱文公谓："晋史自帝魏，后贤盍更张。"然晋人已有此论。

三国鼎峙，司马公《通鉴》以魏为正统，本陈寿。朱子《纲目》以蜀汉为正统。本习凿齿。然稽于天文，则荧惑守心，魏文帝殂，而吴、蜀无它。此黄权对魏明帝之言也，若可以魏为正矣。月犯心大星，王者恶之，汉昭烈殂，而魏、吴无它，权将何辞以对？（《困学纪闻》卷十三《考史》）

15.〔宋〕周密记时人论正统、正统绝续及正与统之关系

正闰之说尚矣。欧公作《正统论》，则章望之著《明统论》以非之；温公作《通鉴》，则朱晦庵作《纲目》以纠之。张敬夫亦著《经世纪年》，

直以蜀先主上继汉献帝。其后庐陵萧常著《续后汉书》，起昭烈章武元年辛丑，尽后主炎兴元年癸未，又为吴、魏载记。近世如郑雄飞亦著为《续后汉书》，不过踵常之故步。最后，翁再又作《蜀汉书》，此又不过拾萧、郑弃之竹马耳。盖欲沽特见之名，而自附于朱、张也。余尝闻徐谊子宜之言，云："立言之人，与作史记之体不同，不可以他文比也。故圣人以《秦誓》次于帝王之后，亦世衰推移，虽圣人不能强黜之。汉儒虽以秦为闰位，亦何尝以汉继周耶！若如诸公之说，则李昇自称为吴王恪之后，亦可以续唐矣。"余尝见陈过圣观之说甚当，今备录于此，云："《纲目》序例有云：'表岁以首年，而因年以著统。'自注其下云：'正统之年，岁下大书；非正统者，两行分注。'或问《纲目》主意于朱子，曰：'主在正统。'又曰：'只是天下为一，诸侯朝觐狱讼皆归，便是正统。'夫正闰之说，其来久矣，甲可乙否，迄无定论。盖其论无论正统之有无，虽分裂之不一，或兴创而未成，必择其间强大者一国当之，其余不得与焉。此其论所以不定也。自《纲目》之作用《春秋》法，而正统所在有绝有续，皆因其所建之真伪、所有之偏全斟酌焉，以为之予夺，此昔人所未及。今历考之，自周之亡，秦与列国分注而为首，此正统之一绝也。始襄王五十二年至始皇二十六年，初并天下，遂得正统，此正统之一续也。二世已亡，义帝虽为众所推，不得正统，特先诸国而已，此正统之再绝也。义帝亡而西楚为首，至汉高帝之五年，始得正统，此正统之再续也。王莽始建国之年，尽有汉天下矣，虽无他国亦从分注，此正统之三绝也。更始之主，虽汉子孙而为诸将所立，犹不得绍统。光武即位，乃得正统，此正统之三续也。汉献帝之废，昭烈承之，虽在一隅，正统赖以不绝。后主亡而魏、吴分注，此正统之四绝也。晋武平吴亦得正统，此正统之四续也。愍帝亡而元帝中兴，虽在江南而正统未绝。安帝为桓玄所篡，未几返正，以至恭帝禅宋而与魏分注，此正统之五绝也。自是历齐、梁、陈、魏、齐、周，南北分注，比之隋文平陈，而后得正统，此正统之五续也。隋恭帝侑废，而越王侗与唐高祖分注，此正统之六绝也。高祖武德五年乃得正统，此正统之六续也。昭宣帝为朱全忠所篡，而晋与淮南以其用唐年号，特先梁而分注，此正统之七绝也。自是历后唐、晋、汉、周，皆不得正统，可谓密矣。然正统之兼备，自三代以后，五季以前，往往不能三四，秦亡而汉高以兴，隋亡而唐高以王，正统之归吾无间。然他如秦以无君无亲嗜杀人、隋以外戚有反相而皆得天下，是皆始不得其正者。得其次如晋武帝袭祖父不义之业，卒以平吴一统，而与秦、隋俱得正统，此其所未安也。有正者，其后未必有统，以正之所在而统从之，可也；有统者，其初未必有正，以统之所成而正从之，可乎？以秦、晋及隋概之，羿、莽特其成败有不同耳，顾以其终于伪定而以正归之，殆于不可，故尝为之说曰：'有正者不必有统，非汉、唐不与焉；有统者不必有正，虽秦、隋可滥数。夫有正者不责其统，以正之不可废也。有统者终与之正，是不特统与正等，为重于正矣。无统而存其正，统犹以正而存也，无正而与之统，正无乃以统而泯乎！'若曰纪事之法，姑以是提其要耳，正与不正，万世自有公论，则昔人正闰之论犹不能一，而以是断汉、魏之真伪，吾恐犹以彼三者藉口也。何以言之？以正言之，则正者为正，不正者为僭。以统言之，则正固正也，统亦正也。今而曰朝觐狱讼皆归，便是正统，却使不得。正统如南北十六国、五代十国，有能以智力取天下而不以道，如秦、晋与隋者，其必以正统归之矣。庄周有言'窃钩者诛，窃国者侯'，此言虽小，可以喻大。盖南北十六国、五代十国，窃钩者也；秦、晋及隋，窃国者也。彼惛惛不知，有如曹丕凭借世恶，幸及其身，而舜、禹之事吾知之矣。然世有公论在也。今以朱子正统之法而使秦、晋及隋乃幸得之，使其尚存，其以计得者将不以曹丕自说而幸己之不与同传，其以力得者将又不曰汤武之事吾知乎，是后世无复有公论也，而可乎？夫徒以其统之幸得而遂畀以正，则自今以往气数运会之参差，凡天下之暴者、巧者、侥幸者皆可以窃取而安受之，而枭、獍、蛇、豕、豺、狼且将接迹于后世。为人类者也皆俯首稽首厥角以为事理之当然，而人道或几乎灭矣，天地将何赖以为天地乎！窃谓三代而下，独汉、唐、本朝可当正统，秦、晋与隋有统无正者当分注。薰莸碔玉自明，汉魏之际亦有不待辨者矣。"（《癸辛杂识后集·正闰》）

16.〔元〕胡一桂论《通鉴》、《纲目》对陈志、习书之传承

晋陈寿志三国，乃帝魏而传昭烈。习凿齿《汉晋春秋》之作，谓蜀为正，魏篡逆，蜀平汉始亡。司马氏《通鉴》乃谓昭烈于汉族属疏远，摧抑汉祚，奖进贼魏，且谓操取天下于盗手非取之于汉室。夫自卓既诛戮，则天下固汉之天下也。催、汜交攻，天子奔走荆棘间，未闻操有勤王之举。车驾还洛阳，操始入朝，其谋固欲挟天子以令诸侯而已，名为汉相，实汉贼耳。《纲目》于此始大书特书，以昭烈承献帝之后，俾得以绍汉遗统焉。论者尝即文公《纲目》与温公《通鉴》并言之：温公于献帝之末曹丕之篡也，书帝禅位于魏，魏王即皇帝位，文公则书魏王曹丕即皇帝位，废帝为山阳公；至蜀汉之兴也，文公于献帝建安二十五年之后即大书昭烈皇帝章武元年，汉中王即皇帝位以继之；及蜀之出师也，温公书诸葛亮入寇，文公则书魏寇汉中，丞相亮伐魏。温公进魏而退蜀，则祖陈寿之旧史，此以强弱论也；文公帝蜀而贼魏，则本《春秋》之书法，此以是非论也。以废帝矫禅位之诬，以寇汉反入寇之逆，正统复而快人心，于方来大义明，而诛贼臣于既往，《纲目》之作可识矣。（《十七史纂古今通要》卷九《蜀汉》）

17.〔明〕丘濬《世史正纲》论改蜀称汉

陈寿作《三国志》，曰魏，曰蜀，曰吴，各为之志。今改蜀称汉者，盖昭烈自以为汉室之胄，初为汉中王，既而闻帝协被害，即皇帝位以承汉统；虽居蜀地，而实未尝改国号蜀也。陈寿晋人，以晋受魏禅不敢帝汉，而以其所都之地称。呜呼！史氏实录，将以示信万世，虽行事之小者，不可失其实，况国号乎！（《世史正纲》卷十《三国世史》）

18.〔明〕叶向高赞习氏、朱子矫正陈志、《通鉴》之失

汉魏之际，世运一大变也。盖自汉而前得天下者，有征诛而无篡弑；间有篡弑，亦名之曰篡弑耳。至魏氏父子幽絷其君，戕其君后，而夺之

位，乃自诡于禅让，曰"舜禹之事，吾知之矣"。历五季、唐、宋，凡窃国之盗皆祖其术，以唐、虞圣帝揖逊之盛举，为乱臣贼子攘夺之先资，恬然相袭，不知怪也。故夫汉以上篡臣少，以其迹显，而其势有难以径遂；汉以下篡臣多，以其机秘，而其辞有可以讳避。此操、丕之逆为千古之魁首也。以吾夫子《春秋》之法律之，其为诛讨不知当何如者？而陈氏徒以魏、晋相承之故，乃使其正帝号，承汉统，偃然得附于神明之祚。而涑水复以其私，伸魏而抑汉。史家谬戾，至此极矣。襄阳、紫阳先后矫正，于是魏氏父子诎，而所谓汉统、帝号、神明之祚者，举而归之中山之帝裔、偏安一再传之蜀，而世共称快也。然陈氏之书，世称其简质、善叙事，自《史记》、两《汉书》外，此为巨擘，徒以统绪舛错，为正论所不满。而其所为三国之名称鼎足之基业胪列瓜分于一家之言者，卒莫之能合。以故操、丕之罪，若诛而不尽诛；而赤帝如线之绪寄于蚕凫之区四十余年而不坠者，若伸而不尽伸。今谢生此书行，于是魏氏父子愈诎，国不三而足不鼎，向之胪列瓜分者较然辨黑白而定一尊，而世愈称快也。嗟夫！此岂一人之私、一己之见足以易千百年来天下人之耳目哉？纲常礼义之在人心，不可磨灭。故虽其人之智力雄暴能劫夺神器，一旦加之以甚丑，而不得不受；虽其人之困败危弱不能自存，一旦抗之以甚尊，而亦不得不受。此天道也。(《季汉书叙》)

19.〔明〕谢陞论陈志之失、习书之得

夫三代而下，汉得天下为正，卜世历年，强半于周。虽至三国鼎分，而孝献虚位，犹号天王，昭烈偏安，犹称帝胄。若在周季，一则为周之赧，一则为鲁之隐。彼魏、吴虽强，毋论非鲁，尚非晋。吴不过秦之惠文、越之勾践而已。藉令夫子而作《汉春秋》，断然以正统予昭烈矣。况忍夺孝献三十年之帝历，而亟以予曹操乎？异哉！陈寿既嗛诸葛责辱之雠，复阿司马继统之旨，遂夷孝献以帝曹操，历纪五世，贬汉为蜀，从而冠之。涑水只缘先世典午之后，因循不改，幸犹格帝丕而始帝丕，更及蜀而仍为汉。此亦其公道之有在也。先是范晔作《后汉书》，不听陈寿所攘，

奉帝历以归孝献，其中书法，大略与《班史》前汉之季相似，庶不倍《春秋》之义。

善乎习凿齿之作《汉晋春秋》也！若曰曹氏，汉贼耳；二帝，汉宗也。堂堂有晋，公为汉室刈曹，而于一年无统之中直接其统。安得云魏、晋相承，而曰《魏晋春秋》乎？此于《春秋》之义深为得之。惜矣涑水贤者，而所见仅同范氏，不及习氏也。张栻作《经世纪年》，直以昭烈上接孝献为汉，而列魏、吴于下方，考亭《纲目》因之，帝昭烈而寇魏、吴。是皆阴刷《国志》之陋，显厘《通鉴》之讹，即二子生平服膺君实，而于此确有所不惜焉。（《季汉书自序》）

20.〔清〕顾炎武谓正统之论始于习凿齿

正统之论，始于习凿齿，不过帝汉而伪魏、吴二国耳。自编年之书出，而疑于年号之无所从，而其论乃纷坛矣。夫年号与正朔自不相关，故周平王四十九年，而孔子则书之为鲁隐公之元年，何也？《春秋》，鲁史也，据其国之人所称而书之，故元年也。晋之《乘》存，则必以是年为鄂侯之二年矣；楚之《梼杌》存，则必以是年为武王之十九年矣。观《左传·文公十七年》，郑子家与晋韩宣子书曰"寡君即位三年"，而其下文曰"十二年"、"十四年"、"十五年"，则自称其国之年也。《襄公二十二年》少正公孙侨对晋之辞曰"在晋先君悼公九年，我寡君于是即位"，而其下文遂曰"我二年"、"我四年"，则两称其国之年也。故如《三国志》，则汉人传中自用汉年号，魏人传中自用魏年号，吴人传中自用吴年号。推之南北朝、五代、辽、金，并各自用其年号，此之谓从实。且王莽篡汉，而班固作传，其于始建国、天凤、地皇之号，一一用以纪年，盖不得不以纪年，非帝之也。后人作书，乃以编年为一大事，而论世之学疏矣。（《日知录》卷二十《年号当从实书》）

21.〔清〕彭孙贻称凿齿之论可谓万古卓识

习凿齿著《汉晋春秋》，以蜀继汉，以晋承之。削去魏统，以著篡代之实，谓晋承汉，非承魏。宋儒尊昭烈而黜曹丕，此论开乎凿齿，可谓万古卓识。以晋承汉，以一统言耳。丕、昭之迹犹兄弟也，马之篡曹，适见报施之巧，稍快不平之人心，犹愈乎山阳之潜弋云尔。（《茗香堂史论》卷一《晋书》）

22.〔清〕朱彝尊为陈寿辩护

陈寿，良史也。世误信《晋书》之文，谓索米丁氏之子不获，竟不与立传；又轻诸葛亮将略非长，无应敌之才，以此讪寿。至宋尹起莘从而甚之，其言曰："自陈寿志三国，全以天子之制予魏，而以列国待汉，收天下三分之二，司马氏继之。"于时作史者，王沈则有《魏书》，鱼豢则有《魏略》，孔衍则有《魏尚书》，孙盛则有《魏春秋》，郭颁则有《魏晋世语》。之数子者，第知有魏而已。寿独齐魏于吴、蜀，正其名曰三国，以明魏不得为正统，其识迥拔乎流俗之表。且夫魏之受禅也，刘廙、辛毗、华歆、刘若辈颂功德，李伏、许芝上符瑞，先后动百余人，其文见裴松之注，至今遗碑在许，大书深刻，而寿尽削之，不以登载。至先主王汉中，即帝位武担，蜀之群臣请封之辞、劝进之表、告祀皇天后土之文，大书特书，明著昭烈之绍汉统，予蜀以天子之制，足以见良史用心之苦矣。街亭之败，寿直书马谡违亮节度，举动失宜，为张郃所破，初未尝以父参谡军被罪，借私隙咎亮。至谓亮应变将略非其所长，则张俨、袁准之论皆然，非寿一人之私言也。寿于魏文士，惟为王粲、卫觊五人等立传，粲取其兴造制度，觊取其多识典故，若徐干、陈琳、阮瑀、应瑒、刘桢，仅于《粲传》附书，彼丁仪、丁廙何独当立传乎？造此谤者，亦未明寿作史之大凡矣。噫！《纲目》纪年以章武接建安，而后得统之正，然百世之下可耳。其在当时，蜀入于魏，魏禅于晋，寿既仕晋，安能显尊蜀以干大戮乎？《书》曰"责人斯无难"，尹氏之责寿，予窃以为未得其平也。（《曝书亭集》卷五十九《陈寿论》）

23.《四库提要·三国志》倡知人论世说

《三国志》六十五卷。晋陈寿撰，宋裴松之注。寿事迹具《晋书》本传，松之事迹具《宋书》本传。凡魏志三十卷，蜀志十五卷，吴志二十卷。其书以魏为正统，至习凿齿作《汉晋春秋》，始立异议。自朱子以来，无不是凿齿而非寿。然以理而论，寿之谬万万无辞；以势而论，则凿齿帝汉顺而易，寿欲帝汉逆而难。盖凿齿时晋已南渡，其事有类乎蜀，为偏安者争正统，此孚于当代之论者也。寿则身为晋武之臣，而晋武承魏之统，伪魏是伪晋矣，其能行于当代哉？此犹宋太祖篡立近于魏，而北汉、南唐迹近于蜀，故北宋诸儒皆有所避而不伪魏。高宗以后偏安江左近于蜀，而中原魏地全入于金，故南宋诸儒乃纷纷起而帝蜀。此皆当论其世，未可以一格绳也。惟其误沿《史记》周、秦本纪之例，不托始于魏文而托始曹操，实不及《魏书·叙记》之得体，是则诚可已不已耳。（《四库全书总目提要》卷四十五《史部一》）

24.〔清〕钱大昕为陈寿辩护

陈承祚《三国志》，创前人未有之例，县诸日月而不刊者也。魏氏据中原日久而晋承其禅，当时中原人士知有魏不知有蜀、吴也。自承祚书出，始正"三国"之名，且先蜀而后吴，又于《杨戏传》末载《季汉辅臣赞》，亹亹数百言，所以尊蜀殊于魏、吴也。存"季汉"之名者，明乎蜀之实汉也。习凿齿作《汉晋春秋》，不过因其意而推禅之，而后之论史者辄右习而左陈，毋乃好为议论而未审乎时势之难易与？夫晋之祖宗所北面而事者，魏也，蜀之灭，晋实为之，吴、蜀既亡，群然一词，指为伪朝，乃承祚不惟不伪之，且引魏以匹二国，其秉笔之公，视南、董何多让焉！而晋武不以为忤，张茂先且欲以《晋书》付之，其君臣度量之宏，高出唐、宋万万，岂非去古未远，三代之直道犹存，故承祚得以行其志乎？厥后琅邪绍统，即仿汉中承制之局，凿齿建议祧魏而承汉，直易易耳。考亭生于南宋，事势与蜀汉相同，以蜀为正统，固其宜矣。（《潜研堂文集》卷

二十四《三国志辨疑序》)

25.〔清〕康发祥论陈寿抑扬过当是忘本

陈寿所撰《三国志》,帝魏主蜀。盖晋受魏禅,寿为典午之臣,其势固不得不尔。然寿身为蜀产,曾作蜀官,抑扬过当,是忘本也。涑水作《通鉴》,书汉、魏、吴,义例已具;新安《纲目》,尊蜀为正统,大义昭然矣。然新安之义,本于习凿齿之论,亦不昉于新安也。凿齿亦是晋人,何以不抑蜀尊魏,是公道自在天壤,不可紊也。(《三国志补义自序》)

26.〔民国〕刘咸炘评清儒为陈寿辩护

自朱元晦沿习凿齿之论,正陈承祚帝魏之失,儒者相沿,讥议承祚日以加多,其间不无泰甚失平。至近世而反矫之论兴,始自朱彝尊《陈寿论》、何焯《读书记》。后此学者益不喜宋儒,故和此说者遂日多。殿本《考证》李清植等申何之说,钱大昕《三国志辨疑序》同朱之论,恽敬《读三国志后》因朱说而推衍,尚镕《三国志总论》继之,皆为承祚申雪;其他校说是书者亦莫不有所举发,所说愈多,所推愈密,于是向所视为不知大义之陈承祚,乃一变而为存心忠义矣。以吾观之,寿自有不忘旧国之心,而非有魏邪汉正之见,虽小例不以蜀侪吴,而大体帝魏自不可掩。刘知幾已正其大体之失,非始宋儒。朱、钱之言仅言其不得已,尚非太过;何氏读书好探古人微意,而于是书则多曲凿;李、恽与尚更加甚焉,强说不能自圆,好古实以诬古,坐使直白之史书变为诗赋,以此不可不辨也。既随文纠驳,复先举其大端,综而论之。

朱彝尊曰:"于时作史者,王沈则有《魏书》,鱼豢则有《魏略》,孔衍则有《魏尚书》,孙盛则有《魏春秋》,郭颁则有《魏晋世语》。之数子者,第知有魏而已。寿独齐魏于吴、蜀,正其名曰三国,以明魏不得为正统,其识迥拔乎流俗之表。《纲目》纪年以章武接建安,而后得统之正,然百世之下可耳。其在当时,蜀入于魏,魏禅于晋,寿既仕晋,安能显尊蜀以干大戮乎?"钱大昕曰:"承祚《三国志》,创前人未有之例,悬诸日月而不刊者也。魏氏据中原日久而晋承其禅，当时中原人士知有魏不知有蜀久矣。自承祚书出，始正三国之名，且先蜀而后吴。夫晋之祖宗所北面而事者，魏也，蜀之灭，晋实为之，吴、蜀既亡，群然一词，指为伪朝，乃承祚不惟不伪之，且引魏以匹二国，其秉笔之公，视南、董何多让焉！"按此二说不过言寿名其书为三国，视三方为等夷，虽未尊蜀，亦未尊魏，即隋李德林所谓"陈寿、陆机自尊本国，欲使三方鼎峙，同为霸名"之意，此于诸论中为最平而不亢，然而引喻失义，按之其时之情势，亦未合也。何则？王、鱼诸作，自是限于一方，未及扬、益，若总而论之，自不能以魏盖二方，古人朴直，不以名乱实，当时曹氏实未尝统二方，而鼎峙分疆，不相君臣又前此所未有，太史世家之例既不可用（太史本纪、世家乃古者天子、诸侯二重之例），《晋书·载记》之例又尚未有（《东观·载记》乃新市、平林、下江诸部落为后汉先驱者），不得不各为一书，以三国为总称，揆情度势，固应若是，必谓是承祚有心抑魏以侪吴、蜀，虽以意逆志，殆难使人信矣。且承祚以《三国志》名统三书，而三书之中未尝不有主从之别，是有四端，皆大体之彰彰者，诸公欲为曲护，岂可能耶？……虽然，三分之局，前此未有，其事势固与古不同，各自为书，命名三国，乃承祚之创例，既已各自为书而并立矣，何不各自为纪传？各自为纪传，何伤于魏？吾惜承祚之不知变也。即不能各自为纪传，汉之名亦何不可存？赵宋承周、汉之禅，未闻削刘旻北汉之号，习凿齿亦晋人，而直以晋承汉。今承祚必书为蜀，岂晋初三禅之说较严于东晋乎？抑承祚曲循时人之论，不敢直订史法邪？且即使不能两纪，二牧之传亦不必列《蜀书》之首，书事之中亦可存敌国之体，盖三书既并立，而二方主传又名传实纪，何必定作统属之形邪？凡此皆见其不必然而然，可已而不已，吾虽未敢直责承祚，然亦不能直恕之矣。（《三国志知意·总论》）

27. 饶宗颐论中国史学史上之正统论

《中国史学史上之正统论·通论·结语》曰：自汉以来，史家致力于正统问题之探讨，表面观之，似是重床叠屋，细察则精义纷披，理而董之，正可窥见中国史学精神之所在。正统理论之精髓，在于阐释如何始可以承统，又如何方可谓之"正"之真理。持此论者，皆凛然有不可侵犯之态度。欧公、温公所以不为人谅解，由于仍屈服于史局之下。故向来官修之史，不能令人满意，而私家之史，所以不断述作，不惜重撰，且亦为人所重视，职是故也。私家史书所以可贵，其故有三：一、不受史局之约束；二、不为当前史学风气及政治立场之所囿；三、有超时空限制之精神，对于史事可作重新评价。质言之，即有超历史之立脚点也。

章学诚《文德篇》主张："论古必恕。"谓作史者须为古人设身处地。（《文史通义·内篇》）然史家之尚论史事，贵能据德以衡史，决不可循史以迁德。史家眼中对于帝王（统治者）仅视作历史人物看待，其是非得失，均得加以衡量评判。记述史事而无是非之辨，则何贵乎有史？此义郑思肖于《心史·古今正统大论》中已有淋漓尽致之发挥；实斋之说，婉而未当。

晚近之言史者，有不惜去统而去正者矣，有不惜以自己之文化接他人之统治矣。"有抱国之图籍而降者矣；无籍其道而降者，道不可以籍也。"（《古史钩沉论》）此龚定庵所以嗟叹唏嘘不能自已者也。反观过去郑思肖、方孝孺辈，其所争取者，一本乎正义之真是非，而非一时相对之是非，不特不屈服于某种政治之下，且不屈服于已成历史之前，其见识伟矣，其人格夐矣，此诚"贯天地之而无终敝，故不得以彼之暂，夺此之常。"（《方正学祠重修建记》）历史之真是非，正在其常，而非一时之是非所可夺也。

太史公《自序》云："《春秋》明是非，故长于治人。"此说实本之董生（见《春秋繁露俞序》）。历史之作，正所以明人事之真是非，而折衷于正。故史家秉笔必据正立论。正其本实为史之首务。以正统而论，正之为义尤重于统，自古以来已视为天经地义。故史家任务，要必折衷于正。历史之正，是谓之正。正统之"正"，其时义诚大矣哉！

《中国史学史上之正统论·资料三·清黄中坚〈拟更季汉书昭烈皇帝本纪识语〉按语》》又曰：南宋学人多主蜀以宗室为正，魏虽受汉禅晋，仍为篡逆，故是凿齿而非陈寿。清人则颇反是说。朱彝尊云："《纲目》纪年，以章武接建安，……然百世之下可尔；其在当时，蜀入于魏，魏禅于晋，寿既仕晋，安能显尊蜀以干大戮乎！"（《陈寿论》）钱大昕云："后之论史者，辄右习而左陈，毋乃好为议论而未审乎时势之难易……考亭生于南宋，事势与蜀汉相同，以蜀为正统，固其宜矣。"《四库提要》云："其书以魏为正统，至习凿齿作《汉晋春秋》始立异议。自朱子以来，无不是凿齿而非寿。然以理而论，寿之谬万万无辞；以势而论，则凿齿帝汉顺而易，寿欲帝汉逆而难。盖凿齿时晋已南渡，其事有类乎蜀，为偏安者争正统，此孚于当代之论者也。寿则身为晋武之臣，而晋武承魏之统，伪魏是伪晋矣，其能行于当代哉？此犹宋太祖篡立近于魏，而北汉、南唐迹近于蜀，故北宋诸儒皆有所避而不伪魏。高宗以后偏安江左近于蜀，而中原魏地全入于金，故南宋诸儒乃纷纷起而帝蜀。此皆当论其世，未可以一格绳也。"及章学诚著《文德篇》，复沿袭前说，平停于其间，其言曰："昔者陈寿《三国志》，纪魏而传吴、蜀，习凿齿为《汉晋春秋》，正其统矣。司马《通鉴》仍陈氏之说，朱子《纲目》又起而正之。是非之心，人皆有之。不应陈氏误于先，而司马再误于其后，而习氏与朱子之识力偏居于优也。而古今之讥《国志》与《通鉴》者，殆于肆口而骂詈，则不知起古人于九原，肯吾心服否邪？陈氏生于西晋，司马生于北宋，苟黜曹魏之禅让，将置君父于何地？而习与朱子，则固江东南渡之人也，惟恐中原之争天统也。此说前人已言。诸贤易地则皆然，未必识逊今之学究也。是则不知古人之世，不可妄论古人文辞也；知其世矣，不知古人之身处，亦不可以遽论其文也。"按章说未必是。《蜀志·费诗传》云："群臣议欲推汉中王称尊号，诗上疏以为今大敌未克，而先自立，恐人心疑惑。"《裴注》引习凿齿评此事略云："夫创本之君，须大定而后正己；纂统之主，必速建以系众心。……今先主纠合义兵，将以讨贼。……于此时也，不如速尊有德以奉大统，使民欣反正，世睹旧物，杖顺者齐心，附逆者同惧，可谓阇惑矣。"裴松之以为凿齿论议，惟此论最善。习氏、裴氏皆从正统观点以看问题，故曰先正己，曰使民反正，曰纂统，曰尊有德以奉大统，其非出于处境可知。至于朱子之论，如细读其《与何叔京书》，其折衷于义之正，丝毫不苟，虽张南轩犹有所不逮，更不待论矣。

28.《中国古佚书辑本目录解题》记《汉晋春秋》

习凿齿汉晋春秋一卷，〔晋〕习凿齿撰，〔清〕黄奭辑

  汉学堂丛书·子史钩沉·史部·别史类

  黄氏佚书考·子史钩沉

习凿齿汉晋春秋三卷，〔晋〕习凿齿撰，〔清〕汤球辑

  广雅书局丛书·史学·汉晋春秋

习凿齿汉晋春秋一卷，〔晋〕习凿齿撰，〔清〕王仁俊辑

  玉函山房辑佚书续编·史编总类

  注：习凿齿，字彦威，襄阳人。桓温辟为从事，转西曹主簿，迁别驾，官至荣阳太守。博学洽闻，有史才（《晋书》本传与《世说·文学》篇）。《晋书》本传云："是时温觊觎非望，凿齿在郡，著《汉晋春秋》以裁正之。起汉光武，终于晋愍帝。于三国之时，蜀以宗室为正，魏虽受汉禅晋，尚为篡逆，至文帝平蜀，乃为汉亡而晋始兴焉。""凡五十四卷。"《隋书》载习凿齿《汉晋春秋》四十七卷，注云："讫愍帝。"黄奭据《三国志注》等採得九十余节，汤球等一百余节，可互为补缺。王仁俊据《续汉郡国志》刘昭注採得一节，续钟离意事，不出黄本之外。

  （孙启治、陈建华编撰《中国古佚书目录解题·史部·编年类》）

本书主要参考书目

汉晋春秋辑本，〔清〕汤球辑，商务印书馆丛书集成初编本 1937 年版

黄氏佚书考·汉晋春秋，〔清〕黄奭辑，广陵书社清刻本

玉函山房辑佚书续编三种，〔清〕王仁俊辑，上海古籍出版社 1989 年版

春秋三传，〔晋〕杜预等注，上海古籍出版社 1987 年版

史记，〔汉〕司马迁撰，中华书局点校本

汉书，〔汉〕班固撰，〔唐〕颜师古注，中华书局点校本

东观汉纪校注，〔汉〕刘珍等撰，吴树平校注，中华书局 2008 年版

后汉书，〔南朝·宋〕范晔撰，〔唐〕李贤等注，中华书局点校本

三国志，〔晋〕陈寿撰，〔南朝·宋〕裴松之注，中华书局点校本

后汉纪，〔晋〕袁宏撰，李兴和点校，云南大学出版社 2008 年版

七家后汉书，〔清〕汪文台辑，周天游校，河北人民出版社 1987 年版

东汉会要，〔宋〕徐天麟撰，上海古籍出版社 2006 年版

三国会要，〔清〕杨晨撰，中华书局 1956 年版

华阳国志，〔晋〕常璩撰，严茜子点校，齐鲁书社 2000 年版

九家旧晋书辑本，〔清〕汤球辑，严茜子点校，齐鲁书社 2000 年版

晋书，〔唐〕房玄龄等撰，中华书局点校本

众家编年体晋史，〔清〕汤球辑，乔治忠校注，天津古籍出版社 1989 年版

十六国春秋，〔北魏〕崔鸿原撰，〔明〕屠乔孙、项琳托名伪作，吉林出版集团钦定四库全书荟要影印本 2005 年版

十六国春秋辑补，〔北魏〕崔鸿撰，〔清〕汤球辑补，岳麓书社 1996年版

世说新语笺疏，余嘉锡撰，周祖谟余淑宜整理，中华书局 1983 年版

世说新语校笺，徐震堮著，中华书局 1984 年版

金楼子校笺，〔南朝·梁〕萧绎撰，许逸民校笺，中华书局 2007 年版

弘明集，〔南朝·梁〕释僧祐撰，刘立夫、魏建中、胡勇译注，中华书局 2013 年版

水经注校证，〔北魏〕郦道元著，陈桥驿校证，中华书局 2007 年版

荆州记九种、襄阳四略，〔清〕陈运溶、王仁俊辑，石洪运点校，湖北人民出版社 1999 年版

后汉书详节，〔宋〕吕祖谦编纂，上海古籍出版社 2007 年版

三国志详节，〔宋〕吕祖谦编纂，上海古籍出版社 2007 年版

北堂书钞，〔唐〕虞世南撰，中国书店 1989 年版

帝王略论，〔唐〕虞世南撰，中华书局 2008 年版

唐太宗李卫公问对，骈宇骞译注，河北人民出版社 1992 年版

艺文类聚，〔唐〕欧阳询撰，上海古籍出版社 1982 年新 1 版

初学记，〔唐〕徐坚等著，中华书局 2002 年第 2 版

通典，〔唐〕杜佑撰，中华书局 1984 年版

史通，〔唐〕刘知幾著，〔清〕浦起龙通释，上海古籍出版社 2009年版

建康实录，〔唐〕许嵩撰，张忱石点校，中华书局 1986 年版

渚宫旧事校释，〔唐〕余知古撰，杨炳校校释，武汉出版社 1992 年版

太平御览，〔宋〕李昉等撰，上海古籍出版社 2008 年版

资治通鉴，〔宋〕司马光等撰，〔元〕胡三省注，中华书局 1982 年版

通鉴问疑，〔宋〕刘羲仲撰，钦定四库全书本，台湾商务印书馆发行

御批通鉴纲目，〔宋〕朱熹等撰（含〔宋〕尹起莘《通鉴纲目发明》、刘友益《通鉴纲目书法》，〔元〕汪克宽《纲目考异》、王幼学《纲目集览正误》，〔明〕冯智舒《纲目质实》），吉林出版集团钦定四库全书荟要影印本 2005 年版

通鉴地理通释校注，〔宋〕王应麟撰，张保见校注，四川大学出版社 2009 年版

御批历代通鉴辑览，〔清〕傅恒等编，上海古籍出版社 1990 年版

通鉴胡注表微，陈垣著，商务印书馆 2011 年版

括地志辑校，〔唐〕李泰等著，贺次君辑校，中华书局 1980 年版

元和郡县图志，〔唐〕李吉甫撰，贺次君点校，中华书局 1983 年版

元和姓纂，〔唐〕林宝撰，岑仲勉校记，中华书局 1994 年版

方舆胜览，〔宋〕祝穆撰、祝洙增订，中华书局 2003 年版

续后汉书，〔宋〕萧常撰，钦定四库全书本，台湾商务印书馆发行

续后汉书，〔元〕郝经撰，丛书集成初编本，商务印书馆 1937 年版

蜀汉本末，〔元〕赵居信撰，北京图书馆藏元至正十一年建宁路建安书院刻本

季汉书，〔明〕谢陛撰，北京大学图书馆藏明万历刻本

季汉书，〔清〕章陶撰，清道光九年青山環漪轩刻本

季汉五志，〔清〕王复礼撰，中国人民大学图书馆藏清康熙四十一年杭城尊行斋刻本

季汉纪，〔清〕赵作羹撰，清雍正间清稿本，文海出版社有限公司印行

三国杂事，〔宋〕唐庚撰，钦定四库全书本，台湾商务印书馆发行

读史管见，〔宋〕胡寅撰，刘依平校点，岳麓书社 2011 年版

通志二十略，〔宋〕郑樵撰，王树民点校，中华书局 1995 年版

郡斋读书志，〔宋〕晁公武撰，孙猛校证，上海古籍出版社 2011 年版

史略，〔宋〕高似孙撰，吉林出版集团有限责任公司影印四库全书荟要本

直斋书录解题，〔宋〕陈振孙撰，吉林出版集团有限责任公司影印四库全书荟要本

古今纪要，〔宋〕黄震撰，北京图书馆出版社 2005 年版

困学纪闻，〔宋〕王应麟著，〔清〕翁元圻等注，栾保群等校点，上海古籍出版社 2008 年版

群书考索，〔宋〕章如愚辑，扬州广陵书社影印本 2008 年版

小学史断，〔宋〕南宫靖一撰、〔明〕晏彦文续，中央党校图书馆藏明弘治十六年刻本

郑所南先生心史，〔宋〕郑思肖撰，北京大学图书馆藏明崇祯十二年张国维刻本

十七史纂古今通要，〔元〕胡一桂撰，钦定四库全书本，台湾商务印书馆发行

文献通考，〔元〕马端临撰，中华书局 1986 年版

世史正纲，〔明〕丘濬撰，南京仿古书局 1935 年版

薛文清公读书录，〔明〕薛瑄撰，丛书集成初编本，商务印书馆 1939 年版

谈苑醍醐，〔明〕杨慎撰，丛书集成初编本，中华书局 1985 年版

藏书，〔明〕李贽著，中华书局 1959 年版

少室山房笔丛，〔明〕胡应麟撰，上海书店出版社 2009 年版

墨卿谈乘，〔明〕张懋修撰，明刻本

读史商语，〔明〕王志坚撰，续修四库全书本，上海古籍出版社 2002 年版

史纠，〔明〕朱明镐撰，钦定四库全书本，台湾商务印书馆发行

读史关键，〔明〕杨元裕撰，明天启六年刻本

学史，〔明〕邵宝撰，明崇祯年间刻本

茗香堂史论，〔清〕彭孙贻撰，续修四库全书本，上海古籍出版社2002年版

日知录集释，〔清〕顾炎武著、黄汝成集释，栾保群、吕宗力校点，上海古籍出版社2006年版

菰中随笔（外三种），〔清〕顾炎武撰，严文儒等校点，上海古籍出版社2012年版

读通鉴论，〔清〕王夫之著，舒士彦点校，中华书局1975年版

读史方舆纪要，〔清〕顾祖禹撰，贺次君、施和金点校，中华书局2005年版

史略，〔清〕萧震撰，昭代丛书辛集，世楷堂藏板

阅史郄视，〔清〕李塨撰，丛书集成初编本，商务印书馆1937年版

读史提要录，〔清〕夏之蓉撰，清乾隆三十七年刻本

纪元要略，〔清〕陈景云纂，丛书集成初编本，中华书局1991年版

君鉴录臣鉴录士鉴录，〔清〕尹会一辑评，河北大学出版社1999年版

诸史然疑，〔清〕杭世骏撰，乾隆庚子季秋校正重刊本

读史纠谬，〔清〕牛运震撰，续修四库全书本，上海古籍出版社2002年版

读史举正，〔清〕张熷撰，续修四库全书本，上海古籍出版社2002年版

东潜文稿，〔清〕赵一清撰，辽宁教育出版社1998年版

十七史商榷，〔清〕王鸣盛撰，陈文和等校点，凤凰出版社2008年版

二十一史精义，〔清〕王南珍撰，清乾隆瓣香堂刻本

廿二史札记校证（订补本），〔清〕赵翼著，王树民校证，中华书局1984年版

陔余丛考，〔清〕赵翼著，栾保群、吕宗力校点，河北人民出版社1990年版

廿二史考异，〔清〕钱大昕撰，陈文和等校点，凤凰出版社2008年版

三史拾遗，〔清〕钱大昕撰，续修四库全书本，上海古籍出版社2002

年版

退庵随笔，〔清〕梁章钜撰，续修四库全书本，上海古籍出版社 2002
年版

星阁史论，〔清〕赵青黎撰；读史膡言，〔清〕秦笃辉撰，丛书集成初
编本，商务印书馆 1937 年版

诸史琐言，〔清〕沈家本撰，续修四库全书本，上海古籍出版社 2002
年版

读书敏求记，〔清〕钱曾撰，书目文献出版社 1984 年版

隋经籍志考证，〔清〕章宗源撰，光绪三年湖北崇文书局刻本

后汉书集解，〔清〕王先谦撰，广陵书社据王氏虚受堂 1915 年刊本影
印本

后汉书旁证，〔清〕王先谦撰，北京出版社 1998 年版

后汉书补注，〔清〕惠栋撰，清德裕堂刻本

三国史辨误，不著撰人，钦定四库全书本，台湾商务印书馆发行

三国志补义，〔清〕康发祥撰，清咸丰十年刻本，北京出版社四库未
收书辑刊 2000 年版

三国志辨微，〔清〕尚镕撰，清嘉庆刻本，北京出版社四库未收书辑
刊 2000 年版

三国郡县表，〔清〕吴增僅撰，清光绪活字本，北京出版社四库未收
书辑刊 2000 年版

三国志注证闻，〔清〕钱仪吉撰，清光绪乙酉江苏书局刻本

补三国疆域志，〔清〕洪亮吉撰，清乾隆四十六年西安刻本

后汉书三国志补表三十种，〔宋〕熊方、〔清〕钱大昭等撰，中华书局
1984 年版

三国志注补、补遗，〔清〕赵一清撰、陶元珍补遗，续修四库全书本，
上海古籍出版社 2008 年版

三国志补注，〔清〕杭世骏撰，丛书集成初编本，商务印书馆 1937 年

初版

　　三国志补注续，〔清〕侯康撰，丛书集成初编本，商务印书馆 1937 年初版

　　三国志辨疑，〔清〕钱大昭撰，续修四库全书本，上海古籍出版社 2008 年版

　　三国志考证，〔清〕潘眉撰，续修四库全书本，上海古籍出版社 2008 年版

　　三国志旁证，〔清〕梁章钜撰，续修四库全书本，上海古籍出版社 2008 年版

　　三国志注证遗，〔清〕周寿昌撰，清光绪癸未刻本

　　三国志集解，〔民国〕卢弼撰，钱剑夫整理，上海古籍出版社 2009 年版

　　诸葛孔明全集，〔明〕诸葛羲、诸葛倬辑，中国书店 1996 年版

　　会昌一品集、李卫公集别集，〔唐〕李德裕撰，吉林出版集团有限责任公司影印四库全书荟要本

　　二程集，〔宋〕程颢、程颐著，中华书局理学丛书本

　　邵雍集，〔宋〕邵雍著，中华书局理学丛书本

　　李觏集，〔宋〕李觏撰，王国轩点校，中华书局 1981 年版

　　欧阳修全集，〔宋〕欧阳修撰，中国书店 1986 年版

　　王文公文集，〔宋〕王安石撰，上海人民出版社 1974 年版

　　曾巩集，〔宋〕曾巩撰，陈杏珍等点校，中华书局 1984 年版

　　传家集，〔宋〕司马光撰，吉林出版集团有限责任公司影印四库全书荟要本

　　嘉佑集笺注，〔宋〕苏洵著，曾枣庄等笺注，上海古籍出版社 1993 年版

　　苏轼文集，〔宋〕苏轼著，岳麓书社 2000 年版

　　东坡志林，〔宋〕苏轼撰，中华书局 1981 年版

苏辙集，〔宋〕苏辙著，陈宏天等点校，中华书局 2002 年版

张耒集，〔宋〕张耒撰，李逸安等点校，中华书局 1990 年版

淮海集笺注，〔宋〕秦观撰，徐培均笺注，中华书局 1994 年版

李纲全集，〔宋〕李纲著，王瑞明点校，岳麓书社 2004 年版

陈亮集，〔宋〕陈亮撰，中华书局 1974 年版

新刊南轩先生文集，〔宋〕张栻撰，明嘉靖元年翠岩堂慎思斋刊本

朱子语类，〔宋〕黎靖德编，中华书局 1986 年版

渭南文集，〔宋〕陆游撰，吉林出版集团有限责任公司影印四库全书荟要本

文宪集，〔明〕宋濂著，吉林出版集团有限责任公司影印四库全书荟要本

逊志斋集，〔明〕方孝孺著，宁波出版社 2000 年版

震川先生集，〔明〕归有光撰，上海古籍出版社 2007 年版

曝书亭集，〔清〕朱彝尊撰，康熙戊子刻本

潜研堂集，〔清〕钱大昕著，上海古籍出版社 2009 年版

小仓山房诗文集，〔清〕袁枚著，上海古籍出版社 1988 年版

方苞集，〔清〕方苞著，上海古籍出版社 2008 年版

惜抱轩诗文集，〔清〕姚鼐著，上海古籍出版社 1992 年版

魏源集，〔清〕魏源著，中华书局 2009 年版

容斋随笔，〔宋〕洪迈撰，中华书局学术笔记丛刊本

习学记言序目，〔宋〕叶适撰，中华书局学术笔记丛刊本

学林，〔宋〕王观国撰，中华书局学术笔记丛刊本

敬斋古今注，〔元〕李治撰，中华书局学术笔记丛刊本

艮斋杂说续说、看鉴偶评，〔清〕尤侗撰，中华书局学术笔记丛刊本

义门读书记，〔清〕何焯撰，中华书局学术笔记丛刊本

问字堂集、岱南阁集，〔清〕孙星衍撰，中华书局学术笔记丛刊本

双砚斋笔记，〔清〕邓廷桢撰，中华书局学术笔记丛刊本

订讹类编、续编，〔清〕杭世骏撰，中华书局学术笔记丛刊本

陔余丛考，〔清〕赵翼撰，中华书局学术笔记丛刊本

札朴，〔清〕桂馥撰，中华书局学术笔记丛刊本

乙卯劄记（外二种），〔清〕章学诚撰，中华书局学术笔记丛刊本

文史通义校注，〔清〕章学诚著，叶瑛校注，中华书局1985年版

逊志堂杂钞，〔清〕吴翌凤，中华书局学术笔记丛刊本

读书杂识，〔清〕徐鼒撰，中华书局学术笔记丛刊本

思益堂日札，〔清〕周寿昌撰，中华书局学术笔记丛刊本

茶香室丛钞，〔清〕俞樾，中华书局学术笔记丛刊本

越缦堂读书记，〔清〕李慈铭撰，中华书局学术笔记丛刊本

冷斋夜话，〔宋〕释惠洪撰，上海古籍出版社历代笔记大观本

邵氏闻见录、后录，〔宋〕邵博撰，中华书局历代史料笔记丛刊本

默记，〔宋〕王銍撰，中华书局历代史料笔记丛刊本

曲洧旧闻，〔宋〕朱弁撰，中华书局历代史料笔记丛刊本

西溪丛语，〔宋〕姚宽撰，中华书局历代史料笔记丛刊本

桯史，〔宋〕岳珂撰，中华书局历代史料笔记丛刊本

芦浦笔记，〔宋〕刘昌诗撰，中华书局历代史料笔记丛刊本

鸡肋编，〔宋〕庄绰撰，中华书局历代史料笔记丛刊本

癸辛杂识，〔宋〕周密撰，中华书局历代史料笔记丛刊本

齐东野语，〔宋〕周密撰，中华书局历代史料笔记丛刊本

鹤林玉露，〔宋〕罗大经撰，中华书局历代史料笔记丛刊本

随隐漫录，〔宋〕陈世崇撰，中华书局历代史料笔记丛刊本

却扫编，〔宋〕徐度撰，上海古籍出版社历代笔记大观本

南村辍耕录，〔元〕陶宗仪撰，中华书局历代史料笔记丛刊本

万历野获编，〔明〕沈德符撰，中华书局历代史料笔记丛刊本

涌幢小品，〔明〕朱国桢撰，上海古籍出版社历代笔记大观本

四友斋丛说，〔明〕何良俊撰，上海古籍出版社历代笔记大观本

池北偶谈，〔清〕王士禛撰，中华书局历代史料笔记丛刊本

中国历史研究法，〔民国〕梁启超著，东方出版社 1996 年版

刘咸炘学术论文集（史学编），〔民国〕刘咸炘著，广西师范大学出版社 2009 年版

学略，〔民国〕刘咸炘著，华东师范大学出版社 2009 年版

吕思勉读史札记（增订本），吕思勉著，上海古籍出版社 2005 年版

吕著史地通俗读物四种，吕思勉著，上海古籍出版社 2010 年版

吕著史学与史籍，吕思勉著，华东师范大学出版社 2002 年版

史料与史学，翦伯赞著，北京出版社 2011 年版

中国古代史，夏曾佑著，岳麓书社 2010 年版

国史大纲，钱穆著，商务印书馆 1996 年版

国史要义，柳诒徵撰，上海古籍出版社 2007 年版

余嘉锡文史论集，岳麓书社 1997 年版

中国史学上之正统论，饶宗颐著，上海远东出版社 1996 年版

东晋门阀政治，田余庆著，北京大学出版社 1989 年版

中国历史地图集，谭其骧主编，中国地图出版社 1989 年版

古代荆楚地理新探，石泉著，武汉大学出版社 1988 年版

魏晋南北朝隋唐史研究与资料，黄惠贤著，湖北人民出版社 2010 年版

校补襄阳耆旧记，黄惠贤校补，中州古籍出版社 1987 年版

校补汉晋春秋，余鹏飞校补，湖北人民出版社 2011 年版

三国志研究，李纯蛟著，巴蜀书社 2002 年版

四库全书考证，〔清〕王太岳等纂辑，中华书局 1985 年版

四库提要辨证，余嘉锡著，云南人民出版社 2004 年版

四库全书荟要总目提要，江庆柏等整理，人民文学出版社 2009 年版

正史汇目，郑鹤声著、郑一钧整理，天津古籍出版社 2009 年版

中国古佚书辑本目录解题，孙启治、陈建华编撰，上海古籍出版社2009年版

陈寿裴松之评传，杨耀坤、伍野春著，南京大学出版社1998年版
范晔评传，瞿林东、李珍著，南京大学出版社2011年版
刘知幾评传，许凌云著，南京大学出版社1994年版
欧阳修评传，黄进德著，南京大学出版社1998年版
司马光评传，李昌宪著，南京大学出版社2011年版
朱熹评传，张立文著，南京大学出版社1998年版